# Das ABC rund um Harry Potter

Ein Lexikon von Friedhelm Schneidewind

*»Selbst Muggel wie wir sollten diesen freudigen, freudigen Tag feiern! Jenen nämlich, da sich der Londoner Verlag Bloomsbury entschloss, die Manuskripte der britischen Autorin Joanne K. Rowling zum Druck anzunehmen und sie der breiten, nichtmagischen Öffentlichkeit zugänglich zu machen.«*

Susanne Gaschke, Die Zeit, 13.7.2000

Friedhelm Schneidewind

# Das ABC rund um Harry Potter

Alles Wissenswerte zu den ersten vier Büchern von
Joanne K. Rowling, den Figuren und ihren Mythen, den Orten
und den Begriffen, Geschichten und Hintergründen.
Ein Lexikon für junge und alte Harry-Potter-Fans.

LEXIKON IMPRINT VERLAG

**Impressum**

Das ABC rund um Harry Potter – Ein Lexikon von Friedhelm Schneidewind
Lexikon Imprint Verlag – Ein Imprint der Schwarzkopf & Schwarzkopf Verlag GmbH
Titelbild: Ulrike Schneidewind. ISBN 3-89602-280-6


1. Auflage. Redaktionsschluß: 30. Oktober 2000. 

Wörtliche Zitate aus den Harry-Potter-Büchern sind gekennzeichnet und mit der Angabe des Bandes und der Seitenzahl versehen. Aus Platzgründen wurden dabei folgende Abkürzungen verwandt:

- HP1: Joanne K. Rowling, Harry Potter und der Stein der Weisen – Carlsen-Verlag, Hamburg 1998, 20. Auflage 2000
- HP2: Joanne K. Rowling: Harry Potter und die Kammer des Schreckens – Carlsen-Verlag, Hamburg 1999, 13. Auflage 2000
- HP3: Joanne K. Rowling: Harry Potter und der Gefangene von Askaban – Carlsen-Verlag, Hamburg 1999, 11. Auflage 2000
- HP4: Joanne K. Rowling: Harry Potter und der Feuerkelch – Carlsen-Verlag, Hamburg 2000, 1. Auflage 2000
- Beispiel: *HP1,213* bedeutet: Joanne K. Rowling, Harry Potter und der Stein der Weisen – Carlsen-Verlag, Hamburg 1998, 20. Auflage 2000, Seite 213

**Katalog**

Wir senden Ihnen gern unseren kostenlosen Katalog.
Schwarzkopf & Schwarzkopf Verlag GmbH / Abt. Service, Kastanienallee 32, 10435 Berlin.
Service-Telefon: 030 – 44 11 778. Fax: 030 – 44 11 783

**Internet**

Ausführliche Informationen zum Verlagsprogramm finden Sie im Internet.
www.schwarzkopf-schwarzkopf.de *sowie* www.lexxxikon.de

**eMail**

info@schwarzkopf-schwarzkopf.de

## Kleine Gebrauchsanweisung

Eine Gebrauchsanweisung – für ein Lexikon? Nun, wie man ein Lexikon prinzipiell benutzt, wissen wohl alle, die dieses hier in die Hand bekommen. Doch es gibt ein paar Kleinigkeiten, auf die ich hinweisen möchte.

Dieses Lexikon bezieht sich auf die bisher erschienenen deutschen Ausgaben der Harry-Potter-Bände 1 bis 4. Ich habe deshalb stets die deutschen Namen und Begriffe aufgeführt. Bei Namen und besonders wichtigen Gegenständen oder Begriffen habe ich jedoch auch die englische Form angegeben. Sie ist durch *kursive Schrift* gekennzeichnet.

Zitate sind gekennzeichnet und mit der Angabe des Bandes versehen. Dabei steht HP1 für *»Harry Potter und der Stein der Weisen«*, HP2 für *»Harry Potter und die Kammer des Schreckens«*, HP3 für *»Harry Potter und der Gefangene von Askaban«* und HP4 für *»Harry Potter und der Feuerkelch«*. Bei deutschen Zitaten habe ich die Seitenzahl angegeben, damit man sie schnell finden kann.

Personen findet man unter ihren Nachnamen (z. B. Weasley, Ron). Wichtige Figuren, besonders Kinder und Jugendliche, habe ich auch unter ihren Vornamen aufgeführt, da man sie dort eher suchen dürfte, und dort einen Verweis auf den Nachnamen gesetzt.

Selbstverständlich wird es fortlaufende Aktualisierungen dieses Lexikons im Internet geben. Aktuelle Informationen finden sich unter *www.incantatio.de*.

Falls jemand Anregungen hat, etwa selber einen Fanclub, ein Rollenspiel oder eine Internet-Seite eingerichtet hat oder mich auf Fehler oder Versäumnisse aufmerksam machen möchte, den bitte ich um Nachricht, entweder an den Verlag oder direkt an mich per E-Mail: Lexika4all@aol.com.

Im Oktober 2000 — Friedhelm Schneidewind

*PS: Falls dieses Lexikon einer Person in die Hände fällt, die die Harry-Potter-Bücher noch nicht oder noch nicht alle gelesen hat: Lest sie! Es lohnt sich!*

# A

### A Beginner's Guide to Transfiguration
Originaltitel des Buchs »Verwandlungen für Anfänger« von Emeric → Wendel.

### A History of Magic
Originaltitel des Buchs »Geschichte der Zauberei« von Bathilda → Bagshot.

### Aal-Augen
Ingredienz für → Zaubertränke, kann man in der → Winkelgasse kaufen (HP1).

### Abbott, Hannah
Schülerin in → Hogwarts im gleichen Jahrgang wie Harry Potter, blonde Haare, eine → Hufflepuff. Verteidigt Harry Potter, als er verdächtigt wird, der → Erbe Slytherins zu sein (HP2).

### Abenteuer von Martin Miggs
In seinem Zimmer im → »Fuchsbau« bewahrt Ron → Weasley im Sommer 1992 einen ganzen Stapel Comic-Hefte auf, alles *»Abenteuer von Martin Miggs, dem miggrigen Muggel«* (HP2,45).

### Ackerly, Stewart
Schüler in → Hogwarts, 1994 eingeschult, ein → Ravenclaw (HP4).

### Aberdeen
Auf dem Sprung von → Anglesia nach Aberdeen, der drittgrößten Stadt von → Schottland (im Norden, nicht weit von → Hogwarts), verschüttet Schaffner Stan → Shunpike die heiße Schokolade von Harry Potter im → »Fahrenden Ritter«.

### Abergavenny
Station auf der Fahrt des → »Fahrenden Ritter«, hier steigt Madam Marsh aus.

**Aberglaube**

Vieles, was in der Welt der → Muggel als Aberglaube gilt, etwa → Astrologie, → Weissagungen, der Glaube an → Vampire und → Werwölfe, mag, wenn man an → Magie glaubt (Joanne K. → Rowling tut es nicht!), der Ausfluss von Handlungen von Zauberern und Hexen oder übernatürlichen Wesen sein und nur als Aberglaube betrachtet werden, weil man es leugnen möchte oder weil die zuständigen Fachleute vom → Zaubereiministerium wieder mal erfolgreich an den Erinnerungen der Muggel herumgespielt haben. Dabei haben die Wissenschaftler der Muggel schon Schwierigkeiten genug, den Begriff Aberglaube zu definieren. Übersetzt bedeutet er soviel wie »Widerglaube«, »Gegenglaube«. Was in einer bestimmten Gesellschaft als Aberglaube betrachtet wird, hängt natürlich vom Glauben der herrschenden Mehrheit ab; deshalb hat man zeitweise lieber den Begriff Volksglaube verwandt, der aber viel mehr umfasst. *»Wenn man an das Richtige oder den Richtigen glaubt, nennt man das Glauben – ansonsten Aberglauben. Und vieles von diesem ›Aberglauben‹ ist im Leben der Gegenwart noch präsent«,* konstatiert trocken Hans Meurer in seinem Buch »Der dunkle Mythos« (Schliengen 1996). Vieles, was früher als Lehrmeinung oder herrschender Glaube, ja sogar als anerkanntes Wissen galt, wird heute als Aberglaube betrachtet. Aber auch eine umgekehrte Bewegung ist zu beobachten, etwa in Esoterik oder New Age. Engel, → Dämonen und gar der Teufel tauchen zunehmend in modernen Werken auf. – Im Mittelalter konnte, seitdem Albertus Magnus und sein Schüler Thomas von Aquino im 13. Jahrhundert eine umfassende Theorie entwickelt hatten vom Vertrag zwischen dem Satan bzw. einem Dämon und einem Menschen, von einer Gegenwelt des Teufels und seiner menschlichen Verbündeten, die es zu bekämpfen gelte, jede als abergläubisch bewertete Handlung als Teufelsdienst verfolgt und als Ketzerei bestraft werden. Noch heute werden in der Katholischen Kirche Außenstehenden als Aberglaube erscheinende Glaubenssätze gelehrt, etwa die personale Existenz des Teufels, die Wandlung von Brot und Wein in Fleisch und Blut oder die Jungfrauengeburt. Dass Aberglaube auch außerhalb der Religionsgemeinschaften verbreitet ist, belegt jeder Blick in die Presse, wo die → Astrologie fröhliche Urständ feiert. Am 11. März 2000 konnte man in der »Frankfurter Allgemeinen Zeitung« lesen: *»Angeblich leben wir in überaus aufgeklärten Zeiten: Nüchternheit ist gefragt, ›Sachzwänge‹ werden immer wichtiger. Sakrale Traditionen treten in den Hintergrund, religiöse Aura verliert an Bedeutung. Stimmt das wirklich? Jeder Blick in die Boulevard-, gar die Regenbogenpresse belehrt eines Besseren, belegt verblüffendes Interesse an den Irrungen und Wirrungen der Fürstenhäuser. → Blut kann gar nicht blau genug sein. Doch auch sonst stößt man immer noch auf Rituale, die quasi-→ metaphysische Bedeutsamkeit suggerieren, die zumindest weit über die Ebene der Alltagsentscheidungen hinausweisen.«* – Der Tübinger Marcus Hammerschmidt hat moderne Formen des

Aberglaubens schön dargestellt – und kritisiert – in seinem Büchlein »Instant Nirvana – Das Geschäft mit der Suche nach dem Sinn« (Berlin 1999). Er schildert die Geschäftemacherei und Verdummung, die mit Esoterik, Okkultismus, Spiritismus und New Age betrieben wird und die häufige Verbindung zum Rechtsradikalismus. Ein Hauch von Verzweiflung durchzieht sein Plädoyer für Rationalität: *»Es hat einen Geschmack von Wagenburgmentalität, von Verbohrtheit an sich, gegen die zigfache Übermacht des Gegners auf Positionen zu beharren, die kaum einen mehr interessieren. Trotzdem bleibt uns gegen die planvolle Vermischung von Wissen und Glauben, von Phantasie und Erfahrung nur das Beste an der wissenschaftlichen Tradition: die Skepsis.«* Das → Zaubereiministerium kann ihm für diesen Aufruf zum Unglauben nur dankbar sein!

**Abschwelltrank, -zauber**
Das Gegenmittel zu einem → Schwelltrank (HP2,195) oder → Schwellzauber.

**Abstecher mit Vampiren**
Buch von Gilderoy → Lockhart *(Voyages With Vampires)*, Pflichtlektüre in Harrys zweitem Schuljahr (HP2).

**Abteilung für/gegen den Missbrauch von Muggelartefakten**
Abteilung im → Zaubereiministerium (*Misuse of Muggle Artefacts Office*). Sie sorgt dafür, dass Gegenstände von → Muggeln, sogenannte Muggel-Artefakte, nicht in die Hände von Muggeln geraten, wenn sie verzaubert sind, da sonst erheblicher Schaden angerichtet werden kann. Beispiele dafür sind das verhexte → Teeservice, beißende Kessel, → schrumpfende Schlüssel. Arthur → Weasley ist Leiter dieser Abteilung, einzige Mitarbeiterin ist eine alte Hexe namens → Perkins. Sie sind zu zweit ganz erfolgreich, denn, wie Arthur erläutert: *»Kein Muggel würde zugeben, dass sein Schlüssel schrumpft – sie behaupten andauernd, sie würden sie verlieren. – Das muss man ihnen lassen, sie tun alles, um die Zauberei zu übersehen, selbst wenn sie ihnen ins Gesicht springt«* (HP2,43).

**Abteilung für die Umkehr verunglückter Magie**
In dieser Abteilung im → Zaubereiministerium (*Accidental Magic Reversal Department*) arbeiten u. a. die → Vergissmichs, Hexen oder Zauberer, die das Gedächtnis von → Muggeln modifizieren. Zu der Abteilung gehört auch das → Magische Unfallumkehr-Kommando (*Accidental Magic Reversal Squad*, HP4). Ein Mitglied dieser Abteilung ist Arnold → Friedlich (HP4).

**Abteilung für internationale magische Zusammenarbeit**
Abteilung von Barty → Crouch senior im → Zaubereiministerium (*Department of International Magical Cooperation*). Percy → Weasley arbeitet hier (HP4).

**Abteilung für magische Spiele und Sportarten**
Abteilung im → Zaubereiministerium (*Department of Magical Games and Sports*). Organisiert 1994 die → Quidditch-Weltmeisterschaft in England. Leiter ist Ludo → Bagman (HP4).

**Abteilung für Magische Strafverfolgung**
Abteilung im → Zaubereiministerium (*Department of Magical Law Enforcement*). Leiter war 1981 Barty → Crouch senior.

**Abteilung für unbefugte Zauberei, auch: gegen Missbrauch der Magie**
Abteilung im → Zaubereiministerium (*Improper Use of Magic Office*), die überwacht, ob jemand verbotenerweise zaubert oder gegen das → »Geheimhaltungsabkommen der Internationalen Zauberervereinigung« verstößt; hier arbeitet Mafalda → Hopfkirch (HP2, HP4).

**Abteilung für verbotene Bücher**
Die Abteilung in der Bibliothek von → Hogwarts, in der die → verbotenen Bücher stehen, ist nur durch eine Kordel von den anderen Bereichen abgetrennt, deshalb muss → Madam Pince gut aufpassen.

**Abteilung zur Führung und Aufsicht magischer Geschöpfe**
Abteilung im → Zaubereiministerium (*Department for the Regulation and Control of Magical Creatures*). Hier arbeitet Amos → Diggory (HP4).

**Accio**
Dieser → Zauberspruch und Beschwörungszauber lässt Gegenstände auch aus der Ferne zu einem fliegen. Harry Potter setzt ihn ein, um seinen → Besen zu rufen, als er im → Trimagischen Turnier gegen den → Ungarischen Hornschwanz antreten muss: »Accio Feuerblitz« (HP4,371). Man kann den Zauber auch als → »Sammelzauber« verwenden, um unspezifisch Dinge einzusammeln (HP4,74). – Das lateinische *actio* heißt Handlung, Verfahren, Aktion.

**Aconitum**
→ Eisenhut

**Adler**
Das Wappentier von Ravenclaw.

**Adresse**
Harry Potter wohnt entweder in → Hogwarts oder bei seinen Verwandten, der Familie → Dursley, im Ligusterweg 4, Little Whinging, → Surrey.

**Adult Version**
Die englische Bezeichnung der → Erwachsenenausgabe.

**Advocatio**
Eine der vier Hauptformen der → Magie.

**Aeskulap**
Bis heute ist das Symbol des Ärztestandes der → Muggel ein von → Schlangen umwundener Stab, der Aeskulap-Stab. Er ist benannt nach Aeskulap (griechisch Asklepios), dem griechischen und lateinischen Gott der Heilkunst, dessen heiliges Tier die → Schlange war. Asklepios war ein Sohn des mächtigen Gottes Apollon und der schönen Koronis aus Thessalien. Nachdem diese ihn mit einem Sterblichen betrogen hatte, tötete Apollon seine Geliebte mit einem Pfeil, zog Asklepios aus dem Leib der toten Mutter und brachte ihn zu dem weisen → Zentauren Chiron. Dieser lehrte ihn, was er über die Heilkunst wusste, und machte ihn zu einem großen Arzt. Als Asklepios versuchte, gegen den Willen der Götter einen Toten lebendig zu machen, erschlug ihn der Gottervater Zeus mit einem Blitz. Apollon rächte sich an Zeus, indem er die Zyklopen tötete, die für ihn die Donnerkeile, die Blitze, schmiedete. Asklepios wurde zu einem Gott erhöht, dem Gott der Heilkunst, und unter diesem Namen im antiken Griechenland und später als Aeskulap auch im ganzen römischen Reich verehrt.

**Affodill**
Lilienartige Pflanze, lateinisch Asphodelus, beheimatet im Mittelmeergebiet. Geriebene Affodillwurzel mit → Wermut-Aufguss ergibt einen → Schlaftrank, der so stark ist, dass er als → »Trank der Lebenden Toten« bezeichnet wird. Severus → Snape fragt Harry Potter in dessen erster Stunde in → Zaubertrankkunde nach Affodill (HP1).

**Agrippa von Nettesheim**
Berühmter Denker, Philosoph und Humanist, auf einer der Bildkarten zu sehen, die es in den → Schokofrosch-Packungen gibt.

Wie im einzelnen seine Verdienste in der Welt der Zauberer aussehen, ist nicht bekannt, in der Welt der → Muggel wurde er am 14. September 1486 als Henricus ab (de) Nettesheym geboren und nannte sich dort auch Cornelius Agrippa. Er starb am 18. Februar 1535 in Grenoble und hinterließ 7 Kinder aus 3 Ehen. Agrippa arbeitete u. a. als Arzt und Advokat und beschäftigte sich intensiv mit → Alchemie, → Nummerologie,

→ Kabbala und → Magie. Obwohl er betonte, dass diese sich nie dem Dienst an → Dämonen unterordnen dürfe, wurde er immer wieder des Teufelspaktes und der Schwarzen Magie verdächtigt. In seinem berühmtesten Werk, der »Occulta Philosophia« (Köln, um 1510, von der Rückseite stammt der Holzschnitt), versucht er eine Synthese aus Christentum, Magie und neuplatonischer Mystik.

**Ägypten**
In diesem beliebten Reiseland verbringt Famile → Weasley die Sommerferien 1993, nachdem sie den → Großen Preis des Tagespropheten gewonnen hat. Hier arbeitet Bill → Weasley als → Fluchbrecher für die → Gringotts-Bank.

**Albanien**
Das Land, in dem sich → Voldemort aufhält, nach dem Versuch, den → Stein der Weisen zu erlangen (HP1). Bertha → Jorkins verbringt hier ihre Ferien, bei denen sie in Voldemorts Gewalt gerät (HP4). Die Republik Albanien liegt in Südosteuropa auf der Balkanhalbinsel, grenzt im Nordwesten und Norden an Serbien und Montenegro, im Osten an Makedonien, im Südosten und Süden an Griechenland und im Westen an die Adria und ist bei einer Länge von etwa 350 Kilometern, einer maximalen Breite von 145 Kilometern und einer Fläche von 28.748 Quadratkilometern eines der kleinsten Länder Europas.

**Alchemie, Alchimie, Alchymie**
Eine der wichtigsten Wissenschaften der → Magie, ein Meister dieser Kunst ist Nicolas → Flamel, der gemeinsam mit Albus → Dumbledore ein Standardwerk darüber verfasst hat und dem ein → Stein der Weisen gehört, mit dem sowohl → Transmutation wie auch die Herstellung des → Elixiers des Lebens möglich sind. In der Welt der → Muggel nannte man im Mittelalter die wissenschaftliche Beschäftigung mit chemischen Stoffen Alchemie, später (bis heute) eine geheime »Schwarze Kunst« neben der Naturwissenschaft. Woher das Wort kommt, ist so unklar wie der Beginn dieser Wissenschaft. Da die Ägypter bereits 3000 v. Chr. Gold aus der Erde gewannen, vermuten manche die Ursprünge der Alchemie in dieser Zeit und leiten das Wort ab vom ägyptischen *khem* (»schwarz«), das auch für den nährenden Nilschlamm benutzt wurde. Andere leiten den Begriff vom griechischen *chyma* ab (Metallguss). Woher die Idee auch kommen mag: Die Verwandlung unedler Metalle in Gold (→ Transmutation) und die Suche nach der → Unsterblichkeit – des Leibes oder der Seele – gelten als die edelsten Ziele der Alchemie. Aber auch mit einer »einfachen« Verjüngung oder der Erschaffung eines künstlichen Menschen gab man sich zunächst zufrieden. → Paracelsus etwa behauptete, er könne einen Menschen künstlich erzeugen. – Eines der wichtigsten Werkzeuge und Ziele zugleich in der Alchemie war der → Stein der Weisen.

### Algie

Der Großonkel von Neville → Longbottom, der aus diesem »Magie herauspressen« wollte. Er war so froh, dass Neville in → Hogwarts aufgenommen wurde, dass er ihm die → Kröte Trevor schenkte.

### Alkahest

Das → Elixier des Lebens, gewonnen aus dem → Stein der Weisen.

### Alkohol

Alkoholische Getränke werden in den Harry-Potter-Büchern nicht oft, aber von den Erwachsenen doch regelmäßig getrunken. Vernon → Dursley trinkt ab und zu einen → Cognac. Im »Tropfenden Kessel« sitzen bei Harry Potters erstem Besuch ein paar alte Frauen und trinken Sherry (HP1,77). Rubeus → Hagrid trinkt regelmäßig und sehr gerne einen über den Durst, und zwar die verschiedensten Getränke, von Magenbitter über Eierpunsch bis Honigmet und Wein. Einmal ist er so beschwipst, dass er Professor → McGonagall auf die Wange küsst (HP1,222). Und wenn er zuviel trinkt, wird er gerne redselig; so erfährt Professor → Quirrell bzw. Lord → Voldemort, wie man an → Fluffy vorbeikommt (HP1). Manchmal betrinkt er sich auch bis zur Besinnungslosigkeit. Gilderoy → Lockhart trinkt am liebsten Ogdens Old Firewhisky (HP2), den mag auch Arthur → Weasley (HP4). Albus → Dumbledore trinkt gerne Zitronen-Sorbet (→ Scherbet Zitrone, HP2), aber auch schon mal einen großen Schnaps (HP3,415). Goldlackwasser mag Minerva → McGonagall, Johannisbeer-Rum schätzt Minister → Fudge, und ein beliebtes alkoholisches Getränk in der Welt der Magier ist Nesselwein (HP3). → Karkaroff bietet Viktor → Krum einmal Glühwein an. – Die riesigen Zugpferde der magischen fliegenden Kutsche von → Beauxbatons trinken nur Single Malt Whisky. Und die Leute in den lebenden → Bildern können auch noch beschwipst werden (HP4,429).

### Alliteration

Joanne K. → Rowling scheint dieses, auch Stabreim genannte, rhetorische Mittel, bei dem der Anfangsbuchstabe oder Anlaut bei mehreren aufeinanderfolgenden Wörtern wiederholt wird (Beispiel: »Ross und Reiter«), zu lieben. Sie setzt es sehr häufig ein, besonders bei Namen, so bei Bathilda → Bagshot, Colin → Creevey, Dädalus → Diggel, Dudley → Dursley, Gladys → Gudgeon, Mad-Eye → Moody, Minerva → McGonagall, Padma und Parvati → Patil, Peter → Pettigrew oder Vindictus → Viridian, auch bei Godric → Gryffindor, Helga → Hufflepuff, Rowena → Ravenclaw und Salazar → Slytherin. Nicht immer gelingt es, das Wortspiel so gut zu übertragen wie bei der → Maulenden Myrte (*Moaning Myrtle*), dem → Blutigen Baron (*Bloody Baron*), der → Heulenden Hütte (*Shrieking Shag*), → Martin Miggs, dem miggrigen Muggel (*Martin*

*Miggs, the Mad Muggle*) und dem → Trimagischen Turnier (*The Triwizard Tournament*). Die → Peitschende Weide z. B. heißt im Englischen *Whomping Willow*, die Schluckenden Wasserspeier *Gulpin' Gargoyles* (im 4. Band wird daraus Würgende Wasserspeier), der → Vielsaft-Trank *Polyjuice-Potion*, die → Karte des Rumtreibers *Marauder's Map*, → Wendelin die Ulkige *Wendelin the Weird*, die → Flotte-Schreibe-Feder *Quick-Quotes Quill*, das → Würgzungen-Toffee *Ton-Tongue Toffee* und das → Kochbuch »So zaubern Sie Ihren eigenen Käse« *»Charm Your Own Cheese«*. Überhaupt verwendet Rowling gerne Alliterationen bei Buchtiteln. Erinnert sei nur an die Bücher von Gilderoy → Lockhart: »Gammeln mit Ghulen« *(Gadding With Ghouls)*, »Tanz mit einer Todesfee« *(Break With A Banshee)*, »Trips mit Trollen« *(Travels With Trolls)* und »Wanderungen mit Werwölfen« *(Weekend with a Werewolf)*. Wenn der Buchstabe nicht derselbe ist, tut es ein gleich klingender Anlaut wie bei »Ferien mit Vetteln« *(Holidays With Hags)* oder »Ein Jahr bei einem Yeti« *(Year With The Yeti)*. Nur bei »Abstecher mit Vampiren« *(Voyages With Vampires)* und der Autobiographie »Zaubrisches Ich« (*Magical Me*) ist dem Übersetzer nichts eingefallen. Lockharts bevorzugter Whisky hat eine Alliteration im Namen: Ogdens Old Firewhisky. Und Hagrid flucht: »Galoppierende → Gorgonen«. Manchmal gelingt es dem Übersetzer, zusätzliche Alliterationen einzubauen, etwa die Jaulenden Jo-Jos (*Screaming Yo-yos*) und die Bissigen Bumerangs (*Ever-Bashing Boomerangs*). – Bei Kapitelüberschriften kommen Alliterationen fast nur im englischen Original vor: *The Forbidden Forest, Through The Trapdoor* (HP1), *The Whomping Whillow, Mudbloods and Murmurs, The Writing on the Wall, The Polyjuice Potion* (HP2), *Talons and Tea Leaves, The Marauder's Map, Professor Trelawney's Prediction* (HP3), *The Triwizard Tournament, Mad-Eye Moody, The Weighing of the Wands, The Hungarian Horntail, The Egg and The Eye, The Madness of Mr Crouch, The Third Task* (HP4). – Rowlings Vorliebe für Alliterationen erklärt sich neben dem guten Klang vielleicht auch daraus, dass der Stabreim als älteste Form der Versbindung in der germanischen und angelsächsischen Dichtung gilt und sich z. B. schon im deutschen »Nibelungenlied« und im altenglischen »Beowulf« findet, in denen auch → Magie eine wichtige Rolle spielt. Im zweiten Merseburger → Zauberspruch heißt es: *»ben zi bena, bluot zi bluoda, lid zu geliden«*. Bis heute werden Alliterationen gerne eingesetzt, so von Richard Wagner (*»Weia! Waga! Woge, du Welle, walle zur Wiege!«*, Rheingold) und in Titeln und Überschriften von Büchern, Zeitungen, Zeitschriften, Filmen, Funk und Fernsehen (*»Pleiten, Pech und Pannen«*). Spiegel-TV titelte zu Harry Potter am 15.10.2000 *»Völlig verzaubert«*, Focus-TV am selben Abend *»Harry-Hysterie in Deutschland«*. In Amerika gab es Überschriften wie *»Booted boy becomes boarder«*, *»Oppressed ophan summoned to secret school«*, *»Potter puzzled by petrified pals«*, *»Warped warlocks harries Harry«* und *»Escapade's escapades worry wizards«*.

**Alohomora**
Ein → Zauberspruch, der jedes normale Schloss öffnet. Steckt darin vielleicht die *Aloe*, eine Pflanze, die als Abführmittel verwandt wird? Oder das lateinische *mora*, das soviel wie Aufschub oder Verzögerung bedeutet?

**Alraune**
Die Alraune (oder auch der Alraun, englisch *mandrake*) ist eine ganz besondere Pflanze, die Harry Potter im zweiten Schuljahr in → Hogwarts in → Kräuterkunde kennenlernt. Über der Erde eine unscheinbare, büschelige grüne Pflanze mit einem Hauch Purpurrot, zeigt sie ihre wahre Natur, wenn man die Wurzel aus der Erde zieht: Heraus kommt ein scheinbar menschliches Wesen, dessen Schrei bei älteren Alraunen absolut tödlich ist. Harry lernt die Alraunen noch als hässliche Babys kennen, doch schon deren Schrei würde einen Menschen *»mehrere Stunden lang außer Gefecht setzen«* (HP2,97). Die Alraune ist eine mächtige Rückverwandlerin: Mit einem aus ihr gewonnenen → Zaubertrank kann man Verwandelte oder Verfluchte in ihren ursprünglichen Zustand zurückversetzen. Da dies nach den Angiffen des → Basilisken von besonderer Bedeutung ist und die Alraunen mit zunehmendem Alter auch immer gefährlicher werden, übernimmt Professorin → Sprout selbst die Zucht. Nachdem Harry den Basilisken besiegt hat, können sie und Professor → Snape mit Hilfe der Alraunen den Zaubertrank brauen, mit dem sie die vom Basilisken → Versteinerten wieder ins Leben zurückrufen. Dazu muss sie aber warten, bis die Alraunen reif sind, die ziemlich menschliche Züge tragen. Sie bekommen Akne, sie schmeißen lärmende und ausschweifende Partys, und sie werden geschlechtsreif: *»Sobald sie anfangen, gemeinsam in ihren Töpfen zu hausen, wissen wir, dass sie ganz reif sind«* (HP2,260). Schließlich müssen ja irgendwoher die Alraunenbabys kommen... – Auch die → Muggel kennen die Alraune, und in ihrer → Mythologie und → Alchemie ist sie die mächtigste und geheimnisvollste aller Pflanzen. Die Alraune ist die Wurzel einer Pflanze namens Mandragora und wird deshalb auch Mandra-

**Alraune: Darstellung im »Hebrarius zu teutsch«, 1488**

gora-Wurzel *(Radix mandragorae)* genannt. Mandragora ist eigentlich eine Gattung mit sechs Arten aus der Familie der Nachtschattengewächse *(Solanaceae)*. Andere Nachtschattengewächse sind z. B. Tabak, Kartoffel, Aubergine, Paprika, Tomate – und die Petunie, nach der Petunia → Dursley benannt ist. Alle Nachtschattengewächse enthalten giftige Alkaloide, besonders giftig sind die Tollkirsche (→ Belladonna), der Stechapfel und das Bilsenkraut. Diese drei wurden im Mittelalter auch zur Herstellung von Hexen- und Zaubertränken verwandt. – Die eigentliche Alraune ist die *Mandragora officinarum* und tritt in zwei Formen auf: Eine blüht im Frühling, die andere im Herbst. Die Pflanze hat einen unangenehmen Geruch; ihre Wurzeln wurden bis ins Mittelalter als Narkosemittel vor Operationen, aber auch als Aphrodisiakum, als Glücksbringer in der Schwangerschaft und als angebliches Mittel zum Erreichen der → Unverwundbarkeit benutzt. – Da der rübenartige, oft gegabelte und verzweigte Wurzelstock entfernt an die Gestalt eines Menschen erinnert, ist die Alraune seit der Antike Objekt heftigsten → Aberglaubens. Schon Theophrast (gest. 287 v.Chr.) schreibt von Zeremonien beim Freilegen der Wurzel, die dazu dienen, die Alraune als Aphrodisiakum verwenden zu können. Josephus Flavius (37 bis 93 n. Chr.) berichtet im »Bellum Judaicum« (VII, 6, 3), dass jeder, der einen Alraun ausgrabe, sterben müsse; deshalb lasse man die Wurzel von einem Hund aus der Erde ziehen, der dann als »stellvertretendes Opfer« zugrunde gehe. Die Wurzel, Baara genannt, vertreibe → Dämonen. Claudius Aelianus (ca. 170 bis 235) erzählt Ähnliches und beschreibt die Alraune zusätzlich als Heilmittel gegen Epilepsie und Augenkrankheiten. Dass die Legenden über den Alraun schon damals bei kritischen Zeitgenossen auf Unglauben stießen, belegt eine Stelle aus den »Lügengeschichten« des Lukian von Samosata. Dieser griechische Schriftsteller kritisierte im 2. Jahrhundert mit Satire, Parodie und Ironie den religiösen Wahn und die Leichtgläubigkeit des Publikums. Oder kann man so etwas glauben: *»Rings um die ganze Insel zieht sich ein Wald, dessen Bäume Mohnblumen und Alraunen von ausserordentlicher Höhe sind, unter welchen sich eine ungeheure Menge Fledermäuse aufhalten, als der einzige Vogel, der hier zu sehen ist.«* – Der Name Alraune ist entweder aus der gotischen Wurzel *runa* entstanden, Geheimnis, oder dem althochdeutschen *alruna*, was ebenfalls Geheimnis bedeutet; beides ist verwandt mit dem Wort → Runen. – Der Schrei, den die Alraune ausstößt und der Menschen töten soll, wird seit dem Mittelalter erwähnt; man empfahl, ihn durch Trompetenblasen zu übertönen und sich außerdem die Ohren zu verstopfen, um beim Ausgraben der Wurzel keinen Schaden zu erleiden. In »Romeo und Julia« von William Shakespare (1564 – 1616) heißt es: *»O! Himmel, ist es nicht wahrscheinlich, daß die scheuslichen Ausdünstungen, das gräßliche Geheul der Gespenster, (gleich den Alraunen, wenn sie aus der Erde gerissen werden,) Töne, von deren Anhören lebende Menschen den Verstand verliehren...«* (übersetzt von Christoph Martin Wieland). Im

»Faust« des »Dichterfürsten« Johann Wolfgang von Goethe (1749 – 1832) kommt die Alraune gleich mehrfach vor. Einmal schimpft der Teufel Mephistopheles über die menschlichen Zauberer: *»Da stehen sie umher und staunen, Vertrauen nicht dem hohen Fund, Der eine faselt von Alraunen, Der andre von dem schwarzen Hund.«* – Eine Alraune zu besitzen, sollte Glück, Reichtum, Gesundheit und sogar Liebe garantieren, → unverwundbar machen und vor dem Gefängnis schützen. Gelegentlich wurde das »Glücksmännlein« oder »Erdmänneken« auch *spiritus familiaris* (→ Familiar) genannt. Solche »Galgenmännchen« wurden durch Beschnitzen menschenähnlicher gestaltet und in manchen Gegenden Deutschlands sorgfältig in Kästchen aufbewahrt. Von zahlreichen historischen Persönlichkeiten wird berichtet oder sie wurden beschuldigt, sie hätten eine Alraune besessen: Faust, Berthold Schwarz, Johannes Prätorius. Beim Prozess gegen Jeanne d'Arc (Johanna von Orleans) wurde ihr vorgeworfen, sie habe eine Alraunen-Wurzel bei sich getragen. Der menschenscheue Kaiser Rudolf II. von Habsburg (1576 – 1612), der zurückgezogen auf dem Hradschin in Prag lebte und eventuell alchemistische Experimente durchführte, bewahrte angeblich in Holzkästchen, die einem Sarg nachgebildet waren, zwei Alraunen namens Maryon und Trudacyas auf. Wenn man diese nicht regelmäßig in Wein badete, schrieen sie wie neugeborene Kinder. – Wer eine Alraune besaß, musste nach den meisten Sagen darauf achten, sie rechtzeitig loszuwerden; wer sie bis zum Tode behalte, müsse mit ihr in die Hölle. Schon Hildegard von Bingen schrieb im 12. Jahrhundert, in der Alraune sei der Einfluss des Teufels fühlbarer als in anderen Pflanzen; sie rege den Menschen im Sinn seiner Wünsche zum Guten oder Bösen an. Eine Alraune kann aber von ihrem Besitzer nicht beliebig weitergegeben werden: Er muss sie zu Lebzeiten verkaufen zu einem niedrigeren Preis, als er ihn erworben hat. Wer sie zuletzt besitzt und nicht weitergeben kann, ist dem Teufel verfallen. Daraus wurde die Sage vom Flaschengeist, die von Robert Louis Stevenson (1850-1894), dem Autor der »Schatzinsel«, in der Geschichte »The Bottle Imp« literarisch endgültig gestaltet wurde. – Weit verbreitet war der Glaube, Alraunen wüchsen unter einem Galgen aus dem Sperma eines gehenkten Diebes. Bereits der arabische Arzt und Philosoph Avicenna (980 – 1037) erwähnt, dass der Alraun oder die Alraune ihr Geschlecht nach dem des oder der Gehenkten erhält. Dass das Gewinnen der Alraune nach genauen Regeln erfolgen muss, wird in der lange dem → Paracelsus zugeschriebenen Schrift »Secretum magicum« von 1616 angedeutet: *»Dieselbig Wurtz muss man graben, eines Ellenbogen tief (unter dem Galgen), mit einem starken Span, von dem Galgen geschnitten... Und du musst den Tag merken, daran der Mensch erhängt ist worden, und das Graben muss geschehen im Jahr darnach, an diesem Tage. Aber nit an der Stunde des Tages, sondern an dieser Stunde der Nacht.«* Eine zusammenfassende Darstellung des Volksglaubens haben die Brüder Grimm in ihrer Sagensammlung geliefert: *»Der Alraun:*

*Es ist Sage, daß, wenn ein Erbdieb, dem das Stehlen durch Herkunft aus einem Diebesgeschlecht angeboren ist oder dessen Mutter, als sie mit ihm schwanger ging, gestohlen, wenigstens groß Gelüsten dazu gehabt (nach andern: wenn er zwar ein unschuldiger Mensch, in der Tortur aber sich für einen Dieb bekennet), und der ein reiner Jüngling ist, gehenkt wird und das Wasser läßt (aut sperma in terram effundit), so wächst an dem Ort der Alraun oder das Galgenmännlein. Oben hat er breite Blätter und gelbe Blumen. Bei der Ausgrabung desselben ist große Gefahr, denn wenn er herausgerissen wird, ächzt, heult und schreit er so entsetzlich, daß der, welcher ihn ausgräbt, alsbald sterben muß. Um ihn daher zu erlangen, muß man am Freitag vor Sonnenaufgang, nachdem man die Ohren mit Baumwolle, Wachs oder Pech wohl verstopft, mit einem ganz schwarzen Hund, der keinen andern Flecken am Leib haben darf, hinausgehen, drei Kreuze über den Alraun machen und die Erde ringsherum abgraben, so daß die Wurzel nur noch mit kleinen Fasern in der Erde steckenbleibt. Darnach muß man sie mit einer Schnur dem Hund an den Schwanz binden, ihm ein Stück Brot zeigen und eilig davonlaufen. Der Hund, nach dem Brot gierig, folgt und zieht die Wurzel heraus, fällt aber, von ihrem ächzenden Geschrei getroffen, alsbald tot hin. Hierauf nimmt man sie auf, wäscht sie mit rotem Wein sauber ab, wickelt sie in weiß und rotes Seidenzeug, legt sie in ein Kästlein, badet sie alle Freitag und gibt ihr alle Neumond ein neues weißes Hemdlein. Fragt man nun den Alraun, so antwortet er und offenbart zukünftige und heimliche Dinge zu Wohlfahrt und Gedeihen. Der Besitzer hat von nun an keine Feinde, kann nicht arm werden, und hat er keine Kinder, so kommt Ehesegen. Ein Stück Geld, das man ihm nachts zulegt, findet man am Morgen doppelt; will man lange seines Dienstes genießen und sichergehen, damit er nicht abstehe oder sterbe, so überlade man ihn nicht, einen halben Taler mag man kühnlich alle Nacht ihm zulegen, das höchste ist ein Dukaten, doch nicht immer, sondern nur selten. Wenn der Besitzer des Galgenmännleins stirbt, so erbt es der jüngste Sohn, muß aber dem Vater ein Stück Brot und ein Stück Geld in den Sarg legen und mit begraben lassen. Stirbt der Erbe vor dem Vater, so fällt es dem ältesten Sohn anheim, aber der jüngste muß ebenso schon mit Brot und Geld begraben werden.«* – Bei den in Europa für teures Geld feilgebotenen Alraune-Wurzeln handelte es sich oft um Fälschungen. Das »Große vollständige Universal-Lexikon aller Wissenschaften und Künste« von J. H. Zedler berichtet im Jahre 1732: *»Was sonsten von der Mandragora oder Alruna, Alreona, Alraun, Alruncke, so die die Landstreicher... zu verkauffen und Homunculum, Galgenmännlein, Heinztel-Männchen, Alraunen-Wurtzel, Pisse-Dieb, zu nennen pflegen, vorgebracht wird, ist lauter Fabel-Werck, weil es nicht Alraun ist, sondern ein gemachtes Bild aus Bryonien-Wurtz in warmen Sand gedörret.«* Noch 1955 verkaufte in Bayern eine Zigeunerin »echte Alraun-Wurzeln«, die sich als Salatwurzeln herausstellten. Als Ersatz für die echte Alraune, die wild nur in Mittelmeergebieten und im Himalaya vor-

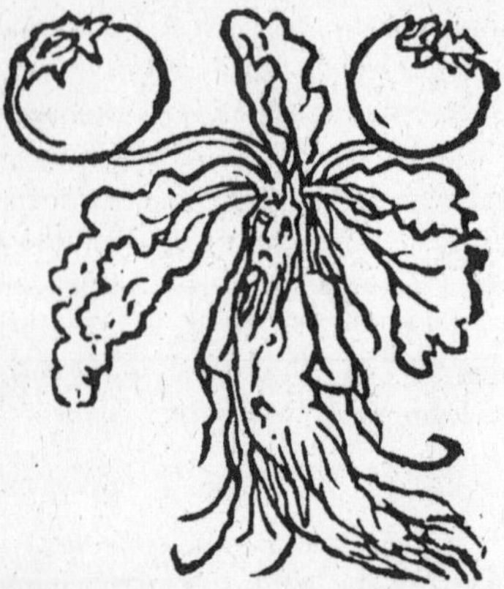

# Von denen Goldbringenden Alruncken.

Die Alruncken sind auch solche Teuffels-Fanterle, die um geringes schnödes Geld des Menschen kostbahre Seele davon führen. Ich habe einige gekennet, welche mit diesem Geschmeiße umgegangen sind, und täglich zwey oder drey auch mehr Ducaten, nachdeme der Accord gemacht worden ist, davon zugeniessen hatten: Sie musten hinaegen den Alruncken, wie ein kleines Kind, einfätschen, speisen, und vom Unflathe reinigen;
Vor einigen Jahren hat ein gewisser Prälat, dessen Orden, Closter und Landschafft zu nennen ich verschone, aus Geitz einen solchen Alruncken in einen Kelch gebannet, ist aber verkundschaffet, deswegen abgesetzt, und das Kloster gestrafft worden.

**Alraune:**
**Auszug aus dem Hausväterbuch »138 Geheimnisse«, 1732**

kommt, nahm man häufig die »runde Siegwurz« *(Gladiolus communis)* und den als »langer Siegwurz« angebotenen und als Zauberpflanze bekannten Allermannsharnisch *(Allium victorialis)*. In esoterischen Zeitschriften werden heute noch Alraun-Wurzeln angeboten. – In der Literatur findet sich der Alraunglauben häufig; neben den zitierten Werken u. a. im »Simplicissimi Galgenmännlein« von Grimmelshausen (1673), in den Erzählungen »Das Galgenmännlein« (1810) und »Mandragora« (1827) von Friedrich de la Motte-Fouque und im mehrfach verfilmten Roman »Alraune« von Hanns Heinz Ewers (1913).

**Alraune-Wiederbelebungstrank**
Der → Zaubertrank, mit dem Versteinerte ins Leben zurückgerufen werden.

**Alte Runen leicht gemacht**
Ein Buch, das Hermine → Granger liest (*Ancient Runes Made Easy*, HP2).

**Alte Runen**
Unterrichtsfach in → Hogwarts, das Hermine → Granger in ihrem dritten Schuljahr besucht. – Runen sind in in Stein, Metall oder Holz geritzte Schriftzeichen der Runenschrift der germanischen Völker. Das früh-urnordische Runenalphabet, das nach den ersten sechs Buchstaben *Futhark* genannt wird, hatte ursprünglich 24 Buchstaben. Auch das Spät-Urnordische und das Südgermanische verwendeten noch diese überlieferten 24 Zeichen. Im Anglofriesischen erfolgte eine Erweiterung auf 28, mitunter auch auf 33 Buchstaben. In Skandinavien verwendete man während der Wikingerzeit nur 16 Zeichen (jüngeres *Futhark*). Im nord- und mitteleuropäischen Raum waren Runen vom 4. bis zum 12. Jahrhundert verbreitet. Da die Runen nicht nur einen Lautwert besitzen, sondern auch einen Begriff repräsentieren, der mit dem Runennamen identisch ist, kann man die Runenschrift als Laut- und als Begriffsschrift verwenden. Benutzt wurden Runen vor allem für Gedenk-, Weihe- oder Besitzerinschriften sowie als Symbole magischen Charakters. Während Runen bei den Hexen und Zauberern in → Hogwarts, aber auch bei manchen Muggeln (bei Esoterikern, zur → Weissagung und als → Amulette) bis heute benutzt werden, wurden sie als Gebrauchsschrift selbst in den entlegensten Gegenden Schwedens höchstens bis zum 17. Jahrhundert verwendet. Einzelne Zeichen sind allerdings in manchen Alphabeten als Sonderzeichen in Gebrauch. Und phantastische Autoren haben ihre eigenen Runenalphabete erfunden, wie etwa John Ronald Reuel → Tolkien.

**Alte und vergessene Hexereien und Zaubereien**
Ein Buch, in dem Harry Potter und seine Freunde nach einer Lösung suchen, wie Harry unter Wasser leben kann, um die zweite Aufgabe des → Trimagischen Turniers zu lösen *(Olde and Forgotten Bewitchments and Charmes)*.

## Alter

Das Alter der meisten Personen in den Büchern lässt sich nur ungenau feststellen. Harry Potter ist zu Beginn seiner Schulzeit in → Hogwarts, 1991, elf Jahre alt, denn er wurde am 31. Juli 1980 geboren. Rubeus → Hagrid ist 1991 62 oder 63 Jahre alt (geboren wahrscheinlich 1929), Lord → Voldemort zwei Jahre älter. Die Professoren → Lupin und → Snape sind etwa so alt wie Harrys Vater, James → Potter – doch das genaue Alter dieser Personen ist nicht genau ermittelbar. Der Zauberstabhändler → Ollivander muss mindestens 80 sein. Das Alter von Albus → Dumbledore ist nicht zu bestimmen; er ist auf jeden Fall mindestens 90 Jahre alt, kann aber auch viel älter sein. Die ältesten lebenden Personen in den Harry-Potter-Büchern sind wahrscheinlich Nikolaus → Flamel und seine Frau Perenelle, die beide über 600 Jahre alt sind.

## Alterslinie

Einen solchen magischen → Zauberbann, eine dünne goldene Linie, legt Albus → Dumbledore um den → Feuerkelch, um zu verhindern, dass jemand unter 17 Jahren am → Trimagischen Turnier teilnimmt. Wer sie versucht zu überwinden, wird zurückgeschleudert und es wächst ihm zur Strafe ein Bart (HP4).

## Alterungstrank

Mit diesem → Zaubertrank versuchen Schülerinnen und Schüler von → Hogwarts vergeblich, die → Alterslinie um den → Feuerkelch zu überwinden.

## amazon (.com und .de)

Der Online-Buchhändler (amazon.com bzw. amazon.de) verkauft sehr viele Harry-Potter-Bücher, macht aber damit nicht unbedingt ein gutes Geschäft: Laut der »New York Post« konnte amazon.com den englischen vierten Band, »Harry Potter and the Goblet of Fire«, zwar bereits am Erscheinungstag über 250.000 Mal verschicken. Doch da amazon auf den empfohlenen Ladenverkaufspreis 40 % Rabatt einräumte (15,57 statt 25,95 Dollar) und zusätzlich die Transportkosten von 9 Dollar pro Buch übernahm, hat die Firma damit alleine am ersten Tag mindestens 5 Millionen Dollar Verlust gemacht. Auch der deutsche Zweig, amazon.de, der den 4. Band in Englisch für 33,33 DM anbietet und ebenfalls die Transportkosten übernimmt, dürfte Verluste einfahren, zumal die Harry-Potter-Bücher auf der internen Verkaufsliste ganz oben stehen (Stand Anfang September 2000): 1. Platz »Harry Potter und der Stein der Weisen«, 2. Platz »Harry Potter und der Gefangene von Askaban«, 3. Platz »Harry Potter und der Feuerkelch« (zu diesem Zeitpunkt noch gar nicht erschienen!), 4. Platz »Harry Potter und die Kammer des Schreckens«, 5. Platz »Harry Potter and the Chamber of Secrets«, 6. Platz »Harry Potter and the Sorcerer's Stone«, 7. Platz »Harry Potter and the Goblet of Fire«, 9. Platz »Harry Potter and the Prisoner of

Ascaban«, 10. Platz »Harry Potter Band 5« (Titel noch nicht bekannt, Erscheinungsdatum ca. 1 Jahr in der Zukunft!), 12. Platz »Harry Potter and the Philosopher's Stone« ... und so geht das weiter, mit den → Erwachsenenversionen, den → Hörbüchern und verschiedenen gebundenen Ausgaben bis etwa Platz 30.

**Amerika, Amerikanische Ausgaben**
→ USA

**Amerikanischer Diptam**
→ Diptam

**Amnesia**
Ein → Gedächtnis-Spruch, den Gilderoy → Lockhart oft verwendet, bis er selber schließlich dessen Opfer wird (HP2). Das Wort ist eine neulateinische Prägung aus dem Griechischen und bedeutet Gedächtnisverlust, Vergessen. In der Medizin der → Muggel wird als *Amnesie* der Gedächtnisverlust infolge einer Krankheit, eines Traumas oder eines Schocks bezeichnet.

**Amontillado**
→ Passwort für den Eingang in den → Gryffindor-Turm in Harry Potters drittem Schuljahr in → Hogwarts. Amontillado ist ein Sherry, ein Süßwein.

**Amulett**
Ein Gegenstand, in dem ein → Schutzzauber gespeichert ist. In → Hogwarts kommt es nach dem ersten Angriff des → Basilisken aus der → Kammer des Schreckens zu einem lebhaften Handel mit Amuletten und → Talismanen; Neville → Longbottom etwa kauft eine übel riechende große grüne Zwiebel und den Schwanz eines Wassermolches. – Auch bei den → Muggeln sind Amulette beliebt; dort versteht man darunter alle Gegenstände, denen magische Kräfte zugeschrieben werden und die man als Zaubermittel bei sich trägt. Meist ist ein Amulett ein Stück Stein oder Metall, in das eine Inschrift oder Zeichen eingraviert ist und das man in der Regel um den Hals hängt. Schon die antiken Ägypter trugen Amulette zum Schutz vor Krankheit und Zauberei. Im Judentum trägt man Pergamentstücke mit Gesetzesabschnitten als Amulette z. B. gegen → Dämonen und böse → Geister; bei den Pharisäern galten solche Amulette als sichtbare Zeichen der Frömmigkeit. Das frühe Christentum kannte Amulette, in denen das griechische Wort *ichthys* (Fisch) eingraviert war, das die Initialen der griechischen Worte »Jesus Christus, Sohn Gottes, Erlöser« enthält. Im vierten Jahrhundert wurde den Geistlichen verboten, Amulette herzustellen oder zu verkaufen, im Jahr 721 ächtete die Kirche das Tragen von Amuletten und verurteilte es als → Aberglauben. Auch im Islam gibt es offiell zwar keine Amulette,

wohl aber im mystischen Islam und islamischen Volksglauben. Es sind Objekte, denen die *Baraka* anhaftet, eine göttliche, heilbringende Kraft, die Mohammed und islamische Heilige besaßen und die nun diesen Gegenständen anhaftet. Gold hat keine Baraka, Silber hingegen sehr viel. Besonders beliebt sind der Fisch und die Hand mit fünf Fingern, oft auch »Hand der Fatima« genannt, nach der Tochter des Propheten Mohammed. – Bei vielen religiösen Muggeln erfüllen Zeichen ihres Glaubens die Funktion von Amuletten, etwa das um den Hals gehängte Kreuz. Auch andere Amulette sind beliebt, und oft wird der Begriff mit dem → Talisman gleichgesetzt. Als Glücksbringer wie Schutzzauber dienen auch die bei Muggeln sprichwörtliche »Hasenpfote« oder Haarsträhnen geliebter Personen. Amulette sollen auch vor dem → Bösen Blick schützen.

**Anagramm**
Umstellung der Buchstaben eines Wortes oder Ausdrucks, um so ein neues Wort oder einen neuen Ausdruck zu bilden (vom griechischen *anagraphein:* umschreiben). Die mittelalterliche → Kabbala maß Anagrammen große Bedeutung bei, da man aus den Anagrammen eines Namens glaubte, auf Charakter oder Schicksal einer Person schließen zu können. Zeitweise war es üblich, aus den Namen bedeutender Personen Anagramme zu deren Lob zu bilden, es gab an manchen Königshöfen sogar offizielle Anagrammschreiber. Joanne K. → Rowling mag scheinbar Anagramme, und ebenso Lord → Voldemort alias Tom Vorlost → Riddle: In der deutschen → Übersetzung wird aus TOM VORLOST RIDDLE durch Umstellung der Buchstaben IST LORD VOLDEMORT (HP2,323), im englischen Original aus TOM MARVOLO RIDDLE (anderer Zweitname) I AM LORD VOLDEMORT. Ein weiteres Anagamm ist → Durmstrang, das aus dem deutschen »Sturmdrang« entsteht und auf die Hitlerdiktatur und den Zweiten Weltkrieg anspielt (HP4).

**Ananas-Stepptanz**
Diesen kleinen Zauber müssen die Schülerinnen und Schüler der ersten Klasse in → Hogwarts 1992, am Ende von Harry Potters erstem Schuljahr, als → Jahresabschlussprüfung in → Zauberkunst bei Professor Flitwick bewältigen.

**Anderswelt**
Allgemeine Bezeichnung für eine jenseitige Welt, je nach Standpunkt oder Religion/Ideologie können das Himmel oder Hölle, Paradies oder Unterwelt, eine Parallelwelt oder eine andere Dimension sein oder auch einfach das Traumreich der Phantasie. In eine Anderswelt entführen einen die »Narnia«-Chroniken von C. S. → Lewis, »Alice im Wunderland« von Lewis Carroll, mehrere Geschichten von → Tolkien und zahlreiche andere Fantasy-Stories und -Bücher. Im engeren Sinne wird als Anderswelt die Feenwelt der Kelten bezeichnet, bevöl-

kert von → Elfen, → Kobolden, → Todesfeen und anderen nichtmenschlichen Wesen; als mythische Gegenwelt taucht sie in der Literatur erstmals in den Werken von George MacDonald (1824 – 1905) auf und später z. B. bei Paul Anderson, Marion Zimmer-Bradley, Thomas Burnett Swann und Wolfgang Hohlbein.

### Anglesia

Auf dem Sprung von Anglesia (auch Anglesey und Anglesea), einer Insel im Nordwesten von Wales, nach → Aberdeen verschüttet Schaffner Stan → Shunpike die heiße Schokolade von Harry Potter im → »Fahrenden Ritter«.

### Anglia

Der lateinische Name für → England (→ Ford Anglia).

### Animagus

Hexe oder Zauberer, der oder die in der Lage ist, sich nach Belieben in ein Tier zu verwandeln (Mehrzahl: Animagi). Die Freiwilligkeit unterscheidet Animagi von krankhaft verwandelten Menschen wie einem → Werwolf. Oft hat das Tier Ähnlichkeiten mit dem Menschen, so hat Minerva → McGonagall als → Katze dunkle Fellringe um die Augen, die an ihre Brille erinnern, und die Journalistin Rita → Kimmkorn als Käfer Ringe um die Augen, die die Form ihrer juwelenbesetzten Brille haben. Offensichtlich werden die Kleider mit umgewandelt. McGonagall sitzt jedenfalls angezogen auf der Mauer vor dem Haus der → Dursleys (HP1,14). Nur die Brillen zeichnen sich scheinbar ab... Offiziell müssen alle Animagi beim → Zaubereiministerium registriert sein. Dies scheinen aber viele zu unterlassen: In der Liste stehen 1993 für das 20. Jahrhundert gerade mal sieben Leute (HP3,364). Zu den nicht registrierten Animagi gehören James → Potter (→ Hirsch), Sirius → Black (Hund), Peter → Pettigrew (die Ratte → Krätze) (alle HP3) sowie Rita Kimmkorn (Käfer, HP4). – Animagus setzt sich zusammen aus den lateinischen Wörten *animal*, Tier, und *magus*, → Magier. Ein weiblicher Animagus muss eigentlich Animaga heißen.

### Anrufung

Eine der vier Hauptformen der → Magie.

### Antiobskuranten

Geräte, die Geheimnisse aufdecken oder Feinde aufspüren, z. B. → das Spickoskop, der → Geheimnis-Detektor und das → Feindglas.

### Aparecium

Ein → Zauberspruch, der Verborgenes sichtbar macht, z. B. unsichtbare Tinte (HP2,242). Das lateinische *apparere* heißt erscheinen.

**Apparieren**

Die magische Fähigkeit (englisch: *apparate*) ohne Zeitverlust von einem zum anderen Ort zu gelangen, wird nur von gut ausgebildeten Hexen und Zauberern beherrscht. Wenn man irgendwo ankommt, nennt man es apparieren (erscheinen), wenn man verschwindet, → desapparieren oder disapparieren. Um apparieren zu dürfen, muss man mindestens 16 Jahre alt sein und eine Prüfung vor der Abteilung für magischen Personenverkehr im → Zaubereiministerium ablegen. Wenn es schiefgeht, ist das nämlich ganz schön gefährlich; Arthur → Weasley berichtet von einem Fall, wo sich ein Pärchen »zersplinterte«, d. h. Teile von sich zurückließ und vom → Magischen Unfallumkehr-Kommando gerettet werden musste. Natürlich mussten die beiden ein gehöriges Bußgeld zahlen (HP4,72). – Von und nach → Hogwarts verhindern magische Barrieren das Apparieren und Desapparieren; dass der → Hauself → Dobby trotzdem desapparieren kann, zeigt, wie mächtig diese Wesen sind (HP2,186). – Das lateinische *apparere* heißt erscheinen. – Die in den Harry-Potter-Büchern beschriebene Fähigkeit des zeitverlustlosen Personentransports durch eigene Fähigkeiten bezeichnen die Wissenschaftler der → Muggel als »Teleportation«. In einer bekannten Serie ihrer nichtmagisch belebten Bilderreihen wird eine ähnliche Fähigkeit auch als »Beamen« bezeichnet (»Beam me up, Scotty!)«, funktioniert dort aber nur mithilfe von Technik, also Apparaten, und entspricht eher den → Portschlüsseln. Eine weitere Möglichkeit des magischen → Transports ist → Floh-Pulver.

**Aquarium**

In seinem Zimmer im → »Fuchsbau« hat Ron → Weasley im Sommer 1992 ein Aquarium voller Froschlaich stehen (HP2,45), im Sommer 1994 ist daraus ein riesiger Frosch geworden (HP4,61).

**Aragog**

Die riesige → Spinne, der Harry Potter und Ron → Weasley im → Verbotenen Wald begegnen, lebt dort seit 50 Jahren und ist also eindeutig keine »normale«, sondern eine hoch magische Spinne. Dies gilt auch bezüglich Größe und Intelligenz: Aragog kann, wie seine Nachkommen, reden und ist so groß wie ein Elefant. Ursprünglich kommt er aus einem fernen Land; ein Reisender hat ihn → Hagrid geschenkt, als er noch ein Ei war. Hagrid zog ihn auf, und als er verdächtigt wurde, die → Kammer des Schreckens geöffnet zu haben, half er ihm, in den Wald zu fliehen. Später besorgte er ihm eine Frau, Masog, und nun gibt es eine große Familie von kutschpferdgroßen Spinnen. Aragog selbst ist inzwischen blind und grau. – In Aragogs Namen verbirgt sich zunächst Arachne, jene Frau, die von Athene (→ Minerva) in eine Spinne verwandelt wurde und den Spinnentieren ihren Namen, Arachnida, gab (die vollständige Sage unter →

Spinnen). Der Name Gog taucht erstmals auf im Alten Testament. Der gewaltige Heerführer Fürst Gog residiert in dem den Hebräern feindlich gesonnenen Lande Magog (Hesekiel 38). In der Apokalypse des Johannes sind Gog und Magog zwei mächtige feindselige Kräfte unter dem Einfluss Satans, die kurz vor dem Ende der Welt, am Ende des Millenniums, erscheinen werden und im Endkampf unterliegen: *»Und wenn die tausend Jahre vollendet sind, wird der Satan losgelassen werden aus seinem Gefängnis und wird ausziehen, zu verführen die Völker an den vier Enden der Erde, Gog und Magog, und sie zum Kampf zu versammeln; deren Zahl ist wie der Sand am Meer. Und sie stiegen herauf auf die Ebene der Erde und umringten das Heerlager der Heiligen und die geliebte Stadt. Und es fiel Feuer vom Himmel und verzehrte sie«* (Apokalypse 20,7-9). In späteren religiösen und → mythologischen Schriften wurden Gog und Magog verwandt für jede Kraft, die sich gegen die »wahre Religion« (welche das auch immer war) und ihre Anhänger richtete. In einer englischen Sage ist Gog ein schrecklicher → Riese, der in → London den Königspalast bewachen sollte. – Vom Klang her erinnert der Name auch an Aragorn, den »König der Wälder« und großen Helden im der Triloge »Der Herr der Ringe« von → Tolkien.

**Arantes, Jorge**

Ex-Ehemann von Joanne K. → Rowling (1992/93), Vater ihrer Tochter Jessica.

**Arbeitsgruppe für Experimentelles Zaubern**

Diese Abteilung des → Zaubereiministeriums kümmert sich um → Mortlake und seine seltsamen → Frettchen und kommt dabei im 2. Band in der deutschen → Übersetzung gar nicht vor; im Original heißt sie *Committee on Experimental Charms* (HP2,42). Wilbert → Gimpel arbeitet dort (HP4).

**Arbeitskleidung**

Zur Arbeitskleidung der Schülerinnen und Schüler von → Hogwarts gehören neben einfacher schwarzer Kleidung Schutzhandschuhe aus → Drachenhaut o. ä. Alle Kleidungsstücke müssen mit Namensetiketten versehen sein.

**Archie**

Ein sehr alter Zauberer, der auf dem Zeltplatz bei der → Quidditch-Weltmeisterschaft 1994 versucht, sich als → Muggel auszugeben: gekleidet in ein langes Nachthemd mit Blümchenmuster (HP4).

**Arithmantik**

Die Beschäftigung mit Zahlen und ihrer Bedeutung in der → Alchemie und der → Magie; Schulfach in → Hogwarts, unterrichtet von Professor → Vector. Spezialgebiet der → Nummerologie. Hermine → Granger braucht dafür im dritten Schuljahr das Buch »Nummerologie und Grammatica«.

### Arithmomantie

→ Weissagung aus Zahlen, Spezialgebiet der → Nummerologie. Dabei wird den Zahlen eine bestimmte Bedeutung zugewiesen, aber auch → Namen und Wörter werden in Zahlen umgesetzt, indem man den Buchstaben bestimmte Zahlen zuweist. Besonders gut geeignet ist dazu das hebräische Alphabet, in dem die Buchstaben gleichzeitig Zahlen sind (→ Kabbala). Am einfachsten erhält man ein Orakel, indem man die Ziffern aller Zahlen zusammenzählt (eine »Quersumme« bildet) und dies solange wiederholt, bis man eine einstellige Zahl erhält, der man dann eine Bedeutung zuweisen kann. In der → Astrologie werden alle Ziffern auch mit den → Planeten in Verbindung gebracht.

### Armbrust

Die Schusswaffe, die → Hagrid verwendet (HP1, HP4), besteht aus einem hölzernen Schaft, der Säule, und einem Bogen aus Holz, Eisen oder Stahl, der im rechten Winkel zum Schaft angebracht ist. Die von einem Haken oder Abzug in einer Kerbe gehaltene Bogensehne wird mit einem Hebel gespannt, der bei einer kleineren Armbrust mit der Hand oder dem Fuß betätigt wird, bei größeren mit einer Winde. (Es ist anzunehmen, dass Hagrids Armbrust von einem Menschen nicht gespannt werden kann.) Das Geschoss, Bolzen oder Pfeil genannt, wird in die Bolzenrinne auf der Oberseite des Schaftes gelegt und bei Betätigung des Abzugs abgefeuert. Hagrid trägt seine Pfeile in einem Köcher über die Schulter gehängt. – Unter den → Muggeln war die Armbrust bereits im alten China und im antiken Rom bekannt, in Europa fand sie seit den Kreuzzügen im 12. Jahrhundert Verbreitung. Auf dem 2. Laterankonzil im Jahr 1139 wurde der Gebrauch der Armbrust als unritterlich verboten, nur noch der Einsatz gegen Nichtchristen war erlaubt. Dieses Verbot hatte jedoch keinerlei Auswirkung; bis ins 16. Jahrhundert wurde die Armbrust als Kriegswaffe eingesetzt. Heute wird sie nur noch als Jagd- oder Sportwaffe verwendet.

### Armenischer Zauberer

Der unbekannte alte hässliche Zauberer, der → Werwölfe in → Wagga-Wagga besiegte und dessen Gedächtnis Gilderoy → Lockhart löschte, ehe er seine Taten und seinen Ruhm stahl. Der Name des tapferen Mannes ist unbekannt.

### Armschmalz

Schmalz ist festes, tierisches Fett, das durch Erhitzen aus Speck gewonnen wird. Ron → Weasley muss bei seiner → Strafarbeit im zweiten Schuljahr Pokale und Medaillen mit Armschmalz polieren – was damit gemeint ist, ist ein Geheimnis des → Übersetzers. Das englische *Elbow Grease* lässt sich als »Ellbogen-Schmalz« übersetzen, meint aber »harte Arbeit« oder »Handarbeit«.

**Ars magica**
Lateinisch: Kunst der → Zauberei, die → Magie.

**Artefakt**
Etwas künstlich Geschaffenes, sei es von → Muggeln, Zauberern oder Hexen oder sogar Vormenschen oder Tieren. Entscheidend ist die Bearbeitung. Auch eine Wunde oder eine Verletzung werden als Artefakt bezeichnet, wenn sie nicht durch einen Unfall o. ä. entstanden sind, sondern z. B. durch eine Waffe verursacht wurden. Im → Zaubereiministerium gibt es eigens eine → Abteilung für/gegen den Missbrauch von Muggelartefakten.

**Arthur A. Levine Books**
Imprint des amerikanischen Verlages → Scholastic Inc; in ihm erscheinen die amerikanischen Ausgaben von Harry Potter.

**Artus, König**
Immer wieder wird Harry Potter mit Artus, dem berühmten, sagenhaften König der Briten, verglichen. Wie diesen versucht man ihn als Kleinkind zu meucheln, wie Artus wächst er bei einer Pflegefamilie auf und erntdeckt erst später seine besondere Herkunft (HP1). Wie Artus gelingt es ihm, ein → Schwert, das verzaubert versteckt bzw. festgehalten ist, zu ziehen (Artus aus einem Stein, Harry aus dem → Sprechenden Hut). Wie Artus dient ihm der weiseste und größte aller lebenden Zauberer als Ratgeber: Albus → Dubledore entspricht → Merlin (mit dem Harry übrigens auch gerne verglichen wird; er hat von beiden etwas). und wie Artus versammelt Harry seine »Ritter« um sich, seine eigene Tafelrunde, also seine Freundinnen und Freunde und Gefährten, etwa Ron → Weasley (Lancelot?), Hermine → Granger und Ginny → Weasley (welche von beiden ist Guinevere?), die → Weasley-Zwillinge und Percy → Weasley (Parzival?). Einige Leute vermuten wegen dieser Parallelen, dass → Rowling für ihren Helden eine königliche Zukunft plane; ich glaube das wegen ihrer humanistischen und demokratischen Gesinnung nicht. – Der Sage nach war der legendäre britische König der »Dark Ages« (5./6. Jh.) der Sohn von Uther Pendragon, von manchen auch als Sohn des Teufels, eines →Dämons oder eines Gottes betrachtet. Er wuchs inkognito bei einer Pflegefamilie auf und wurde dadurch zum König, dass er das »magische Schwert« aus dem Stein zog, das Merlin in diesen gesteckt hatte und das nur der »wahre König« herausziehen konnte. Beraten von Merlin schuf er die Tafelrunde. Er soll ganz Britannien vereinigt haben und hat angeblich sogar versucht, Rom zu erobern. Sein größter Ritter,

Lancelot, hat ihn in manchen Sagenfassungen mit seiner Gattin Guinevere betrogen. Artus fiel, wahrscheinlich im Kampf gegen seinen Sohn Mordred, in der Schlacht von Camlann, die Lage dieses Ortes ist nicht mehr feststellbar. Nach der Vorstellung mancher → Muggel soll Artus noch heute in Avalon, der »Insel der Seeligen«, auf seine Wiederkehr warten. *»Falls Arthur gelebt haben sollte, kann man heute mit Sicherheit davon ausgehen, daß er nicht unangefochten über ganz Britannien herrschte. Er war ein Kleinkönig unter vielen, dem es gelungen war, sein Gebiet (möglicherweise das heutige Wales) zu befrieden, und verteidigte erfolgreich seine Grenzen gegen die anstürmenden Sachsen. Daß er so starken Einzug hielt in die Welt der Sagen und Mythen, mag daran liegen, daß er länger als andere Herrscher seiner Zeit den Frieden wahren konnte, daß er zum König ganz Britanniens stilisiert wurde, wohl daran, daß er auf der Insel einen ähnlichen Rang hatte wie der Hochkönig Irlands, dessen Einfluß in den einzelnen Provinzen des Landes jedoch sehr gering war. Nennius führt ihn als ›dux bellorum‹, als Kriegsherren, was hiermit in etwa übereinstimmen würde, während Monmouth und die walisische Tradition Arthur als König im mittelalterlichen Sinn bezeichnen.* [...] *In der anglo-amerikanischen Literatur-Tradition wird seit dem Mittelalter der aktive und überlegene Arthur bevorzugt (Ausnahme Mark Twain), während die festländische Tradition Europas ihn zu einer Nebenfigur degradiert«* (Thomas Mörschel: »Die Historia des heiligen Gral«, Saarbrücken 1994).

### Ascaban

Der englische Name für → Askaban.

### Aschenputtel

Mit dieser weitverbreiteten Märchenfigur werden sowohl die Autorin der Potter-Romane, Joanne K. → Rowling, als auch Harry Potter selbst gerne verglichen – Rowling, weil sie von der armen, missachteten Lehrerin zu einer der reichsten Frauen → Großbritanniens aufstieg, Harry, weil er bei Familie → Dursley das ungeliebte und gedemütigte Familienmitglied ist, in der Welt der Zauberer jedoch zu höchsten Ehren aufsteigt, quasi ein → Prinz wird: *»Die Dursleys sind die perfekteste Inkarnation von Spießbürgern und Oberlangweilern, die man sich vorstellen kann. Harry fristet bei ihnen das Dasein eines Aschenputtels, er wird schikaniert, wo es nur geht«*, schreibt Ulla Hanselmann (Deutsches Allgemeines Sonntagsblatt, 7.4.2000). Und Norbert Blüm notiert am 5.10.2000 im »Stern«: *»Auf den ersten Blick ist er ein männliches Aschenputtel. Ein Waisenkind, gequält von seinen fiesen Stiefeltern.«* – Das Märchen vom Aschenputtel ist in tausenden von Fassungen eines der weltweit verbreitetsten Märchen; meistens geht es um die jüngste von drei Töchtern, die in der Jugend verachtet wird (oft ist sie Stieftochter aus erster Ehe), in der Asche sitzen muss oder sich damit unkenntlich oder hässlich macht und später zu hohen Ehren gelangt. In vielen Namen wird der Bezug zur demütigenden Asche deutlich: »Aschenbrödel«, »Cinderella« (englisch), »Cendrillon« (französisch), »La Cenerentola« (italienisch). Die frühesten schriftlichen Fassungen findet man 1634 im »Pentamerone« des Italieners Giambattista Basile und 1697 in den »Contes de ma mère l'oye« des Franzosen Charles Perrault. Aschenputtel gibt es in vielen literarischen Fassungen, als Oper (»La Cenerentola«, auch bekannt als »Angelina«, 1817, von Rossini; »Cendrillon«, 1899, von Massenet), als Ballett (»Cinderella« von Prokofjew, 1945) und als Zeichentrickfilm (»Cinderella« von Walt Disney, 1950) – und nun in männlicher moderner Fassung als Harry Potter.

### Askaban

Das Gefängnis für Hexen und Zauberer → Askaban liegt auf einer Insel im Norden der Nordsee (Interview von Joanne K. → Rowling). Wer hier gefangen ist, verliert langsam aber sicher alle Lebenskraft, denn die Wächter sind die furchtbaren → Dementoren. Flucht galt bis 1993 als ausgeschlossen – in diesem Jahr gelang Sirius → Black die Flucht, obwohl er ein Hochsicherheitsgefangerer war (HP3). Ein Jahr zuvor war→ Hagrid kurze Zeit in Askaban in Untersuchungshaft, während er verdächtigt wurde, die → Kammer des Schreckens geöffnet zu haben. – Auch wenn es außer Sirius noch niemandem gelang, aus Askaban zu entkommen: Barty → Crouch junior gelingt es indirekt, indem sich statt seiner seine Mutter einliefern lässt, verwandelt mit dem → Vielsaft-Trank (HP4). – Askaban klingt, englisch ausgespochen, ähnlich wie *as cabin* – »als Kabine« – und erinnert an Alcatraz, das berühmte Inselgefängnis vor San Francisco.

### Asphodelus

→ Affodill

### Astrologie

Die ersten Astrologen (→ Sternengucker), die Harry Potter kennenlernt, sind die → Zentauren. Und das erste → Passwort, das er in → Hogwarts lernt, stammt aus der Astrologie: → Caput Draconis. Im vierten Schuljahr steht für Harry Potter Astrologie auf dem Lehrplan im Rahmen seines → Weissageunterrichts. – Astrologie ist die Lehre vom Zusammenhang zwischen Ereignissen auf der Erde und den Positionen und Bewegungen der Himmelskörper, insbesondere der → Sonne, des → Mondes, der → Planeten und → Sterne. Grundaussage der Astrologie ist, dass die Position der Himmelskörper im Augenblick der Geburt eines Menschen und ihre nachfolgenden Bewegungen den Charakter dieses Menschen und sein Schicksal reflektieren. In speziellen Karten, den Horoskopen, sind die Positionen der Himmelskörper zu einer bestimmten Zeit verzeichnet im Verhältnis zur Ekliptik (der Bahn, auf der sich die Erde um die Sonne in einem Jahr bewegt). Dieser → Tierkreis, der Zodiakus, ist in zwölf Abschnitte eingeteilt, die Tierkreiszeichen Widder, Stier, Zwilling, Krebs, Löwe, Jungfrau, Waage, Skorpion, Schütze, Steinbock, Wassermann und Fische. Jedem Planeten sowie Sonne und Mond wird ein bestimmtes Zeichen zugeordnet, je nachdem, wo er sich gerade auf der Ekliptik befindet. Jeder Planet und jedes Tierkreiszeichen soll grundlegende menschliche Tendenzen und Merkmale symbolisieren. Das Tierkreiszeichen einer Person ist das Sonnenzeichen, also das Zeichen, in welchem sich die Sonne zur Geburtszeit befand. Zur genaueren Auswertung werden die zwölf Häuser herangezogen, die sich auf den 24-stündigen Tag beziehen und die jeweils für einen bestimmten Lebensbereich stehen, wie Beziehungen, Gesundheit, Arbeit, Reisen, Tod. Durch die Interpretation der Position der Himmelskörper innerhalb der Zeichen und Häuser sollen Voraussagen möglich sein. – Die Zentauren sind so fest von den Möglichkeiten der Astrologie überzeugt, dass sie sogar einen Eid abgelegt haben, sich *»nicht gegen den Himmel zu stellen«* (HP1,280). Allerdings räumt der Zentaur → Firenze ein: *»Die Planeten wurden schon einige Male falsch gedeutet, selbst von Zentauren«* (HP1,283). – In der Welt der → Muggel wurden astrologische Systeme unabhängig voneinander in verschiedenen Zivilisationen entwickelt, so in Babylonien etwa um 3000 v. Chr., in China ab etwa 2000 v. Chr., in Indien oder bei den Maya. Diese Formen haben allerdings wenig mit den oben erklärten Prinzipien zu tun, das chinesische oder indische Horoskop etwa basiert auf dem Sonnenjahr und kennt die Zeichen Ratte, Ochse, Tiger, Hase, Drache, Schlange, Pferd, Schaf, Affe, Huhn, Hund und Schwein. Etwa um 500 v. Chr. entstand bei den Griechen eine der modernen Astrologie ähnliche Vorstufe, an deren Entwicklung Pythagoras und Platon beteiligt waren. Einen starken Einfluss hatte → Ptolemäus. In Europa wurde die Astrologie bis in die frühe Neuzeit praktiziert, auch wenn die Kirche sie immer wieder verbot. Bis ins 16. Jahrhundert galten Astrologie und Astronomie als ergänzende Wissenschaften, auch Kopernikus oder Galilei betrieben sie zeitweise – obwohl gerade deren Entdeckungen der Astrologie die Grundpfeiler entzog, beruht doch die Berechnung eines Horoskops auf dem geozentrischen System des → Ptolemäus mit der Erde als Mittelpunkt. Außerdem verschiebt sich der → Tierkreis alle 70 Jahre um ein Grad zurück. Mit der Entdeckung neuer Planeten (→ Uranus 1781, → Neptun 1846, → Pluto 1930) stimmte dann gar nichts mehr, und moderne Astrologen geraten immer wieder in erhebliche Erklärungsnot. Viele von ihnen behaupten allerdings auch gar nicht mehr, Voraussagen machen zu können, sondern verkaufen ihre Methode als eine Art Psychoberatung, als Hilfe, den eigenen Weg zu finden, sie grenzen sich auch ab von den sogenannten »unseriösen« Astrologen – die allerdings in weiten Teilen der Bevölkerung und sogar bei hohen Politikern und Wirtschaftsführern Gehör finden. Aus Sicht der Muggel-Wissenschaftler ist an der Astrologie gar nichts dran, ist sie reiner → Aberglaube. Zahlreiche Untersuchungen und Experimente haben dies immer wieder belegt.

### Astronomie

Wissenschaft, die sich mit dem Weltall und den Himmelskörpern beschäftigt, also den → Planeten und deren Satelliten und → Monden, Kometen und Meteoren, → Sternen, Galaxien und interstellarer Materie. Bereits seit der Antike werden die Sterne zu → Sternbildern zusammengefasst. Für Zauberer und Hexen eine wichtige Wissenschaft: Harry Potter hat im 1. Schuljahr in → Hogwarts jeden Mittwoch um Mitternacht Astronomiestunde bei Professorin → Sinistra auf dem → höchsten Turm; hier kann er sein → Teleskop einsetzen. Wahrscheinlich dient die Astronomie, wie auch bei den → Muggeln bis ins 17. Jahrhundert, auch als Hilfswissenschaft für die → Astrologie; darauf deutet der Name Sinistra hin. Harry muss viel über die neun → Planeten unseres Sonnensystems lernen. Wichtig für ihn als Zauberer ist auch stets, über den → Mond Bescheid zu wissen, können dessen Phasen doch die Wirksamkeit der Magie beeinflussen oder einen → Werwolf zur Verwandlung zwingen. – Ein auch unter den Muggeln bekannter und bedeutender Astronom war → Ptolemäus.

### Astronomische Einheit

Die mittlere Entfernung der → Erde von der → Sonne, Zeichen AE: 149.597.870 Kilometer, eine Strecke, für die das Licht ca. 8 Minuten braucht.

### Auf Harry Potter – den Jungen, der lebt!

Trinkspruch, mit dem 1981 der Sturz von Lord → Voldemort gefeiert wurde.

### Auf Jagd mit den Cannons

Dieses Buch über die → Chudley Cannons, das → Quidditch-Team, für das Ron → Weasley schwärmt, erhält Harry Potter von Ron als Weihnachtsgeschenk 1992 (*Flying with the canons*, später übersetzt als »Fliegen mit den Canons«).

### Auflage

Wenn man erkennen möchte, welche Auflage eines Harry-Potter-Bandes man in Händen hält, muss man auf die Impressumseite schauen, das ist die Rückseite des Innentitels (meistens Seite 4). Dort stehen unten Zahlen: Von links werden sie zur Mitte zu immer größer, von rechts zur Mitte zu immer kleiner. Wenn dort z. B. steht 12 13 14 15 02 01 00 99, so heißt dies: 12. Auflage, gedruckt 1999. Dies wird so gemacht, damit der Verlag bei einer neuen Auflage die Seite nicht neu machen muss. Man kann dieselbe Druckplatte nehmen und retuschiert die entsprechenden Zahlen weg. Bei der nächsten Auflage steht dann dort 13 14 15 02 01 00, das ist dann die 13. (unveränderte) Auflage, gedruckt im Jahre 2000.

**Auflagenhöhe**

Die Erstauflagen der ersten Bände waren noch sehr bescheiden: Ganze 500 Stück der ersten Hardcover-Auflage von »Harry Potter and the Philosopher's Stone« wurden gedruckt. Auch beim zweiten und dritten Band traute der englische Verlag → Bloomsbury der Sache noch nicht so recht: »Harry Potter and the Chamber of Secrets« hatte eine Erstauflage von 10.150, »Harry Potter and the Prisoner of Azkaban« von 10.000 Exemplaren. Der 4. Band, »Harry Potter and the Goblet of Fire«, hingegen wurde mit 1 Million Exemplaren in → Großbritannien und 3,8 Millionen Exemplaren in den USA das Buch mit der höchsten Erstauflage aller Zeiten. Noch nie lagen in den USA so viele Vorbestellungen für ein Buch vor: Acht Tage vor Erscheinen waren es fast 300.000. In Deutschland gibt der → Carlsen-Verlag die Startauflage des 4. Bandes mit 1.000.000 an – mehr, als die meisten Bücher je an Gesamtauflage erreichen und die höchste Startauflage für ein belletristisches Werk in Deutschland. – Bis Redaktionsschluss (Oktober 2000) hat → Bloomsbury über 8 Millionen Harry-Potter-Bücher verkauft, → Scholastic in den USA über 20 Millionen. Weltweit sind es fast 50 Millionen Bücher. Und das in nur vier Jahren – das ist beeindruckend. Deutschlands erfolgreichster Fantasy-Autor etwa, Wolfgang Hohlbein, hat bisher mit über 110 Büchern eine Gesamtauflage von 7 Millionen erreicht. Doch bis Rowling es in die absolute Weltspitze schafft, wird es wohl noch etwas dauern: Die 70 Bücher der erfolgreichsten Autorin des 20. Jahrhunderts, Agatha Christie, sind in alle europäischen und viele andere Sprachen übersetzt und liegen in einer Gesamtauflage von weit über 200 Millionen vor. Der wahrscheinlich meistgelesene Autor des 20. Jahrhunderts ist der Großmeister der Fantasy, John Ronald Reuel → Tolkien; er bringt es mit nur wenigen Büchern aus seinem Hauptwerk (eines der meistverkauften Werke überhaupt ist der »Herr der Ringe«) auf eine Gesamtauflage von über 150 Millionen. Von Stephen King, dem meistgelesenen Horror-Autor der letzten Jahrzehnte, sind bisher nach unterschiedlichen Angaben 100 bis 200 Millionen Exemplare erschienen, davon alleine in deutscher Sprache über 10 Millionen. Als er die Story »Riding the Bullet« ausschließlich im Internet vorstellte, wurde diese in den ersten 24 Stunden 400.000 mal heruntergeladen. Im Comic-Bereich werden noch ganz andere Zahlen erreicht: Als die »Peanuts« von Charles M. Schulz im September 2000 fünfzig Jahre alt wurden, wurde die Gesamtauflage der Bücher (ohne Strips in Zeitschriften oder Zeitungen) mit über 300 Millionen angegeben. Auch Deutsche gehören zu den Auflagenspitzen, im trivialeren Bereich etwa Hedwig Courths-Mahler, mit über 200 Romanen und weit über 80 Millionen Gesamtauflage, und der Western-Autor G. F. Unger, der mehr als 700 Romane geschrieben hat und angeblich auf eine Gesamtauflage von 250 Millionen Exemplaren und Übersetzungen in rund ein Dutzend Sprachen zurückschauen kann. Der meistübersetzte deutsche Schriftsteller ist Karl May. Die deutschsprachige Gesamtauflage seiner über 70 Bücher überschreitet die 100-Millionen-Grenze; mit den Übersetzungen in weit mehr als 30 Sprachen kommen noch mindestens 50 Millionen hinzu. Der Rummel um Old Shatterhand, Winnetou und Kara ben Nemsi im 19. Jahrhundert war vergleichbar mit dem, was sich jetzt um Harry Potter abspielt. Und auch heute gibt es noch solche Runs auf May: In Litauen starteten die Winnetou-Bände 1986/88 mit 300.000 Stück, und die erste Auflage einer Kurzgeschichtensammlung mit 300.000 Exemplaren war 1977 in Bulgarien am ersten Tag verkauft. – Wenn der Boom um Harry Potter noch einige Jahre anhält, dürfte sich Rowling mit ihren Romanen bis in die Spitze der Auflagenhitliste schreiben. Und damit ist zu rechnen: Der → Carlsen-Verlag meldet seit Erscheinen des 4. Bandes in Großbritannien (Juli 2000) eine erheblich erhöhte Nachfrage auch nach den anderen Bänden. Lag der Verkauf vorher bei etwa 100.000 Exemplaren im Monat, werden seit Juli 500.000 bis 700.000 Exemplare der ersten drei Bände pro Monat gedruckt. Im September 2000 gingen 650.000 Bücher über den Ladentisch, Ende September waren (vor Band 4) 3,4 Millionen Bücher verkauft. Bis Ende 2000 kann man dies (inkl. Band 4 und Weihnachtsgeschäft) auf mindestens 6 bis 7 Millionen hochrechnen.

**Aufmunterungszauber**
Ein Zauber, den Professor → Flitwick seiner dritten Klasse beibringt (HP3)

**Aufrufezauber**
Solche Zauber, mit denen man Dinge einsammeln oder herbeirufen kann (englisch *Summoning Charms*), z. B. → Accio, bringt Professor → Flitwick seiner vierten Klasse bei. Das Gegenstück sind → Verscheuchezauber (HP4).

**Aufpäppel-Trank**
→ Zaubertrank, den Madam → Pomfrey gegen Erkältungen verabreicht. Er wirkt sofort, aber wenn man ihn getrunken hat, rauchen einem noch stundenlang die Ohren.

**Aufstand**
Es gab eine ganze Menge Aufruhr und Aufstände in der Geschichte der Hexen und Zauberer. Genannt werden in den Harry-Potter-Büchern u. a. der Aufstand von Elfrich dem Eifrigen (HP1,286), der berüchtigte Koboldaufstand von 1612, dessen Hauptquartier das Gasthaus → »Zu den drei Besen« in → Hogsmeade war (HP3,83), und zahlreiche Koboldaufstände im 18. Jahrhundert (HP4).

**Aufstieg und Fall/Niedergang der dunklen Künste**
Buch, das Hermine → Granger gelesen hat (in der Übersetzung in zwei Fassungen); es steht etwas über Harry Potter drin *(The Rise and Fall of the Dark Arts).*

**Aufzug**
Die → Wendeltreppe zum Büro von → Dumbledore bewegt sich von selbst.

**Auge, Magisches**
Mad-Eye → Moody

**Aunt Marge**
So heißt im Original Magda → Dursley, mit vollem Namen *Marjorie Dursley.*

**Aura**
Laut Professor → Trelawney hat Hermine → Granger nur eine schwache Aura und keine Begabung für das → Weissagen. Da sie die einzige ist, die eine solche Aura sehen kann, bleibt ihre Einschätzung natürlich unkontrollierbar. (HP3) – Die Strahlenkorona um einen Körper soll nach Auffassung zahlreicher Esoteriker Aussagen über den psychischen Zustand, Energiebilanz, Ausgeglichenheit, Gesundheit oder vieles andere geben. Da es keine allgemein anerkannte Art gibt, sie zu sehen, gilt die Aura bei vielen → Muggeln als → Aberglaube und Geschäftemacherei.

**Auror**
Eine Hexe oder ein Zauberer, die oder der → Todesser bekämpft, verfolgt und versucht, sie nach → Askaban zu bringen. Der beste und erfolgreichste Auror war Mad-Eye → Moody, Auror war auch Frank → Longbottom (HP4). Ron → Weasley möchte zeitweise Auror werden, Harry will erst einmal schauen, wie vernarbt die anderen Autoren sind. – Auror könnte vom lateinischen *auris* kommen, Ohr, oder von *Aurora*, römische Göttin der Morgenröte.

**Ausmacher**
Das magische Werkzeug von → Dumbledore, mit dem er Lampen ausknipsen kann, indem er das Licht hineinzieht (*Put-Outer).* Wenn er will, kehren die Lichter zurück. Sieht aus wie ein silbernes Feuerzeug zum Aufklappen (HP1).

**Ausschuss für die Beseitigung gefährlicher Geschöpfe**
Diese Abteilung im → Zaubereiministerium (*Committee for the Disposal of Dangerous Creatures*) untersucht die Vorwürfe gegen den → Hippogreif → Seidenschnabel und verurteilt ihn zum Tode (HP3).

**Aussprache**
Die richtige Aussprache ist bei einem Zauberspruch sehr wichtig, wie Professor Flitwick im → Zauberkunst-Unterricht in Harry Potters erstem Schuljahr erläutert. Er erzählt von dem Zauberer Baruffio, der bei dem → Zauberspruch →

»Wingardium leviosa« einmal »r« statt »w« sagte – und statt etwas → fliegen zu lassen, lag er auf dem Boden, einen Büffel auf der Brust (HP1).

### Ausstellungen

Zu Harry Potter und seiner Welt fanden schon zahlreiche Ausstellungen statt, u. a. in Hamburg im Museum für Völkerkunde im Juli 2000.

### Austen, Jane

Die Lieblingsschriftstellerin von Joanne K. → Rowling wurde 1775 als eines von 8 Kindern eines englischen Landpfarrers in Steventon (Hampshire) geboren und starb 1817 in Winchester an Tuberkulose. Sie veröffentlichte 6 Romane: *Sense and Sensibility* (1811, »Vernunft und Gefühl«), *Pride and Prejudice* (1813, »Stolz und Vorurteil«), *Northanger Abbey* (1818, »Die Abtei von Northanger«), *Mansfield Park* (1814), *Emma* (1816) und *Persuasion* (1818, »Überredungskunst«, auch »Anne Elliot«). Sie wurde erst nach ihrem Tod berühmt und gilt heute als hervorragende Vertreterin des englischen Gesellschaftsromans, auch aufgrund ihres ausgeprägten Gespürs für menschliche Verhaltensmuster. Viele ihrer Werke erschienen nach ihrem Tod, u. a. einige *Geschichten in Love and Friendship and Other Early Works* (1922, »Liebe und Freundschaft«), ihr Briefwechsel *Letters* (1932; überarbeitet 1952) und unvollendete Werke, darunter *The Watsons* (1923, »Die Watsons«). Wie Rowlings Bücher zeugen Austens Werke von scharfer Beobachtung und schildern in oft eindrucksvoller Detailtreue alltägliche Begebenheiten. Und wie Austen vertritt Rowling in ihren Geschichten immer wieder die Überzeugung, dass das Erlangen persönlicher Reife mit dem Verlust von Illusionen gepaart ist.

### Auszeichnung für besondere Verdienste um die Schule

Eine solche erhielt Tom Vorlost → Riddle 1942 , weil er half, die → Kammer des Schreckens zu schließen. Ob es ein → Pokal oder eine → Medaille war, ist in der deutschen → Übersetzung unklar. Mal spricht Ron → Weasley von einem »Pokal«, den er putzen musste (HP2,127), mal ist von einer → Medaille die Rede (z. B. HP2,240). Mit *shield* ist aber wohl im englischen Original die Plakette am Pokal gemeint, den Tom Riddle erhielt und der immer noch im → Pokalzimmer steht. – Besondere Auszeichnungen für besondere Verdienste um die Schule erhalten 50 Jahre später auch Harry Potter und Ron → Weasley für ihren Sieg über Tom Vorlost → Riddle und den → Basilisken (HP2).

### Autogramm

So ein »Selbst-Geschriebenes« wird immer wieder gerne von Fans verlangt. Gilderoy → Lockhart gibt so gerne Autogramme, dass Ron → Weasley meint: *»Lockhart unterschreibt ja alles, wenn es lang genug stillsteht«* (HP2,171).

Während des → Trimagischen Turniers sind viele ganz heiß auf ein Autogramm von Viktor → Krum und von Cedric → Diggory. – In der → Muggel-Welt sind Autogramme von Joanne K. → Rowling sehr begehrt, und deshalb reist sie ab und zu umher und unterschreibt in Buchhandlungen. Eine gescannte Unterschrift kann man sich aus dem → Internet ziehen bei → Fanclubs.

**Autounfall**
Ein solcher soll, so behaupten Vernon und Petunia → Dursley, die Eltern von Harry Potter, Lili und James → Potter, das Leben gekostet und die feine blitzförmige → Narbe auf Harrys Stirn hinterlassen haben. – Als Autounfall kann man auch den Zusammenstoß des → fliegenden Wagens mit der → Peitschenden Weide bezeichnen (HP2).

**Avada Kevadra**
Dieser → Zauberspruch ist einer der »unverzeihlichen« → Flüche und böseste → schwarze Magie. Der Todesfluch, der sich als grüner Lichtstrahl zeigt, tötet sofort, sofern man keinen Schutz hat – falls genügend magische Kraft dahintersteckt. Harry Potter ist der einzige Mensch, der bisher einen solchen Fluch eines mächtigen Magiers überlebt hat. Er konnte dem Todesfluch von Lord → Voldemor im Alter von einem Jahr widerstehen und kann es auch im direkten Kampf am Ende des → Trimagischen Turniers (→ Fluchunkehr, HP4).

**Avery**
Ein → Todesser, der auf freiem Fuß ist, weil er behauptete, unter dem Einfluss des → Imperius-Fluches gehandelt zu haben. Er kommt zum Treffen der Todesser bei Lord → Voldemort nach dessen → Wiederauferstehung und wird für seine Untreue von Voldemort mit dem → Cruciatus-Fluch gestraft.

**Avis**
Dieser Zauberspruch läßt kleine Vögel aus dem → Zauberstab erscheinen. Das lateinische *avis* heißt Vogel (HP4).

***Azkaban***
Der englische Name von → Askaban.

# B

**Baara**

Ein antiker Name für die → Alraune.

**Babbelfluch**

Ein → Fluch, bei dem der Betroffene nicht aufhören kann, Unsinn zu reden. Harry Potter muss im Unterricht von Gilderoy Lockhart einmal einen Dörfler aus → Transsylvanien spielen, der vom Babbelfluch geheilt wird (HP2,168).

**Badezimmer der Vertrauensschüler**

In diesem Badezimmer im 5. Stock neben der Statue von Boris dem Bekloppten, einem Raum ganz aus Marmor mit einer riesigen Badewanne, vielen verschiedenartigen Wasserhähnen und einem stattlichen Kronleuchter, kommt Harry Potter hinter das Geheimnis des → Trimagischen Schlüssels, nachdem ihm Cedric → Diggory das Passwort verraten hat. Bei der Lösung des Rätsels hilft ihm die → Maulende Myrte.

**Badock, Malcolm**

Schüler in → Hogwarts, 1994 eingeschult, ein → Slytherin (HP4).

**Bagman, Ludo**

Leiter der → Abteilung für magische Spiele und Sportarten im → Zaubereiministerium. Spielte selbst sehr erfolgreich → Quidditch für die englische Nationalmannschaft und war der beste → Treiber, der je für die »Wimbourner Wespen« flog; er wurde mit ihnen drei Mal Meister. Als Erinnerung hat er eine gebrochene Nase. Inzwischen ist Bagman dick, faul und kurzatmig, doch *»seine runden blauen Augen, sein kurzes blonden Haar und sein rosiges Gesicht ließen ihn aussehen wie einen zu groß geratenen Schuljungen«* (HP4,93). Bagman hat leider einen fatalen Hang zur Angabe, ja Großkotzigkeit (läuft einmal in gestreiftem Umhang als Riesenwesepe rum) und zum Glücksspiel und gewaltige Geldprobleme, was ihm u. a. die → Kobolde der → Gringotts-Bank auf den Hals bringt. Deshalb betrügt er auch, z. B. die → Weasley-Zwillinge, als er sie nach einer verlorenen Wette mit → Leprechaun-Gold auszahlt (HP4). – Der Name deutet dies auch an: *Ludo* ist lateinisch und heißt »ich spiele«, das englische *bag* bedeutet Sack, Beutel, aber auch einstecken, einsacken, klauen.

**Bagshot, Bathilda**
Autorin des Buches → »Geschichte der Zauberei« (*»A History of Magic«*), Lehrbuch ab dem ersten Schuljahr in → Hogwarts. Bagshot heißt frei übersetzt »Taschengeschoss« oder »Taschenmunition«.

**Bahnhof King's Cross**
Bahnhof in → London, von dem aus am 1. September der → Hogwarts-Express nach Hogwarts fährt. Zwischen den normalen Gleisen befindet sich, nur für Zaubernde erreichbar, das → Gleis 9 ¾.

**Band 1**
→ Harry Potter und der Stein der Weisen

**Band 2**
→ Harry Potter und die Kammer des Schreckens

**Band 3**
→ Harry Potter und der Gefangene von Askaban

**Band 4**
→ Harry Potter und der Feuerkelch

**Band 5**
→ *Harry Potter and the Orden of the Phoenix*

**Bandon**
Ein Fluss und Dorf in Irland; dort will Gilderoy → Lockhart eine → Todesfee verbannt haben.

**Bane**
Einer der → Zentauren, die im → Verbotenen Wald leben, mit schwarzem Haar und Bart und schwarzem Pferdekörper, wilder aussehend als → Ronan (HP1). – Das englische *bane* bedeutet Verderben, Ruin, aber auch Fluch; vielleicht heißt Bane so, weil er noch fatalistischer und unheilverkündender ist als die anderen Zentauren.

**Bann**
→ Zauberbann

**Bannkreis**
Ein spezieller → Schutzzauber, der bestimmte Wesen abhalten soll, ein bestimmtes Gebiet zu betreten. → Hagrid zieht einen um den Hühnerstall von → Hogwarts, als im Sommer von Harry Potters zweitem Schuljahr → Hähne in der Schule umgebracht werden. (HP2).

**Banshee**
Der englische Name einer → Todesfee.

**Bartvogel**
→ Passwort für den Eingang in den → Gryffindor-Turm in Harry Potters zweitem Schuljahr in → Hogwarts.

**Baruffio**
Ein Zauberer, von dem Professor Flitwick im → Zauberkunst-Unterricht in Harry Potters erstem Schuljahr erzählt. Er sagte bei dem → Zauberspruch → »Wingardium leviosa« einmal »r« statt »w«, und statt etwas → fliegen zu lassen, lag er auf dem Boden, einen Büffel auf der Brust (HP1).

**Bashir, Ali**
Ein Zauberer, der sich ärgert über das Einfuhrverbot für → Fliegende Teppiche und beim Einschmuggeln solcher verbotener Güter erwischt wird (HP4).

**Basil**
Zauberer, der für → Transportschlüssel bei der → Quidditch-Weltmeisterschaft zuständig ist; trägt → Muggelsachen: einen Kilt und einen Poncho (HP4).

**Basilisk**
Das Monster, das Salazar → Slytherin vor über 1000 Jahren in die → Kammer des Schreckens sperrte und das Tom Vorlost → Riddle zweimal loslässt, gilt als der König der → Schlangen und die seltsamste und tödlichste aller Kreaturen. Es soll aus einem Hühnerei geboren werden, das von einer → Kröte ausgebrütet wird, und fürchtet nur das Krähen des → Hahns – deshalb lässt Riddle die von ihm besessene Ginny → Weasley alle Schulhähne umbringen. Der Basilisk ist der Erzfeind aller → Spinnen, die vor ihm fliehen; deshalb ist im Sommer 1993 in ganz → Hogwarts keine Spinne mehr zu sehen. Er tötet nicht nur mit seinen Giftzähnen, sondern auch mit seinem Blick. Dass alle Angegriffenen in Harry Potters zweitem Schuljahr nur versteinert werden, haben sie glücklichen

Zufällen zu verdanken: Mrs Norris sah den Basilisken gespiegelt im Wasser vor dem → Klo der → Maulenden Myrte, Colin → Creevey sah ihn durch seine Kamera, Justin → Finch-Fletchley durch den → Fast Kopflosen Nick, der ja nicht noch mal sterben konnte, und Hermine → Granger und Penelope → Clearwater betrachteten ihn in einem → Spiegel. – Der Basilisk, mit dem Harry es zu tun bekommt, ist eine riesige, über 7 Meter lange, baumdicke giftgrüne Schlange. Er kann ihn nur besiegen, weil der → Phönix → Fawkes dem Monster die Augen aussticht und Harry das → Schwert → Gryffindors bringt. – 1792 verletzte ein Basilisk, den die Champions fangen sollten, bei einem → Trimagischen Turnier die drei in der Jury sitzenden Schulleiter, als er auf Nahrungssuche ging. – Auch in der → Mythologie der → Muggel gilt der Basilisk als gefährliches und grausames Monster. Sein Name bedeutet wahrhaftig »König der Schlangen«, denn das griechische *basileus* heißt König. Hildegard von Bingen (ca. 1098 – 1179) berichtet: *»Als sich die Kröte einst trächtig fühlte, sah sie ein Schlangenei, setzte sich zum Brüten darauf, bis ihre Jungen zur Welt kamen. Diese starben; sie aber bebrütete das Ei weiter, bis sich darin Leben reizte, das alsbald von der Kraft der Paradieses-Schlange beeinflusst wurde.«* Mit der Paradiesesschlange ist natürlich der Teufel gemeint. Im »Hexenhammer«, dem »Maleus maleficarum« von 1487, der »Bibel« der → Hexenverfolgungen, hat der Basilisk einen eigenen Abschnitt. Hier wird erläutert, dass der Basilisk aus dem Ei eines 7 oder 9 Jahre alten Hahnes schlüpft, das von einer Kröte bebrütet wird. Sein Blick sei tödlich, weil er durch seine Augen Giftstoffe durch die Luft zum Opfer sende, die dieses behexten und töteten. Wenn man dem Basilisken einen Spiegel vorhalte, werde das Gift zurückgeworfen und der Basilisk sterbe selber. – Gerne wird der Basilisk in der mittelalterlichen Literatur dargestellt als Mischwesen aus → Hahn, → Drache, Eidechse, Adler und König mit Krone. Bevorzugter Wohnort des Basilisken ist ein tiefer Brunnen, den er mit seinem Hauch vergiftet. Lebt er an Land, fallen die Vögel tot vor seinen Füßen nieder und die Früchte verfaulen. Als wirksames Mittel galt das Wiesel, dessen Geruch ihn tötet – vielleicht hätte es genügt, wenn sich Ron → Weasley dem Basilisken gestellt hätte! – Es gibt übrigens auch echte Basilisken: So nennt man nämlich auch eine Gattung von Leguanen (Gattung *Basiliscus* aus der Familie *Iguanidae*). Sie sind harmlos, sehen aber gefährlich aus, sind Allesfresser und leben in Bäumen in den tropischen Regionen Amerikas, von Mexiko bis Ecuador. Sie haben einen peitschenartigen, bis 55 Zentimeter langen Schwanz und können insgesamt 80 Zentimeter lang werden. Die Männchen haben oft einen aufrichtbaren hohen Rückenkamm und einen ausgeprägten Kopfhelm. Die überproportional großen Hinterbeine werden in Ruhe froschähnlich am Körper gehalten. Normalerweise laufen die lebhaften Tiere auf vier Beinen; wenn sie sich aber aufrichten und kurzzeitig auf den Hinterbeinen laufen, können sie so schnell rennen, dass sie sogar über Wasser laufen können.

Ceu ſpeculi adſpectu moritur Baſiliscus inhærens
Lumina dum recipit pernitioſa ſibi:
Sic malus ipſe ſuo jugulatur (jure) veneno,
et quam conſtruxit decidit in foveam.

Er wird ihnen ihr unrecht vergelten. v23

Der böſe Baſiliſt auß hellem ſpiegel ſeuget
zu aignem untergang ſelbſt ſeiner augen gifft:
wer boſheit anzuthun dem nächſten iſt geneiget
iſt billig, daß ihn ſelbſt ſein mörder=anſchlag trifft.

**Basilisk:**
**Bild und Beschreibung aus dem »Lust- und Arzeneygarten« von Wolfgang Helmhard Freiherr von Hohberg (1612 – 1688), Regensburg 1675**

**Basketball**

Mit diesem Spiel der → Muggel, bei dem zwei Mannschaften versuchen, einen Ball in einen gegnerischen, etwa höher gehängten Korb zu werfen (ganz ohne → Fliegen!), vergleicht Harry Potter in seiner ersten Trainingsstunde → Quidditch: *»Das ist wie Basketball auf Besen mit sechs Körben«* (HP1,184). Es ist auch der Sport, bei dem Joanne K. → Rowling am liebsten zuschaut.

**Bayliss, Hetty**

Diese → Muggelfrau sieht Harry Potter und Ron → Weasley mit dem fliegenden → Ford Anglia über Norfolk fliegen (HP2,83).

**Beacham's Sourcebook For Teaching Young Adult Fiction: Exploring Harry**

Das umfangreiche Buch (478 Seiten) über die ersten drei Harry-Potter-Bände von Elizabeth D. Schafer erschien bei Beacham Publishing Corporation, USA, im Oktober 2000. Story, Protagonisten und viele Hintergründe werden erläutert, psychologische und mythologische Interpretationen geliefert. Vieles ist aber arg an den Haaren herbeigezogen. Interessant sind besonders die Zeittafel, die Register, die Biobliographie und der umfangreiche Quiz- und Aufgabenteil (130 S.). Das Buch wird im → Internet aktualisiert: *www.beachampublishing.com.*

**Beamtenchinesisch**

Eine Sprache, die Barty → Crouch senior beherrscht.

**Beater**

Englisch für → Treiber oder Treiberin (eigentlich: Schläger oder Schlägerin).

**Beauxbatons**

Neben → Hogwarts und → Durmstrang ist die »Akademie für Zauberei« eine der bedeutendsten Schulen für Zauberei in Europa. Die »Schönen Stäbe« liegen in Frankreich. Das → Wappen von Beauxbatons zeigt zwei gekreuzte goldene → Zauberstäbe, die jeweils drei Funken sprühen. Zum → Trimagischen Turnier reisen die Gäste aus Beauxbatons mit einer riesigen fliegenden → Kutsche an. Leiterin der Schule ist Olympe → Maxime, Champion beim Trimagischen Turnier Fleur → Delacour. Die → Schuluniformen sind hellblau.

**Beck, Rufus**

Der Sprecher der deutschen → Hörbücher zu Harry Potter wurde 1957 geboren und studierte nach Abitur und Zivildienst an der Universität Heidelberg Islamistik, Philosophie und Ethnologie, ehe er Schauspieler wurde. Er war in Heidelberg, Saarbrücken, Tübingen, Frankfurt, Köln und Basel engagiert, ehe er von 1988 bis 1995 ans Bayerische Staatsschauspiel in München ging, wo er noch heute oft auftritt, wie auch an den anderen beiden großen Münchner Bühnen, an der Bayerischen Staatsoper und an den Kammerspielen. Für den Franz Moor in »Die Räuber« wurde Beck von »Theater Heute« 1989/90 als Nachwuchsschauspieler des Jahres ausgezeichnet. Er spielte die Titelrollen in »Don Carlos«, »Coriolanus«, »Richard II.« und »Lorenzaccio« und seit 1991 auch in vielen Kinofilmen, u. a. in Sönke Wortmanns »Kleine Haie« und »Der bewegte Mann«, und in zahlreichen Fernsehproduktionen. 1998 wurde er für den Bundesfilmpreis nominiert für »Jimmy the Kid«, 1999 erhielt er den Bayerischen Filmpreis. Seit den ersten Produktionen des → Hörverlages ist Beck auch als Sprecher aktiv, u. a. in »Herr der Ringe« von → Tolkien (1991/92, als Pippin), in → »Merlin« von Tankred Dorst (1993, als Sir Mordred) oder in »Harun und das Meer der Geschichten« von Salman Rushdie (1994, als Harun). Auch als Synchronsprecher hat er sich einen Namen gemacht, so ist er etwa als »Hopper« zu hören in dem Animationsfilm »Das große Krabbeln«. Dass er 1994 bei zwei Deutschlandtourneen mit Peter Maffay als »Magier« in dem Rock'n'Roll Fantasy-Musical »Tabaluga« auf der Bühne stand (in über 90 ausverkauften Vorstellungen vor 670.000 Leuten), passt gut zur magischen Welt von Hogwarts. Beck verkörpert die verschiedenen Rollen perfekt. Die Zeitung »Die Welt« lobt: *»Man kann die Geschichte des kleinen Potter in- und auswendig kennen: Wenn Rufus Beck vorliest und dabei jedem einzelnen der zahlreichen Charaktere eine individuelle Stimme gibt und alle bemerkenswert interpretiert, muss man hören.«* In einem Interview mit »amazon.de« erzählt Beck: *»Als ich Harry Potter las, hat mir die erste Geschichte schon sehr gut gefallen... Ich fand das sehr komisch, sehr humorvoll und nicht bevormundend. Es ließ den Kindern einfach viel Platz für ihre eigene Emotion und ihre eigenen Eindrücke und das hat mir sehr gut gefallen. Und ich merkte auch, dass es sich sehr gut spielen lässt, weil es sehr dialogisch ist. [...] Harry Potter ist wirklich gute Kinderliteratur, und so oft bekommt man so was ja auch nicht in die Finger«* (nachzulesen im → Internet unter http://www.amazon.de). Wenn man die Möglichkeit hat, Rufus Beck auf einer seiner zahlreichen Lesungen mit Potter-Texten zu erleben, sollte man sich diese nicht entgehen lassen. Im Internet findet man Rufus Beck unter www.rufusbeck.de.

**Bedeutende Entdeckungen der modernen Zauberei**
Eins der Bücher, in denen Harry Potter, Ron → Weasley und Hermine → Granger nach Nicolas → Flamel suchen *(Important Modern Magical Discoveries)*.

**Behandlung von Schuppenflechte**
Ein Buch, in dem Harry Potter und Hermine → Granger nach einer Lösung suchen, wie Harry mit dem → Drachen in der ersten Aufgabe des → Trimagischen Turniers fertig werden soll *(Treating scale rot)*.

**Beinklammer**
→ Fluch, bei dem die Beine zusammengeklemmt sind, als wären sie aneinander gebunden. Draco → Malfoy übt ihn an Neville → Longbottom (HP1,237). Der Zauberspruch lautet »Locomotor Mortis«, zusammengesetzt aus den lateinischen Wörtern *locus*, Ort, *motus*, Bewegung (wie in Motor) und *mors*, Tod.

**Beirat der Schule**
Dasselbe wie → Schulrat.

**Beißender Kessel**
Ein typisches Beispiel für ein → Muggelartefakt, wie es die → Abteilung gegen den Missbrauch von Muggelartefakten und deren Leiter Arthur → Weasley aus dem Verkehr ziehen müssen (HP2,42).

**B.ELFE.R**
→ Bund für ELFEnRechte.

**Bell, Katie**
Eine → Gryffindor, → Jägerin im siegreichen → Quidditch-Team von 1993/94 (HP3).

**Belladonna-Essenz**
Ingredienz für → Zaubertränke im → Zaubertrankunterricht (HP4). Das italienische *belladonna* bedeutet »schöne Frau«; die schwarze Tollkirsche wird wissenschaftlich *atropa belladonna* genannt, weil der Saft ihrer in der Reife purpurroten bis schwarzen Beeren die Pupillen erweitert und die Augen größer erscheinen läßt, was in vielen Kulturen der → Muggel von Frauen zur Verschönerung genutzt wird. Bis heute wird eines der Alkaloide aus diesem Saft, das Atropin, bei Augenuntersuchungen eingesetzt. Die Tollkirsche gehört wie die → Alraune, wie Tabak, Kartoffel, Aubergine, Paprika, Tomate und die Petunie, nach der Petunia → Dursley, zu den Nachtschattengewächsen (*Solanaceae*). Alle Nachtschattengewächse enthalten giftige Alkaloide, besonders giftig sind neben der Tollkirsche der Stechapfel und das Bilsenkraut. Diese drei wurden im Mittelalter zur Herstellung von Hexen- und Zaubertränken benutzt. Die Inhaltsstoffe der Tollkirsche werden heute in der Muggel-Medizin zur Asthmabehandlung und bei Narkosen verwandt. Bereits drei bis vier Beeren können für Kinder tödlich sein und bei Erwachsenen krampfartige Tobsuchtsanfälle auslösen (deshalb Tollkirsche).

**Belletristikausgabe**
So nennen manche beschönigend die → Erwachsenenausgabe.

**Benimmregeln für Werwölfe**
Die gab es 1637, wie Harry Potter und seine Klassenkameraden in → Hogwarts in → Geschichte der Zauberei lernen (HP1,286).

**Bergtroll**
Eine gefährliche Art der → Trolle; mit einem müssen sich Harry Potter und Ron → Weasley in ihrem ersten Schuljahr in → Hogwarts herumschlagen (HP1).

**Bertie Botts Bohnen in allen Geschmacksrichtungen**
Zauberer-Geleebonbons in wirklich *allen* Geschmacksrichtungen *(Bertie Botts' Every Flavour Beans)* – von Schokolade über Pfefferminz und Erdbeeren bis zu Spinat, Sprösslingen, Leber und Kutteln. Erwähnt werden u. a. Toast, Kokosnuss, gebackene Bohnen, Curry, Gras, Kaffee, Pfeffer und Sardine. Albus → Dumbledore mag sie nicht, seit er als Junge eine mit dem Geschmack nach Erbrochenem erwischte. Nach Harry Potters Sieg über Professor → Quirrell versucht er noch mal eine, doch er hat wieder Pech: Sie schmeckt nach Ohrenschmalz (HP1). Bei der → Quidditch-Weltmeisterschaft wird Werbung gemacht mit dem Spruch: *»Russisch Roulette für Ihre Zunge!«* (HP4,109)

**Beschwörung, Beschwörungszauber**
Eine der vier Hauptformen der → Magie, auch *Advocatio* genannt (im Englischen *sumonning*). Beispiel für → Zaubersprüche aus diesem Bereich sind → Accio und → Expecto Patronum.

**Besen**
Das am häufigsten verwandte Mittel zum Fliegen. Ob jeder beliebige Besen verwandt werden kann oder ob ein Besen erst magisch »aufbereitet« werden muss, ist nirgendwo genau erklärt, doch ist letzteres wahrscheinlich. Zumindest gibt es Besen höchst unterschiedlicher Qualität, von den alten Schulbesen in → Hogwarts über den »Silberpfeil« (der Besen, auf dem Madam → Hooch fliegen gelernt hat) und ältere → »Shooting-Stars« bis zum Familienbesen → »Bulle« und modernen Rennbesen wie die von → »Komet« und → »Sauberwisch«, die → »Nimbus 2000« und → »Nimbus 2001« oder gar Harry Potters → »Feuerblitz«. Erstklässlern ist in Hogwarts der Besitz eines Besens untersagt. Einzige Ausnahme ist Harry Potter, der als erster Erstklässler seit mindestens 100 Jahren → Quidditch-Spieler wird, eine Sondergenehmigung von → Dumbledore und von Minerva → McGonagall einen »Nimbus 2000« bekommt. Die Besen werden in Hogwarts in der Regel in einer Besenkammer aufbewahrt. So schön diese Fluggeräte auch sind, auh sie haben ihre Probleme: Im Winter müssen sie vor Gebrauch erst enteist werden! – In der Welt der → Muggel gibt es Geschichten von Leuten, die auf Besen fliegen; hauptsächlich wurde dies den

→ Hexen nachgesagt. Belegt ist diese Behauptung erstmals im Manuskript »Le Champion de Dames« von Martin le Franc von 1451.

## Besenkammer

In einer solchen werden in → Hogwarts in der Regel die → Besen aufbewahrt.

## Besenknechts Sonntagsstaat

Eine Firma für Zaubermode, ansässig in → London, → Paris und → Hogsmeade, die bei der → Quidditch-Weltmeisterschaft Werbung macht. Schade, dass man diese Kleider nicht sehen kann: Der englische Name *Gladrags* heißt nämlich »Fröhliche Fetzen« (HP4).

## Besenpflege-Set

Ein edel aussehendes schwarzes Ledertäschchen mit Silberschrift schenkt Hermine → Granger im Sommer 1993 Harry Potter zum Geburtstag. Zu dem Besenpflegeset *(Broomstick Servicing Kit)* gehört ein Do-It-Yourself-Handbuch der Besenpflege *(Handbook of Do-it-Yourself Broomcare)*, ein winziger Messing-→ Kompass *(brass compass)*, den man an den → Besen klemmen kann, eine silbrige Reisig-Knips-Zange *(Tail-Twig Clippers)* und eine große Flasche Fleetwoods Hochglanzpolitur *(Fleetwood' s High-Finish Handle Polish)*.

## Besenschrank

In einem solchen führt Harry Potter ein erstes Interview mit Rita → Kimmkorn.

## Bestsellerlisten

Auch in der Welt der Hexen und Zauberer gibt es Bestsellerlisten. Und wer steht auf diesen – die ja keine Qualitätsempfehlungen geben, sondern Verkaufshitlisten sind – ganz oben? Natürlich Gilderoy → Lockhart: *»Sechs Monate an der Spitze der Bestsellerliste! Hab alle Rekorde gebrochen!«* (HP2,126). – Ähnlich geht es in der Welt der → Muggel den Harry-Potter-Büchern. Schon der erste Band war in der englischen bzw. amerikanischen Ausgabe ein Bestseller und hielt sich 40 Wochen auf der Bestsellerliste der »New York Times«, ähnlich lange bei USA Today und Publishers Weekly (ausgezeichnet als Bestes Buch 1998). »Harry Potter and the Chamber of Secrets« erklomm direkt nach Erscheinen im Juli 1998 den ersten Platz in den Verkaufshitparaden. Als ein Jahr später, im Juli 1999, »Harry Potter and the Prisoner of Azkaban« erscheint, verdrängt er den Hit von Thomas Harris, »Hannibal«, sofort vom ersten Platz. Es ist das bis dahin in → Großbritannien am schnellsten verkaufte Buch: 64.000 Exemplare gehen in drei Tagen über die Ladentheke. Das ist aber noch nichts gegen den Run auf Band 4: Mit 1 Million Exemplaren in → Großbritannien und 3,8 Millionen Exemplaren in den USA ist »Harry Potter and the Goblet of Fire«

das Buch mit der höchsten Start-→ Auflage aller Zeiten. In China gab es im September 2000, Wochen, bevor die offiziellen Übersetzungen der ersten drei Bände im → Pekinger Volksverlag erschienen, bereits → Raubkopien aller 4 (!) Bände. – In Deutschland finden sich auf den Bestsellerlisten nicht nur die deutschen, sondern auch die englischen Ausgaben. Hier einige Beispiele (alle Angaben September/Oktober 2000): DER SPIEGEL und BUCHMARKT: 1. Platz »Harry Potter und der Stein der Weisen«; 2. Platz »Harry Potter und die Kammer des Schreckens«; 3. Platz »Harry Potter und der Gefangene von Askaban«. FOCUS: 1. Platz »Harry Potter und der Stein der Weisen«; 3. Platz »Harry Potter und der Gefangene von Askaban«; 4. Platz »Harry Potter und die Kammer des Schreckens«; 5. Platz »Harry Potter and the Goblet of Fire«.
Auch im → Internet-Buchhandel nimmt Harry Potter einen führenden Platz ein. Band 4 steht seit seinem Erscheinen durchgehend auf Platz 1 der Verkaufshitliste von → amazon.com in den USA, und beim deutschen Zweig amazon.de stehen nicht nur die deutschen Harry-Potter-Bücher auf der internen Verkaufsliste ganz oben: 1. Platz »Harry Potter und der Stein der Weisen«, 2. Platz »Harry Potter und der Gefangene von Askaban«, 3. Platz »Harry Potter und der Feuerkelch« (zu diesem Zeitpunkt noch gar nicht erschienen!), 4. Platz »Harry Potter und die Kammer des Schreckens«, 5. Platz »Harry Potter and the Chamber of Secrets«, 6. Platz »Harry Potter and the Sorcerer's Stone«, 7. Platz »Harry Potter and the Goblet of Fire«, 9. Platz »Harry Potter and the Prisoner of Azcaban«, 10. Platz »Harry Potter Band 5« (Titel noch nicht bekannt, Erscheinungsdatum ca. 1 Jahr in der Zukunft!), 12. Platz »Harry Potter and the Philosopher's Stone« ... und so geht das weiter, mit den → Erwachsenenversionen, den → Hörbüchern und verschiedenen gebundenen Ausgaben bis etwa Platz 30. Beim Konkurrenten buch.de ist Harry nicht ganz so gefragt, aber immer noch führend: 1. Platz »Harry Potter und der Feuerkelch«, 2. Platz »Harry Potter und der Gefangene von Askaban«, 4. Platz »Harry Potter und die Kammer des Schreckens«, 7. Platz »Harry Potter und der Stein der Weisen«. Konkurrent booxtra.de gibt keine Verkaufshitliste an, sondern eine Liste von Empfehlungen, aber die sieht ähnlich aus: 1. Platz »Harry Potter and the Goblet of Fire«, 2. Platz »Harry Potter und der Gefangene von Askaban«, 6. Platz »Harry Potter and the Philosopher's Stone« – Bis Redaktionsschluss (Oktober 2000) hatte → Bloomsbury über 8 Millionen Harry-Potter-Bücher verkauft, weltweit sind es über 35 Millionen Bücher.

**Bettruhe**
Abends ins Bett zu gehen, am besten mit etwas Warmem im Magen, ist eine Art Allheilmittel in den Harry-Potter-Büchern; sogar Albus → Dumbledore greift dazu: *»Bettruhe und vielleicht ein großer, dampfender Becher heißer Kakao, mich jedenfalls muntert das immer auf«* (HP2,340).

**Bewegte Bilder**
→ Bilder, lebende.

**Bezoar**
Ein Stein aus dem Magen einer Ziege, der gegen die meisten Gifte hilft (HP1).

**Bibliothek**
Der Hort des Wissens in Hogwarts, in dem Harry Potter, Ron → Weasley und vor allem Hermine → Granger immer wieder nach dem nötigen Wissen suchen, um ihre Gegner zu bekämpfen oder selbst gestellte Aufgaben zu erfüllen, sei es die Suche nach Nicolas → Flamel (HP1), nach Informationen über die → Kammer des Schreckens (HP2), nach Rettungsmöglichkeiten für den → Hippogreif → Seidenschnabel (HP3) oder nützlichen → Zaubersprüchen für Harry für das → Trimagische Turnier. Die Bibliothekarin, Madam → Pince, ist ausgesprochen streng und achtet sehr auf das Einhalten aller Regeln. So braucht man die schriftliche Genehmigung eines Lehrers oder einer Lehrerin, um Bücher über die *»mächtige schwarze Magie, die in Hogwarts niemals gelehrt wurde«*, einzusehen. Die Abteilung für → Verbotene Bücher ist nur durch eine Kordel von den anderen Bereichen abgetrennt, deshalb muss Madam Pince gut aufpassen.

**Bilder, lebende**
In der Welt der Hexen und Zauberer sind die dargestellten Wesen auf Bildern lebendig und können sich bewegen, auch das Bild verlassen, wie manchmal die → fette Dame, und sogar sich einen antrinken, wie die fette Dame und ihre Freundin Violett an Weihnachten 1994. All das gilt auch für Tote, die keine Geister sind, etwa → Paracelsus, → Agrippa oder → Merlin (falls der tot ist) auf den Bildkarten in den → Schokofrosch-Packungen, und für die Eltern von Harry Potter in dem Album mit Zaubererfotos, das er von → Hagrid geschenkt erhält (HP1,330). – Wie das funktioniert, ist nicht ganz geklärt. *»Du kannst nicht erwarten, dass er den ganzen Tag hier rumhängt. Er wird schon wiederkommen«*, erklärt Rom → Weasley Harry einmal (HP1,114). Wäre das also der echte → Dumbledore auf diesem Bild? Wo kommen dann die Toten her? Das Ganze scheint auf jeden Fall nicht bewusst abzulaufen: Harry merkt nichts davon, dass sein Abbild auf dem Foto, das Colin → Crevey geschossen hat, sich dem Griff von Gilderoy → Lockhart zu entziehen sucht (HP2,110). Die Bilder sind also wahrscheinlich so eine Art Dummy mit eigenem Bewusstsein, die mit der Geisteshaltung und dem Wissen zum Zeitpunkt der Abbildung weiterexistieren, auch wenn die Abgebildeten tot sind. – Dass sich die Bilder auf Fotos bewegen, hat nichts mit der Art der Kamera oder des Filmes zu tun, sondern der Entwicklung; Colin Crevey macht lebende Bilder mit einer ganz normalen Muggel-Kamera (HP2).

**Bildkarten**

In den Packungen der → Schokofrösche sind → Bildkarten zum Sammeln mit berühmten Hexen und Zauberern. Diese sind natürlich lebende → Bilder, d. h. die Abgebildeten bewegen sich und verschwinden auch schon mal.

**Bilius**

Ron → Weasleys Onkel Bilius sah einen → Grimm und war 24 Stunden später tot (HP3,117).

**Bimsstein**

Ein amorpher Stein mit porös-schaumiger Struktur, meist hellgrau oder gelblich, selten dunkel. Er hat so viele Poren (bis 85 Prozent), dass er auf Wasser schwimmt. Diese entstehen durch Gase, die bei Vulkanausbrüchen in zähflüssiger Lava an der Oberfläche eingeschlossen bleiben. Bimsstein wird dazu benutzt, → Pergament abzuschaben, um es noch einmal beschreiben zu können.

**Bindehautentzündungsfluch**

Der → Zauberspruch, mit dem Viktor → Krum den Drachen in der ersten Aufgabe des → Trimagischen Turniers ablenkt, um an dessen Ei zu kommen; ist sehr schmerzhaft und blendet den Betroffenen.

**Binky**

Das Kaninchen von Lavender → Brown, das im Oktober 1993 von einem Fuchs getötet wird (HP3).

**Binns, Professor**

Lehrer für → »Geschichte der Zauberei« in → Hogwarts, der einzige → Geist im Kollegium. Er schlief eines Tages vor dem Kaminfeuer im Lehrerzimmer ein, erwachte als Geist und ging, ohne dies zu bemerken, zum Unterricht. Er ist höchst zerstreut und kann sich die Namen seiner Schüler nicht merken. Er legt Wert darauf, Tatsachen zu unterrichten, keine → Mythen oder → Legenden.

**Binokular**

Ein → Fernglas.

**Bissige Bumerangs**

Stehen 1994 auf der Liste der verbotenen → Gegenstände in → Hogwarts.

**Bitte**

Dieses Wörtchen würde Harry Potter gerne als → »Zauberwort« von Dudley → Dursley hören – doch das sorgt für Ärger im Hause Dursley... (HP2,2)

**Bladwack**
Das Wort für Spitzhacke in Koboldogack, der Sprache der → Kobolde.

**Black, Sirius**
Der beste Freund von James → Potter und Pate von → Harry Potter. Er ging in → Hogwarts in die gleiche Jahrgangsstufe wie James, Remus → Lupin und Peter → Pettigrew; mit diesen dreien gründete er die → »Hilfsmittel für den Magischen Tunichtgut GmbH«, um magische Gegenstände zu vertreiben, und schuf die → Karte des Rumtreibers. Auf einen Streich, den er seinem Jahrgangskollegen Severus → Snape spielte, geht der Hass zurück, mit dem dieser Harry verfolgt: Black lockte Snape in den → Geheimgang unter der → Peitschenden Weide, wo der beinahe mit Remus Lupin in dessen Gestalt als → Werwolf aneinandergeraten wäre; James Potter rettete Snape. – Um Remus beizustehen, wenn dieser zum Wolf wurde, entwickelte sich Sirius in der 5. Klasse zum → Animagus und konnte sich in einen riesigen schwarzen Hund verwandeln, daher sein Spitzname »Tatze« (englisch *Padfoot*, d.h. Pfote). – Sirius hatte ein großes fliegendes Motorrad, auf dem → Hagrid Harry nach dem Tod seiner Eltern zur Familie → Dursley brachte. Sirius war Trauzeuge von James und Lily → Potter und sollte auch deren → Geheimniswahrer sein, tauschte jedoch mit Peter Pettigrew, um Lord → Voldemort zu täuschen. Pettigrew verriet den Aufenthaltsort der Potters, und sie wurden getötet, bis auf Harry. Im Duell mit Sirius täuschte Pettigrew seinen Tod vor und verbarg sich als Ratte → Krätze bei der Familie → Weasley. Sirius Black wurde wegen des Mordes an ihm und 13 → Muggeln (die ebenfalls Pettigrew ermordet hatte) zu lebenslangem Aufenthalt in → Askaban verurteilt. Weil er unschuldig ist und sich ab und zu in einen Hund verwandeln kann, überlebt er und kann trotz der → Dementoren bei klarem Verstand bleiben. Als er 1993 in einer Zeitung ein Bild von Krätze sieht – die Weasleys haben eine Reise gewonnen –, flieht er aus Askaban und schlägt sich nach Hogwarts durch. Dort kann er gemeinsam mit Remus Lupin → Krätze enttarnen; Pettigrew gelingt allerdings die Flucht, und so gilt Black weiter als schuldiger Mörder. Er flieht auf dem → Hippogreif → Seidenschnabel: Als Geschenk hinterlässt er Harry einen Besen, einen → »Feuerblitz« (sein Geld liegt in → Verlies Nummer 711 bei → Gringotts). – Sirius steht weiter mit Harry in Verbindung (als Hund Schnuffel) und im Kampf gegen Lord Voldemort zur Verfügung; ein Jahr später wird er von Albus → Dumbledore beauftragt, Remus Lupin und andere → Verbündete zusammenzurufen (HP4). – Sirius heißt der hellste Fixstern am nächtlichen Himmel, auf deutsch nennt man ihn Hundsstern (griechisch *Seirios*: »brennend«). Er befindet sich im → Sternbild Großer Hund. Beides passt sehr gut zu Blacks Animagus-Gestalt als riesiger Hund. Im alten Ägypten galt der Stern als Glücksbringer. Da sein Aufsteigen am Himmel mit dem heißestes Teil des Sommers zusammenfällt, nennt man diese Zeit auch die

Hundstage. 1862 hat der amerikanische Astronom Alvan Clark entdeckt, dass der Sirius einen dunklen kleinen Begleiter hat, einen weißen Zwerg. – Der Nachname *»Black«* bedeutet »schwarz« oder »Der Schwarze« und kann sich ebenso auf die Farbe des Hundes beziehen wie darauf, dass Sirius offiziell als Anhänger Lord Voldemort und der schwarzen Magie gilt. – In den ersten deutschen Ausgaben wurde der Name mit Sirius Schwarz übersetzt.

**Bletchley**

→ Hüter im → Quidditch-Teams von → Slytherin in Harry → Potters erstem Schuljahr 1991/92 (HP1).

**Blitzisten**

So nennt Amos → Diggory die Polizisten der → Muggel (HP4,168).

**BLÖK**

Befreit die Lümmelhaften Öden Kobolde – eine solche Gesellschaft zu gründen, schlägt Ron → Weasley vor, um Hermine → Granger wegen ihres → Bundes für ELFEnRechte B.ELFE.R zu ärgern (englisch *S.P.U.G.*: *Society for the Promotion of Ugly Goblins*, Gesellschaft zur Förderung häßlicher Kobolde).

**Bloomsbury-Publishing Plc**

Verlag in → London; in ihm erscheinen die Originalbände der Harry-Potter-Bücher. Der Verlag hat eine umfangreiche und sehr interessante → Internet-Seite: www.bloomsbury.com/harrypotter.

**Bludgers**

Englische Bezeichnung für → Klatscher (englisch *bludgeon* ist ein Knüppel).

**Blut**

»Blut ist ein ganz besonderer Saft«, das wusste schon Goethe. Das »rote Lebenselixier« hat nicht nur zu allen Zeiten in allen Kulturen eine Bedeutung gehabt, die weit über die rein biologische und medizinische hinausgeht; es spielt in → Alchemie und → Magie eine sehr wichtige Rolle, auch in den Harry-Potter-Büchern. So beruht etwa der Ruhm von Albus → Dumbledore u. a. *»auf der Entdeckung der sechs Anwendungen für Drachenmilch«*, und damit ist im Original *Dragon's Blood* gemeint – → Drachenblut! Junge → Drachen werden bei der → Drachenzucht mit einer Mischung aus Schnaps und Hühnerblut gefüttert (HP1,254). Das Blut von Geistern ist silbern, wie man beim → Blutigen Baron sieht. Auch das Blut der → Einhörner ist von besonderer Kraft, es hält Lord → Voldemort am Leben (HP1). Und dieser kann seine → Wiederauferstehung erst vollenden mithilfe von *»Fleisch, Blut und Knochen«: »Blut des Feindes, mit*

*Gewalt genommen, du wirst deinen Gegner wieder erstarken lassen«* (HP4,671). Das erinnert an König Vortiger, der nach dem Blut des jungen Zauberers → Merlin gierte, um mit dem Mörtel, den er damit herstellen will, den Turm bauen zu können, der bisher immer wieder einstürzt (HP2,326). Durch diese Blutmischung gelingt es Voldemort auch, den → Schutzzauber umHarry zu überwinden. Nun sind sie Blutsbrüder... Die Diskussion um die → Reinheit des Blutes schließlich, um → reines Blut, → böses Blut, → Schlammblut usw., gipfelt in einer Zaubererabart des → Rassismus. – Auch in der → Mythologie der Muggel wird dem Blut seit alters her eine starke magische Wirkung zugeschrieben, vor allem dem Blut spezieller Wesen. Aus dem Blut der Gorgone → Medusa soll das fliegende Pferd Pegasus entstanden sein. Das Blut des Zauberers Merlin soll ebenso unverwundbar machen wie das eines → Drachen, wie im Nibelungenlied nachzulesen ist. Im Mittelalter hieß es, das Herzblut eines ungeborenen Kindes könne unverwundbar machen. Auch aus Pflanzen, die mit dem Blut eines Titanen gedüngt sind, könnten Mittel zur → Unverwundbarkeit gewonnen werden, heißt es in der Argonautensage. Zur magischen Verjüngung bis hin zur → Unsterblichkeit, aber auch zur → Transmutation unedler Metalle in Gold, beides Hauptziele der → Alchemie, kann das Herzblut von Kindern verwandt wird, wie E. T. A. Hoffmann (1776 – 1822) in seiner Erzählung »Ignaz Denner« (1817) schildert: *»Nun weißt du schon, Andres, daß eines der größten Kunststücke meines Vaters die Bereitung jenes köstlichen wundersamen Liquors war, wozu das Hauptingredienz das Herzblut von Kindern ist, die neun Wochen, neun Monate, oder neun Jahre alt und von den Eltern dem Laboranten freiwillig anvertraut sein müssen. Je näher die Kinder mit dem Laboranten in Beziehung stehen, desto wirkungsvoller entsteht aus ihrem Herzblut Lebenskraft, stete Verjüngung, ja selbst die Bereitung des künstlichen Goldes.«* Blut aus den Genitalien eines unschuldigen Knaben könne, so wurde im Mittelalter behauptet, unsichtbar machen, ebenso das Blut ungeborener Kinder. Blut war oft auch Bestandteil eines → Liebestrankes. → Paracelsus wollte mit Hilfe von Blut einen künstlichen Menschen schaffen. Blut als einer der vier Säfte des Körpers, den man verdorren lassen kann, wird angerufen in manchem → Fluch, ein Beispiel ist der »Sächsische Zaubersegen, die Alben zuzubringen« von 1588: *»Gehet hin, jhr alb vnd Elbin, zu N. | soltt jhme sein hertze zubrechen, | seine gliedmas schwechen; | eher alle glocken klingen, | alle messe singen | vnd eher die Euangelien werden gelesen | vnd ehe jhr alle berge gestigen | vnd ehe jhr alle beume bladen | vnd ehe jhr alle wasser waden | sie sollen jm sein blut verzehren, | das ehr nitt mehr kan kiefen.«* Natürlich ist Blut besonders wichtiger Bestandteil bei der An- oder Herbeirufung von → Dämonen oder des Satans oder beim Abschluß eines Paktes mit demTeufel. *»Es ist eine altbekannte Tatsache, daß Menschen sich dem Versucher verkaufen und mit ihrem Blut einen Vertrag unterschreiben, weil dieser Vertrag ja erst in ferner Zukunft erfüllt wer-*

*den muß«*, stellt George Eliot (1819 – 1880) alias Mary Ann Evans in der Geschichte »Der Schleier hebt sich« fest. Die Vorstellungen der Muggel von einem Teufelspakt sind besonders stark geprägt von einer Szene in dem berühmten Drama »Faust« ihres »Dichterfürsten« Johann Wolfgang von Goethe (1749 – 1832). *»FAUST: Was willst du böser Geist von mir? Erz, Marmor, Pergament, Papier? Soll ich mit Griffel, Meißel, Feder schreiben? Ich gebe jede Wahl dir frei. – MEPHISTOPHELES: Wie magst du deine Rednerei Nur gleich so hitzig übertreiben? Ist doch ein jedes Blättchen gut. Du unterzeichnest dich mit einem Tröpfchen Blut. – FAUST: Wenn dies dir völlig Gnüge tut, So mag es bei der Fratze bleiben. – MEPHISTOPHELES: Blut ist ein ganz besondrer Saft.«* – Auch in der »weißen Magie« wird nach der Vorstellung der Muggel Blut oft als Ingredienz gebraucht, etwa beim Brauen eines Liebestrankes, beim Exorzismus, also der Vertreibung eines → Dämons, oder als Heilmittel. Die Anrufung des Blutes zur Heilung ist belegt im 2. Merseburger → Zauberspruch, der das Blut zum Stillstand bringen soll, wahrscheinlich entstanden im 8. Jahrhundert: *»Phol und Wotan ritten durchs Gehölz, | da brach des Balders Fohlen sich den Fuß, | da besprachens Sindgund und Sunna, deren Schwester, | da besprachens Frija und Volla, deren Schwester, | da besprach es Wotan, so gut ers vermochte: | Wie der Bruch im Bein, so der Bruch im Blut, | so der Bruch des Gliedes: | Knochen zu Knochen, Blut zu Blut, | Glied an Glied, als seien sie verbunden.«* – Die Vorstellung, dass mit Blut große Magie bewirkt werden könne, findet sich in vielen Religionen und auch bereits in frühen Religiösen Schriften der Muggel, so etwa im Alten Testament. Die ersten Wunder, die Mose bewirkt, haben mit Blut zu tun, etwa wenn er alle Gewässer in Ägypten in Blut verwandelt (2. Mose 7,17-25). Als Jesus am Kreuz hing, soll Joseph von Arimathia sein Blut in einem Kelch aufgefangen haben, der bis heute von vielen als (Heiliger) → Gral verehrt wird. Die Transsubstitution, die Wandlung von Wein in Blut, bei der Eucharistie, also dem Abendmahl, ist bis heute ein wesentlicher Glaubensbestandteil des katholischen Christentums. Im als Gemisch aus afrikanischer Religion und Magie und christlich-kultischen Riten entstandenen → Voodoo werden sowohl für die fetischistischen Riten der weißen Magie (»Umbanda«) wie für die schwarze Magie (»Quimbanda«) Blutopfer gebracht, ähnlich in afrobrasilianischen Religionen wie Candomblé, Macumba oder Umbanda. (Sehr viel mehr zu diesem Thema findet man im »Lexikon rund ums Blut« im gleichen Verlag.)

**Blutegelsaft**
Ingredienz für den → Schrumpftrank.

**Blutige Baron**
Der *Bloody Baron* ist der Geist des Hauses → Slytherin. Er bietet einen fürchterlichen Anblick, *»mit leeren, stierenden Augen, einem ausgemergelten*

*Gesicht und einem mit silbrigem → Blut bespritzten Umhang«* (HP1,137). Er ist der einzige, der den → Poltergeist → Peeves wirklich kontrollieren kann.

### Blutsaugendes Gespenst

Ein solches verdächtigt → Hagrid, als im Sommer von Harry Potters zweitem Schuljahr die → Hähne von → Hogwarts umgebracht werden. Es gibt aber keines, dahinter verbirgt sich Ginny → Weasley... (HP2)

### Boa constrictor

Art der → Schlangen aus der Familie der Riesenschlangen, zu der neben den Boas auch die Pythons gehören. Harry unterhält sich bei seinem ersten Zoobesuch, an Dudley → Dursleys Geburtstag 1991, mit einer Boa constrictor, die im Zoo geboren wurde und noch nie ihre Heimat → Brasilien gesehen hat, und lässt sie frei, indem er das Glas des Terrariums wegzaubert (natürlich unbewusst). Wenn Dudley später behauptet, die Schlange habe ihm fast das Bein abgebissen, erzählt er Unsinn: Boas werden den Menschen nicht gefährlich. Wie alle Riesenschlangen sind sie Würgeschlangen, erdrücken ihre Beute und verschlingen sie im Ganzen. Sie könnten zwar einen Menschen töten, doch selbst die bekannteste und größte Boa, die Anakonda, die bis zu neun Meter lang und 150 Kilo schwer werden kann, kann einen kräftigen Erwachsenen kaum verschlingen. Die Boa constrictor, bekannt als Königsschlange, wird maximal 4 Meter lang. Sie lebt in Regenwäldern in Zentral- und Südamerika, ist rötlich-grau gefärbt mit einer leiterähnlichen dunklen Zeichnung und bringt lebende Junge zur Welt.

### Bodrod der Bärtige

Diesen → Koboldführer erfindet Ron → Weasley für die Prüfungen im vierten Schuljahr über die → Koboldaufstände im 18. Jahhundert (HP4).

### Böser Blick

Diesen zu haben, wird Frank → Bryce, der Gärtner der Familie von Tom → Riddle, verdächtigt, als diese 1944 umgebracht wird (HP4). Die → Muggel verstehen unter dem Bösen Blick eine spezielle Form von → Magie, die angeboren ist, meistens → Hexen zugesprochen wird und Unglück oder sogar den Tod bringen soll. Schützen sollen davor besondere Gesten oder → Amulette.

### Bode

Mitglied der → Mysteriumsabteilung im → Zaubereiministerium, ein »Unsäglicher«. Das englische *bode* heißt Vorbedeutung, Unheil verkünden.

### Bohnen in allen Geschmacksrichtungen

→ Bertie Botts Bohnen in allen Geschmacksrichtungen.

**Bole**
→ Treiber im → Quidditch-Team von → Slytherin in Harry Potters drittem Schuljahr 1993/94 (HP3).

**Bones**
Name einer Zaubererfamilie, die Lord → Voldermort kurz vor seiner Niederlage 1981 tötete.

**Bones, Susan**
Schülerin in → Hogwarts im gleichen Jahrgang wie Harry Potter, eine → Hufflepuff.

**Bonsai-Schrift**
So nennt → Weasley die besonders kleine Schrift von Hermine → Granger (HP2,154). Ein Bonsai ist ein speziell zwergwüchsig gezüchteter Baum in japanischer Tradition.

**Boot, Terry**
Schülerin in → Hogwarts im gleichen Jahrgang wie Harry Potter, eine → Ravenclaw. Im → Duellierclub wird sie verletzt und blutet (HP2).

**Borgin und Burkes**
Ein Laden für Gegenstände → schwarzer Magie in der → Nokturngasse. Hier landet Harry Potter nach seinem missglückten Reiseversuch mit → Floh-Pulver und sieht Lucius und Draco → Malfoy. In Erscheinung tritt bisher nur Mister → Borgin (HP2). Ob es einen Burkes gibt, ist auch fraglich, heißt doch das englische *burke* unterdrücken, vertuschen.

**Borgin**
Einer der Eigentümer von → »Borgin und Burkes«, ein buckliger Zauberer mit fettigem Haar, Anhänger der → schwarzen Magie.

**Boris der Bekloppte**
Magier, von dem es eine Statue in → Hogwarts im fünften Stock gibt, neben ihr liegt das → Badezimmer der Vertrauensschüler.

**Böses Blut**
So bezeichnet Arthur → Weasley die Familie → Malfoy nach der Prügelei mit Lucius → Malfoy in der Buchhandlung → Flourish & Blotts und geht damit, obwohl er es besser wissen sollte, auf den Unsinn um die → Reinheit des Blutes ein (HP2,68).

**Bote, Hali**
Der Name von Harry Potter in den chinesischen Ausgaben der Harry-Potter-Bücher, die im → Pekinger Volksverlag erscheinen.

**Bowling**
Eines der Hobbys von Albus → Dumbledore.

**Bozo**
Der fette Fotograf, der mit Rita → Kimmkorn zusammenarbeitet.

**Brandtag**
Der Tag, an dem ein → Phönix in Flammen aufgeht (HP2).

**Branstone, Eleanor**
Schülerin in → Hogwarts, 1994 eingeschult, eine → Hufflepuff (HP4).

**Brasilien**
Das größte Land Südamerikas, die Heimat der → Boa constrictor, das fünftgrößte Land der Erde, heißt in der Landessprache Portugiesisch *República Federativa do Brasil.* Hier gibt es eine → Zaubererschule. Bill → Weasley erhielt von einer Brieffreundin von dort einen verfluchten Hut, der ihm die Ohren schrumpeln ließ (HP4,91). – 1500 wurde Brasilien von dem portugiesischen Seefahrer Pedro Álvares Cabral für die portugiesische Krone in Anspruch genommen, 1501 erhielt das Land den Namen Brasilien nach einer Ladung Brasilholz, die Amerigo Vespucci nach Portugal brachte. Von 1530 bis 1822 war Brasilien portugiesische Kolonie, von 1822 bis 1889 unabhängiges Kaiserreich und ist seither Republik mit immer wieder langwährenden Phasen von Diktaturen und Militärregierungen. 1888 wurde nach langen Kämpfen die → Sklaverei abgeschafft.

***Break With A Banshee***
Originaltitel des Buches »Tanz mit einer → Todesfee« von Gilderoy → Lockhart, Pflichtlektüre in Harrys zweitem Schuljahr (HP2).

**Brennender Busch**
→ Diptam

**Briefmarken**
Da die Zauberer solche nicht kennen – sie haben ja die → Eulenpost –, klebt Molly → Weasley den Umschlag, den sie an die Familie → Dursley schickt, voll mit Briefmarken und sorgt so für Ausmerksamkeit beim Briefträger (HP4).

**Brille**
Viele Zauberer und Hexen tragen eine Brille: Albus → Dumbledore eine mit halbmondförmigen Gläsern, Minerva → McGonagall eine mit quadratischen Gläsern, Harry Potter eine mit runden Gläsern, Sibyll → Trelawney eine mit vergrößernden Gläsern, die ihr das Aussehen eines Insektes verleihen, die → Maulende Myrte eine Perlmuttbrille, und die Journalistin Rita → Kimmkorn eine juwelenbesetzte Brille, an der Hermine → Granger sie als Käfer erkennt.

**Brocklehurst, Mandy**
Schülerin in → Hogwarts im gleichen Jahrgang wie Harry Potter, eine → Ravenclaw.

**Bronze-Knut**
Kleine bronzene Münze, die kleinste Geldeinheit in der Welt der Zauberer. 29 Knuts sind ein → Sickel wert.

***Broom***
Englisch: sowohl der (Besen-)Ginster wie auch der Besen.

***Broomstick***
Englisch: Besenstiel.

**Brown, Lavender**
Schülerin in → Hogwarts im gleichen Jahrgang wie Harry Potter, eine → Gryffindor. Ihr Name besteht nur aus Lavendelfarben und Braun. Sie hat zuhause ein Kaninchen, Binky, das im Oktober 1993 von einem Fuchs getötet wird (HP3).

**Bryce, Frank**
Der Gärtner der Familie von Tom → Riddle. Aus dem Zweiten Weltkrieg mit einem steifen Bein zurückgekehrt, wird er 1944 unschuldig verdächtigt, die Familie umgebracht zu haben. 50 Jahre später wird er, inzwischen fast 77 und auf einem Ohr taub, im → Riddle-Haus von Lord → Voldemort, dem wahren Mörder, getötet (HP4).

**Bubbels Bester Blaskaugummi**
Zauberer-Kaugummi; die blauen Blasen bleiben für mindestens eine halbe Stunde im Raum, gibt es im → Honigtopf.

**Bubotubler**
Hässliche Pflanzen, die die Schülerinnen und Schüler in Harry Potters viertem Schuljahr in → Kräuterkunde pflegen müssen, die aussehen wie schwarze Rie-

senschnecken und an den Stängeln große schwarze Geschwülste tragen, die man auspressen muss, um an den wertvollen Eiter zu kommen. Diese gelblich-grüne, nach Benzin riechende Flüssigkeit stellt mit der Haut die seltsamsten Dinge an, das muss zu ihrem Leidwesen Hermine → Granger erfahren, als man ihr einen anonymen Brief damit schickt und ihre Hände voller schmerzhafter Geschwüre sind. Der Eiter kann aber auch sehr heilsam sein, z. B. gegen Pickel und Akne. – *Bubo* bezeichnet im Englischen eine Beule, *tuber* eine Knolle, einen Höcker.

**Buchpreise**
→ Preise

**Bücher zur Magie**
Außer in den → Schulbüchern wird in zahlreichen Werken, die in den Harry-Potter-Büchern erwähnt werden, die Geschichte der → Magie, von Zauberern und → Hexen oder von Teilaspekten beschrieben (bei den Büchern findet sich auch der englische Originaltitel): → »Aufstieg und Fall/Niedergang der dunklen Künste«, → »Bedeutende Entdeckungen der modernen Zauberei«, → »Eine Anthologie der Zauberei des achtzehnten Jahrhunderts«, → »Geschichte der modernen Magie«, → »Geschichte der Zauberei«, → »Geschichte Hogwarts«, → »Große Chronik der Zauberer des zwanzigsten Jahrhunderts«, → »Große Zauberer des zwanzigsten Jahrhunderts«, → »Handbuch zeitgenössischer Magier«, → »Historische Stätten der Zauberei«, → »Jüngere Entwicklungen in der Zauberei«, → »Vertrauensschüler und ihr Weg zur Macht«. – Viele Informationen gibt es auf den Rückseiten der Bildkarten in den → Schokofrosch-Packungen. – In der Welt der → Muggel ist ein gutes Nachschlagewerk das »Lexikon der Magischen Künste« von Hans Biedermann (Wiesbaden 1998), ergänzend seien genannt von Frank Donovan »Zauberglaube und Hexenkult« (London 1973), von F. W. Doucet »Geschichte der Geheimwissenschaften« (München 1980), von Richard Kieckhefer »Magie im Mittelalter« (München 1992), von Eva Labouvie »Zauberei und Hexenwerk« (Frankfurt a.M. 1991) und »Verbotene Künste – Volksmagie und ländlicher Aberglaube« (St. Ingbert 1992), von Bronislaw Malinowski »Magie, Wissenschaft und Religion« (Frankfurt a.M. 1973), von Bernhard Vaillant »Westliche Einweihungslehren« (München 1986) und als ältere Werke von Kurt Seligmann »Das Weltreich der Magie« (1948), »Aberglaube und Zauberei von den ältesten Zeiten an bis zur Gegenwart« von Alfred Lehmann (Stuttgart 1925) sowie »Geschichte der Magie« (1844) und »Geschichte der Hexerei« (1893) von Josef Ennemoser.

**Buckbeak**
Der englische Name von → Seidenschnabel bedeutet übersetzt Bockschnabel oder Hirschschnabel.

**Bulgarien**
Das Land, dessen Team bei der → Quidditch-Weltmeisterschaft 1994 das Finale gegen Irland verlor. Den → Schnatz fing allerdings der bulgarische → Sucher, Viktor → Krum. Weitere Mitglieder des Teams: Zograf (→ Hüter), Iwanowa (Jägerin), Lewski und Dimitrow (→ Jäger) und Volkow und Vulkanow (→ Treiber). Das Team trat in Rot an. Maskottchen waren die → Veela (HP4). – Die Volksrepublik Bulgarien liegt im Südosten Europas auf dem Balkan. Sie grenzt im Norden an → Rumänien, im Osten ans Schwarze Meer, im Süden an die Türkei und Griechenland, im Westen an Serbien und Makedonien. Hauptstadt ist Sofia. Auf rund 111.000 Quadratkilometern leben etwa 9 Millionen Menschen

**Bulle**
Eine → Besenmarke, für die bei der → Quidditch-Weltmeisterschaft Werbung gemacht wird: *»Ein Besen für die ganze Familie – sicher, zuverlässig und mit eingebautem Diebstahlschutz-Summer«* (HP4,103).

**Bulstrode, Millicent**
Schülerin in → Hogwarts im gleichen Jahrgang wie Harry Potter, eine → Slytherin. Im → Duellierclub die Partnerin (oder eher Gegnerin) von Hermine → Granger. Hermine versucht, sich mit dem → Vielsaft-Trank in Millicent zu verwandeln, erwischt aber leider ein Katzenhaar, denn Millicent hat eine → Katze (HP2). Millicent ist groß und vierschrötig und schreitet einher, wie es ihrem Namen entspricht: Bulstrode bedeutet »Bullengang«. Ihr Vorname lässt sich übersetzen mit »Tausendstel-Hundertstel«.

**Bund für ELFEnRechte**
Die Befreiungsorganisation für → Hauselfen, die Hermine Granger in ihrem vierten Schuljahr gründet, abgekürzt B.ELFE.R. Das Manifest des Bundes heißt »Stoppt die schändliche Misshandlung unserer magischen Mitgeschöpfe – Bewegung zur Stärkung der Elfenrechte« – Englisch heißt die Organisation *Society for the Promotion of Elfish Welfare* (Gesellschaft zu Beförderung elfischen Wohlbefindens), *S.P.E.W.* Dummerweise heißt das englische *spew* spucken oder sich erbrechen.

**Bundesakademie für kulturelle Bildung**
Diese veranstaltete vom 30. September bis 1. Oktober 2000 ein Seminar mit dem Titel »Harry Potter oder Warum wir Zauberer brauchen – Überlegungen aller Geschmacksrichtungen«. Unter der Leitung von Dr. Olaf Kutzmutz ging man der Frage nach, was der Erfolg von Harry Potter *»über den Zustand und die Bedürfnisse (nicht nur) von Kindern und Jugendlichen«* verraten *»aus literarischer, psychologischer, philosophischer und pädagogischer Perspektive«*.

### Bunsen, Arsenius

Autor des Buches »Zaubertränke und Zauberbräue« (*Magical Drafts and Potions*, englisch *Arsenius → Jigger*). Der deutsche Nachname nimmt geschickt auf den Vornamen Bezug. Arsen ist seit Jahrtausenden ein beliebtes Gift und steht in der Statistik der Giftmorde bis ins 19. Jahrhundert an erster Stelle. Am besten eignet sich das geruch- und geschmacklose Arsenik (Arsentrioxid), das bis heute als Rattengift verwandt wird. Akute Arsenvergiftung führt zu Krämpfen, Durchfall und Verwirrtheit, chronische Arsenikvergiftung u. a. zu Darmkatarrh und Anämie. Anfang des 20. Jahrhunderts sprach man von »Todeszimmern« in Arbeitersiedlungen, wo die Tapeten in den feuchten Zimmern oft mit dem »Schweinfurter Grün« gestrichen wurden, das in Verbindung mit Tapetenkleister und Schimmelpilzen eine gasförmige Arsenverbindung bildet. Viele starben damals an »Bleichsucht« und »Blutarmut«. Der Nachname Bunsen nimmt direkten Bezug auf das Arsen: Robert Wilhelm Bunsen (1811 – 1899), ein deutscher Chemiker, hat nicht nur das Spektroskop erfunden, den Bunsenbrenner, einen Gasbrenner, mit dem man Temperaturen bis zu 1.500 °C erreichen kann, und viele andere nützliche Geräte – Bunsen entdeckte 1834 auch das Gegenmittel zur Arsenvergiftung, das man bis heute verwendet, das Eisenoxidhydrat.

### Büro für ... (im Zaubereiministerium)

siehe → Abteilung für ...

### Bürokratie

Darin sind die Hexen und Zauberer fast genauso gut wie die → Muggel, nur scheinen sie keine Durchschläge zu brauchen. Um zum Beispiel mit → Flohpulver reisen zu können, muss der Kamin an das Flohnetzwerk angeschlossen werden, und dafür gibt es einen Flohregulierungsrat im Zaubereiministerium Dieses nimmt auch die Prüfungen ab, ehe man → apparieren und desapparieren darf oder als → Animagus zugelassen wird. Percy → Weasley arbeitet nach seiner Schulzeit für das → Zaubereiministerium zunächst an einem Bericht über Kesseldicken, die international vereinheitlicht werden sollen. Einige der Importkessel hätten zu dünne Wände; die Tropfrate steige jährlich um 3 Prozent. Das erinnert sehr an die EU... Es gibt auch Importverbote, festgehalten in der → »Liste Verbotener Verhexbarer Artikel«, z. B. für → Fliegende Teppiche, und sogar ein eigenes → »Gesetz zum Gebrauch des Zauberstabes« (HP4).

### Butterbier

Erfrischendes, sahniges heißes Getränk, das man in → Hogsmeade bekommt. Für → Hauselfen ist es sehr berauschend.

# C

## Cadogan, Sir

Ein kleiner, angeberischer Ritter auf einem Gemälde im → siebten Stock von → Hogwarts. Löst in Harry Potters drittem Schuljahr die → »Fette Dame« ab, nachdem Sirius → Black sie beschädigt hat und während sie restauriert wird.

## Caput Draconis

→ Passwort für den Eingang in den → Gryffindor-Turm in Harry Potters erstem Schuljahr in → Hogwarts. Ist lateinisch und bedeutet »Haupt des → Drachen«. Drachenkopf ist eine seit der Spätantike übliche Bezeichnung für den Kreuzungspunkt des aufsteigenden Mondes mit der Ekliptik (der Bahn, auf der sich die Erde um die Sonne in einem Jahr bewegt). In der → Astrologie gilt dieser »aufsteigende Mondknoten« als glücksbringend, während der Drachenschwanz, der »absteigende Mondknoten«, also der Kreuzungspunkt des absteigenden Mondes mit der Ekliptik, als unglücksbringend angesehen wird.

## Carlsen-Verlag

Verlag in Hamburg; in ihm erscheinen die deutschen Ausgaben der Harry-Potter-Bücher. Die Tochtergesellschaft des dänischen Carlsen Verlags wurde 1953 gegründet, um in Deutschland die PETZI-Zeichenserie zu vermarkten; bis heute sind 37 PETZI-Bücher mit über 11 Millionen Exemplaren erschienen. Die seit 1954 verlegten PIXI-Bücher erreichten bisher eine Gesamtauflage von etwa 225 Millionen Exemplaren. Das Programm von Carlsen umfasst zahlreiche bekannte Kinder- und Jugendbücher von internationalen und deutschen Autorinnen und Autoren wie James Krüss oder Peter Dickinson. Mit »Carlsen Comics« bestimmt der Verlag seit 35 Jahren, als er »Tim und Struppi« herausbrachte, die deutsche Comic-Landschaft wesentlich mit. Seit Carlsen 1998 mit den Harry-Potter-Büchern die → Bestseller-Listen beherrscht – allein in den ersten zwei Jahren verkaufte man 1,5 Millionen Exemplare –, wurde der Verlag auch einem breiteren Publikum bekannt. Im Jahr 2000 ist mit einem Umsatz von 100 Mil-

lionen zu rechnen, nach 34 Millionen 1999. Anfang 2001 will der Verlag mit einem eigenen Kinder- und Jugendtaschenbuchverlag an den Markt gehen und hat dazu bereits einen Verlag mit etwa 80 Titeln gekauft. Derzeit ist zwar keine Taschenbuchausgabe der Harry-Potter-Bücher geplant, aber wenn es Harry Potter irgendwann in Deutschland als Taschenbuch geben wird, dann bei Carlsen. – Der Verlag hat eine sehr interessante → Internet-Seite mit ca. fünf Millionen Visits (Oktober 2000) pro Monat: www.harrypotter.de.
Adresse: Carlsen Verlag GmbH, Völckersstraße 14–20, 22765 Hamburg, Tel. (0 40) 39 10 09-0, Fax (0 40) 39 10 09 62.

**Cauldwell, Owen**
Schüler in → Hogwarts, 1994 eingeschult, ein → Hufflepuff (HP4).

**Celestina Warbeck**
→ Warbeck, Celestina.

**Cerberus**
In der → Mythologie der → Muggel ein dreiköpfiger Höllenhund, wahrscheinlich Hunden wie → Fluffy nachempfunden.

**Chamäleon-Ghule**
Ron → Weasley hat mal davon gehört, es gäbe Chamäleon-→ Ghule, die sich → unsichtbar machen könnten (HP2,192).

**Chamber of Secrets**
Wörtlich »Kammer der Geheimnisse«, Name im Original für die → Kammer des Schreckens.

**Chang, Cho**
In die hübsche → Sucherin im → Quidditch-Team von → Ravenclaw, die ein Jahr älter als er, aber fast einen Kopf kleiner ist, verguckt sich Harry Potter während seines dritten Schuljahres; diese Schwärmerei bleibt aber (zumindest bisher) folgen- und erfolglos: Cho ist beim großen → Weihnachtsball Tanzpartnerin von Cedric → Diggory. Sie fliegt einen → Komet Zwei-Sechzig.

**Charm**
Englisch: Zauber, Zauberspruch, Zauberkunde, Zauberformel.

**Charmantestes-Lächeln-Preis**
Diesen Preis der Zeitschrift → »Hexenwoche« hat Gilderoy → Lockhart fünfmal gewonnen.

**Chaser**
Englische Bezeichnung für → Jäger oder Jägerin.

**Chf. Warlock**
Englische Form des Zauberertitels → »Hexenmeister«

**China**
Hier sind im Oktober 2000 im → Pekinger Volksverlag die offiziellen Übersetzungen der ersten drei Bände erschienen. Bereits Wochen vorher jedoch wurden → Raubkopien aller vier (!) Bände in einem Buchladen in Peking entdeckt. Laut einem Bericht der Pekinger Zeitung »Beijing Qingnianbao« vom 19. September 2000 war in diesen der »Tibetische Volksverlag« als Herausgeber angegeben, dieser bestreite jedoch jede Beteiligung. Wenn man die Spannungen zwischen der Volksrepublik China und Tibet berücksichtigt, gewinnt »Hali Bote«, wie er auf chinesisch heißt, plötzlich sogar politische Bedeutung.

**Chinesischer Feuerball**
Eine → Drachenart von roter Färbung mit einer Mähne aus goldenen Stacheln, kann pilzförmige Feuerwolken spucken. Mit einem brütenden Weibchen dieser Art muss sich Viktor → Krum im ersten Wettbewerb des → Trimagischen Turniers messen (HP4).

**Chipping Sodbury**
Der Geburtsort von Joanne K. → Rowling.

**Chronicles of Narnia**
Die Lieblingskinderbücher von Joanne K. → Rowling, verfasst von C. S. → Lewis, der sie sichtlich beeinflusst hat.

**Chudley Cannons**
Das professionelle → Quidditch-Team, für das Ron → Weasley schwärmt. Ihre Farbe ist ein leuchtendes Orange-Rot. Im Sommer 1992 sind sie neunte der ersten Liga (HP2,45). Es gibt auch ein Buch über sie: → »Auf Jagd mit den Cannons« (in Band 4 übersetzt als »Fliegen mit den Cannons«).

**Circe**
Diese berühmte Zauberin ist auf einer der Bildkarten zu sehen, die es in den → Schokofrosch-Packungen gibt. Wie im einzelnen ihre Verdienste in der Welt der Hexen und Zauberer aussehen, ist nicht bekannt, in der → Mythologie der → Muggel ist sie eine bekannte Zauberin. Im Griechischen als Kirke, im Lateinischen als Circe bekannt, ist sie in der griechischen Mythologie die Tochter des

Sonnengottes Helios und der Meernymphe Perse und lebt als mächtige Zauberin auf der Insel Aiaia an der Westküste Italiens. Sie beherrscht perfekt die → Verwandlung von Menschen in Tiere, wobei diese Verstand und Persönlichkeit behalten. Die Gefährten des griechischen Helden Odysseus verwandelt sie in Schweine. Mit Hilfe von → Hermes, der ihm ein Zauberkraut gibt, kann Odysseus Circe zwingen, seine Gefährten zurückzuverwandeln, und bleibt ein Jahr bei ihr. Von ihrem Namen stammt der Ausdruck *bezirzen* für bezaubern.

**Cleansweep**
Der englische Name der Besenfirma → Sauberwisch.

**Clearwater, Penelope**
Schülerin in → Hogwarts, → Vertrauensschülerin von → Hufflepuff, im selben Jahrgang wie Percy → Weasley und dessen Freundin. Wird gemeinsam mit Hermine → Granger Opfer des → Basilisken aus der → Kammer des Schreckens (HP2). – Der Nachname symbolisiert Reinheit (Klares Wasser); das passt, wenn Percy für den »reinen Tor« Parzival steht. Wenn er als Odysseus interpretiert wird, muss sie hoffentlich nicht wie dessen Gattin Penelope 10 Jahre nach dem Ende des trojanischen Krieges auf ihren Gatten warten.

**Cleese, John**
Darsteller des → Fast kopflosen Nick im ersten Harry-Potter-→ Film

**Cliodna**
→ Druidin auf einer der Bildkarten, die es in → Schokofrosch-Packungen gibt.

**Cognac**
Der wahrscheinlich berühmteste Weinbrand, benannt nach der Stadt im Departement Charente, Frankreich. Der bernsteinfarbene Cognac wird aus Weißwein destilliert und reift in Eichenfässern. Vernon → Dursley trinkt ihn gerne.

**Cokeworth**
Größere Stadt, in der die Familie → Dursley mit Harry Potter in der Nacht vom 29. auf den 30. Juli im Hotel zum Bahnblick übernachtet, als sie vor den Briefen aus → Hogwarts fliehen (HP1).

**Coltrane, Robbi**
Darsteller von Rubeus → Hagrid im ersten Harry-Potter-→ Film

**Columbus, Chris**
Regisseur des ersten Harry-Potter-→ Films

**Comet**
→ Komet

**Comics**
In seinem Zimmer im → »Fuchsbau« bewahrt Ron → Weasley im Sommer 1992 einen ganzen Stapel Comic-Hefte auf, alles »Abenteuer von Martin Miggs, dem miggrigen Muggel« (HP2,45).

**Computerspiel**
Dudley → Dursley mag Computerspiele: *»Er hatte noch nie so lange Zeit verbracht, ohne am Computer einen Außerirdischen in die Luft zu jagen«* (HP1,49). Bei Redaktionsschluss (Oktober 2000) gab es noch kein kommerzielles Computerspiel zu Harry Potter, doch hat die weltweit größte Firma für Unterhaltungssoftware, Electronic Art, die Exklusivrechte erworben und angekündigt, Spiele zu allen 4 Bänden herauszubringen. – Für das neue Nintendo-Spiele-System »Dolphin«, das 2001 auf den Markt kommen soll, ist gleich ein »Harry-Potter-Spiel« angekündigt.

**Connolly**
→ Treiber im irischen Team bei der → Quidditch-Weltmeisterschaft (HP4).

**Cornwall**
Aus dieser südwestlichen Grafschaft von England stammen die → Wichtel, die Gilderoy → Lockhart mit in den Unterricht bringt (HP2).

**Crabbe, Vincent**
Einer der beiden ständigen Begleiter von Draco → Malfoy, wie dieser im gleichen Jahr wie Harry Potter in → Hogwarts eingeschult und im → Slytherin-Haus. Er ist groß, dumm und ausgesprochen dick, hat einen Haarschnitt wie eine Puddingschüssel und eine platte Nase. – Sein Vater, ein → Todesser, kommt zu deren Treffen bei Lord → Voldemort nach dessen → Wiederauferstehung. – Das englische *crabby* bedeutet griesgrämig, starrköpfig, mürrisch und boshaft.

**Creevey, Colin**
Ein kleiner Junge mit mausgrauen Haaren, 1992 nach → Hogwarts gekommen und wie Harry Potter in → Gryffindor. Er bewundert Harry über alles, folgt ihm, wo er kann, und schießt dauernd Fotos von ihm mit seiner Muggel-Kamera. Seine Eltern sind → Muggel; sein Vater ist ein Milchmann. Er wird das erste Opfer des → Basilisken aus der → Kammer des Schreckens. Da er ihn aber durch die Kamera angeschaut hat, wird er nur versteinert und kann mit einem → Zaubertrank aus → Alraunen wiederbelebt werden (HP2).

**Creevey, Dennis**
Der jüngere Bruder von Colin → Creevey, kommt 1994 nach → Hogwarts und wie sein Bruder nach Gryffindor (HP4).

**Croaker**
Mitglied der → Mysteriumsabteilung im → Zaubereiministerium. Englisch *croak* bedeutet krächzen – und Raben gelten allgemein als Unheilverkünder.

**Crockford, Doris**
Eine Hexe, die Harry Potter bei seinem ersten Besuch im Gasthaus → »Zum Tropfenden Kessel« trifft (HP1).

**Crookshanks**
Der englische Name von → Krummbein.

**Crouch, Barty junior**
Bartemius Crouch ist der Sohn von Barty → Crouch senior. Er lässt sich mit Lord → Voldemort ein und wird ein → Todesser. Er wird zu lebenslangem → Askaban verurteilt, doch durch seine Mutter gerettet: Diese geht statt seiner nach Askaban, verwandelt durch einen → Vielsaft-Trank, und stirbt dort. Nachdem er jahrelang von seinem Vater unter einem → Imperius-Fluch gefangengehalten wurde, kann Barty junior während der → Quidditch-Weltmeisterschaft entfliehen und das → Dunkle Mal an den Himmel senden; er will den in Freiheit gebliebenen Todessern *»zeigen, was Treue zum dunklen Lord bedeutet, und sie für ihre Treulosigkeit bestrafen«* (HP4,718). Er übernimmt die geistige Kontrolle über seinen Vater und tötet ihn später. Mit dem Vielsaft-Trank verwandelt er sich in Mad-Eye → Moody und schleicht sich als dieser in → Hogwarts ein. Dort manipuliert er den → Feuerkelch, so dass er Harry als vierten Teilnehmer des → Trimagischen Turniers festlegt. Er spielt die Rolle von Mad-Eye bis zum Ende fast perfekt, vor allem dessen Hass und Argwohn gegenüber früheren Todessern wie → Snape oder → Karkaroff. Das fällt ihm leicht, denn er hasst alle, die seinen »Meister« verraten haben. Nachdem er entlarvt wurde, wird er gegen die Bedenken von Albus → Dumbledore auf ausdrückliche Anordnung von Cornelius → Fudge durch den → Kuss eines Dementors bestraft. – Das englische *crouch* heißt sich ducken, sich zusammenkauern (HP4).

**Crouch, Barty senior**
Bartemius Crouch ist Leiter der → Abteilung für die internationale Zusammenarbeit im → Zaubereiministerium und damit Chef von Percy → Weasley, der ihn sehr verehrt. In → Muggelkleidung könnte er als Filialleiter einer Bank durchgehen, mit seinem kurzem grauen Haar und dem schmalen Oberlippen-

bart. Er spricht zahlreiche Fremdsprachen. Der harte, unnachgiebige Mann war 1981 Leiter der Abteilung für Magische Strafverfolgung, ein mächtiger und machthungriger Zauberer, beliebter Held im Kampf gegen → Voldemort und nicht zimperlich in der Wahl seiner Mittel: Er schickte Leute ohne Prozess nach → Askaban, z. B. Sirius → Black, und erlaubte den *»Einsatz der → Unverzeihlichen Flüche gegen Verdächtige ... er wurde so gefühllos und grausam wie viele von der dunklen Seite«* (HP4,550). Er wäre beinahe Zaubereiminister geworden, hätte sich sein Sohn Barty → Crouch junior nicht mit Voldemort eingelassen. Er machte ihm den Prozess und schickte ihn nach Askaban, doch dann gab er den Bitten seiner Frau nach, ihren Sohn zu retten: Sie starb statt Barty junior in Askaban, verwandelt durch einen → Vielsaft-Trank. Crouch hält seinen Sohn jahrelang gefangen, unter Kontrolle gehalten durch einen → Imperius-Fluch, bewacht von der → Hauselfe → Winky. Doch Barty junior kann mit Hilfe von Voldemort entfliehen. Crouch entlässt zur Strafe Winky, wird wenig später selber von seinem Sohn gefangen und unter geistige Kontrolle genommen. Als es ihm gelingt, aus seinem Haus zu entkommen, wo er von Peter → Pettigrew bewacht wurde, wird er von seinem Sohn in → Hogwarts getötet, seine Leiche in einen Knochen verwandelt und vor → Hagrids Hütte vergraben (HP4).

### Cruciatus-Fluch

Dieser → Zauberspruch – der Befehl lautet »crucio« – ist einer der »unverzeihlichen« → Flüche und böseste → schwarze Magie. Er lässt einen vor Schmerz fast den Verstand verlieren. Die Haut schmerzt, als würde sie von heißen Messern durchstoßen, jeder Knochen tut weh, als würde er brennen, der Kopf fühlt sich an, als ob er jeden Moment bersten würde. Mit diesem Fluch wurden einst die Eltern von Neville → Longbottom gefoltert; sie sind immer noch in der Klinik und erkennen ihren Sohn nicht mehr. – Das lateinische *cruciatus* heißt Marter, Qual, *crucio* bedeutet »ich martere, ich foltere« (HP4).

### Curses and Countercurses

Originaltitel des Buches → »Flüche und Gegenflüche«.

# D

### Dachs

Das Wappentier des Hauses → Hufflepuff. In einen Dachs verwandelt einmal aus Versehen ein Schüler von Minerva McGonagall einen seiner Freunde (HP2).

### Daily Mail

Im ersten Band die Zeitung in der → Muggelwelt, die Vernon → Dursley liest; in späteren Bänden übersetzt mit »Tagespost«.

### Daily Prophet

Im Original Name der Tageszeitung der Zauberer, deutsch → »Tagesprophet«.

### Dale, Jim

Der Sprecher in den amerikanischen → Hörbüchern zu Harry Potter ist im → Internet vertreten unter www.jim-dale.com.

### Dämonen, Dämononologie

Dämonologie ist die Lehre von den Dämonen, ihren (Un-)Taten und Fähigkeiten und wie man sie beschwören kann. Im Griechischen bedeutet *daimon* Verteiler, Zuteiler: »Zuteiler des Schicksals«. Homer verstand darunter noch die griechischen Götter, bei Hesiod wurden daraus Zwischenwesen zwischen Göttern und Menschen. Allgemein versteht man unter Dämonen heute übermenschliche, aber nicht göttliche Mächte oder Personifikationen, die dem Menschen nutzen oder (meistens) schaden können. Lord → Voldemort hat als ein Wesen, das scheinbar nicht sterben kann (*»Weil er nicht wirklich lebendig ist, kann er nicht getötet werden«*, sagt Albus → Dumbleore, HP1,323), als ein Wesen, das *»nur noch Schatten und Dunst«* ist (HP1,318), ebenso den Status eines Dämons wie nach seiner → Wiederauferstehung als nicht mehr menschliches, übermächtiges Wesen. – In vielen Naturreligionen spielen Dämonen eine wesentliche Rolle, aber auch im Islam, im Judentum und im Christentum. Nach

Überlieferungen des Talmud sollen sowohl Lilith, Adams erste Frau, wie auch Adam selbst *»nach ihrer Trennung mit Teufeln bzw. Teufelinnen Unzucht getrieben haben, Adam übrigens 130 Jahre lang, bis Gott ihm Eva schafft. Aus diesen Aktivitäten entstehen Schreckgeister und Dämonen aller Arten«* (Hans Freimark: »Okkultismus und Sexualität«). Das Neue Testament hat für die Entstehung von Zauberei und → Magie *»dämonistische Deutungen. Als ein Zauberer Simon (Vulgata: ›Simon magus‹) sah, wie Petrus durch Handauflegung den Geist vermittelte, wollte er ihm diese Vollmacht abkaufen, erfuhr aber dessen entrüstete Abweisung (Apg 8,9-24). Hinfort verkörperten Simon Petrus und Simon Magus den rechten und falschen Umgang mit den Überkräften.* [...] *Wichtig ist das theologische Konzept, das im Hintergrund steht: Es gibt besondere Kräfte, deren gute im Bunde mit dem allmächtigen Gott vermittelt werden, die bösen aber mit dem Teufel und den Dämonen«* (Arnold Angenendt: »Geschichte der Religiosität im Mittelalter«, Darmstadt 1997). Im Mittelalter kamen die Dämonen nach einer weitverbreiteten Vorstellung, um die Seele des Verstorbenen zu holen; manchmal mussten sie auch mit Engeln um die Seele streiten. Der Brauch, die Kirchenglocken zu läuten, wenn jemand im Sterben lag, diente der Vertreibung dieser Dämonen. – Die Vorstellung von der Möglichkeit der Paarung und des Vertrages zwischen Dämonen und Menschen, wie sie vor allem von Albertus Magnus und seinem Schüler Thomas von Aquino im 13. Jahrhundert entwickelt wurde, bestimmte stark die Inquisition und die → Hexenverfolgungen. *»Zu Beginn des 15. Jahrhunderts diktierte der Abt Richalm ... das ›Buch der Offenbarungen über die Nachstellungen und Verschlagenheiten der Dämonen gegen die Menschen‹. Er sieht die Welt erfüllt von bösen Geistern; einen jeden umströmen sie wie das Wasser den Ertrinkenden oder umschließen ihn wie ein Gewölberaum ohne Ritze. Ihre Menge ist so unzählig wie die Lichtpartikel, wie die Mücken und Flöhe. Solange der Mensch lebt, umschwirren sie ihn; man braucht nur die Augen zu schließen und sieht sie so zahlreich wie eine Staubwolke. Sie verursachen überall Übel und Widrigkeiten, sogar Appetitlosigkeit und Blähungen, Zahnweh und Betrunkenheit; sie verekeln Speise und Trank, verwirren die Arbeit und verschrecken den Schlaf«* (Angenendt, a.a.O.). Auch den (oder die) Teufel und die Engel kann man als Dämonen interpretieren. Und nach dem Alten Testament sind die → Riesen Abkömmlinge der Dämonen. Eine ausführliche Hierarchie und Beschreibung von über 7 Millionen von ihm erfassten Dämonen lieferte 1565 ein Schüler von Cornelius → Agrippa, Johannes Wier. – Auch im Hinduismus spielen Geister und dämonische Wesen eine große Rolle. In den um 1000 v. Chr. verfassten Veden werden eine Vielzahl böser Geschöpfe beschrieben, die den Menschen Schaden zufügen und die Götter bekämpfen. Nach orthodoxer buddhistischer Lehre ist einer der drei Bereiche, in denen die Menschen mit schlechtem Karma wiedergeboren werden, der der Krieg führenden Dämonen. Diese können auch die Menschen plagen.

**Dark Magic**
Schwarze → Magie.

**Dark Mark**
Englisch für das → Dunkle Mal (HP4).

**Das Monsterbuch der Monster**
Lehrbuch (*The Monster Book of Monsters*) ab dem dritten Schuljahr in → Hogwarts für → »Pflege magischer Geschöpfe«. Harry Potter erhält sein Exemplar als Geburtstagsgeschenk vom neuen Lehrer, Rubeus → Hagrid. Das Buch ist groß mit einem hübschen grünen Lederdeckel und goldenen Lettern, allerdings läuft es davon oder beißt sogar, solange man es nicht am Buchrücken streichelt.

**Das Unsichtbare Buch der Unsichtbaren**
Dieses Zauberbuch hatte der Buchladen → Flourish & Blotts einmal im Angebot: zweihundert bestellt und keins verkauft. Sie hatten die Bücher nicht gefunden... (englisch: *The Invisible Book of Invisibility*) (HP3)

**Davies, Roger**
Der Kapitän im → Quidditch-Team von → Ravenclaw, beim großen → Weihnachtsball Tanzpartner von Fleur → Delacroix.

**De Mimsy-Porpington, Sir Nicholas**
Der → Geist von → Gryffindor, besser bekannt als der → Fast Kopflose Nick.

**Death Eaters**
Englisch für die → Todesser (HP4).

**Delacour, Fleur**
Schülerin der Zauberakademie → Beauxbatons und Champion dieser Schule beim → Trimagischen Turnier. Sie ist ausgesprochen hübsch, mit großen dunkelblauen Augen und silberblonden Haaren bis zur Taille, und sehr verführerisch, wahrscheinlich auch, weil ihre Großmutter eine → Veela war. Von der hat sie ein Haar in ihrem → Zauberstab (Rosenholz, unbiegsam, 9 ½ Zoll, also 24 Zentimeter). Ihr französischer Name bedeutet »Blume vom Hof« *(fleur de la cour)*, womit kein Bauernhof, sondern ein Königs- oder herrschaftlicher Hof gemeint ist (HP4).

**Delacour, Gabrielle**
Die kleine Tochter von Fleur → Delacour ist eine der Gefangenen bei der zweiten → Aufgabe des → Trimagischen Turniers (HP4).

**Deletrius**

→ Zauberspruch, löscht den »Geist«, den Schatten eines Zaubers auf, der mit dem Zauberspruch → Prior Incantato beschworen wurde. – Das lateinische *delere* heißt löschen, tilgen (wie die englische *delete*-Taste am Computer, HP4).

**Dementor**

Die »Wächter von → Askaban« sind übermenschlich große unheimliche Kreaturen, die sich meist vollständig unter Umhängen mit Kapuzen verbergen. Manchmal sieht man ihre Hand, grau und schleimig-glitzernd, erinnernd an die Hand eines Totes. Wenn man ihr Gesicht sieht, ist es meistens das Ende. Dort, wo die Augen sein sollten, gibt es nur leere Höhlen, über die sich glatte Haut spannt. Der Mund ist ein unförmiger Schlund. Damit wollen sie ihrem Opfer die Seele rauben: Der »Kuss des Dementors« ist schlimmer als die Todesstrafe, wie viele meinen: Dem Opfer wird die »Seele« entzogen, die Persönlichkeit. Es bleibt eine funktionierende Hülle, ohne Geist und ohne Erinnerung, ein willenloser → Zombie. – Aber auch ohne ihr Gesicht zu zeigen, sind die Dementoren schlimm genug: Sie entziehen allen Menschen in ihrer Nähe die guten Gefühle, sie leben von positiven Emotionen und Erinnerungen und lassen einen nur noch schlimme Erinnerungen haben. Deshalb ist Harry Potter so anfällig, wird in ihm doch sein erster Kampf mit Lord → Voldemort und der Tod seiner Eltern wach. Auch Ginny → Weasley ist anfällig, da in ihr die Erinnerungen an Tom Vorlost → Riddle geweckt werden. Ist man von Dementoren geschwächt, hilft zur Wiederherstellung der Kräfte am besten Schokolade. – Schon wenn sie in die Nähe kommen, wird es den Menschen kalt. Ein möglicher Schutz gegen die Anwesenheit der Dementoren ist wahres Unglücklichsein, also die Abwesenheit positiver Gefühle. Das rettet Sirius → Black, während er in Askaban einsitzt. Gegen einen Angriff wirkt kurzfristig ein → Patronus (HP3). Albus → Dumbledore will die Dementoren nicht auf das Gelände von → Hogwarts lassen; er traut ihnen nicht, und mit Recht: Sie sind die naheliegendsten Verbündeten von Lord → Voldemort, sollte er wieder an die Macht zurückkehren, wie dieser selber feststellt: *»Die Dementoren werden sich uns anschließen«* (HP4,680). – Im Namen Dementor verbergen sich gleich zwei Bedeutungen: Das lateinische *de* bedeutet weg von etwas, *mens* ist auf Latein der Geist oder Verstand, also rauben Dementoren den Verstand. *Mentor* hieß aber auch der Lehrer und Ratgeber des Telemach, des Sohnes des Odysseus, dessen Gestalt zeitweise die Göttin Athene (→ Minerva) annahm, um ihm zu raten, und seither bezeichnet man mit diesem Wort allgemein einen weisen Lehrer oder Ratgeber. Die De-Mentoren sind das genaue Gegenteil.

**Dennis**

Vorname eines Freundes von Dudley → Dursley.

**Denkarium**
Eine flache steinerne Schale, in die Albus → Dumbledore seine Gedanken ablegt, wenn sie ihm zuviel werden. Es ermöglicht → Gedächtnisreisen, freie Assoziationen und zeigt unerwartete Zusammenhänge auf (HP4). – Im Original heißt das Denkarium *pensieve*, zusammengesetzt aus den englischen Wörtern *pensive*, gedankenvoll, und *sieve*, Sieb.

**Densaugeo**
Ein Zauberspruch, der dem Gegenüber riesige obere Schneidezähne verpasst. Hermine → Granger wird zum Opfer eines solchen Fluches und die Zähne wachsen bis über den Kragen. Sie nutzt die Heilung durch Madam → Pomfrey, um ihre immer zu langen Oberzähne auf ein Normalmaß schrumpfen zu lassen. – Der Spruch ist aus den lateinischen Wörtern *dens*, Zahn, und *augeo,* ich vergrößere, zusammengesetzt.

**Der gehängte Mann**
Das Gasthaus in Little Hangleton (*The Hanged Man*) (HP4).

**Der Verbotene Wald**
→ Verbotener Wald.

**Der, dessen Name nicht genannt werden soll (darf)**
Beiname von Lord → Voldemort, verwandt aus Angst, seinen Namen auszusprechen. Albus Dumbledore kämpft dagegen an: *»Nenn die Dinge immer beim richtigen Namen. Die Angst vor einem Namen steigert nur die Angst vor der Sache selbst«* (HP1,323).

**Derrick**
→ Treiber im → Quidditch-Team von → Slytherin in Harry Potters drittem Schuljahr 1993/94 (HP3).

**Derwisch und Banges**
Ein Laden für Werkzeuge, Zauberutensilien und Schulsachen in → Hogsmeade. Derwische (persisch *darvesh:* Bettler) sind Mitglieder mystischer Bruderschaften im Islam, die durch religöse Übungen mystische Erlebnisse herbeiführen wollen. Dies können z. B. Laute, Rezitationen oder Lobgesänge Allahs sein bei den *heulenden Derwischen* oder die berühmten Drehtänze der *tanzenden Derwische.* Es gibt aber auch Bruderschaften, die → Fakirübungen wie Schwertschlucken, Feuerlaufen oder das Liegen auf glühenden Kohlen vollziehen. Fast alle Derwische praktizieren ein hohes Maß an Askese. – Das englische *bang* heißt krachen, knallen, auch Feuerwerkskörper, der *big bang* ist der Urknall.

**Desapparieren**
oder disapparieren ist im Prinzip dasselbe wie → Apparieren: Ist dieses das Erscheinen, so ist das Desapparieren das Verschwinden (englisch: *disapparate*). Das lateinische *apparere* heißt erscheinen, die Vorsilbe »dis« oder »des« bewirkt den Gegensatz zu dem im Grundwort Gemeinten. Zum Desapparieren braucht man eine Genehmigung wie für das → Apparieren.

**Diät**
Die hat Dudley → Dursley dringend nötig, denn er wird immer dicker. Im vierten Band muss er also eine Diät machen.

**Diagon Alley**
Der englische Name der → Winkelgasse ist ein Wortspiel mit den Wörtern »diagonal« und »Allee«.

**Dicke Dame, Dicke Frau**
Die Wächterin am Eingang zum → Gemeinschaftsraum im → Gryffindor Turm (im siebten Stock) ist eine fette Dame im rosa Seidenkleid, die in einem Porträt sitzt und nur durchlässt, wer das richtige → Passwort kennt. Wenn sie wieder unterwegs ist, kann es einem passieren, dass man ausgesperrt ist; so geht es Hermine → Granger, als sie versucht, Harry Potter und Ron → Weasley an einem → Zaubererduell mit Draco → Malfoy zu hindern. In Harrys drittem Schuljahr wird die *Fat Lady*, nachdem Sirius → Black sie beschädigt hat, für einige Zeit abgelöst von Sir → Cadogan, während sie restauriert wird.

**Didbury**
Aus diesem Ort kommt D. J. Prod, ein Hexenmeister, der mit → Kwikzaubern angeblich erfolgreich Zaubern lernte, nach nur einem Monat seine Frau in einen → Yak verwandeln konnte und von der Vertriebsfirma als Werbeargument zitiert wird. Wahrscheinlich ist er von der Firma erfunden, »Didbury« setzt sich nämlich zusammen aus *diddle*, betrügen, und *bury*, begraben. *Prod* heißt anstacheln, anheizen, und das soll der Herr ja: den Verkauf des Kwikzauber-Kurses. Wenn es diesen Mann gäbe, säße er wegen der unerlaubten → Verwandlung sicher schon in → Askaban... (HP2,134)

**Diddy, Diddyschatz**
Kosenamen von Petunia → Dursley für ihren Sohn Dudley → Dursley.

**Die Entnebelung der Zukunft**
*Unfogging the Future* – Buch von Cassandra Vablatsky (Kassandra → Wablatschki).

**Die Vorhersage des Unsichtbaren**
Dieses Buch mit dem Untertitel »So schützen Sie sich vor Schocks« *(Predicting the Unpredictable: Insulate Yourself against Shocks)* entdeckt Harry Potter 1993 in der Buchhandlung → Flourish & Blotts (HP3).

**Dielenbrett**
Unter einem losen Brett im Fußboden versteckt Harry Potter seine Habseligkeiten, von denen die → Dursleys nichts wissen dürfen, wenn er bei ihnen haust.

**Diffindo**
Ein → Zauberspruch, der Dinge auf- oder zerreißen lässt (HP4,356).

**Diggel, Dädalus**
Ein Zauberer, der die Niederlage von Lord → Voldemort 1981 so ausgelassen feiert, dass sogar in den Nachrichten der Muggel von »Sternschnuppen in Kent« berichtet wird. Harry trifft ihn wieder bei seinem ersten Besuch im Pub → »Zum Tropfenden Kessel«. Diggels Vorname erinnert an den antiken Sagenhelden Daedalus, einen der berühmtesten Erfinder aller Zeiten. Er schuf auf Kreta für König Minos das Labyrinth, in dem dieser den Minotaurus gefangen hielt, und als er von Kreta fliehen wollte, machte er für sich und seinen Sohn Ikarus Flügel aus Vogelfedern und Wachs. Sein Sohn kommt jedoch beim Flug der Sonne zu nahe, das Wachs schmilzt, und Ikarus stürzt ins Meer. Vielleicht hat Joanne K. → Rowling Diggel so genannt, weil auch er Gefahr läuft, mit seinen Erfindungen – den Sternschnuppen – unfreiwillig Unheil anzurichten.

**Diggle, Dedalus**
Original-Name von Dädalus → Diggel.

**Diggory, Amos**
Der Vater von Cedric → Diggory, ein Mann mit wettergegerbtem Gesicht und braunem Stoppelbart, arbeitet im → Zaubereiministerium in der → Abteilung zur Führung und Aufsicht magischer Geschöpfe (HP4).

**Diggory, Cedric**
Der → Sucher und Kapitän des → Quidditch-Teams von → Hufflepuff, ein gut aussehender, großer, schweigsamer und edelherziger Junge mit gerader Nase, dunklen Haaren und grauen Augen. Sein → Zauberstab, 12 ¼ Zoll lang (31 cm), ist aus Esche, gut federnd, mit einem Einhornhaar. Der → Vertrauensschüler ist Partner von Cho → Chang beim → Weihnachtsball und mit ihr befreundet. Zweieinhalb Jahre älter als Harry, ist der einzige Sucher, der Harry im → Quidditch je schlägt, wenn auch nur, weil den die → Dementoren vom Besen holen

(HP3). Er ist »offizieller« Champion für → Hogwarts beim → Trimagischen Turnier. Nachdem er und Harry durch den → Portschlüssel im Pokal zu Lord → Voldemort gebracht wurden, wird er von Peter → Pettigrew getötet (HP4).

**Dimitrow**
→ Jäger im bulgarischen Team bei der → Quidditch-Weltmeisterschaft (HP4).

**Dippet, Armando**
Der Schulleiter in → Hogwarts, als → Tom Riddle 1942 zum ersten Mal die Kammer des Schreckens öffnete, der Vorgänger von Albus → Dumbledore, war ein *»verhutzelter, gebrechlich aussehender Zauberer, kahlköpfig mit Ausnahme einiger Strähnen weißen Haares«* (HP2,232). Er war es, der wegen der falschen Anschuldigung von Tom Riddle → Hagrid von der Schule verstieß und an Riddle die → *»Auszeichnung für besondere Dienste«* vergab. – Lautmalerisch klingt sein Name wie *dip ed*; das ist im Englischen die Abkürzung für *Diploma in Education*, ein Diplom in Erziehungswissenschaften.

**Diptam**
Pflanze aus der Familie der Rautengewächse (lateinisch *Dictamnus albus*, englisch *Dittany*). Mehrjährige, strauchartige, aber unverholzte Pflanze mit großen, weißen, rot geaderten Blüten sowie gefiederten Blättern, etwa einen Meter hoch. Falls Joanne K. → Rowling mit dem Diptam, den Harry Potter in dem Buch → »Tausend Zauberkräuter und -pilze« sucht, diese Pflanze meint, ist es eine von hoher mythologischer Bedeutung: Sie enthält so große Mengen an ätherischen Ölen, dass diese im Sommer bei großer Hitze entweichen und sich entzünden können, daher nennt man die Pflanze auch »Brennender Busch« und sagt ihr nach, sie könne der brennende Busch gewesen sein, den Mose im Alten Testament sah. Rowling könnte aber auch andere Pflanzen meinen: In den Vereinigten Staaten wird *dittany* nämlich auch für Pflanzen aus der Familie der Lippenblütler *(Labiatae)* gebraucht, die als Gewürze und zur Herstellung von Pfefferminztee Verwendung finden. Der Amerikanische Diptam *(Cunila origanoides)* ist eine mehrjährige Pflanze mit glockenförmigen weißen bis violetten Blüten, die man auch Stein- oder Pferdeminze nennt. Schließlich gibt es noch den mit dem Majoran verwandten Kretischen Diptam *(Origanum dictamnus)*.

**Dissendium**
→ Zauberspruch, öffnet den → Geheimgang hinter der einäugigen Hexe, der nach → Hogsmeade führt. lateinisch *dissentire* heißt »nicht übereinstimmen«.

**Disapparieren**
→ Desaparieren

### *Divination*

Das englische Wort für → Weissagung, auch im Deutschen gebraucht.

### Dobby

Der → Hauself aus dem Haushalt von Lucius → Malfoy mit den großen grünen Augen und der bleistiftförmigen Nase, gekleidet in einen alten Kissenbezug, versucht alles, um Harry Potter im Sommer 1992 an der Rückkehr nach → Hogwarts zu hindern, da er weiß, dass dort Tom Vorlost → Riddle die → Kammer des Schreckens öffnen wird. Für ihn ist Harry der große Held, der → Voldemort geschlagen und damit vielen Hauselfen ein besseres Leben ermöglicht hat. Deshalb sucht er Harry an dessen → Geburtstag bei den → Dursleys auf und bringt ihn mit unerlaubtem Zaubern in Bedrängnis, hindert Harry und Ron → Weasley daran, auf → Bahnsteig 9 ¾ zu kommen, um den → Hogwarts-Express zu besteigen, und als Harry es mit dem → fliegenden Auto doch nach Hogwarts schafft, hetzt er beim → Quidditch einen → Klatscher auf ihn. Immer, wenn Dobby etwas getan hat, was dem Willen seines Meisters widerspricht, muss er sich bestrafen, etwa seine Ohren in die Herdklappe klemmen oder die Schreibtischlampe auf den Kopf schlagen. Als Harry den → Basilisken getötet hat, bringt er mit einem Trick Malfoy dazu, Dobby freizulassen (HP2). Dobby wird von → Dumbledore in Hogwarts in der Küche eingestellt und unterstützt Harry in dessen viertem Schuljahr. Er trägt nun einen Teewärmer als Hut, eine Krawatte, eine Kindersporthose und stets verschiedenartige Socken, später den kastanienbraunen Pulli, den ihm Ron → Weasley schenkt (HP4).

### Do-It-Yourself-Handbuch der Besenpflege

Bestandteil von Harry Potters → Besenpflege-Set.

### Dolohow, Antonin

Ein → Todesser, der nach dem Fall von Lord → Voldemort gefasst wurde, noch ehe Igor → Karkaroff ihn verriet.

### Dolphin

Nintendo-Spiele-System, für 2001 mit »Harry-Potter-Spiel« angekündigt.

### Dot

Ein Gast im Gasthaus »Der Gehängte Man« in → Little Hangleton, fest überzeugt, dass → Frank Bryce der Mörder der Familie → Riddle ist (HP4).

### Doyle, Roddy

Unter den lebenden Schriftstellern der Lieblingsautor von Joanne K. → Rowling. Doyle, 1958 in Dublin geboren, wurde bekannt mit seinen Romanen »The

Commitments« (verfilmt von Alan Parker), »The Snapper« und »The Van« (verfilmt von Stephen Frears). Für »Paddy Clarke Ha Ha Ha« erhielt es den Booker-Preis, und auch seine neueren Romane »Die Frau, die gegen Türen rannte« und »Henry der Held« finden sich auf den Bestsellerlisten ganz vorne. Doyle ist auch Mitautor des von Dermot Bolger herausgegebenen Romans »Finbars Hotel«. Roddy Doyle lebt mit seiner Familie in Dublin. – In mancher Hinsicht hat Doyle Ähnlichkeiten mit Rowling. So ist auch er Lehrer. 14 Jahre unterrichtete er in Kilbarrack, einem Stadtteil von Dublin. Sein erstes Buch, »Your Granny Is a Hunger Striker«, fand keinen Verleger, das zweite, »The Commitments«, verlegte er im Eigenverlag. Durch den Film von Alan Parker wurde es ein Bestseller, und Doyle (wie Rowling) auf einen Schlag berühmt.

**Dr. Filibusters Fabelhaftes Nass zündendes Hitzefreies Feuerwerk**

Dieses Zauber-Feuerwerk, das die → Weasley-Zwillinge 1992 im Zauberscherzladen »Freud und Leid« in der → Winkelgasse kaufen, füllt den Raum mit roten und goldenen Sternchen, die mindestens eine halbe Stunde halten. Es eignet sich auch hervorragend, um Lehrer abzulenken, etwa indem man einen Knaller in einen → Zaubertrank wirft, oder um → Salamander zum Explodieren zu bringen. – Filibuster nannte man Piraten im 17. und 18. Jahrhundert sowie Abenteurer aus den USA, die vor allem im 19. Jahrhundert in manchmal riesigen Banden Überfälle auf mehrere Staaten Mittel- und Südamerikas unternahmen, vor allem auf Kuba, aber auch Honduras, Nicaragua, Nordmexiko und die damals noch nicht zu den USA gehörenden Staaten Texas und Florida.

**Drache, Drachen**

Harry Potter begegnete bereits mehrfach Drachen und kann dabei lernen, dass es ganz unterschiedliche → Drachenarten gibt (vielleicht sind es auch → Rassen). In Band 1 hilft er → Hagrid, den jungen Drachen → Norbert aus → Hogwarts zu schaffen, einen → Norwegischen Stachelbuckel, denn → Drachenzucht ist seit 1709 verboten – mit gutem Grund, denn man kann *»Drachen nicht zähmen; es ist zu gefährlich«* (HP1,252), ihre Haut ist von magischen Kräften durchdrungen, so dass die meisten Zauber abprallen. Manche Drachen haben einen giftigen Biss, wie Norbert. Die meisten Drachen können Feuer

**Drache: Detail einer Illustration von Ulrike Schneidewind, 1988**

speien, manche bis zu 15 Meter weit. Um einen erwachsenen Drachen, der durchaus 20 Meter hoch werden kann, unter Kontrolle zu halten, braucht es in der Regel mindestens 7 oder 8 Hexen oder Zauberer. Es gibt nur noch wenige wilde Drachen in → Großbritannien, doch in → Transsylvanien gibt es davon so viele, dass dort Leute wie Charlie → Weasley als Drachenforscher arbeiten. Im vierten Band müssen sich die Streiter im → Trimagischen Turnier mit verschiedenen Drachenarten auseinandersetzen: Harry mit einem → Ungarischen Hornschwanz, Cedric → Diggory mit einem → Schwedischen Kurzschnäuzler, Fleur → Delacour mit einem → Walisischen Grünling und Viktor → Krum mit einem → Chinesischen Feuerball. – Die Verliese in der Zaubererbank, → Gringotts, sollen von Drachen bewacht werden. Die Schutzhandschuhe, die zur Arbeitskleidung der Schülerinnen und Schüler von → Hogwarts gehören, sind oft aus → Drachenhaut. Albus *»→ Dumbledores Ruhm beruht vor allem ... auf der Entdeckung der sechs Anwendungen für Drachenmilch«*, heißt es auf der Rückseite der Bildkarte mit dem Abbild des berühmten Zauberers, die es in den → Schokofrosch-Packungen gibt. Im Original heißt es allerdings *Dragon's Blood*, → Drachenblut! Und das Motto von → Hogwarts lautet »Kitzele niemals einen schlafenden Drachen! (lateinisch: »Draco Dormiens Nunquam Titillandus«) – In der → Muggelwelt gelten Drachen als mythische, oft geflügelte Wesen, die gerne auch mit → Schlangen gleichgesetzt werden. Der Drache wird gerne mit dem Antichrist oder → Dämonen in Verbindung gebracht, z. B. in der Apokalypse des Johannes, wo er vom Erzengel Michael besiegt und für ein Millennium (ein Jahrtausend) gebunden wird: *»Und ich sah einen Engel vom Himmel herabfahren, der hatte den Schlüssel zum Abgrund und eine große Kette in seiner Hand. Und er ergriff den Drachen, die alte Schlange, das ist der Teufel und der Satan, und fesselte ihn für tausend Jahre«* (Apokalypse 20,1-2). An anderer Stelle heißt es: *»Und es wurde hinausgeworfen der große Drache, die alte Schlange, die da heißt: Teufel und Satan, der die ganze Welt verführt«* (Apokalypse 12,9). – In den Sagen und Mythen vieler Völker spielen Drachen eine Rolle, teilweise unter unterschiedlichen Namen wie Lindwurm, Tatzelwurm oder Tarasque. Nach vielen Vorstellungen sollen Drachen besonders gerne Jungfrauen fressen, die ihnen oft geopfert werden müssen. Friedrich Schiller (1759–1805) lässt die Drachen in seinem Gedicht »Der Taucher« im tiefen Abgrund hausen: *»Denn unter mir lag's noch, bergetief, – In purpurner Finsternis da, – Und ob's hier dem Ohre gleich ewig schlief, – Das Auge mit Schaudern hinuntersah, – Wie's von → Salamandern und Molchen und Drachen – Sich regt' in dem furchtbaren Höllenrachen.«* – Der gekrümmte, sich selbst in den Schwanz beißende Drache (Ouroborus) ist ein wichtiges Symbol der → Alchemie und als Zeichen des → Drachenordens indirekt Namensgeber des bekanntesten Blutsaugers, des → Vampirs Dracula. Auch Draco → Malfoy ist nach dem Drachen benannt.

### Drachenarten

Es gibt viele verschiedene Arten von → Drachen (vielleicht sind es auch nur Rassen, die miteinander kreuzbar wären). In Band 1 züchtet → Hagrid einen → Norwegischen Stachelbuckel *(Norwegian Ridgeback)*. Wilde Exemplare gibt es in → Großbritannien noch von den Arten Hebridischer Schwarzdrache *(Hebridean Black)* und Gemeiner → Walisischer Gründrache oder Grünling *(Common Welsh Green)*. Ihr Herkunftsland im Namen tragen der → Chinesische Feuerball *(Chinese Fireball)*, der → Ungarische Hornschwanz *(Hungarian Horntail)* und der → Schwedische Kurzschnäuzler *(Swedish Short-Snout)*.

### Drachenarten Großbritanniens und Irlands

Ein Buch, in dem → Hagrid sich kundig macht, als er den → Drachen → Norbert großziehen will *(Dragon Species of Great Britain and Ireland)*.

### Drachenblut

*»→ Dumbledores Ruhm beruht vor allem ... auf der Entdeckung der sechs Anwendungen für Drachenmilch«*, heißt es auf der Rückseite der Bildkarte mit dem Abbild des berühmten Zauberers, die es in den → Schokofrosch-Packungen gibt (HP1,114). Im Original heißt es allerdings *Dragon's Blood* – Drachenblut! Durch die fehlerhafte Übersetzung verliert Dubledores Forschung erheblich an mythologischer Bedeutung. Später wird auch in der deutschen Übersetzung von Drachenblut gesprochen; Harry Potter muss sogar 12 Anwendungen lernen (HP1,250). – Allgemein wird → Blut eine starke magische Wirkung zugesprochen. Wir wissen nicht, welche sechs Anwendungen des Drachenblutes Dumbledore gefunden hat; laut → Mythen der → Muggel soll das Blut → unverwundbar machen, davon profitiert z. B. Siegfried im Nibelungenlied. Häufiger aber findet man Sagen, wonach das Blut giftig sein soll.

### Drachendung

Wird benutzt für → schwarze Magie, erhältlich in der → Nokturngasse (HP2).

### Drachenei

→ Drachen legen Eier und wärmen sie mit ihrem Feueratem, bis die Jungen schlüpfen. → Hagrid gewinnt ein schwarzes Drachenei beim Kartenspiel (dies ist eine List von → Quirrell bzw. → Voldemort, um ihm zu entlocken, wie man an → Fluffy vorbeikommt). Daraus schlüpft → Norbert, der → Norwegische Stachelbuckel. Die Eier des → Ungarischen Hornschwanzes sind steingrau.

### Drachengeschirr

Geschirr, das die Freunde von Charlie → Weasley anfertigen, die den → Drachen → Norbert von → Hogwarts nach → Transsylvanien bringen (HP1,263).

**Drachenherz-Fasern**
Ein beliebter magischer Stoff als Kern für → Zauberstäbe.

**Drachenkopf**
→ Caput Draconis.

**Drachenmilch**
»→ *Dumbledores Ruhm beruht vor allem ... auf der Entdeckung der sechs Anwendungen für Drachenmilch*«, heißt es auf der Rückseite der Bildkarte mit dem Abbild des berühmten Zauberers, die es in den → Schokofrosch-Packungen gibt (HP1,114). Im Original heißt es *Dragon's Blood*: → Drachenblut!

**Drachenorden**
*Ordo draconia, ordo draconis, societas draconia*: Ein Ritterorden, gegründet von Kaiser Sigismund II. zur Bekämpfung der Osmanen und der »im Verborgenen wütenden Christen«, also vor allem der Hussiten. Das Zeichen des Ordens war ein gekrümmter, sich selbst in den Schwanz beißender → Drache (Uroborus), sein Motto: *»O wie barmherzig ist Gott, wie gerecht und fromm«* – eine Ironie, wenn man bedenkt, dass der berühmteste aller → Vampire, Dracula, indirekt diesem Orden seinen Namen verdankt. 1431 wurde beim Nürnberger Reichstag der walachische Bojar Vlad in den Orden aufgenommen und nannte sich daraufhin *Dracul*. Sein Sohn, Vlad III. Tepes (»der Pfähler«, sprich: Tzepesch) Draculea, 1431 – 1476/77, war einer der grausamsten Fürsten aller Zeiten und wurde von dem irischen Schriftsteller Bram Stoker als Namensgeber für den »Supervampir« Dracula im gleichnamigen Roman (1897) benutzt.

**Ouroboros**
**Wappen des Drachenordens, stellt den gekrümmten, sich selbst in den Schwanz beißenden Drachen dar; als Zeichen eines christlichen Ordens trägt er auf dem Rücken ein Kreuz**

**Drachenzucht**
→ Drachen legen Eier und wärmen sie dann mit ihrem Feueratem. Wer Drachen züchten will, muss das → Drachenei also warm halten. Die jungen Drachen werden jede halbe Stunde gefüttert, mit einer Mischung aus Schnaps und Hühnerblut (HP1,254). Die Zucht von Drachen ist nicht ungefährlich und wurde vom → Zaubererkonvent von 1709 verboten (HP1,251).

**Drachenzucht für Haus und Hof**
Ein Buch, in dem → Hagrid sich kundig macht, als er den → Drachen → Norbert großziehen will *(Dragon Breeding for Pleasure and Profit).*

**Draco Dormiens Nunquam Titillandus**
Motto von → Hogwarts: »Kitzele niemals einen schlafenden → Drachen!«

**Draco Malfoy**
→ Malfoy, Draco.

**draco, onis**
Lateinisch: → Schlange, → Drache.

**Dritter Band**
→ Harry Potter und der Gefangene von Askaban.

**Dritter Stock**
Das Betreten des Korridors im dritten Stock von → Hogwarts ist im Schuljahr 1991/92, dem ersten Jahr von Harry Potter, streng verboten: Dort bewacht → Fluffy, der dreiköpfige Hund, den Zugang zum → Stein der Weisen.

**Drudenfuß, Drudenkreuz**
→ Pentagramm

**Druhbels Bester Blaskaugummi**
Zauberer-Kaugummi; die blauen Blasen bleiben tagelang im Raum.

**Druiden**
Priester der Kelten in Gallien und auf den Britischen Inseln vom zweiten vor- bis zum zweiten nachchristlichen Jahrhundert. Es gab drei Arten von Druiden: Propheten, Barden und Priester. Sie wurden unterstützt von weiblichen Prophetinnen und Zauberinnen, die allerdings nicht die gleiche Macht und dieselben Befugnisse hatten. Die Druiden verfügten über hervorragende Kenntnisse in der → Astrologie und der → Magie und verehrten die Eiche und die Mistel. Ihre Rituale hielten sie gewöhnlich in Eichenwäldern ab und benutzten häufig Steindenkmäler, sogenannte Dolmen. Stonehenge war wahrscheinlich ein Kultort der Druiden. Zu ihren Lehren gehörten der Glaube an die → Unsterblichkeit der Seele und die Seelenwanderung. Ihre geheimen Lehren wurden ausschließlich mündlich überliefert. Niemand kann sich heute ernsthaft auf ursprünglich keltische oder Druidenlehren berufen, zumindest muß klar sein, dass dies alles viel später, teilweise auch von Feinden, aufgezeichnet wurde. Die meisten Auf-

zeichnungen entstammen Klöstern in Wales und Irland und wurden also aus christlicher Sicht erstellt. Der bekannteste Druide war → Merlin.

### Dschinn

oder Jinni, in der weiblichen Form Jinniyah (Plural Jinn). In der arabischen und islamischen → Mythologie ein → Geist, aus Feuer oder Luft erschaffen, der in der Hierarchie zwischen Engeln und Menschen steht. Es gibt gute und böse Dschinns. *»So haben wir jedem Propheten einen Feind gegeben: Satane aus der Reihe der Menschen und der Dschinn«,* heißt es im Koran (6,112). Körperlich ähneln sie Menschen und haben dieselben Bedürfnisse, sie pflanzen sich fort und sind sterblich, auch wenn sie sehr viel länger leben. Wie aus den Geschichten von »Tausendundeiner Nacht« bekannt, können sie gefährlich werden, man kann sie sich aber auch dienstbar machen, wie Aladin mit der Wunderlampe.

### Duddybumms

Ein Kosewort von Petunia → Dursley für ihren Sohn Dudley → Dursley (HP1).

### Duell

→ Zaubererduell

### Duellierclub

In Harry Potters zweitem Schuljahr gründet Gilderoy → Lockhart in → Hogwarts einen Duellierclub, in dem Schülerinnen und Schüler lernen sollen, sich im → Zaubererduell zu bewähren. Der Versuch erweist sich, vor allem wegen der Unfähigkeit von Lockhart, als ziemliches Fiasko. Immerhin lernt Harry den Entwaffnungsspruch → Expelliarmus, mit dem er später Lockhart entwaffnet und gegen → Voldemort antritt, und dass er ein → Parselmund ist (HP2).

### Dumbledore, Aberforth

Bruder von Albus → Dumbledore, wurde nach dessen Aussage einmal wegen Ausübung unpassender Zauberstücke an einer Ziege angeklagt (HP4,474).

### Dumbledore, Albus

Laut → Hagrid lernt Harry Potter in → Hogwarts unter *»dem größten Schulleiter, den Hogwarts je gesehen hat«* (HP1,67). Dumbledore wird beschrieben als alter, großer, dünner Mann mit silbernen Haaren und einem silbernen Vollbart, beide so lang, dass er sie in der Regel in seinen Gürtel steckt. Seine leuchtend blauen, durchdringenden Augen unter den dicken silbernen Augenbrauen verbirgt er hinter halbmondförmigen Brillengläsern, seine Nase über dem langen silbernen Schnauzbart ist sehr lang und so krumm, als wäre sie mehrmals gebrochen worden. Oberhalb des linken Knies hat er eine Narbe, die er ziemlich nützlich findet, denn *»sie ist ein tadelloser Plan der → Londoner U-Bahn«* (HP1,21). Dumbledore trägt in der Regel eine lange Robe, einen purpurroten oder grünen Umhang, der bis zum Boden reicht, und Schnallenstiefel mit hohen Hacken. Wenn man ihn des Nachts stört, trägt er ein Nachthemd und eine Nachtmütze und zieht einen langen, wollenen Morgenmantel über (HP2,187). – Auf der Rückseite seiner Bildkarte, die es in den → Schokofrosch-Packungen gibt, heißt es: *»Gilt bei vielen als der größte Zauberer der jüngeren Geschichte. Dumbledores Ruhm beruht vor allem auf seinem Sieg über den schwarzen Magier → Grindelwald im Jahre 1945, auf der Entdeckung der sechs Anwendungen für Drachenmilch* [im Original: → Drachenblut. FS] *und auf seinem Werk über → Alchemie, verfasst gemeinsam mit Nicolas → Flamel. In seiner Freizeit hört Professor Dumbledore mit Vorliebe Kammermusik und spielt Bowling«* (HP1,114). Dumbledore ist wahrscheinlich der mächtigste Zauberer in den Harry-Potter-Büchern; sogar die → Hauselfen verehren ihn: *»Dumbledore ist der großartigste Schulleiter, den Hogwarts je gesehen hat«*, erklärt → Dobby (HP2,21). Er ist sehr klug, humorvoll und weise und spielt Harry Potter gegenüber eine Beraterrolle wie einst → Merlin bei König → Artus. Er ist bestens über die Zaubererwelt informiert, liest auch Zeitungen der → Muggel (HP4,630) und spricht mehrere Sprachen, u. a. Meerisch, die Sprache der → Wassermenschen. Dumbledore kann sich nach Belieben unsichtbar machen und auch Unsichtbares sehen (→ Unsichtbarkeit), und er kann wahrscheinlich auch ohne → Besen → fliegen. Er hat natürlich jede Menge Auszeichnungen und Titel; auf dem Briefbogen von Hogwarts stehen: *»Orden der → Merlin, Erster Klasse; Großzauberer; Hexenmeister; Ganz hohes Tier; Internationale Vereinigung der Zauberer«*. Dumbledores → Vertrauter ist der → Phönix → Fawkes. Er mag Süßigkeiten, außer → Bertie Botts Bohnen in allen Geschmacksrichtungen, und → Senftorte. Dumbledore stellt sich gerne trottelig und zerstreut an und wird von manchen zwar für ein Genie, aber doch leicht verrückt gehalten, doch in Wirklichkeit ist er enorm stark und kraftvoll. So springt er ohne Mühe drei Meter tief in einen magischen → Koffer oder trägt erwachsene Personen. Und als er Harry vor dem falschen Mad-Eye → Moody rettet, *»verstand Harry zum ersten Mal wirklich, warum es hieß,Dumbledore sei der einzige Zauberer, den → Voldemort je gefürchtet habe. Der Ausdruck auf Dunbledores Gesicht ... war schrecklicher, als Harry es sich je hätte vorstellen können. Kein gütiges Lächeln war zu sehen, kein Funkeln in den Augen hinter der Brille. In jeder Furche des alten Gesichtes stand die kalte Wut geschrieben; die Macht, die von Dumbledore ausging, war körperlich zu spüren, als strahlte er eine sengende Hitze ab«* (HP4,710). – Wie alt Dumbledore ist, ist nicht bekannt; er war bereits Lehrer für → Verwandlungskunde (ob er auch ein → Animagus ist, ist nicht bekannt) und Hauslehrer von → Gryffindor in Hogwarts, als Tom Vorlost → Riddle dort die → Kammer des Schreckens öffnete, im Jahre 1942, und wird damals als Mann mittleren Alters beschrieben (HP2). Er muss also mindestens 90 Jahre alt sein, ist aber wahrscheinlich erheblich älter, denn erstens ist er ein Freund des fast 700 Jahre alten Nicolas → Flamel, zweitens muss er Gedanken aus seinem Gehirn herausholen, da es ihm sonst zuviele werden (→ Denkarium, HP4), und drittens hat Joanne K. → Rowling in einem Interview auf die Frage, wie alt er sei, geantwortet, Zauberer hätten eine weitaus höhere Lebenserwartung als normale Menschen. Dem widerspricht allerdings, dass Dumbledore vor nur 50 Jahren, als Tom Riddle die Kammer des Schreckens öffnete, scheinbar mittleren Alters ist und noch braune Haare hat. Wenn er wirklich uralt ist, wieso ist er dann in den 50 Jahren so stark gealtert? Vielleicht wird dieses Rätsel in den nächsten Bänden gelöst... – Dumbledore ist, so Rowling, ein altes englisches Wort für Hummel. Vielleicht, weil Dumbledore wie die Hummel ein sehr soziales Wesen und gar nicht angriffslustig ist und zunächst harmlos erscheint (manchmal sogar etwas verschroben und vertrottelt), aber wenn es darauf ankommt sehr wirkungsvoll zustechen kann... Albus ist lateinisch und heißt »weiß« oder »der Weiße«, auch »der Leuchtende«. Dumbledore ist also schon vom Namen her *der* Hauptvertreter der weißen → Magie und Gegenspieler der → schwarzen Magie. Er ist es auch, der immer wieder die Lehren zieht aus den Geschehnissen und diese Harry Potter (und uns) in → Weisen Worten vermittelt. – Dumbledore ist zwar der mächtigste lebende Zauberer, aber er nutzt seine Macht nicht aus, sondern setzt sie nur ein, um zu schützen, zu helfen und zu lehren. Für ihn könnte der Satz geprägt sein, den man gerne über besonders virtuose Musiker sagt: Ein Magier, der nichts erzwingt und alles Gute zulässt.

**Dunkelheit**
An die ist Harry Potter ziemlich gut gewöhnt, weil er so viel Zeit im → Schrank unter der Treppe zubringen musste.

**Dunkle Kräfte. Ein Kurs zur Selbstverteidigung**
Lehrbuch ab dem ersten Schuljahr in → Hogwarts von Quirin → Sumo.

**Dunkle Künste**
*»Mächtige → schwarze Magie, die in Hogwarts niemals gelehrt wurde«.* In → Hogwarts schult man lieber die → »Verteidigung gegen die dunklen Künste«.

**Dunkler Lord**
Andere Bezeichnung für Lord → Voldemort.

**Dunkles Mal**
Das Zeichen des → Dunklen Lords, von Lord → Voldemort: ein Totenkopf, aus dessen Mundhöhle eine → Schlange quillt. Es ist vielen → Todessern auf den

linken Arm gebrannt und es wird umso deutlicher, je stärker Voldemort ist, bis es dunkelrot glüht. Wenn er das Zeichen eines Todessers berührt, wird es schwarz, und alle Todesser müssen sich sofort bei ihm einfinden. Man kann das Zeichen in leuchtendem Grün an den Himmel senden mit dem → Zauberspruch → Morsmordre; dies tut Barty → Crouch junior während der → Quidditch-Weltmeisterschaft. Während der Herrschaft Voldemorts zeigte das Zeichen am Himmel an, dass und wo er oder seine Diener gemordet hatten (HP4).

**Durmstrang**

Neben → Hogwarts und → Beauxbatons eine der bedeutendsten Schulen für Zauberei Europas. Wie bei → Hogwarts weiß niemand außer den Eingeweihten genau, wo es liegt. Betrachtet man die Namen der Mitglieder wie etwa den von Direktor Igor → Karkaroff, liegt sie vermutlich in Osteuropa, vielleicht in Russland oder → Bulgarien. Das entspricht auch der Beschreibung, die Durmstrangs Champion beim → Trimagischen Turnier, Viktor → Krum, Hermine → Granger von der Landschaft und dem nur vierstöckigen Gebäude gibt. Zum Trimagischen Turnier reisen die Gäste aus Durmstrang mit einem → Unterseeschiff an, ihr → Schuluniformen sind blutrot. Durmstrang ist dafür bekannt, dass dort → schwarze Magie geschult wird und von dort viele Unterstützer Lord → Voldemorts kamen, auch Karkaroff ist ein ehemaliger → Todesser. – Der Name ist wohl ein → Anagramm des deutschen Wortes »Sturmdrang« und spielt somit auf die Hitlerdiktatur und den Zweiten Weltkrieg an. Wie bei → Grindelwald könnte das darauf hindeuten, dass beim Dritten Reich → schwarze Magier ihre Hand im Spiel hatten – und wahrscheinlich dann auch beim Stalinismus (HP4).

**Dursley, Dudley**

Der Vetter von Harry Potter, Sohn von Petunia und Vernon → Dursley, etwa ein viertel Jahr älter als Harry (sein Geburtstag muss irgendwann im Frühjahr liegen). Dudley ist absolut verzogen und ziemlich dumm, hat blonde, strähnige Haare und wässrigblaue Augen und ist ausgesprochen dick. *»Tante Petunia sagte oft, dass Dudley aussehe wie ein kleiner Engel – Harry sagte oft, Dudley sehe aus wie ein Schwein mit Perücke«* (HP1,27). – Dudley liebt Fernsehen, Computerspiele und seine Playstation, aber seine Lieblingsbeschäftigung ist es, Harry zu quälen, der einzige Sport, den er betreibt, Harry zu jagen – zumindest bis dieser ihm mit Zaubersprüchen drohen kann. → Hagrid hext ihm im ersten Band einen Schweineschwanz an, der in einem → Londoner Krankenhaus entfernt werden muss. Dudleys beste Freunde sind Dennis, Malcolm, Gordon und ein gewisser Piers → Polkiss. Dudley geht auf → Smeltings, die Schule, die auch sein Vater schon besucht hat. Auf Anraten der Schulkrankenschwester und weil ihm keine → Schuluniform mehr passt, muss er in seinem 4. Schuljahr dort eine (ziemlich erfolglose) Diät machen, was ihn auch dazu verführt, einen →

Würgzungen-Toffee der → Weasley-Zwillinge zu essen. Ergebnis ist eine dicke meterlange Zunge (HP4). – Vielleicht ist Dudley nach dem Günstling Königin Elisabeths von England, Robert Dudley, Earl of Leicester, (um 1532 bis 1588), oder dessen Vater, John Dudley, dem Herzog von Northumberland und ein berühmter Intrigant, benannt. Klanglich erinnert der Name an die englischen Wörter *deadly*, tödlich, und *dud*: Niete, Versager, fies, schlecht.

**Dursley, Familie**

Die Familie der einzigen Blutsverwandten von Harry Potter besteht aus Vernon → Dursley, Petunia → Dursley und deren gemeinsamem Sohn Dudley → Dursley und lebt im Ligusterweg 4 im fiktiven Örtchen → Little Whinging. Hinzu kommt Vernons Schwester Magda → Dursley. *»Die Dursleys sind die perfekteste Inkarnation von Spießbürgern und Oberlangweilern, die man sich vorstellen kann.«* (Deutsches Allgemeines Sonntagsblatt, 7.4.2000). Solange Harry Potter bei seinen Verwandten ist, ist er vor Lord → Voldemort durch einen alten, mächtigen Zauber geschützt, den Albus → Dumbledore gewirkt hat.

**Dursley, Magda**

Die Schwester von Vernon → Dursley (im Englischen *Marge* oder *Marjorie*). Margarete, wie sie eigentlich heißt, sieht ihrem Bruder sehr ähnlich, hat sogar einen Schnurrbart. Man erfährt zum ersten Mal von ihr durch eine Postkarte von der → Isle of Wight, wo sie ihren Urlaub im Juli 1991 verbingt und krank wird, weil sie eine faule → Wellhornschnecke isst (HP1). Zwei Jahre später besucht sie die Dursleys während Harry Potters Sommerferien und bringt ihre unsägliche Bulldogge → Ripper mit, die Harry Jahre vorher einmal für Stunden auf einen Baum gejagt hatte (ihre anderen 11 Hunde lässt sie zu Hause). Als Magda Harrys Eltern schlecht macht, verliert er die Beherrschung, lässt erst ihr Weinglas zerspringen, bläst sie dann auf und lässt sie mit einem → Schwebezauber an der Decke kleben (HP3).

**Dursley, Petunia**

Die Schwester von Lily → Potter, der Mutter von Harry Potter. Bei ihr und ihrem Mann Vernon → Dursley wächst Harry im Ligusterweg 4 in → Little Whinging auf, gemeinsam mit dem Sohn der Dursleys, seinem Vetter Dudley → Dursley. Petunia ist dünn und blond und hat *»doppelt soviel Hals, wie notwendig gewesen wäre, was allerdings sehr nützlich war, denn so konnte sie den Hals über den Gartenzaun recken und zu den Nachbarn hinüberspähen«* (HP1,5). Dies scheint ihre Lieblingsbeschäftigung zu sein, abgesehen von Harry quälen und Dudley verwöhnen. *»Die Dursleys sind die perfekteste Inkarnation von Spießbürgern und Oberlangweilern, die man sich vorstellen kann«*, schreibt Ulla Hanselmann (Deutsches Allgemeines Sonntagsblatt, 7.4.2000). – Die Petunie, die Pflanze, nach der Petunia benannt ist, ist ein Nachtschattengewächs, wie Tabak, Kartoffel, Aubergine, Paprika, Tomate und die → Alraune. Alle Nachtschattengewächse enthalten giftige Alkaloide, besonders giftig sind die Tollkirsche (→ Belladonna), der Stechapfel und das Bilsenkraut. Alle drei wurden im Mittelalter auch zur Herstellung von Hexen- und → Zaubertränken verwandt. Die Petunien selbst, von denen es rund 35 Arten gibt, werden häufig wegen ihrer schönen Blüten gehalten, besonders die als Balkonpflanzen beliebten Gartenpetunien. Petunia ist also eine Zierpflanze mit einer höchst zaubermächtigen Verwandtschaft.

**Dursley, Vernon**

Der Ehemann von Petunia → Dursley und somit angeheiratete Onkel von Harry Potter ist Direktor bei Grunnings, einer Firma in Little Whinging in → Surrey, die Bohrmaschinen herstellt, und arbeitet dort im 9. Stock. Er lebt mit seiner Frau Petunia und Harrys Vetter Dudley → Dursley im Ligusterweg 4 in → Little Whinging. Schon zu Beginn der Geschichte, als Harry gerade mal ein Jahr alt ist, war er *»groß und bullig und hatte fast keinen Hals, dafür aber einen sehr großen Schnurrbart«* (HP1,5). Vernon hat eine Schwester, Magda → Dursley. – Vernon heißt die Stadt im Neuenglandstaat Vermont (USA), in der die höchste jemals dort gemessene Temperatur auftrat: 40,6 Grad Celsius im Jahre 1911. Der Landsitz des ersten amerikanischen Präsidenten, George Washington, wo er auch begraben ist, heißt Mount Vernon (bei Alexandria in Virginia, USA). Ob etwas davon mit Vernon Dursley zu tun hat oder sie ihn nach einem der zahlreichen Künstler benannte, die diesen Vornamen trugen, weiß alleine Joanne K. → Rowling.

**Du-weißt-schon-was**

So nennt → Hagrid bei → Gringotts den → Stein der Weisen, um nicht zu verraten, was er meint.

**Du-weißt-schon-wer**

Beiname von Lord → Voldemort, verwandt aus Angst, seinen Namen auszusprechen. Albus Dumbledore kämpft dagegen an: *»Nenn die Dinge immer beim richtigen Namen. Die Angst vor einem Namen steigert nur die Angst vor der Sache selbst«* (HP1,323).

# E

## Eber

Der Name von → Hogwarts bedeutet »Schweinewarzen«, und das zugehörige Symboltier ist ein Eber, ein ausgewachsenes männliches Schwein. Das Außentor von Hogwarts ist von zwei Säulen mit den Statuen geflügelter Eber flankiert. → Hagrid hat als Haustier → Fang, einen »Saurüden«, ein Wildschwein-Eber oder eine Mischung aus Schweine- und Hunderüde. Der Eber ist das Symbol des Clans Campbell, einer der bedeutendsten Familien → Schottlands.

## Eberkopf

Der Pub im Dorf, in dem → Hagrid das → Drachenei beim Spiel gewinnt und Lord → Voldemort verrät, wie er an → Fluffy vorbeikommt (HP1).

## Eckelzitrität

So nennt Arthur → Weasley die Elektrizität der → Muggel, weil er nicht weiß, wie sie sie richtig nennen. Aus »elektrisch« wird bei ihm »ecklektisch« (HP4).

## Edinburgh

Die Hauptstadt und zweitgrößte Stadt (ca. 500.000 Einwohner) von → Schottland, eines der Haupttouristenzentren → Großbritanniens. Vielleicht hat die mittelalterliche Burg mit der Kathedrale St. Margaret aus dem 11. Jahrhundert, die auf einem Felsen über der Stadt thront, bei Joanne K. → Rowling, die in dieser Stadt lebt, die Vorstellung des → Schlosses von → Hogwarts beeinflusst.

## Eeylops Eulenkaufhaus

Laden in der → Winkelgasse, wo Harry Potter seine → Schnee-Eule → Hedwig kauft (HP1).

## Ei, goldenes

Ein → Trimagischer Schlüssel.

**Eidotter, Gänsekraut und Sonnenschein...**

Mit diesem → Zauberspruch versucht Ron → Weasley vergebens, seine Ratte → Krätze gelb zu färben: *»Eidotter, Gänsekraut und Sonnenschein, gelb soll diese fette Ratte sein«* (HP1,117).

**Eierkopf**

So steht es auf dem → Vertrauensschülerabzeichen von Percy → Weasley an Weihnachten 1992 – schuld sind natürlich die → Weasley-Zwillinge (HP2,221).

**Ein Jahr bei einem → Yeti**

Buch von Gilderoy → Lockhart *(Year With The Yeti)*, Pflichtlektüre in Harrys zweitem Schuljahr (HP2).

**Einäugige Hexe**

Hexe, hinter deren Statue in → Hogwarts ein → Geheimgang nach → Hogsmeade ist, den man mit dem → Zauberspruch → »Dissendium« öffnet (HP3).

**Einbruch bei Gringotts**

An dem Tag, an dem Harry Potter 11 Jahre alt wird, am 31. Juli 1991, wird bei der Bank der Zauberer, → Gringotts, eingebrochen (HP1,156). Es wird allerdings nichts gestohlen, denn kurz zuvor hat → Hagrid das Verlies 719 ausgeräumt, in dem der → Stein der Weisen gelegen hatte. Verantwortlich für den Einbruch war → Voldemort, durchgeführt wurde er von Professor → Quirrell.

**Eine Anthologie der Zauberei des achtzehnten Jahrhunderts**

Ein Buch, in dem Harry Potter nach einer Lösung sucht, wie er unter Wasser leben kann, um die zweite Aufgabe des → Trimagischen Turniers zu lösen *(An Anthology of Eighteenth-Century Charms)*.

**Einführungsfeier**

Feier am 1. September zur Eröffnung des neuen Schuljahres in → Hogwarts, bei der die Erstklässler vom → Sprechenden Hut auf die → Häuser verteilt werden.

**Eingangshalle**

Von der gepflasterten Eingangshalle von → Hogwarts aus führt eine große Wendeltreppe in die oberen Stockwerke.

**Eingreifzauberer**

Die speziell geschulten Mitglieder der → Magischen Polizeibrigade sind die Elitetruppe des → Zaubereiministeriums, die es auch mit extrem gefährlichen kriminellen Hexen und Zauberern aufnehmen.

**Einhorn**

Zum ersten Mal hört Harry Potter von dem sagenhaften Einhorn bei → Ollivander in der → Winkelgasse, als dieser ihm erzählt, dass Einhorn-Haare ein beliebter magischer Kern für → Zauberstäbe seien (HP1,94). Im → Zaubertrankunterricht verwendet er Schweifhaare und Hörner von Einhörnern als Ingredienz für Zaubertränke. Doch erst, als er als → Strafarbeit in den → Verbotenen Wald muss, bekommt er ein Einhorn zu sehen, weiß mit perlweißer Mähne. Es ist tot, und Harry hat *»nie etwas so Schönes und Trauriges gesehen«* (HP1,279). In der vierten Klasse lernt er mehr über Einhörner: Die ganz jungen Fohlen sind golden, mit zwei Jahren sind sie silbern, mit vier Jahren wächst ihnen das Horn. wenn sie ausgewaxchsen sind, mit sieben Jahren, sind sie reinweiß. Nur die jungen Einhörner mögen Jungen und Männer, die erwachsenen lassen normalerweise nur Mädchen und Frauen an sich ran. – Einhörner gelten als die edelsten und schönsten aller magischen Wesen, rein und schutzlos. Ihr silbrig-blaues → Blut ist von enormer Macht, es kann sogar den zwischen Leben und Tod schwebenden Lord → Voldemort am Leben erhalten. Deshalb lässt er von seinem Diener → Quirrell ein Einhorn meucheln, um am Leben zu bleiben, bis er den → Stein der Weisen erlangen kann (HP1). Es ist anzunehmen, dass auch außerhalb des Verbotenen Waldes Einhörner leben. – Auch in der → Mythologie der → Muggel gelten Einhörner als besonders edle Wesen. Zum ersten Mal wird das Einhorn im 5. Jahrhundert vor Christus erwähnt in einem Buch des griechischen Historikers Ktesias über Indien: *»Es gibt in Indien gewisse wilde Esel, die so groß sind wie Pferde und größer. Ihre Körper sind weiß, ihre Köpfe dunkelrot und ihre Augen dunkelblau. Sie haben ein Horn an der Stirn, das etwa eineinhalb Fuß lang ist.«* In anderen frühen Darstellungen aus dem Orient wird das Einhorn beschrieben als Fabelwesen mit dem Körper eines Pferdes, manchmal auch einer Ziege, auf jeden Fall immer mit einem langen, geraden Horn auf der Stirn. Wahrscheinlich sind in dieser Vorstellung das Rhinozeros, die Himalaya-Antilope und der wilde Esel vermischt worden. – Indische Fürsten nutzten zur Zeit des Ktesias häufig Trinkbecher aus Horn, die unten weiß, in der Mitte schwarz und an der Spitze rot waren, und genau so beschreibt der Reisende das Horn des Einhorns. Der aus dem Horn gekratzte Staub solle ein Gegenmittel gegen Gift sein, und wer aus dem Horn trinke, sei gegen Krankheiten und Vergiftung gefeit. Dieser Glaube hat sich bis ins Mittelalter gehalten; Trinkgefäße, die angeblich aus dem Horn eines Einhorns verfertigt waren, kosteten ein Vermögen. Apotheker behaupteten oft, in ihrem Laden das Horn eines Einhorns aufzubewahren, um damit heilen zu können, einige wollten damit Tote zum Leben erwecken. Noch im 18. Jahrhundert wurde *alicorn* auf der von der *English Royal Society of Physicians* herausgegebenen Arzneimittelliste aufgeführt und wurde mit Gold aufgewogen. Um 1640 wurde im → Londoner Tower ein Horn eines Einhornes ausgestellt, das Königin Elizabeth I. gehörte und angeblich 40.000 Pfund wert war. Viele sogenannte »echte« Hörner entpuppten sich allerdings als Fälschungen; gerne wurden die »Hörner« des Narwaales verkauft. – Wegen seiner magischen Kräfte wurde das Einhorn in der christlichen Literatur des Abendlandes oft als Sinnbild des Heilandes gedeutet. Zu zähmen sei es nur durch eine keusche Jungfrau; dieser lege es freiwillig seinen Kopf in den Schoß. Dies wurde oft als Zeichen der Keuschheit der Jungfrau Maria angesehen, häufiger noch als sexuelles Symbol. Das Einhorn galt auch als wild und unbezähmbar, wie im Märchen »Das tapfere Schneiderlein« der Brüder Grimm: *»Das Einhorn kam bald daher und sprang geradezu auf den Schneider los, als wollte es ihn ohne Umstände aufspießen. ›Sachte, sachte‹, sprach er, ›so geschwind geht das nicht‹, blieb stehen und wartete, bis das Tier ganz nahe war, dann sprang er behendiglich hinter den Baum. Das Einhorn rannte mit aller Kraft gegen den Baum und spießte sein Horn so fest in den Stamm, daß es nicht Kraft genug hatte, es wieder herauszuziehen.«* Das einzelnstehende Horn wurde meist als Symbol der Männlichkeit interpretiert; in fast allen Kulturen galt es in gemahlener Form als Aphrodisiakum. Der schöne Körper steht für Weiblichkeit, das Einhorn vereint also in idealer Form männliche wie weibliche Elemente. Deshalb bedeutet das chinesische *Ki-Lin* männlich-weiblich. In der → Alchemie und → Magie des Mittelalters war die Versöhnung gegensätzlicher Kräfte das höchste Ideal; deshalb war das Einhorn dort von so großer Bedeutung. – Heute gilt das Einhorn auch unter nicht an Magie interessierten Muggeln als das edelste aller magischen Geschöpfe, so dass sie es sogar in ihren nichtmagisch-belebten Bilderstreifen zeigen, etwa in dem berühmten Film (und Buch) »Das letzte Einhorn« von Peter S. Beagle.

**Einhorn: Dieser anonyme Stich aus dem 17. Jahrhundert zeigt drei Möglichkeiten, wie die Muggel sich in der Zeit aufgeklärter wissenschaftlicher Forschung ein Einhorn vorstellten.**

**Einhorn-Haare**
Ein beliebter magischer Stoff als Kern für → Zauberstäbe. Schweifhaare werden im → Zaubertrankunterricht in → Hogwarts als Ingredienz für → Zaubertränke benutzt (HP1).

**Einhorn-Hörner**
oder zumindest Teile davon werden im → Zaubertrankunterricht in als Ingredienz für → Zaubertränke benutzt (HP1). Es gibt sie für 21 → Galleonen das Stück in der Apotheke in der → Winkelgasse.

**Einschulung**
Jedes Jahr am 1. September werden in Hogwarts die Kinder eingeschult, die zu diesem Zeitpunkt das 11. Lebensjahr vollendet haben. Damit auch Kinder aus → Muggel-Familien die Chance haben, die Ausübung der → Magie zu lernen, notiert ein magischer → Federkiel in → Hogwarts jede Geburt eines Kindes mit → magischem Talent in einem großen Pergament-Buch. Jedes Jahr überprüft Professor → McConagall dieses Buch und lädt diese Kinder zur Einschulung nach Hogwarts ein. Alle frisch eingeschulten werden dann vom → Sprechenden Hut auf die vier → Häuser verteilt.

**Eintracht Pfützensee**
Profi-Quidditch-Team *(Puddlemere United)*, das Oliver → Wood nach seinem Schulabgang 1994 als Reservespieler verpflichtet (HP4).

**Einverständniserklärung**
→ Zustimmungserklärung

**Eisenhut**
Auch Sturmhut genannt, Wolfswurz und Aconitum. Gattung der Hahnenfußgewächse (*Acotinum*) mit rund dreihundert Arten. Wegen großer Mengen Alkaloide, insbesondere Aconitin, in den Wurzelknollen (»Teufelswurzeln«) gehören die mehrjährigen Kräuter mit den meist blauen oder purpurroten, manchmal auch gelben oder weißen Blüten, deren oberster Teil wie ein großer, nach unten offener Hut geformt ist, zu den giftigsten Pflanzen überhaupt, der Blaue Eisenhut (*Aconitum napellus*) gilt als eine der gefährlichsten Pflanzen Europas. Eine Vergiftung mit nur wenigen Gramm Substanz aus den Wurzelknollen führt zu Ruhelosigkeit, erhöhter Speichelbildung, Übelkeit, schwacher oder unregelmäßiger Herztätigkeit, Brustschmerzen, Erschöpfung und oft innerhalb weniger Stunden zum Tod. Professor → Snape fragt Harry Potter in dessen erster Stunde in → Zaubertrankkunde nach dem Eisenhut (HP1). Laut der → Mythologie der → Muggel entsprang der Eisenhut dem giftigen Speichel

des dreiköpfigen Höllenwächters Zerberus (→ Fluffy), als Herakles diesen aus dem Totenreich entführte.

### Eis-Mäuse

Süßigkeit, die Zähne klappern und einen quiecken lässt, gibt's im → Honigtopf.

### Eiter

→ Bubotubler

### Ekliptik

Bahn, auf der sich die Erde um die Sonne in einem Jahr bewegt, wichtig für die → Astrologie und → Astronomie.

### Electronic Art

Die weltweit größte Firma für Unterhaltungssoftware hat die Exklusivrechte für Computerspiele um Harry Potter erworben und plant Spiele zu allen 4 Bänden.

### Elementargeister

In der → Mythologie der → Muggel seit alters her, z. B. in der → Alchemie und bei den antiken → Magiern, besonders aber im Volksglauben des Mittelalters lebende, aber unbeseelte Wesen, die in den vier → Elementen ihren Wohnort haben und zu Menschen Verbindung aufnehmen können. Verbreitet sind in Sagen und Legenden als Wassergeister Nymphen, → Nixen, Undinen, Melosinen und → Wassermenschen, als Geister der Erde die → Gnome, → Kobolde, → Leprechans, → Zwerge, Pygmäen, Incubi und → Veela, als Geister der Luft die Sylphen, auch Silvani oder Waldleute genannt, und als Geister des → Feuers die → Salamander. Auch → Paracelsus, der sich wie niemand vor und nach ihm mit den Elementargeistern beschäftigte, unterschied diese vier Gattungen und hat ihnen sein, wie viele meinen schönstes, Buch gewidmet »De nymphis, sylphis, pygmaeis et salamandribus«. Während die Elementargeister von manchen Autoren als → Dämonen betrachtet wurden, entstammen sie nach Paracelsus dem Chaos und wurden jeweils nur aus einem der vier Elemente geformt. Er sieht sie als von Gott bestellte Hüter der Naturbereiche, als die »Blüte der Elemente«. Wie die Menschen sind sie sterblich, und, da sie keine Seele haben, »vergehen wie das Vieh«. Elementargeistern schadet weder Wasser noch Feuer, sie können, wie → Geister, nicht ausgesperrt werden. Jede Gattung lebt in ihrem Element wie wir in der Luft und kann in dem Element einer anderen Gattung nicht leben. Elementargeister können, wie die Menschen, krank werden. Sie haben eine tierische Intelligenz, gerade hoch genug, um Menschen im ersten Moment täuschen zu können. Die Wassergeister sehen den Menschen gleich, die Geister der Luft sind → Riesen, die der Erde Zwerge und die des Feuers lang und dürr. Die Geister der Luft und des Wassers sind dem Menschen freundlich gesonnen, die des Feuers neutral, und die der Erde bösartig. Alle Elementargeister scheuen »*Gelehrte, Trunkene, Fresser, grobes, streitsüchtiges Volk, sind gerne bei der Einfalt und wo Kindheit ist, und je weniger Hinterlist, je mehr offenbaren sie sich; sonst sind sie scheu wie die wilden Tiere*«. Da sie keine Seele haben, wollen sie durch eine erotische Beziehung zu Menschen an deren Beziehung zu Gott teilhaben. Deshalb gehen sie manchmal auch mit den Menschen eine Ehe ein und erhoffen sich davon eine Seele. Besonders gilt das für die Geister des sinnlichsten Elementes, des Wassers; die Geschichten von Nixen, die menschliche Männer betören, sind zahlreich, am berühmtesten ist wahrscheinlich das Märchen »Die kleine Seejungfer« des dänischen Dichters Hans Christian Andersen (1805 – 1875): »*›Wenn die Menschen nicht ertrinken‹, fragte die kleine Seejungfer, ›können sie dann ewig leben? Sterben sie nicht, wie wir hier unten im Meere?‹ – ›Ja‹, sagte die Alte, ›sie müssen auch sterben, und ihre Lebenszeit ist sogar noch kürzer als die unsere. Wir können dreihundert Jahre alt werden, aber wenn wir dann aufgehört haben zu sein, so werden wir in Schaum auf dem Wasser verwandelt und haben nicht einmal ein Grab hier unten zwischen unseren Lieben. Wir haben keine unsterbliche Seele; wir erhalten nie wieder Leben. Wir sind gleich dem grünen Schilfe, ist es einmal abgeschnitten, so kann es nie wieder grünen. Die Menschen dagegen haben eine Seele, die ewig lebt, die lebt, auch wenn der Körper zu Erde zerfallen ist. Sie steigt auf in der klaren Luft und zu all den schimmernden Sternen empor! Gerade wie wir aus dem Meere auftauchen und die Länder der Menschen sehen, so tauchen sie zu unbekannten, herrlichen Orten empor, die wir niemals erblicken werden.‹ – ›Warum bekamen wir keine unsterbliche Seele?‹ sagte die kleine Seejungfer betrübt, ›ich wollte alle meine hundert Jahre, die ich zu leben habe, dafür hingeben, einen Tag ein Mensch zu sein und Teil zu haben an der himmlischen Welt!‹ – ›So etwas musst du nicht denken!‹ sagte die Alte, ›wir sind viel glücklicher und besser daran, als die Menschen dort oben!‹ – ›Ich muß also sterben und als Schaum auf dem Meere treiben, und darf nicht mehr der Wellen Musik hören, die herrlichen Blumen und die rote Sonne sehen. Kann ich denn gar nichts tun, um eine unsterbliche Seele zu gewinnen?‹ – ›Nein‹, sagte die Alte. ›Nur wenn ein Mensch dich so lieb gewinnt, dass du für ihn mehr wirst als Vater und Mutter, wenn er mit allen seinen Gedanken und seiner Liebe an dir hinge und den Priester deine rechte Hand in seine legen ließe mit dem Gelübde der Treue hier und für alle Ewigkeit, dann würde seine Seele in deinen Körper überfließen und du bekämest auch Teil an dem Glücke der Menschen. Er gäbe dir eine Seele und behielte doch die eigene.‹*« – Nach der Lehre einiger Anhänger der → Kabbala sind die Elementargeister die Seelen Verstorbener, die während der Seelenwanderung aufgrund ihres niederen Wesens auf eine subhumane Stufen herabgesunken sind. In der Anthroposophie verbinden sich nach den Lehren ihres Begründers Rudolf Steiner (1861 – 1925) Seelenwanderung, Astral- und Ätherleiber, Karma, Weltzeitalter und Elementargeister zu einem undurchschaubaren Sammelsurium. – In der Literatur der Muggel tauchen die Elementargeister immer wieder auf. In der Studierzimmerszene des »Faust« des »Dichterfürsten« Johann Wolfgang von Goethe (1749 – 1832) ruft Faust die Elemente in einer Beschwörung ganz in der Tradition an: *»Salamander soll glühen, – Undene sich winden, – Sylphe verschwinden, – Kobold sich mühen. – Wer sie nicht kennte – Die Elemente, – Ihre Kraft – Und Eigenschaft, – Wäre kein Meister – Über die Geister. – Verschwind in Flammen, – Salamander! – Rauschend fließe zusammen, – Undene! Leucht in Meteoren-Schöne, – Sylphe! – Bring häusliche Hülfe, – Incubus! Incubus!«* (Ein Incubus ist ein → Dämon, → Geist oder Erd-Elementargeist, der Frauen im Schlaf oder Traum als Liebhaber erscheint und mit ihnen geschlechtlich verkehrt, ein Buhlteufel). – In der neueren esoterischen Literatur wird meist von »Elementalen« gesprochen, analog dem englischen *elementals*, das sind niedere Naturgeister.

**Elemente**

Seit alters her stellt man sich in → Magie und → Alchemie die Welt aus vier Elementen zusammengesetzt vor: Erde, Wasser, → Feuer und Luft (manche Alchemisten dachten sich noch ein fünftes oder sechstes hinzu). Diese Vorstellung prägt bis heute sowohl die magische Gemeinschaft wie auch viele Ideen der → Muggel, selbst in christliche Darstellungen hat sie Eingang gefunden, wie ein alter dreistimmiger Weihnachtschoral aus dem Straßburger Gesangbuch von 1697 belegt: *»Erfreue dich, Himmel, erfreue dich, Erden, erfreue sich alles, was fröhlich kann werden. Auf Erden hier unten, im Himmel dort oben, das Kind in der Krippe wollen wir loben. – Erd, Wasser, Luft, Feuer und himmlische Flammen, ihr Menschen und Engel, stimmt alle zusammen!«* Nach weitverbreiteten Vorstellungen sind die Elemente belebt durch die → Elementargeister.

**Elemente: Die vier Elemente, in ihrem Mittelpunkt der Mensch. Nach einem Holzschnitt von H. Weidlitz in der *Historia Naturalis* von C. Plinius Secundus, Ausgabe Frankfurt 1582**

### Elfen

Kleine Wesen mit großen, fledermausähnlichen Ohren und hervorquellenden, grünen oder braunen Augen, mindestens so groß wie Tennisbälle, leben u. a. im → Verbotenen Wald. Sie gelten als verschlagen und durchtrieben, spielen Reisenden Streiche und feiern große Mitternachtsfeste. Domestiziert – manche sagen: als → Sklaven – dienen sie als → Hauselfen in vielen Zaubererhaushalten und in → Hogwarts. – Auch die → Mythologie der → Muggel kennt Elfen. Bei den Germanen hausten in Lichtalfenheim, einem der Neun Reiche der Welt und der drei himmlichen Reiche, die Lichtalfen oder Lichtzwerge, schöne und fröhliche Wesen, auch in der → Anderswelt der Kelten hausen Elfen. In der phantastischen Literatur haben die beiden zahlreiche Verwandte und Abbilder gefunden, so bei George MacDonald, Lord Dunsany, Paul Anderson, Marion Zimmer-Bradley, Thomas Burnett Swann und Wolfgang Hohlbein und natürlich in den Elben bei dem Altmeister der Fantasy, John R.R. → Tolkien.

### Elfrich der Eifrige

Führte irgendwann einen → Aufstand an (*Elric the Eager,* HP1,286).

### Elixier des Lebens, Elixier vitae

Auch Alkahest genannt. Eine Universalmedizin, die mithilfe des → Steins der Weisen geschaffen werden kann und ewiges Leben, also → Unsterblichkeit, zumindest aber Langlebigkeit schenkt. Durch das Elixier konnte Nicolas → Flamel über 600 Jahre alt werden. → Paracelsus nennt das Elixier »Tinctura physica«. Laut dem Alchemisten, Arzt und Philosoph Joannes Baptista van Helmont (1579 – 1644), der als bedeutendster Nachfolger des Paracelsus gilt, kann das Alkahest auch die Gabe der → Unsichtbarkeit verleihen. – In der → Alchemie der → Muggel sind auch Wege bekannt, ohne den Stein der Weisen an das Elixier zu gelangen. Roger Bacon, der bekannte Naturforscher (1214 - 1292), glaubte, das Lebenselixier sei in Königswasser (Mischung aus ¾ konzentrierter Salzsäure und ¼ Salpetersäure) gelöstes Gold. Einen anderen Weg, der → Blut als Ingredienz erfordert, schildert E. T. A. Hoffmann (1776 – 1822) in seiner Erzählung »Ignaz Denner« (1817): *»Nun weißt du schon, Andres, daß eines der größten Kunststücke meines Vaters die Bereitung jenes köstlichen wundersamen Liquors war, wozu das Hauptingredienz das Herzblut von Kindern ist, die neun Wochen, neun Monate, oder neun Jahre alt und von den Eltern dem Laboranten freiwillig anvertraut sein müssen. Je näher die Kinder mit dem Laboranten in Beziehung stehen, desto wirkungsvoller entsteht aus ihrem Herzblut Lebenskraft, stete Verjüngung, ja selbst die Bereitung des künstlichen Goldes.«*

### Embargo

Damit sind → Fliegende Teppiche belegt (HP4).

**Emmerisch der Böse**
Ein Magier, von dem Professor → Binns in seinem Unterricht zur »Geschichte der Zauberei« erzählt, ein Anführer der → Goblin-Aufstände *(Emeric the Evil).*

**Encyclopeadia Potteria**
Eine wunderschöne englischsprachige Seite im → Internet (www.geocities.com /EnchantedForest/1900).

**Enervate**
→ Zauberspruch, Gegenspruch zum Schockzauber → Stupor, hebt dessen Wirkung auf. – Englische *enervate* heißt entnerven, ermüden, schwächen (HP4).

**England**
Der südliche Teil von → Großbritannien umfast etwa 57 % der Landmasse dieses Staates und beinhaltet u. a. die Hauptstadt → London. Der lateinische Name für England ist Anglia (»anglikanische Kirche«). Noch heute bedeutet das englische *anglian* englisch. – Die englischen Original-Ausgaben der Harry-Potter-Bücher erscheinen im → Londoner Verlag → Bloomsbury Publishing Plc.

**Engorgio**
→ Zauberspruch, vergrößert Gegenstände oder Lebewesen. Der Gegenspruch ist → Reducio. – Das englische *engorge* heißt zwar eigentlich verstopfen, verschleimen, wird aber wie das französische *engorger* auch für anschwellen gebraucht (infolge einer Verstopfung) (HP4).

**Enid**
Eine Großtante von Neville → Longbottom.

**Entgnomen**
Das Vertreiben von → Gnomen aus dem Garten (HP2). Natürlich hat auch hierzu ein gewisser Gilderoy → Lockhart etwas zu sagen, diesmal in seinem Buch »Gilderoy Lockharts Ratgeber für Schädlinge in Haus und Hof« (*»Gilderoy Lockhart's Guide to Household Pests«*, HP2,40).

**Enthüller**
Ein magischer Gegenstand, den Hermine → Granger in der → Winkelgasse gekauft hat. Sieht aus wie ein roter Radiergummi, wirkt aber umgekehrt: Er macht Verborgenes sichtbar, z. B. unsichtbare Tinte (HP2,242).

**Entknochung**
→ Knochen-Entfern-Zauber.

**Entwaffnungszauber**
→ Expelliarmus

**Enzyklopädie der Giftpilze**
Ein Buch *(Encyclopedia of Toadstools)* in einem Regal in der Buchhandlung → Flourish & Blotts, das Lucius → Malfoy aufs Auge fällt, als er sich mit Arthur → Weasley prügelt (HP2,67).

**Er, dessen Name nicht genannt werden soll (darf)**
Beiname von Lord → Voldemort, verwandt aus Angst, seinen Namen auszusprechen. Albus Dumbledore kämpft dagegen an: *»Nenn die Dinge immer beim richtigen Namen. Die Angst vor einem Namen steigert nur die Angst vor der Sache selbst«* (HP1,323).

**Erbe Slytherins**
Als Salazar → Slytherin die → Kammer des Schreckens einrichtete, hat er sie angeblich so versiegelt, *»dass keiner sie öffnen kann, bis sein eigener wahrer Erbe zur Schule kommt. Der Erbe allein soll in der Lage sein, die Kammer des Schreckens zu entsiegeln, den Schrecken im Innern zu entfesseln und mit seiner Hilfe die Schule von allen zu säubern, die es nicht wert seien, Zauberei zu studieren«* (HP2,158). Der »wahre Erbe« ist natürlich Lord → Voldemort, der als Tom Vorlost → Riddle zweimal die Kammer öffnet. Doch da Harry Potter → Parsel spricht, wird er nicht nur verdächtigt, der Erbe zu sein, sondern kann auch in die Kammer eindringen und den → Basilisken darin töten.

**Erde**
Lateinisch Terra. Unser von den Menschen bewohnte Himmelskörper ist der der → Sonne drittnächste von 9 → Planeten in unserem Sonnensystem. Für die → Astronomie ist die Kenntnis der Planeten und ihrer Eigenschaften ebenso wichtig wie für die → Astrologie. Harry Potter muss in → Hogwarts viel über die neun Planeten unseres Sonnensystems lernen. – Die Erde bewegt sich auf einer fast kreisförmigen Bahn um die Sonne in einem Abstand von im Schnitt 149,6 Millionen Kilometern (= 1 → Astronomische Einheit) mit einer Geschwindigkeit von ca. 29,8 km/s. Die Umlaufbahn der Erde definiert die Ebene der → Ekliptik. Sie ist der einzige Planet, auf dem sich flüssiges Wasser befindet. Die Umlaufzeit um die Sonne definiert das Jahr: 365 Tage 6 Stunden 9 Minuten 9,65 Sekunden = 365,256 Tage. Weitere Daten: Äquatordurchmesser 12.756 km (der fünftgrößte – und fünftkleinste – Planet), Äquatorumfang 40.075 km, Rotationsgeschwindigkeit am Äquator 465,1 m/s, Rotationsperiode 23 Std. 56 Min. 4,1 Sek., Volumen 1,083 · 1012 $km^3$, Masse 5,974 · 1024 kg (ca. 6 Trilliarden Tonnen), mittlere Dichte 5,516 $g/cm^3$. In der → Mythologie der

Griechen war die Erde, Gaia, die Gattin des → Uranus. Sie waren die Eltern verschiedener → Riesengeschlechter wie der Titanen, der Kyklopen sowie der hundertarmigen Hekatoncheiren.

**Erdmänneken**

Ein anderer Name für die → Alraune.

**Erinnermich**

Die murmelgroße Glaskugel, die Neville → Longbottom von seiner Großmutter geschenkt bekommt, ist mit weißem Rauch gefüllt. Wenn man sie in die Hand nimmt und der Rauch rot wird, hat man etwas vergessen. Im englischen *remembrall* stecken *remember* (sich erinnern), *ball* (Ball) und *all* (alles).

**Erinnerung, Lebende**

Der Tom Vorlost → Riddle, mit dem sich Harry Potter in seinem zweiten Schuljahr herumschlagen muss und der die → Kammer des Schreckens öffnet, ist kein → Geist, sondern eine lebende Erinnerung, die Lord → Voldemort nach der ersten Öffnung der Kammer vor 50 Jahren in sein → Tagebuch gelegt hat. Sie kann nur wirken durch einen lebenden Menschen, wie Ginny → Weasley,. Wenn sie diesen Menschen komplett seiner Lebenskraft beraubt, kann sie wieder ins Leben zurückkehren – das hat Tom Riddle mit Ginny vor (HP2).

**Erised, Mirror of**

Der englische Name für den → Spiegel Nerhegeb.

**Erlass zur Vernunftmäßigen Beschränkung...**

»Erlass zur Vernunftmäßigen Beschränkung der Zauberei Minderjähriger« des → Zaubereiministeriums von 1875 untersagt in Abschnitt C allen minderjährigen Hexen und Zauberern, in den Schulferien zu zaubern (HP2,25).

**Errol**

Die große graue → Eule der Familie → Weasley ist so alt, dass sie kaum noch fliegen kann, zumindest längere Strecken. Es kann schon mal passieren, dass sie von anderen Eulen mitgeschleppt wird (HP3,11).

**Erster Band**

→ Harry Potter und der Stein der Weisen.

**Erwachsenenausgabe**

Da manche Erwachsene sich scheinbar schämen, mit einem Kinderbuch gesehen zu werden (die sollten sich was schämen!), haben die → Verlage Erwachsenenausgaben herausgebracht, von manchen auch beschönigend Belletristikausgabe und in Englisch *Adult Version* genannt. Der Inhalt ist derselbe wie bei den »normalen« Ausgaben, aber das Cover (das Titelbild und die Aufmachung) ist »seriöser« (manche behaupten auch: esoterischer). Und natürlich sind diese Ausgaben teurer: Die der beiden ersten Bände, die bisher in Deutschland erschienen sind, kosten je 39,90 DM statt 28,– DM für die normale Ausgabe.

## Eton

Das Eton College, auf das seine Eltern ursprünglich Justin → Finch-Fletchley schicken wollten, ist die größte Privatschule für → Muggel in England, gelegen in Eton (Berkshire). Sie wurde 1440 von Heinrich VI. gegründet. Bis Mitte des 19. Jahrhunderts war die Schule vor allem humanistisch ausgerichtet, heute ist sie stark naturwissenschaftlich geprägt und bereitet die Schüler auf die britischen Armeeprüfungen vor.

## Eulen

Eulen kauft man am besten in »Eeylops Eulenkaufhaus« in der → Winkelgasse. Eulen sind in der Welt der Zauberer sehr beliebte Haustiere, die auch die → Post austragen. Sie müssen lesen können, denn die Umschläge werden adressiert (HP2,125). Besonders intelligente Tiere können auch zu → Vertrauten werden. In → Hogwarts hausen die Eulen der Hexen und Zauberer in der Eulerei auf demWestturm. Harry Potter hat die → Schnee-Eule → Hedwig, Draco Malfoy einen Uhu. Bei den → Muggeln gelten Eulen als Symbol der Weisheit (das Tier der Göttin → Minerva/Athene ist eine Eule), in manchen Kulturen aber auch als Unglücksvögel oder Todesboten. – Die meisten Eulen sind nachtaktiv. Es gibt von diesen Vögeln mit greifvogelähnlichem Aussehen (Ordnung *Strigiformes*) zwei Familien: die eigentlichen Eulen (*Strigidae*) mit 167 Arten und die Schleiereulen (*Tytonidae*) mit 14 Arten. Sie sind auf der ganzen Welt verbreitet, außer in der Antarktis. Da ihre Augen in eine Knochenkapsel eingeschlossen sind, haben sie nur eine geringe Beweglichkeit, und die Eulen müssen, um zur Seite zu schauen, ihren ganzen Kopf drehen. Deshalb ist ihr Hals sehr beweglich; sie können ihn um bis zu 270 Grad drehen. Nur wenige Eulen jagen bei vollem Tageslicht, deshalb haben sie ein extrem gutes Gehör. Sie ernähren sich ausschließlich von lebenden Tieren, je nach Art und Größe von Insekten bis zu hasengroßen Säugetieren oder auch Fischen. Was sie nicht verdauen können, wie Knochen, Haare und Federn, wird zusammengepresst hervorgewürgt (Gewölle). Die größten Eulen, die Uhus (*Bubo spec.*), werden bis zu 80 cm groß, die kleinsten Eulen sind die Elfenkäuzchen der südwestlichen USA und Mexikos (*Micrathene whitneyi*) mit 13 Zentimetern und der eurasische Sperlingskauz (*Glaucidium passerinum*) mit 16 Zentimetern Länge. Ron → Weasleys → Pig gehört wahrscheinlich einer dieser beiden Arten an.

**Eulenpost**
→ Post

**Eulenwendend**
Zaubererausdruck für »postwendend«.

**Eulerei**
In diesem kreisrunden Raum mit steinernen Wänden, dessen Fenster keine Scheiben haben und der an der Spitze des Westturms liegt, hausen die Eulen der in → Hogwarts lebenden Hexen und Zauberer.

**Eure Blutigkeit**
Ehrentitel, mit dem → Peeves den → Blutigen Baron belegt, bzw. eigentlich den sich für ihn ausgebenden Harry Potter (HP1,298).

**Exeter**
Die Stadt, in der Joanne K. → Rowling studierte. Im Juni 2000 erhielt sie die Ehrendoktorwürde der Universität Exeter.

**Expecto Patronum**
Dieser Zauberspruch beschwört einen → Patronus, der einen vor → Dementoren beschützen kann. Dazu muss man an etwas besonders Schönes oder eine glückliche Erinnerung denken. Übersetzt aus dem Lateinischen heißt er: »Ich erwarte dich, Beschützer!«

**Expelliarmus**
Ein → Zauberspruch, um den Gegner zu entwaffnen, z. B. in einem → Zaubererduell. Er entreißt mit einem roten Lichtstrahl dem Betroffenen das, was er in der Hand hält; meistens (muss aber nicht sein) den → Zauberstab. Harry Potter nimmt mit diesem Spruch z. B. Draco → Malfoy das → Tagebuch von Tom Vorlost → Riddle weg (HP2,248) und bekämpft damit den → Todesfluch von Lord → Voldemort (→ Fluchumkehr, HP4,692). – Der Spruch setzt sich aus zwei lateinischen Wörtern zusammen: *expellere* heißt »hinaustreiben«, und *arma* sind die Waffen (gibt es nur im Plural).

**Explodierende Bonbons**
Süßigkeit, gibt es im → Honigtopf.

# F

**Fahrender Ritter**

Ein Nachtbus, »Nottransporter für gestrandete Hexen und Zauberer« (HP3,38). Der grell purpurfarbene Dreidecker mit den goldenenen Lettern auf der Scheibe wird von Ernie → Prang gefahren; Schaffner ist Stan Shunpike. Die beiden in den hübschen purpurnen Uniformen bringen die Verirrten auf magischer Fahrtroute hin, wohin sie wollen, und sei es eine Insel. Die Fahrt kostet 11 → Sickel, für 13 gibt es heiße → Schokolade, und für 15 warmes Wasser und eine Zahnbürste in der gewünschten Farbe. Die Fahrt ist leider sehr holprig und unangenehm. → Hagrid nimmt den »Fahrenden Ritter« mit → Seidenschnabel, als sie zum Prozess in → London müssen. – Das Wortspiel im englischen Originalnamen muss in der → Übersetzung leider verloren gehen: Der *Knight Bus*, also »Ritter-Bus«, wird ausgesprochen wie ein *Night-Bus*, da das K in der Aussprache wegfällt, also ein »Nacht-Bus«, ein sogenannter »Lumpensammler«.

**Fakir**

Mitglied eines muslimischen, in Indien hinduistischen Bettelordens, im Islam als → Derwisch bekannt. Die meisten Fakire leben als Bettler und Wanderprediger, die sich dem Gebet, der Meditation und der Askese widmen. Einige Bruderschaften erweitern dies um die im Westen bekannten Übungen wie Schwertschlucken, Feuerlaufen und Liegen auf glühenden Kohlen oder Nagelbetten. Oft sind dies aber nur Taschenspielertricks.

**Falkenkopf-Angriff**

Taktisches Manöver in einem → Quidditch-Spiel, gezeigt beim Endspiel der → Quidditch-Weltmeisterschaft (HP4).

**Falltür**

Eine große Falltür, bewacht von → Fluffy, führt vom Korridor im dritten Stock von → Hogwarts abwärts in die Räume, in denen der → Stein der Weisen aufbewahrt wird. In die Räume von Professorin → Trelawney im Nordturm gelangt man aufwärts durch eine runde Falltür am Ende einer silbernen Trittleiter.

### Falsche Zauberstäbe

→ Jux-Zauberstäbe.

### Familiar

Sowohl im Deutschen wie im Englischen verwandte Kurzbezeichnung für *Spiritus familiaris* (lateinisch), ein dem kundigen Beschwörer als persönlicher Diener zugeordneter dienstbarer Geist oder Dämon. Bekannt ist z. B. als dienstbarer Geist des Doktor Faust der Teufel Mephistopheles. Gerne treten diese Geister in Tierform auf, behauptet das »Große vollständige Universal-Lexikon aller Wissenschaften und Künste« von J. H. Zedler im Jahre 1743. Sie würden sich *»in Gestalt einer Wespe, Fliege oder anderer kleinen Thiere um den Menschen aufhalten, und sich auch wohl in Ringe, Crystallen, Gläser, Schachteln und dergleichen einschliessen lassen, damit sie sich nicht davon schleichen mögen«*. Nach alten Quellen sind Familiars oft → Elementargeister wie etwa Heinzelmänner, → Gnome, → Kobolde und Galgenmännchen, die man als → Alraun-Wurzel aufbewahrte. Im weiteres Sinne spricht man von Familiar auch von jedem Wesen, das als → Vertrauter dient, selbst wenn dieses kein Geist ist, sondern ein Fabelwesen, wie der → Phönix → Fawkes, oder ein »normales« Tier wie → Krummbein. In englischen Hexenprozess-Akten wird oft behauptet, dass Hexen hätten Hunde, → Katzen, Igel, Wiesel, → Kröten oder Frösche als Familiar hätten.

### Fanclub

→ Harry-Potter-Fanclub.

### Fang

Der riesige schwarze Saurüde von → Hagrid, ein → Eber (männliches Schwein). Der Beschreibung nach ist Fang ein sehr kluges großes Wildschwein – Schweine sind mindestens so intelligent wie Hunde. Ein ganz normales Schwein kann Fang aber nicht sein: Er bellt nämlich, gerne und laut. Vielleicht ist er auch eine Mischung von Schwein und Hund... – Ein ausgewachsener Keiler – so nennt man das männliche Wildschwein – kann bis zu zwei Meter lang und bis zu 350 Kilogramm schwer werden, seine furchteinflößenden, nach oben gebogenen Hauer können bis zu 30 Zentimeter lang sein. Damit kann sich das Tier verteidigen, aber auch nach Nahrung graben – ein Wildschwein ist ein Allesfresser. Fang sieht vielleicht furchteinflößend aus, er ist aber ein ausgesprochener Feigling (HP1,273). Und selbst gegen einen kleinen → Drachen hat er keine Chance: → Norbert beißt ihm in den Schwanz (HP1,261).

### Fangzähnige Frisbies
Stehen 1994 auf der Liste der verbotenen → Gegenstände in → Hogwarts.

### Fantastic Beasts and Where to Find Them
Originaltitel des Lehrbuchs »Sagentiere und wo sie zu finden sind« von Lurch → Scamander.

### Farben
In vielen → Namen und Begriffen verwendet Joanne K. → Rowling Farben, um etwas zu symbolisieren oder anzudeuten, ganz direkt z. B. bei Albus → Dumbledore, Sirius → Black, Rubeus → Hagrid oder Lavender → Brown. Aber auch indirekt spielen sie oft eine Rolle etwa bei der rothaarigen Familie → Weasley: *Weasel* heißt auf englisch Wiesel, und Wiesel haben meist ein rotbraunes Fell. Außer bei der weißen und schwarzen → Magie sind Farben aber selten von direkter Aussagekraft: Rot kann ebenso Gutes bedeuten – die roten Umhänge der → Gryffindors, Harrys rote → Tinte, der rote → Hogwarts-Express – wie Böses, etwa das → Dunkle Mal auf den Armen der → Todesser, oder → Voldemorts böse rot leuchtende Augen. Ebenso ist es mit Grün, der Farbe von → Slytherin wie des → Basilisken, des Lichtstrahls beim Todesfluch → Avada Kedavra und des Dunklen Mals am Himmel, aber auch der Tinte von Minerva → McGonagall und der bevorzugten Kleidung von Arthur → Weasley. Selbst Schwarz und Weiß sind keine eindeutigen Symbole: Die → Schuluniform von → Hogwarts ist schwarz, und Lucius und Draco → Malfoy werden immer wieder als weiß beschrieben (Gesicht, Hände...).

### Fast Kopfloser Nick
Der → Geist von → Gryffindor, eigentlich Sir Nicholas de Mimsy-Porpington (englisch *Nearly Headless Nick*). Er möchte gerne Sir Nicholas de Mimsey genannt werden, doch da er seinen Kopf wie auf einem Scharnier auf die linke Seite kippen kann, nennt man ihn fast nur mit seinem Spitznamen. Meistens trägt der elegante und langhaarige Nick Kleidung, die der zu seinen Lebzeiten entspricht, also z. B. einen Waffenrock mit Halskrause, einen Federhut und Strumpfhosen. Er freundet sich mit Harry Potter an; dieser besucht mit Hermine → Granger und Ron → Weasley Nicks »Todestagsfeier« an → Halloween 1992, bei der er die 500. Wiederkehr seines Todes am 31. Oktober 1492 feiert. Er ist da zwar noch keine 500 Jahre tot, da bei der Kalenderreform vom Papst Gregor dem Dreizehnten 10 Tage unter den Tisch fielen – auf den 4. Oktober 1582 folgte der 15. Oktober 1582 –, aber wer wird da schon so genau hinschauen... Genau hin schauen allerdings die Mitglieder der → »Jagd der Kopflosen«, allen voran ihr Anführer, → Sir Patrick Delaney-Podmore. Da Nick seinen Kopf nur abklappen kann, er aber noch am Hals hängt (mit zwei Zentime-

tern Gewebe), wird er nicht aufgenommen in diesen Kreis – er ist eben nur *fast* kopflos. Da nützen auch nichts die 40 Hiebe mit einer stumpfen Axt, an denen er starb. – Nick wird Opfer des → Basilisken aus der → Kammer des Schreckens, da er aber schon tot ist, stirbt er nicht, sondern wird nur lahmgelegt und sieht aus wie mit schwarzem Rauch gefüllt (HP2). – Es gibt einen → Fehler in den Büchern: Nick ist fündhundert Jahre tot, erzählt Harry aber bei dessen Einschulungsfeier, er habe *»seit fast vierhundert Jahren nichts mehr gegessen«* (HP1,136). Da Geister aber nichts mehr essen, gibt es da einen Widerspruch...

**Fat Lady**

→ Fette Dame.

**Fawcett**

Eine → Ravenclaw, versucht, mit einem Alterungstrank die → Alterslinie auszutricksen, um am → Trimagischen Turnier teilzunehmen (HP4).

**Fawcett**

Eine Zaubererfamilie, entfernte Nachbarn der Familie → Weasley, die keine Karten mehr für die → Quidditch-Weltmeisterschaft bekommt (HP4).

**Fawkes**

Der → Phönix von Albus → Dumbledore ist mindestens 55 Jahre alt, denn von seinem Schwanz stammen die Federn in den → Zauberstäben von Harry Potter und Lord → Voldemort, der seinen 1938 bekommen haben muss. Der Phönix ist benannt nach Guy Fawkes (1570 – 1606), einem englischen Verschwörer, der vom Protestantismus zum Katholizismus übergetreten war. Er war einer der Köpfe der »Pulververschwörung«, bei der etwa ein Dutzend Adlige und Glücksritter aus Protest gegen antikatholische Gesetze am 5. November 1605 das Parlament mitsamt König Jakob I. sprengen wollten. Nachdem er die eingelagerten 36 Pulverfässer vorbereitet hatte, wurde er am Morgen des 5. November 1605 beim Verlassen des Kellers verhaftet. Unter der Folter gab er die Namen seiner Komplizen preis und starb mit denen, die nicht bei ihrer Festnahme getötet worden waren, am 31. Januar 1606 am Galgen. Noch heute wird in Großbritannien und einigen anderen Ländern des Britischen Commonwealth der Jahrestag der Pulververschwörung, der Guy Fawkes Day, gefeiert: Man zündet Freudenfeuer an, schießt Feuerwerk in die Luft und verbrennt Strohpuppen, die Guy Fawkes darstellen sollen. – Es kann von Dumbledore also nur ironisch gemeint sein, als er die große »Treue« seines → Familiars betont (HP2,216). Denn sein Fawkes ist überaus treu. Er hilft Harry Potter, den → Basilisken zu besiegen, indem er diesem die Augen aussticht, Harry den → Sprechenden Hut und das darin versteckte → Schwert bringt, und heilt ihn von seinen Verwundungen (HP2).

**Federhalter**
→ Federkiel

**Federkiel**
In der Welt der Zauberer wird mit Federkielen (auch Federhalter genannt) und → Tinte auf → Pergament geschrieben. Der Federkiel ist ein Bestandteil einer Vogelfeder: der nackte, hohle Abschnitt der Federachse, vom Kiel aus geht ein massiver Schaft, ebenfalls zur Federachse gehörig, von dem aus die Federäste abgehen, die zusammen die Federfahne bilden. Im Sprachgebrauch der Büros war früher und ist jetzt auch in den Harry-Potter-Büchern mit Federkiel aber immer die ganze Feder gemeint, die man zum Schreiben benutzt. – Bei den → Prüfungen in → Hogwarts erhalten die Schülerinnen und Schüler speziell verhexte Federn, die mit einem → Zauberspruch gegen Schummeln belegt sind. Gilderoy → Lockhart benutzt für seine → Fanpost einen Pfauenfederhalter (HP2,169). Harry erhält als → Weihnachtsgeschenk 1992 von Hermine → Granger als Geschenk eine Adlerfeder. Die Journalistin Rita → Kimmkorn verwendet eine selbst schreibende → Flotte-Schreibe-Feder. – Wenn man in der Welt der → Muggel die Feder eines Greifvogels haben möchte, muss man sie in einem Fachgeschäft oder einer Falknerei erwerben, denn ohne Kaufnachweis ist der Besitz einer Feder eines Greifvogels nach dem Washingtoner Artenschutzabkommen illegal (das gilt auch für Federn von → Eulen!).

**Feindglas**
Ein Gerät, das aussieht wie ein Spiegel und Feinde des Besitzers zeigt, je nachdem, wie nahe sie sind. Mad-Eye → Moody besitzt eines.

**Felsenkekse**
So nennt Harry die steinharten Kekse, die → Hagrid backt.

**Fehler**
Es gibt logische oder chronologische Fehler in den Harry-Potter-Büchern, einige haben sich auch bei der → Übersetzung eingeschlichen. So ist das → Verlies 719 bei → Gringotts, in dem der → Stein der Weisen lagert, ehe → Hagrid ihn abholt und nach → Hogwarts bringt, im Original Verlies Nummer 713. Aus → »Drachenblut« wird Drachenmilch – dadurch verliert die Forschung von Albus → Dumbledore erheblich an → mythologischer Bedeutung (HP1,114). Das Buch → »Geschichte der Zauberei« von Bathilda → Bagshot wird einmal fälschlicherweise Adalbert → Schwahfel zugeschrieben (HP3,5). Und Marcus → Flint, Sechstklässler, als Harry Potter 1991 in Hogwarts eingeschult wird, wird in der Übersetzung ein Jahr zurückgestuft und zum Fünftklässler. Wahrscheinlich hat der Übersetzer gedacht, Joanne K. → Rowling hätte einen Fehler

gemacht, denn Flint ist auch noch im dritten Band Kapitän des → Quidditch-Teams von → Slytherin, doch Flint musste ein Jahr wiederholen, wie Rowling in einem Interview erläutert hat. Dass aus »Snap explodes« → »Snape explodiert« wird, verfälscht vollkommen den Sinn des Spiels. Im vierten Band wird aus → »Prior Incantato« »Prior Incantado«. – Rowling selbst hat sich zweimal beim Datum vertan: »Harry Potter und der Stein der Weisen« spielt 1991, und auf Seite 51 heißt es: *»...dann war morgen Dienstag, Harrys elfter Geburtstag.«* Der 31. Juli 1991 war allerdings ein Mittwoch! Und in »Harry Potter und der Feuerkelch« findet die Auswahl der Champions für das → Trimagische Turnier an → Halloween 1994 statt, und Harry erwacht am nächsten Morgen an einem Sonntag (HP4, 301); der 1.November 1994 war allerdings ein Dienstag! – Eine Unklarheit bezüglich der Zeitrechnung ergibt sich auch beim → Fast Kopflosen Nick: Er feiert am 31. Oktober 1992 seine → Todestagsfeier anläßlich der 500. Wiederkehr seines Todestages, erzählt Harry aber bei dessen Einschulungsfeier in → Hogwarts, er habe *»seit fast vierhundert Jahren nichts mehr gegessen«* (HP1,136). Da Geister ab ihrem Tod nichts mehr essen, gibt es da einen Widerspruch. – Im vierten Band gibt es einen gravierenden logischen Fehler: Bei der → Fluchumkehr (Priori Incantatem) sollen alle Flüche in umgekehrter Reihenfolge auftauchen. Lily → Potter erscheint aber *nach* James → Potter, obwohl sie *nach* ihm starb, also *vor* ihm hätte erscheinen müssen (HP4,697). Oder will Rowling uns zu verstehen geben, dass sich die Dinge an Halloween 1981 doch anders abgespielt haben, als wir bisher glauben? – Zumindest in der ersten Auflage der deutschen Ausgabe von Band 4 krempelt → Snape den rechten statt den linken Ärmel hoch, um das → Dunkle Mal zu zeigen, ein Übersetzungsfehler. In der ersten Auflage der englischen Ausgabe von Band 4 wurden Zaubereiminister → Fudge und Barty → Crouch senior verwechselt. – Eine logische Schwierigkeit habe ich beim Einsatz des → Vielsaft-Trankes: Wieso wird Draco → Malfoy nicht hellhörig und forscht nach, was geschehen ist, wenn → Crabbe und → Goyle ihm erzählt haben, dass sie betäubt in einem Schrank aufgewacht sind? Oder sind die beiden so dumm, dass sie das verschweigen (HP2)?

**Ferien mit Vetteln**

Buch von Gilderoy → Lockhart *(Holidays With Hags)*, Pflichtlektüre in Harrys zweitem Schuljahr (HP2).

**Fernglas**

Binokular, eine Verbindung von zwei Fernrohren oder → Teleskopen, durch die man mit beiden Augen zugleich schauen kann. Während in → Hogwarts für die → Astronomie nur Teleskope verwendet werden, schauen viele der Schülerinnen und Schüler beim → Quidditch-Pokal lieber mit Ferngläsern zu, und bei der → Quidditch-Weltmeisterschaft gibt es spezielle → Omnigläser (Omniculare).

**Fernrohr**
→ Teleskop

**Ferula**
→ Zauberspruch, der eine Schiene für ein gebrochenes Glied erzeugt und dieses mit einer Binde daran festmacht. Lateinisch *ferula* heißt Gerte, Rute (HP3).

**Festessen in einer Minute**
→ Kochbuch mit dem Untertitel »Das ist Hexerei!« in der Küche von Molly → Weasley (*One Minute Feast – It's Magic!*, HP2,38).

**Festumhang**
Einen solchen brauchen die Schülerinnen und Schüler von → Hogwarts für den → Weihnachtsball 1994. Während der von Harry Potter seinem normalen Umhang ähnelt, nur grün ist, sieht der von Ron → Weasley aus wie ein langes kastanienbraunes Samtkleid mit verschlissenem Rüschenkragen und Spitzensäumen an den Ärmeln.

**Fette Dame**
Die Wächterin am Eingang zum → Gemeinschaftsraum im → Gryffindor Turm (im siebten Stock) ist eine dicke Frau im rosa Seidenkleid, die in einem Porträt sitzt und nur durchlässt, wer das richtige → Passwort kennt. Wenn sie mal wieder unterwegs ist, kann es einem passieren, dass man ausgesperrt ist; so geht es Hermine → Granger, als sie versucht, Harry Potter und Ron → Weasley an einem → Zaubererduell mit Draco → Malfoy zu hindern. In Harrys drittem Schuljahr wird die *Fat Lady*, nachdem Sirius → Black sie beschädigt hat, für einige Zeit abgelöst von Sir → Cadogan, während sie restauriert wird, im nächsten Schuljahr wird sie während des → Trimagischen Turniers oft von ihrer Freundin Violet besucht, einer verhutzelten Hexe aus einem Bild in der Kammer neben dem → großen Saal.

**Fetter Mönch**
Der → Geist von → Hufflepuff, sieht auch aus wie ein Mönch (*Fat Friar*).

**Feuer**
Dieses lebendigste und am schwierigsten zu kontrollierende der vier → Elemente ist die magische Spezialität von Hermine → Granger. Sie kann sogar tragbare und wasserdichte Feuer heraufbeschwören. Remus → Lupin kann seine ganze Hand Flammen tragen lassen. Es gibt natürlich → Zaubersprüche wie → Incendio zum Anzünden und Zauber, die gegen das Feuer wirken, so etwa der → Flammengefrier-Zauber und der → Feuerlöschzauber, und → Zau-

bertränke, wie Severus → Snape sie in seinem großen → Rätsel zum Schutz des → Steins der Weisen bereitstellt. – → Elementargeist des Feuers ist der → Salamander.

### Feuerblitz

Der → Besen, den Harry Potter 1993 von seinem Paten Sirius → Black anonym an Weihnachten 1993 geschenkt erhält. Der schnellste und weitest entwickelte Besen seiner Zeit hat *»einen stromlinienförmigen, superveredelten Stiel aus Eschenholz mit diamantharter Politur... Jede handverlesene Birkenholzrute des Schweifs ist aerodynamisch optimal abgeschliffen... beschleunigt von 0 auf 250 Stundenkilometer in 10 Sekunden und ist mit einem unbrechbaren Bremszauber ausgestattet«* (HP3,56). Außerdem hat er eine automatische Bremse und eine Gleichgewichtsautomatik. – Alle Teams bei der → Quidditch-Weltmeisterschaft 1994 fliegen Feuerblitze (HP4). – Das englische Original, der *firebolt*, ist etwas langsamer: Er packt es in 10 Sekunden auf 150 Meilen pro Stunde, das sind ca. 240 Stundenkilometer.

### Feuerkelch

Das magische Gefäß (*Goblet of Fire*), das die Champions für das → Trimagische Turnier auswählt, ist im Gegensatz zu vielen → Kelchen der → Muggelwelt sehr einfach gearbeitet, ein großer, grob geschnitzter Holzkelch, allerdings bis zum Rand gefüllt mit blauweißem magischem Feuer, das sich bei der Auswahl rot verfärbt. Der Kelch wird von Barty → Crouch junior alias Mad-Eye → Moody so manipuliert, dass er Harry als vierten Teilnehmer festlegt. – Sowohl als Gefäß wie als Symbol hat ein → Kelch eine starke magische und mythologische Bedeutung.

### Feuerlöschzauber

Mächtige → Zaubersprüche, die die Drachenfänger um Charlie → Weasley bereithalten, als sie die → Drachen für das → Trimagische Turnier → betreuen.

### Feuer-Omen

Eine der → Weissagungsmethoden, die Harry Potter im dritten Schuljahr lernen soll (HP3).

### Feuerwehr

Es ist erstaunlich, dass es in → Hogwarts scheinbar keine Feuerwehr gibt, wo doch allerorten Fackeln brennen und → Feuer-Zauber eingesetzt werden. Noch ist nicht beschrieben worden, ob die Schülerinnen und Schüler auch Feuerabwehr- oder → Feuerlösch-Zauber lernen – der → Flammengefrier-Zauber reicht ja nicht aus, um auch die Räumlichkeiten und Gegenstände zu schützen...

**Fidelius-Zauber**
Ein hoch komplizierter Zauber, bei dem ein Geheimnis in einer Person, dem Geheimniswahrer, verborgen wird. Dort ist es unauffindbar, es sei denn, diese Person verrät es. – Als Lord → Voldemort hinter James und Lily → Potter her war, versteckten sie ihren Aufenthaltsort in einem Geheimniswahrer, doch der verriet sie. Alle nahmen an, der Geheimniswahrer sei Sirius → Black gewesen, der für diesen Verrat und den Mord an 12 → Muggeln und Peter → Pettigrew nach → Askaban kam. Doch Peter und Sirius hatten getauscht: Pettigrew war der Geheimniswahrer und Verräter. Er tötete die Muggel und täuschte seinen Tod vor. Erst 12 Jahre später, in Harry Potters drittem Schuljahr, gelingt es Remus → Lupin und dem aus Askaban geflohenen Sirius, Pettigrew als Ratte → Krätze zu entlarven. – Der Name des Zaubers drückt die Treue aus, die der Geheimniswahrer aufbringen muss: Das lateinische *fidelius* ist eine Steigerungsform von *fidelis*, treu (HP3).

**Fidibus**
→ Hokuspokus

**Fieser Hund**
→ Passwort für den Eingang in den → Gryffindor-Turm in Harry Potters drittem Schuljahr, als Sir → Cadogan Wächter ist.

**Figg, Arabella**
Hexe, die früher mit Albus → Dumbledore gegen → Voldemort gekämpft hat. Er lässt sie nach dessen → Wiederauferstehung wieder zum Kampf rufen (HP4).

**Figg, Mrs**
Eine verrückte alte Dame, die zwei Straßen entfernt von Familie → Dursley wohnt und bei der Harry Potter bis zu seinem 10. Lebensjahr immer die Geburtstage von Dudley → Dursley verbringen muss. Ihr ganzes Haus riecht nach Kohl, und sie ist eine fanatische Katzennärrin. Da sie sich 1991 das Bein gebrochen hat (sie ist über eine ihrer vier Katzen Tibbles, Snowy, Putty und Tuffy gestolpert), bleibt Harry in diesem Jahr der Besuch an Dudleys Geburtstag bei ihr erspart, und er kann sich stattdessen im Zoo mit einer → Boa constrictor unterhalten. Bei einem späteren Besuch, im Juli 1991, ist sie auf ihre Katzen nicht mehr so gut zu sprechen und zu Harry ein Stück netter.

**Filch, Argus**
Der Hausmeister von → Hogwarts (seit höchstens 30 Jahren). Ein bei den Schülerinnen und Schülern höchst unbeliebter Mensch, dessen Lieblingsbeschäftigung es ist, sie bei Verbotenem zu erwischen und ihnen → Strafarbeiten zu ver-

passen. Am liebsten würde er die Schülerinnen und Schüler in Ketten von der Decke hängen lassen; die Handschellen und Ketten in seinem Büro sind immer blank poliert. Dort stehen zahlreiche Aktenschränke mit den Unterlagen über alle Schülerinnen und Schüler; die → Weasley-Zwillinge haben ein Fach für sich. Einzig seine Katze → Mrs. Norris scheint Filch zu lieben. Filch ist einzelgängerisch und mürrisch; sein größter Kummer ist, dass er ein → Squib ist, deshalb belegt er einen Kurs im → Kwikzaubern (HP2). – Dass er gerne Dinge beschlagnahmt, wird i Namen deutlich: Das englische *filch* heißt klauen. – Argus oder Argos heißt in der griechischen → Mythologie ein → Riese, der wie Filch seine Augen überall hatte. Als Göttervater Zeus einst von seiner Gattin Hera mit deren junger Priesterin Io ertappt wurde, verwandelte er das Mädchen schnell in eine schöne junge Kuh. Hera ließ sich nicht täuschen und sich die Kuh schenken; mit der Bewachung beauftragte sie den Argos, *»ein Ungetüm, das ihr zu diesem Dienste besonders geeignet schien. Denn Argos hatte hundert Augen im Kopfe, von denen nur ein Paar abwechslungsweise sich schloß und der Ruhe ergab, während die übrigen alle, über Vorder- und Hinterhaupt wie funkelnde Sterne zerstreut, auf ihrem Posten ausharrten.«* Zeus beauftragt seinen Sohn → Hermes, den Wächter zu töten. Mit Musik und einer hübschen Geschichte gelingt es Hermes, Argos schläfrig zu machen. *»Nun hemmte der Götterbote seine Stimme, berührte mit seinem Zauberstabe nacheinander die hundert eingeschläferten Augenlider und verstärkte ihre Betäubung. Während nun der hundertäugige Argos in tiefem Schlafe nickte, griff Hermes schnell zu dem Sichelschwerte, das er unter seinem Hirtenrocke verborgen trug, und hieb ihm den gesenkten Nacken, da wo der Hals zunächst an den Kopf grenzt, durch und durch«* (zitiert nach »Sagen des klassischen Altertums« von Gustav Schwab, 1792 – 1850). – Argus hieß auch der Erbauer der »Argo«, des Schiffes, mit dem der griechische Held Jason und seine Gefährten in der Argonautensage das Goldene Vlies suchten, und auch jener Hund des griechischen Helden und Königs Odysseus, der seinen Herrn noch wiedererkannte, als dieser nach Trojanischem Krieg und langer Odyssee nach 19 Jahren in seine Heimat Ithaka zurückkehrte.

### Film

Die Filmrechte an den ersten beiden Harry-Potter-Büchern und die → Rechte zur Vermarktung von Fanartikeln (Merchandising) liegen bei Warner Bros., einer Tochterfirma von → Time Warner. Sie hat sie im Oktober 1998 für eine angeblich siebenstellige Summe gekauft. Der erste Film soll im November 2001 in die Kinos kommen. Joanne K. → Rowling kann bei der Verfilmung mitsprechen. Mit Steven Spielberg konnte sie sich nicht einigen: Er wollte zuerst einen Zeichentrickfilm machen, dann einen Film, bei dem wie in BATMAN in einer Art Ouvertüre die Ermordung von Harrys Eltern am Anfang steht. Nun wird der 80 Millionen Dollar teure Streifen von und Produzent David Heyman und Regisseur Chris Columbus (MRS DOUBTFIRE, KEVIN – ALLEIN ZU HAUS) realisiert. Und die wichtigsten Darsteller werden aus → Großbritannien kommen – alle Versuche, die Rollen mit Amerikanern zu besetzen, blockte Rowling erfolgreich ab. Harry Potter spielt Daniel Radcliffe, Sohn des Londoner Literaturagenten Alan Radcliffe und seiner Frau Marcia Gresham, Casting-Agentin. Der 11jährige Dan (alle Angaben beziehen sich auf Oktober 2000) spielte schon den jungen David Copperfield in einer BBC-Verfilmung und wird noch 2000 in John Boormans Film THE TAILOR OF PANAMA zu sehen sein. Ron → Weasley wird von Rupert Grint (11) gespielt, so filmunerfahren wie Emma Watson (10, Hermine → Granger), beide haben bisher nur Schultheater gespielt. Als Minerva → McGonagall steht Maggie Smith fest, als → Hagrid Robbi Coltrane (FÜR ALLE FÄLLE FITZ) und als der → Fast Kopflose Nick der Mitbegründer von MONTY PYTHON, John Cleese (61, EIN FISCH NAMENS WANDA), der eigentlich gar keine Filme mehr drehen wollte. Für die Rolle von → Dumbledore wird mit Richard Harris verhandelt. Ursprünglich sollte in der Kathedrale von Canterbury gedreht werden; die Anglikanische Kirche lehnte dies aber ab, da Christen sich wegen der »schwarzen Kunst« beschweren könnten (→ Zensur). Nun ist die englische *Gloucester Cathedral* → Hogwarts. – Der Film wird trotz der Harry-Potter-Begeisterung starke Konkurrenz haben: Für den gleichen Zeitraum hat Regisseur Peter Jackson den ersten Teil seiner Verfilmung der Trilogie »Der Herr der Ringe« von John R. R. → Tolkien angekündigt.

### Finch-Fletchley, Justin

Schüler in → Hogwarts im gleichen Jahrgang wie Harry Potter, ein → Hufflepuff. Er stammt wie Hermine → Granger aus einer → Muggel-Familie und sollte zuerst nach → Eton, ist jetzt aber froh, in Hogwarts zu sein. Und seine Eltern haben *»eingesehen, wie nützlich es ist, wenn man einen gründlich ausgebildeten Zauberer in der Familie hat«* (HP2,98). Als die von Draco → Malfoy beschworene → Schlange ihn angreift und Harry Potter ihn rettet, indem er mit ihr in → Parsel redet, verdächtigt er ihn, der → Erbe Slytherins zu sein. Später wird auch er ein Opfer des → Basilisken und zeitweise → versteinert.

### Fingernägel

Gegenstände, um → schwarze Magie zu bewirken. Ganze, ausgerissene Fingernägel bietet Harry Potter eine alte Hexe in der → Nokturngasse an (HP2).

### Finite Incantatem

Der absolute → Gegenzauber; ob er wirkt, hängt nur davon ab, ob der Anwender stark genug ist. Severus → Snape stoppt mit diesem Spruch die Zauber von Harry Potter und Draco → Malfoy im → Duellierclub (HP2,200). – In diesem Spruch finden sich zwei lateinische Wörter: *Finite* ist ein Befehl und heißt:

»Haltet an, Stopp!«, *incantare* ist ein neulateinischer Ausdruck für das Deklamieren einer Liturgie oder eines → Zauberspruches.

**Finnigan, Seamus**

Schüler in → Hogwarts im gleichen Jahrgang wie Harry Potter und wie dieser in → Gryffindor. Kein enger Freund, aber netter Schulkamerad von Harry, vor dem er bei der Verteilung auf die Häuser am ersten Schultag in der Schlange stand und mit dem er im gleichen → Schlafsaal untergebracht ist. Er ist bleich und hat rotblondes Haar. Seine Mutter ist eine Hexe. Sein Vater, ein → irischer → Mugge, erfuhr das erst nach der Hochzeit und war ziemlich geschockt. Der Junge mit dem irischen Akzent ist ein ziemlich guter Schachspieler; Harry spielt am Anfang mit seinen → Zauberschach-Figuren, bis er an seinem ersten Weihnachten in Hogwarts ein eigenes Spiel geschenkt bekommt (HP1).

**Firebolt**

Der englische Name für den → Feuerblitz.

**Firenze**

Ein → Zentaur, der im → Verbotenen Wald lebt, mit dem Körper eines → Palomino-Pferdes, goldschimmerndem Fell, langem weißem Haar und ausdrucksvollen blauen Augen. Er lässt, obwohl dies unter Zentauren verpönt ist, Harry Potter auf sich reiten, und klärt ihn auf, warum → Voldemort das → Blut eines → Einhorns braucht. Er ist nicht so fatalistisch wie andere Zentauren und nicht überzeugt, dass deren Interpretation der → Planeten (→ Astrologie) stimmt: *»Die Planeten wurden schon einige Male falsch gedeutet, selbst von Zentauren«* (HP1, 283). – Firenze ist der italienische Name der Stadt Florenz. Möglicherweise will Joanne K. → Rowling damit Streit unter den Zentauren andeuten. Im 13. Jahrhundert war die Stadt nämlich durch den Machtkampf ihrer führenden Familien gespalten, und im Jahr 1300 brach zwischen den Fraktionen der *Neri* (Schwarzen) und *Bianchi* (Weißen) ein Krieg aus. Es gewannen die Schwarzen.

**Fixsterne**

→ Stern

**Flaherty**

Ein Name, mit dem der höchst zerstreute Professor → Binns einmal in seinem Unterricht Seamus → Finnigan anredet.

**Flamel, Nicolas**

Dieser berühmte Alchemist ist auf einer der Bildkarten zu sehen, die es in den → Schokofrosch-Packungen gibt. Er ist der Partner von Albus → Dumbledore und hat mit ihm gemeinsam ein berühmtes Werk über → Alchemie verfasst. Er gilt als der einzige Besitzer eines → Steins der Weisen, und wegen des damit geschaffenen → Elixiers des Lebens hat er es im Jahre 1991, als Harry Potter elfjährig in → Hogwarts eingeschult wird, auf das biblische Alter von über 666 Jahren gebracht – zumindest laut dem alten Buch, das Hermine → Granger anschleppt. Wie alt er genau ist, ist nicht ersichtlich, denn es steht nirgendwo, wie alt das Buch ist. Flamel verbringt seinen Lebensabend in Devon, gemeinsam mit seiner Frau Perenelle, die acht Jahre jünger ist. Nachdem der Stein der Weisen zerstört ist, werden seine Frau und er in absehbarer Zeit sterben, doch bekümmert sie das nicht allzusehr: *»Schließlich ist der Tod für den gut vorbereiteten Geist nur das nächste große Abenteuer«*, erklärt Flamels Freund Albus Dumbledore (HP1,323). – In der Welt der → Muggel ist Nicolas Flamel (auch: Flamellus) als einer der berühmtesten Alchemisten des Mittelalters bekannt, der nach den meisten Angaben von 1330 bis 1418 lebte (manche geben auch an, von 1298 bis 1414, dann wäre er 116 Jahre alt geworden!). Ob dies der gleiche Flamel ist, ist unsicher, aber sehr wahrscheinlich. Er wäre 1991 entweder 661 Jahre oder 693 Jahre alt – die alten Quellen sind bezüglich Geburtsdaten eben oft unsicher. Flamel, geboren in Pontoise, war zunächst ein einfacher Schreiber, nach seiner Hochzeit mit der schönen und wohlhabenden Witwe Perenelle lebte er in Paris und wurde ein erfolgreicher Poet, Maler, Kalligraph, Schriftsteller und Handschriftenhändler. 1357 erwarb er das Buch »Habraham, juif, Prince, Prêtre, Lévite, Astrologue & Philosophe« – die Legende behauptet, nachdem es ihm ein Engel im Traum gezeigt hatte. In diesem Buch sollen die Herstellung des → Steins der Weisen und die → Transmutation der Metalle beschrieben gewesen sein. 1382 will Flamel die Transmutation von Quecksilber in Silber und später auch in Gold vollzogen haben. Tatsächlich war er später sehr wohlhabend und gilt als der einzige Alchemist, der es jemals zu Reichtum brachte. Viele vermuten allerdings, dass das Buch ihm den Weg zu den vergrabenen Schätzen der in Frankreich vertriebenen Juden gewiesen habe.

**Flamel, Perenelle**
Die Ehefrau von Nicolas → Flamel, acht Jahre jünger als er, lebt mit ihm in Devon. 1991, als Harry Potter elfjährig in → Hogwarts eingeschult wird, ist sie mindestens 658 Jahre alt – laut dem alten Buch, das Hermine → Granger anschleppt. Wie alt sie genau ist, ist nicht ersichtlich, denn es steht nirgendwo, wie alt das Buch ist (HP1).

**Flammengefrier-Zauber**
Ein einfacher → Schutzzauber, mit dem sich eine Hexe oder ein Zauberer in Flammen stellen kann, ohne mehr zu spüren als ein angenehmes Kitzeln. Häufig angewandt während der → Hexenverfolgungen, besonders von → Wendelin

der Ulkigen. Ein solcher Zauber lässt sich auch in einen → Zaubertrank fassen, wie dies Professor → Snape für sein großes → Rätsel zum Schutz des → Steins der Weisen macht.

### Fledermaus

In der → Magie und → Alchemie hat die Fledermaus als »Wesen zwischen Nacht und Tag« schon immer eine besondere Bedeutung gehabt. An → Halloween ist die → große Halle von → Hogwarts mit Tausenden lebender Fledermäuse geschmückt. – In der → Mythologie der → Muggel gilt die Fledermaus bei vielen Völkern als Tier des Teufels und wird immer wieder mit → Vampiren oder → Dämonen in Verbindung gebracht. Besonders bekannt sind in diesem Zusammenhang die »Vampirfledermäuse«, auch nur »Vampir« genannt. – Die Ordnung der Fledermäuse (*Chiroptera*) besteht derzeit aus 18 Familien in zwei Unterordnungen: den *Microchiroptera* (eigentliche Fledermäuse) mit 782 Arten und Körpergewichten von 5 bis 100 g und den *Megachiroptera* (Flughunden) mit 175 Arten (100 bis 1.000 g). Unter allen haben die Vampire (drei Arten, Unterfamilie *Desmodontinae*) das am höchsten entwickelte Sozialverhalten und sind am »liebevollsten«. Der Gemeine Vampir (*Desmodus rotundus*) ernährt sich vom Blut von Säugetieren – und nur davon –, indem er ein Stück Haut abbeißt oder eine Ader punktiert und dann saugt. Nach ca. 60 Stunden ohne Nahrungsaufnahme stirbt er; hungrige Tiere werden von ihren Artgenossen mit Blut gefüttert. Gefährlich wird der Vampir dem Menschen nur als Krankheitsüberträger, besonders durch die Übertragung der Tollwut. – Auch wenn die Stammesgeschichte der Fledermäuse keineswegs als geklärt gelten kann, gilt als ziemlich sicher, dass sie gemeinsame Vorfahren mit den Menschen haben; manche Systematiker ordnen einige Arten sogar – wie den Menschen – unter den Primaten (Herrentiere) ein, u. a. wegen der Morphologie des Penis.

### Fledermausmilz

Ingredienz für → Zaubertränke, kann man in der → Winkelgasse kaufen (HP1).

### Fleet, Angus

Dieser schottische → Muggel sieht Harry Potter und Ron → Weasley mit dem fliegenden → Ford Anglia über → Peebles fliegen (HP2,83).

### Fleetwoods Hochglanzpolitur

Bestandteil von Harry Potters → Besenpflege-Set.

### Fleisch fressender Schneckenschutz

Einen solchen sucht → Hagrid, als Harry Potter ihn in der → Nockturngasse trifft – scheinbar bekommt man ihn nur in Läden für → schwarze Magie (HP2).

**Fletcher, Mundungus**

Ein alter Zauberer, bei dem Arthur → Weasley eine Hausdurchsuchung durchführt, um nach verzauberten → Muggelartefakten zu suchen (HP2,42). Nach dem Aufruhr bei der → Quidditch-Weltmeisterschaft versucht er, beim → Zaubereiministerium Schadenersatz für ein Zwölfzimmerzelt mit eingebautem Whirlpool zu ergattern, obwohl er unter einem an Holzpflöcke genageltem Umhang schlief. Eindeutig nicht der gesetzestreueste, muss er früher einmal mit Albus → Dumbledore gegen Lord → Voldemort gekämpft haben. Dumbledore lässt ihn nach dessen → Wiederauferstehung wieder zum Kampf rufen (HP4).– *Fletcher* ist ein Fleischer, und der Vorname weist darauf hin, dass dieser Zauberer weit in der Welt herumgekommen ist: Das lateinische *Mundus* heißt Welt, Weltall.

**Fliegen**

Dinge fliegen oder schweben zu lassen, ist für Zauberer und Hexen kein Problem, das kann man mit vielen → Zaubersprüchen, etwa mit → »Wingardium leviosa« oder auch → »Accio«. Im → Zauberkunst-Unterricht in → Hogwarts lernt man das bei Professor → Flitwick schon im ersten Jahr. Auch andere Menschen kann man leicht schweben oder fliegen lassen; Harry Potter lässt zum Beispiel Magda → Dursley an die Decke schweben (HP2), und während der → Quidditch-Weltmeisterschaft lassen einige Anhänger von Lord → Voldemort einige unglückliche → Muggel fliegen (HP4). Die meisten Zauberer und Hexen selbst können jedoch scheinbar nur fliegen mittels magischer Hilfsmittel, etwa → Besen, einem → Fliegenden Motorrad oder → Fliegenden Autos, oder auf magischen Geschöpfen wie dem → Hippogreif. Einzig bei Albus → Dumbledore ist nicht ganz klar, ob er nach → London zum → Zaubereiministerium mit Besen oder aus eigener Macht fliegt (HP1). Für → Fliegende Teppiche gibt es in Großbritannien ein Einfuhrverbot. – Die Beobachtungen von fliegenden Hexen und Zauberern dürften die Darstellungen der → Muggel von → Hexen geprägt haben dürften, die auf Besen durch die Luft reisen. Die erste bekannte Darstellung einer solchen Reise findet sich im Manuskript »Le Champion de Dames« von Martin le Franc von 1451. Die Muggel im Mittelalter und der frühen Neuzeit hielten aber auch viele andere magische Fluggeräte für möglich, wie im »Simplicissimus« des Hans Jakob Christoffel von Grimmelshausen (1667) deutlich wird: *»Sie hatten sich erst angezogen und anstatt des Lichts eine schweflichte blaue Flamm auf der Bank stehen, bei welcher sie Stecken, Besen, Gabeln, Stühl und Bänk schmierten und nacheinander damit zum Fenster hinaus flogen«* (die ganze ausführliche Stelle unter dem Stichwort → Hexen). – Eine Ausnahme gibt es in den bisher 4 Bänden: Nur mit den → Zauberstäben als Hilfsmittel erheben sich Harry Potter und → Voldemort bei ihrem direkten Zauber-Duell in die Luft – das allerdings unabsichtlich (→ Fluchumkehr, HP4).

**Fliegen mit den Cannons**
Buch über die → Chudley Cannons, heißt zuerst → »Auf Jagd mit den Canons«.

**Fliegende Fledermäuse**
Ein professionelles → Quidditch-Team, gegen das die → Chudley Canons spielen; darüber wird im Buch → »Auf Jagd mit den Cannons« berichtet.

**Fliegende Schlüssel**
Schlüssel, die fliegen können wie Vögel und ein wenig auch so aussehen, setzt Professor → Flitwick als → Zauberbann ein, um den → Stein der Weisen zu schützen (HP1).

**Fliegender Teppich**
Fliegende Teppiche sind hervorragende Familienfahrzeuge. Der Vater von Barty → Crouch senior hatte einen Perserteppich, der 12 Personen transportieren konnte. Inzwischen gilt für Großbritannien ein Einfuhrverbot für fliegende Teppiche, die nach der »Liste Verbotener Verhexbarer Artikel« als → Muggelartefakte gelten (HP4). – Beobachtungen fliegender Teppiche haben wohl die Beschreibungen in den Märchen der → Muggel angeregt, vor allem in den orientalischen Ländern; Beispiele finden sich in den »Märchen von Tausendundeiner Nacht«. Auch Vernon → Dursley hat schon davon gehört oder gelesen; er zieht Harry auf: *»Komische Art, zu einer Zaubererschule zu kommen, mit dem Zug. Die fliegenden Teppiche haben wohl alle Löcher, was?«* (HP1,100)

**Fliegendes Auto**
Arthus → Weasley hat einen fliegenden Wagen konstruiert (und damit eine Gesetzeslücke in den → Muggelschutzgesetzen genutzt, die er selber geschaffen hat), einen → Ford Anglia, der für Harry Potter in seinem zweiten Schuljahr eine wichtige Rolle spielt. Andere fliegende Wagen sind in den Harry-Potter-Büchern noch nicht bekannt, nur das → Fliegende Motorrad.

**Fliegendes Motorrad**
Sirius → Black hatte ein großes fliegendes Motorrad, auf dem → Hagrid Harry Potter nach dem Tod seiner Eltern zur Familie → Dursley brachte (HP1). Es ist unklar, wo es abgeblieben ist; vielleicht musste es verschrottet werden, weil die → Muggelschutzgesetze so streng geworden sind, vielleicht steht es aber auch noch in irgendeiner Garage bei Hagrid rum und wartet auf seinen Einsatz...

**Flint, Marcus**
Stämmiger Junge, noch größer als Oliver → Woord; Harry kommt er vor, als hätte er *»ein wenig → Trollblut in den Adern«* (HP1,203). Flint ist ein Jahr älter

als Wood, also in der sechsten Klasse, als Harry Potter 1991 in → Hogwarts eingeschult wird. Dennoch ist er für die ersten drei Schuljahre von Harry Kapitän und → Jäger des → Quidditch-Teams von → Slytherin – er muss nämlich das sechste Jahr wiederholen, weil er durch die → Jahresabschlussprüfung 1992 gefallen ist, wie Joanne K. → Rowling in einem Interview erläutert hat. In der deutschen → Übersetzung hat man ihn übrigens ein Jahr zurückgestuft und einen Fünftklässler aus ihm gemacht; wahrscheinlich hat der Übersetzer gedacht, Rowling hätte einen Fehler gemacht.

### Flitwick, Professor

Der Lehrer für → Zauberkunst in → Hogwarts ist so klein, dass er sich auf einen Stapel Bücher stellen muss, um über das Pult sehen zu können, und hat einen wilden Schopf weißen Haares. Es wird nirgendwo angegeben, zu welchem der → Häuser er gehört, doch so, wie er sich über Harry Potters neuen Besen, den → Nimbus 2000, freut, ist er wahrscheinlich ein → Gryffindor (HP1,182). In seiner Jugend war er ein glänzender Kämpfer in → Zaubererduellen.

### Flohgebissener Muggelfreund

So schimpft Lucius → Malfoy bei → »Borgin und Burkes« über Arthur → Weasley (HP2,56).

### Floh-Pulver

Ein magisches, glitzerndes Pulver, das einem das Reisen fast ohne Zeitverlust erlaubt: Man wirft ein wenig ins Kaminfeuer, tritt in das grün werdende Feuer, nennt den Zielort und landet im Kamin des Hauses, wo man hin möchte – wenn alles klappt. Harry Potter verirrt sich bei seinem ersten Versuch und landet statt in der → Winkelgasse in der → Nokturngasse – *»das war bestimmt nicht seine Lieblingsart zu reisen«* (HP2,68). Es funktionieren nur die Kamine, die an das Flohnetzwerk angeschlossen sind; dafür ist ein Flohregulierungsrat im → Zaubereiministerium zuständig. → Muggelkamine werden normalerweise nicht angeschlossen, aber um Harry abholen zu können, lässt Arthur → Weasley ausnahmsweise für einen Nachmittag den Kamin der Familie → Dursley an das Flohnetzwerk anbinden. Manche Muggel würden sicher viel dafür geben, wenn sie so reisen könnten, und das ganz ohne Technik (»Beam me up, Scotty!«). Die Alternative zu Floh-Pulver sind für den magischen → Transport das → Apparieren und → Portschlüssel. – Natürlich hat das Floh-Pulver nichts mit Flöhen zu tun; es ist eine rein lautliche Eindeutschung des englischen *Floo powder*. Und dazu gibt es keine Übersetzung, es handelt sich wohl um eine lautmalerische Gestaltung. Es gibt mehrere Wörter im Englischen, die sich genauso aussprechen, nämlich »fluuh«. Am naheliegendsten ist *flue,* das vier verschiedene Bedeutungen hat: Als erstes bedeutet es »Rauchfang, Esse, Abzugsrohr eines

Kamins« – das passt. Auch die zweite Bedeutung, »Flaum, Flocken«, könnte dazu passen, mit einem bisschen guten Willen auch Nummer drei, »Schleppnetz«, schließlich schleppt einen das Puder irgendwohin. Nur die vierte Bedeutung, »Grippe«, muss unberücksichtigt bleiben. Dafür klingt aber noch das Wörtchen *flew* genauso – und das ist die Vergangenheitsform von *fly*, fliegen.

**Florean Fortescues Eissalon**

Der beste (oder einzige?) Eissalon in der → Winkelgasse (*Florean's Ice-Cream Parlour*). Hier verbringt Harry Potter einen großen Teil seiner Zeit in den Sommerferien 1993, während er im Gasthaus → »Zum Tropfenden Kessel« wohnt. Florean schenkt ihm nicht nur regelmäßig Fruchteisbecher, sondern weiß unheimlich viel über die → Hexenverfolgungen, über die Harry einen Aufsatz schreiben muss. – Der Vorname dürfte vom lateinischen *florere* abgeleitet sein, blühen, im Nachnamen könnten das lateinische *fortis*, stark, und das englische *cue*, Fingerzeig, Stichwort, zusammenfließen – der Wirt des Eiscafés ist eine Art wandelndes Lexikon (HP3).

**Florence**

Eine Mitschülerin von Berta → Jorkins in → Hogwarts.

**Flöte**

Eine grob geschnitzte hölzerne Flöte, die ein wenig wie eine → Eule klingt, erhält Harry Potter an seinem ersten Weihnachtsfest in → Hogwarts 1991 von → Hagrid geschenkt. Er benutzt sie, um → Fluffy einzuschläfern (HP1).

**Flotte-Schreibe-Feder**

Die grüne magische Schreibfeder *(Quick-Quotes Quill)* der Klatsch-Journalistin Rita → Kimmkorn legt ihr und den Interviewten automatisch Worte in den Mund, die nie gesagt wurden, oder beschreibt Dinge, die nie geschehen sind. So etwas würden sich in der → Muggelwelt manche Boulevardjournalisten wünschen...

**Flourish & Blotts**

Buchhandlung in der → Winkelgasse; hier kaufen Harry Potter und seine Mitschüler und -schülerinnen ihre → Schulbücher. – Der Buchladen heißt ins Deutsche übersetzt »Schnörkel und Tintenkleckse«.

**Flubberwürmer**

Langweilige Geschöpfe, die am besten gedeihen, wenn man sie ab und zu mit Salat füttert und sonst nichts tut. Unterrichts- und Prüfungsstoff in Harry Potters drittem Schuljahr in → Hogwarts in → Pflege magischer Geschöpfe (HP3).

## Fluch

Religiös oder magisch betrachtet das Gegenstück zum Segen: eine Verwünschung oder ein Zauber, mit denen man jemandem etwas Böses wünscht oder ihm etwas anhext, ein auf eine Person oder eine Gruppe von Menschen bezogener Schadenzauber, oft ein → Zauberspruch. Viele Flüche finden sich in dem Standardwerk → »Flüche und Gegenflüche« von → Vindictus Viridian. Neville → Longbottom wird Opfer der → Beinklammer (HP1,237) und der → Ganzkörperklammer (HP1,296), Harry Potter hört von Gilderoy → Lockhart von der → Transmutations-Tortur und muss in dessen Unterricht einmal einen Dörfler aus → Transsylvanien spielen, der vom → Babbelfluch geheilt wird (HP2,168). Im → Duellierclub gegen Draco → Malfoy setzt er den Tanzfluch → »Tarantallegra« ein und wird von Malfoy mit dem → Kitzelfluch → »Rictusempra« belegt. Hermine → Granger wird Opfer des → Densaugeo. Ron → Weasley leidet aufgrund seines zerbrochenen → Zauberstabes selber unter dem von ihm gegen Draco → Malfoy ausgesprochenen → Schneckenspuck-Fluch. Der Einsatz eines der drei »unverzeihlichen« Flüche → Avada Kevadra, → Cruciatus und → Imperius wird mit lebenslangem → Askaban bestraft. Während des Kampfes gegen Lord → Voldemort hatte → Crouch senior den *Einsatz der → Unverzeihlichen Flüche gegen Verdächtige erlaubt* (HP4,550). → Verfluchte Gegenstände bekommt man u. a. bei → »Borgin und Burkes« in der → Nokturngasse, Ron erzählt Harry einiges über → Verfluchte Bücher (HP2). – In den Legenden und Sagen der → Muggelwelt werden Flüche meist von mächtigen übernatürlichen Wesen verhängt. Bei den Germanen, an deren → Mythologie sich Joanne K. → Rowling ja teilweise deutlich anlehnt, können Flüche schicksalhaften Charakter annehmen, wenn sie von den Nornen verhängt werden. Diese Schicksalsgöttinnen, die »Raunenden«, sind die mächtigsten aller Götter. In der Oper »Götterdämmerung« (1874) von Richard Wagner warnen die drei Rheintöchter den Helden: *»Siegfried! Siegfried! Wir weisen dich wahr. Weiche, weiche dem Fluch! Ihn flochten nächtlich webende Nornen in des Urgesetzes Seil!«* – In den monotheistischen Religionen Judentum, Islam und Christentum ist oft Gott selbst derjenige, der die Menschen oder andere Wesen verflucht, so in der alttestamentarischen Geschichte vom Sündenfall (Genesis, 1. Mose, 3. Kapitel): *»Da sprach Gott der Herr zu der Schlange: Weil du das getan hast, seist du verflucht, verstoßen aus allem Vieh und allen Tieren auf dem Felde. Auf deinem Bauche sollst du kriechen und Erde fressen dein Leben lang. Und ich will Feindschaft setzen zwischen dir und dem Weibe und zwischen deinem Nachkommen und ihrem Nachkommen; der soll dir den Kopf zertreten, und du wirst ihn in die Ferse stechen. Und zum Weibe sprach er: Ich will dir viel Mühsal schaffen, wenn du schwanger wirst; unter Mühen sollst du Kinder gebären. Und dein Verlangen soll nach deinem Manne sein, aber er soll dein Herr sein. Und zum Manne sprach er: Weil du gehorcht hast der Stimme deines Weibes und* *gegessen von dem Baum, von dem ich dir gebot und sprach: Du sollst nicht davon essen –, verflucht sei der Acker um deinetwillen! Mit Mühsal sollst du dich von ihm nähren dein Leben lang. Dornen und Disteln soll er dir tragen, und du sollst das Kraut auf dem Felde essen. Im Schweiße deines Angesichts sollst du dein Brot essen, bis du wieder zu Erde werdest, davon du genommen bist. Denn du bist Erde und sollst zu Erde werden.«* Der Islam hat die Geschichte praktisch unverändert übernommen und kennt auch eigenständige Fluchaussagen: »*Allah hat den Heuchlern und Heuchlerinnen und den Ungläubigen das Feuer der Hölle versprochen, ewig darin zu verweilen. Das ist das Richtige für sie. Allah hat sie verflucht, und für sie gibt es ewige Strafe«* (Koran 9, 68). – In Märchen sind es oft böse Feen oder weise Frauen, die den Fluch aussprechen, entsprechend den Hexen in der Welt von Harry. So heißt es im »Dornröschen« der Brüder Grimm: *»Die Königin gebar ein Mädchen, das war so schön, daß der König vor Freude sich nicht zu lassen wußte und ein großes Fest anstellte. Er ladete nicht bloß seine Verwandte, Freunde und Bekannte, sondern auch die weisen Frauen dazu ein... Es waren ihrer dreizehn in seinem Reiche, weil er aber nur zwölf goldene Teller hatte, von welchen sie essen sollten, so mußte eine von ihnen daheim bleiben. Das Fest ward mit aller Pracht gefeiert, und als es zu Ende war, beschenkten die weisen Frauen das Kind mit ihren Wundergaben: die eine mit Tugend, die andere mit Schönheit, die dritte mit Reichtum, und so mit allem, was auf der Welt zu wünschen ist. Als elfe ihre Sprüche eben getan hatten, trat plötzlich die dreizehnte herein. Sie wollte sich dafür rächen, dass sie nicht eingeladen war, und ohne jemand zu grüßen oder nur anzusehen, rief sie mit lauter Stimme: ›Die Königstochter soll sich in ihrem fünfzehnten Jahr an einer Spindel stechen und tot hinfallen.‹ Und ohne ein Wort weiter zu sprechen, kehrte sie sich um und verließ den Saal.«*

**Fluch der Popel**

Ein → Fluch, von dem Professor → Quirrell in seinem Unterricht im ersten Schuljahr von Harry Potter in → Hogwarts gesprochen hat (HP1,173).

**Fluchbrecher**

Ein Zauberer, der → Flüche aufhebt, damit niemand aus Versehen davon betroffen wird. Bill → Weasley z. B. arbeitet als Fluchbrecher für die → Gringotts-Bank in Ägypten und beseitigt Flüche, die noch von den alten ägyptischen Magiern stammen und auch den → Muggeln gefährlich werden könnten.

**Fluchumkehr**

Treffen zwei »Bruderstäbe« aufeinander, zwei → Zauberstäbe, deren Kern aus dem gleichen Material besteht, wie bei den Zauberstäben von Harry Potter und Lord → Voldemort (beide aus Stechpalme und mit einer Schwanzfeder von →

Fawkes), kommt es zu dem auch als »Priori Incantatem« bekannten Fluchumkehr-Effekt: Die beiden Stäbe spinnen ein Kraftfeld, das je nach Stärke der beteiligten Zauberer sogar so stark sein kann, dass sie sich in die Luft erheben. Der Stab des stärkeren Zauberers (Harry bezwingt Voldemort!) zwingt den des schwächeren Magiers, die zuletzt getätigten Zauber als Schattenbilder wiederzugeben (ähnlich dem Spruch → Prior Incantato), und zwar in umgekehrter Reihenfolge. Beim Duell von Voldemort und Harry gibt es allerdings einen logischen Fehler: Lily → Potter erscheint *nach* James → Potter, obwohl sie *nach* ihm starb, also *vor* ihm hätte erscheinen müssen (HP4,697). Oder will Rowling uns damit zu verstehen geben, dass sich die Dinge an Halloween 1981doch anders abgespielt haben, als wir bisher glauben? – *Prior* bedeutet nicht nur der Frühere, Erstere, sondern auch der Bessere, Vorzüglichere, *incantato* ist ein neulateinischer Ausdruck für das Deklamieren einer Liturgie oder eines → Zauberspruches. Man kann also diesen Effckt doppelt übersetzen: Die früher getätigten Zauber werden aufgerufen, und der Bessere ruft die Zauber auf.

**Flüche und Gegenflüche**

Ein Buch (Originaltitel: *»Curses and Countercurses«*), das Harry Potter bei seinem ersten Besuch in der Buchhandlung → Flourish & Blotts in der → Winkelgasse entdeckt und gerne hätte, um herauszufinden, wie er seinem Vetter Dudley → Dursley einen → Fluch anhexen könnte; geworben wird mit den Flüchen Haarausfall, Gummibeine (→ Wabbelbein) und Vertrocknete Zunge. Autor des Buches ist Vindictus → Viridian.

**Fluffy**

Der dreiköpfige Hund, der im ersten Schuljahr von Harry Potter den Korridor im dritten Stock von → Hogwarts und damit den Zugang zum → Stein der Weisen bewacht, ist riesig und gefährlich – dabei ist er eigentlich ein Schoßtier von → Hagrid, der ihn »einem Kerl aus Griechenland« abgekauft und Albus → Dumbledore als Wachhund ausgeliehen hat. Zu einem Schoßtier passt, dass es mit Musik zu beruhigen ist, ja sogar dabei einschläft (siehe auch unten bei Cerberus), und der Name, den Hagrid ihm gegeben hat: *fluffy* bedeutet flaumig, wollig. Hunde wie Fluffy haben vielleicht die → Muggel gesehen, die in ihrer → Mythologie, ihren Sagen und → Legenden von ähnlich aussehenden Höllenhunden erzählten. In sehr vielen Kulturen bewacht ein Hund den Eingang (und vor allem Ausgang der Hölle), aber nicht immer hat er drei Köpfe. Der Höllenhund der Germanen, Garm, hat nur einen, ist aber ein ausgesprochen starker Kämpfer, der während der Götterdämmerung sogar den Kriegsgott Tyr tötet (wobei er selber stirbt). In der Mythologie der Griechen und Römer heißt der Höllenhund Kerberos, Cerberus oder Zerberus und ist wohl dem Vorbild von Fluffy (der ja aus Griechenland kommt!) oder dessen Verwandten nachempfunden. Wie Fluffy hat er drei Köpfe. Die Phantasie der Muggel hat ihn sich allerdings auch noch schrecklicher vorgestellt, so hat er meist noch drei Schwänze mit giftigen → Schlangen- oder gar → Drachenköpfen daran, manchmal auch eine Schlangenmähne und bis zu 50 Köpfe. Er erlaubte allen Toten, die bei den Griechen Schatten genannt wurden, die Unterwelt, den Hades, zu betreten, ließ jedoch normalerweise niemanden hinaus. Einige Helden allerdings konnten ihn mit List oder Gewalt bezwingen. Der berühmte Dichter und Musiker Orpheus, der seine Gattin Eurydike aus dem Hades holen wollte, konnte Zerberus mit Musik besänftigen – ähnlich wie es bei Fluffy gelingt –, und das schöne Mädchen Psyche und der trojanische Prinz Aeneas schafften es mit Honigkuchen. Einzig der gewaltige Held und Halbgott Herakles (Herkules) konnte den Höllenhund mit Gewalt besiegen, er holte ihn sogar zeitweise aus der Unterwelt heraus: *»Dies Untier hatte drei Hundsköpfe mit gräßlichen Rachen, aus denen unaufhörlich giftiger Geifer träufte, ein Drachenschwanz hing ihm vom Leibe herunter, und das Haar der Köpfe und des Rückens bildeten zischende, geringelte Schlangen.* [...] *Er fand ihn an der Mündung des Acheron hingekauert, und ohne auf das Bellen des Dreikopfs zu achten, das wie ein sich in Widerhallen vervielfältigender dumpfer Donner tönte, nahm er die Köpfe zwischen die Beine, umschlang den Hals mit den Armen und ließ ihn nicht los, obgleich der Schwanz des Tieres, der eine lebendige Schlange war, sich vorwärts bäumte und der Drache ihn in die Weiche biß. Er hielt den Nacken des Ungetümes fest und schnürte ihn so lange zu, bis er über das ungebärdige Tier Meister ward, da er es dann aufhob und durch eine andere Mündung des Hades bei Trözen im argoischen Lande glücklich wieder zur Oberwelt auftauchte. Als der Höllenhund das Tageslicht erblickte, entsetzte er sich und fing an, den Geifer von sich zu speien; davon wuchs der giftige Eisenhut aus dem Boden hervor«* (zitiert nach »Sagen des klassischen Altertums« von Gustav Schwab, 1792 – 1850).

**Fluggeräte**
→ Fliegen

**Flugspruch**
→ Wingardium Leviosa.

**Föhn**
Ein solches Gerät der → Muggel, überdimensioniert vergrößert, beschwört Minerva → McGonagall, um den → Fast Kopflosen Nick, als er vom → Basilisken versteinert ist, in den → Krankenflügel zu blasen.

**Forbidden Forest**
Englisch: der → Verbotene Wald.

### Ford Anglia

Arthus → Weasley hat einen fliegenden Wagen konstruiert (und dabei eine Gesetzeslücke in den → Muggelschutzgesetzen genutzt, die er selber geschaffen hat). Dazu hat er ein Muggel-Fahrzeug benutzt, einen alten türkisgrünen Ford Anglia. Er hat ihn nicht nur mit einem magisch vergrößerten Kofferraum und Innenraum ausgestattet, sondern auch einem → Unsichtbarkeits-Servoantrieb (der allerdings im entscheidenden Augenblick ausfällt). Mit diesem Wagen befreien Ron → Weasley und die → Weasley-Zwillinge Harry Potter vor dessen zweitem Schuljahr aus der Gefangenschaft bei den → Dursleys und fliegen Ron und Harry nach → Hogwarts, nachdem → Dobby ihnen den Zutritt zu → Gleis 9 ¾ verwehrt hat. Leider landen sie unsanft auf der → Peitschenden Weide, und der Wagen wirft sie raus und macht sich ziemlich ramponiert davon. Er hilft ihnen später im → Verbotenen Wald gegen die → Aragog und seine → Spinnen, aber seither ist er dort verschollen. – Selbst → Muggeln, die sich sonst nicht viel mit Autos beschäftigen, ist die Firma Ford bekannt. Die meisten wissen, dass sie seit 1900 Autos baut und Henry Ford das Fließband erfunden hat. Weniger wissen, dass Ford auch auf eine erfolgreiche Motorsport-Geschichte zurückblicken kann; ein Bestandteil davon ist der Ford Anglia, der über Jahrzehnte speziell für England gebaut wurde und als Tourenwagen und in Rallyes für Furore sorgte: Die erste internationale »Tulpenrallye« in den Niederlanden gewann der Engländer Ken Wharton mit einem Ford Anglia. In Sportwagen der Firma Lotus wurde 1961 ein Ford Anglia 105 E eingesetzt. Noch heute findet man den Ford Anglia bei Oldtimer-Rennen. 1946 brachte es ein Ford Anglia Saloon auf 80 Stundenkilometer, die Straßenversion wurde bis in die 60er-Jahre gebaut. – Anglia ist der lateinische Name für England (»anglikanische Kirche«). Noch heute bedeutet das englische *anglian* englisch. Der Name des fliegenden Autos passt aus einem anderen Grund: *Angel* sind Engel, die können fliegen.

### Formblatt

Auch in → Hogwarts gibt es → Bürokratie und also Formblätter; Hausmeister → Filch füllt welche aus über die Untaten der Schülerinnen und Schüler (HP2), und zum Besuch in → Hogsmeade braucht man die → Zustimmungserklärung.

### Fortuna Major

→ Passwort für den Eingang in den → Gryffindor-Turm in Harry Potters drittem Schuljahr in → Hogwarts. Übersetzt heißt es: »Großes Glück«.

### Fotoalbum

→ Hagrid schenkt Harry Potter nach dessen Sieg über → Quirrell und Lord → Voldemort ein schönes ledergebundenes Album mit Zaubererfotos, auf denen seine Eltern als lebende → Bilder zu sehen sind (HP1,330).

**Fotoapparat**
Kameras der Zauberer scheinen auszusehen wie die der Muggel, stoßen aber beim Blitzen purpurrote Rauchwolken aus (HP2,64). Dass sich die → Bilder bewegen, hat nur mit der Entwicklung zu tun; Colin → Crevey macht lebende Bilder mit einer ganz normalen Muggel-Kamera (HP2).

**Foul**
→ Quidditch-Foul.

**Frankreich**
Die französischen Ausgaben der Harry-Potter-Bücher erscheinen in Paris im Verlag → Gallimard. In Paris arbeitete Joanne K. → Rowling während ihres Studiums als Hilfslehrerin. – In Frankreich verbringt Hermine → Granger ihre Sommerferien 1993 (HP2), und dort liegt die Zaubererschule → Beauxbatons.

**Fred Weasley**
Einer der beiden → Weasley-Zwillinge.

**Fremdsprachen**
→ Sprachen

**Frettchen**
In diese Albinoform (weiße Tiere) eines Iltis verwandelt Mad-Eye → Moody zur Strafe Draco → Malfoy (HP4,215). → Mortlake bekommt Probleme, weil er seltsame Frettchen züchtet. – Frettchen sind, wie Wiesel (→ Weasley), Marderähnliche von 40 bis 65 Zentimetern Länge und 0,4 bis 1,7 Kilo Gewicht. Sie fressen Fische, kleine Säugetiere, Reptilien, Amphibien und Vögel.

**Freud und Leid**
Bei diesem »Laden für Zauberscherze« *(Gambol & Japes Wizarding Joke Shop)* in der → Winkelgasse kaufen die → Weasley-Zwillinge 1992 → »Dr. Filibusters Fabelhaftes Nass zündendes Hitzefreies Feuerwerk« (HP2).

**Friedlich, Arnold**
Ein Obliviator, ein → Vergissmich, der das Gedächtnis von → Muggeln modifiziert und im → Zaubereiministerium in der → Abteilung für die Umkehrung zufälliger Magie arbeitet (HP4). – Der Vorname läßt auf Härte und Kraft schließen (man denke an Arnold Schwarzenecker), aber der Nachname macht die Funktion deutlich: Schließlich ist es die edelste Aufgabe eines Obliviators, dass nach seinem Wirken Muggel und Zauberer wieder in bestem Einvernehmen leben können, will heißen, die Muggel wissen nichts von den Zauberern. –

Der englische Nachname *Peasegood* ist nicht ganz klar. *pease* bedeutet Erbsen – vielleicht weil ein Obliviator ein rechter »Erbsenzähler« sein muss, der auf jede Kleinigkeit achtet, vielleicht weil er wie → Aschenputtel »Die Bösen ins Kröpfchen« sammelt... Wahrscheinlich aber muss man den Namen von der Aussprache her betrachten. Wenn man das S stimmlos ausspricht, klingt er wie *Peacegood*: Friede gut. So hat es auch der Übersetzer verstanden.

**Fridwulfa**
Eine der letzten → Riesinnen in → Großbritannien, die Mutter von → Hagrid.

**Fritz, Klaus**
Der Übersetzer der Harry-Potter-Bücher ins Deutsche (→ Übersetzung), 1958 in Tübingen geboren, studierte Philosophie und Sozialwissenschaften und übersetzte vorher vor allem Sachbücher. »Harry Potter und der Stein der Weisen« war sein erstes Kinderbuch. Fritz lebt in Berlin.

**Frosch**
In seinem Zimmer im → »Fuchsbau« hat Ron → Weasley im Sommer 1992 ein Aquarium voller Froschlaich stehen (HP2,45), im Sommer 1994 ist daraus ein riesiger Frosch geworden (HP4,61).

**Froschgehirne**
Zubehör für → Zaubertränke; ein paar Drittklässler verspritzen einmal welche über die Decke des → Kerkers, was → Filch sehr erregt (HP2).

**Froschlaichseife**
Scherzartikel, gibt's in → Hogsmeade bei → Zonkos.

**Fry, Stephen**
Der Sprecher in den englischen → Hörbüchern zu Harry Potter.

**Fuchs**
Einen Fuchs vermutet → Hagrid als Mörder, als im Sommer 1992 die → Hähne von → Hogwarts umgebracht werden. Es ist aber Ginny → Weasley (HP2). Ein Fuchs tötet im Oktober 1993 das Kaninchen von Lavender → Brown (HP3).

**Fuchsbau**
Das Heim der Familie → Weasley (Original *The Burrow*) ist ziemlich heruntergekommen. Es sieht aus, *»als wäre es früher ein großer steinerner Schweinestall gewesen, doch an allen Enden waren weitere Räume angebaut worden, bis das Haus mehrere Stockwerke hoch war und so krumm, dass man meinen*

*konnte, es würde nur durch Zauberkraft zusammengehalten«* (HP2,36). Familie Weasley ist eben arm an Geld und reich an Kindern... Dafür hat sie im Garten jede Menge → Gnome und auf dem Dachboden einen → Ghul. – Vielleicht hat das Heim der Biber im Buch »Der König von Narnia« des von → Rowling sehr geschätzten C.-S. → Lewis ihr als Anregung für den Fuchbau gedient.

**Fudge, Cornelius**

→ Zaubereiminister, ein kleiner, beleibter, unscheinbarer Zauberer mit grauem Haar und kleinen Füßen. Seine »Dienstkleidung« ist Nadelstreifenanzug, Krawatte und schwarzer Umhang oder bunter Anzug (z. B. limonengrün) mit Nadelstreifenumhang. Meist trägt er spitze purpurne Schnallenstiefel und einen limonengrünen Bowler. → Hagrid behauptet, Fudge sei nur Minister geworden, weil → Dumbledore den Posten abgelehnt habe (HP1). Auch da war er zweite Wahl: Wäre Barty → Crouch senior nicht kompromittiert gewesen durch seinen Sohn, wäre Crouch Minister geworden. Fudge ist undiplomatisch, leicht tölpelhaft und ziemlich unfähig, ja gefährlich: Er will die Gefahr, die von → Voldemort ausgeht, nicht wahrhaben und ist, so wirft ihm → Dumbledore vor, *»mit Blindheit geschlagen ... Geblendet durch Ihren Ehrgeiz, Cornelius. Wie immer legen Sie zuviel Wert auf die sogenannte → Reinheit des Blutes!«* (HP4,740)

**Führer durch die mittelalterliche Hexenkunst**

Ein Buch, in dem Harry Potter nach einer Lösung sucht, wie er unter Wasser leben kann, um die zweite Aufgabe des → Trimagischen Turniers zu lösen *(A Guide to Medieval Sorcery).*

**Fünfter Band**

→ Harry Potter and the Orden of the Phoenix

**Funken-Lösung**

Angeblich von → Madam Z. eingesetzte beliebte Zauberlösung (HP2,133).

**Funkensignal**

Bunte Funken, von → Zauberstäben ausgesandt, werden von Hexen und Zauberern gerne als Signal benutzt. So ordnet → Hagrid bei der Suche nach dem verletzten → Einhorn an, grüne Funken gen Himmel zu senden, wenn das Einhorn gefunden sei, und rote, wenn sich jemand in Gefahr befinde (HP1,273/4). Ähnlich wird es während des → Trimagischen Turnier gehandhabt (HP4).

**Furnunculus**

Dieser → Zauberspruch verziert das Opfer mit Furunkeln. Wenn man ihn mit dem → Wabbelbein-Fluch mischt, wachsen kleine Tentakeln im Gesicht.

# G

***Gadding With Ghouls***

Originaltitel des Buches »Gammeln mit → Ghulen« von Gilderoy → Lockhart, Pflichtlektüre in Harrys zweitem Schuljahr (HP2).

**Galgenmännlein**

Ein anderer Name für die → Alraune.

**Galleone**

Goldene Münze, die größte Geldeinheit in der Welt der Zauberer. 1 Galleone ist 17 silberne → Sickel wert oder 493 bronzene → Knuts.

**Gallimard**

Verlag in Paris; in ihm erscheinen die französischen Ausgaben der Harry-Potter-Bücher.

**Galoppierende Gorgonen**

Die → Gorgonen lässt → Hagrid, wenn er so flucht, nur deshalb galoppieren, damit → Rowling wieder eine ihrer geliebten → Alliterationen anbringen kann.

**Gameboy**

Für das neue Nintendo-Spiele-System »Dolphin«, das 2001 auf den Markt kommen soll, ist gleich ein »Harry-Potter-Spiel« angekündigt.

**Gammeln mit Ghulen**

Buch von Gilderoy → Lockhart *(Gadding With Ghouls)* über → Ghule, Pflichtlektüre in Harrys zweitem Schuljahr (HP2).

**Gänseblümchenwurzeln**

Ingredienz für den → Schrumpftrank.

**Ganz hohes Tier**
Titel für einen besonders bedeutenden Zauberer *(»Supreme Mugwump«)*; Albus → Dumbledore führt diesen Titel.

**Ganzkörperklammer**
Ein → Fluch, bei dem der ganze Körper zusammengepresst und starr wird, als wäre man versteinert. Von der echten → Versteinerung (wie unter dem Blick eines → Basilisken oder der → Medusa) unterscheidet sich der Spruch vor allem dadurch, dass man bei Bewusstsein bleibt und noch aus den Augen sehen kann. Hermine → Granger stellt mit diesem Spruch Neville → Longbottom ruhig, um nach dem → Stein der Weisen suchen zu können (HP1,296). Der Zauberspruch für diesen Fluch lautet »Petrificus Totalus«, zusammengesetzt aus dem mittelalterlich-lateinisch-griechischen *petrificare*, versteinern (in der Geologie und Paläontologie nennt man die Versteinerung Petrifikation und das Versteinern petrifizieren, beides geht auf das griechische *petros*, Stein, zurück) und dem lateinischen *totalis*, gänzlich, ganz.

**Gargoylen**
→ Wasserspeier.

**Gasexplosion**
Mit einer solchen hat man den → Muggeln den Schaden erklärt, der entstand, als Peter → Pettigrew (offiziell war es ja Sirius → Black) 1981 eine Straße in die Luft jagte und 12 Muggel tötete (HP3).

**Geburtstag**
Geboren wurde Harry Potter am 31. Juli 1980. Das ergibt sich aus dem → Einbruch bei Gringotts (HP1,156) und aus der → Todestagsfeier des → Fast Kopflosen Nick, der in Harrys zweitem Schuljahr seinen 500. Todestag feiert. Da er am 31. Oktober 1492 starb (HP2,139), muss die Feier 1992 stattgefunden haben, und da Harry zu diesem Zeitpunkt 12 Jahre alt war, muss er 1980 geboren worden sein. Es gibt allerdings einen Widerspruch: Band 1 spielt 1991, und auf Seite 51 heißt es: *»...dann war morgen Dienstag, Harrys elfter Geburtstag.«* Der 31. Juli 1991 war allerdings ein Mittwoch! – An diesem Geburtstag erfährt er, dass er ein Zauberer ist, erhält die Einladung nach → Hogwarts und kauft mit → Hagrid in der → Winkelgasse ein. Ein Jahr später, am 31.7.1992, begegnet er im Hause → Dursley dem → Hauselfen → Dobby.

**Geburtstagsgeschenke**
Während seiner Zeit bei den → Dursleys hat Harry Potter niemals etwas zum Geburtstag bekommen, doch das ändert sich ab seinem zweiten Schuljahr. Am

31. Juli 1993, dem Tag, an dem er 13 Jahre alt wird, schickt ihm sein Freund Ron → Weasley ein → Taschen-Spickoskop, Hermine → Granger schenkt ihm ein → Besenpflege-Set, und → Hagrid → »Das Monsterbuch der Monster« (HP3). Ein Jahr später bekommt er Kuchen u. ä., damit er die Diät von Dudley → Dursley scheinbar mitmachen kann und doch genug zu essen hat (HP4).

### Gedächtnisreise

Die scheinbare »Zeitreise«, die Harry Potter durch das → Tagebuch von Tom Vorlost → Riddle erlebt, ist keine echte Reise in die Zeit vor 50 Jahren, sondern eine Reise in das Gedächtnis, die Erinnerung, die in dem Tagebuch gespeichert ist, eine Art virtuelle Zeitreise (HP2). Eine weitere Gedächtnisreise unternimmt Harry in das Gedächtnis von Albus → Dumbledore durch das → Denkarium und erlebt Prozesse gegen → Todesser mit, u. a. gegen Barty → Crouch junior.

### Gedächtnis-Spruch

Ein *Memory-Spell* dient dazu, jemanden etwas vergessen zu lassen. Ein Meister eines solchen Spruches ist Gilderoy → Lockhart; er verwendet → Amnesia (er nennt das Vergessenszauber) und wird schließlich selbst ein Opfer davon (HP2). Die → Vergissmichs (Obliviatoren), die das Gedächtnis von → Muggeln modifizieren, benutzen den Spruch → Obliviate (HP4).

### Gefängnis

Das Gefängnis für Hexen und Zauberer ist → Askaban.

### Gegenzauber

Zauber, der einen anderen aufhebt. Ein Abschwellzauber hebt → Schwellzauber auf, → Deletrius löscht den Zauberschatten, den → Prior Incantato hervorruft, → Reducio hebt die durch → Engorgio bewirkte Vergrößerung auf. Professor Snape wirkt während des ersten → Quidditch-Spiels von Harry Potter einen Gegenzauber gegen den von Professor → Quirrell, mit dem dieser Harry vom Besen holen will (HP1). Der Universal-Gegenzauber ist → Finite Incantatem. Der allermächtigste Gegenzauber aber ist die → Liebe, wie sowohl → Dumbledore wie Tom Vorlost → Riddle erklären.

### Geheimdienst

Der Geheimdienst im → Zaubereiministeriums ist die → Mysteriumsabteilung.

### Geheimgang, Geheimtür

Es gibt zahlreiche Geheimgänge in → Hogwarts; dass wirklich jemand alle kennt, ist unwahrscheinlich. Viele sind verzeichnet auf der → Karte des Rumtreibers, zumindest jene, die James → Potter, Sirius → Black, Remus → Lupin und Peter → Pettigrew kannten. Die Weasley-Zwillinge kennen natürlich alle diese geheimen Gänge, etwa den hinter der → Einäugigen Hexe, entdecken aber immer noch neue dazu, z. B. den hinter der Statue von Gregor dem Kriecher. Argus → Filch kennt viele Geheimgänge, aber von den sieben, die nach → Hogsmeade führen (die meisten sind unterirdische Tunnel), nur vier. Wichtig für Harry Potter und Ron → Weasley wird vor allem der Geheimgang, der unter der → Peitschenden Weide beginnt und zur → Heulenden Hütte führt. Eine Geheimtür in einem Gemälde mit einer Obstschale, bei dem man die Birne kitzeln muss, führt in die → Küche.

**Geheimhaltungsabkommen der Internationalen Zaubervereinigung**

Dieses Abkommen der → Internationalen Zaubervereinigung untersagt in Paragraph 13 *»jede magische Tätigkeit, die den Mitgliedern der nichtmagischen Gemeinschaft (→ Muggel) aufzufallen droht«* (HP2,25).

**Geheimnis-Detektor**

Ein Gerät, das ähnlich aussieht wie eine verschnörkelte Fernsehantenne und vibriert, wenn es in der Nähe Heimlichkeiten oder Geheimnisse gibt. Mad-Eye → Moody besitzt eines.

**Geheimniswahrer**

Die Person, in der das Geheimnis bei einem → Fidelius-Zauber verborgen wird. Dort ist es unauffindbar, es sei denn, diese Person verrät es.

**Geier**

Der bronzene Türklopfer an der schimmernden Eichentür zum Büro des Schulleiters Albus → Dumbledore hat die Gestalt eines Geiers.

**Geist, Geister**

In → Hogwarts und an vielen anderen Orten gibt es Geister, Wesen, die noch nach ihrem Tod umgehen. Warum manche Menschen zu Geistern werden und andere nicht, hat Joanne K. → Rowling in den ersten vier Bänden noch nicht beschrieben. Sie hat jedoch in einem Interview erklärt, dass diese Frage noch beantwortet werde; es sei aber klar, dass es nicht die glücklichsten Menschen seien, die zu Geistern würden. – Die wichtigsten unter den mindestens 20 Geistern, die in Hogwarts umgehen, sind der → Fast Kopflose Nick, der → Blutige Baron, der → Poltergeist → Peeves, Professor → Binns und die → Maulende Myrte. Es gibt sehr viele Geister; zur »Todestagsfeier« des Fast Kopflosen Nick kommen hunderte von ihnen aus dem ganzen Land angereist. – Die Theologen, → Metaphysiker und Wissenschaftler der → Muggel haben sich natürlich auch mit Geistern beschäftigt. Dabei gibt es zwei große Gruppen: die Geister Verstorbener, wie sie in Hogwarts umgehen, und eigenständige Geist-Wesen. Besonders bei Menschen, die an ein Leben nach dem Tod glauben und/oder die → Unsterblichkeit der Seele, an die Seelenwanderung oder die Reinkarnation, ist auch der Glaube weitverbreitet, dass ein Mensch eine gewisse Zeit oder auf Dauer als Geist an diese Erde gefesselt sein kann, ehe er endgültig erlöst wird, z. B. in das buddhistische Nirvana, in den christlichen, jüdischen oder muslimischen Himmel (oder die Hölle), oder ehe er in das nächste Stadium der Seelenwanderung, also einen neuen Körper, eintreten kann. Die Gründe für ein solches Schicksal sind meist ähnlich denen, die einen Menschen zum → Wiedergänger werden lassen: Plötzliche Eingriffe, etwa Unfall, Mord, Selbstmord, unterbrechen den »natürlichen Ablauf«; die Seele findet im Grab keine Ruhe. Auch Menschen, die sich extrem Böses haben zuschulden kommen lassen und/oder mit dem Teufel im Bunde standen, können wiederkehren, oder Menschen, die noch eine Rache zu vollziehen haben, können zum Geist werden (oder manchmal auch zum Wiedergänger). Schließlich gibt es auch die Vorstellung einer unverschuldeten »Verdammung«, zum Beispiel durch fehlerhafte Rituale oder mangelnde Trauer der Hinterbliebenen oder durch die falsche Todesart. – Die originären Geistwesen wie etwa der orientalische → Dschinn gehören nach dem Glauben der meisten Religionen einem Zwischenreich an zwischen Göttern und Menschen, ähnlich → Dämonen und Engeln. Nach mittelalterlichen Vorstellungen stammten die Geister entweder wie die Dämonen von Lilith ab, Adams erster Frau, oder wie die → Riesen von gefallenen Engeln. Meist stellt man sich Geister immateriell oder nur teilmateriell vor. Sie können an bestimmte Orte gebunden sein oder an Tiere, sie können aber auch als Toten- oder Ahnengeister in Erscheinung treten. Geisterglauben findet sich zu fast allen Zeiten in fast allen Kulturen: bei den Germanen und Kelten, den Griechen und Römern, den Indern (Hinduismus) und natürlich im christlichen Mittelalter: *»Zu Beginn des 15. Jahrhunderts diktierte der Abt Richalm … das ›Buch der Offenbarungen über die Nachstellungen und Verschlagenheiten der Dämonen gegen die Menschen‹. Er sieht die Welt erfüllt von bösen Geistern; einen jeden umströmen sie wie das Wasser den Ertrinkenden oder umschließen ihn wie ein Gewölberaum ohne Ritze. Ihre Menge ist so unzählig wie die Lichtpartikel, wie die Mücken und Flöhe. Solange der Mensch lebt, umschwirren sie ihn; man braucht nur die Augen zu schließen und sieht sie so zahlreich wie eine Staubwolke. Sie verursachen überall Übel und Widrigkeiten, sogar Appetitlosigkeit und Blähungen, Zahnweh und Betrunkenheit; sie verekeln Speise und Trank, verwirren die Arbeit und verschrecken den Schlaf. Vielfältig auch bewirken sie Geräusche und Getöse, Gewitter und Sturm, Lachen und Seufzen, Schneuzen und Niesen, Schnarchen und Schlafen«* (Arnold Angenendt: »Geschichte der Religiosität im Mittelalter«, Darmstadt 1997). Wenn ein Geist Besitz ergreift von einem Menschen, kann diese Besessenheit oft nur durch einen Exorzismus geheilt werden.

### Geld

Das Zauberergeld kennt drei Münzen: 1 Goldene Galleone ist 17 silberne Sickel wert oder 493 bronzene Knuts, 1 Silbersickel ist 29 Knuts wert. *»Nichts einfacher als das«*, meint dazu → Hagrid (HP1,85). – Da Joanne K. → Rowling nirgendwo das Gewicht einer der Münzen angibt, ist es bisher nicht möglich, sie in Währungen der → Muggelwelt umzurechnen. Umtausch ist allerdings möglich; so wechseln einmal die Eltern von Hermine → Granger bei → Gringotts englische Pfund in Zauberergeld.

### Geldstrafe

Zu einer Geldstrafe von 50 → Galleonen verurteilt eine Untersuchungskommission Ende 1992 Arthur → Weasley, den Leiter der → Abteilung gegen den Missbrauch von Muggelartefakten, wegen Missbrauch von Muggelartefakten, nachdem sein Sohn Ron → Weasley erwischt wurde, als er mit dem fliegenden → Ford Anglia seines Vaters nach → Hogwarts flog. Für die arme Familie ist dies eine große Belastung. Glücklicherweise gewinnt Arthur wenig später, im Sommer 1993, den → Großen Preis des Tagespropheten, 700 Galleonen.

### Gemeiner Walisischer Gründrache oder Grünling

→ Drachenart, von der es noch einige wilde Exemplare in → Großbritannien gibt, glattschuppig und grün. Mit einem brütenden Weibchen dieser Art muss sich Fleur → Delacour im → Trimagischen Turniers messen (HP4).

### Gemeinschaftsraum der → Slytherins

Durch eine kahle Wand im Keller von → Hogwarts in der Nähe der Kerker kommt man in den Gemeinschaftsraum der → Slytherins, ein lang gezogenes unterirdisches Verließ mit roh behauenen Steinwänden und hohen Lehnstühlen. Das Licht spenden neben einem kunstvoll gemeißelten Kaminsims Kugellampen, die an Ketten von der Decke hängen.

### Gemeinschaftsraum im Gryffindor-Turm

Direkt hinter dem Durchstieg im siebten Stock durch das Porträt der → Fetten Dame befindet sich im → Gryffindor-Turm der Gemeinschaftsraum. Es ist ein rundes Zimmer mit bequemen Sesseln und einem gemütlich flackernden Kamin. Hier verbringen die Schülerinnen und Schüler einen großen Teil ihrer Freizeit, machen Schulaufgaben... Wendeltreppen führen in die Schlafsäle.

### Gemüsegarten, Gemüsefeld

Zu → Hogwarts gehört auch ein Gemüsefeld; hier werden die ungefährlichen Pflanzen angebaut. Es liegt zwischen den → Gewächshäusern und dem → Schloss.

**George Weasley**
Einer der beiden → Weasley-Zwillinge.

**Geschenke**
Solange er bei der Familie → Dursley lebte, bekam Harry Potter nie Geschenke. In → Hogwarts ändert sich das: Bereits kurz nach seiner Ankunft schenkt ihm Minerva → McGonagall einen → Besen, einen → Nimbus 2000. Und von da an bekommt er regelmäßig → Geburtstagsgeschenke und → Weihnachtsgeschenke. – → Hagrid schenkt ihm nach seinem Sieg über → Quirrell und Lord → Voldemort ein schönes ledergebundenes Album mit Zaubererfotos, auf denen seine Eltern als lebende → Bilder zu sehen sind (HP1,330).

**Geschichte der Harry-Potter-Bücher**
1990 hatte Joanne K. → Rowling die Idee zu Harry Potter und die Welt der Zauberer, während sie in einem steckengebliebenen Zug zwischen Manchester und → King's Cross saß. 1991 ging sie nach Portugal, wo sie Englisch als Fremdsprache unterrichtete. Sie schrieb dort 10 verschiedene Fassungen des ersten Kapitels von »Harry Potter und der Stein der Weisen«. 1993 kehrte sie von Portugal zurück nach → Edinburgh – einen halben Koffer voller Harry-Potter-Storys. Sie vollendete das erste Buch 1995 und schrieb auf einer alten Schreibmaschine die Fassung, die sie verschiedenen Verlagen anbot. Mehrere schickten das Manuskript zurück, ehe 1996 → Bloomsbury akzeptierte. Der Scottish Arts Council gewährte Rowling den höchsten Druckkostenzuschuss, den je ein Kinderbuchautor bekommen hat. Im Juni 1997 erschien »Harry Potter and the Philosopher's Stone« bei Bloomsbury und gewann bereits im November den »Nestlé Smarties Gold Award« (→ Preise). Im Juli 1998 folgte »Harry Potter and the Chamber of Secrets« und kam direkt auf Platz 1 der → Bestseller-Listen. Auch der zweite Band gewann gleich mehrere → Preise. Im Oktober 1998 wurde der erste Band unter dem geänderten Titel »Harry Potter and the Sorcerer's Stone« in den USA verlegt, und → Time Warner sicherte sich für seine Tochterfirma Warner Bros. die → Filmrechte an den ersten beiden Bänden. Im Juli 1999 erschien Band 3 bei Bloomsbury, »Harry Potter and the Prisoner of Azkaban«, und wurde das bis dahin am schnellsten verkaufte Buch in → Großbritannien: 64.000 Stück in 3 Tagen. Es folgten wieder → Preise über Preise. Im März 2000 verriet Rowling auf einer Pressekonferenz, dass im 4. Band jemand sterben werde, Harry sich für das andere Geschlecht interessiere und die → Quidditch-Weltmeisterschaft beschrieben werde. Am 8. Juli 2000 erschien Band 4 bei Bloomsbury als »Harry Potter and the Goblet of Fire«, mit 1 Million Exemplaren in Großbritannien und 3,8 Millionen Exemplaren in den USA das Buch mit der höchsten Start-→ Auflage aller Zeiten. Eine Rekordauflage – eine Million – erlebte am 14. Oktober 2000 auch die deutsche Ausgabe

»Harry Potter und der Feuerkelch« im → Carlsen-Verlag. Eine Woche später verriet Rowling in Toronto, Kanada, einem *»wirklich süßen kleinen Jungen«* den Titel des 5. Bandes, der 2001 erscheinen und weniger dick als Band 4 sein wird: → »Harry Potter and the Order of the Phoenix«

**Geschichte der Magie**
Außer in den → Schulbüchern wird die Geschichte der → Magie, einzelner Zauberer und → Hexen in zahlreichen → Büchern zur Magie beschrieben; unter diesem Stichwort finden sich auch Nachschlagewerke der → Muggel.

**Geschichte der modernen Magie**
Eines der Bücher, die Hermine → Granger gelesen hat; es steht etwas über Harry Potter drin (*Modern Magical History*, HP1).

**Geschichte der Zauberei**
Lehrbuch ab dem ersten Schuljahr in → Hogwarts von Bathilda → Bagshot, wird auch z. B. im dritten Schuljahr verwendet, als Harry Potter über die Geschichte der → Hexenverfolgungen schreiben muss, in der deutschen Übersetzung dort fälschlicherweise Adalbert → Schwahfel zugeschrieben (HP3,5). »Geschichte der Zauberei« ist auch das Unterrichtsfach in Hogwarts, das Professor → Binns unterrichtet, der einzige Geist im Kollegium.

**Geschichte Hogwarts'**
Ein Geschichtsbuch *(Hogwarts. A History)*, das mehrfach in der → Bibliothek von → Hogwarts vorhanden ist und aus dem Hermine → Granger immer wieder zitiert; sie besitzt selber ein Exemplar.

**Gesetz zum Gebrauch des Zauberstabes**
§ 3 dieses Gesetzes lautet: *»Kein nichtmenschliches Wesen darf einen → Zauberstab tragen oder gebrauchen«* (HP4,141), eine Form von → Rassismus.

**Gesetz zum Schutz der Muggel**
→ Muggelschutzgesetz

**Gesetze**
→ Zauberergesetz

**Gestaltwandler**
Wesen, das seine Gestalt wechseln kann. Dies können Zauberer sein, die dieses mittels Magie fertig bringen, etwa ein → Animagus, oder es sind Wesen, dic dies durch ihre Natur können, so ein → Vampir, der sich in eine → Fledermaus,

einen Wolf oder sogar Nebel verwandeln kann, oder ein → Irrwicht. Auch der → Werwolf ist ein, wenn auch unfreiwilliger, Gestaltwandler.

### Getrocknete Kakerlaken

Gibt es als besondere Nascherei im → Honigtopf.

### Gewächshäuser

Es gibt mehrere Gewächshäuser in → Hogwarts, in denen → Zauberpflanzen, Giftpflanzen und Heilpflanzen gezüchtet werden. Sie sind dort nach ihrer Gefährlichkeit angeordnet: In Haus 1 sind die Pflanzen, die man im ersten Schuljahr kennengelernt, in Gewächshaus 3 z. B. die → Alraunen. Zuständig für die Gewächshäuser ist die Lehrerin für → Kräuterkunde, Professorin Sprout. Zwischen den Gewächshäusern und dem → Schloss liegt das → Gemüsefeld.

### Ghul

Ein relativ harmloser, in den Harry-Potter-Büchern nie näher beschriebener Mitbewohner unter dem Dach der Familie → Weasley, im → »Fuchsbau«. Er benimmt sich ähnlich wie ein → Poltergeist, klopft an Rohre, heult und lässt Gegenstände fallen. Gilderoy → Lockhart hat laut seinem Buch → »Gammeln mit Ghulen« angeblich einen Ghul mit einem Teesieb gefangen (HP2,169). Und Ron → Weasley hat mal davon gehört, es gäbe Chamäleon-Ghule, die sich → unsichtbar machen könnten (HP2,192). – In der → Mythologie der → Muggel ist der Ghul oder Ghoul (auch im englischen *Ghoul*) erheblich gefährlicher. Er ist in der ganzen orientalischen Welt bekannt als Friedhofsdämon oder → Wiedergänger, der sich von Leichen ernährt, am liebsten von Kinderleichen. Manchmal wird er mit dem → Vampir verglichen, doch greift er anders als dieser in der Regel keine Lebenden an. Wenn er als → Dämon verstanden wird, hat er keinen materiellen Körper, es gibt aber auch die Vorstellung des Wiederkehrens der Toten als Wiedergänger und Ghule, die dann als ausgesprochen häßliche und kleine Wesen beschrieben werden. In der modernen Literatur hat die gruseligsten und fremdartigsten Ghule der meisterhafte Horror-Schriftsteller H. P. Lovecraft beschrieben. In manchen orientalischen Geschichten sind Ghul-Frauen sehr schön und verführerisch, geben sich als Menschen aus und verlocken Männer zur Ehe. Sie können sogar Kinder bekommen und gute Ehefrauen sein, doch findet die Ehe in der Regel ein schnelles und/oder grausames Ende, wenn der Mann dahinter kommt, was seine Frau des Nachts auf den Friedhöfen treibt. Nach dem Vorbild einer berühmten derartigen Geschichte aus »Tausendundeine Nacht« hat E. T. A. Hoffmann (1776 – 1822) 1821 seine Erzählung »Der Vampyr« (manchmal auch veröffentlicht als »Die Hyänin«) gestaltet, in der Graf Hyppolit die wunderschöne Aurelie zur Gattin erringt, sich aber bald sorgen muss, da sie kränkelt und seltsame Anfälle hat. Er folgt ihr eines Nachts: *»Da gewahrte er im hellsten Mondesschimmer dicht vor sich einen Kreis furchtbar gespenstischer Gestalten. Alte halbnackte Weiber mit fliegendem Haar hatten sich niedergekauert auf den Boden, und mitten in dem Kreise lag der Leichnam eines Menschen, an dem sie zehrten mit Wolfesgier. Aurelie war unter ihnen! – Fort stürzte der Graf in wildem Grausen und rannte besinnungslos, gehetzt von der Todesangst, von dem Entsetzen der Hölle, durch die Gänge des Parks, bis er sich am hellen Morgen in Schweiß gebadet vor dem Tor des Schlosses wiederfand. Unwillkürlich, ohne einen deutlichen Gedanken fassen zu können, sprang er die Treppe herauf, stürzte durch die Zimmer, hinein in das Schlafgemach. Da lag die Gräfin, wie es schien, in sanftem, süßem Schlummer...* [...] *Getröstet und erheitert kehrte er zurück nach dem Schlosse. Als nun aber beide, der Graf und die Gräfin, sich allein zu Tische gesetzt, und diese, da das gekochte Fleisch aufgetragen, mit den Zeichen des tiefsten Abscheus aus dem Zimmer wollte, da trat die Wahrheit dessen, was er in der Nacht geschaut, grässlich vor die Seele des Grafen. In wildem Grimm sprang er auf und rief mit fürchterlicher Stimme: ›Verfluchte Ausgeburt der Hölle, ich kenne deine Abscheu vor des Menschen Speise, aus den Gräbern zerrst du deine Ätzung, teuflisches Weib!‹ Doch sowie der Graf diese Worte ausstieß, stürzte die Gräfin laut heulend auf ihn zu und biss ihn mit der Wut der Hyäne in die Brust. Der Graf schleuderte die Rasende von sich zur Erde nieder, und sie gab den Geist auf unter grauenhaften Verzuckungen. – Der Graf verfiel in Wahnsinn.«*

**Giftige Kerzen**

Typische Gegenstände, um → schwarze Magie zu bewirken; erhältlich in der → Nokturngasse (HP2).

**Giftiger Biss**

Manche → Drachen haben einen giftigen Biss, wie → Norbert, der → Norwegische Stachelbuckel, der Ron → Weasley in die Hand beißt (HP1).

**Giga-Gemetzel**

Ein Spiel, das Dudley → Dursley auf seiner PlayStation spielt; während seiner Diät 1994 ist er gerade bei Teil III (HP4).

**Gilderoy Lockharts Ratgeber für Schädlinge in Haus und Hof**

Ein Ratgeberbuch im Haushalt von Molly → Weasley (*»Gilderoy → Lockhart's Guide to Household Pests«*, HP2,40).

**Gimpel, Wilbert**

Ein Zauberer, der bei der → Arbcitsgruppe für Experimentelles Zaubern arbeitet und bei dem ein Experiment schief gegangen sein muss: Er läuft schon länger mit Hörnern auf dem Kopf herum. Vielleicht sollte er das anziehen, was ihm sein englischer Name *Gilbert Wimple* empfiehlt: *Wimple* heißt nämlich Kopftuch oder (Nonnen-) Schleier (HP4).

**Ginny Weasley**
→ Weasley, Ginny.

**Gleis 9 ¾**
Ein nur für Zauberkundige erreichbares Gleis am → Bahnhof King's Cross in → London; von hier aus fährt der → Hogwarts-Express.

**Glücksmännlein**
Ein anderer Name für die → Alraune.

**Gnom**
Ein kleines Wesen mit lederartiger Haut, einem großen knubbeligen Glatzkopf, der in Gestalt und Größe an eine Kartoffel erinnert, spitzen Zähnen und breiten Füßen mit viel Hornhaut. Sie können richtige Quälgeister sein. Um einen Garten zu entgnomen, wirft man sie möglichst weit hinaus, nachdem man sie ein paarmal um den Kopf gewirbelt hat, damit sie schwindlig werden und den Rückweg nicht so schnell finden. Natürlich hat auch hierzu ein gewisser Gilderoy → Lockhart etwas zu sagen, diesmal in seinem Buch »Gilderoy Lockharts Ratgeber für Schädlinge in Haus und Hof« (*»Gilderoy Lockhart's Guide to Household Pests«*, HP2,40). – In der → Mythologie der → Muggel zählen die Gnome zu den Erdgeistern oder → Elementargeistern und tauchen oft auf als → Familiar bei Hexen und Zauberern. Der Name taucht erstmals im 16. Jahrhundert auf und wurde wahrscheinlich von → Paracelsus geprägt. Er wollte mit der Abwandlung des griechischen Wortes *gnosis*, Erkenntnis, andeuten, dass diese Berg- und Erdgeister über große Kenntnisse über Edelmetalle und die Schätze der Erde verfügten.

**Goblin**
Englische Bezeichnung für → Kobold.

**Gobsteine**
Zauberspiel, ähnlich Murmeln, bei dem die Steine den gegnerischen Spieler mit einer ekligen stinkenden Flüssigkeit bespritzen, wenn sie verlieren (HP3).

**Godric's Hollow**
Der Ort oder das Haus, in dem die Eltern von Harry Potter, Lily und James → Potter, wohnten, als sie von Lord → Voldemort 1981 umgebracht wurden. Hol-

low heißt Loch oder Vertiefung, Godric ist der Vorname von Godric → Gryffindor, Gründer des Hauses von → Hogwarts, in dem James als Schüler war.

### *Golden Snitch*
Englische Bezeichnung für den goldenen → Schnatz.

### Goldener Schnatz
→ Schnatz

### Gold-Galleone, Goldmünze
Goldene Münze, die größte Geldeinheit in der Welt der Zauberer. 1 Galleone ist 17 silberne → Sickel wert oder 493 bronzene → Knuts.

### Goldlackwasser
Ein alkoholisches Getränk, das Minerva → McGonagall im Gasthaus → »Zu den drei Besen« trinkt (HP3).

### Golferwitz
Einen Witz über einen Golfer will Vernon → Dursley gerade dem Ehepaar → Mason erzählen, als → Dobby ihn unterbricht, weil er sich die Schreibtischlampe auf den Kopf schlägt (HP2,22).

### Gordon
Vorname eines Freundes von Dudley → Dursley.

### Gorgonen
In der griechischen → Mythologie die missgestalteten Töchter des Meergottes Phorkys und seiner Gemahlin Keto, furchterregende, → drachenähnliche Wesen mit goldenen Schuppen und Schlangenhaar, riesigen Flügeln, hässlichen Gesichtern, heraushängenden Zungen und großen Fängen. Wer sie anschaute, wurde zu Stein, es half nur ein → Spiegel. Die berühmteste der drei Schwestern Stheno, Euryale und → Medusa war letztere, die einzige, die sterblich war. Perseus schlug ihr mit Hilfe von der Götter → Hermes und Athene (→ Minerva) den Kopf ab, den Athene seither auf ihrem Schild trägt.

### Goshawk, Miranda
Englischer Name von Miranda → Habicht (Goshawk heißt »Hühnerhabicht«).

### Göttlich
»*Göttlich muss sein – Der die Macht des Dunklen Lords schmolz*« (HP2,247). – So heißt es in dem → Valentinsgruß, den Harry Potter 1993 erhält.

**Goudge, Elizabeth**

Das Buch »The Little White Horse« der englischen Autorin Elizabeth Goudge, das Joanne K. → Rowling mit 8 Jahren las, war das einzige Buch, das sie nach eigenen Angeben evt. beeinflusste bei der Arbeit an den Harry-Potter-Büchern.

**Goyle, Gregory**

Einer der beiden ständigen Begleiter von Draco → Malfoy, wie dieser im gleichen Jahr wie Harry Potter in → Hogwarts eingeschult und im → Slytherin-Haus. – Goyle erinnert an → Gargoyle, also einen häßlichen Wasserspeier. Goyle ist aber auch wirklich keine Schönheit: Er ist groß, dumm und ausgesprochen dick, hat lange Gorillaarme und kurze drahtige Haare. Wie dumm und langsam er ist, sagt ihm sogar einmal Draco → Malfoy – das heißt, er sagt es Harry Potter, der sich zu diesem Zeitpunkt als Goyle ausgibt, dank des → Vielsaft-Trankes: *»Wenn du noch langsamer wärst, würdest du rückwärts gehen«* (HP2,232). Goyles Vater ist ein → Todesser und kommt zu deren Treffen bei Lord → Voldemort nach dessen → Wiederauferstehung.

**Gral**

Manche Interpreten vergleichen Harry Potters Funktion als → Sucher im Quidditch-Team, der den wichtigsten Ball, den goldenen → Schnatz zu fangen hat, mit der Suche nach dem Gral. Oft auch »heiliger Gral« genannt, wird dieses uralte Symbol häufig mit dem Gefäß gleichgesetzt, das Jesus beim letzten Abendmahl benutzt haben soll, häufig auch mit dem → Kelch, mit dem Joseph von Arimathia Christi → Blut aufgefangen haben soll, als dieser am Kreuz hing. Dieser Joseph war nach mittelalterlicher Auffassung der erste Gralshüter. Als Dank für seine Liebe zu Christus und seine tugendhafte Haltung erhielt er den Gral, um ihn nach Frankreich zu bringen. Er selbst erreichte Britannien jedoch nicht, statt dessen übertrug er seinem Schwager Hebron (Bron) kurz vor seinem Tod die Herrschaft über das Gralsvolk. Dieser jedoch sündigte und wurde mit einer unheilbaren Wunde bestraft, die ihn impotent macht. Diese Wunde des Grals- oder Fischerkönigs kann nur ein »reiner Tor« heilen, womit die Gralssuche eingeführt wird, die etwa Parzival zu vollziehen hat. Als Symbol wie als Gefäß mit magischen Kräften ist der Gral jedoch viel älter und wird als heiliger oder magischer → Kessel oft mit weiblichen Gottheiten, etwa der großen Muttergöttin, in Verbindung gebracht. In das mittelalterliche christliche Gralsbild flossen dann starke orientalische Elemente mit ein. Wolfram von Eschenbach (um 1200) stellt den Gral als Stein dar; hier ist die Beziehung zum Schwarzen Stein der Kaaba in Mekka überdeutlich, aber auch zum → »Stein der Weisen«, der ja ebenfalls bereits aus der alten orientalischen → Alchemie bekannt ist. Meist jedoch wird der Gral als Kelch dargestellt und hat als solcher die positiven Funktionen des Kessels übernommen, die heilende Funktion wie die Füllhornfunktion. Er soll sogar → Unsterblichkeit verleihen können. Nach mittelalterlicher Auffassung ist er aber auch fähig zu bestrafen, etwa wenn man sich ihm schuldig und unversöhnt nähert, denn hier stand die Reinheit des Grals im Zentrum. Als mächtiger magischer Gegenstand ist der Gral ganz sicher auch ein Vorbild für den → Feuerkelch. – Wesentliche Mythen und Sagen, aber auch Literatur, Theater und Oper haben sich des Motivs des Grals und vor allem auch der Gralssuche angenommen, z. B. die Sagenkreise um Artus und Parzival. In der Oper »Lohengrin« (1848) von Richard Wagner (1813 – 1883) singt der Titelheld: *»In fernem Land, unnahbar euren Schritten, – liegt eine Burg, die Montsalvat genannt; – ein lichter Tempel stehet dort inmitten, – so kostbar, als auf Erden nichts bekannt; – drin ein Gefäß von wundertät'gem Segen – wird dort als höchstes Heiligtum bewacht: – Es ward, daß sein der Menschen reinste pflegen, – herab von einer Engelschar gebracht; – alljährlich naht vom Himmel eine Taube, – um neu zu stärken seine Wunderkraft: – Es heißt der Gral, und selig reinster Glaube – erteilt durch ihn sich seiner Ritterschaft. – Wer nun dem Gral zu dienen ist erkoren, – den rüstet er mit überird'scher Macht; – an dem ist jedes Bösen Trug verloren, – wenn ihn er sieht, weicht dem des Todes Nacht. – Selbst wer von ihm in ferne Land' entsendet, – zum Streiter für der Tugend Recht ernannt, – dem wird nicht seine heil'ge Kraft entwendet, – bleibt als sein Ritter dort er unerkannt. – So hehrer Art doch ist des Grales Segen, – enthüllt – muß er des Laien Auge fliehn; – des Ritters drum sollt Zweifel ihr nicht hegen, – erkennt ihr ihn – dann muß er von euch ziehn. – Nun hört, wie ich verbotner Frage lohne! – Vom Gral ward ich zu euch daher*

**Gral: Galahad, Parzival und Bors verehren den Gral – Illustration, 14. Jahrhundert**

*gesandt: – Mein Vater Parzival trägt seine Krone, – sein Ritter ich – bin Lohengrin genannt.«* Heute, in Zeiten zunehmender Sinnsuche, von Esoterik und New Age, dient die Gralssuche vielen als Symbol der Suche wie als allgemeines, weit über die christliche Interpretation hinausreichendes Ideal oder gar für ein transzendentes, überirdisches Reich, sowohl für den Himmel auf Erden wie ein Paradies im Jenseits, aber auch für die keltische Anderswelt. Oft ist er ein Symbol für alles Erstrebenswerte in der → Metaphysik – für die Anthroposophen etwa steht der Gral für das Bild des stets geistig Strebenden – wie in der → Alchemie; manche setzen ihn auch mit dem → Stein der Weisen gleich. Der Gral gehört zumindest in der westlichen Kultur auch heute noch zu den allgemein verbreiteten Symbolen, auch wenn nur wenige sich explizit mit seinem Mythos auseinandersetzen und sich seine Geschichte oft in Trivialmythen und billigen Filmen wiederfindet.

**Grammaire**

Verballhornt auch Grimoire; alte Bezeichnung für ein Zauberbuch, vor allem für das abergläubische und unwissende Volk, meist mit Anweisungen für einfache Zauber wie Liebeszauber, zur Beschwörung von → Dämonen und zum Finden von Schätzen.

***Grand Sorcerer***

Englische Form des Zauberertitels → »Großzauberer«.

**GrandPre, Mary**

Die Illustratorin der amerikanischen Ausgaben der Harry-Potter-Bücher ist Absolventin des Mineapolis College of Art & Design und beeinflusst von Walt Disney. Sie nennt ihren Stil *soft geometry*. Im → Internet zu finden unter www.marygrandpre.com.

**Granger, Hermine**

Schulfreundin von Harry Potter und Ron → Weasley, im gleichen Jahrgang (geboren wahrscheinlich am 10.9.1980) und wie diese beiden in → Gryffindor. Stammt aus einer → Muggelfamilie; beide Eltern sind Zahnärzte. Nach zunächst herzlicher Abneigung – die braunhaarige Hermine mit den hübschen braunen Augen und den zu langen Vorderzähnen ist eine echte Streberin – entwickelt sich, nachdem sie gemeinsam einen → Troll erledigt haben, eine echte Freundschaft zwischen den drei. Hermine ist stets Jahrgangsbeste – in → Zauberkunst erhält sie im ersten Jahr eine 1+ – und der intellektuelle Kopf der Bande; ohne ihre Ratschläge und Ideen blieben viele Rätsel ungelöst. Sie entdeckt die Identität von Nicolas → Flamel und löst das schwierige → Rätsel von → Snape (HP1), sie findet heraus, dass ein → Basilisk in der → Kammer des

Schreckens haust (HP2), sie setzt den → Zeitumkehrer ein, um Sirius → Black zu retten (HP3), sie trainiert mit Harry die Zaubersprüche, die er für das → Trimagische Turnier braucht, und entdeckt, dass Rita → Kimmkorn eine → Animaga ist (HP4). Obwohl sie 50 Hauspunkte erhält *»für den Einsatz kühler Logik im Angesicht des Feuers«* (HP1,332), ist sie keineswegs nur klug und kalt: *»Bücher! Schlauheit! Es gibt wichtigere Dinge – Freundschaft und Mut...«* (HP1,311). Sie hat ein mitfühlendes Herz und hohe moralische Ansprüche; deshalb gründet sie auch den → Bund für ELFEnRechte. Als sie Opfer des Densaugeo-Fluches wird, nutzt sie die Heilung, um ihre zu langen Oberzähne auf Normalmaß schrumpfen zu lassen (HP4). Ihre magische Spezialität ist das → Feuer, sie kann sogar tragbare und wasserdichte Feuer heraufbeschwören. Wenn man Harry Potter mit → Artus gleichsetzt, könnte Hermine dessen Gattin Guinevere entsprechen, wie auch Ginny → Weasley. Dazu würde passen, dass »Lancelot« Ron Weasley sich ziemlich in Hermine verguckt hat und eifersüchtig reagiert (HP4), auch wenn er sich ihr noch nicht offenbart hat. Es wird spannend sein, die weitere Entwicklung zu beobachten; Harry ist bisher ja eher an Cho → Chang interessiert, und Hermine hat für keinen der beiden bisher andere als freundschaftliche Gefühle signalisiert. Beim großen → Weihnachtsball ist sie Partnerin von Viktor → Krum. – Joanne K. → Rowling hat mehrfach erklärt, dass sie Hermine in diesem Alter sehr ähnlich gewesen sei: strebsam, verschlossen, nur nicht so intelligent. – Hermine heißt im Englischen *Hermione*, nach der Tochter der schönen Helena, die diese nach der Rückkehr von Troja ihrem Gatten Menelaos, König von Sparta, gebar. Sie war zunächst mit Orestes, König von Mykene, verlobt, heiratete aber Neoptolemus, den Sohn des Achilleus. Später tötete Orestes Neoptolemus und wurde Herminones zweiter Gemahl. Es ist zu hoffen, dass diese Sage Rowling nicht zu ähnlich tragischen Geschichten um Hermine anregt. – Hermione taucht als Name auch auf bei Shakespeare und im großartigen Epos »Das verlorene Paradies« von John Milton. 1981 erschienen unter dem Titel »HERmione« die Prosawerke »Pilate's Wife«, »Asphodel« und »Her« der amerikanischen Schriftstellerin Hilda Doolittle (1886 – 1961); sie enthalten Reflexionen über den Feminismus. Vielleicht findet sich ein wenig dieser »HERmione«schen Radikalität in den sozialen und für die Freiheit der → Hauselfen eintretenden Bestrebungen Hermines in Band 4. – Wie Hermine ihrem Tanzpartner Viktor → Krum ausführlich erläutert (HP4), spricht sich der englische Name aus wie »Her – my – oh – nee« oder, deutsch geschrieben: »Hörr – mei – oh – nie«. – Das englische *granger* bedeutet Farmer, Inhaber eines Landsitzes, einer Farm oder eines Gutshofes. Die amerikanische Farmervereinigung nennt sich *Granger Movement*. Wahrscheinlicher ist ein Bezug auf James Granger, der 1769 eine *»Biographical History of England«* verfasste und bekannt dafür war, Informationen aus anderen Büchern zu ziehen.

**Grant**
Ein Name, mit dem der höchst zerstreute Professor → Binns einmal in seinem Unterricht Hermine → Granger anredet.

**Grausige Wesen der Tiefe**
Ein Buch, in dem Harry Potter nach einer Lösung sucht, wie er unter Wasser leben kann, um die zweite Aufgabe des → Trimagischen Turniers zu lösen *(Dreadful Denizens of the Deep).*

**Great Hangleton**
Nachbardorf von → Little Hangleton (HP4).

**Gregor der Kriecher**
Magier, von dem es eine Statue in → Hogwarts gibt, hinter der ein → Geheimgang beginnt.

**Gregorowitch**
Ein bekannter Hersteller von → Zauberstäben; von ihm stammt der Stab von Viktor → Krum.

**Grimm**
Harry Potter sieht in seinem dritten Schuljahr mehrfach den »Grimm«, einen riesigen Hund. Laut Professor → Trelawney ist dies ein Geisterhund, der auf Friedhöfen spukt. Ihn zu sehen, gilt als böses, den eigenen Tod ankündigendes Omen. Glücklicherweise ist er nur Harrys Pate, Sirius → Black, der → Animagus. – Es gibt diesen Hund auch in der → Mythologie der → Muggel, dort oft auch als Verkörperung des leibhaftigen Bösen oder des Teufels. Beliebt ist er auch in der Horrorliteratur, als Ankündigung des Bösen oder sogar direkt als → Dämon oder Teufel, z. B. bei dem meisterhaften Horror-Schriftsteller H. P. Lovecraft. – Das deutsche Grimm bedeutet Zorn oder Wut, das englische Wort für diesen Hund, *grim*, bedeutet grausam, schrecklich, furchtbar (HP3).

**Grimm-Periode**
So bezeichnet Joanne K. → Rowling die Jahre 1994/95, als sie in → Edinburgh den Kinderwagen so lange durch die Stadt schob, bis ihr Kind schlief und sie sich in ein Café setzen konnte, um am ersten Harry-Potter-Band zu schreiben.

**Grimoire**
Verballhornung von *grammaire*; alte Bezeichnung für ein Zauberbuch für das abergläubische und unwissende Volk, mit Anweisungen für einfache Zauber wie Liebeszauber, zur Beschwörung von → Dämonen und zum Schatzfinden.

### Grindeloh

Ein Wasser-→ Dämon, klein, grün, mit Hörnern, spitzen Zähnen und sehr langen, dünnen und starken Fingern mit Schwimmhäutchen. Grindelohs greifen Harry im → schwarzen See an während des → Trimagischen Turniers (HP3).

### Grindelwald

Ein böser Zauberer, den Albus → Dumbledore 1945 besiegt hat – so steht es auf der Bildkarte, die es in den → Schokofrosch-Packungen gibt. Damit wird Dumbledore wieder einmal als einer der Hauptvertreter der weißen → Magie gekennzeichnet, denn sicher spielt Joanne K. → Rowling damit auf das Ende des Zweiten Weltkriegs an. Wie bei → Durmstrang könnte das darauf hindeuten, dass beim Dritten Reich → schwarze Magier ihre Hand im Spiel hatten. – Grindelwald erinnert auch an Grendel, den bösen Moorgeist im berühmten altenglischen Beowulf-Epos, das Rowling immer wieder gerne heranzieht. – Grindelwald ist auch ein viel besuchter Luftkur-, Bergsteiger- und Wintersportort in der Schweiz in den Berner Alpen, am Fuß von Eiger, Mönch und Jungfrau.

### Gringotts

Die einzige Bank der Zauberer, deren Tresorräume – die deutsche Übersetzung spricht von Verliesen – sich Hunderte von Meilen unter → London befinden. Die Bank wird geführt von → Kobolden. *»Gringotts ist der sicherste Ort der Welt für alles, was du aufbewahren willst – mit Ausnahme vielleicht von → Hogwarts«*, ist → Hagrid überzeugt (HP1,72). Dennoch kommt es am Tag, an dem er mit Harry Potter die Bank aufsucht, zu einem → Einbruch... Der Eingang liegt in der → Winkelgasse, in einem schneeweißen hohen Haus mit großem Bronzetor. In die silberne Doppeltür, die in die große marmorne Empfangshalle führt, ist ein Gedicht eingraviert, das mit der Warnung endet: *»Wenn du suchst in diesen Hallen – einen Schatz, dem du verfallen, – Dieb, sei gewarnt und sage dir, – mehr als Gold harrt deiner hier.«* Die Verliese werden angeblich u. a. von → Drachen bewacht. Auf dem Weg dorthin kommt man u. a. durch eine riesige Tropfsteinhöhle mit einem unterirdischen See und vielen → Stalagmiten und Stalagtiten. Bei Gringotts kann man → Geld der → Muggel in das der Zauberer (und umgekehrt) umtauschen; so wechseln einmal die Eltern von Hermine → Granger bei Gringotts englische Pfund in Zauberergeld.

### Grint, Rupert

Darsteller von Ron → Weasley im ersten Harry-Potter-→ Film

### Griphook

Dieser → Kobold bedient Harry Potter und → Hagrid bei ihrem Besuch in der Bank der Zauberer, → Gringotts (HP1).

**Großbritannien**
Der offizielle Name von *Great Britain* lautet *United Kingdom of Great Britain and Northern Ireland* (Vereinigtes Königreich Großbritannien und Nordirland). Zu dem Inselstaat im Nordwesten Europas gehören England, → Schottland, Wales und Nordirland (auch als Ulster bezeichnet, → Irland), außerdem viele kleinere Inseln wie die → Isle of Wight, → Anglesey, die Scilly- und die Orkney-Inseln, die Shetland-Inseln und die Hebriden. Die britische Küste wurde erstmals 325 v. Chr. vom griechischen Navigator Pytheas beschrieben. Der Name Großbritannien entstand als Gegenstück zu der französischen Bretagne, die im Englischen *Little Britain* (Kleinbritannien) heißt. Die Hauptstadt der parlamentarischen Monarchie – Königin ist Elizabeth II. – ist → London.

**Große Chronik der Zauberer des zwanzigsten Jahrhunderts**
Eines der Bücher, die Hermine → Granger gelesen hat; es steht etwas über Harry Potter drin (*Great Wizarding Events of the Twentieth Century*, HP1).

**Große Halle**
Die riesige Haupthalle von → Hogwarts ist bei Festlichkeiten von Tausenden von Kerzen erleuchtet und immer geschmückt in den angemessenen Farben. Die Decke ist magisch so gestaltet, dass sie immer wie der Himmel darüber aussieht.

**Große Zauberer des zwanzigsten Jahrhunderts**
Eines der Bücher, in denen Harry Potter, Ron → Weasley und Hermine → Granger nach Nicolas → Flamel suchen *(Great Wizards of the Twentieth Century).*

**Großer Preis des Tagespropheten**
Diese → 700 Galleonen gewinnt Arthur → Weasley 1993; damit kann sich Familie → Weasley eine Reise nach Ägypten leisten, Arthur Weasleys → Geldstrafe bezahlen und Ron → Weasley einen neuen → Zauberstab kaufen (HP3).

**Großer Scott**
Ein Überraschungsausruf von Gilderoy → Lockhart; wen er damit meint, ist offen (HP2,126).

**Großes Schachspiel**
→ Schachspiel von McGonagall.

**Großes Selbsthilfebuch für Zauberer**
Ein Buch, in dem Harry Potter nach einer Lösung sucht, wie er unter Wasser leben kann, um die zweite Aufgabe des → Trimagischen Turniers zu lösen *(Where There's a Wand, There's a Way).*

**Großsprecher**
So steht es auf dem → Schulsprecherabzeichen von Percy → Weasley, als die Weasleys und Harry Potter im Sommer 1993 nach Hogwarts kommen – schuld sind natürlich die → Weasley-Zwillinge (HP3,73).

**Großzauberer**
Titel für einen bedeutenden Zauberer *(Grand Sorcerer)*; Albus → Dumbledore führt diesen Titel.

**Gründung von Hogwarts**
→ Hogwarts wurde vor über tausend Jahren – *»das genaue Datum ist nicht bekannt«* (HP2,157) – von den größten Zauberern und Hexen ihrer Zeit, Godric → Gryffindor, Helga → Hufflepuff, Rowena → Ravenclaw und Salazar → Slytherin, gegründet. Nach ihnen sind die vier → Häuser von Hogwarts benannt. Aus jener Zeit stammen das → Schwert von Gryffindor und der → Sprechende Hut.

**Grunnings**
Eine Firma in → Little Whinging, die Bohrmaschinen herstellt. Harry Potters Onkel Vernon → Dursley ist dort Direktor und arbeitet im 9. Stock.

**Grunnion, Alberich**
Zauberer auf einer der Bildkarten, die es in den → Schokofrosch-Packungen gibt. Der Vorname erinnert an einen der Zwerge aus der germanischen → Mythologie, in der Edda und im Nibelungenlied.

**Gryffindor**
Eines der 4 → Häuser in → Hogwarts, gegründet von Godric → Gryffindor. Zu diesem Haus gehör(t)en u. a. alle Mitglieder der Familie → Weasley, James, Lily und Harry Potter, Hermine → Granger und Neville → Longbottom. Hauslehrer war früher Albus → Dumbledore und ist jetzt Minerva → McGonagall. Gryffindor hat, als Harry Potter eingeschult wird, seit Jahren weder den → Hauspokal noch den → Quidditch-Pokal gewonnen. Doch zumindest in den vier ersten Jahren von Harry geht der Hauspokal immer an Harry, und in seinem dritten Jahr gewinnt Gryffindor endlich auch wieder mal den Quidditch-Pokal (HP3). – Das → Wappen von Gryffindor ist ein goldener Löwe auf rotem Grund, die Farben sind Scharlachrot und Gold. Der Eingang zum → Gemeinschaftsraum der Gryffindors befindet sich im 7. Stock und wird von der → Fetten Dame bewacht. Der Hausgeist von Gryffindor ist Sir Nicholas de Mimsy-Porpington, genannt der → Fast Kopflose Nick. In Gryffindor, so singt der → Sprechende Hut, *»regieren, wie man weiß, Tapferkeit und Mut«* (HP1,130). –

Gryffindor ist das Haus der → weißen Magie, wie sich an seinen wichtigsten Mitgliedern zeigt, auch wenn dies nicht immer und in jeder Person realisiert. Godric Gryffindor war auch zu seiner Zeit schon der Hauptkontrahent von Salazar → Slytherin.

**Gryffindor, Godric**
Gründer und Namensgeber des Hauses → Gryffindor von → Hogwarts, kam aus einer Heidelandschaft und galt als besonders kühn. Besitzer des silbernen, mit Rubinen besetzten → Schwertes, das Harry Potter beim Kampf gegen den → Basilisken vom → Sprechenden Hut erhält, der ursprünglich sein Hut war. Gryffindor war der Hauptkontrahent von Salazar → Slytherin, als dieser in Hogwarts die Vorstellung vom → reinem Blut und damit im Prinzip von → Rassen bei den Zauberern und Hexen einführte. – Im Namen Gryffindor verbergen sich auf den ersten Blick der – Greif *(griffin* oder *gryphon)* und die Tür, das Tor *(door)*. Wahrscheinlicher aber scheint mir eine Ableitung aus dem Französischen: *Gryphon d'or*, der »Greif aus Gold«; die Farben des Hauses Gryffindor sind ja auch Scharlachrot und Gold.

**Gudgeon, Davey**
Ein Schüler von → Hogwarts, der zur Schulzeit von Remus → Lupin beinahe ein Auge verlor, als er versuchte, die → Peitschende Weide zu berühren.

**Gudgeon, Gladys**
Ein → Lockhart-Fan, deren Adresse Harry Potter im Rahmen einer → Strafarbeit als erste auf einen Umschlag schreiben muss (HP2,125).

**Gürteltiergalle**
Ingredienz für → Zaubertränke (HP4).

**Gummibeine**
Ein → Fluch, beschrieben im Buch → »Flüche und Gegenflüche« von Vindictus → Viridian. Wahrscheinlich dasselbe wie → Wabbelbein.

**Gummireifen**
Ein alter Gummireifen ist der → Portschlüssel, mit dem die Familie → Weasley nach der → Quidditch-Weltmeisterschaft auf den → Wiesenkopf-Hügel reist.

**Gummischnecken**
Süßigkeit, gibt es im → Honigtopf.

# H

## Haarausfall

Ein → Fluch, beschrieben im Buch → »Flüche und Gegenflüche« von Vindictus → Viridian.

## Haare

Harry Potter hat strubbelige schwarze Haare, und immer wieder versuchen seine Verwandten, die Familie → Dursley, sie ihn schneiden zu lassen. *»Harry musste öfter beim Friseur gewesen sein als alle Jungen seiner Klasse zusammen, doch es half nichts. Sein Haar wucherte einfach vor sich hin – wie ein wilder Garten«* (HP1,26). Kein Wunder bei einem magisch begabten Jungen...

## Haarnadel

Ein sehr praktisches Instrument, wenn man wie die → Weasley-Zwillinge mit einem → Muggel-Trick Schlösser knackt (HP2,30).

## Haarsträubetrank

Ein → Zaubertrank, den man im zweiten Jahr in → Hogwarts im → Zaubertrankunterricht brauen lernt; man braucht dazu Rattenschwänze (HP2).

## Habicht, Miranda

Autorin der Buchreihe »Lehrbuch der Zaubersprüche« *(»The Standard Book of Spells«)*, Lehrbücher in → Hogwarts: Band 1 im ersten Schuljahr, Band 2 im zweiten usw. Miranda kommt aus dem Lateinischen und bedeutet »die Wunderbare«; der Nachname lautet im englischen *Goshawk* (»Hühnerhabicht«).

## Hafen

Auf dem Gelände von → Hogwarts gibt es einen großen → schwarzen See, von dem aus man durch unterirdische Gänge in einen unterirdischen Hafen des Schlosses gelangt. Hierhin werden die Erstklässler über den See gebracht.

**Haferschleim**
Typischer Bestandteil des Frühstücks in → Hogwarts.

**Hagrid, Rubbeus**
Ein riesenhafter Mann, dessen Vater ein Mensch war, ein winzig kleiner Zauberer, der in Hagrids zweitem Schuljahr starb; seine Mutter war die → Riesin Fridwulfa. Er ist *»fast zweimal so groß wie ein gewöhnlicher Mann und mindestens fünfmal so breit«*, er sieht *»verboten dick aus, und so wild«* (HP1,20). Seine langen schwarzen Haare und sein struppiger Bart bedecken fast sein gesamtes Gesicht, er hat *»Hände, so groß wie Mülleimerdeckel«* und *»Füße wie Delphinbabys«*. Seine Augen unter den üppigen Augenbrauen sind tiefschwarz und voller Wärme, zumindest wenn er jemanden ansieht, den er mag. In der deutschen Übersetzung spricht er leider Hochdeutsch, im Original hingegen einen herrlich breiten schottischen Dialekt. – Hagrid war 1932 in seinem dritten Jahr in Hogwarts, wurde also 1918 oder 1919 geboren und ist 1991, als Harry Potter in Hogwarts aufgenommen wird, 62 oder 63 Jahre alt. Er schwärmt seit seiner Jugend für ungewöhnliche Geschöpfe – prügelt sich mit → Trollen im Wald, zieht → Werwolfjunge und die Riesenspinne → Aragog auf. Tom Vorlost → Riddle alias Lord → Voldemort schafft es, ihn der Öffnung der → Kammer des Schreckens verdächtigen zu lassen, und Hagrid wird der Schule verwiesen; sein → Zauberstab – Eiche, sechzehn Zoll lang (41 Zentimeter) – wird (angeblich) zerbrochen und ihm das Zaubern untersagt. Albus → Dumbledore, damals Lehrer für → Verwandlung, setzt sich für Hagrid ein, so dass Schulleiter → Dippet ihn zwar rauswirft, er aber nicht nach → Askaban kommt. Später stellt Dumbledore ihn als Wildhüter ein (als Nachfolger von → Ogg). Er bezieht eine kleine Hütte außerhalb des Schlosses, auf den Ländereien von Hogwarts, und arbeitet für die Schule als »Hüter der Schlüssel und Ländereien von Hogwarts« und Wildhüter. Seine Hütte direkt am → Verbotenen Wald teilt er mit dem Saurüden → Fang. Seinen Zauberstab hat er immer noch (oder wieder), versteckt in einem riesigen, zerfledderten, geblümten rosa Schirm. Wenn es sehr kalt ist, trägt Hagrid einen langen Mantel aus Maulwurfsfell, Handschuhe aus Hasenfell und Biberpelzstiefel. Zum Prozess von → Seidenschnabel wirft er sich in Schale: ein Anzug aus braunem Fellhaar und eine gelborange Krawatte, die er auch trägt, als er um Madame → Maxime wirbt, dazu kommt ein entsetzlich stinkendes Kölnischwasser. – Dumbledore vertraut ihm absolut: *»Ich würde Hagrid mein Leben anvertrauen«* (HP1,19). Es ist Hagrid, der den kleinen Harry Potter nach der Ermordung seiner Eltern aus dem zerstörten Haus rettet und ihn auf dem fliegenden Motorrad, das er sich von Sirius → Black geliehen hat, zur Familie → Dursley bringt. – Im zweiten Band wird Hagrid, inzwischen einer der besten Freunde von Harry, verdächtigt, wieder die Kammer des Schreckens geöffnet zu haben und für einige Zeit in → Askaban gefangengehalten. Nach-

dem Harry jedoch entdeckt hat, wer die Kammer wirklich geöffnet hat, wird er rehabilitiert (HP2) und in Harrys drittem Schuljahr zum Lehrer für die → Pflege magischer Geschöpfe ernannt. Seine Vorliebe für riesenhafte, ungewöhnliche und gefährliche Tiere ist manchmal sehr nützlich – so ist er der Herr des dreiköpfigen Hundes → Fluffy, der den → Stein der Weisen bewacht –, doch meistens schafft sie Probleme, so etwa, als er verbotenerweise einen → Drachen aufzieht (→ Norbert, den → Norwegischen Stachelbuckel, HP1), oder den → Hippogreif → Seidenschnabel in den Unterricht einführt, der Draco → Malfoy verletzt und dem deshalb der Prozess gemacht wird (HP3). Im vierten Band macht die Journalistin Rita → Kimmkorn die Abstammung Hagrids von einer Riesin öffentlich. In der Schulleiterin von → Beauxbatons, Madame Maxime, einer Halbriesin, findet er eine gute Freundin (und vielleicht auch mehr). – Hagrid ist sehr impulsiv und denkt oft zuwenig nach, dadurch ist er auch anfällig für Vorurteile, so wettert er einmal gegen Ausländer. Er kocht und backt gerne, doch das Ergebnis ist für andere in der Regel ungenießbar, so sind seine Kekse entweder teigig oder Felsenkekse, also steinhart. – Hagrid scheint ein Alkoholproblem zu haben: Er trinkt ziemlich viel, manchmal eindeutig zuviel. Schließlich soll, so → Rowling in einem Interview, Hagrid »Kater« bedeuten – den Kater, den man nach zuviel Alkohol haben kann. – Der Vorname Rubeus kommt aus dem Lateinischen und bedeutet »der Rote«; somit dient Hagrid auch als Ergänzung zu dem Verstandesmenschen Dumbledore, dessen Farbe Weiß ist. Rot steht meist für Kraft, Energie, Leidenschaft und Gefühle.

### *Hags*

→ Vetteln

### Hahn

Vor dem Schrei des Hahns flieht der → Basilisk. Deshalb läßt Tom Vorlost → Riddle im Sommer von Harry Potters zweitem Schuljahr die von ihm besessene Ginny → Weasley alle Hähne in der Schule umbringen. → Hagrid verdächtigt Füchse oder ein blutsaugendes Gespenst (HP2).

### Halbblut, Halbblüter

Die Bezeichnung für eine Hexe oder einen Zauberer, deren eines Elternteil selber eine menschliche Hexe oder Zauberer ist, der andere Elternteil ein → Muggel oder ein nichtmenschliches Wesen,wie bei → Hagrid, der ein Halbriese ist. Lord → Voldemort alias Tom Vorlost → Riddle ist Halbblüter: Vater Muggel, Mutter Hexe. – Unter den Muggeln wird der Begriff meist gebraucht für einen Menschen, dessen Eltern verschiedenen Rassen entstammen, in der Regel abwertend gemeint. Impliziert ist immer die (Horror-)Vorstellung, bei einer Mischung des Blutes verschiedener → Rassen träte das Schlimmste zutage; selten nur wurde die Möglichkeit erwogen, es könne zu einer Ausprägung der besten Eigenschaften kommen (dann müßte es ja auch »Doppelblut« heißen...). Wie bei den Stichworten Rasse, → Rassismus und → Vererbung aufgezeigt, ist diese Vorstellung absoluter Unsinn.

### Halbriese

Ein Mensch, dessen eines Elternteil ein → Riese oder eine Riesin war, wie Rubeus → Hagrid und Olympe → Maxime (→ Halbblut).

### *half-blood*

Die englische Bezeichnung für → Halbblut.

### Hali Bote

Der Name von Harry Potter in den chinesischen Ausgaben der Harry-Potter-Bücher, die im → Pekinger Volksverlag erscheinen.

### Halloween

Der Abend des 31. Oktober (und die Nacht zum 1. November). An Halloween 1981 werden die Eltern von Harry Potter ermordet und besiegt er zum ersten Mal Lord → Voldemort (HP1), an Halloween 1994 wählt der → Feuerkelch die drei Champions für das → Trimagische Turnier (HP4). In → Hogwarts gibt es an Halloween stets ein großes Schulfest in der besonders geschmückten großen Halle, z. B. in Harry Potters erstem Schuljahr mit tausenden echter → Fledermäuse und riesigen → Kürbissen. In diesem Jahr lässt Professor → Quirrel an Halloween einen → Troll los, den Harry und Ron → Weasley erschlagen (HP1). In seinem zweiten Schuljahr besucht Harry an Halloween die → Todestagsfeier des → Fast Kopflosen Nick (HP2). – Auch in der Welt der → Muggel wird Halloween gefeiert, besonders in den USA und auf den Britischen Inseln. Immer stärker wird der Brauch jedoch auch in Deutschland. Halloween geht zurück auf das keltische Totenfest »Samhain«. Die Kelten vor allem in Irland glaubten, dass in dieser Nacht die Seelen der Verstorbenen umgingen, aber auch → Dämonen, → Wiedergänger und → Geister aller Art. Um sich zu schützen, stellte man Kerzen ins Fenster und in Rüben, woraus der Brauch entstand, Kerzen in einen Kürbis zu stellen (in der Alten Welt eine Rübe). Die Jugendlichen wiederum verkleideten sich als Geister und suchten die Häuser heim, wo man ihnen bereitwillig Speis und Trank bot. Aus diesem Treiben entwickelte sich das *Trick or treat* der Kinder: »Gib uns was, oder wir spielen dir einen Streich«, verkürzt: »Süßes oder Saures!« – Die christliche Kirche übernahm den Termin und wandelte ihn im 9. Jahrhundert um in das Allerheiligen-Fest, das seither am 1. November begangen wird und im Englischen *All Hollows* heißt. Aus dem Abend davor, dem *All Hollows Evening*, wurde dann in verkürzter Form *All*

*Hollows Eve* und schließlich Halloween. – Die Tradition, an Halloween Kerzen in Kürbisse zu stecken, geht auch auf eine alte irische Sage zurück, die des Jack o'Lantern. Es gibt verschiedene Varianten davon, in allen aber ist er ein ungläubiger Mensch, ein Betrüger, Säufer und Hurenbock. Als er eines Nachts spät vom Wirtshaus nach Hause geht, steckt er eine Kerze oder ein glühendes Stück Kohle in eine Rübe (in den amerikanischen Varianten in einen Kürbis), der er ein Gesicht schnitzt, um Licht zu haben. Unterwegs fliehen alle Leute vor ihm, weil sie ihn für einen Geist halten. Nur ein Mann, der ihm begegnet, begleitet ihn. Als Jack merkt, dass dies der Teufel ist, rennt er davon; dabei fliegt ihm die Laterne in die Luft, und der Teufel springt hinterher und landet auf einem Baum. In manchen Varianten der Sage hat Jack zu diesem Zeitpunkt noch keine Laterne und bittet den Teufel, auf den Baum zu fliegen, um seine Macht zu beweisen. Auf jeden Fall ritzt Jack dann ein Kreuz in den Stamm, so dass der Teufel nicht mehr herunter kann. Dann lässt er den ihn entweder auf dem Baum hocken oder, so die meisten Varianten, vom Baum herab, nachdem ihm der Teufel versprochen hat, ihn niemals in die Hölle zu lassen. Anschließend lebt Jack in Saus und Braus bis zu seinem Tod. Doch danach ist er dumm dran: In den Himmel läßt man ihn nicht wegen seiner (Un-)Taten, und in die Hölle nicht wegen des Versprechens des Teufels (oder weil der Teufel wütend ist). Jack irrt seither auf Erden umher, ähnlich dem ewigen Juden. Der Teufel hat ihm aus Mitleid, oder um die Menschen zu erschrecken, als Laterne eine Rübe (oder einen Kürbis) mitgegeben mit einem geschnitzten Gesicht und einer nie verlöschenden Kerze (oder einem glühenden Stück Kohle). Damit erschrickt Jack o'Lantern nun die Menschen des Nachts und erscheint ihnen als Irrlicht (oder → Hinkepank). In einer gruseligeren Variante hat ihm der Teufel sogar den Kürbis (oder die Rübe) auf den Kopf gesetzt und Jack sieht seither selber aus wie die Leuchtkürbisse, die man an Halloween sieht. (→ Unsterblichkeit). – Sollte jemand vorhaben, in der Nacht von Halloween besondere magische Verrichtungen vorzunehmen – nach einer alten Legende kann der Teufel den Pakt dann nicht einfordern –, sollte man sich bewusst sein, dass wir heute zu einem ganz anderen Termin als früher feiern. Niemand weiß, wann genau Samhain war. Im 9. und 10. Jahrhundert gab es Dutzende verschiedener Kalender und Daten in Europa. Und schließlich gingen bei der Kalenderreform vom Papst Gregor dem Dreizehnten 10 Tage verloren – auf den 4. Oktober 1582 folgte der 15. Oktober 1582. Die Chance, dass unser Halloween also das Samhain der Kelten ist, mithin eine magische Nacht, so es denn eine war, ist sehr gering...

**Hand des Ruhmes**

Eine verwitterte Hand, die, wenn man eine Kerze in sie steckt, nur für den Halter leuchtet – *»der beste Freund der Diebe und Plünderer«*. Die *Hand of Glory* ist erhältlich bei → »Borgin und Burkes« in der → Nokturngasse (HP2,56).

**Handbuch der europäischen Magierausbildung**
Ein Buch, in dem Hermine → Granger über → Zaubererschulen nachliest (*An Appraisal of Magical Education in Europe*, HP4).

**Handbuch der Hippogreif-Psychologie**
Ein Buch, das Ron → Weasley studiert, um in der Berufungsverhandlung gegen → Seidenschnabel einen Freispruch zu erreichen (*The Handbook of Hippogriff Psychology*, HP3).

**Handbuch zeitgenössischer Magier**
Eines der Bücher, in denen Harry Potter, Ron → Weasley und Hermine → Granger nach Nicolas → Flamel suchen (*Notable Magical Names of Our Time*, HP1).

**Handlesen**
→ Weissagungsmethoden, die Harry Potter im 3. Schuljahr lernen soll (HP3).

**Harfe**
Ein solches Instrument benutzt Professor → Quirrell, um → Fluffy einzuschläfern, als er den → Stein der Weisen stehlen will (HP1).

**Harris, Sean P. F.**
Freund von Joanne K. → Rowling; nach seinem Vorbild hat sie Ron → Weasley gestaltet und ihm → »Harry Potter und die Kammer des Schreckens« gewidmet.

**Harry for President**
Motto der → Harry-Potter-Parade 2000, die als politische Demonstration angemeldet war.

**Harry Potter**
→ Potter, Harry

***Harry Potter and the Chamber of Secrets***
Originaltitel des 2. Bandes → »Harry Potter und die Kammer des Schreckens«.

***Harry Potter and the Doomspell Tournament***
So sollte der vierte Harry-Potter-Band gerüchteweise ursprünglich heißen, statt des Feuerkelches sollte also der »Zauberspruch-Wettbewerb« im Titel erscheinen (→ »Harry Potter und der Feuerkelch«).

***Harry Potter and the Goblet of Fire***
Originaltitel des 4. Bandes → »Harry Potter und der Feuerkelch«.

***Harry Potter and the Order of the Phoenix***
So wird der 5. Band heißen, der 2001 erscheinen und dünner als der 4. Band sein wird. Dies verriet Joanne K. → Rowling im Oktober 2000. Mögliche Übersetzungen wären »Harry Potter und der Orden des → Phönix« oder »Harry Potter und der Phönixorden« oder auch »Harry Potter und der Auftrag des → Phönix«.

***Harry Potter and the Philosopher's Stone***
Originaltitel des 1. Bandes → »Harry Potter und der Stein der Weisen«.

***Harry Potter and the Prisoner of Azkaban***
Originaltitel des 3. Bandes → »Harry Potter und der Gefangene von Askaban«.

***Harry Potter and the Sorcerer's Stone***
Amerikanischer Titel des ersten Bandes → »Harry Potter und der Stein der Weisen« (→ USA).

**Harry Potter und der Feuerkelch**
Der vierte Band aus der Harry-Potter-Reihe, erschienen am 8. Juli 2000 unter dem Originaltitel »Harry Potter and the Goblet of Fire«, ist mit 1 Million Exemplaren in → Großbritannien und 3,8 Millionen Exemplaren in den USA das Buch mit der höchsten Start-→ Auflage aller Zeiten. Von der englischen Auflage wurden am Ersterscheinungstag 372.775 Exemplare verkauft. Auch in Deutschland sprengte die Startauflage von 1 Million sämtliche Rekorde, davon gingen am Ersterscheinungstag, am 14.10.2000, etwa 530.000 Exemplare über den Ladentisch. Nicht nur der → Carlsen-Verlag musste gewaltige organisatorische Leistungen stemmen. Der Grossist Koch, Neff, Oetinger (KNÖ) lieferte rund eine Million Exemplare aus. Aus vier Druckereien (insgesamt wurde in sieben Druckereien gefertigt) waren 60 Sattelschlepper unterwegs, es wurden über 3.000 Paletten und 40.000 Packstücke gepackt und über 6.000 Kunden, meistens Buchhandlungen, in Deutschland, Österreich und der Schweiz beliefert – und das innerhalb von 24 Stunden. Da fielen die 50.000 Bücher, die über → amazon verteilt wurden, kaum ins Gewicht. Oft wurde bereits um Mitternacht verkauft, in zahllosen Städten gab es Veranstaltungen, oft mit Lesungen und Potter-Parties, Zauberpunsch oder Feuerkelchfrühstück. In tausenden von Veranstaltungen waren hunderttausende von Fans erschienen, bei Hugendubel in München 3000 und in Berlin 1000, im Weltkulturerbe Völklinger Hütte im Saarland 1200. Der → Harry-Potter-Fanclub in Berlin feierte in der Spandauer Zitadelle. Elf Bahnhöfe in Deutschland verwandelten sich in → King's Cross, darunter Leipzig und Saarbrücken, und es gab jede Menge Züge, die als → Hogwarts-Express unterwegs waren, so die Museumseisenbahn Merzig-Losheim. Manche Zeitungen machten mit Fotos auf vom jüngsten Fan (4 Jahre) und vom

ältesten (81). Deutschland im Potter-Rausch! – Band vier ist nicht nur erheblich dicker, sondern auch im Aufbau anders als die vorhergehenden. Er beginnt nicht wie üblich mit den Sommerferien von Harry Potter, sondern mit einem Rückblick auf die Zeit vor 50 Jahren, als Lord → Voldemort, damals noch Tom Vorlost → Riddle, seine eigenen Eltern ermordete. Es folgt ein weiterer Mord, nun in Harrys Zeit, im Sommer 1994, und seine → Narbe lässt ihn alles mitbekommen. Doch er vergisst es zunächst, erlebt er doch mit seinen Freunden aus der Familie → Weasley etwas ganz Besonderes: die Weltmeisterschaft im → Quidditch. Aber auch dabei geschehen seltsame Dinge, so wird das → Dunkle Mal des dunklen Lordes in den Himmel gesandt, und seine Anhänger werden öffentlich aktiv. Auch in der Schule ist alles anders als gewohnt: Der Quidditch-Pokal fällt aus, stattdessen findet zum ersten Mal seit Jahrhunderten ein → Trimagisches Turnier statt zwischen den drei bedeutendsten → Zaubererschulen: → Hogwarts, → Beauxbatons und → Durmstrang. Die drei Champions der Schulen werden ausgewählt vom magischen → Feuerkelch; dieser jedoch wird von einem Anhänger Lord Voldemorts manipuliert, so dass er Harry als vierten Teilnehmer festlegt. In drei Durchgängen muss er gegen Fleur → Delacour (Beauxbatons), den Quidditch-Weltmeisterschaftsteilnehmer Viktor → Krum (Durmstrang) und Cedric → Diggory von → Hufflepuff antreten: Die vier müssen gegen → Drachen antreten, Gefangene aus der Gewalt von → Wassermenschen befreien und schließlich in einem magischen Labyrinth gegeneinander antreten. Da schlägt Lord → Voldemort zu: Mit Hilfe seines Spions, des Lehrers für die → Verteidigung gegen die dunklen Künste, entführt er Harry und Diggory. Sein Diener Peter → Pettigrew tötet Cedric und verhilft Voldemort wieder zu einem Körper. Es kommt zu einem → Zauberduell zwischen Harry und dem dunklen Lord, bei dem Harry Voldemort bezwingt und fliehen kann. Zurück in Hogwarts können er und → Dumbledore den Spion entlarven und viele Dinge aufklären, die sich nach Voldemorts Sturz 13 Jahre zuvor zutrugen, doch die offiziellen Stellen, allen voran Minister → Fudge, glauben nicht, dass Lord Voldemort zurückgekehrt ist und wieder eine Bedrohung darstellt. Es zeichnet sich ab, dass Harry und seine → Verbündeten den Kampf alleine werden aufnehmen müssen.

**Harry Potter und der Gefangene von Askaban**
Der dritte Band aus der Harry-Potter-Reihe erschien im Juli 1999 unter dem Originaltitel »Harry Potter and the Prisoner of Azkaban« in einer → Auflage von (nur) 10.000 Exemplaren. Sofort verdrängt er den Hit von Thomas Harris, »Hannibal«, vom ersten Platz der → Bestsellerlisten; er ist das bis dahin in → Großbritannien am schnellsten verkaufte Buch: 64.000 Exemplare gehen in drei Tagen über die Ladentheke. Natürlich erhält die Autorin auch für dieses Buch zahlreiche → Preise. – Das dritte Schuljahr in → Hogwarts, 1993/94, beginnt für Harry Potter höchst ungewöhnlich. Erst kann er sich nicht beherrschen, son-

dern verzaubert seine Tante Magda → Dursley, dann wird er dafür nicht bestraft, sondern sogar vom → Minister für Magie, Cornelius → Fudge, hofiert. Um die Schule sind → Dementoren, die grausamen und unmenschlichen Wächter des Zauberergefängnisses → Askaban postiert, denn von dort ist Sirius → Black geflohen, der Mann, der Harrys Eltern an Lord → Voldemort verraten haben soll. Man befürchtet, dass er nun hinter Harry her ist. Düstere Omen scheinen das zu bestätigen: Ein schwarzer Hund, ein angeblicher → Grim, erschrickt Harry, und die Lehrerin für das → Wahrsagen sagt ihm seinen Tod voraus. Doch gemeinsam mit Hermine → Granger, Ron → Weasley und dem neuen Lehrer gegen die → dunklen Künste, Remus → Lupin, entdeckt Harry die Wahrheit: Nicht Black, Harrys Pate und der beste Freund und Trauzeuge seiner Eltern James und Lily → Potter, hatte sie damals verraten; es war ein Klassenkamerad und »Freund« von Black, James Potter und Lupin: Petter → Pettigrew. Dieser täuschte seinen Tod vor und brachte Black so nach Askaban; er versteckte sich zwölf Jahre lang in Gestalt der Ratte → Krätze bei der Familie → Weasley. Er, James Potter und Sirius Black hatten in ihrer Schulzeit gelernt, sich in Tiere zu verwandeln, waren sogenannte → Animagi geworden, um ihren Freund Lupin in Schach zu halten, wenn dieser, ein → Werwolf, sich verwandelte. Leider geschieht eine solche Verwandlung im ungünstigsten Moment, Pettigrew kann fliehen, und Sirius wird von den Dementoren gefangengenommen und soll hingerichtet werden. Doch mit Hilfe eines → Zeitumwandlers von Hermine, des von seinem Vater geerbten → Unsichtbarkeitsmantels, eines mächtigen Zaubers, den er von Lupin gelernt hat, der Unterstützung von → Dumbledore und des → Hippogreifs → Seidenschnabel kann Harry Sirius zur Flucht verhelfen. Auch wenn dieser immer noch als schuldig gilt und Pettigrew entflohen ist: Für Harry endet das Schuljahr glücklich, zumal er auf seinem neuen Besen, einem → Feuerblitz, dazu beitragen kann, dass → Gryffindor zum ersten Mal seit sieben Jahren den → Quidditch-Pokal gewinnt.

### Harry Potter und der Stein der Weisen

Der erste Band aus der Harry-Potter-Reihe, erschienen 1997 unter dem Originaltitel »Harry Potter and the Philosopher's Stone« (in den USA als »Harry Potter and the Sorcerer's Stone«). Die ersten Ideen dazu kamen Joanne K. → Rowling 1990, als sie in einem Zug zwischen Manchester und → King's Cross feststeckte. In Portugal, wo sie von 1991 bis 1993 lebte und Englisch als Fremdsprache unterrichtete, schrieb sie 10 verschiedene Versionen des ersten Kapitels. 1995 beendete sie das Buch in Edinburgh und schickte es an Agenten und Verleger. Die meisten schickten das Manuskript zurück. → Bloomsbury akzeptierte es 1996, und Rowling erhielt vom »Scottish Arts Council« ein Stipendium, um es endgültig fertigzustellen. Im Juni erschien »Harry Potter and the Philosopher's Stone« in der verschwindend geringen → Auflage von 500

Exemplaren, erhielt gleich mehrere → Preise und stürmte die → Bestsellerlisten. – Der erste Band beginnt 1981 mit dem Verschwinden von → Voldemort und damit, dass Harry Potter bei seinen Verwandten, der Familie → Dursley, abgegeben wird, die ihn großziehen sollen. 10 Jahre später, 1991, erfährt Harry gegen den Willen der Dursleys, dass er ein Zauberer ist, wie seine Eltern von Voldemort getötet wurden und dass er diesem seine Macht nahm. Er kommt in die erste Klasse der Zaubererschule → Hogwarts und freundet sich an mit deren Wildhüter → Hagrid und mit Ron → Weasley und Hermine → Granger, die wie er in → Gryffindor sind. Er wird zum begeisterten → Quidditch-Spieler und jüngsten → Sucher seit mindestens 100 Jahren. Er muss sich mit → Geistern, → Trollen, einem → Drachen und dem dreiköpfigen Hund → Fluffy auseinandersetzen. Schließlich trifft er Voldemort wieder, der hinter dem im Titel erwähnten → Stein der Weisen her ist, und muss ihm diesen im Zweikampf entringen. Zum guten Schluss gewinnt sein Haus Gryffindor sogar den → Hauspokal.

**Harry Potter und die Kammer des Schreckens**

Der zweite Band aus der Harry-Potter-Reihe erschien im Juli 1998 in einer → Auflage von 10.150 Exemplaren unter dem Originaltitel »Harry Potter and the Chamber of Secrets«. Er stürmte sofort die → Bestsellerlisten und wurde in Folge mit zahlreichen → Preisen ausgezeichnet. Das Buch ist Sean P. F. Harris gewidmet, dem ältesten Freund von Joanne K. → Rowling; nach seinem Vorbild hat sie auch Ron → Weasley gestaltet. – In seinem zweiten Schuljahr in → Hogwarts, 1992/93, werden Harry Potter, Hermine → Granger und Ron → Weasley in so seltsame Vorgänge verwickelt, dass selbst der → Quidditch-Pokal zweitrangig wird. Ein unheimliches Monster treibt sein Unwesen und versteinert Schülerinnen und Schüler, und Harry wird verdächtigt, es zu kontrollieren. Erschwert wird die Situation durch den Hass, den ihm Professor → Snape entgegenbringt, das lächerliche und oft gefährliche Verhalten des neuen Lehrers gegen die → dunklen Künste und Bestsellerautors Gilderoy → Lockheart, und alte Rivalitäten und Vorurteile, die aufbrechen, bis hin zu → rassistischen Äußerungen und offenem Hass gegen → Muggel-Geborene. Als → Hagrid verhaftet und Hermine versteinert wird, scheint die Situation aussichtlos. Doch in der Konfrontation mit seinem alten Erzfeind → Voldemort, der ihm in Gestalt einer materialisierten → Erinnerung als jugendlicher Tom Vorlost → Riddle entgegentritt, kann Harry mithilfe des → Phönix von → Dumbledore das Rätsel um die Kammer des Schreckens lösen, den von Voldemort beschworenen → Basilisken besiegen, seine Freunde retten und eine großangelegte → Verschwörung vereiteln. Er kann sogar Hagrid von dem alten Vorwurf befreien, wegen dem er vor 50 Jahren aus der Schule geworfen wurde, und dem → Hauselfen → Dobby zur Freiheit verhelfen. Und er erkennt, dass er, obwohl er → Parsel, die Sprache der → Schlangen, spricht, ein echter → Gryffindor ist.

**Harry-Potter-Fanclub**
In Harry Potters zweitem Schuljahr wird in → Hogwarts beinahe ein Harry-Potter-Fanclub gegründet – zumindest befürchtet Ron → Weasley das, wenn die beiden Harry-Fans Ginny → Weasley und Colin → Creevey zusammentreffen sollten (was passieren muss, da sie im gleichen Jahrgang in → Gryffindor sind). – In der Welt der → Muggel gibt es inzwischen zahlreiche Harry-Potter-Fanclubs, auch in vielen deutschen Städten. Der im → Internet am besten vertretene deutsche Fanclub wird von zwei Schwestern aus Berlin betreut, Sarah Preissner (im Oktober 2000 10 Jahre alt) und Saskia Preissner (14): http://www.hpfc.de. Ihr Fanclub hatte nach Aussagen der beiden, die im Sommer 2000 die → Harry-Potter-Parade organisierten, bei Redaktionsschluss (Oktober 2000) rund 40.000 Mitglieder. Umfangreiche englische Harry-Potter-Fanclubseiten findet man unter http://www.surfnetkids.com/harrypotter.htm und http://www.angelfire.com/wi/harrypotter/mainharry.html. – Wenn jemand einen Fanclub hat oder aufbaut, der in diesem Lexikon erwähnt werden soll, genügt eine kurze Nachricht per E-Mail (lexika4all@aol.com).

**Harry-Potter-Film**
→ Film

**Harry-Potter-Parade**
Am Sonntag, 30. Juli 2000, fand in Berlin anlässlich des → Geburtstages von Harry eine Harry-Potter-Parade statt. Vom Alexanderplatz aus marschierten etwa 600 jugendliche Hexen und Zauberer in bunten Umhängen, auf Besen und mit spitzen Hüten durch die Stadt, begleitet von erwachsenen → Muggeln und → Squibs. Sie waren aus ganz Deutschland zusammengekommen, aber auch aus der Schweiz und aus Österreich. Organisiert hatten die Parade, die jährlich wiederholt werden soll, Saskia und Sarah Preissner, Gründerinnen des größten deutschen → Harry-Potter-Fanclubs. Sie meldeten das Ereignis als politische Demonstration an unter dem Motto »Harry for President«.

**Hasenscharte**
Eine solche hatte die Hexe, die die → Todesfee von Bandon verbannt hat und deren Gedächtnis Gilderoy → Lockhart löschte, ehe er ihre Taten und ihren Ruhm stahl. Nicht einmal der Name der tapferen Frau ist bekannt.

**Haus (von Hogwarts)**
→ Häuser

**Haus Nummer 4**
Das Haus der Familie → Dursley im → Ligusterweg.

### Hausaufgaben

können in → Hogwarts ganz schön umfangreich sein, etwa, einen → meterlangen Aufsatz zu schreiben, oder ein Gedicht, wie über Gilderoy → Lockharts »tapferen« Kampf gegen den → Werwolf von → Wagga Wagga (HP2,169).

### Hauselfen

Kleine Wesen mit großen fledermausähnlichen Ohren, hervorquellenden grünen oder braunen Augen (mindestens so groß wie Tennisbälle) und langen, dürren Fingern. Die domestizierten → Elfen werden überwacht von der → Abteilung zur Führung und Aufsicht magischer Geschöpfe und dienen seit Jahrhunderten in vielen Zaubererhaushalten als → Sklaven, bis sie freigelassen werden, indem man ihnen ein Kleidungsstück schenkt. Während der Herrschaft von → Voldemort wurden Hauselfen extrem unterdrückt und gequält; seit Voldemorts Niederlage gegen Harry Potter 1981 geht es den meisten erheblich besser, deshalb sehen viele in Harry eine Art Held. Von Anhängern der → Schwarzen Magie werden sie immer noch sehr schlecht behandelt, z. B. → Dobby von Lucius → Malfoy. Der Kissenbezug, den er als Kleidung trägt, ist nach seinen Worten ein *»Zeichen für den Sklavenstand des Hauselfen«*; er spricht von Hauselfen als *»den Niederen, den Versklavten, dem Abschaum der Zaubererwelt«* (HP2,185). In → Hogwarts gibt es mehr Hauselfen als in jedem anderen Haus in → Großbritannien, über hundert, alle gekleidet in ein Geschirrtuch mit dem → Wappen von Hogwarts, gewickelt wie eine Toga. Hermine → Granger initiiert in ihrem 4. Schuljahr den → Bund für ELFEnRechte. Wenn sie von sich reden, sprechen Hauselfen meist in der dritten Person. Sie sind sehr mächtige magische Wesen: Obwohl magische Barrieren → Apparieren in Hogwarts verhindern, kann Dobby verschwinden (HP2,186)! Lucius Malfoy hat nach seiner Freilassung Respekt, ja Angst vor Dobby (HP2,348). → Winky ist im Gegensatz zu Dobby mit ihrer Freiheit sehr unglücklich.

### Hauselfen-Befreiungsfront

So nennt Ron → Weasley einmal den → Bund für ELFEnRechte.

### Häuser

→ Hogwarts ist in vier Häuser eingeteilt, benannt nach ihren Gründerinnen und Gründern: → Gryffindor, → Hufflepuff, → Rawenclaw und → Slytherin. *»Das Haus ist gleichsam eure Familie in Hogwarts. Ihr habt gemeinsam Unterricht, ihr schlaft im Schlafsaal eures Hauses und verbringt eure Freizeit im Gemeinschaftsraum«*, erklärt den Erstklässlern Professor → McGonagall (HP1,127).

### Hausghul

→ Ghul

**Hauslehrer, Hauslehrerin**
Leiter oder Leiterin eines der → Häuser von → Hogwarts. In → Gryffindor ist es Minerva → McGonagall (50 Jahre früher war es Albus → Dumbledore), in → Slytherin Severus → Snape und in → Hufflepuff Professorin → Sprout. Hauslehrer oder -lehrerin scheint nur jemand werden zu können, der oder die auch während der eigenen Schulzeit in diesem Haus war.

**Häusliches Leben und gesellschaftliche Sitten britischer Muggel**
Lehrbuch, das Hermine → Granger im dritten Schuljahr für → Muggelkunde braucht *(Home Life and Social Habits of British Muggles).*

**Hauspokal**
Am Ende jeden Schuljahres erhält das der vier Häuser → Gryffindor, → Hufflepuff, → Rawenclaw und → Slytherin, dessen Mitglieder die meisten → Hauspunkte erworben haben, den Hauspokal von → Hogwarts. Als Harry Potter 1991 in Hogwarts eintritt, hat Slytherin den Pokal sechsmal in Folge gewonnen. In Harrys ersten vier Jahren jedoch, von 1992 bis 1995, gewinnt Gryffindor den Pokal, und Harry ist daran natürlich nicht unbeteiligt.

**Hauspunkte**
Für alle Leistungen erhalten die Schülerinnen und Schüler von → Hogwarts Punkte, die ihrem jeweiligen Haus – → Gryffindor, → Hufflepuff, → Rawenclaw oder → Slytherin – gutgeschrieben werden, bei Verfehlungen werden dem Haus Punkte abgezogen. Für jedes gewonnene → Quidditch-Spiel gibt es für das Haus 50 Punkte. Die Punkte werden in riesigen Stundengläsern angezeigt. Das Haus, dessen Mitglieder die meisten Punkte erworben haben, erhält den → Hauspokal von Hogwarts. Die höchste Punktzahl, die in den Harry-Potter-Büchern bisher einzeln vergeben wurde, waren 200 Punkte, die Harry Potter und Ron → Weasley jeweils für den Sieg über den → Basilisken erhalten (HP2).

***He Who Must Not Be Named***
»Der, dessen Name nicht genannt werden darf«: Lord → Voldemort.

**Hebridischer Schwarzdrache**
Eine → Drachenart, von der es noch einige wilde Exemplare auf den Hebridischen Inseln, also in → Schottland, gibt.

**Hedwig**
Die → Eule von Harry Potter, eine → Schnee-Eule. Er bekommt sie zu seinem Geburtstag 1991 von → Hagrid geschenkt, als sie ihn für sein erstes Schuljahr in → Hogwarts ausrüsten. Während Schnee-Eulen in der Natur meistens Lem-

minge fressen, gibt sich Hedwig in der Regel mit Mäusen zufrieden. – Harry benennt Hedwig nach einem Namen, den er in → »Geschichte der Zauberei« findet; laut Joanne K. → Rowling handelt es sich dabei um eine deutsche Heilige. Deren Namenstag ist der 19. Februar. In der europäischen Geschichte ist Königin Hedwig von Polen von Bedeutung (polnisch Jadwiga, um 1374 bis 1399, Königin von Polen ab 1382), die mit ihrem Gemahl Großfürst Wladislaw II. Jagiello von Litauen die 1572 in Polen-Litauen herrschende Jagiellonendynastie begründete. Sie gilt als Gründerin der Universität von Krakau.

### Heiliger Potter
So nennt Draco → Malfoy Harry Potter gegenüber seinen Freunden → Crabbe und → Goyle, hinter denen sich zu diesem Zeitpunkt allerdings Ron → Weasley und Harry verbergen, dank des → Vielsaft-Trankes (HP2,232).

### Heiltrank
Ein spezieller → Zaubertrank, z. B. der → Trank zur Heilung von Furunkeln.

### Held
→ Prinz.

### Hengist von Woodcroft
Zauberer auf einer der Bildkarten, die es in den → Schokofrosch-Packungen gibt. Es ist eher unwahrscheinlich, dass er etwas zu tun hat mit dem berühmten Sachsenführer Hengist, der mit seinem Bruder Horsa die Angeln, Sachsen und Jüten um 449 nach England brachte.

### Henker
→ Macnair

### Herbologie
→ Kräuterkunde

### Herdklappe
In eine solche muss der → Hauself → Dobby seine Ohren klemmen, als er sich wieder mal bestrafen muss (HP2).

### Hermes
Die → Eule von Percy → Weasley, die ihm sein Vater schenkt, als er in der fünften Klasse → Vertrauensschüler wird. In der griechischen → Mythologie Botschafter der Götter, »Begleiter der Seelen« in die Unterwelt. Der Sohn des Götterherrschers Zeus und der Titanin Maia besaß geflügelte Sandalen und einen

geflügelten Hut und trug den goldenen Kerykeion, einen → Zauberstab, von Schlangen umwunden und von Flügeln gekrönt. Bei den Römern → Merkur genannt, war er auch Gott des Handels, Beschützer der Händler und Herden, Athleten und Sportstätten und zuständig für Glück und Wohlstand – und der Gott der Diebe. Er erschlug den hundertäugigen → Riesen Argus (→ Filch).

### Hermine Granger

→ Granger, Hermine.

### *Hermione*

Die englische (Original-)Version des Vornamens von Hermine → Granger.

### Heulende Hütte

Haus in → Hogsmeade (*Shrieking Shack*), das Gebäude in → Großbritannien, in dem es am schlimmsten spukt – dies steht in → »Historische Stätten der Zauberei«. Sie steht auf einem Hügel, abseits vom Dorf, und ist mit den brettervernagelten Fenstern und dem morastigen, überwucherten Garten selbst bei Tageslicht nicht einladend. Selbst → Geister meiden sie. Spuken tut es dort aber nicht mehr, seit Remus → Lupin → Hogwarts verlassen hat. Ihn, den → Werwolf, hat man nämlich während seiner Verwandlung in einen Wolf in diese Hütte gesperrt, die später wegen seiner Schreie und seines Heulens als die Heulende Hütte bekannt wurde. Der einzige Zugang führt über einen Geheimgang, an dessen Eingang Albus → Dumbledore die → Peitschende Weide pflanzte.

### Heuler

Ein magischer roter Brief, der harmlos aussieht, aber wenn man ihn öffnet, losschreit und -heult mit der Stimme der Person, die ihn abgesandt hat. Man sollte ihn bald öffnen, denn umso länger er ungeöffnet bleibt, desto lauter wird er, oder er explodiert sogar. Ron → Weasley bekommt einen von seiner Mutter, nachdem er und Harry Potter den fliegenden Ford Anglia gegen die → Peitschende Weide gesetzt hatten (HP2). Neville → Longbottom erhält einen von seiner Großmutter, nachdem durch seine Unachtsamkeit Sirius → Black an die → Passwörter von → Gryffindor kam (HP3). Percy → Weasley muss für das → Zaubereiministerium jede Menge Heuler in Empfang nehmen (HP4).

### Heyman, David

Produzent des ersten Harry-Potter-→ Films

### Hexe

In den Harry-Potter-Büchern werden als Hexen allgemein die weiblichen Zauberinnen bezeichnet. Dies erklärt sich wahrscheinlich daraus, dass aus den englischen Begriffen nicht immer das Geschlecht der betreffenden Person deutlich wird (*magic*, *sorcery*, *witchcraft* und *wizardry*: → Magie; *magician*, *sorcerer*, *wizard*: Zauberer oder Zauberin; *witch*: Hexe). Auch im allgemeinen Sprachgebrauch werden die Begriffe Magie (abgeleitet von → Magier), Zauberei und Hexerei in der Regel gleichgesetzt. – In der Wissenschaft und der Ethnologie der → Muggel wird jedoch zwischen Hexen und Zauberern unterschieden, meist in dem Sinn, wie es die Bevölkerung in Afrika tut: Man unterscheidet Hexen, denen ihre Fähigkeiten angeboren sind, z. B. der → Böse Blick, von Zauberern, die sie durch oft blutige oder schamanistische Initiationen erwerben müssen. Und Hexen sind in der Regel die einzigen, denen nachgesagt wird, auf → Besen zu reiten; belegt ist diese Behauptung erstmals im Manuskript »Le Champion de Dames« von Martin le Franc von 1451. Nur ganz selten werden Männer auf Besen fliegend dargestellt. In anderen Kulturen kommen in den Sagen und Märchen der Muggel andere Fluggeräte vor, etwa der → Fliegende Teppich. – Der Begriff Hexe stammt vom althochdeutschen *hagzissa* und bedeutet ein sich in Hecken oder auf Zäunen aufhaltendes Wesen, wird oft mit »Zaunreiterin« übersetzt. Hexen gibt es in fast allen Kulturen, z. B. in asiatischen, afrikanischen und orientalischen. Im Alten Testament wird die »Hexe von Endor« beschrieben, eine Hellseherin und Totenbeschwörerin, die den Geist des König Samuel aus der Unterwelt aufsteigen lässt, um seinem Nachfolger Saul dessen Tod zu prophezeien (1. Samuel 28). Im 7. Jahrhundert machte eine Berberfürstin im Gebiet des heutigen Tunesiens von sich reden, die als Hexe und Prophetin ihr Volk sechs Jahre lang im (vergeblichen) Kampf gegen die arabischen Eroberer führte: *El Kahira*, das heißt: die Zauberin. – Im europäischen Volksglauben gehen Hexen (selten Männer) einen Pakt mit dem Teufel ein. Erst im Spätmittelalter bildete sich die Hexenvorstellung heraus, die schließlich zu den grauen- und massenhaften → Hexenverfolgungen der frühen Neuzeit führte. Der Hexensabbat als Treffen der Hexen untereinander oder mit dem Teufel war immer wieder Vorbild für bildende Künstler und Autoren; eine frühe Beschreibung findet man 1667 im ersten bedeutenden deutschen Prosaroman »Der Abentheuerliche Simplicissimus Teutsch« des Hans Jakob Christoffel von Grimmelshausen (1622 – 1676); die Stelle will ich hier, da sie viele Vorstellungen der damaligen Zeit zusammenfasst, ungekürzt zitieren: »*Einsmals zu End des Mai, als ich abermal durch mein gewöhnlich, obzwar verbotenes Mittel meine Nahrung holen wollte und zu dem Ende zu einem Baurnhof gestrichen war, kam ich in die Küchen, merkte aber bald, daß noch Leut auf waren (Nota, wo sich Hund befanden, da kam ich wohl nicht hin), derowegen sperrete ich die eine Küchentür, die in Hof ging, angelweit auf, damit wenn es etwa Gefahr setzte, ich stracks ausreißen könnte; blieb also mausstill sitzen, bis ich erwarten mochte, daß sich die Leut niedergelegt hätten: Unterdessen nahm ich eines Spalts gewahr, den das Küchenschälterlein hatte, welches in die Stuben ging;*

*ich schlich hinzu, zu sehen, ob die Leut nicht bald schlafen gehen wollten? aber meine Hoffnung war nichts, denn sie hatten sich erst angezogen und anstatt des Lichts eine schweflichte blaue Flamm auf der Bank stehen, bei welcher sie Stecken, Besen, Gabeln, Stühl und Bänk schmierten und nacheinander damit zum Fenster hinaus flogen. Ich verwundert mich schrecklich und empfand ein großes Grausen; weil ich aber größerer Erschrecklichkeiten gewohnt war, zumal mein Lebtag von den Unholden weder gelesen noch gehört hatte, achtet ichs nicht sonderlich, vornehmlich weil alles so still herging, sondern verfügte mich, nachdem alles davongefahren war, auch in die Stub, bedachte was ich mitnehmen und wo ich solches suchen wollte, und setzte mich in solchen Gedanken auf eine Bank schrittlings nieder; ich war aber kaum aufgesessen, da fuhr ich samt der Bank gleichsam augenblicklich zum Fenster hinaus, und ließ mein Ranzen und Feurrohr, so ich von mir gelegt hatte, für den Schmierberlohn und so künstliche Salbe dahinten. Das Aufsitzen, Davonfahren und Absteigen geschah gleichsam in einem Nu! denn ich kam, wie mich bedünkte, augenblicklich zu einer großen Schar Volks, es sei denn, daß ich aus Schrecken nicht geacht hab, wie lang ich auf dieser weiten Reis zugebracht; diese tanzten einen wunderlichen Tanz, dergleichen ich mein Lebtag nie gesehen, denn sie hatten sich bei den Händen gefaßt und viel Ring ineinander gemacht, mit zusammengekehrten Rücken, wie man die drei Grazien abmalet, also daß sie die Angesichter herauswärts kehrten; der inner Ring bestund etwa in sieben oder acht Personen, der ander hatte wohl noch so viel, der dritte mehr als diese beiden und so fortan, also daß sich in dem äußern Ring über zweihundert Personen befanden; und weil ein Ring oder Kreis um den andern links und die anderen rechts herum tanzten, konnte ich nicht sehen, wieviel sie solcher Ring*

**Hexen:
Diese Zeichnungen aus dem Manuskript »Le Champion de Dames« von Martin le Franc von 1451 gelten als die älteste Darstellung besenreitender Hexen.**

*gemacht, noch was sie in der Mitten, darum sie tanzten, stehen hatten. Es sah eben greulich seltsam aus, weil die Köpf so possierlich durcheinander haspelten. Und gleichwie der Tanz seltsam war, also war auch ihre Musik, auch sang, wie ich vermeinte, ein jeder am Tanz selber drein, welches ein wunderliche Harmoniam abgab; meine Bank die mich hintrug, ließ sich bei den Spielleuten nieder, die außerhalb der Ringe um den Tanz herum stunden, deren etliche hatten anstatt der Flöten, Zwerchpfeifen und Schalmeien nichts anders als Nattern, Vipern und Blindschleichen, darauf sie lustig daherpfiffen: etliche hatten Katzen, denen sie in Hintern bliesen und auf dem Schwanz fingerten, das lautet' den Sackpfeifen gleich: andere geigeten auf Roßköpfen wie auf dem besten Diskant, und aber andere schlugen die Harfe auf einem Kuhgerippe, wie solche auf dem Wasen liegen; so war auch einer vorhanden, der hatte eine Hündin unterm Arm, der leiert' er am Schwanz und fingert' ihr an den Dütten, darunter trompeteten die Teufel durch die Nase, daß es im ganzen Wald erschallete, und wie dieser Tanz bald aus war, fing die ganze höllische Gesellschaft an zu rasen, zu rufen, zu rauschen, zu brausen, zu heulen, zu wüten und zu toben, als ob sie alle toll und töricht gewesen wären. Da kann jeder gedenken, in was Schrecken und Furcht ich gesteckt. In diesem Lärmen kam ein Kerl auf mich dar, der hatte ein ungeheure Krott unterm Arm, gern so groß als eine Heerpauke, der waren die Därm aus dem Hintern gezogen und wieder zum Maul hineingeschoppt, welches so garstig aussah, daß mich darob kotzerte: ›Sieh hin Simplici‹, sagte er, ›ich weiß, daß du ein guter Lautenist bist, laß uns doch ein fein Stückchen hören.‹ Ich erschrak, daß ich schier umfiel, weil mich der Kerl mit Namen nennete, und in solchem Schrecken verstummte ich gar und bildete mir ein, ich läge in einem so schweren Traum, bat derowegen innerlich im Herzen, daß ich doch erwachen möchte, der mit der Krott aber, den ich steif ansah, zog seine Nasen aus und ein wie ein kalekutscher Hahn, und stieß mich endlich auf die Brust, daß ich bald davon erstickte; derowegen fing ich an überlaut zu Gott zu rufen, da verschwand das ganze Heer. In einem Hui wurde es stockfinster und mir so fürchterlich ums Herz, daß ich zu Boden fiel und wohl hundert Kreuz vor mich machte. – Demnach es etliche und zwar auch vornehme gelehrte Leut darunter gibt, die nicht glauben, daß Hexen oder Unholde seien, geschweige daß sie in der Luft hin und wider fahren sollten; also zweifele ich nicht, es werden sich etliche finden, die sagen werden, Simplicius schneide hier mit dem großen Messer auf: Mit denselben begehre ich nun nicht zu fechten, denn weil Aufschneiden keine Kunst, sondern jetziger Zeit fast das gemeineste Handwerk ist, also kann ich nicht leugnen, daß ichs nicht auch könnte, denn ich müßte ja sonst wohl ein schlechter Tropf sein. Welche aber der Hexen Ausfahren verneinen, die stellen sich nur Simonem den Zauberer vor, welcher vom bösen Geist in die Luft erhaben wurde und auf S. Petri Gebet wieder herunter gefallen. Nicolaus Remigius, welcher ein tapferer, gelehrter und verständiger Mann gewesen und im Her-*

*zogtum Lothringen nicht nur ein halb Dutzend Hexen verbrennen lassen, erzählet von Johanne von Hembach, daß ihn seine Mutter, die eine Hex war, im sechzehnten Jahr seines Alters mit sich auf ihre Versammlung genommen, daß er ihnen, weil er hatte lernen pfeifen, beim Tanz aufspielen sollte; zu solchem End stieg er auf einen Baum, pfiff daher und siehet dem Tanz mit Fleiß zu (vielleicht weil ihm alles so wunderlich vorkam). Endlich spricht er: ›Behüt lieber Gott, woher kommt so viel närrisch und unsinniges Gesind?‹ Er hatte aber kaum diese Wort ausgesagt, so fiel er vom Baum herab, verrenkt' eine Schulter und ruft' ihnen um Hilf zu, aber da war niemand als er; wie er dieses nachmals ruchbar machte, hieltens die meisten für ein Fabel, bis man kurz hernach Catharinam Praevotiam Zauberei halber fing, welche auch bei selbigem Tanz gewesen, die bekannte alles wie es hergangen, wiewohl sie von dem gemeinen Geschrei nichts wußte, das Hembach ausgesprengt hatte. Majolus setzet zwei Exempel, von einem Knecht, so sich an sein Frau gehängt, und von einem Ehebrecher, so der Ehebrecherin Büchsen genommen, sich mit deren Salben geschmiert und also beide zu der Zauberer Zusammenkunft kommen sind. So sagt man auch von einem Knecht, der frühe aufgestanden und den Wagen geschmiert, weil er aber die unrechte Büchs in der Finstere ertappt, hat sich der Wagen in die Luft erhoben, also daß man ihn wieder herabziehen müssen. Olaus Magnus erzählet in lib. 3 Hist. de gentibus Septentrional. I. cap. 19, daß Hadingus König in Dänemark wieder in sein Königreich, woraus er durch etliche Aufrührer vertrieben worden, fern über das Meer auf des Othini Geist durch die Luft gefahren, welcher sich in ein Pferd verstellt hätte. So ist auch mehr als genugsam bekannt, wasgestalt teils Weiber und ledige Dirnen in Böhmen ihre Beischläfer des Nachts einen weiten Weg auf Böcken zu sich holen lassen. Was Torquemadius in seinem Hexamerone von seinem Schulgesellen erzählt, mag bei ihm gelesen werden. Ghirlandus schreibet auch von einem vornehmen Mann, welcher als er gemerkt, daß sich sein Weib salbe, und darauf aus dem Haus fahre, habe er sie einsmals gezwungen, ihn mit sich auf der Zauberer Zusammenkunft zu nehmen; als sie daselbst aßen und kein Salz vorhanden war, habe er dessen begehrt, mit großer Mühe auch erhalten, und darauf gesagt: ›Gott sei gelobt, jetzt kommt das Salz!‹ Darauf die Lichter erloschen und alles verschwunden. Als es nun Tag worden, hat er von den Hirten verstanden, daß er nahend der Stadt Benevento, im Königreich Neapolis, und also wohl hundert Meil von seiner Heimat sei; derowegen ob er wohl reich gewesen, habe er doch nach Haus bettlen müssen, und als er heimkam, gab er alsbald sein Weib für eine Zauberin bei der Obrigkeit an, welche auch verbrennt worden. Wie Doktor Faust neben noch andern mehr, die gleichwohl keine Zauberer waren, durch die Luft von einem Ort zum andern gefahren, ist aus seiner Histori genugsam bekannt. So hab ich selbst auch eine Frau und eine Magd gekannt, sind aber, als ich dieses schreibe, beide tot, wiewohl der Magd Vater noch im Leben; diese*

*Magd schmierte einsmals auf dem Herd beim Feuer ihrer Frauen die Schuh, und als sie mit einem fertig war und solchen beiseit setzte, den andern auch zu schmieren, fuhr der geschmierte ohnversehens zum Kamin hinaus; diese Geschicht ist aber vertuscht geblieben. Solches alles melde ich nur darum, damit man eigentlich dafürhalte, daß die Zauberinnen und Hexenmeister zu Zeiten leibhaftig auf ihre Versammlungen fahren, und nicht deswegen, daß man mir eben glauben müsse, ich sei wie ich gemeldt hab, auch so dahin gefahren, denn es gilt mir gleich, es mags einer glauben oder nicht, und wers nicht glauben will, der mag einen andern Weg ersinnen, auf welchem ich aus dem Stift Hirschfeld oder Fulda (denn ich weiß selbst nicht, wo ich in den Wäldern herumgeschweift hatte) in so kurzer Zeit ins Erzstift Magdeburg marschiert sei.«*

**Hexe mit der Hasenscharte**

Die Hexe, die die → Todesfee von Bandon verbannt hat und deren Gedächtnis Gilderoy → Lockhart löschte, ehe er ihre Taten und ihren Ruhm stahl. Nicht einmal der Name der tapferen Frau ist bekannt.

**Hexeninstitut von Salem**

→ Hexen von dort besuchen die → Quidditch-Weltmeisterschaft 1994 (HP4).

**Hexenkunst**

→ Magie

**Hexenmeister**

Titel für einen bedeutenden Zauberer *(Chf. Warlock)*; Albus → Dumbledore führt diesen Titel.

**Hexenstunde**

Sendung im → Zauberer-Radio am frühen Morgen, in der Harry Potter u. a. Celestina → Warbeck hört, als er zum ersten Mal bei Familie → Weasley ist (HP2,38). Klingt nach dem, was manche spöttisch »Hausfrauenradio« nennen.

**Hexenverfolgung**

Während der Sommerferien 1993 muss Harry Potter einen Aufsatz schreiben über die Hexenverfolgungen im 14. Jahrhundert in England. Damals waren die allerdings noch gar nicht so schlimm, das kam erst nach dem Mittelalter. Zwar gibt es die Vorstellung von → Hexen in der Welt der → Muggel schon seit Jahrtausenden und in fast allen Kulturen, und fast ebenso lange gibt es schon Verfolgungen von Hexen und → Magiern, so verbot bereits der »Codex Hammurabi« im 18. Jahrhundert v. Chr. die Zauberei, und 367 n. Chr. kam es auf Anordnung des römischen Kaisers Valerian zu Hexenverfolgungen. Doch erst im

Spätmittelalter bildete sich die Hexenvorstellung heraus, die schließlich zu den grauen- und massenhaften Hexenverfolgungen der frühen Neuzeit führte. Die schlimmsten Verfolgungen gab es zwischen 1450 bis 1750; Anna Göldi, die sogenannte »letzte Hexe Europas«, wurde 1782 im schweizerischen Glarus hingerichtet. In Großbritannien gab es den ersten Hexenprozess 1324, die erste Hinrichtung einer Hexe 1566 (sie wurde gehängt), und erst 1735 wurde gesetzlich die Hexenverfolgung abgeschafft. Auch in den USA gab es grausame Hexenverfolgungen, z. B. in → Salem 1692. Der Höhepunkt der Hexenjagden lag überall zwischen 1560 und 1630 (im Mittelalter gab es nur sehr wenige Hexenverbrennungen!). Vorher war der Glaube an → Magie und → Zauberer weit verbreitet, wurde jedoch von der Kirche abgetan und bekämpft als Rest heidnischen → Aberglaubens. Zwar zählte schon seit Kirchenvater Augustinus (354–430) der Teufelspakt zu einem festen Bestandteil der christlichen → Dämonologie, doch wurde er erst von den Dominikanern Albertus Magnus (1200 – 1280) und seinem Schüler Thomas von Aquino (1225 oder 1226 bis 1274) zu einer umfassenden Theorie ausgebaut vom Vertrag zwischen dem Satan bzw. einem Dämon und einem Menschen, von einer Gegenwelt des Teufels und seiner menschlichen Verbündeten, die es zu bekämpfen gelte. Damit konnte jede magische oder auch nur als abergläubisch bewertete Handlung als Teufelsdienst verfolgt und als Ketzerei bestraft werden. Bereits 1225 kam der »Sachsenspiegel« den kirchlichen Forderungen nach harter Bestrafung von zauberischen Delikten nach und sah für Zauberei und Ketzerei den Feuertod vor. Die uneingeschränkte Anwendung des Inquisitionsprozesses gegen Zauberei verordnete dann Papst Johannes XXII. in seiner Bulle »Super illius specula« (1326). Von nun an wurden die »crimen magiae« zwar verfolgt, aber größere Bedeutung erreichte diese Verfolgung erst im 15. Jahrhundert. 1437 entwickelte der Dominikaner Johannes Nider (ca. 1380/90 – 1438) in seiner Schrift »Formicarius« die Idee einer im Untergrund wirkenden satanistischen Hexensekte von Männern und Frauen, die der Inquisitor (und Dominikaner!) Jaquier (gestorben 1472) 1458 in seinem Traktat »Flagellum haereticorum fascinatiorum« aufgriff. Mit der »Hexen-«Bulle »Summis desiderantes affectibus« leitete Papst Innozenz VIII. (ausgerechnet der »Unschuldige«!) die systematische Hexenverfolgung ein. Der »Durchbruch« in der Hexenverfolgung (die gar nicht so einfach durchzusetzen war gegen den gesunden Menschenverstand der Mehrheit des Volkes wie des Klerus) kam dann 1487 mit dem berühmt-berüchtigten »Hexenhammer«, dem »Malleus maleficarum« von Jacob Sprenger (Ordensprovinzial der Dominikaner, 1436 – 1495) und Heinrich Institorus (Inquisitor und – natürlich – Dominikaner, eigentlich Heinrich Cramer, 1430 – 1505), der die Hexenlehre praktisch zum Abschluß brachte. Alleinautor war übrigens Cramer, der sich aber ohne Mithilfe von Sprenger nicht durchsetzen konnte. Er sprach im Deutschen von »unholden oder hegksen«; da er den

Begriff Unhold bevorzugte, hätte er das Werk wohl mit »Unholdenhammer« übersetzt, doch bekannt wurde es unter dem etwa 100 Jahre später entstandenen Begriff »Hexenhammer«. Es war lange eines der verbreitetsten und meist übersetzten Bücher; 1669 erschien die 30. Auflage. Nahm man den »Hexenhammer« ernst, bedrohten die Hexen (und Hexer) nicht nur die Kirche, sondern die ganze Weltordnung und waren als Statthalter des Teufels für alles Böse verantwortlich. Um sie ausfindig zu machen, wurden »Hexenproben« eingeführt, die den Beschuldigten gar keine Chance mehr ließen, etwa das Stechen in ein Muttermal oder einen Leberfleck – floss kein → Blut, war man überführt. Bei der Wasserprobe wurde man mit gebundenen Händen ins Wasser geworfen. Wenn man unterging (und ertrank), galt man als unschuldig, wenn man sich über Wasser hielt, war die Schuld bewiesen, da nur der Teufel geholfen haben konnte. Auch zählte nun die Denunziation statt einer Anklage und wurde die Folter ins Beweisverfahren eingeführt. Aufgrund der Zurückhaltung der weltlichen Juristen hätte dies noch nicht zu den Exzessen der Hexenverfolgung geführt, doch hinzu kam namhafte Unterstützung, seitens der Reformation etwa von Martin Luther oder seitens der Wissenschaft von → Paracelsus und seinen Anhängern. So konnte es schließlich zu den grausamen Verfolgungen kommen, mit unmenschlichen Folterungen und Verbrennungen bei lebendigem Leibe, bei denen nach vorsichtigen Schätzungen 100.000 bis 500.000 Menschen ums Leben kamen, vielleicht aber auch einige Millionen. – Hexen wurde nicht nur der Teufelspakt vorgeworfen, sondern auch Schadenszauber (oder allgemein die Anwendung Schwarzer → Magie), dass sie die Zukunft vorhersagen würden (→ Weissagung), unbelebte Gegenstände belebten oder die Toten wiederbelebten, Geister oder → Dämonen beschwörten und sich und andere in Tiere verwandeln würden, also → Animagi seien. Manchen wurde vorgeworfen, → Vampire oder → Werwölfe zu sein. Oft stellt man ihnen Tiere als → Vertraute an die Seite, besonders gerne → Katzen (Hemine → Granger ist so gesehen eine typische Hexe), Raben oder Eulen. – Es gibt heute noch Hexenverfolgungen, auch in Europa, bis hin zu Steinigungen und Verbrennungen, wie in den 80er-Jahren noch in Bayern (ohne Todesfälle) und in den 90er-Jahren in Jugoslawien (mindestens 6 Lynchmorde). In Rumänien wurde 1997 eine Scheidung ausgesprochen, weil die Frau eine Hexe und ein »energetischer → Vampir« sei. In Honduras kam es zu Unruhen und Lynchmorden, nachdem am 3. Juni 1995 ein Blitz mehrere Zuschauer tötete und man Hexerei als Ursache vermutete, ebenso im Kongo, als dort am 25. Oktober 1998 eine ganze Fußballmannschaft von einem Blitz erschlagen wurde. Überhaupt ist in Afrika seit Mitte der 90er-Jahre ein regelrechter Hexenwahn entstanden; in Südafrika wurden seither mehrere Hundert Menschen als Hexer und Hexen verbrannt. Der McCarthyismus der frühen 50er-Jahre in den USA, die »Verfolgung unamerikanischer Umtriebe«, wird von Historikern als »amerikanische Hexenjagd« bezeichnet. Rowling zieht dazu Parallelen, wenn sie Sirius → Black von den Verfolgungen der → Todesser berichten lässt und wie schnell eine solche Hysterie gefährliche Ausmaße annehmen kann, bis sogar die »Guten« die Techniken der »Bösen« übernehmen (HP4,549). – Laut dem Buch → »Geschichte der Zauberei« von Bathilda → Bagshot (in der deutschen → Übersetzung fälschlicherweise Adalbert → Schwahfel zugeschrieben) wurden bei den Hexenverfolgungen kaum echte Zauberer und Hexen gefasst, und wenn sie verbrannt werden sollten, geschah ihnen nichts: *»Die Hexe oder der Zauberer übte einen einfachen → Flammengefrier-Zauber aus und schrie dann wie am Spieß, während sie oder er in Wahrheit nur ein angenehmes Kitzeln spürte.«* → Wendelin die Ulkige machte sich sogar einen Spaß daraus, sich »verbrennen« zu lassen (HP3,6).

**Hexenwoche**
Eine Illustrierte, wahrscheinlich ein typisches Erzeugnis der »Yellow Press«, die den »Charmantestes-Lächeln-Preis« vergibt. Diesen hat fünfmal Gilderoy → Lockhart gewonnen. Rita → Kimmkorn schreibt für diese Zeitschrift den verlogenen Artikel über die die »tückische« Hermine → Granger (HP4,533/4).

**Hexerei**
→ Magie

**Higgs, Terence**
→ Sucher im → Quidditch-Team von → Slytherin in Harry Potters erstem Schuljahr 1991/92 (HP1).

**Hilfsmittel für den Magischen Tunichtgut GmbH**
»Firma«, die die »hochwohlgeborenen Herren« → Moony, → Wurmschwanz, → Tatze und → Krone, also James → Potter, Sirius → Black, Remus → Lupin und Peter → Pettigrew, in ihrer Schulzeit in → Hogwarts gründeten, um magische Gegenstände zu vertreiben – ähnlich später den → Weasley-Zwillingen. Ein nützliches Produkt dieser Firma ist die → Karte des Rumtreibers.

**Hinkepank**
Ein Irrlicht, ein kleines, schwächliches Wesen, das aussieht, als bestehe es aus Rauchschwaden. Mit seiner Laterne führt es Wanderer im Dunkeln in Sümpfen und Mooren in die Irre. Die Muggel kennen dazu die Sage um Jack o'Lantern (→ Halloween).

**Hippogreif**
Wie der Name zusammengesetzt ist aus »Hippo« für Pferd und »Greif« für Greifvogel, sind diese magischen Kreaturen zusammengesetzt aus dem hinteren

Teil (Körper, Hinterbeine, Schwänze) von Pferden und den Vorderteilen (Vorderbeine, Flügel, Köpfe) von riesigen Adlern. → Hagrid bringt ein Dutzend in den Unterricht zur → Pflege magischer Kreaturen in Harry Potters drittem Schuljahr. Hippogreife sind sehr stolz und leicht beleidigt. Wenn man sie gut behandelt – man muss sich verbeugen –, kann man auf ihnen fliegen. Draco → Malfoy ärgert den Hippogreif → Seidenschnabel, und der beißt ihn (HP3).

### Hirnloser Aufschneider

So bezeichnet Ron → Weasley Gilderoy → Lockhart (HP2,170).

### Hirsch

Das Tier, in das sich James → Potter verwandeln konnte, nachdem er → Animagus geworden war. – Es ist nicht klar, in welche Art Hirsch sich James verwandelte, wahrscheinlich in einen Rothirsch (*Cervus elaphus*). Dann könnte er am Widerrist bis zu anderthalb Meter hoch und bis zu 250 Kilo schwer gewesen sein, stark und groß genug also, um Remus → Lupin als → Werwolf in Schach halten zu können. Der deutsche Spitzname »Krone« deutet an, dass James ein ausgesprochen starker Hirsch war, denn bei solchen weist das Geweih, dass jedes Jahr erneuert und immer stärker wird, oft eine Kronenbildung auf. Der englische Spitzname *Prongs* (Zinken oder Spitzen) gibt keinen Hinweis darauf.

### Historische Stätten der Zauberei

In dem Buch, in dem Hermine → Granger über → Hogsmeade nachliest *(Sites of Historical Sorcery)*, steht u. a., dass die → Heulende Hütte das Gebäude in → Großbritannien ist, in dem es am schlimmsten spukt, und das Pub »Zu den drei Besen« Hauptquartier des berüchtigten → Koboldaufstands von 1612 war.

### Höchst potente Zaubertränke

Dieses große, schimmlig aussehende Buch mit stockfleckigen Seiten *(Moste Potente Potions)* steht in der Abteilung für → verbotene Bücher in der Bibliothek von → Hogwarts und enthält u. a. das Rezept für den → Vielsaft-Trank und viele andere mächtige Tränke, z. B. einen, mit dem man die Innereien eines Menschen nach außen kehren kann und einen, durch den einem Menschen mehrere Arme aus dem Kopf sprießen (HP2,171). Hermine → Granger erhält mit einem Trick von Gilderoy → Lockhart die Erlaubnis, dieses Buch auszuleihen.

### Höchster Turm

Der Aufstieg auf den höchsten Turm von → Hogwarts ist Schülerinnen und Schülern streng untersagt; nur zur → Astronomiestunde dürfen sie die steile Wendeltreppe hinaufsteigen. Harry Potter und Hermine → Granger lassen von hier aus um Mitternacht verbotenerweise den → Drachen → Norbert abholen.

## Hogsmeade

Der einzige Ort in → Großbritannien, der nur von magischen Wesen bewohnt wird; kein → Muggel hat Zutritt. Schülerinnen und Schüler von → Hogwarts dürfen ab dem dritten Schuljahr dorthin, aber nur mit → Zustimmungserklärung. Hogsmeade liegt nahe → Hogwarts; es führen mindestens 7 → Geheimgänge dorthin. In Hogsmeade hält der → Hogwarts-Express; hier steht die → Heulende Hütte. Es gibt den Süßigkeitenladen → Honigtopf, den Zauberutensilienladen → Derwisch und Banges, den Kleiderladen → Besenknechts Sonntagsstaat, → Zonkos Scherzartikelladen, ein → Postamt und das Gasthaus → »Zu den drei Besen«. – Hogsmeade heißt übersetzt etwa »Schweineanger«.

## Hogwarts

Die »Schule für → Hexerei und → Zauberei« *(School of Witchcraft and Wizardry)*, die Harry Potter seit 1991 besucht. Eine der größten und wahrscheinlich die bedeutendste und beste Schule zum Erlernen der → Magie. Der Name bedeutet »Schweinewarzen« (*wart-hog* ist ein Warzenschwein, siehe auch die → Hymne). Man wird mit 11 Jahren eingeschult und besucht die Schule sieben Jahre lang, verlässt sie also mit 17, wenn man als Hexe oder Zauberer volljährig ist – vorausgesetzt, man muss nicht ein Jahr wiederholen, wie etwa Marcus → Flint. Das Schuljahr geht vom 1. September bis zum 30. Juni; im Juli und August sind Sommerferien. Am Ende des fünften und sechsten Schuljahres legt man die Prüfungen zum → Zaubergrad ab, am Ende der Schulzeit wird man zum → »Unheimlich Tollen Zauberer« examiniert, macht also praktisch das Zauberer-Abitur. – Gegründet wurde die Schule vor über tausend Jahren, wahrscheinlich im 10. Jahrhundert – *»das genaue Datum ist nicht bekannt«* (HP2,157) – von den größten Zauberern und Hexen ihrer Zeit: Godric → Gryffindor, Helga → Hufflepuff, Rowena → Ravenclaw und Salazar → Slytherin. Nach ihnen sind die vier → Häuser von Hogwarts benannt, auf diese werden die Schülerinnen und Schüler vom → Sprechenden Hut verteilt. – Hogwarts ist ein altes Schloss an einem verborgenen Ort, nach Aussagen von → Rowling im nördlichen → Schottland. Dazu passt, das Harry Potter und Ron → Weasley auf ihrer Reise mit dem fliegenden → Ford Anglia über → Peebles in Schottland gesehen werden. Und der → Hogwarts-Express erinnert an den »Flying Scotsman«, der täglich zwischen England und Schottland verkehrt. – Hogwarts ist so geschützt, dass → Muggel es gar nicht und auch Zaubernde es nur schwer finden können. Muggel sehen nur eine vermoderte Ruine mit einem Schild über dem Eingang: »Achtung! Kein Zutritt! Einsturzgefahr!«, und für Zaubernde ist es unortbar gemacht. Magische Barrieren verhindern u. a. das → Apparieren (→ Hauself → Dobby scheint es zu können, HP2,186!). Und elektronische Geräte wie Telefone, Handys, Funkgeräte, → Wanzen oder Computer funktionieren auf dem Gelände nicht. Das eigentliche Schulgebäude, ein ziemlich düster aussehendes Schloss mit vielen Zinnen und Türmen – auf dem Westturm befindet sich die → Eulerei – thront auf der Spitze eines hohen Berges über einem großen → schwarzen See. Über diesen werden die Erstklässler mit Boten durch einen Tunnel in einen unterirdischen Hafen gebracht, ehe sie das Schloß zum ersten Mal durch das riesige, eicherne Schlosstor betreten dürfen. Das reichverzierte eiserne Außentor sehen sie zum ersten Mal im zweiten Schuljahr, wenn sie von pferdelosen Kutschen abgeholt werden; es ist von zwei Säulen mit den Statuen geflügelter → Eber flankiert. Eine Karte des Schlosses zu zeichnen ist, zumindest ohne magische Hilfsmittel (→ »Karte des Rumtreibers«), unmöglich: *»Es gab einhundertzweiundvierzig Treppen in Hogwarts: breite, weit ausschwingende; enge, kurze, wacklige; manche führten freitags woandershin; manche hatten auf halber Höhe eine Stufe, die ganz plötzlich verschwand, und man durfte nicht vergessen, sie zu überspringen. Dann wiederum gab es Türen, die nicht aufgingen, außer wenn man sie höflich bat oder genau an der richtigen Stelle kitzelte, und Türen, die gar keine waren, sondern Wände, die nur so taten, als ob. Schwierig war es auch, sich daran zu erinnern, wo etwas Bestimmtes war, denn alles schien ziemlich oft den Platz zu wechseln«* (HP1,145). Bewegen kann sich in Hogwarts nur, wer sich auskennt; es symbolisiert eine der Grundregeln der Zauberergemeinschaft: »Wissen ist Macht!« Joanne K. Rowling selbst hat, wie sie erklärte, keine Karte, aber eine genaue Vorstellung, wie das Schloss aussieht. – Hausmeister im Schloss ist Argus → Filch. Zum Schloss gehören auch umfangreiche Ländereien. Innerhalb der Schlossmauer liegen die → Gewächshäuser, der → Gemüsegarten und die Parkanlagen rund ums Schloss, außerhalb weitere Ländereien, die sich bis zum → »Verbotenen Wald« erstrecken, der ebenfalls noch zu Hogwarts gehört. An dessen Rand lebt in einer Hütte Rubeus → Hagrid, »Hüter der Schlüssel und Ländereien« und Wildhüter. Geleitet wird Hogwarts von Albus → Dumbledore, laut Hagrid »dem größten Schulleiter, den Hogwarts je gesehen hat« (HP1,67); dem schließt sich der → Hauself → Dobby an: *»Dumbledore ist der großartigste Schulleiter, den Hogwarts je gesehen hat«* (HP2,21). Stellvertretende Schulleiterin ist Minerva → McGonagall, zugleich Hauslehrerin von Gryffindor und Lehrerin für → Verwandlung. Sie ist es außerdem, die die Einladungen zur Einschulung verschickt. Ein magischer → Federkiel in Hogwarts notiert jede Geburt eines → magisch talentiertes Kindes in einem großen Pergament-Buch, auch wenn die Eltern → Muggel sind. Jedes Jahr überprüft Professor McConagall dieses Buch und lädt alle Kinder ein, dic bis zum 1. September das 11. Lebensjahr vollendet haben. Leiterin des Krankenflügels ist Madam → Pomfrey, Leiterin der → Bibliothek ist Madam → Pince. – Wichtige → Lehrkräfte sind Severus → Snape, Professor → Quirrell, Professor → Flitwick, Gilderoy → Lockhart (nur HP2), die Professorinnen → Hooch, → Sprout, → Sinistra, → Trelawney, ab Harrys drittem Schuljahr → Hagrid, in seinem 4. Schuljahr Mad-

Eye → Moody – und natürlich Professor → Binns. Dieser ist der einzige Lehrer, der zugleich ein → Geist ist – von denen es einige in Hogwarts gibt: den → Fast Kopflosen Nick, den → Blutigen Baron, den → Fetten Mönch, → Peeves und die → Maulende Myrte, um nur die wichtigsten zu nennen. – Das Leben in Hogwarts ist kein Zuckerschlecken. Die etwa 280 Schülerinnen und Schüler (pro Jahr kommen etwa 10 neue pro Haus hinzu) haben nach dem Vorbild englischer Privatschulen jeden Werktag vor- und nachmittags Unterricht, manchmal sogar um Mitternacht (→ Astronomie). Nur Freitagnachmittag und das Wochenende sind frei, dafür gibt es aber auch umfangreiche Hausarbeiten und manchmal auch → Strafarbeiten. Zauberei zu erlernen ist eben nichts Einfaches. Das wissen selbst die Muggel; ihr Dichter Achim von Arnim (1781 – 1831) schreibt in seiner Erzählung »Isabella von Ägypten« (1812): *»Zauberei braucht die härteste Schule; wer sie aushalten kann, möchte auch wohl in den gewöhnlichsten Geschäften ohne alles Geheimnis zu zaubern scheinen.«*

**Hogwarts Express**

Der Zug, der am Ferienende oder Schuljahresanfang von Gleis 9 ¾ im Bahnhof King's Cross in → London nach → Hogwarts bringt (Abfahrt 1. September um 11.00 Uhr) und am Ende des Schuljahres, zu Ferienbeginn oder bei Bedarf wieder zurück. Der Bahnhof bei Hogwarts ist in → Hogsmeade. Der Zug hat eine scharlachrote Dampflok. – Der Hogwarts-Express erinnert an eine weltberühmte Dampflokomotive namens »Flying Scotsman« aus den 20er- und 30er-Jahren des 20. Jahrhunderts. Bereits der 10.00-Uhr-Express zwischen London King's Cross und Edinburgh, der im Juni 1862 eingeweiht wurde, und der dazugehörige Gegenzug waren lange vor 1900 als »Flying Scotsman« bekannt, und in der Blütezeit als dampflokbetriebener Zug von 1928 bis 1939 wurde der Name weltbekannt. Auch in der Nachkriegszeit blieb der Name des Zuges erhalten und wurde auf von Diesellokomotiven, später auf von Elektroloks gezogene Züge übertragen, die täglich zwischen England und → Schottland verkehren.

**Hoher Tisch**

Der Tisch in der → Großen Halle von → Hogwarts, an dem die Lehrerinnen und Lehrer sitzen.

**Hokus Pokus**

Ein unter Zauberkünstlern und Taschenspielern beliebtes Zauberwort (→ Zauberspruch). Wahrscheinlich handelt es sich um eine blasphemische Abwandlung der Wörter, die der katholische Priester bei der Wandlung spricht: »Hoc est corpus meum« (»Dies ist mein Leib«). Es könnte aber auch die Verstümmelung von in → Grimoires auftauchenden Zaubersprüchen sein oder eine Abwandlung des italienischen *occhio-bocca*, Augen und Mund (die soll man vor Staunen aufsperren). Erstmals im modernen Sinne taucht der Begriff in einem Taschenspielerbuch von 1635 auf. – Harry Potter verwendet das Wort, um Dudley → Dursley zu erschrecken (im englischen Original *Hocus pocus*, HP2,14). Dabei wird der Begriff im Deutschen ergänzt zu der beliebten Kombination »hokus pokus fidibus« – ein Fidibus ist ein zu einem Zigarren- oder Pfeifenanzünder zusammengerolltes Stück Papier, wahrscheinlich hervorgegangen aus einem Vers des lateinischen Dichters Horaz.

**Holidays With Hags**
Originaltitel des Buches »Ferien mit Vetteln« von Gilderoy → Lockhart, Pflichtlektüre in Harrys zweitem Schuljahr (HP2).

**Höllenhund**
→ Fluffy

**Holzflöte**
Eine grob geschnitzte hölzerne Flöte, die ein wenig wie eine → Eule klingt, erhält Harry Potter an seinem ersten Weihnachtsfest in → Hogwarts 1991 von → Hagrid geschenkt. Er benutzt sie, um → Fluffy einzuschläfern (HP1).

**Homorphus-Zauber**
Ein Zauber, der laut Gilderoy → Lockhart angeblich einen → Werwolf auf Dauer in einen Menschen zurückverwandelt (HP2,168). Ob da was dran ist und es diesen Zauber gibt oder ob dies eine Erfindung von Lockhart ist, ist ungeklärt – doch warum lässt sich Remus → Lupin nicht heilen, wenn es einfach ist? – Das Wort setzt sich zusammen aus dem lateinischen *homo* für Mensch und dem griechischen *morphe* für Gestalt.

**Homunculus**
Der künstliche Mensch, den → Paracelsus schaffen wollte.

**Honigmet**
Ein alkoholisches Getränk, das → Hagrid im Gasthaus → »Zu den drei Besen« trinkt – gleich vier halbe auf einmal (HP3). – Dieses Getränk kennen und schätzen auch die → Muggel.

**Honigtopf**
Der Laden für Süßigkeiten in → Hogsmeade. Dort gibt es fast alles, was man an Süßigkeiten in der Zaubererwelt kennt: → Bertie Botts Bohnen in allen Geschmacksrichtungen, → Bester Blaskaugummi, → Eis-Mäuse, → Explodierende Bonbons, getrocknete Kakerlaken, → Gummischnecken, → Kokosnusseis,

→ Lakritz-Zauberstäbe, → Lutscher mit Blutgeschmack, → Nugatriegel, → Pfefferkekse, → Pfefferkobolde, → Pfefferminzkröten, → Säuredrops, → Schokofrösche, → Schokokugeln, → Toffeebohnen, → Zischende Wissbies, → Zuckerfederhalter und → Zuckerwattefliegen – Der englische Name *Honeydukes* heißt wörtlich übersetzt »Honig-Herzöge«.

### Hooch, Madam

Die Lehrerin für das → Fliegen auf → Besen in Gogwarts, zuständig auch für → Quidditch und bei Spielen um den → Quidditch-Pokal meistens Schiedsrichterin. Hooch könnte, wie »huuuuuutsch« gesprochen, lautmalerisch das Geräusch des vorbeisausenden Besens andeuten. Das englische *hooch* bedeutet aber auch schwarzgebrannter Schnaps oder Fusel. Ob Joanne K. → Rowling damit andeuten will, dass die Fluglehrerin manchmal nicht ganz nüchtern fliegt?

### Hopfkirch, Mafalda

Angestellte der → »Abteilung für unbefugte Zauberei« im → Zaubereiministerium, schickt Harry Potter am 31.7.1992 eine Abmahnung, obwohl nicht er, sondern der → Hauself → Dobby gezaubert hat (HP2,25). Sie ist zwar sehr schnell, aber sie macht da einen Fehler (im Original *Mafalda Hopkirk*).

### Hör auf zu fragen

Die erste Regel, die sich Harry Potter im Zusammenleben mit seinen Verwandten, der Familie → Dursley, zu eigen gemacht hat.

### Hörbücher, Hör-Verlag

Die englischen Hörbücher zu den Harry-Potter-Büchern werden gelesen von Stephen Fry, die amerikanischen von Jim Dale (www.jim-dale.com). Die deutschen Hörbücher liest Rufus → Beck; sie erscheinen unter dem gleichen Titel wie die Bücher im Hör-Verlag in München. Dieser entstand 1993 als Kooperationsprojekt von acht Verlagen, darunter Schott, Suhrkamp und Klett Cotta, um Literatur, Sachthemen und Kinderprogramme auf Tonträgern (MC und CD) unter dem Begriff »Audio-Book« zu vermarkten. Im Mai 1995 startete man mit »Sofies Welt«, im Herbst erschien ein erstes Programm mit rund 50 Einzeltiteln. Laut Verlag lagen die ersten zwei Harry-Potter-Bücher im August 2000 auf den Plätzen 1 und 3 der Verkaufshitliste: Band I (6 MC, 576 Min.) mit ca. 110.000 verkauften Exemplaren, Harry Potter II (8 MC, 673 Min.) mit 80.000 Exemplaren. Dazwischen lag mit ca. 100.000 Exemplaren (noch) »Sofies Welt« von Jostein Gardner. Das frisch erschienene Hörbuch zu Band 3 (9 MC, 776 Min.) kam im September 2000 auf die Bestenliste des Börsenblatts des Deutschen Buchhandels und des Hessischen Rundfunks als Jugend-/Kinder-Hörbuch des Monats. Im Oktober 2000 kostete jedes der drei Hörbücher 49,80 DM.

**Hornby, Olive**
Eine Schülerin in → Hogwarts 1942, Mitschülerin der → Maulenden Myrte, die diese wegen ihrer Brille hänselte. Deshalb schloss Myrte sich in dem Klo ein, in dem sie kurz darauf starb. Bis zu ihrer Hochzeit wurde Hornby von Myrte als → Geist verfolgt, bis das → Zaubereiministerium eingriff und es verbot.

**Hornochse**
So »liebevoll« tituliert Hausmeister → Filch Wildhüter → Hagrid (HP1,271).

**Hornzunge**
Ein → Zauberspruch, auf den Harry Potter in dem Buch »Zaubern für Dummies« stößt, als er nach einer Lösung sucht, wie er mit dem → Drachen in der ersten Aufgabe des → Trimagischen Turniers fertig werden soll.

**Hotel zum Bahnblick**
Das Hotel in Cokeworth *(Railview Hotel)*, in dem die Familie → Dursley mit Harry Potter in der Nacht vom 29. auf den 30. Juli übernachtet, als sie vor den Briefen aus → Hogwarts fliehen (HP1).

**Howler**
Englisch für → Heuler.

**Hufflepuff**
Eines der 4 → Häuser in → Hogwarts, gegründet von Helga → Hufflepuff. Wappentier des Hauses ist ein Dachs, Hausgeist ist der → Fette Mönch, Leiterin Professorin → Sprout. *»In Hufflepuff dagegen ist man gerecht und treu, man hilft dem andern, wo man kann, und hat vor Arbeit keine Scheu«*, so singt der → Sprechende Hut (HP1,130). Das → Wappen von → Hufflepuff ist ein schwarzer Dachs auf Gelb.

**Hufflepuff, Helga**
Die Gründerin und Namensgeberin des Hauses → Hufflepuff von → Hogwarts stammt aus einem sanften Tal und wird als gut beschrieben. Das englische *huff* bedeutet schnaufen, keuchen, *puff* ist der Stoß.

**Hühnerblut**
Junge → Drachen werden jede halbe Stunde mit einer Mischung aus Schnaps und Hühnerblut gefüttert (HP1,254). → Blut, → Drachenzucht.

**Hühnerstall**
Die Hühner im Hühnerstall von → Hogwarts betreut → Hagrid.

**Hund, dreiköpfiger**
→ Fluffy

**Hüpfende Giftpilze**
Lernen die Schülerinnen und Schüler in der zweiten Klasse in → Hogwarts in → Kräuterkunde kennen.

**Hut**
→ Zaubererhut

**Hüter der Schlüssel und Ländereien von Hogwarts**
Offizieller Titel von Rubeus → Hagrid (engl.: *Keeper of Keys and Grounds*).

**Hüter, Hüterin**
In jedem → Quidditch-Team gibt es einen Hüter oder eine Hüterin (englisch: *Keeper*). Er oder sie versucht zu verhindern, dass das gegnerische Team Tore erzielt, also den → Quaffel durch einen der drei Ringe wirft. Der Hüter des → Gryffindor-Teams ist in Harry Potters ersten drei Schuljahren Oliver → Wood.

**Hütte auf dem Fels**
Eine Hütte auf einem Felsen mitten im Meer, in der die Familie → Dursley mit Harry Potter die Nacht vom 30. auf den 31. Juli verbringt, als sie vor den Briefen aus → Hogwarts fliehen (HP1). Hier erfährt Harry an seinem → Geburtstag von → Hagrid, dass er ein Zauberer ist, und erhält endlich seine Einladung nach → Hogwarts.

**Hymne von Hogwarts**
Die Schulhymne von Hogwarts singt jeder und jede zu einer beliebigen Melodie; man möge sich selber ausmalen, wie dies klingen mag: *»Hogwarts, Hogwarts, warzenschweiniges Hogwarts | bring uns was Schönes bei, | Ob alt und kahl oder jung und albern, | wir sehnen uns Wissen herbei. | Denn noch sind unsre Köpfe leer, | voll Luft und voll toter Fliegen, | wir wollen nun alles erlernen, | was du uns bisher hast verschwiegen. | Gib dein Bestes – wir können's gebrauchen, | unsere Köpfe, sie sollen rauchen!«* (Hogwarts bedeutet »Schweinewarzen«.) Die → Übersetzung ist leider nicht sehr gelungen. Nirgendwo im Original deutet Joanne K. → Rowling an, Hogwarts habe »etwas verschwiegen«, und es geht auch nicht darum, etwas »Schönes« zu lernen, sondern *»things worth knowing«*, also Dinge, die es wert sind, gewusst zu werden. Und in der dritten und vorletzten Zeile heißt es: *»Bring back what we've forgot, Just do your best, we'll do the rest.«* – »Bring zurück, was wir vergessen haben. Tu dein Bestes, wir machen das Übrige.« Das hört sich vernünftiger an...

# I

**Ich schwöre feierlich, dass ich ein Tunichtgut bin**

→ Zauberspruch, um die → Karte des Rumtreibers zu aktivieren (HP3,202).

**Illustrationen**

→ Internationale Ausgaben.

**Immer wachsam**

Wahlspruch von Mad-Eye → Moody.

**Impedimenta**

Ein → Zauberspruch, ein Lähmzauber, der einen Angreifer erstarren lässt oder zumindest verlangsamt. Das lateinische *impedimenta* heißt »Gepäck« (HP4).

**Imperius-Fluch**

→ Zauberspruch *(imperio)*, einer der »unverzeihlichen« → Flüche und böseste → schwarze Magie. Lässt die vollkommene geistige Kontrolle über das Opfer zu (→ Zombie), wobei dieses je nach mentaler Stärke mehr oder weniger davon mitbekommt und sich vielleicht wehren kann – Harry Potter widersteht sogar → Voldemort! Während dessen Herrschaft standen viele unter diesem Fluch, und zahlreiche seiner Anhänger konnten sich später damit herausreden, unter dessen Einwirkung gehandelt zu haben. So etwas lässt sich später nicht mehr sicher herausfinden. Barty → Crouch junior wird von seinem Vater jahrelang mit diesem Fluch kontrolliert, bis er sich befreien kann. Das lateinische *imperio* heißt »ich herrsche«, *imperium* bedeutet Befehl oder Herrschaft (HP4).

**Impervius**

Dieser → Zauberspruch macht Gegenstände Wasser abweisend, z. B. die Brillengläser während eines → Quidditch-Spiels (HP3,186). Das englische *impervious* heißt undurchdringlich.

**In Dubio pro Reo**

Im Zweifel für den Angeklagten: Diesen Grundsatz hält Albus → Dumbledore in → Hogwarts hoch, sei es gegen → Hagrid, Harry Potter oder Severus → Snape. Letzteren erinnert er einmal sehr deutlich daran, dass er ihm trotz seiner dunklen Vergangenheit getraut hat und traut: *»Unschuldig bis zum Beweis der Schuld, Severus!«* (HP2,151) Andere halten nichts von diesen beiden Grundsätzen, z. B. Cornelius → Fudge und vor allem Barty → Crouch senior, der manchen Unschuldigen nach → Askaban schickte.

**Incendio**

Dieser → Zauberspruch entzündet ein → Feuer. Das englische *incendiary* heißt Feuer oder auch Brandstiftung.

**inch**

Englische Maßeinheit, deutsch: Zoll. 1 inch = 2,54 Zentimeter, 1" = 2,54 cm.

**Inneres Auge**

Laut Professor Trelawney die besondere Fähigkeit einer Seherin oder eines Sehers zur → Weissagung (HP3).

**Inschrift an der Wand**

Nachdem → Mrs Norris versteinert wurde, findet sich an der Wand eine Schrift in halbmeterhohen Buchstaben: »DIE → KAMMER DES SCHRECKENS WURDE GEÖFFNET. FEINDE DES → ERBEN, NEHMT EUCH IN ACHT!« (HP2,145).

**Intercity 125**

Ein Zug, der gerade an Gleis 9 am → Bahnhof → King's Cross einläuft, als Harry Potter und die Familie → Weasley 1993 in den → Hogwarts-Express einsteigen wollen (HP3).

***Intermediate Transfiguration***

Originaltitel des Lehrbuchs »Verwandlung: Die Zwischenstufen« von Emeric → Wendel.

***International Confederation of Wizards***

Die → »Internationale Vereinigung der Zauberer«.

**Internationale Ausgaben**

Es gibt Übersetzungen der Harry-Potter-Bücher in mindestens 30 Sprachen, auch nur die Titel aufzuzählen, würde Seite füllen. Ich beschränke mich darauf, die wichtigsten Ausgaben mit evt. Illustratoren anzugeben (Stand Oktober 2000): **Großbritannien:** Band 1 – 4 Verlag → Bloomsbury, Titelbilder Band 1 Thomas Taylor, Bände 2 – 3 Cliff Wright, Band 4 Giles Greenfield. **USA:** Band 1 – 4 → Verlag Arthur A. Levine Books, Imprint des Verlages → Scholastic, Titelbilder und Innenillustrationen Mary → GrandPre. **Deutschland:** Band 1 – 4 → Carlsen-Verlag, Titelbilder Sabine → Wilharm. **Frankreich:** Verlag Band 1 – 3 Verlag → Gallimard. Titelbilder und (nur Bände 1+2) Innenillustrationen Emily Walcker. In den Niederlanden sind die ersten beiden Bände erschienen mit Titelbildern von Ien van Laanen, in den meisten skandinavischen Ländern die ersten zwei oder drei Bände. Norwegen nutzt ebenso wie Korea für den dritten Band das amerikanische Cover. Die japanischen, spanischen, dänischen und italienischen Ausgaben haben teilweise sehr eigenständige Titelillustrationen, die nicht immer zum Text passen. In Island wird der Autorinnenname mit Joanna Rowling angegeben.

### Internationale Vereinigung der Zauberer, Internationale Zauberervereinigung

Ein Zusammenschluss bedeutender Zauberinnen und Zauberer *(International Confederation of Wizards)*; Albus → Dumbledore gehört ihr an. Sie kritisiert Cornelius → Fudge, weil das → Zaubereiministerium die → Muggel von der Flucht von Sirius → Black informiert hat (HP3). Diese Vereinigung muss von Bedeutung sein, da → Karkaroff sich bei ihr beschweren will (HP4). Vielleicht hat sie eine ähnliche Funktion wie ein Parlament.

### Internationale Zaubererversammlung von 1289

Es ist nicht mehr darüber bekannt, als dass es dort im September einen Unterausschuss zyprischer Zauberer gab. Professor → Binns erklärt gerade seiner zweiten Klasse 1992 etwas über diese Versammlung, als Hermine → Granger ihn nach der → Kammer des Schreckens fragt (HP2,156).

### Internationaler Kodex zur Geheimhaltung der Magie

Das → Geheimhaltungsabkommen der Internationalen Zaubervereinigung

### Internationaler Quidditchverband

Dachorganisation aller → Quidditch-Teams und Ausrichterin der → Quidditch-Weltmeisterschaft; Vorstandszauberer ist Hassan → Mostafa (HP4).

### Internet

In der Welt von Harry Potter ist das Internet bisher noch nicht aufgetaucht, was kein Wunder ist, da die Bücher vor 1995 spielen und damals das Internet noch eine Sache für Spzialisten war. Wenn es dazu kommt, nennt man es dort vielleicht so, wie manche Leute auf Mittelaltermärkten: »elektronische Schriftrolle« oder »magisch innenbeleuchtete heimelige Pergamente«. – In der Welt der → Muggel gibt es natürlich unzählige Seiten über Harry Potter im Internet, die meisten von Fanclubs oder Privatleuten. Bei Redaktionsschluss im Oktober 2000 gab es alleine ca. 75.000 deutschsprachige Internetseiten zu Harry Potter. Da diese sich sehr schnell ändern und viele bald wieder verschwunden sind, gebe ich hier nur die offiziellen Seiten an und einige ausgewählte inoffizielle, von denen ich annehme, dass sie noch länger existieren. Die offizielle deutsche Seite betreut natürlich der → Carlsen-Verlag (*www. harrypotter.de*); beim vierten Band, → »Harry Potter und der Feuerkelch«, ließ der Verlag im Internet darüber abstimmen, welches von zwei Titelbildern von Sabine → Wilhalm ausgewählt werden sollte. Wöchentlich erscheint hier die Zeitschrift → »Wochenprophet«. Die Chat-Ecke hat der Verlag im Oktober 2000 eingestellt, da sie bei fünf Millionen(!) Visits im Monat nicht kontrollierbar war und für rechtsradikale Propaganda missbraucht wurde. Es soll nun zweimal wöchentlich einen redaktionell betreuten Chat geben. Bei dieser Seite vorbeizuschauen, lohnt sich immer. – Die offiziellen englischsprachigen Seiten finden sich bei den Verlagen → Bloomsbury (*www.bloomsbury. com/harrypotter*, England) und → Scholastic (*www.scholastic.com/harrypotter*, USA) sowie der Filmfirma → Time Warner (*www.harrypotter.com* und *http://harrypotter.warnerbros.com*, USA). Diese betreibt auch einen Shop, über den man Merchandising-Artikel beziehen kann (*www.wbstore.com*). – Aktuelle Informationen erhält man auf meiner Seite *www.incantatio.de*. und, in Englisch, unter *http://ww.beachampublishing.com*, der Seite zum Buch → »Beacham's Sourcebook For Teaching Young Adult Fiction: Exploring Harry«. – Der größte »inoffizielle → Harry-Potter.Fanclub« wurde Anfang 2000 von zwei Schwestern aus Berlin gegründet, Sarah und Saskia Preissner (*www. hpfc.de*). Er hatte im Sommer 2000, als er die → Harry-Potter-Parade in Berlin organisierte, schon über 12.000 Mitglieder und im Oktober 2000 40.000 – eine Seite, die sehr professionell aufgebaut ist (in 10 Sprachen!) und immer Neues zu bieten hat. Von dort aus gibt es auch zahlreiche Links. Weitere interessante Seiten sind (oder waren zumindest im Oktober 2000) *www.alohomora.de*, *www.potter.foru.de*, *www.harrypotter-fan.de*, *www.lea-becker.de* und *www.mikids.com/harrypotter* (Seite einer Lehrerin). Sehr nützlich sind die Harry-Potter-Webringe *http://hpwebring.homestead.com/index.html* und *www. hpfactsandfun.com*. Umfangreiche englische Harry-Potter-Fanclubseiten finden sich unter *www.surfnetkids.com/harrypotter.htm*, *http://howgarts.homestead. com*, *www.angelfire.com/wi/harrypotter/mainharry.html* und *www.geocities. com/Enchanted Forest/1900* (die »Encyclopeadia Potteria«). Rufus → Beck, Sprecher der deutschen → Hörbücher, hat eine eigene Seite – *www.rufusbeck.de* – ebenso der Sprecher der amerikanischen Hörbücher, Jim Dale: *www.jimdale.com*. Auch die Illustratorin der amerikanischen Ausgabe, Mary → GrandPre, ist im Netz vertreten, unter *www.marygrandpre.com*. Den jeweils aktuellen

Stand im → Plagiatsstreit aus der Sicht von Nancy K. → Stouffer findet man im Internet unter *www.realmuggles.com*. Und auch den Streit um die → Zensur gegen Harry Potter lässt sich im Internet verfolgen: Auf besonders absurde fundamentalistische Positionen wie *www.exposingsatanism.org/harrypotter.html* wird ebenso deutlich reagiert mit *www.mugglesforharrypotter.com*.
Immer wieder gibt es Streit um die → Rechte an Internet-Namen (domains). Alle Rechte an Harry Potter liegen bei Warner Bros., einer Tochterfirma von → Time Warner, bzw. bei den entsprechenden → Verlagen. Allerdings ist es fraglich, wieweit man allgemeine Begriffe oder Namen schützen kann, und die Gerichte sind, sowohl im nationalen wie im internationalen Rahmen, da noch nicht zu einer einheitlichen Haltung gelangt. Die Domain *»harry.de«* etwa gehört der Harry-Brot GmbH in Schenefeld bei Hamburg, *»potter.de«* der Unternehmensberatung Hartmut Poetter in Dortmund. Der aktuelle Streit um die Domain *»harry-im-netz.de«*, die jemandem aus Kiel gehört, wird deshalb in der Fachwelt mit Spannung verfolgt. Die allgemeine Auffassung ist, dass solche allgemeinen Begriffe frei bleiben müssen: Mit Harry könnte ja jeder dieses Namens gemeint sein, z. B. der jüngere Sohn von Prinz Charles und Lady Diana, der ebenfalls sehr bekannt ist. – Für Furore sorgte im Herbst 2000 der Informatiker Bernd Koelemann, der unter *»harry-auf-deutsch.de«* eine illegale → Übersetzung ins Internet stellte. – Man kann die Harry-Potter-Bücher natürlich auch im Internet bestellen, z. B. bei → *amazon.com*, *amazon.de*, *buch.de*, *bookstra.de* oder *bol.de*. Die → Preise der deutschen Ausgaben sind dieselben wie im Buchhandel, bei denen für englische Ausgaben gibt es Schwankungen. Schließlich lässt sich im Internet auch verfolgen, wann die nächste aktualisierte Fassung dieses Buches erscheinen wird, sowohl beim Verlag unter *www.schwarzkopf-schwarzkopf.de* oder *www.lexxxikon.de* wie auch beim Autor unter *www.incantatio.de*. An ihn können auch eMails mit Verbesserungsvorschlägen gerichtet werden unter lexika4all@aol.com oder hp@incantatio.de.

### *Invisibility Cloak*

Englisch: → Unsichtbarkeitsumhang.

### Irland

Die Republik, deren Team die → Quidditch-Weltmeisterschaft 1994 gegen Bulgarien gewann. Zum Team gehörten Aidan Lynch (→ Sucher), Ryan (→ Hüter), Troy, Mullet, Moran (→ Jäger) und Connolly und Quigley (→ Treiber). Das Team trat in Grün an. Maskottchen waren die → Leprechans (HP4). – Irland ist die westlichste und zweitgrößte der Britischen Inseln im Norden des Atlantischen Ozeans, von Norden nach Süden 486 Kilometer lang und maximal 280 Kilometer breit. Die Insel ist geteilt: Die Republik Irland, deren Team Quidditch-Weltmeister wurde, besteht aus den Provinzen Connaught, Leinster und

Munster mit etwa 70 000 Quadratkilometern und 3,5 Millionen Einwohnern. Die Provinz Ulster, auch als Nordirland bekannt, gehört zu → Großbritannien und umfasst rund 14.000 Quadratkilometer mit etwa 1,5 Millionen Einwohnern.

**Irrgarten**
Ein solcher ist die dritte Aufgabe im → Trimagischen Turnier.

**Irrwicht**
Ein → Gestaltwandler, den Remus → Lupin seiner dritten Klasse 1993 im Unterricht in → Hogwarts vorstellt (englisch: *Boggart*). Der Irrwicht nimmt immer die Gestalt an, die der Mensch, der vor ihm steht, am meisten fürchtet. Es gibt dagegen zwei Mittel: Vor vielen Leuten gerät die Kreatur in Verwirrung, und sonst muss man ihre Gestalt ins Lächerliche verwandeln mit dem → Zauberspruch → »Riddikulus!« und sie kräftig auslachen. So zieht Nevill → Longbottom »Professor Snape« die Kleider seiner → Großmutter an. Dass sich der Irrwicht bei Lupin in einen → Mond verwandelt, bringt Hermine → Granger darauf, dass Lupin ein → Werwolf ist (HP3). – In der → Mythologie der → Muggel ist ein Boggart ein nordenglischer Spuk- oder → Poltergeist.

**Isle of Wight**
Insel und Grafschaft vor der englischen Südküste, vom englischen Festland durch den Meeresarm Solent getrennt. Wegen des milden, sonnigen Klimas und der vielseitigen Landschaft ein äußerst beliebter Erholungsort mit einem berühmten Jachthafen. Magda → Dursley verbringt dort ihren Urlaub im Juli 1991 und wird krank, weil sie eine faule Wellhornschnecke isst (HP1).

**Iwanowa**
→ Jägerin im bulgarischen Team bei der → Quidditch-Weltmeisterschaft (HP4).

# J

**Jack o'Lantern**
→ Halloween

**Jagd der Kopflosen**
Vereinigung kopfloser → Geister, die auf Geisterpferden reiten und eine Art »Wilde Jagd« darstellen, angeführt von Sir Patrick Delaney-Podmore. Da er nur »fast kopflos« ist und nicht an Kopfpolo und Kopfjonglieren zu Pferde teilnehmen könne, lehnen sie eine Aufnahme des → Fast Kopflosen Nick ab (HP2).

**Jäger, Jägerin**
In jedem → Quidditch-Team gibt es drei Jägerinnen oder Jäger (englisch: *Chaser*); diese versuchen, den → Quaffel in die gegnerischen Ringe zu treiben. Jedes so erzielte Tor bringt 10 Punkte.

**Jahresabschlussprüfung**
An Ende eines Schuljahres finden in → Hogwarts → Prüfungen statt. Geprüft wird in jedem Schulfach, das können praktische Prüfungen sein, wie in → Verwandlungskunde eine Schupftabaksdose in eine Maus zu verwandeln (HP1) oder das Brauen eines → Zaubertranks, oder schriftliche Prüfungen wie zur → Geschichte der Zauberei. Wenn man nicht besteht, muss man das Jahr wiederholen; so geht es einmal Marcus → Flint. In Harry Potters zweitem Jahr, 1993, fallen die Prüfungen wegen der besonderen Umstände aus (HP2). Am Ende des fünften Schuljahres finden die Prüfungen zum → Zaubergrad statt, am Ende der siebenjährigen Schulzeit die für den Titel → »Unheimlich toller Zauberer«. – → Schummeln ist bei den Prüfungen übrigens praktisch unmöglich.

**Jahrgangsbeste**
Solange Hermine → Granger in → Hogwarts ist, ist sie stets die Beste ihres Jahrgangs bei den → Prüfungen. Jahrgangsbeste sind bzw. waren immer auch

Percy → Weasley, Bill → Weasley und Tom Vorlost → Riddle alias Lord → Voldemort.

**Jaulende Jojos**

Stehen 1994 auf der Liste der verbotenen → Gegenstände in → Hogwarts.

**Jener, dessen Name nicht genannt werden soll (darf)**

Beiname von Lord → Voldemort, verwandt aus Angst, seinen Namen auszusprechen. Albus Dumbledore kämpft dagegen an: *»Nenn die Dinge immer beim richtigen Namen. Die Angst vor einem Namen steigert nur die Angst vor der Sache selbst«* (HP1,323).

**Jenkins, Joey**

→ Treiber beim → Quidditch-Team → Chudley Cannons (HP4).

**Jigger, Arsenius**

Englischer Name von Arsenius → Bunsen. – *Jigger* ist ein Messbecher für alkoholische Getränke, in der Umgangssprache auch ein Schnapsglas, im Englischen heißt der Autor also etwas anders als im Deutschen.

***Jiggery pokery***

Ein im Englischen unter Zauberkünstlern und Taschenspielern beliebtes Zauberwort (→ Zauberspruch), eigentlich unübersetzbar bzw. mit vielfältiger Bedeutung der Einzelwörter, wird aber auch verwendet in der Bedeutung »Schmu« oder »Schummeln«. Harry Potter verwendet das Wort, um Dudley → Dursley zu erschrecken (in der deutschen Übersetzung → Simsalabim, HP2,14).

**Johannisbeer-Rum**

Ein alkoholisches Getränk, das Minister → Fudge im Gasthaus → »Zu den drei Besen« trinkt (HP3).

**Johnson, Angelina**

Eine → Gryffindor, eine Schwarze, Jägerin im siegreichen → Quidditch-Team von 1993/94 und im Oktober 1994 gerade 17 Jahre alt geworden, also wahrscheinlich in der 6. Klasse; bewirbt sich für das → Trimagische Turnier. Tanzpartnerin von Fred → Weasley beim → Weihnachtsball.

**Jordan, Lee**

Freund und Vertrauer der → Weasley-Zwillinge, im gleichen Schuljahr und wie diese in → Gryffindor. Berühmt-berüchtigt für seine Kommentierung der →

Quidditch-Spiele in → Hogwarts. Sorgt für einen Schülerauflauf bei der Abfahrt des → Hogwart-Expresses in Harry Potters erstem Schuljahr, weil er eine riesige → Tarantel dabei hat.

**Jorkins, Bertha**

Angestellte in der → Abteilung für magische Spiele und Sportarten im → Zaubereiministerium, früher in → Hogwarts, ein paar Klassen über Sirius → Black. Sie wurde während ihres Urlaubs in → Albanien von Lord → Voldemort ausgefragt und getötet. Sie war nie klug, und man hielt sie immer für vergesslich und zerstreut. Sie hatte aber einmal ein prima Gedächtnis, das änderte sich, als Barty → Crouch senior sie mit einem zu starken → Gedächtniszauber belegte, der ihr Gedächtnis beschädigte. Voldemort kann diesen brechen, und sie erzählt ihm unter der Folter von Barty → Crouch junior, so dass Voldemort diesen befreien kann (HP4).

**Jüngere Entwicklungen in der Zauberei**

Eines der Bücher, in denen Harry Potter, Ron → Weasley und Hermine → Granger nach Nicolas → Flamel suchen (*A Study of Recent Developments in Wizardry*, HP1).

**Jupiter**

Der der → Sonne fünftnächste, der schwerste und größte von 9 → Planeten in unserem Sonnensystem. Für die → Astronomie ist die Kenntnis der Planeten und ihrer Eigenschaften ebenso wichtig wie für die → Astrologie. Harry Potter muss in → Hogwarts viel über die neun Planeten unseres Sonnensystems lernen. – Äquatordurchmesser 142.796 km, 317,9fache Erdmasse (ca. 1.900 Trilliarden Tonnen), mittlere Dichte 1,33 g/cm$^3$, mittlerer Sonnenabstand 5,2 → Astronomische Einheiten (AE), Erdabstand 4,0 bis 6,4 AE, Rotationsperiode 9 Std. 55 Min. 30 Sek., Umlaufzeit um die Sonne 11,86 Jahre. Jupiter hat mindestens 16 → Monde, die Harry Potter auswendig lernen muss (HP1,270). In der → Mythologie der Römer war Jupiter der Herrscher der Götter, nachdem er seinen Vater → Saturn gestürzt hatte. Als Himmelsgott entsprach er bei den Griechen Zeus. Er war der Gott des Regens, des Donners und des Blitzes, Beschützer Roms (Jupiter Optimus Maximus, »der Beste und Größte«), Wächter des Gesetzes, der Wahrheit, der Gerechtigkeit und Tugend, Vater u. a. von → Hermes und → Minerva.

**Jux-Zauberstäbe**

→ Zauberstäbe, die sich beim Versuch, mit ihnen zu zaubern, in Gummi- oder Blechtiere o. ä. verwandeln, bieten die → Weasley-Zwillinge in ihrem Scherzartikelversand → Weasleys Zauberhafte Zauberscherze an.

# K

## Kabbala

Im weiteren Sinne jede spekulative jüdische Geheimlehre und Mystik. Zum Beispiel wollte man im ersten Jahrhundert mittels Meditation und magischen Formeln durch die sieben Astralsphären bis zum Gottesthron reisen, um den Thronwagen Gottes zu erkennen. Im engeren Sinn bezeichnet Kabbala eine esoterische theosophisch motivierte Bewegung, die im 13. Jahrhundert in Spanien und in der Provence entstand. Ihr grundlegendes Werk ist das »Buch des Glanzes«, das »Sefer haz-zohar« oder der »Sohar«, verfasst zwischen 1280 und 1286 von dem spanischen Kabbalisten Moses de León, angeblich jedoch schon von Rabbi Simeon bar Yohai im 2. Jahrhundert. Durch ein ausgefeiltes theosophisches System in symbolischer Sprache, das Elemente des Platonismus und Gnostizismus enthält, werden die zehn Sefiroth, die Reiche oder Ebenen, durch welche die göttliche Kraft in der Schöpfung wirkt, berechenbar, und damit zugleich die Welt und die menschliche Geschichte. Alles was geschieht, wird zu Symbolen für Prozesse des »Innenlebens« Gottes. In der spätkabbalistischen lurianischen Kabbala aus dem 16. Jahrhundert werden ähnlich dem Manichäismus Funken des göttlichen Lichts in Scherben des Bösen, den Kelippoth, gefangen gehalten; die Menschen müssen sie durch Gebete und die Befolgung der Zehn Gebote retten. In der Kabbala gibt es auch die Vorstellung einer Seelenwanderung, »Gilgul« genannt; eine Stufe darin bilden die → Elementargeister. – Noch heute spielt die Kabbala in ihren verschiedenen Richtungen eine nicht unerhebliche Rolle, im 18. Jahrhundert entstand daraus der polnische Chassidismus. Einflüsse der Kabbala finden sich auch in christlichen Kreisen. Bis heute wird die »Gematria« ausgeübt, die Zahlenlehre der Kabbala (→ Nummerologie).

## Käfer

Als Käfer kann die Klatschjournalistin Rita → Kimmkorn, eine illegale → Animaga, alles ausspionieren, was sie für ihre Artikel braucht. Sie lebt allerdings immer in der Gefahr, zerquetscht zu werden.

**Käferaugen**
Gibt's für 5 → Knuts der Schöpflöffel in der Apotheke in der → Winkelgasse.

**Kakao**
Heißer Kakao (und dann ins Bett ) ist eine Art Allheilmittel in den Harry-Potter-Büchern; sogar → Dumbledore greift dazu: *»Bettruhe und vielleicht ein großer, dampfender Becher heißer Kakao, mich jedenfalls muntert das immer auf«* (HP2,340). Im → »Fahrenden Ritter« serviert man heiße Schokolade.

**Kakerlakenschwarm**
→ Passwort für den Eingang in das Arbeitszimmer von Albus → Dumbledore in Harry Potters viertem Schuljahr in → Hogwarts.

**Kamera**
→ Fotoapparat

**Kamin**
Viele Kamine in Zaubererhaushalten sind an das Flohnetzwerk angeschlossen, so dass man über sie mit → Flohpulver reisen kann Außerdem können Zauberer sich durch Kamine unterhalten; es sieht dann aus, als schwebte ein Kopf in den Flammen. Harry Potter hat den Zauber hierfür allerdings noch nicht gelernt.

**Kammer des Schreckens**
Eine geheime Kammer, die Salazar → Slytherin in → Hogwarts eingebaut hat, als er die Schule im Streit mit den anderen Gründerinnen und Gründern verließ. Ihr Eingang befindet sich im → Klo der → Maulenden Myrte und ist nur einem → Parselmund zugänglich. So wollte Slytherin sicherstellen, dass nur sein »wahrer → Erbe« in der Lage sei, *»die Kammer des Schreckens zu entsiegeln, den Schrecken im Innern zu entfesseln und mit seiner Hilfe die Schule von allen zu säubern, die es nicht wert seien, Zauberei zu studieren«* (HP2,158). Darauf verweist auch die Schrift an der Wand, nachdem Mrs Norris versteinert wurde: »DIE KAMMER DES SCHRECKENS WURDE GEÖFFNET. FEINDE DES ERBEN, NEHMT EUCH IN ACHT!« (HP2) Die Kammer liegt weit unter den → Kerkern von Hogwarts, noch unter dem → Schwarzen See. Der Schrecken darin ist ein über 1000 Jahre alter → Basilisk. Entfesselt wird er wie 1942 auch 1992 von Lord → Voldemort, damals noch Tom Vorlost → Riddle und nun als dessen → Erinnerung in seinem → Tagebuch gefangen. Harry Potter tötet den Basilisken und verschließt die Kammer wieder.

**Kammermusik**
Eines der Hobbys von Albus → Dumbledore.

### Kampfstellung

Laut Gilderoy → Lockhart gibt es für das Halten der → Zauberstäbe bei einem → Zaubererduell eine übliche Kampfhaltung (HP2,198).

### Kanarienkremschnitten

Kremschnitten, die jeden, der sie isst, für eine halbe Minute in einen Kanarienvogel verwandeln, bieten die → Weasley-Zwillinge für 7 → Sickel das Stück in ihrem Scherzartikelversand → Weasleys Zauberhafte Zauberscherze an.

### Kaninchen

Lavender → Brown hat zuhause ein Kaninchen, das von einem Fuchs getötet wird. Ein Kaninchen, das sich selber in einen Zylinderhut verwandelt und wieder zurück, sieht Harry Potter in der → Magischen Menagerie in der → Winkelgasse (HP3).

### Kappa

Affenähnliche schuppige Wasserbewohner, die mit ihren schwimmhautbewehrten Händen jeden umbringen wollen, der ihren Tümpel betritt (HP3).

### Karkaroff, Igor

Direktor von → Durmstrang und ein ehemaliger → Todesser, ein großer Mann mit fliehendem Kinn, weißem kurzem Haar, weißem Spitzbart und kaltem Blick. Da er während der Prozesse nach dem Fall von Lord → Voldemort seinen Meister und zahlreiche von dessen Anhängern verriet, um aus → Askaban entlassen zu werden (wohin ihn Mad-Eye → Moody einliefern hatte lassen), flieht er nach Voldemorts → Wiederauferstehung (HP4).

### Karte des Rumtreibers

Diese nützliche Karte (*Marauder's Map*) von → Hogwarts und Umgebung bis nach → Hogsmeade mit (fast) allen Geheimgängen ist ein Produkt der → »Hilfsmittel für den Magischen Tunichtgut GmbH«, bestehend aus James → Potter, Sirius → Black, Remus → Lupin und Peter → Pettigrew. Sie wurde irgendwann von Hausmeister → Filch beschlagnahmt, der aber nichts damit anfangen konnte. Sie zeigt nur etwas, wenn man den → Zauberspruch »Ich schwöre feierlich, dass ich ein Tunichtgut bin« sagt, und wird gelöscht mit den Worten »Unheil angerichtet«. Die → Weasley-Zwillinge haben sie in ihrem ersten Schuljahr, 1989, aus Filchs Büro gestohlen und gaben sie in ihrem 5. Jahr, 1993, an Harry Potter weiter. Sie verrät u. a. Remus → Lupin, wer die Ratte → Krätze in Wirklichkeit ist (HP3), und zeigt Harry, dass sich hinter Mad-Eye → Moody Barty → Coruch junior verbirgt. Das kann er aber zu diesem Zeitpunkt nicht erkennen (HP4).

**Katzen**

Als getigerte Katze erscheint Minerva → McGonagall, wenn sie sich in ein Tier verwandelt (→ Animagus). Der Hausmeister von → Hogwarts, Argus → Filch, besitzt eine ausgesprochen dürre Katze namens → Mrs Norris. Von Katzen stets umgeben ist Mrs Figg (HP1). Wahrscheinlich können Katzen, zumindest aber Mrs Norris, unter dem → Unsichtbarkeitsumhang versteckte Personen entdecken. Millicent → Bulstrode hat eine Katze, und als Hermine → Granger versehentlich ein Katzenhaar in den → Vielsaft-Trank wirft, wird sie selber fast zu einer Katze (HP2). Vielleicht versteht sie sich deshalb so gut mit ihrem → Familiar, dem Kater → Krummbein.

**Katzenklappe**

Eine solche sinnreiche Vorrichtung, durch die nur → Katzen, aber keine Menschen passen, baut Vernon → Dursley in die Tür des Zimmers von Harry Potter ein, damit dieser nicht mehr aus dem Zimmer darf und man ihm das Essen reinreichen kann (HP2,26).

***Keeper***

Englische Bezeichnung für → Hüter oder Hüterin im → Quidditch.

**Kelch**

Ein Kelch ist ein Becher mit einer halbkugeligen, ei- oder trichterförmigen Schale, einem daran ansetzenden Schaft, der unten auf einem Fuß sitzt und zum Festhalten dient. Oft sitzt an der Mitte des Schaftes ein Knauf. Der Kelch hat zunächst die gleiche → mythologisch-magische Bedeutung wie der → Kessel. Im religiösen Bereich dient er oft als liturgisches Gefäß, in der christlichen Kirche etwa zum Darreichen des Abendmahlweines (Messweines). In der Legende wird dabei Bezug genommen auf das Gefäß, das Jesus benutzt haben soll beim letzten Abendmahl, häufig auch auf den Kelch, mit dem Joseph von Arimathia das → Blut Christi aufgefangen haben soll. Dieser Kelch wird oft mit dem → Gral gleichgesetzt. Auch der → Feuerkelch hat eindeutig Anklänge an den Gral.

**Kerberos**

In der → Mythologie der → Muggel ein dreiköpfiger Höllenhund, wahrscheinlich Hunden wie → Fluffy nachempfunden.

**Kerker**

Wozu eine Zaubererschule wie → Hogwarts Kerker braucht, ist zunächst nicht ganz ersichtlich, aber es gibt in Hogwarts mehrere Kerker und Verließe. Professor → Snape unterrichtet die → Zaubertrankkunde in einem davon. In einem anderen taucht an → Halloween 1991, in Harry Potters erstem Schuljahr, der von Professor → Quirell freigelassene → Troll auf. In der Nähe der Kerker ist der Durchgang zum → Gemeinschaftsraum der → Slytherins.

### Kerykeion

Der → Zauberstab des → Hermes.

### Kessel

Ein Hilfsmittel, um → Zaubertränke zu brauen (englisch: *cauldron*). Kessel gibt es u. a. bei in der → Winkelgasse, und die Kessel, die dort angeboten werden, sind oft alles andere als einfache Gefäße, es gibt sie in allen Größen, aus *»Kupfer, Messing, Zinn, Silber – Selbst umrührend – Faltbar«* (HP1,80). Harry Potter benutzt als Schüler von → Hogwarts einen Kessel aus Zinn in Normgröße 2. Percy → Weasley arbeitet nach seiner Schulzeit für das → Zaubereiministerium an einem Bericht über die Kesseldicken, die international vereinheitlicht werden sollen. Einige der billigen Importkessel hätten zu dünne Wände; die Tropfrate steige jährlich um 3 Prozent (HP4). – Als Symbol wie als Gefäß mit magischen Kräften kommt der Kessel auch in den → Legenden und Sagen der → Muggelwelt seit alters her vor und wird oft mit weiblichen Gottheiten, etwa der großen Muttergöttin, in Verbindung gebracht. Schon in Vorzeiten achtete man den Kessel als ganz besonderes, praktisch magisches Werkzeug: Er machte es möglich, dass zwei Elemente, Feuer und Wasser, zusammenkamen, ohne dass das Wasser das Feuer löschte; man gab etwas Totes hinein, etwa ein Stück Fleisch, und erhielt ein Nahrungsmittel, etwa einen Braten. Die Entwicklung von Gefäßen aus Kupfer oder Bronze war ein so großer Fortschritt gegenüber Tontöpfen, dass man mit diesem alltäglichen Gegenstand bald einen ganzen Kult verband. Die Verwendung eines Kessels war so ein kultureller, fast religiöser Akt, der auf einer ganz profanen Ebene stattfand. In keltischen Zeiten etwa stand der Kessel für das Heim, die Geborgenheit und für eine gesicherte Ernährung, zum Kochen der Speisen wie zum Brauen von Bier, war Sinnbild für Gastfreundschaft, Reichtum und Fülle. Bereits in den frühen Sagen gab es Kessel wie den des irischen Königs Conchobar, die nie leer wurden. Die Bedeutung des Kessels in der Antike wird durch archäologische Funde wie den Kessel von Gundestrup belegt oder durch Grabbeilagen: Man gab den Toten große Kessel mit ins Grab, damit sie an den Feiern im Jenseits gebührend teilnehmen konnten. Man braute in den Kesseln magische Tränke, und nach Lukan wurden in großen Kesseln Menschenopfer dargebracht, indem man Opfer darin ertränkte. Eine besondere Bedeutung erreichte der Kessel im Sinnbild des → Gral.

### Kesselbrand

Professor Kesselbrand war jahrelang Lehrer in → Hogwarts in »Pflege magischer Geschöpfe« und ging in den Ruhestand am Ende von Harry Potters zweitem Schuljahr; sein Nachfolger wurde → Hagrid. Dass Kettleburn lieber Lebewesen statt → Zaubertränke betreute, mag mit seinem Namen zusammenhängen... (englisch: *Kettleburn*; HP3)

### Kesselkuchen

Zauberer-Leckerei *(Cauldron Cakes)*, gibt es z. B. im → Hogwarts-Express.

### Kevin

Ein höchstens zweijähriger Junge, der mit dem → Zauberstab seines Vaters Schnecken anschwellen lässt (HP4).

### Dianthus

Dieses zauberkräftige Kraut, das aussieht wie schmierige, grüne Rattenschwänze, lässt einem für eine Stunde Kiemen und Flossen wachsen und so zum Wasseratmer werden. Harry Potter kann damit seine zweite Aufgabe im → Trimagischen Turnier lösen. *Dianthus* (zweiblütrig) ist der botanische Gattungsname der Nelken mit etwa 300 Arten. Villeicht macht der Übersetzer aus dem englischen *gillyweed* (was übersetzt »Kiemenkraut« bedeutet) Dianthus, weil *gillyflower* neben anderen Pflanzen auch die Gartennelke bezeichnet (HP4).

### Kimmkorn, Rita

Die blonde 43jährige Sensationsreporterin, die für den → »Tagespropheten« und manchmal auch für die → »Hexenwoche« schreibt, beschreibt sich selbst als »attraktiv«, obwohl sie nicht so beschrieben wird. Sie trägt in der Regel magentafarbene Kleider, hat ein eher grobes Gesicht mit einem ziemlich starken Kiefer und drei Goldzähnen und dicke Finger mit fast fünf Zentimeter langen, karmesinrot gefärbten Nägeln. Sie scheint immer wieder Dinge zu wissen, die sie eigentlich nicht wissen darf – sie spielt »lebende Wanze«, indem sie sich als unregistrierter → Animagus in einen Käfer verwandelt. Kimmkorn ist immer heiß auf eine Schlagzeile und lässt sich von Lucius und Draco → Malfoy und anderen Anhängern von → Voldemort instrumentalisieren, z. B. als sie die Abkunft → Hagrids von → Riesen enthüllt. Oft enthalten ihre Artikel falsche oder missverständliche Behauptungen; meist lässt sie sie niederschreiben von ihrer → Flotte-Schreibe-Feder (HP4). – Mit Rita Kimmkorn parodiert Joanne K. → Rowling aufs trefflichste den Boulevard-Journalismus, der in → Großbritannien noch brutaler ist als in Deutschland, zeigt die Gefahren auf und wie wenig man sich wehren kann. – Kimme und Korn sind Bestandteile der Zieleinrichtung eines Schusswaffe (Gewehr, Pistole, Bogen, Arnbrust...) Kimmkorn schießt ja auch ganz schön scharf. Da ist ihr englischer Name, *Skeeter*, sogar noch harmloser als der deutsche: *Skeet shooting* ist ein britisches Sportschießen, ähnlich dem Tontaubenschießen, bei dem wenigstens niemand verletzt wird.

**King's Cross**
Der → Bahnhof in → London, von dem aus der → Hogwarts-Express fährt.

**Kissenbezug**
Das Kleidungsstück des → Hauselfen → Dobby, als dieser Harry Potter kennenlernt, ist ein *»Zeichen für den → Sklavenstand des Hauselfen«* (HP2,185).

**Kitzele niemals einen schlafenden Drachen!**
Übersetzung des Mottos von → Hogwarts, das im lateinischen Original lautet: »Draco Dormiens Nunquam Titillandus«, im Englischen: *»Never Tickle a Sleeping Dragon«* (→ Drache).

**Kitzelfluch**
→ Rictusempra

**Klagende Witwe**
Ein → Geist aus Kent, Gast bei der → Todestagsfeier des → Fast Kopflosen Nick (HP2).

**Klatscher**
Zwei der vier Bälle, die beim → Quidditch benutzt werden. Sie sind etwas kleiner als der → Quaffel, tiefschwarz und sehr beweglich (englisch: *Bludgers*). Sie versuchen, alle Leute, die herumfliegen, von den → Besen zu schlagen. Daran wollen sie die → Treiber und Treiberinnen der Teams hindern. Normalerweise sind die Klatscher nicht auf eine Person fixiert, sondern wollen alle Leute vom Besen werfen. Im ersten Quidditchspiel in → Hogwarts in Harry Potters zweitem Schuljahr verzaubert der → Hauself → Dobby allerdings einen Klatscher, der Harry den Arm bricht.

**Kleider**
Oft tragen Hexen und Zauberer → Umhänge, besonders im Dienst, wie die Lehrerinnen und Lehrer von → Hogwarts, oder als → Schuluniform. Im privaten Bereich aber kann man Hexen und Zauberer in → Muggel-Kleidung erleben. Die → Weasley-Kinder etwa laufen zuhause meistens in Muggel-Sachen rum, vom Rollkragenpullover (Percy) bis zur Rockerkluft (Bill). Selbst Mutter Molly trägt eine geblümte Schürze. Allgemein zieht man nachts Nachthemden oder Pyjamas, evt. Nachtmützen und Morgenmäntel an.

**Kleiner Schlingel**
Ein Kosewort von Vernon → Dursley für seinen Sohn Dudley → Dursley, als dieser noch ein Baby ist (HP1).

**Klempner**
Eine Geschichte über einen amerikanischen Klempner will sich Vernon → Dursley gerade von Frau → Mason erzählen lassen, als der → Hauself → Dobby in der Küche einen Riesenrabbatz schlägt (HP2,23).

**Klo der Maulenden Myrte**
In diesem Mädchenklo im ersten Stock, wo sie einst starb, spukt die → Maulende Myrte und befindet sich der Eingang zur → Kammer des Schreckens, zu öffnen mit einem der kupfernen → Wasserhähne. In diesem Klo brauen Harry Potter, Ron → Weasley und Hermine → Granger auch den → Vielsaft-Trank.

**Knallbonbons**
→ Zauber-Knallbonbons.

**Knallrümpfige Kröter**
Hässliche Tiere (*blast-ended skrets*), die die Schülerinnen und Schüler in Harry Potters viertem Schuljahr in → Pflege magischer Geschöpfe bei Hagrid → pflegen müssen. Die stinkenden Kreuzungen zwischen Heuschrecken und Feuerkrabben sind am Anfang nur 15 Zentimeter groß, aber schon gefährlich, knallen, explodieren, stechen, beißen. Wenn sie größer werden, sehen sie aus wie eine Mischung aus Riesenskorpion und Krabbe, haben Stacheln, Saugnäpfe, funkensprühende Rümpfe, flinke Beine und dicke graue Panzer, an denen sogar → Zaubersprüche abprallen. Am Ende überlebt einer, über 3 Meter lang bekämpft er die Champions im → Trimagischen Turnier im Labyrinth.

**Knoblauch**
Das Klassenzimmer von Professor → Quirrell riecht stark nach Knoblauch, weil er damit angeblich → Vampire abwehren will. Diese und andere Verwendungen der traditionellen Pflanze sind auch den → Muggeln schon seit Jahrtausenden bekannt. Sie setzen den *Allium sativum*, der zur Familie der Liliengewächse gehört und nahe verwandt ist mit Schnittlauch und Bärlauch, als Heilmittel ein wie auch als Abwehrmittel gegen → Dämonen, Vampire und Geister. Aber auch gegen die Pest wurde Knoblauch eingesetzt und gegen viele andere Erkrankungen. Während man früher dem Knoblauch vor allem wegen seines starken Geruches eine Wirkung zusprach, haben die Wissenschaftler der Muggel inzwischen herausgefunden, dass er tatsächlich entzündungshemmend wirkt und Bakterien abtöten kann. Bereits → Paracelsus empfahl die äußerliche Anwendung bei Geschwüren. Besonders nützlich ist Knoblauch zur Vorbeugung gegen Herz-Kreislauf-Krankheiten, denn regelmäßige Einnahme senkt den Blutfett- und Cholesterinspiegel, den Blutdruck und evt. den Blutzucker und beugt Thrombosen vor, indem er gerinnungshemmend wirkt. Grundwirk-

stoff im Knoblauch ist das Alliin, aus dem sich bei Luftzufuhr durch das Enzym Alliinase verschiedene wirksame Substanzen bilden: Allicin ist die Hauptwirksubstanz und greift Pilze, Bakterien und Viren an. Deshalb führte man früher bei Scheidenkatarrh, z. B. bei Befall durch Candida-Pilze, Knoblauch in die Scheide ein; auch heute wird dies noch von der Naturheilkunde empfohlen, etwa mit Knoblauchsaft auf einem Tampon. Aus dem Allicin entstehen die stark riechenden Alylsulfide, die ebenfalls gegen Viren, Pilze und Bakterien wirken und nach Ansicht mancher Wissenschaftler auch den Blutzucker senken. Im rohen Knoblauch und manchen Auszügen entstehen aus Allicin auch die Ajoene, die Thrombosen vorbeugen und Schimmelpilze abtöten. Die geruchlosen Scordinine senken den Blutdruck, Allithiamin unterstützt die Aufnahme von Vitamin B1, und Adenosin wirkt beruhigend auf Muskulatur, Darm und Blutgefäße und beugt ebenfalls Thrombosen vor. In der Naturheilkunde wird Knoblauch häufig eingesetzt, aber auch Pharmaindustrie und Schulmedizin greifen darauf zurück. Am besten wirkt Knoblauch roh; zu heiße Temperaturen zerstören die Alliinase. Abzuraten ist vom Knoblauchgenuß allen Menschen mit niedrigem Blutdruck oder einer Allergie gegen Knoblauch und stillenden Müttern; die Milch kann sonst danach schmecken (es soll aber auch Babys geben, die dies mögen…).

**Knochen**

Gebrochene Knochen zu heilen, dauert laut Madam → Pomfrey eine Sekunde. Wenn allerdings mit einem → Knochen-Entfern-Zauber alle 33 Knochen aus dem Arm verschwunden sind, dauert es eine ganze Nacht und ist sehr schmerzhaft; es geht mit → Skele-Wachs (HP2,182).

**Knochen-Entfern-Zauber**

Einen solchen wendet Gilderoy → Lockhart aus Unvermögen auf Harry Potter an, als er versucht, dessen gebrochenen Arm zu heilen: Er entfernt alle 33 Knochen aus dem Arm, der anschließend aussieht wie ein überdimensionaler Gummihandschuh (HP2,181).

**Knockturn Alley**

Der englische Name der → Nokturngasse.

**Knut**

Kleine bronzene Münze, die kleinste Geldeinheit in der Welt der Zauberer. 29 Knuts sind ein → Sickel wert.

**Kobold**

Diese magischen Wesen (engl. *Goblin*) führen die Zaubererbank → Gringotts. Sie sind ziemlich klein, etwa einen Kopf kleiner als ein zehnjähriges Kind, haben dunkle Haut und sehr lange Finger und Füße. 1612 gab es einen »berüchtigten Koboldaufstand«, dessen Hauptquartier die Kneipe → »Zu den drei Besen« gewesen sein soll. Und im 18. Jahrhundert gab es soviele Koboldaufstände, dass Harry Potter wochenlang Hausaufgaben darüber aufbekommt. Die → Leprechans werden in der deutschen Übersetzung als »irische Kobolde« bezeichnet. – In der → Mythologie der → Muggel sind Kobolde Hausgeister oder → »Poltergeister«. Der Name wird abgeleitet vom alten Wort »Koben«, das bedeutet Holzverschlag und wird heute noch gebraucht in der Zusammensetzung Schweinekoben. Frei übersetzt bedeutet Kobold »Der im Holzgemach Waltende«. Im Volksglauben gelten die Kobolde als → Elementargeister und werden meist als klein, häßlich und rot gekleidet beschrieben. Im »Großen vollständigen Universal-Lexikon aller Wissenschaften und Künste« von J. H. Zedler heißt es 1737, dass der »Kobolt« am Tag in Häusern oder Ställen *»entweder nützliche Dienste thue, oder allerley Schabernack und Verdruß darinnen anrichte, je nachdem ihm von denen Einwohnern, Knechten und Mägden gut oder schlimm begegnet werde. Ja es ist unter dem Gesinde ein bekanntes Sprichwort: den Kobolt haben, welches von Mägden gesaget wird, die so hurtig und geschwinde sich in ihrer Arbeit bezeigen, daß man solches ohne Beihülffe eines Geistes sich nicht einbilden kann«*. Kobolde sollen auch als → Familiar bei Hexen und Zauberern in Erscheinung treten. Das Metall Kobalt hat seinen Namen von den Kobolden, weil man annahm, dass diese das Metall anstatt des gesuchten Silbers in die Bergwerke schafften, um die Menschen zu necken.

**Koboldogack**
Die Sprache der → Kobolde. »Bladwaxk« heißt »Spitzhacke.«

**Koboldstein**
Ein Zaubererspiel (HP3).

**Kobold-Verbindungsbüro**
Abteilung im → Zaubereiministerium *(Goblin Liason Office)* für die Beziehungen zwischen → Kobolden und Menschen; Leiter ist Knutbert → Mockridge.

**Kochbücher**
Magische Kochbücher entdeckt Harry Potter in der Küche von Molly → Weasley: → »So zaubern Sie Ihren eigenen Käse«, → »Magie beim Backen«, → »Festessen in einer Minute« (HP2,38).

**Köcher**
→ Hagrid hat die Pfeile für seine → Armbrust, wenn er unterwegs ist, in einem ledernen Köcher, den er über die Schulter gehängt trägt.

**Koelemann, Bernd**
Verfasser einer illegalen → Übersetzung des vierten Harry-Potter-Bandes im → Internet (→ Raubkopie).

**Koffer, Magische**
Manche Koffer haben mehr Platz, als sie eigentlich haben dürften, obwohl dies gegen die Regeln für → Muggel-Artefakte verstößt. Mad-Eye → Moody hat einen Koffer mit 7 Schlössern, von denen jedes einen komplett anderen Inhalt freilegt. Eines dieser Fächer ist sogar so groß, dass in drei Metern Tiefe der echte Mad-Eye schlafen kann.

**Kokosnusseis**
Süßigkeit, gibt es im → Honigtopf.

**Kollegium**
Die Gesamtheit der → Lehrkräfte an einer Schule.

**Komet**
Firma, die → Besen herstellt. Draco → Malfoy fliegt im Jahre 1991, als er und Harry Potter in → Hogwarts eingeschult werden, zu Hause einen Komet Zwei-Sechzig, ein nicht allzu neues Modell. Cho → Chang fliegt noch 1993 dasselbe Modell (HP3).

**Kommando für die Beseitigung gefährlicher Geschöpfe**
Der → Ausschuss für die Beseitigung gefährlicher Geschöpfe.

**Kompass**
Ein winziger Messingkompass, den man an den → Besen klemmen kann, ist Bestandteil von Harry Potters → Besenpflege-Set. Eine Art magischer Kompass ist der → Vier-Punkte-Zauber.

**Königsschlange**
→ Boa constrictor.

**Kopfjonglieren zu Pferde**
Ein Jagdvergnügen der → Jagd der Kopflosen. Da er daran nicht teilnehmen könne, lehnt die Vereinigung eine Aufnahme des → Fast Kopflosen Nick ab (HP2).

**Kopflosenjagd**
→ Jagd der Kopflosen.

**Kopfpolo**
Ein sportliches Vergnügen der → Jagd der Kopflosen. Da er daran nicht teilnehmen könne, lehnt die Vereinigung eine Aufnahme des → Fast Kopflosen Nick ab (HP2).

**Kräfte Ihres Innern...**
...von denen Sie nie wussten, und was Sie jetzt damit anfangen: Ein Buch, in dem Harry Potter nach einer Lösung sucht, wie er unter Wasser leben kann, um die zweite Aufgabe des → Trimagischen Turniers zu lösen *(Powers You Never Knew You Had and What to Do With Them Now You've Wised Up).*

**Krätze**
Die Ratte von Ron → Weasley, die er von seinem Bruder Percy geerbt hat (→ *Scabbers*). Sie ist faul, träge, schläfrig und meistens nutzlos und bereits seit 1981 bei der Familie Weasley, also schon 10 Jahre alt, als Ron und Harry Potter in → Hogwarts eingeschult werden. Das ist ungewöhnlich alt für eine Ratte, doch kein Wunder, da sich Krätze schließlich als ein → Animagus namens Peter → Pettigrew entpuppt, Diener von Lord → Voldemort und Verräter an Harrys Eltern. – Das englische *scab* bezeichnet die Hautkrankheiten Krätze oder Räude, heißt aber auch Schurke, Schuft, Halunke.

**Kräuterkunde**
Eigentlich die Lehre von Kräutern (Herbologie), doch wird in → Hogwarts darunter auch die Lehre von Pflanzen aller Art, ihrer Zucht, Pflege und heilenden oder magischen Kräfte verstanden, wie etwa bei der → Alraune. Lehrerin ist Professorin → Sprout.

**Krallenschneiden mit Zauberkraft**
Ein Buch, in dem Harry Potter und Hermine → Granger nach einer Lösung suchen, wie Harry mit dem → Drachen in der ersten Aufgabe des → Trimagischen Turniers fertig werden soll *(Talon-clipping by charms).*

**Krankenflügel**
Leiterin des Krankenflügels von → Hogwarts ist Madam → Pomfrey.

**Krankenhaus**
→ St.-Mungo-Hospital für Magische Krankheiten und Verletzungen.

**Kreissägen**
So werden die Strohhüte genannt, die zur Schuluniform von → Smeltings gehören.

**Kretischer Diptam**
→ Diptam

**Kristallkugel schauen**
Eine der → Weissagungsmethoden, die Harry Potter im dritten Schuljahr lernen soll (HP3).

**Kritiken**
→ Pressekritiken

**Kröter**
→ Knallrümpfige Kröter.

**Krokodilherz**
Eine Ingredienz für einen → Zaubertrank, die Ron → Weasley aus Wut Draco → Malfoy ins Gesicht wirft, was → Gryffindor 50 Hauspunkte kostet (HP3,194).

**Krone**
Der Spitzname von James → Potter unter seinen Freunden in → Hogwarts ab der 5. Klasse; bezieht sich auf seine Fähigkeit, sich als → Animagus in einen → Hirsch verwandeln zu können (englisch: → *Prongs*).

**Kröten**
Kröten sind beliebte → Zaubertiere, auch wenn sie etwas aus der Mode sind. Neville → Longbottom hat z. B. eine. Kröten aller Art, z. B. purpurrote, bekommt man in der → Magischen Menagerie in der → Winkelgasse (HP3). Diese Amphibien gehören zu den Froschlurchen, das sind Frösche und Kröten. Von Fröschen unterscheiden sie sich durch ihre mit vielen drüsigen Knoten durchsetzte Haut und ihre kürzeren Hinterbeine; sie können nicht so weit springen wie Frösche. Entfernt sind Kröten mit den → Salamandern verwandt. Kröten sind in der Regel nachtaktiv und verstecken sich während des Tages an dunklen feuchten Orten. Meist sind sie bräunlich-grau, haben eine warzige Haut, einen flachen Kopf, geschwollene Hinterohrdrüsen, bernsteinfarbene Augen und Füße, die teilweise mit Schwimmhäuten ausgestattet sind. Sie fressen Insekten, Larven, Nacktschnecken, Würmer und andere wirbellose Tiere, die sie mit der Zunge fangen, die aus dem Maul schnellt, die Beute mit der klebrigen Spitze festhält und ins Maul zurücktransportiert. Manche Kröten haben Zähne; sie können jedoch nicht kauen, sondern halten damit nur ihre Beute fest. In englischen Hexenprozess-Akten wird oft behauptet, dass → Hexen Kröten oder Frösche als → Familiar hätten. Das → Zaubertier von Neville → Lon-

gbottom ist wahrscheinlich eine Erdkröte (*Bufo bufo*). Erdkröten können bis 18 Zentimeter lang werden und sind hauptsächlich Landbewohner, die nur zur Fortpflanzung in Teiche oder Tümpel wandern.

**Krum, Viktor**

Der → Sucher des Bulgarischen Teams, der bei der → Quidditch-Weltmeisterschaft 1994 im Finale den → Schnatz fängt, gilt, auch wenn sein Team gegen Irland verliert, als bester Sucher der Welt und beherrscht den → Wronski-Bluff. Er ist der beste Flieger, den Harry Potter je gesehen hat. Der 18jährige schlanke, dunkelhaarige und blasse junge Mann mit der langen krummen Nase und den buschigen schwarzen Augenbrauen, der sich auf der Erde scheinbar so unbeholfen bewegt, aber ein exzellenter Zauberer ist, ist der Champion für → Durmstrang beim → Trimagischen Turnier und beim → Weihnachtsball der Tanzpartner von Hermine → Granger. Sein → Zauberstab, 10 ¼ Zoll (26 cm) lang, aus Weißbuche und Drachenherzfaser und ziemlich dick, stammt von Gregorowitsch (HP4). – Das lateinische *Victor* heißt Sieger. Krum hieß ein Khan der Bulgaren, der während seiner Herrschaftszeit von 803 bis 814 die Oberherrschaft der Awaren abschüttelte und sein Gebiet beträchtlich erweiterte, dabei u. a. → Transsylvanien eroberte.

**Krummbein**

Der riesige, orangerote Kater, den Hermine → Granger in der → Magischen Menagerie in der → Winkelgasse kauft, sieht nicht schön aus, mit krummen Beinen und leicht eingedelltem Gesicht, aber er ist hoch intelligent und wird zu einem echten → Familiar. Er jagt Ron → Weasleys Ratte → Krätze, weil er weiß, dass sie ein → Animagus ist, und unterstützt Sirius → Black (HP3). – Das englische *Crookshanks* bedeutet nichts anderes als »krumme Beine«.

**Küche**

Die Küche von → Hogwarts ist etwa so groß wie die → große Halle. Hierhin kommen die Schülerinnen und Schüler normalerweise nicht. Die → Weasley-Zwillinge kennen → Geheimgänge dorthin und organisieren ab und zu etwas, James → Potter suchte sie unter seinem → Unsichtbarkeitsumhang öfter aus denselben Gründen auf. Harry Potter, Hermine → Granger und → Ron Weasley gehen hin, um mit den dort arbeitenden → Hauselfen zu sprechen (HP4).

**Künster, Doris K.**

Gestaltet die Umschläge der deutschen Ausgaben der Harry-Potter-Bücher.

**Kürbis-Pastete**

Zauberer-Leckerei *(Pumpkin pasty)*.

**Kürbis-Saft**
Beliebtes Getränk in → Hogwarts.

**Kürbisse**
Für → Halloween werden natürlich Kürbisse gebraucht. Hagrid setzt für deren Zucht verbotenerweise einen → Schwellzauber ein (HP2,123).

**Kuss des Dementors**
Schlimmer als die Todesstrafe, wie viele meinen: Beim Kuss des → Dementors wird dem Opfer die »Seele« entzogen, die Persönlichkeit. Es bleibt eine funktionierende Hülle, ohne Geist und ohne Erinnerung, ein willenloser → Zombie.

**Kutsche**
Die Schülerinnen und Schüler von → Hogwarts werden ab dem zweiten Schuljahr von pferdelosen Kutschen transportiert, die mit → Magie betrieben werden. In einer riesigen magischen fliegenden graublauen Kutsche, groß wie ein Haus und gezogen von 12 riesigen geflügelten rotäugigen → Palominos, reisen die Gäste aus → Beauxbatons zum → Trimagischen Turnier an.

**Kwikzaubern**
Ein Fernkurs im Lernen einfacher → Zaubersprüche für Anfängerinnen und Anfänger in der → Magie oder solche, die den Anschluss verpasst haben oder Leute mit nur geringen magischen Fähigkeiten. Wahrscheinlich ist das Ganze ziemlich erfolglos und betrügerisch, wenn man nach den in der Werbung angegebenen Referenzen von → Madam Z. und Hexenmeister D. J. → Prod geht. – Hausmeister → Filch belegt einen solchen Kurs, weil er ein → Squib ist. Als Harry Potter das entdeckt, entkommt er dem Büro von Filch ganz ohne → Strafarbeit (HP2,133). Das englische *quick* bedeutet schnell.

# L

**Labyrinth**
Ein solcher Irrgarten ist die dritte Aufgabe im → Trimagischen Turnier.

**Lähmsprüche, Lähmzauber**
→ Zaubersprüche, die ein Wesen mehr oder weniger, ganz oder teilweise lähmen: → Beinklammer, → Ganzkörperklammer, → Impedimenta, → Stupor

**Ländereien**
Zu → Hogwarts gehören umfangreiche Ländereien. Innerhalb der Schlossmauer liegen die → Gewächshäuser, der → Gemüsegarten und die Parkanlagen rund ums → Schloss, außerhalb weitere Ländereien, die sich bis zum → »Verbotenen Wald« erstrecken, der wie der → schwarze See ebenfalls noch zu Hogwarts gehört.

**Lahmarsch**
Ein abwertender Spitzname, den Draco → Malfoy für Neville → Longbottom verwendet (HP1).

**Lakritz-Zauberstäbe**
Zauberer-Süßigkeit *(Licorice Wands).*

**Leaky Cauldron**
Englischer Name der Kneipe → »Zum Tropfenden Kessel«.

**Lebende Bilder**
→ Bilder, lebende.

**Lebende Tote**
→ Zombies

**Lebenselixier**
→ Elixier des Lebens.

**Legenden**
Solche gibt es in der Welt der Hexen und Zauberer wie in der Gesellschaft der → Muggel. Von → Mythen und Sagen unterscheiden sie sich dadurch, dass es in der Regel einen historischen Kern gibt oder um eine real existierende Person geht, wie die Heiligenlegenden der Muggel. So ist es auch mit der Legende um die → Kammer des Schreckens.

**Legoland**
Lego, seit Jahrzehnten eine der wichtigsten Spielwarenfirmen der Welt, wird Harry Potter als Spielzeugfigur auf den Markt bringen, dies wurde im Herbst 2000 verkündet. *»Im Harry-Potter-Universum ist alles möglich, genau wie beim Spielen. Die einzige Grenze ist die Phantasie«*, erklärte der Chef der norwegischen Firma, Kjeld Kirk Kristiansen. Lego hat zunächst für vier Jahre die Lizenz erworben, Spielzeug zu den ersten zwei → Filmen zu verkaufen.

**Lehrbuch der Zaubersprüche**
Buchreihe von Miranda → Habicht, Lehrbücher in → Hogwarts.

**Lehrbücher**
→ Schulbücher

**Lehrerzimmer**
Das Lehrerzimmer von → Hogwarts ist ein großer getäfelter Raum voll dunkler Holzstühle. Hier verstecken sich Harry Potter und Ron → Weasley auf der Jagd nach dem → Basilisken (HP2), und hier zeigt ihnen Remus → Lupin, wie man einen → Irrwicht bekämpft.

**Lehrkräfte in Hogwarts**
Lehrerinnen und Lehrer in → Hogwarts, mit denen Harry Potter zu tun hat, sind: Minerva → MgConagall (→ Verwandlungskunde), Severus → Snape (→ Zaubertränke), Professor → Flitwick (→ Zauberkunst), Professor → Binns (→ Geschichte der Zauberei), die Professorinnen → Hooch (→ Fliegen), → Sprout (→ Kräuterkunde), → Sinistra (→ Astronomie) und → Trelawney (→ Weissagung). In → Verteidigung gegen die dunklen Künste hat Harry bisher jedes Jahr einen anderen Lehrer: → Quirrell (HP1), Gilderoy → Lockhart (HP2), Remus → Lupin (→ HP3) und Mad-Eye → Moody alias Barty → Crouch junior (HP4). Zum Kollegium gehört natürlich auch der Schulleiter, Albus → Dumbledore, auch wenn er nicht mehr unterrichtet (er war früher Lehrer für Ver-

wandlungskunde und Hauslehrer von → Gryffindor). Weitere wichtige Personen in Hogwarts sind die Leiterinnen des Krankenflügels, Madam → Pomfrey, und der → Bibliothek, Madam → Pince, der Hausmeister Argus → Filch und der »Hüter der Schlüssel und Ländereien« und Wildhüter Rubeus → Hagrid, der ab Harrys drittem Schuljahr auch Lehrer für die → Pflege magischer Geschöpfe ist; vorher war dies Professor → Kesselbrand, kurzfristig springt im 4. Schuljahr Professorin → Raue-Pritsche ein. Interessanterweise sind alle Lehrerinnen und Lehrer Singles – nie wird erwähnt, dass eine oder einer von ihnen mit jemandem anderen zusammenlebt oder eine Beziehung hat. Es ist eher unwahrscheinlich, dass dies Voraussetzung für einen solchen Job ist, aber wahrscheinlich haben Ehepartnerinnen oder -partner in der Regel keine Lust, ihre Zeit in Hogwarts zu verbringen, geschweige denn, hier Kinder zu erziehen. Bei Hagrid deutet sich in Band 4 allerdings eine mögliche Partnerschaft an, mit Olympe → Maxime.

### *Lemon Drop*
→ Zitronenbrausebonbon

### Leprechan
Bei der → Quidditch-Weltmeisterschaft 1994 bringt die irische Mannschaft Leprechans als Maskottchen mit, die in der deutschen Übersetzung als »irische → Kobolde« bezeichnet werden (in Irland heißen sie *Leprechauns*). Die kleinen Männlein sind enorm fähige Zauberer, die den Menschen gerne Scherze spielen. Das Gold, das sie freigebig verteilen, verschwindet leider wieder nach einigen Stunden. Bei den → Muggeln gelten sie als → Elementargeister.

### Lestrange
Ein Ehepaar von → Todessers, beide sitzen in → Aaskaban.

### Leuchtballons
Ein Dutzend dieser Ballons, die nie platzen, findet Harry Potter an seinem ersten Weihnachten in → Hogwarts, 1991, in den → Zauber-Knallbonbons.

### Lewis, Clive Staples
Joanne K. → Rowling hat mehrfach erklärt, ihre Lieblingskinderbücher seien die »Narnia«-Romane von C. S. Lewis gewesen. Im Sommer 2000 las sie ihrer Tochter gerade »The Lion, the Witch and the Wardrobe« (s.u.) vor. Lewis, englischer Schriftsteller, Kritiker und Gelehrter und Kollege und Freund von J. R. R. → Tolkien, wurde 1898 in Belfast geboren und starb 1963 in Oxford. Er war Professor für englische Literatur des Mittelalters und der Renaissance in Cambridge. Am bekanntesten ist Lewis bis heute mit seiner auch für das Fernsehen

verfilmten Kinderbuchserie »Chronicles of Narnia«, die in England immer noch zu den meistverkauften Kinderbüchern zählen. Vielleicht schätzt Rowling diesen Zyklus deshalb so sehr, weil Lewis eine der ihren ganz ähnliche Haltung zu Kinderbüchern hat: *»Kein Buch ist es wert, von Fünfjährigen gelesen zu werden, wenn es nicht ebenso von Fünfzigjährigen gelesen werden kann.«* Ist das nicht auch das Geheimnis des Erfolges von Harry Potter? Lewis hat Rowling und ihr Schreiben sichtlich stark beeinflusst. Man kann, was Marcel Feige im »Fantasy-Lexikon« über Lewis' Kinderbücher schreibt, auch auf die Bücher von Rowling übertragen: Es sind Geschichten *»über Opferbereitschaft, Vertrauen, Mut und die Verführung zum Bösen, die wir als bildhafte Vergleiche über innere Wahrheiten, über Tugenden und Laster verstehen«*. Und wie Lewis versteht es Rowling, immer wieder auch die ernstesten Themen mit Humor aufzulockern. Es ist wohl auch kein Zufall, dass Rowling 7 Bände über Harry Potter plant, soviele, wie die Narnia-Chroniken umfassen. – Worum geht es in den Narnia-Büchern? Auf ganz unterschiedlichen Wegen gelangen ganz unterschiedliche Kinder in das geheimnisvolle Land Narnia, mal durch einen Wandschrank, mal durch ein Bild oder andere Gegenstände, und erleben in dieser → Anderswelt phantastische Abenteuer. Im ursprünglich ersten Band, »The Lion, the Witch and the Wardrobe« (»Der König von Narnia«, 1950), herrscht im Lande ewiger Winter, denn die Hexe Jadis hat den König von Narnia, den Löwen Aslan, verbannt. Die vier Kinder Peter, Sue, Edmund und Lucy können ihm wieder zur Macht und dem Land zum Frühling verhelfen. Es gibt hier einen Biberbau, der Rowling evt. als Anregung für den → Fuchbau der Familie → Weasley diente. Das heute als erster Band verkaufte Buch »The Magician's Nephew« (»Das Wunder von Narnia«) entstand erst 1955; die anderen Bände sind in der heute üblichen Bandzählung: »The Horse and his Boy« (»Der Ritt nach Narnia«, Band 3, 1954), »Prince Caspian: The Return to Narnia« (»Prinz Kaspian von Narnia«, Band 4, 1951), »The Voyage of the Dawn Treader« (»Die Reise auf der Morgenröte«, Band 5, 1952), »The Silver Chair« (»Der silberne Sessel«, Band 6, 1953) und »The Last Battle« (»Der letzte Kampf«, 7. Band, 1956). – Neben zahlreichen wissenschaftlichen Werken, Essays und Büchern mit Gedichten verfasste Lewis die Perelandra-Romantrilogie (auch Ransom-Trilogie), in der auf bis dahin einzigartige Weise Science-Fiction, Fantasy, christliche Vorstellungen und Allegorien verschmelzen. In den drei Büchern »Out of the Silent Planet« (»Jenseits des schweigenden Sterns«, auch »Der verstummte Planet«, 1938), »Perelandra« (»Perelandra«, 1943) und »That Hideous Strength« (»Die böse Macht«, 1945) kämpfen Engel, Marsbewohner, Zauberer (u. a. der wiedererwachte → Merlin) und der letzte Erbe von König Artus gegen den Teufel, Dämonen und fiese Geschäftemacher. Lewis' Satire »The Screwtape Letters« (»Dienstanweisungen für einen Unterteufel«, auch »Dämonen im Angriff«, 1942), ursprünglich als Serie für die Wochenzeitschrift »The Guardian« geschrieben, wird bis heute gerne gelesen und hat inzwischen eine Welt-Auflage von über 2 Millionen erreicht. In 31 Briefen schildert Lewis den vergeblichen Versuch des Unterteufels Wormwood, einen gewissen Mister Spike dem »Feind« Gott abspenstig zu machen, angeleitet per Brief vom höllischen Unterstaatssekretär Screwtape. Wormwood endet schließlich selbst als Opfer der Hölle.

**Lewski**

→ Jäger im bulgarischen Team bei der → Quidditch-Weltmeisterschaft (HP4).

**Lichterfee**

→ Passwort für den Eingang in den → Gryffindor-Turm in Harry Potters viertem Schuljahr in → Hogwarts (HP4).

**Liebe**

Liebe ist, wie Albus → Dumbledore Harry Potter erklärt, der allermächtigste → Schutzzauber: *»So tief geliebt zu sein, selbst wenn der Mensch, der uns geliebt hat, nicht mehr da ist, wird uns immer ein wenig schützen«* (HP1,324). Auch Tom Vorlost → Riddle bestätigt: *»Ja, das ist ein mächtiger Gegenzauber«* (HP2,326). Die Liebe seiner Mutter schützt Harry so sehr, dass Professor → Quirrell sich verbrennt, wenn er nur Harrys Haut berührt (HP1). Diesen Schutz hofft → Voldemort zu überwinden, indem er zu seiner → Wiederauferstehung das → Blut von Harry verwendet, und danach kann er ihn auch tatsächlich berühren. Dahinter muss sich aber noch etwas verbergen, denn Dumbledore wirkt über diese Entwicklung seltsam glücklich. Schließlich sind Harry und Voldemort nun Blutsbrüder... – Liebe zwischen Mann und Frau ist in den Harry-Potter-Büchern auch ein wichtiges Thema, auch wenn die Lehrkräfte in → Hogwarts alle Single sind. Sowohl Harrys Eltern wie auch Arthur und Molly → Weasley sind glücklich verheiratet, Percy → Weasley ist mit Penelope → Clearwater zusammen. Die erotischen und eventuell auch Liebesbeziehungen zwischen den jugendlichen Protagonisten der Harry-Potter-Bücher beginnen sich im vierten Band zu entwickeln, doch ob es wirklich zu Bindungen kommt und wieweit diese gehen, bleibt abzuwarten. Derzeit ist Harry ein wenig in Cho → Chang verknallt und Ginny → Weasley ziemlich stark in ihren »Helden« Harry. Ron → Weasley hat sich gewaltig in Hermine → Granger verguckt und reagiert ziemlich eifersüchtig, auch wenn er sich ihr noch nicht offenbart hat. Hermine hat für keinen der beiden bisher andere als freundschaftliche Gefühle signalisiert. Auf Fragen von Fans, wer denn nun mit wem – und warum Harry denn nicht mit Hermine – oder nicht doch mit Ginny – usw. antwortet Joanne K. → Rowling immer nur, Harry sei noch jung und habe noch viel Zeit, sich für die richtige Partnerin zu entscheiden.

**Liebestrank**

Einen solchen → Zaubertrank zu brauen, mit dem man den Geliebten oder die Geliebte für kurze oder längere Zeit unausweichlich an sich binden kann, schlägt Gilderoy → Lockhart am → Valentinstag vor, doch »→ *Snape sah aus, als ob er den ersten, der ihn nach einem Liebetrank fragte, vergiften würde«* (HP2,246). In → Hogwarts ist das Brauen dieser Tränke verboten. Molly → Weasley erzählt Hermine → Granger und Ginny → Weasley, wie sie in ihrer Jugend einen Liebestrank braute (HP3,75). – In der → Mythologie der → Muggel ist der Liebestrank einer der wichtigsten Zaubertränke. Im Mittelalter bereiteten junge Mädchen einen Liebestrank, indem sie ein wenig eigenes → Blut, meist Menstruationsblut, in das Getränk des zu Bezaubernden gaben, aber auch Sperma konnte für den Liebeszauber verwandt werden. Auch Blut und Leib Christi, sprich Hostien und der Wein, der bei der Eucharistie verwandt wurde, konnten als Mittel dienen. Ein Beispiel, bei dem das Herzblut (als das edelste Blut) verwandt wird, schildert Paul Heyse (1830 – 1914) in seiner Novelle »Das Mädchen von Treppi« (1855): *»Es zieht dich ohne daß du's weißt, sagte sie. Du fändest mich, wenn alle Berge der Welt zwischen uns wären, denn ich mischte sieben Tropfen von dem Herzblut des Hundes in deinen Wein. Armer Fuoco! Er liebte mich und haßte dich. So wirst du den Filippo hassen, der du früher warst, als du mich verstießest, und nur ruhig sein in dir, wenn du mich liebst. Filippo, siehst du nun, daß ich endlich dich erobert habe?«* Dass solche Vorstellungen bereits in der Antike verbreitet waren, zeigt die Sage von Herakles, bei dem sich allerdings die vermeintliche Liebesmagie als tödliches Gift entpuppt und er an der List des → Zentauren zu Grunde geht.

**Liga zur Verteidigung gegen die dunklen Kräfte**

Über diesen Zusammenschluss von Hexen und Zauberern zum Kampf gegen die → schwarze Magie ist nichts bekannt, außer dass Gilderoy → Lockhart ihr Ehrenmitglied ist. Das spricht nicht dafür, dass die Liga sehr effektiv arbeitet...

**Ligusterweg**

Die Straße, in der Harry Potter bei seinen Verwandten, der Familie → Dursley, wohnt (englisch: *Privat Drive*). Die komplette Adresse lautet: Ligusterweg 4, Little Whinging, Surrey. Der Ligusterweg mündet in den → Magnolienring.

**Lila**

Lieblingsfarbe von Gilderoy → Lockhart.

**Liste der verbotenen Gegenstände**

Eine Liste, die Hausmeister Argus → Filch führt und auf der alles aufgeführt ist, was in den Mauern von → Hogwarts verboten ist. Zu den 437 Gegenständen, die 1994 darauf stehen, gehören Jaulende Jo-Jos, Fangzähnige Frisbees und Bissige Bumerangs.

**Liste Verbotener Verhexbarer Artikel**
Hier sind → Muggelartefakte aufgeführt, die in Großbritannien nicht eingeführt oder in Zaubererhaushalten vorhanden sein dürfen, z. B. → Fliegende Teppiche.

**Listening Library, Inc.**
Amerikanischer Verlag, spezialisiert auf Audio-Books; in ihm erscheinen die amerikanischen → Hörbücher zu den Harry-Potter-Büchern.

**Little Hangleton**
Das Dorf, in dem Tom → Riddle, der Vater von Lord → Voldemort, lebte und starb (HP4).

**Little Whinging**
Harry Potter wohnt entweder in → Hogwarts oder bei der Familie → Dursley, im Ligusterweg 4 im fiktiven Örtchen Little Whinging, → Surrey.

**Little, Christopher**
Bis heute der Agent von Joanne K. → Rowling, der schon ihr erstes Manuskript bei → Bloomsbury unterbrachte.

**Lockenwickler**
Tragen einige lebende → Bilder von Gilderoy → Lockhart in dessen Büro.

**Lockhart, Gilderoy**
Mit dem Lehrer in → »Verteidigung gegen die dunklen Künste« in Harry Potters zweitem Schuljahr (HP2) persifliert Joanne K. → Rowling sehr unterhaltsam den → Bestseller-Rummel und Personenkult um ihre Person ebenso wie manche Autorenkollegen, die sich ähnlich unmöglich benehmen wie dieser Schönling und Angeber. Er soll sogar ein reales Vorbild haben, das sie dann überzeichnete. Lockhart hat jede Menge Bücher über seinen Kampf gegen Monster und schwarze Magie: »Abstecher mit → Vampiren« *(Voyages With Vampires)*, »Ferien mit Vetteln« *(Holidays With Hags)*, »Gammeln mit → Ghulen« *(Gadding With Ghouls)*, »Tanz mit einer → Todesfee« *(Break With A Banshee)*, »Trips mit → Trollen« *(Travels With Trolls)*, »Wanderungen mit → Werwölfen« *(Weekend with a Werewolf)* und »Ein Jahr bei einem → Yeti« *(Year With The Yeti)*, dazu → »Lockharts Ratgeber für Schädlinge in Haus und Hof« (*»Gilderoy → Lockhart's Guide to Household Pests«*), außerdem seine höchst erfolgreiche Autobiographie »Zaubrisches Ich« (*»Magical Me«*): *»Sechs Monate an*

*der Spitze der → Bestsellerliste! Hab alle Rekorde gebrochen!«* (HP2,126). Wenn es nach den Büchern und nach seinen Fans geht, ist Lockhart der größte Zauberer und Kämpfer gegen → schwarze Magie. Obwohl er Harry Potter einbläut: *»Berühmt zu sein heißt, ruhmreich zu handeln«* (HP2,125), handelt er genau entgegengesetzt und versagt jedesmal kläglich, wenn er wirklich erfolgreich zaubern soll: Aus Harrys gebrochenem Arm lässt er die Knochen verschwinden (HP2,181), im → Zaubererduell mit Severus → Snape blamiert er sich fürchterlich (HP2,198), und er kann nicht einmal ein paar einfache → Wichtel fangen (HP2,107). Kein Wunder, ist doch alles, was er in seinen Büchern schreibt, erstunken und erlogen, ja schlimmer noch: Es ist geklaut und gestohlen. Lockhart lässt sich von anderen Hexen und Zauberern deren Erlebnisse erzählen und sie diese anschließend mit dem → Gedächtnisspruch → »Amnesia« vergessen, damit er die Geschichten als eigene Erfolge verkaufen kann. Das ist übrigens der einzige Spruch, den Lockhart wirklich beherrscht... Das → Zaubereiministerium hat ihn zwar geehrt, aber wohl doch seine Bedenken: Es hat Lockhart zwar den → Orden der Merlin verliehen, aber nur dritter Klasse. Seine Fans interessiert das natürlich alles nicht, und so ist er Ehrenmitglied der → »Liga zur Verteidigung gegen die dunklen Kräfte« und fünfmaliger Gewinner des »Charmantestes-Lächeln-Preises« der Zeitschrift »Hexenwoche«. Er ist heiß auf jede Form von Publicity, widmet sich stundenlang seiner → Fan-Post (Harry Potter muss ihm als → Strafarbeit einmal dabei helfen) und ist natürlich stets modebewusst und modisch gestylt: Mit Umhängen in wechselnden Farben wie Türkis, Jadegrün, Lila, Mitternachtsblau oder Vergissmeinnichtblau und Spitzhüten mit Goldrand. In der ersten Unterrichtsstunde veranstaltet der eitle Pfau ein Quiz, bei dem so wesentliche Dinge abgefragt werden wie seine Lieblingsfarbe (Lila), sein Lieblingswhisky (Ogdens Old Firewhisky), sein Lieblingsgeschenk (die Harmonie zwischen allen magischen und nichtmagischen Menschen; zur Abwechslung mal eine sinnvolle Äußerung aus seinem Mund) und sein geheimer Wunsch: *»die Welt von allem Bösen zu befreien und meine eigene Serie von Haarpflegeprodukten zu vermarkten«* (HP2,105). Nun, dafür wäre er der beste Werbeträger, mit seinem gewellten langen wehenden blonden Haar, seinen vergissmeinnichtblauen Augen und den blendend weißen Zähnen. – Trotz aller Angeberei weiß Lockhart sehr genau, wann man sich besser davonmacht: Als ihn die → Lehrkräfte von Hogwarts auffordern, Ginny → Weasley aus der → Kammer des Schreckens zu befreien – *»Er schien nicht zu bemerken, dass die anderen Lehrer ihn mit einem Ausdruck anstarrten, der deutlich an Hass erinnerte«* (HP2,302) –, will er fliehen. Harry Potter und Ron → Weasley zwingen ihn jedoch, mitzukommen in die Kammer, und als er versucht, die beiden mit einem Vergesslichkeitsspruch zu belegen, geht dieser, weil er Rons kaputten → Zauberstab benutzt, nach hinten los – und damit ist es für absehbare Zeit vorbei mit Lockharts Erinnerungen und Angebereien... – Für den Nachnamen Lockhart gibt es mehrere mögliche Erklärungen. Wenn man ihn wörtlich aus dem Englischen übersetzt, durchaus passend »Lockenhirsch«: *lock* ist Locke, und *hart* ein mindestens fünfjähriger → Hirsch, also mindestens ein stolzer Zehn-Ender. Man kann das Wort auch lautmalerisch interpretieren, dann könnte es, ebenso passend, »Verschlossenes Herz« heißen: *lock* heißt auch verschließen oder Schloss, und *heart* (»hart« gesprochen) ist das Herz. Wenn man ans Deutsche denkt, fühlt man sich auch an »Lockenhaar« erinnert – dazu passt, dass einige lebende → Bilder von Lockhart in dessen Büro Lockenwickler tragen. Es gab auch einen schottischen Schriftsteller namens Lockhart, John Gibson Lockhart (1794 – 1854), der besonders als Biograph seines Schwiegervaters, des Dichters Sir Walter Scott, bekannt wurde. Die siebenbändige Biographie gilt als eines der vorbildlichsten Werke dieser Gattung im englischen Sprachraum. Lockhart schrieb u. a. auch Romane und literaturkritische Artikel. Vielleicht kommt Lockhart aber auch aus Australien. Dort gibt es in New South Wales einen Ort namens Lockhart, ganz in der Nähe der Stadt → Wagga Wagga. Und Lockhart stellt einmal die Hausaufgabe, ein Gedicht über seinen Kampf gegen den → Werwolf von Wagga Wagga zu schreiben (HP2,169). – Auch der Vorname Gilderoy ist aussagekräftig: Das englische *gild* bedeutet vergolden, verschönern, ausschmücken, das französische *roi* König – das passt perfekt auf den »König des Verschönerns«. Eine alte schottische Ballade berichtet außerdem über einen Räuber namens Gilderoy, und ein Räuber und Dieb ist ja auch Gilderoy Lockhart.

**Locomotor Mortis**

→ Zauberspruch für die → Beinklammer.

**Logik**

*»Viele von den größten Zauberern haben keine → Unze Logik im Kopf«,* stellt Hermine → Granger fest, als sie vor dem großen → Rätsel von → Snape steht, mit dem er den → Stein der Weisen beschützt und bei dem man den Inhalt verschiedener Flaschen herausfinden muss (HP1,310). Die wirklich großen Zauberer wie Albus → Dumbledore haben natürlich beides: Logik *und* Intuition, Verstand *und* Gefühl... Selbst die kluge Hermine stellt fest: *»Bücher! Schlauheit! Es gibt wichtigere Dinge – Freundschaft und Mut...«* (HP1,311) Snape ist ein Meister des logisches Denkens, sonst hätte er das Rätsel nicht stellen können, und das weiß auch Harry Potter, denn einmal heißt es, ihm *»war klar, dass er zwei und zwei zusammenzählte, wie nur Snape es konnte«* (HP4,493). – Logik kommt vom griechischen Wort *logos* (das manche als das Gegenstück zum → Mythos ansehen) und meint die Lehre von den Prinzipien des richtigen, d. h. schlüssigen Denkens und Beweisführens. Als logisch richtig gilt eine Beziehung zwischen Voraussetzungen und Schluss, bei der wahre Voraussetzungen zu einem

wahren Schluss führen. Allerdings können formal und in sich schlüssige Schlussfolgerungen durchaus zu falschen Ergebnissen führen, wenn die Voraussetzungen nicht stimmen, also z. B. falsche Daten oder Informationen verwendet werden. Gehe ich von den Voraussetzungen (Prämissen): »Alle Säugetiere haben vier Beine« und »Alle Menschen sind Säugetiere« aus, komme ich zum falschen Schluss: »Alle Menschen haben vier Beine«, weil die erste Aussage nicht stimmte. – Als Begründer der klassischen Logik gilt der griechische Philosoph Aristoteles (384–322 v. Chr.). Er erfand den Syllogismus (griechisch: das Zusammenzählen), bei dem aus zwei Behauptungen oder Aussagen, den Prämissen, eine Schlussfolgerung (*Conclusio*) gezogen wird. Man geht von einer Hauptaussage aus (Majorprämisse oder Obersatz, *Proposia maior*) und fügt eine untergeordnete Aussage hinzu (Minorprämisse oder Untersatz, *Proposio minor*). Ein berühmtes Beispiel bezieht sich auf den Philosophen Sokrates. Obersatz: Alle Menschen sind sterblich. Untersatz: Sokrates ist ein Mensch. Schlussfolgerung: Sokrates ist sterblich. – Im 19. Jahrhundert entwickelten die Mathematiker Boole und De Morgan die symbolische oder moderne Logik. Diese wurde Anfang des 20. Jahrhunderts von Bertrand Russell und Alfred North Whitehead weiterentwickelt und in ein System gebracht, das mit Symbolen für Aussagen und die Bindeglieder arbeitet wie »und«, »oder«, »nicht« und »wenn … dann …«. Mit einer solchen Logik muss Hermine arbeiten, als sie das Rätsel von Snape löst. – Es gibt noch weitere Logiken, die zusätzliche Aspekte einbringen, z. B. die induktiven Logiken, die mit der Wahrscheinlichkeitslehre verwandt sind, und die mehrwertigen Logiken, bei denen es mehr Möglichkeiten als nur »wahr« oder »falsch« gibt.

**London**

Die Hauptstadt von → Großbritannien liegt im Südosten von England, westlich der Mündung der Themse. Die Siedlung wurde schon zu Römerzeiten als Hafen angelegt und ist heute die wohlhabende Hauptstadt eines blühenden Industrie- und Agrarlandes mit einer der wichtigsten Börsen weltweit. Die City of London oder City, die dem alten Londinium entspricht und heute zum Geschäfts- und Finanzviertel gehört, bildet mit 32 Stadtbezirken Groß-London, das sich über eine Fläche von 1 580 Quadratkilometern erstreckt. In London befinden sich das → Zaubereiministerium, die Bank der Zauberer, → Gringotts, und die → Winkelgasse, und hier startet am → Bahnhof King's Cross von → Gleis 9 ¾ der → Hogwarts-Express.

**Longbottom, Frank**

Der Vater von Neville → Longbottom war → Auror. Er und seine Frau wurden von → Todessern, darunter Barty → Crouch junior, nach dem Sturz von Lord → Voldemort 1981, als sich schon alle sicher fühlten, mit dem → Cruciatus-

Fluch gefoltert. Seither leben sie geistig zerrüttet im → St.-Mungo-Hospital für Magische Krankheiten und Verletzungen und erkennen ihren Sohn nicht mehr.

**Longbottom, Großmutter**

Die Großmutter von Neville → Longbottom ist eine beeindruckende alte Hexe mit einem meist grünen langen Spitzenkleid, einem hohen Hut mit einem zerfledderten mottenzerfressenen ausgestopften Geier darauf, einer roten riesigen Handtasche und manchmal einem Schal aus Fuchsfell (HP3).

**Longbottom, Neville**

Der schüchterne Junge mit dem runden Gesicht ist extrem vergesslich und ziemlich tollpatschig. Er lernte seine Eltern nur als Baby bei Verstand kennen; sie wurden mit dem → Cruciatus-Fluch gefoltert, sind in der Klinik und erkennen ihren Sohn nicht mehr. Erst als er 8 Jahre alt war, stellte sich heraus, dass er zaubern kann – sein Großonkel Algie hatte ihn zum Fenster rausgehängt, um aus ihm »Magie herauszupressen«, und ihn aus Versehen fallen lassen. Neville hüpfte wie ein Ball... Algie war so froh, dass Neville in → Hogwarts aufgenommen wurde, dass er ihm die → Kröte Trevor schenkte. Zur Familie gehört noch Großtante Enid. Neville wächst bei Großmutter → Longbottom auf. Seine Kröte »verlegt« Neville immer wieder; er sucht sie auch bei seiner Ankunft in Hogwarts, wo er im gleichen Jahrgang wie Harry Potter in → Gryffindor ist. Seine Großmutter gab ihm extra ein → »Erinnermich« mit, und dieses führt indirekt dazu, dass man Harrys Begabung für → Quidditch entdeckt. Neville ist in den meisten Fächern außer in → Kräuterkunde eher schlecht. Doch er holt 1992 die für den Gewinn der → Hausmeisterschaft entscheidenden 10 Punkte für → Gryffindor, weil er sich seinen Freunden Harry, Ron und Hermine *entgegenstellt* und dafür mit der → Ganzkörperklammer ruhiggestellt wird (HP1,296). – Weil er so vergesslich ist, dass er schon mal das → Passwort vergisst und dann ausgesperrt ist (HP1,172), schreibt er sich verbotenerweise die Passwörter auf und verhilft so unfreiwillig Sirius → Black zum Eindringen in den → Gryffindor-Turm (HP3). – Longbottom heißt übersetzt »Langer Boden« oder »Lange Talsohle« – Neville ist eben ein Spätstarter. Möglicherweise wird er, wenn er aus dieser Talsohle herauskommt, noch ein richtig guter Zauberer...

**Lord Voldemort**

→ Voldemort

**Lovegood**

Diese Zaubererfamilie, entfernte Nachbarn der Familie → Weasley, ist so sportbegeistert, dass sie noch eine Woche früher als die Weasleys zur → Quidditch-Weltmeisterschaft anreist.

**Löwe**
Das Wappentier von → Gryffindor.

**Löwenfischgräten, gemahlene**
Ingredienz für → Zaubertränke im → Zaubertrankunterricht (HP1).

**Lumos**
Ein → Zauberspruch, der am Ende des → Zauberstabs ein kleines Licht erscheinen läßt. Um diese »magische Taschenlampe« wieder auszuschalten, benutzt man den Zauberspruch → »Nox«. – Das lateinische *lumen* heißt Licht, Leuchte.

**Lunaskop**
Ein magisches Gerät, das die Phasen des → Mondes zeigt; Harry Potter sieht eines in der → Winkelgasse (HP3).

**Lupin, Remus J.**
Lehrer in → Hogwarts für die → Verteidigung gegen die dunklen Künste in Harrys drittem Jahr (HP3). Als Schüler in → Hogwarts befreundet mit seinen Jahrgangskameraden James → Potter, Sirius → Black und Peter → Pettigrew, mit diesen dreien gründete er die → »Hilfsmittel für den Magischen Tunichtgut GmbH«, um magische Gegenstände zu vertreiben, und schuf die → Karte des Rumtreibers. Schon als Kind zum → Werwolf geworden, konnte er nur nach Hogwarts, weil Albus → Dumbledore entsprechende Vorkehrungen traf: Während seiner Zeit als Wolf wurde Remus in eine Hütte in → Hogsmeade gesperrt, die wegen seiner Schreie und seines Heulens als die → Heulende Hütte bekannt wurde. Der einzige Zugang führt über einen Geheimgang, an dessen Eingang Dumbledore die → Peitschende Weide pflanzte. Um Lupin in diesen Zeiten beizustehen, entwickelten sich seine Freunde zu → Animagi: James zu einem → Hirsch (Spitzname: Krone), Sirius zu einem riesigen Hund (Tatze) und Peter zu jener Ratte (Wurmschwanz), die später als → Krätze bei Familie → Weasley lebt. Lupins Spitzname Moony weist auf seine Abhängigkeit vom Mond hin. – Als Lupin in Hogwarts lehrt, kann er durch einen neuentwickelten Trank auch als Werwolf seinen menschlichen Verstand behalten. Er hilft Harry Potter gegen die → Dementoren und entlarvt gemeinsam mit Sirius Black den als Ratte verborgenen Peter Pettigrew. Am Ende des Schuljahres muss er auf Drängen der → Schulräte und Eltern → Hogwarts verlassen (HP3). Er wird aber wahrscheinlich wiederkommen: Ein Jahr später fordert Dumbledore Sirius Black auf, ihn zurückzuholen als → Verbündeten gegen → Voldemort (HP4). – Lupin kommt vom lateinischen *lupus*, der Wolf. Remus war einer der beiden legendären Gründer Roms; er und sein Zwillingsbruder Romulus sollen im Jahr 753 vor Christus die Stadt Rom gegründet haben. Sie waren die Kinder von

Rhea Silva, einer als Priesterin der Vesta im Tempel eingesperrten Tochter des vertriebenen rechtmäßigen Latinerkönigs Numitor, und des Kriegsgottes Mars. Da vestalische Priesterinnen Jungfrauen sein mussten, wurde Rhea Silva hingerichtet, die beiden Zwillingssöhne wurden in einem Körbchen im Fluss Tiber ausgesetzt (ähnlich Mose im Alten Testament). Ihr Vater Mars schickte eine Wölfin, die die Kinder säugte und am Leben erhielt, bis sie von einem Hirten gefunden wurden. – Nachdem sie ihrem Vater wieder zur Herrschaft verholfen hatten, gründeten Romulus und Remus an der Stelle, wo sie im Tiber ausgesetzt worden waren, eine Stadt. Doch dabei gerieten sie in Streit, und Remus wurde von Romulus erschlagen.

**Lutscher mit Blutgeschmack**
Spezielle Süßigkeit für → Vampire, gibt es im → Honigtopf.

**Lykanthropie**
Verwandlung in ein Werwesen, besonders einen → Werwolf; in der Welt der → Muggel auch der Name einer Geisteskrankheit, die mit der Wahnvorstellung einhergeht, sich in ein Tier verwandeln zu können oder zumindest so benehmen zu müssen.

**Lynch, Aidan**
→ Sucher im irischen Team bei der → Quidditch-Weltmeisterschaft (HP4).

# M

**Macmillan, Ernie**

Schüler in → Hogwarts, ein → Hufflepuff, Freund von Justin → Finch-Fletchley. Im → Duellierclub geht der stämmige Junge zu Boden. Verdächtigt Harry Potter, der → Erbe Slytherins zu sein, und entschuldigt sich später dafür (HP2).

**Macnair, Walden**

Zauberer, der für das → Zaubereiministerium als Henker arbeitet, ein → Todesser und treuer Anhänger von Lord → Voldemort. Er kommt zum Treffen der Todesser bei Lord Voldemort nach dessen → Wiederauferstehung.

**Mad-Eye Moody**

Mad-Eye → Moody

**Madam Malkin**

Eine stämmige, freundliche Hexe, malvenfarben gekleidet, die Eigentümerin von »Madam Malkins Anzüge für alle Gelegenheiten«.

**Madam Malkins Anzüge für alle Gelegenheiten**

Kleidergeschäft in der → Winkelgasse; hier lernt Harry Potter seinen Erzfeind Draco → Malfoy kennen, als beide ihre → Schuluniformen kaufen (HP1).

**Madam Marsh**

→ Marsh, Madam

**Madam Pince**

→ Pince, Madam

**Madam Rosmerta**

→ Rosmerta, Madam

**Madam Z.**
Hexe aus Topsham, die mit → Kwikzaubern angeblich erfolgreich Zaubern lernte, jetzt überall nach ihrer → Funken-Lösung gefragt und von der Vertriebsfirma als Werbeargument zitiert wird. Wahrscheinlich ist sie erfunden, »Topsham« heißt übersetzt »die Spitze der Täuschung«. Und dass sie eine Lösung zum Funkenmachen braucht, spricht nicht für ihre Zauberkraft... (HP2,133)

**Madame Maxime**
→ Maxime, Olympe

**Madley, Laura**
Schülerin in → Hogwarts, 1994 eingeschult, eine → Hufflepuff (HP4).

**Madragora**
Ein anderer Name der → Alraune.

**Männer, die Drachen zu sehr lieben**
Ein Buch, in dem Harry Potter und Hermine → Granger nach einer Lösung suchen, wie Harry mit dem → Drachen in der ersten Aufgabe des → Trimagischen Turniers fertig werden soll *(Men Who Love Dragons To Much).*

**Magic**
→ Magie

**Magical Drafts and Potions**
Originaltitel des Lehrbuchs »Zaubertränke und Zauberbräue« von Arsenius → Bunsen.

**Magical Me**
Originaltitel der Autobiographie »Zaubrisches Ich« von Gilderoy → Lockhart.

**Magical Theory**
Originaltitel des Lehrbuchs → »Theorie der Magie« von Adalbert → Schwahfel.

**Magie**
Im allgemeinen Sprachgebrauch werden die Begriffe Magie (abgeleitet von → Magier), → Zauberei und Hexerei in der Regel gleichgesetzt. Auch in den Harry-Potter-Büchern sind diese Begriffe austauschbar, außer dass statt von Zauberinnen oft von → Hexen gesprochen wird. Dies erklärt sich schon daraus, dass aus den englischen Begriffen nicht immer das Geschlecht der betreffenden

Person deutlich wird (*magic, sorcery, witchcraft* und *wizardry*: Magie; *magician, sorcerer, wizard*: Zauberer oder Zauberin; *witch*: Hexe). – In den Religionswissenschaften und in der Ethnologie der → Muggel wird der Begriff → Zauberei meist verwandt zur Bezeichnung magischer Verfahren, in der Regel mit negativer Wertung. Dabei handelt es sich immer um eine bewusste Aktivität, die mit bestimmten Ritualen und/oder Worten bzw. Anrufungen und/oder Substanzen verbunden ist. Hexerei hingegen wird bei den meisten Völkern als angeborene oder ererbte Fähigkeit angesehen, durch übernatürliche Kräfte anderen Personen Schaden oder Nutzen zufügen zu können, wobei diese Fähigkeit auch unbewusst eingesetzt werden kann. In vielen Regionen Afrikas etwa unterscheidet man Hexen, denen ihre Fähigkeiten angeboren sind, von Zauberern, die sie durch oft blutige oder schamanistische Initiationen erwerben müssen. Eine solche Unterscheidung gibt es in den Harry-Potter-Büchern nicht (→ Vererbung). – Als Magie im weitesten Sinne werden allgemein alle Praktiken bezeichnet, die dazu dienen, den Verlauf von Ereignissen auf übernatürliche Weise zu beeinflussen. Ob etwas als Magie bezeichnet wird, kommt also darauf an, wieweit man die Mechanismen und Zusammenhänge der Welt als natürlich oder nicht (aner)kennt. *»Das Produkt jeder hochentwickelten Wissenschaft kann für die, die sie nicht erklären können, wie Magie wirken«*, sagt Isaac Asimov. Bei den Mayas wird dies besonders deutlich, wo die Herrschenden ihr naturwissenschaftliches »Herrschaft-Wissen« der »gewöhnlichen Bevölkerung« vorenthielten: *»Die Manipulation der Mayas war besonders raffiniert, weil sie nicht auf faulem Zauber oder persönlichem Charisma oder dem Appell an niedrige Instinkte beruhte, sondern auf wissenschaftlichen Erkenntnissen. Die Mayas waren ja glänzende Mathematiker und Astronomen. Und wenn du dich am Himmel auskennst, dann weißt du alles über die Jahreszeiten und das Wetter, dann kannst du den Regen voraussagen oder, was unangenehmer wäre, eine Dürreperiode – kurz, von deinen Voraussagen hängt die landwirtschaftliche Produktion und damit der Lebensstandard deines Volkes ab. Aber: Du enthältst deinen Untertanen wohlweislich die wissenschaftliche Erklärung vor und bietest ihnen statt dessen eine magische Erklärung dafür! Nicht weil du an deinem Hof die Elite der Astronomen beschäftigst, weißt du das alles – sondern weil du ein Sohn der Götter bist. Wer diese Manipulation durchschaute, war ein Störfaktor, der entweder beseitigt oder in die High-Society integriert werden mußte. Auf diese Weise bildete sich mit der Zeit ein Hof aus Intellektuellen, Künstlern und Handwerkern, die unablässig damit beschäftigt waren, den Abstand zwischen dem unwissenden Volk auf der einen und den Göttersöhnen auf der anderen Seite zu vergrößern«* (Leo Linder, »Unter der Jaguarsonne – Begegnungen mit der Geschichte der Mayas«, Düsseldorf 1995). – Oft gilt das, was gestern noch als anerkanntes Wissen galt, heute in der Welt der Muggel als → Aberglaube oder Magie, wie etwa → Alchemie, Okkultismus oder Spiritismus oder wird als → Metaphysik abgetan. Und manche magischen Praktiken sind bis heute auch in der Welt der Muggel verbreitet, wie → Astrologie, → Nummerologie oder → Weissagung. Joanne K. → Rowling glaubt übrigens nicht, dass es Magie gibt! – Meist unterscheidet man zwei Hauptformen der Magie: die weiße (oder gute) Magie und die schwarze (oder böse) Magie. Die weiße Magie, die »gute«, ethisch nicht fragwürdige Magie will den Menschen nutzen, sie dient auch dazu, die Wirkungen der schwarzen Magie zu beheben und ihr entgegenzuwirken. Die schwarze, egoistische, machtorientierte Magie wird meist dazu verwendet, Lebewesen Schaden zuzufügen, zumindest aber dazu, ohne Rücksicht auf andere eigene Interessen durchzusetzen. Schon im Altertum findet man diese Unterscheidung, nachzulesen z. B. im Neuen Testament: *»Als ein Zauberer Simon (Vulgata: ›Simon magus‹) sah, wie Petrus durch Handauflegung den Geist vermittelte, wollte er ihm diese Vollmacht abkaufen, erfuhr aber dessen entrüstete Abweisung (Apg 8,9-24). Hinfort verkörperten Simon Petrus und Simon Magus den rechten und falschen Umgang mit den Überkräften. Die apokryphen Petrus-Akten vom Ende des 2. Jahrhunderts wissen bereits von einem Wunderwettkampf zwischen den beiden, ausgetragen in seinem letzten Akt auf dem Forum zu Rom.* [...] *Wichtig ist das theologische Konzept, das im Hintergrund steht: Es gibt besondere Kräfte, deren gute im Bunde mit dem allmächtigen Gott vermittelt werden, die bösen aber mit dem Teufel und den Dämonen«* (Arnold Angenendt: »Geschichte der Religiosität im Mittelalter«, Darmstadt 1997). In Antike und Mittelalter umfasste die schwarze Magie also vor allem die Anrufung von → Dämonen und anderen bösen Mächten, allgemein als Zauberei und Hexerei bezeichnet, die weiße Magie beschäftigte sich eher mit → Alchemie, → Astrologie und Kräuterkunde. Die Verfolgung der vermeintlichen schwarzen Magie fand einen traurigen Niederschlag in den → Hexenverfolgungen. – Die grundlegende Unterscheidung zwischen weißer und schwarzer Magie wird auch in den Harry-Potter-Büchern deutlich, auch wenn sie nicht allzu häufig direkt ausgesprochen wird und sich die Beteiligten auf beiden Seiten oft derselben oder ähnlicher Zauber bedienen – aber dies ist ja in der Welt der Muggel nicht anders: Kriminelle verwenden dieselben Waffen wie die Polizei... Albus → Dumbledore ist der »Weiße«, der »Leuchtende«, → Voldemort ist der »dunkle« oder »schwarze« Lord. Viele Anhänger Voldemorts bewahren immer noch *»sehr wertvolle Sachen für → schwarze Magie«* auf, Lucius → Malfoy z. B. in einer *»Geheimkammer unter dem Fußboden des Salons«* (HP2,234). In der → Bibliothek von → Hogwarts braucht man die schriftliche Genehmigung eines Lehrers oder einer Lehrerin, um die Bücher über die *»mächtige schwarze Magie, die in Hogwarts niemals gelehrt wurde«*, einzusehen (HP1,216); dort schult man lieber die → »Verteidigung gegen die dunklen Künste«. Direkt angesprochen wird die schwarze Magie selten; → Hagrid spricht einmal, bei der Verzauberung von Harry Potters → Besen bei dessen erstem → Quidditch-Spiel, von schwarzer Magie (HP1,208). – Man kann magische Praktiken in vier Bereiche einteilen. Die Sympathie- oder sympathetische Magie basiert auf symbolischer Darstellung und Wunscherfüllung. Gewünschte Wirkungen werden durch Imitation oder durch die Verwendung von Gegenständen erzielt, die mit einer Person oder einer Absicht in Verbindung gebracht werden. Um den → Vielsaft-Trank herstellen zu können, brauchen Harry, Hermine und Ron *»Stückchen von den Leuten, in die ihr euch verwandeln wollt«* (HP2,222). In vielen Gebieten und Religionen glaubt man, einen Menschen verletzen zu können, wenn man eine Abbildung von ihm, etwa eine Wachspuppe, »verletzt«. Manche rituelle Formen der Anthropophagie (Menschenverzehr, auch Kannibalismus genannt) beruhen auf dem Glauben, dass man durch den Verzehr von Fleisch und/oder → Blut Eigenschaften übernehmen kann. – Als zweite wichtige Form der Magie gilt die → Weissagung, die *Divination*, als dritte Form das »Wunderwirken«, die *Thaumaturgie*. Hierzu zählen u. a. Alchemie und die allgemeinen Formen von Zauberei, auch das Brauen von → Zaubertränken. Die vierte Form der Magie ist die Anrufung, die *Advocatio* oder *Incantation*, oder Beschwörung: In Zaubersprüchen oder Formeln werden meist die Wirkungen benannt, die erreicht, oder die → Namen jener Personen, Gegenstände oder übernatürlicher Wesen genannt, die betroffen sein oder gerufen werden sollen. Ein Beispiel ist der Zauberspruch → »Accio«. – Es gibt noch viele andere Arten, magische Praktiken zu unterteilen. Der anhaltische Leibarzt Julius Sperber etwa unterschied im 17. Jahrhundert eine göttliche Magie, die *Magia divina* oder *Magia coelestis*, *»das ist die himmlische oder göttliche Weißheit«*, eine menschliche Magie, *»welche mit ... Ceremonien und allerhand mißbräuchen dermassen vermischet, und dadurch verdunckelt worden, daß sie billich den vorigen Namen verlohren«* und eine abergläubische oder teuflische Magie. Manche Wissenschaftler setzen magische Praktiken mit religiösen gleich, schließlich werde auch dort mit bestimmten Ritualen versucht, Einfluss auf die Realität zu nehmen, etwa bei einem Fürbitten-Gebet. Diese Gleichsetzung wird allerdings von der überwiegenden Mehrheit abgelehnt, da die Haltung des Magiers zur Übernatur aktiver und autonomer sei als in der Religion üblich. Es gelte nicht »Dein Wille geschehe«, sondern »Mein Wille geschehe«. Immer wieder wird die Magie auch mit der Naturwissenschaft verglichen: Beide dienten dazu, die Umwelt zu beherrschen und zu »manipulieren«. Verschieden seien jedoch die Methoden: Der Magier folge einem Ritual, der Forscher beobachte und variiere die äußeren Umstände seiner rational zielgerichteten Handlungen systematisch. Allerdings ist dies in keinem der beiden Bereiche immer so eindeutig; es gibt auch fließende Übergänge und Zwischenstufen. Und zahlreiche moderne Wissenschaften stammen aus Vorformen, die heute als magisch abqualifiziert werden, etwa die Physik und Chemie aus der → Alchemie und die → Astronomie aus der → Astrologie, die → Metaphysik wird heute noch von vielen als »unwissenschaftlich« und/oder magisch betrachtet. Wie bei der Wissenschaft scheint es aber allgemeine Auffassung, dass Magie und Zauberei zu erlernen in der Regel eine mühsame Sache sei. So schreibt Achim von Arnim (1781 – 1831) in seiner Erzählung »Isabella von Ägypten« (1812): *»Zauberei braucht die härteste Schule; wer sie aushalten kann, möchte auch wohl in den gewöhnlichsten Geschäften ohne alles Geheimnis zu zaubern scheinen.«* – In zahlreichen Werken, die in den Harry-Potter-Büchern erwähnt werden, werden die Magie und ihre Geschichte beschrieben und erläutert. Diese stehen uns leider nicht zur Verfügung. In unserer Muggel-Welt gibt es aber auch gute → Bücher zur Magie.

### Magie beim Backen

→ Kochbuch von Molly → Weasley (*Enchantment in Baking*, HP2,38).

### Magier

Im allgemeinen Sprachgebrauch ein Zauberer. Das Wort kommt vom altiranischen *maga* (Opfergabe, Opferdienst); Herodot bezeichnete als Magier Angehörige einer Sippe des medischen Volkes mit priesterlichen Funktionen und großem politischen Einfluss. Zu ihren Praktiken zählten → Astrologie, → Dämonologie und → Magie, sie galten als Stern- und Traumdeuter sowie → Wahrsager. Sie waren Anhänger des persischen Propheten Zarathustra (auch Zoroaster, um 630 bis 550 v. Chr.). Dieser lehrte einen Dualismus zwischen Angra Mainju, dem bösen Gott, und Ahura Mazda (»Gott Weisheit«), dem guten Gott. Sein ethisch und dualistisch geprägter Monotheismus wirkte auf zahlreiche Philosophen und Religionen ein, bis hin zu Judentum und Christentum. Noch heute gibt es in Indien, Iran und Pakistan etwa 150.000 Anhänger dieser Religion, ihre Priester könnten heute zumindest in der → Muggel-Welt als die einzig »echten Magier« betrachtet werden. – Magie ist von dem Wort Magier abgeleitet.

### Magische Gemeinschaft

Die Gesamtheit aller Hexen und Zauberer als Gegenstück zur → Muggel-Gesellschaft.

### Magische Hauskrankheiten und Gebrechen

Ein Buch, das Hermine → Granger besitzt (*Common Magical Ailments and Afflications).*

### Magische Mätzchen für tumbe Zauberer

Ein Buch, in dem Harry Potter nach einer Lösung sucht, wie er unter Wasser leben kann, um die zweite Aufgabe des → Trimagischen Turniers zu lösen *(Madcap Magic for Wacky Warlocks).*

**Magische Menagerie**
Der Laden in der → Winkelgasse *(Magical Menagerie)*, in dem Hermine → Granger ihre → Katze → Krummbein kauft (HP3).

**Magische Polizeibrigade**
Eine Spezialtruppe *(Magical Law Enforcement Squad)* des → Zaubereiministeriums zur Gefangennahme von besonders gefährlichen kriminellen Hexen und Zauberern. Die allerbesten ihrer Mitglieder sind die speziell geschulten »Eingreifzauberer« *(Hit Wizards)*.

**Magische Wasserpflanzen des Mittelmeeres und ihre Wirkungen**
Ein Buch, das Mad-Eye → Moody Neville → Longbottom schenkt, angeblich, um ihn vom → Cruciatus-Fluch, unter dem seine Eltern litten, abzulenken, in Wirklichkeit, um Harry Potter bei der zweiten Aufgabe im → Trimagischen Turnier zu helfen *(Magical Mediterranean Water-Plants and Their Properties)*.

**Magischer Rundfunk**
→ Radio

**Magisches Auge**
Mad-Eye → Moody.

**Magisches Unfallumkehr-Kommando**
Unterabteilung der → Abteilung für die Umkehr verunglückter Magie im → Zaubereiministerium. Wie der englische Name *Accidental Magic Reversal Squad* zeigt – *Squad* heißt Truppe, Eingreiftruppe –, muss es hier meistens sehr schnell gehen. Die Truppe greift z. B. ein bei Unfällen beim → Apparieren. Hier arbeiten auch die → Vergissmichs, Hexen oder Zauberer, die das Gedächtnis von → Muggeln modifizieren. Ein Mitglied dieser Truppe ist Arnold → Friedlich (HP4).

**Magischer Transport**
→ Transport, Magischer.

**Magisches Talent**
Dieses ist angeboren; Menschen ohne diese Fähigkeit nennen die Zauberer Muggel. Wenn ein Mensch aus einer Zaubererfamilie sein Zauberertalent verliert oder es nur noch schwach ausgeprägt ist, nennt man ihn Squib. Das Talent wird, wie Joanne K. → Rowling erklärt, ähnlich vererbt wie die Haarfarbe: Wie zwei Schwarzhaarige ein blondes Kind bekommen können, können zwei Muggel ein Kind mit Zauberfähigkeiten bekommen; so ist es bei Hermine → Gran-

ger. Damit ist die → Vererbung der Zauberfähigkeit einigermaßen klar: Es handelt sich um einen rezessiv autosomalen Erbgang mit eventuell mehreren beteiligten Genen. – Damit auch magisch begabte Kinder aus Muggel-Familien die Möglichkeit der Ausbildung in → Magie erhalten, notiert ein magischer → Federkiel in → Hogwarts jede Geburt eines solchen Kindes in einem großen Pergament-Buch. Jedes Jahr überprüft Professor → McConagall dieses Buch und lädt alle Kinder, die bis zum 1. September das 11. Lebensjahr vollendet haben, zur Einschulung nach Hogwarts ein.

### Magnolienring

Die Straße im fiktiven Städtchen → Little Whinging, in die der Ligusterweg mündet. Harry Potter sieht hier zum ersten Mal den → Grimm und wird vom → Fahrenden Ritter aufgegabelt (HP3).

### Malcolm

Vorname eines Freundes von Dudley → Dursley.

### Malfoy, Draco

Sohn von Lucius und Narcissa → Malfoy, Sproß einer alten Zaubererfamilie und stolz darauf, rassistisch und überheblich. Gleich alt wie Harry Potter und wie dieser 1991 in → Hogwarts eingeschult, aber im → Slytherin-Haus, wie seine beiden »Leibwächter« → Crabbe und → Goyle und sein Vater Lucius. Seine → Eule ist ein Uhu. Der blasse Junge mit dem spitzen Gesicht, den eisgrauen Augen und dem silberblonden Haar, der ein wenig an einen → Vampir erinnert, startet immer wieder Kampagnen, z. B. gegen → Muggel-Geborene (HP2), gegen → Hagrid – er erreicht, dass dessen Schützling, der → Hippogreif → Seidenschnabel, zum Tode verurteilt wird (HP3) und macht Hagrids → Riesenherkunft öffentlich (HP4) – und natürlich gegen Harry selbst (HP4). Er ist ein arroganter Widerling und → Rassist. Von Mad-Eye → Moody wird Draco einmal in ein → Frettchen verwandelt (HP4,215). – Malfoy kommt wahrscheinlich vom französischen *mal*, schlecht, böse, und *foi*, Glaube. Außerdem heißt das französische *malfaisant* böswillig, bösartig. – Der Vorname Draco ist natürlich das lateinische *draco*, → Drache. Übersetzt als »Schlange« ist es das Wappentier des Hauses Slytherin. Der Name erinnert aber auch an den ersten Gesetzgeber Athens, Drakon, der um 620 v. Chr. die erste Aufzeichnung des Gewohnheitsrechtes und Veröffentlichung der gültigen Strafbestimmungen vornahm. Die Strenge seiner Gesetze ist sprichwörtlich; allerdings setzte er auch wichtige Reformen durch, so die Abschaffung der privaten Blutrache und die Unterscheidung zwischen vorsätzlichem Mord, Totschlag und unbeabsichtigter, nicht strafbarer Tötung. Diese Reformfreude spricht nicht dafür, dass Joanne K. → Rowling bei Draco Malfoy an den Griechen Drakon gedacht hat.

**Malfoy, Lucius**

Vater von Draco → Malfoy, stolz darauf, einer alten Zaubererfamilie anzugehören, → Rassist und Anhänger von → Voldemort. Kommt zum Treffen der Todesser bei Voldemort nach dessen → Wiederauferstehung (HP4). In seinem Haus bewahrt er *»sehr wertvolle Sachen für → schwarze Magie«* auf, in einer *»Geheimkammer unter dem Fußboden des Salons«* (HP2,234). Der »Eigentümer« des → Hauselfen → Dobby, bis dieser befreit wird, ist → Schulrat und treibende Kraft bei der zeitweisen Suspendierung von → Dumbledore (HP2) wie auch bei der Verurteilung des → Hippogreifs → Seidenschnabel zum Tode (HP3). – Lucius war ein beliebter römischer Vorname, der vom Wort *lux*, Licht, kommt. Viele berühmte Römer trugen diesen Namen, u. a. Lucius Iunius Brutus (6. Jahrhundert v. Chr.), der sagenhafte Gründer der Römischen Republik, der seinen Onkel Lucius Tarquinius Superbus, den letzten römischen König, vertrieb. Lucius hieß auch der sagenhaft reiche Lucullus (um 117 bis 56 v. Chr.), bekannt für seine oppulenten, »lukullischen«, Feste. Lucius Appuleius (um 125 n. Chr. bis etwa 180 n. Chr.) war ein berühmter Philosoph, Rhetor und Schriftsteller, der u. a. angeklagt wurde, die Liebe seiner Frau durch Zauberei erlangt zu haben. In seinem Hauptwerk, dem Roman »Metamorphosen« (um 170), wird die Hauptperson des Romans, ein gewisser Lucius, versehentlich durch Zauberei in einen Esel verwandelt und erlangt erst durch die ägyptische Göttin Isis seine menschliche Gestalt wieder. – Natürlich erinnert der Name Lucius auch an Lucifer (Lichtbringer), einen der Namen des Teufels, den gefallenen Engel.

**Malfoy, Narzissa**

Ehefrau von Lucius → Malfoy und Mutter von Draco → Malfoy. Blond, groß, und schlank, *»wäre sie hübsch gewesen, wenn sie nicht ein Gesicht gemacht hätte, als hätte sie einen üblen Geruch in der Nase«* (HP4,108). – Wahrscheinlich ist sie so selbstverliebt (»narzistisch«) wie der antike Jüngling Narcissus, der sich, so der → Mythos, in sein eigenes Spiegelbild verliebte.

**Malkin, Madam**

→ Madam Malkin

**Mallorca**

Spanische Ferieninsel, Ferienziel der → Dursleys im Sommer 1992 (HP2).

**Mandragora-Wurzel**

Der »offizielle« Name der → Alraune *(Radix mandragorae).*

**Mandrake**

Der englische Name der → Alraune.

**Mannschafts-Maskottchen**

Bei der → Quidditch-Weltmeisterschaft 1994 bringt jede Mannschaft zum Spiel ihre Maskottchen mit: Irland → Leprechans und Bulgarien → Veelas.

**Mannschafts-Umhang**

→ Quidditch-Umhang.

**Mantikor**

Über einen Mantikor, der im Jahre 1296 jemanden zerfleischt hat, lesen Harry Potter, Hermine → Granger und Ron → Weasley in einem alten Buch, als sie die Verteidigung von → Seidenschnabel vorbereiten. Ein Mantikor ist ein sehr gefährliches und mächtiges Mischwesen aus Löwe (Körper und Kopf) und Adler (Flügel) mit einem oder mehreren gewaltigen Skorpionschwänzen, manchmal auch mit Schlangenmähne. In manchen Büchern wird behauptet, er könne aus seiner Mähne Stacheln schießen.

***Marge, Aunt***

So heißt im Original Magda → Dursley, mit vollem Namen *Marjorie Dursley.*

**Mars**

Der der → Sonne viertnächste von 9 → Planeten in unserem Sonnensystem, Nachbar der → Erde. Für die → Astronomie ist die Kenntnis der Planeten und ihrer Eigenschaften ebenso wichtig wie für die → Astrologie. Harry Potter muss in → Hogwarts viel über die neun Planeten unseres Sonnensystems lernen. – Äquatordurchmesser 6.794 km (der drittkleinste Planet), mittlerer Sonnenabstand 1,52 → Astronomische Einheiten (AE), Erdabstand 0,4 bis 2,7 AE, Rotationsperiode 24 Std. 37 Min. 22,6 Sek. (der Tag ist nur unwesentlich länger als bei uns), Umlaufzeit um die Sonne 1,88 Jahre, 0,107fache Erdmasse (ca. 640 Trillionen Tonnen), mittlere Dichte 3,93 g/cm$^3$. Mars hat zwei → Monde: Deimos und Phobos. Mars heißt auch der Kriegsgott der Römer.

**Marsh, Madam**

Eine Hexe, die wie Harry Potter mit dem → »Fahrenden Ritter« unterwegs ist; sie steigt in Abergavenny aus.

**Martin Miggs**

→ Miggs, Martin

**Marvolo**

Der zweite Vorname von Tom Vorlost → Riddle alias Lord → Voldemort im Original (in der deutschen → Übersetzung: Vorlost). Er erhielt den Namen nach seinem Großvater mütterlicherseits, also dem Vater seiner Mutter. Der Name wurde in der deutschen Übersetzung geändert, damit das → Anagramm aufgeht.

### Maskottchen

→ Mannschafts-Maskottchen.

### Mason, Mr und Mrs

Reicher Bauunternehmer und seine Frau, die an Harry Potters Geburtstag 1992 zur Familie → Dursley kommen. Bei ihm schmeichelt sich Vernon → Dursley ein, um für seine Bohrfirma *»das größte Geschäft meiner Laufbahn«* abzuschließen (HP2,9). – Das englische Wort *mason* heißt Steinmetz oder Maurer.

### Mau-Mau-Karten

Das Kartenspiel mit 32 Karten, meist mit französischem Blatt, mit dem auch Skat gespielt wird und Harry und seine Freunde → »Snape explodiert« spielen. Mau-Mau ist ein beliebtes klassisches Karten-Ablegespiel.

### Maulende Myrte

→ Geist, der im Mädchenklo im ersten Stock von → Hogwarts spukt, ein plumpes Mädchen mit glattem Haar und dicker Perlmuttbrille. Starb bei der Öffnung der → Kammer des Schreckens vor 50 Jahren. Seither hängt sie depressiv in dem Klo rum, in dem sie starb (und sich der Eingang zur Kammer befindet) und versucht regelmäßig, sich zu ertränken, dabei setzt sie den Flur unter Wasser. Das rettet → Mrs Norris das Leben (HP2). Myrte hilft Harry bei der Erfüllung der zweiten Aufgabe im → Trimagischen Turnier (HP4). – Myte bedeutet wie das englische *Myrtle* »Immergrün« bzw. steht für die Pflanzengattung Myrte, zu der u. a. Eukalyptus, Granatapfel und Gewürznelke gehören.

### Maxime, Olympe

Die Direktorin der Zauberschule → Beauxbatons, eine gewaltige Erscheinung mit hübschem olivfarbenem Gesicht, großen schwarzen Augen und schnabelförmiger Nase entwickelt eine freundschaftliche Beziehung zu → Hagrid, die allerdings schwer auf die Probe gestellt wird, als er ihr klarmacht, dass sie wie er ein → Halbriese ist. – Das lateinische *maxima* bedeutet die Größte. Und der Berg Olymp galt im antiken Griechenland als Wohnsitz der Götter (HP4).

### McDonald, Natalie

Schülerin in → Hogwarts, 1994 eingeschult, eine → Gryffindor (HP4).

### McDougal, Morag

Schüler in → Hogwarts im gleichen Jahrgang wie Harry Potter.

**McGonagall, Minerva**
Stellvertretende Schulleiterin von → Hogwarts und Lehrerin für → Verwandlungskunde (Transfiguration), → Hauslehrerin des Hauses → Gryffindor. Sie schaut meistens ziemlich ernst durch ihre Brille mit den quadratischen Gläsern und gilt als strenge, aber gerechte Lehrerin; hinter ihrem ernsten Wesen verbirgt sich jedoch ein Herz aus Gold, wie sich zeigt, als sie Harry und Ron trotz eines allgemeinen Verbotes zur versteinerten Hermine lässt: *»In einem ihrer Perlaugen sah Harry erstaunt eine Träne glitzern.* [...] *Als sie um die Ecke bogen, hörten sie deutlich, wie Professor McGonagall sich die Nase schnäuzte«* (HP2,297). Und sie hängt so sehr an ihrem Haus, Gryffindor, dass sie Harry seinen ersten Besen schenkt, einen → Nimbus 2000, damit Gryffindor endlich mal wieder die → Quidditch-Meisterschaft gewinnt (HP1,181). McGonagall ist eine gute Schachspielerin; ihr gehört das Große → Zaubererschach-Spiel, gegen das man gewinnen muss, um zum → Stein der Weisen zu gelangen. Ron → Weasley schafft dies (HP1). – McGonagall dürfte 45 bis 50 Jahre alt sein und trägt ihr glänzendes schwarzes Harr in der Regel zu einem Knoten zusammengebunden sowie meist einen smaragdgrünen Umhang. Auch die Tinte, mit der sie ihre Briefe schreibt, ist von dieser Farbe, zumindest auf den Briefen, die Harry im ersten Band erhält. In der Nacht kann man sie schon mal mit einem Haarnetz und einem Morgenmantel mit Schottenmuster erleben (HP1,262). McGonagall ist eine → Animaga; wenn sie sich in ein Tier verwandelt, dann in eine getigerte Katze mit einem quadratischen Muster um die Augen. – Ihr Name ist eine → Alliteration; ihr Vorname verweist auf die römische Göttin → Minerva, bekannter als ihr griechisches Pendant Pallas Athene. Minerva McGonagall gilt wie Athene als hart und gerecht und kann ebenso grausam wie mitleidig sein; so wie McGonagalls strenger Blick fast versteinern kann, kann es das → Gorgonenhaupt auf dem Schild der Athene. Und beide sind Meisterinnen der Verwandlung. Da sie, wenn auch nicht so stark wie Albus → Dumbledore, Harry eine weise Beraterin ist, ist sie auch darin der Göttin ähnlich, die dem jungen Prinzen Telemach, den Sohn des Odysseus, zur Seite stand, indem sie die Gestalt des weisen Mentor annahm. – Der Nachname McGonagall könnte vielleicht eine Verballhornung sein von *go-at-all* oder *gone-at-all*, »gehe zu allem« (oder ist gegangen), könnte also die Möglichkeiten der Verwandlungskunst andeuten.

**McGuffin, Jim**
Wetteransager, der 1981, als → Voldemort von Harry Potter bezwungen wird, in den Abendnachrichten im Fernsehen von Sternschnuppenschauern berichtet.

**McKinnons**
Name einer Zaubererfamilie, die Lord → Voldermort gemeinsam mit einigen → Todessern, darunter Travers, kurz vor seiner Niederlage 1981 tötete.

**Medaille für besondere Verdienste um die Schule**
→ Auszeichnung für besondere Verdienste um die Schule.

**Medaille für Magische Meriten**
Eine solche hat Tom Vorlost → Riddle während seiner Schulzeit bekommen.

**Medimagier**
Eine Art magischer Sanitäter, eingesetzt z. B. bei der → Quidditch-Weltmeisterschaft 1994 (HP4).

**Medusa**
In der → Mythologie der → Muggel die bekannteste der drei → Gorgonen, der missgestalteten Töchter des Meergottes Phorkys und seiner Gemahlin Keto, und die einzige, die sterblich war. Wer sie anschaute, wurde zu Stein. Der Halbgott Perseus, ein Sohn des Göttervaters Zeus, schlug ihr mit Hilfe der Götter → Hermes und Athene (→ Minerva) den Kopf ab: *»Als Perseus herangewachsen war, überredete ihn sein Stiefvater, auf Taten auszuziehen und etwas Großes zu unternehmen. Der mutige Jüngling zeigte sich willig, und bald waren sie einig darüber, daß Perseus der Medusa ihr furchtbares Haupt abschlagen und dem Könige nach Seriphos bringen sollte. Perseus machte sich auf den Weg und kam unter Leitung der Götter in die ferne Gegend, wo Phorkys, der Vater vieler entsetzlicher Ungeheuer, hauste. Zuerst traf er auf drei seiner Töchter, die Graien oder Grauen; diese waren grauhaarig von Geburt an; alle drei miteinander hatten sie nur ein Auge und einen Zahn, den sie einander gegenseitig abwechslungsweise zum Gebrauche liehen. Perseus nahm ihnen beides weg, und als sie ihn flehentlich baten, das Unentbehrlichste ihnen doch wiederzugeben, zeigte er sich zur Zurückerstattung nur unter der Bedingung bereit, daß sie ihm den Weg zu den Nymphen zeigen sollten. Diese waren andere Wundergeschöpfe, die Flügelschuhe, einen Schubsack als Tasche und einen Helm von Hundefell besaßen. Wer sich damit bekleidete, konnte fliegen, wohin er wollte, sah, wen er wollte, und wurde von niemand gesehen. Die Töchter des Phorkys zeigten dem Perseus den Weg zu den Nymphen und erhielten Zahn und Auge von ihm zurück. Bei den Nymphen fand und nahm er, was er wollte, warf den Schubsack um, schnallte die Flügelschuhe an seine Knöchel und setzte den Helm aufs Haupt. Dazu erhielt er von Hermes eine eherne Sichel, und so ausgerüstet flog er zu dem Ozean, wo die andern drei Töchter des Phorkys, die Gorgonen, hausten. Die dritte, die Medusa hieß, war allein sterblich; darum war auch Perseus ausgesandt worden, ihr Haupt zu holen. Er fand die Ungeheuer schlafend, ihre Häupter waren mit Drachenschuppen übersäet, mit Schlangen statt Haaren bedeckt; große Hauzähne hatten sie, wie Schweine, eherne Hände und goldene Flügel, mit welchen sie flogen. Jeden, der sie ansah, verwandelte dieser Anblick in*

*Stein. Das wußte Perseus. Mit abgewandtem Gesicht stellte er sich deswegen vor die Schlafenden und fing nur in seinem ehernen, glänzenden Schilde ihr dreifaches Bild auf. So erkannte er die Gorgo Medusa heraus, Athene führte ihm die Hand, und schnitt dem schlafenden Ungeheuer ohne Gefährde das Haupt ab. Kaum war dies vollbracht, so entsprang dem Rumpfe ein geflügeltes Roß, der Pegasus, und ein Riese, Chrysaor. Beides waren Geschöpfe des Poseidon oder Neptunus. Perseus schob nun das Haupt der Medusa in den Schubsack und entfernte sich rücklings, wie er gekommen war«* (zitiert nach »Sagen des klassischen Altertums« von Gustav Schwab, 1792-1850). Später schenkte Perseus das Medusenhaupt der Göttin Athene, die ihn seither auf ihrem Schild trägt.

### Meerisch

Die Sprache der → Wassermenschen. Albus → Dumbledore spricht sie.

### Meister

So nennt der → Hauself → Dobby seinen Herrn, Lucius → Malfoy (HP2), und so nennen die meisten seiner Anhänger Lord → Voldemort.

### Memory-Spell

→ Gedächtnis-Spruch.

### Merchandising

Die Rechte an allen Harry-Potter-Produkten hat die Firma → Time Warner bzw. ihre Tochterfirma Warner Bros. Sie betreibt im → Internet einen Shop, über den man eine Menge Harry-Potter-Artikel beziehen kann (www.wbstore.com). Und die Vermarktungsmaschine läuft langsam an, auch wenn man sich bis zum geplanten → Filmstart am 16. November 2001 zurückhalten will. Electronic Art, die weltweit größte Firma ihrer Art, macht das → Computerspiel. → Lego, sonst Gegner von Lizenzgeschäften, ist ebenso dabei wie Hasbro, gebeutelt vom Star Wars-Flop, und Mattel. Die Barbie-Puppen-Firma zahlt 50 Millionen Lizenzgebühr, um die in die Jahre gekommene Barbiepuppe zu ersetzen oder zu ergänzen, um aus dem Fräuleinwunder vielleicht ein Zauberwunder zu machen. Alle Großen sind dabei, über 50 Firmen haben im Oktober 2000 bereits Lizenzen erworben. Und doch ist alles anders, langsamer, gemütlicher als sonst und vielleicht auch besser, denn → Rowling hat sich ein Mitspracherecht vorbehalten. Das kann ihren Figuren, ihrem Ruf und ihren Fans nur gut tun!

### Merkur

Der der → Sonne nächste von 9 → Planeten in unserem Sonnensystem. Für die → Astronomie ist die Kenntnis der Planeten und ihrer Eigenschaften ebenso wichtig wie für die → Astrologie. Harry Potter muss in → Hogwarts viel über die neun Planeten unseres Sonnensystems lernen. – Äquatordurchmesser 4.878 km (der zweitkleinste Planet), mittlerer Sonnenabstand 0,39 → Astronomische Einheiten (AE), Erdabstand 0,5 bis 1,5 AE, Rotationsperiode 58 Tage 15 Std. 30 Min., Umlaufzeit um die Sonne 0,24 Jahre, 0,055fache Erdmasse (ca. 330 Trillionen Tonnen), mittlere Dichte 5,44 g/cm³. Merkur heißt bei den Römern auch der Gott → Hermes.

**Merlin**

Dieser berühmteste aller → Magier ist auf einer der Bildkarten zu sehen, die es in den → Schokofrosch-Packungen gibt. Wie im einzelnen seine Verdienste in der Welt der Zauberer aussehen, ist nicht bekannt, in der → Mythologie der → Muggel gilt er als der größte aller Zauberer. In der Sprache der Kelten hieß er Myrrdin; dies war sowohl ein Name wie auch eine Anrede oder ein Titel, wahrscheinlich für einen hohen → Druiden. Die Literaturgeschichte kennt mehrere Wurzeln für diese Figur: einen bei Nennius genannten Seher Ambrosius, die Lailokentradition und einen Barden Myrddin, dem mehrere Gedichte und Prophezeiungen zugeschrieben werden, von denen jedoch nur einige aus der Zeit stammen können, in der er gelebt haben soll. Geoffrey of Monmouth hat wohl als erster diese Vorlagen literarisch zusammengeführt. Merlin war nach der Sage Sohn eines → Dämons oder des Teufels oder eines Gottes, evt. auch eines Königs; er war Weiser, Narr, Magier und Prophet und beteiligt an der Zeugung und Berater von König → Artus. Er wird immer wieder mit dem → Gral in Verbindung gebracht. Er soll nicht gestorben sein, sondern von einer Fee oder Nixe entweder in die → Anderswelt entrückt oder in tiefen Schlaf versenkt worden sein. Eines Tages soll er wiederkehren. – Immer wieder wird Harry Potter mit Merlin verglichen: Wie dieser entdeckt er als Junge seine Kraft, wie dieser gilt er einigen als der mächtigste lebende Zauberer, auch wenn er seine Macht noch nicht voll ausspielen kann. Und wie König Vortiger nach Merlins → Blut gierte, um mit dem Mörtel, den er damit herstellen will, den Turm bauen zu können, der bisher immer wieder einstürzt, braucht Lord → Voldemort das Blut von Harry für seine → Wiederauferstehung in einem neuen Körper (HP4). Man kann Harry aber auch mit dem jungen König Artus vergleichen; er hat von beiden etwas. Einige Leute vermuten deshalb, dass → Rowling für ihren Helden eine königliche Zukunft plane; ich glaube das wegen ihrer humanistischen und demokratischen Gesinnung nicht. – In einigen alten Sagen ist von einem Zauberer namens »Voldermortist« die Rede, dessen Name angeblich »Herr des Bösen« oder »Dunkler Lord« bedeuten soll. Dieser Zauberer soll ein früher Gegner von Merlin gewesen sein, der ihn besiegte und tötete, einige Jahre bevor er König Artus zur Macht verhalf. – Bis heute berufen sich Menschen, die sich in keltischer und/oder druidischer Tradition sehen, auf Merlin, und sein Einfluss – oder besser der der Geschichten um ihn – war im Mittelalter so groß, dass man

Jeanne d'Arc (Johanna von Orleans) in ihrem Prozess die Frage stellte, ob sie an seine Prophezeiungen glaube, und das Konzil von Trient 1563 die Prophetien Merlins verbot, weil man in ihnen eine Gefahr für die Vormachtstellung der Kirche sah. In der Literatur beschäftigten sich mit Merlin u. a. Christoph Martin Wieland, Friedrich von Schlegel, Ludwig Tieck, Johann Wolfgang von Goethe, Heinrich Heine, Guillaume Apollinaire, Louis Aragon und Tankred Dorst.

**Messias**
→ Prinz

**Messingkompass**
→ Kompass

**Metamorphosen**
Verwandlungen. Wesentlicher Bestandteil der Ausbildung im Fach → Verwandlungskunde. – Auch wenn die → Muggel nichts verwandeln können, zumindest nicht mit Magie, ist ihre → Mythologie doch voller Beispiele für Verwandlungen. Die wichtigsten etwa 250 Verwandlungssagen aus der griechischen und römischen Mythologie hat der römische Dichter Publius Ovidius Naso, genannt Ovid (43 v. Chr. bis etwa 17 n. Chr.), aufgeschrieben. Das Versepos in 15 Büchern zu je 700 bis 900 Hexametern, genannt »Metamorphosen«, beginnt mit der Schöpfung der Welt und endet mit dem Tod und der Vergöttlichung Julius Caesars; es prägt die Vorstellung der griechischen Mythologie bis heute. – »Metamorphosen« heißt auch ein Roman (um 170) des Philosophen und Schriftstellers Lucius Appuleius, auf den Joanne K. → Rowling vielleicht mit dem Vornamen von Lucius → Malfoy Bezug nimmt.

**Metaphysik**
Vom griechischen *meta physika* (nach oder hinter dem Physischen oder der Physik) kommt der Name dieser alten Wissenschaft der → Muggel, die ursprünglich versuchte, alle jene Dinge zu erforschen, die hinter dem physisch Zugänglichen liegen: Sein und Nichts, Werden und Vergehen, Wesen und Wirklichkeit, Wahrheit und Wert, Natur und Schöpfung, Seele, Geist und Gott bzw. Götter. Themen also, die zumindest zum Teil eher einer → magischen Betrachtung als einer (natur-)wissenschaftlichen zugänglich sein dürften. Die → Alchemie etwa widmet sich durchaus einigen dieser Bereiche. Die Wissenschaftler nicht nur der → Muggel unterscheiden in der Metaphysik die Ontologie als Wissenschaft, die sich der Erforschung der Natur des Seienden widmet und höchst abstrakt sein kann, von der Kosmologie als Lehre vom Wesen der Welt, der philosophischen Anthropologie als Lehre vom Wesen des Menschen und der Theologie als Lehre vom Wesen Gottes. Die ursprüngliche, von Aristoteles begründete Meta-

physik war methodisch eine spekulative Metaphysik, die von einem Glaubenssatz ausgehend die Wirklichkeit deutete. Die moderne Form der Metaphysik ist die induktive Metaphysik, die ihre Erkenntnisse aus den Ergebnissen der Summe aller Einzelwissenschaften ziehen will.

**Meterlange Aufsätze**

Da in → Hogwarts auf Pergamentblätter oder -rollen geschrieben wird, kann man die Länge einer Hausaufgabe mit dem Maßband überprüfen. Auch in der Welt der → Muggel hört man den Ausdruck, doch wird dort nicht mehr nachgemessen.

**Metzengerstein**

→ Passwort für den Eingang in den → Gryffindor-Turm in Harry Potters drittem Schuljahr, als Sir → Cadogan Wächter ist.

**Midgen, Eloise**

Schülerin in → Hogwarts, die versucht, ihre Pickel fortzufluchen. Madam → Pomfrey muss ihre Nase wieder ordentlich anwachsen lassen (HP4).

**Miggs, Martin**

In seinem Zimmer im → »Fuchsbau« bewahrt Ron → Weasley im Sommer 1992 einen ganzen Stapel Comic-Hefte auf, alles »Abenteuer von Martin Miggs, dem miggrigen Muggel« (HP2,45).

**Mimsy-Porpington, Sir Nicholas de**

Der → Geist von → Gryffindor, besser bekannt als der → Fast Kopflose Nick.

**Minderjähriger Zauberer**

Während seiner Gefangenschaft bei den → Dursleys träumt es Harry Potter einmal, er sei im Zoo ausgestellt in einem Käfig mit dem Schild »Minderjähriger Zauberer« (HP2,27). – Der Erlass zur Vernunftmäßigen Beschränkung der Zauberei Minderjähriger, 1875, Abschnitt C, des → Zaubereiministeriums untersagt allen minderjährigen Hexen und Zauberern, in den Schulferien zu zaubern. Minderjährig ist man in der Gesellschaft der Hexen und Zauberer, wenn man noch nicht das 17. Lebensjahr vollendet hat.

**Minerva**

Eine der wichtigsten römischen Göttinnen; nach ihr ist Minerva → McGonagall benannt. Bekannter ist sie als ihr griechisches Pendant Pallas Athene. Diese war eine der bedeutendsten Göttinnen der Antike und entwickelte sich von der friedliebenden Hausgöttin der Minoer zur kriegerischen Palastgöttin der Griechen und später der Römer; auf ihrem Schild trägt sie das alles versteinernde Haupt der → Medusa. Athene ist die Göttin des Krieges, des Fleißes, der Künste, der Wissenschaft und der Weisheit, die Schutzgöttin der Städte, des Ackerbaus und des Handwerkes. Von ihr erhielten bzw. lernten die Menschen Tierzucht, Schiffbau und Schuhherstellung, Pflug und Flöte und den ihr geweihten Ölbaum. Ihr Symbol ist das Tier der Weisheit, die → Eule. Wie Minerva McGonagall gilt Athene als hart und gerecht und kann ebenso grausam wie mitleidig sein. Und beide sind Meisterinnen der Verwandlung: Athene schuf als ein Meisterwerk der → Transfiguration die → Spinnen.

**Ministerium für Zauberei**
→ Zaubereiministerium

***Mirror of Erised***
Der englische Name für den → Spiegel Nerhegeb. Die englische Inschrift lautet: *»Erised stra ehru oyt ube cafru oyt on wohsi«*. Wie beim deutschen Modell muss man dies von hinten (oder in einem Spiegel) lesen, um die Bedeutung zu entschlüsseln: *»I show not your face, but your heart's desire«*, übersetzt: »Ich zeige nicht dein Gesicht, sondern deines Herzens Begehren.«

**Mischief-Maker**
Englisch: Unheils-Stifter, Schadens-Anrichter; in der deutschen → Übersetzung: → Tunichtgut.

***Moaning Myrtle***
Der Originalname der → Maulenden Myrte.

**Mobilcorpus**
→ Zauberspruch, der einen menschlichen Körper bewegt: Das lateinische *mobilis* heißt beweglich, *corpus* ist der Körper (HP3).

**Mobiliarbus**
→ Zauberspruch, der einen (Weihnachts-)Baum bewegt: Das lateinische *mobilis* heißt beweglich, *arbor* ist der Baum (HP3).

**Mockridge, Knutbert**
Leiter des → Kobold-Verbindungsbüros im → Zaubereiministerium. Das englische *mock* steht für verspotten, lächerlich machen, nachäffen, narren, also das, wofür → Kobolde bekannt sind. *Ridge* ist ein Gebirgskamm, an dem sich Dinge trennen wie an einer Wasserscheide; Mockridge steht also auf der oder ist die Trennlinie zwischen der Narretei der Kobolde und der der Menschen.

**Modelle, lebende**

Wie es in der Welt der Hexen und Zauberer lebende → Bilder gibt, so auch kleine bewegliche Modelle oder Puppen. Dazu gehören die lebenden Figuren des → Zaubererschachs und Nachbildungen wie die von Viktor → Krum, die sich Ron → Weasley bei der → Quidditch-Weltmeisterschaft kauft, und die der → Drachen, die die Champions beim → Trimagischen Turnier erhalten. Harry Potter behält seinen → Ungarischen Hornschwanz.

**Mond**

Vom Erdenmond und seinen Phasen hängen viele magische Kräfte ab. Das Flussgras für den → Vielsaft-Trank muss bei Vollmond gezupft werden, und ein → Werwolf wie Remus → Lupin verwandelt sich immer bei Vollmond. Ein Zauberer muss immer über den Stand des Erdenmondes Bescheid wissen, und auch über andere Monde, die evt. eine Rolle spielen: Harry Potter muss z. B. alle Monde des → Jupiter auswendig lernen (HP1,270). – Die besonderen Mächte des Mondes finden sich in vielen → Mythen, Sagen und Märchen der → Muggel. Im argentinischen Märchen »Der Spiegel, der ins Jenseits führte« gelangt eine junge Frau durch einen Spiegel in einer Vollmondnacht ins Totenreich zu ihrem Mann, wird von ihm schwanger, kehrt zurück und gebiert in unserer Welt ein Kind. – Was ist eigentlich ein Mond? In der → Astronomie bezeichnet man als Mond einen natürlichen Satelliten oder Trabanten eines → Planeten, der nur leuchtet aufgrund des direkt oder indirekt (vom Planeten vermittelten) reflektierten Sonnenlichtes. Bekannt sind derzeit in unserem Sonnensystem außer dem Mond der Erde bei Mars 2 Monde, bei Jupiter 16, bei Saturn 18, bei Uranus 15, bei Neptun 8 Monde und bei Pluto ein Mond. – Der Mond der Erde hat einen Durchmesser von rund 3.480 Kilometern, das ist etwa ein Viertel des Erddurchmessers. Sein Volumen beträgt ungefähr zwei Prozent des Erdvolumens, seine Masse etwa 1,2 Prozent der Erdmasse, und seine mittlere Dichte nur etwa 60 Prozent der mittleren Erddichte. Der Mond umrundet die Erde in einem mittleren Abstand von 384.403 Kilometern mit einer Durchschnittsgeschwindigkeit von 3.700 Kilometern pro Stunde auf einer elliptischen Umlaufbahn, die er in 27 Tagen sieben Stunden 43 Minuten und 11,5 Sekunden zurücklegt. Er dreht sich in dieser Zeit einmal um seine eigene Achse und kehrt daher der Erde immer dieselbe Seite zu. Sein Reflexionsvermögen ist so gering wie das von Kohlenstaub, er reflektiert nur etwa sieben Prozent des auftreffenden Sonnenlichtes. Dabei sieht man von der Erde aus während eines Umlaufs verschiedene Mondphasen, zwei gleiche erscheinen in einem zeitlichen Abstand von jeweils 29 Tagen 12 Stunden 44 Minuten und 2,8 Sekunden. Denn es sind immer unterschiedliche Teile der gerade sonnenbeschienenen Mondhälfte der Erde zugewandt. Bei Neumond liegt die erdabgewandte Seite im Sonnenlicht, so dass sich die sichtbare Seite im Schatten befindet, bei Vollmond, nach ca. 14 Tagen, liegt die ganze sichtbare Hälfte im Sonnenlicht. Eine Woche davor steht der Mond im »ersten Viertel« (Halbmond), eine Woche nach Vollmond im »letzten Viertel« (ebenfalls Halbmond, aber die andere Hälfte). – Die Oberflächenbeschleunigung auf der Mondoberfläche ist ungefähr sechsmal kleiner als auf der Erdoberfläche, man käme sich dort etwa ein Sechstel so leicht vor. Es gibt kein Oberflächenwasser und keine Atmosphäre, also auch kein Wetter. (Im Innern bzw. in tiefen Kratern vermutet man gefrorenes Wasser.) Die Temperaturen auf der Oberfläche schwanken zwischen 127 °C bei voller Sonneneinstrahlung und –173 °C auf der Nachtseite. Durch die dunklen Flächen auf dem Mond, in denen man Figuren oder ein Gesicht sehen kann, entstanden zahlreiche Geschichten um einen Mann oder eine Frau im Mond. Lange hat man sie auch für Meere gehalten, daher heißen sie meist Maria (Plural von *Mare*, lateinisch Meer) und die helleren Gebiete Terrae (Plural von *terra*, lateinisch Land). Heute kennt man zahlreiche Krater, Gebirgszüge, Ebenen bzw. Maria, Rillen, Verwerfungen, Ringgebirge, Dome, Vulkankegel und Strahlensysteme. Der größte Krater, der Bailly-Krater, hat 295 km Durchmesser und ist 3.960 Meter tief, die höchsten Gebirge sind etwa 6.100 Meter hoch. Man vermutet seit der ersten Mondlandung 1969, dass der Mond sich bei einem Planetoidenaufprall vor mehr als vier Milliarden Jahren von der Erde abgespalten hat. – In der Mythologie der Muggel hat man dem Mond seit alters her besondere Kräfte zugeschrieben, wie sie sich in den Gezeiten widerspiegeln und im Zyklus der Frau wiederzufinden scheinen. *›Die Menschen glaubten schon seit ihren frühesten Kulturen, daß die geheimnisvolle Magie der Schöpfung dem Blut innewohne, das Frauen in offensichtlicher Harmonie mit dem Mond von sich gaben und das manchmal im Mutterleib verblieb, um zu einem Kind zu ›gerinnen‹. Männer betrachteten dies Blut mit heiliger Furcht; sie sahen es als Essenz des Lebens, die unerklärlicherweise ohne Schmerzen vergossen wurde und männlicher Erfahrung ganz fremd war«*, stellt Barbara G. Walker in ihrem Lexikon »Das geheime Wissen der Frauen« (Frankfurt am Main 1993) fest und erwähnt damit einen Grund dafür, dass der Mond bzw. die Mondgöttin in vielen Religionen weiblich war. Frauen haben auf der Grundlage der Menstruation ihren natürlichen Kalender, und es ist nicht unwahrscheinlich, dass frühe Mondkalender wie in China oder bei den Juden (auch) auf dieser Erkenntnis basierten. Man weiß heute, dass tatsächlich viele Naturerscheinungen von den Mondphasen beeinflusst werden, angefangen von Ebbe und Flut bis zum Wachstum vieler Pflanzen und Gefühlen von Menschen. Manches, was dem Mond zugeschrieben wird, geht aber auf den im ähnlichen Rhythmus pulsierenden Sonnenwind zurück, vor allem elektromagnetische Störungen und Gefühlsveränderungen, und vieles ist → Aberglaube. – Der Mond wird bis in die christliche Mystik hinein personifiziert, etwa wenn Franciscus von Assisi die Himmelsmächte besingt: *»Gelobt seist du, Herr, wegen Schwester Mond und der Sterne, im Himmel hast du sie klar, köstlich und schön* *formiert.«* Doch auch die Entmythologisierung des Mondes begann sehr früh: Im 5. vorchristlichen Jahrhundert lehrte Prodikos von Kos, dass die Götter personifizierte Naturerscheinungen wie Sonne, Mond, Wind und Wasser seien.

### Mondglobus

Ein Globus, der statt der → Erde den → Mond darstellt; gibt es in der → Winkelgasse (HP1).

### Montague

→ Jäger im → Quidditch-Team von → Slytherin in Harry Potters drittem Schuljahr 1993/94 (HP3).

### Moody, Alastor (»Mad-Eye«)

Genannt Mad-eye, weil sein eines Auge wirklich »verrückt« (*mad*) ist. Einst der erfolgreichste und beste → Auror, zwar hart, aber stets gerecht, ist er, als er 1994 zum Lehrer für die → Verteidigung gegen die dunklen Künste in → Hogwarts berufen wird, schwer von seinem Kampf gegen Lord → Voldemort gezeichnet. Als er die → Große Halle von Hogwarts betritt, mit dem dumpfen Klonk seines Holzbeines mit dem Klauenfuß, seinen langen grauweißen Haaren, den vernarbten Händen und dem zerstörten Gesicht, erschreckt er alle, die ihn nicht kennen: *»Jeder Zentimeter seiner Haut schien vernarbt zu sein. Der Mund war eine klaffende Wunde, die sich schräg über das Gesicht zog, und ein großes Stück der Nase fehlte. Doch es waren die Augen des Mannes, die einem wirklich Angst einjagten. Das eine war eine kleine, dunkle Perle. Das andere war groß, rund wie eine Münze und von einem leuchtend stählernen Blau. Das blaue Auge bewegte sich unablässig, ohne Lidschlag, rollte nach oben, nach unten, zur Seite, ganz unabhängig vom normalen Auge – und dann drehte es sich ganz nach hinten und blickte in den Kopf des Mannes hinein, so dass sie nur noch das Weiße des Augapfels sehen konnten«* (HP4,194). Mit diesem herausnehmbaren magischen Auge kann Mad-Eye durch alles hindurchschauen, sieht selbst → unsichtbare Dinge und was hinter seinem Rücken geschieht. Beim Fall von Lord → Voldemort 1981 hatte Moody noch zwei gesunde Augen. – Auch Mad-Eyes Verstand hat im Lauf der Zeit Schaden genommen: Er wittert überall Angriffe und Verschwörungen und macht sich kurz vor seinem Dienstantritt noch lächerlich, als er behauptet, seine Mülleimer hätten sich auf ihn gestürzt. In Wirklichkeit war dies aber schon Barty → Crouch junior, der die Rolle von Mad-Eye übernommen hatte und das Getöse inszenierte, um von dem Krawall abzulenken, den die Gefangennahme des wahren Mad-Eye verursacht hatte. Auch der Mann, der in Hogwarts auftaucht, ist Crouch; den echten Mad-Eye hat er in dessen magischen → Koffer mit den sieben Schlössern und Fächern versteckt. – Das englische *moody* bedeutet launenhaft, verstimmt, trübsinnig.

**Moon**
Nachname eines Schülers oder einer Schülerin in → Hogwarts im gleichen Jahrgang wie Harry Potter.

**Moony**
Spitzname von Remus → Lupin unter seinen Freunden in → Hogwarts wegen seiner Abhängigkeit als → Werwolf vom → Mond und dessen Phasen.

**Moran**
→ Jäger im irischen Team bei der → Quidditch-Weltmeisterschaft (HP4).

**Morgana**
Diese berühmte Hexe ist auf einer der Bildkarten zu sehen, die es in den → Schokofrosch-Packungen gibt. Wie im einzelnen ihre Verdienste in der Welt der Zauberer aussehen, ist nicht bekannt, in der Welt der → Muggel gilt Morgana, auch bekannt als Morgaine le Fey, als Halbschwester des Königs → Artus und je nach Version der Sage als Weise Frau, Gute Fee oder Böse Hexe, manchmal auch als die Mutter von Mordred, Artus' Sohn und Todfeind.

**Morsmordre**
Der → Zauberspruch, mit dem Barty → Crouch junior das → Dunkle Mal an den Himmel zaubert (HP4). – *Mors* heißt auf lateinisch Tod und auf französisch Gebiss, das französische *mordre* bedeutet beißen.

**Mortlake**
Ein Zauberer, bei dem Arthur → Weasley eine Hausdurchsuchung durchführt, um nach verzauberten → Muggelartefakten zu suchen; er findet zwar nichts, aber Mortlake wird abgeführt von der → Arbeitsgruppe für Experimentelles Zaubern. Er hat wohl ein paar äußerst seltsam aussehende → Frettchen gezüchtet... – Kein Wunder, wenn man, frei übersetzt, der »See des Todes« heißt.

**Mosag**
Eine Riesen-→ Spinne im → Verbotenen Wald, Frau von → Aragog.

**Mostafa, Hassan**
Der kleine, hagere, kahlköpfige Zauberer aus Ägypten mit dem riesigen Schnurrbart ist Vorstandszauberer des Internationalen → Quidditch-Verbandes und Schiedrichter im Endspiel bei der → Quidditch-Weltmeisterschaft (HP4).

***Moste Potente Potions***
Originaltitel des Buches »Höchst potente Zaubertränke«.

### Motorrad

Sirius → Black besaß 1981 ein riesiges fliegendes Motorrad. Nach der Ermordung von Lily und James → Potter leiht → Hagrid sich das Motorrad aus, um den jungen Harry Potter zu Albus → Dumbledore zu bringen, damit dieser das Kind der Familie → Dursley übergeben kann. Was aus dem Motorrad 10 Jahre später geworden ist, ist ungeklärt.

### MRF

Der »Magische Rundfunk«, ein → Radiosender.

### Mrs Norris

Die Katze des Hausmeisters von → Hogwarts, Argus → Filch, *»eine dürre, staubfarbene Kreatur mit hervorquellenden, lampenartigen Augen«* (HP1,146), die immer umherschleicht und ihn informiert. Filch muss seine Katze sehr lieben; dies ist aus seinen Reaktionen zu schließen, als sie versteinert wird (HP2). Vielleicht ist sie das einzige Wesen, von dem er sich verstanden fühlt...

### Mrs Skowers Magischer Allzweckreiniger

Ein → Putzmittel für leichte Fälle, das Hausmeister → Filch benutzt. Bei der → Quidditch-Weltmeisterschaft wird dafür Werbung gemacht: *»Kein Fleck, kein Schreck!«* (HP4,103).

### Mrs Skowers Allzweck-Magische-Sauerei-Entferner

Ein → Putzmittel für besonders schwierige Fälle, das Hausmeister → Filch benutzt. Gegen die → Schrift an der Wand hilft es allerdings nicht (HP2).

### Mudblood

Die englische Bezeichnung für → Schlammblut. *Mud* bedeutet Schlamm, Schlick, Schmutz.

### Muggel

Mensch ohne → magisches Talent (engl.: *Muggle*). Laut → »Geheimhaltungsabkommen der Internationalen Zaubervereinigung« *Mitglieder der nichtmagischen Gemeinschaft* (HP2,25). Sie werden durch das → Muggelschutzgesetz vor → Magie geschützt. – In einer Muggel-Familie können Hexen oder Zauberer geboren werden wie Lily → Potter oder Hermine → Granger (→ magisches Talent, → Vererbung). Damit auch sie → Magie lernen können, notiert ein magischer → Federkiel in → Hogwarts jede Geburt eines solchen Kindes in einem großen Pergament-Buch. Jedes Jahr überprüft Professor → McConagall das Buch und lädt alle Kinder nach Hogwarts ein, die bis zum 1. September das 11. Lebensjahr vollendet haben. Dies gilt natürlich nur für Kinder in → Großbritannien; → Durmstrang etwa lehnt die Aufnahme von Muggeln ab. Es mag also durchaus Muggel mit magischem Talent geben, die davon gar nichts wissen! – In Hogwarts wird → Muggelkunde gelehrt, und es gibt sogar eine Comicserie über einen Muggel: die »Abenteuer von → Martin Miggs, dem miggrigen Muggel« (HP2,45).

**Muggelabwehrzauber**
Ein → Zauberbann, der → Muggel abhält oder vertreibt. Er lässt sie z. B. wegschauen oder daran denken, dringend etwas anderes zu tun zu haben.

**Muggelartefakt**
Gegenstand, der von → Muggeln geschaffen worden ist. Ein → Artefakt ist etwas künstlich Geschaffenes. Natürlich verwenden Hexen und Zauberer viele Gegenstände, die von Muggeln hergestellt sind, z. B. → Kleider und Wäsche oder ein → Radio. Um einzukaufen, kann man in der → Gringotts-Bank auch Zauberergeld in das → Geld von Muggeln tauschen. Da verzauberte Muggelartefakte aber sehr gefährlich werden können, wenn sie wieder in die Hände von Muggeln fallen, gibt es im → Zaubereiministerium eigens eine → Abteilung für/gegen den Missbrauch von Muggelartefakten; Leiter ist Arthur → Weasley. Auf der »Liste Verbotener Verhexbarer Artikel« stehen u. a. → Fliegende Teppiche.

**Muggelkunde**
Unterrichtsfach, das Hermine → Granger in ihrem dritten Schuljahr in → Hogwarts besucht, obwohl sie es als Tochter eines Zahnarztehepaares nicht nötig hat. Sie will die Muggel mal aus der Sicht der Zauberer kennen lernen. Das Lehrbuch heißt »Häusliches Leben und gesellschaftliche Sitten britischer Muggel« (*Home Life and Social Habits of British Muggles*, HP3).

**Muggelsachen**
Lockerer Ausdruck für → Muggelartefakte.

**Muggelschutzgesetz**
Dieses Gesetz *(Muggle Protection Act)* geht auf Arthur → Weasley zurück. Es verbietet, so zu zaubern, dass → Muggel mit → Magie in Kontakt kommen und so von der Existenz der magischen Gemeinschaft erfahren. Dies schließt das Verzaubern von → Muggel-Artefakten ein, wie → schrumpfende Schlüssel oder → fliegende Autos. Arthur Weasley hat sich selber allerdings dabei ein Schlupfloch gelassen: Solange man nicht beabsichtigt, die Magie in einem Artefakt anzuwenden, ist die Tatsache, dass man es magisch macht, nicht strafbar (HP2,43).

**Muggel-Tricks**
So nennen die → Weasley-Zwillinge, wenn man ohne Zauberei arbeitet, z. B. mit einer Haarnadel Schlösser knackt (HP2,32).

**Mülleimer**
Seine Mülleimer hätten sich auf ihn gestürzt, behauptet Mad-Eye → Moody und sorgt so für ziemlich viel Ärger. In Wirklichkeit war dies Barty → Crouch junior als Mad-Eye, der das Ganze inszenierte, um von dem Krach abzulenken, den ad-Eyes Gefangennahme verursacht hatte (HP4).

**Mulciber**
Ein → Todesser, spezialisiert auf den → Imperius-Fluch, wird von Igor → Karkaroff bei dessen Prozess beschuldigt.

**Mullbinden**
Manchmal sind auch in der Welt der Zauberer solche nichtmagischen Methoden vonnöten, etwa als Professor → Sprout die → Peitschende Weide nach der Kollission mit dem → Ford Anglia verarztet.

**Mullet**
→ Jäger im irischen Team bei der → Quidditch-Weltmeisterschaft (HP4).

**Mumie**
Als solche versucht der → Irrwicht Parvati → Patil zu erschrecken, doch sie lässt ihn sich in den Bandagen verheddern (HP3).

**Murcus**
Die Seehäuptlingin der → Wassermenschen von → Hogwarts.

**Musik**
*»Ein Zauber, der alles in den Schatten stellt, was wir hier treiben«,* erklärt Albus → Dumbledore nach dem Absingen der → Hymne von → Hogwarts (HP1, 141). Musik ist es auch, die → Fluffy in den Schlaf versenkt, so dass man an ihm vorbei kann. Dumbledore liebt Kammermusik, und sein → Phönix → Fawkes bringt bei seinem Erscheinen gar wundersame Musik mit sich.

**Mysteriumsabteilung**
Abteilung im → Zaubereiministerium *(Department of Mysteries).* Geheimdienst, so geheim, dass kaum mehr als seine Existenz bekannt ist. Die Mitglieder werden »Unsägliche« *(Unspeakables)* genannt, zwei sind → Bode und → Croaker, als Spion für Voldemort arbeitete dort Augustus → Rookwood (HP4).

## Mythologie

Die Lehre vom Mythos und/oder einzelnen Mythen ebenso wie eine Gesamtheit von zusammengehörenden Mythen. Joanne K. → Rowling bedient sich in den Harry-Potter-Büchern zahlreicher Mythen und formt diese um, um so einen neuen Mythos zu schaffen. Wenn man daran glaubt, dass es → Magie und eine Gemeinschaft der Hexen und Zauberer gibt – Rowling glaubt es nicht! –, dann kann man vermuten, dass viele Mythen in der Welt der → Muggel auf Handlungen von Zauberern oder Hexen zurückgehen, die sie sich nicht erklären konnten. – Die meisten Wissenschaftler der Muggel verstehen unter Mythen auch nur jene Texte, die sich auf Götter oder phantastische Wesen oder Geschehnisse beziehen, andere jedoch jede volkstümlich tradierte Geschichte, so dass auch Schauspieler oder Werbefiguren zu modernen Mythen werden können. Ein hervorragendes Beispiel für einen modernen Mythos ist Harry Potter: In der Welt der Zauberer ist er durch seinen Sieg über Lord → Voldemort ebenso legendär und mythenhaft wie in der Welt der Muggel, die die Berichte über seine Erlebnisse, niedergelegt von seiner Chronistin Joanne K. Rowling in den Harry-Potter-Büchern, regelrecht verschlingen. – Die Definition, was ein Mythos ist, ist nicht eindeutig, doch eines steht fest: Mythen gehören zu den geistigen Grundlagen des menschlichen Seins und beeinflussen die Kultur und die Handlungen von Menschen oft viel mehr, als einzelnen bewußt sein mag. Es scheint unbestreitbar, dass Mythen einerseits Konstanten des menschlichen Lebens, der menschlichen Gesellschaften sind und andererseits solche Konstanten wiedergeben, sie darstellen. Dass es Mythen sehr unterschiedlicher »Qualität« gibt – man vergleiche etwa den Prometheus-Mythos, der sich in immer neuen Gestalten bis hin zu Frankensteins Monster und dem »mad scientist« der Science Fiction findet, oder den Vampir-Mythos mit modernen Mythen, die manchmal nur für Jahrzehnte diesen Status haben –, spielt für das einzelne Individuum kaum eine Rolle. Jeder Mensch ist von den Mythen seiner Gesellschaft und (Sub-)Kultur betroffen; er kann sich deren u. U. fatalen Wirkungen umso eher entziehen, je mehr er sich ihrer bewußt ist – und er kann umgekehrt umso leichter auch darin eine Heimstatt finden. Dies gilt auch für Zauberer und Hexen; man bedenke nur, wie diese reagieren, wenn jemand den Namen von Lord Voldemort ausspricht! Und dies gilt in besonderem Maße für die Leserinnen und Leser von Harry Potter. Schon ein deutscher Leser, der mit den Briten einen Teil der germanischen Mythologie teilt, hat Probleme, alle Bezüge zu den spezifisch britischen oder schottischen Mythen aufzuspüren, ein Franzose, Schwede oder Amerikaner noch mehr. Wie Harry Potter in dieser Beziehung etwa in Arabien, Japan oder → China aufgenommen wird, wo ja selbst die die westliche Kultur noch verbindenden römischen und griechischen Mythen kaum bekannt sind, bleibt abzuwarten. – Ob Mythen eine der modernen wissenschaftlichen Vernunft unerreichbare, tiefere Weisheit in sich bergen oder eher Ausdruck kindlich-primitiven, magisch-mystischen Denkens sind, das vom aufgeklärten Bewußtsein schließlich überwunden wird, ist eine zentrale Frage in der Mythenforschung der Muggel. Seit der griechischen Antike, die den »Mythos« im Sinne einer »unwahren Erzählung« dem »Logos« entgegengestellt hat, ist die Diskussion um das Verhältnis von Mythos und Vernunft bzw. → Logik nicht erloschen, wird um die »Wahrheit« des Mythos und sein Verhältnis zu Philosophie und Wissenschaft gestritten. Und dies oft ohne wirklich gesicherte Kenntnis, verfügen wir doch bei den alten Mythen meist nur über Momentaufnahmen, Querschnitte zu einem willkürlichen Zeitpunkt, wie etwa bei der Edda der Germanen oft genug auch noch künstlerisch bearbeitet oder verfremdet. Aus solchen »Scheiben gefrorener Zeit« die wahre Natur dieser Mythen, vielleicht sogar die Religion oder den Glauben der damals lebenden Menschen zu erschließen, ist, wenn nicht unmöglich, so zumindest problematisch – und stets fragwürdig. Dies ist übrigens eine sehr alte Erkenntnis, auch wenn sie immer wieder in Vergessenheit gerät. So stellt etwa der griechische Chorlyriker Pindar (Pindaros, 522 oder 518 bis ca. 446 v. Chr.) bereits 476 v. Chr. in seiner »ersten Olympischen Ode« fest: *»Führwahr, es gibt der Wunderdinge viel; – Doch täuschen oft auch Fabeln – Mit Lügen ausgeschmückt – Der Menschen Seelen über Wahrheit selbst. – Die Charis, die den Sterblichen anmutig alles macht, – Gibt jenen Sagen wert und macht Unglaubliches – Glaublich gar oft«* (übersetzt von Goethe). – Die Frage, ob Mythos Fiktion oder eine Wahrheit voller tieferer Weisheit sei, ob er als »das stets mögliche Andere des Logos« dessen tatsächliche oder angebliche Herrschaft zu untergraben droht oder ein notwendiges Korrektiv, vielleicht sogar eine bessere Alternative ist, kann letztlich keine Wissenschaft und keine Kunst, muss jeder für sich selbst entscheiden. Unabhängig von ihrer Beantwortung muss man sich mit den alten Mythen auf »moderne« Art auseinandersetzen, sie zeitgemäß interpretieren – und ihnen doch ihre Würde, ihre Bedeutung lassen, sie in unsere Zeit auf eine Weise transportieren, dass die zeitlos gültigen Aussagen dieser Geschichten auch dem Menschen von heute erkennbar werden und ihn ansprechen, ohne für reaktionäre Zwecke missbraucht zu werden – denn wer die Mythen beherrscht, beherrscht das Denken! Und oft wurden die »Stoffe der Alten« politischen Zielen angepaßt. So wurde aus der Treue Gunthers zu Hagen im Nibelungenlied zuerst die Treue des Deutschen Reiches zu Österreich-Ungarn und als letzte Konsequenz die Treue der Deutschen zu ihrem Führer. Man unterwarf den Mythos seinen Zielen, schmiedete aus der Treue des Königs zu seinem Volk ein Blut- und Bodenideal, das dem ursprünglichen Stoff in keiner Weise gerecht wird. Aber auch im positiven Sinne wurden Mythen in den letzten Jahrhunderten von zahlreichen Autorinnen und Autoren adaptiert – gelungene Beispiele dafür sind die Werke von → Tolkien und eben auch die Harry-Potter-Bücher.

# N

**_N.E.W.Ts_**

Abkürzung für → *Nastily Exhausting Wizarding Tests.*

**Nachsitzen**

Für die Schülerinnen und Schüler von → Hogwarts gibt es zahlreiche Regeln und → Verbote. Wer sie verletzt, muss evt. nachsitzen – wenn es nicht noch schlimmer kommt und er eine → Strafarbeit aufgebrummt bekommt (HP4).

**Nadel**

Ein sehr praktisches Instrument, wenn man wie die → Weasley-Zwillinge mit einem → Muggel-Trick Schlösser knackt (HP2,30). Harry Potter lernt das von ihnen (HP3,7).

**Nagini**

Eine etwa 4 Meter lange hochintelligente → Schlange, deren Milch Lord → Voldemort am Leben hält. – Das englische *nag* heißt nagen. Die beiden Schlangen in der Geschichte »Rikki-tikki-tavi« aus dem »Dschungelbuch« von Rudyard Kipling heißen Nag und Nagaina.

**Namen**

Seit ihrer frühesten Kindheit hat Joanne K. → Rowling eine Vorliebe für aussagekräftige Namen, und deshalb haben die meisten Namen in ihren Büchern etwas zu bedeuten oder verweisen auf → Legenden oder → Mythen. Beispiele sind etwa Albus → Dumbledore, Sirius → Black, Remus → Lupin, Minerva → McGonagall. Oft bedeuten die Namen auch einfach etwas, wie → Sprout, → Weasley und → Wood. Manchmal kommen auch historische Personen vor, so bei Nicolas → Flamel. Auch → Farben spielen nicht selten eine Rolle. Sehr oft sind die Namen auch mit einer → Alliteration (Stabreim) gebildet. Durch die → Übersetzung gehen allerdings oft Zusammenhänge verloren oder werden verschleiert. – Bei so vielen bedeutungsschwangeren Namen stellt sich die Frage: Haben Namen in der Welt der → Magie eine besondere Bedeutung? Bei der *Advocatio*, der Anrufung oder Beschwörung als einer der Hauptformen der Magie, sind die Namen der Personen, Gegenstände oder übernatürlicher Wesen, die betroffen sein oder gerufen werden sollen, von hoher Bedeutung. Es gibt viele Theorien der → Muggel zur Funktion der Namen in Magie und Religion. Oft wird angenommen, dass man alles beherrschen und/oder verzaubern könne, dessen »wahren« Namen man kenne. Bei vielen Völkern wird deshalb der wahre Name eines Menschen geheimgehalten, und in manchen Religionen (wie dem Islam) oder Geheimwissenschaften (wie der → Kabbala) spielen die Namen Gottes eine große Rolle. In der Welt des Harry Potter scheint dies nicht so zu sein, sonst würde man dieser Bedeutung der Namen sicher öfter begegnen. Wieso heißen dann aber so viele Menschen wie das, was sie machen oder sind – → Lupin, → Wood, → Black, → Sprout, → Pettigrew, Albus → Dumbledore? Haben ihnen ihre Eltern mit dem Namen eine Funktion oder Begabungen vermacht? Oder fühlen sich diese Menschen (bewusst oder unbewusst) verpflichtet, sich so zu entwickeln, wie es ihr Name »vorhersagt«? Oder ist das Ganze am Ende nur ein Spiel, das die Autorin spielt? Das fände ich ein wenig bedauerlich...

### Narbe

Die berühmteste Narbe in der Welt der Zauberer ist die blitzförmige feine Narbe, die Harry Potter auf der Stirn trägt, ein Ergebnis des Angriffes von Lord → Voldemort auf ihn, als er erst ein Jahr alt war. Diese Narbe schmerzt immer sehr, wenn Voldemort in seiner Nähe ist oder *»wenn ihn eine besonders starke Woge des Hasses überkommt«* – dies vermutet zumindest Albus → Dumbledore (HP4,628). Manchmal bringt die Narbe Harry einen → Traum, in dem er sieht, was Voldemort sieht oder erlebt. Das Zeichen des Blitzes ist in den meisten Kulturen der → Muggel das Zeichen eines mächtigen Gottes, meistens des obersten Herrschers, des Himmelsgottes, bei den Griechen etwa von Zeus, bei den Römern als → Jupiter bekannt. Dies spricht für Harrys besondere Kraft. – Dumbledore hat eine Narbe oberhalb des linken Knies, die er ziemlich nützlich findet, denn *»sie ist ein tadelloser Plan der → Londoner U-Bahn«* (HP1,21).

### Narbengesicht

So beschimpft Draco → Malfoy vor einem → Quidditchspiel Harry Potter (HP2,175).

### Narnia-Chroniken

Die Lieblingskinderbücher von Joanne K. → Rowling, verfasst von C. S. → Lewis, der Rowling sichtlich beeinflusst hat.

**Nasebeißende Teetasse**
Scherzartikel, gibt's in → Hogsmeade bei → Zonkos.

***Nastily Exhausting Wizarding Tests***
Abkürzung: N.E.W.Ts, frei übersetzt »Widerlich anstrengende Zauberer-Prüfungen«. → Prüfung am Ende der Schulzeit in → Hogwarts, das Zauberer-Abitur. Im Englischen zugleich der Titel, den man am Ende erhält. In der deutschen Übersetzung wird daraus der kuriose Titel → »Unheimlich toller Zauberer«.

**Nekrophilie, Nekrosadismus**
Nekrophile verspüren beim Umgang mit Leichen sexuelle Erregung, Nekrosadisten verstümmeln diese oder verzehren sie sogar teilweise – ob dies auch die → Todesser tun? Wenn die Leichen frisch sind, wird gerne auch das Blut getrunken, hier ist die Grenze fließend zu den → Vampiren. Das Motiv hat auch Eingang in die Mythologie und Literatur der → Muggel gefunden, z. B. in Form der → Ghule.

**Neptun**
Der von der → Sonne am zweitweitesten entfernte von 9 → Planeten in unserem Sonnensystem. Für die → Astronomie ist die Kenntnis der Planeten und ihrer Eigenschaften ebenso wichtig wie für die → Astrologie. Harry Potter muss in → Hogwarts viel über die neun Planeten unseres Sonnensystems lernen. – Äquatordurchmesser 48.600 km, 17,2fache Erdmasse (ca. 103 Trilliarden Tonnen), mittlere Dichte 1,66 g/cm$^3$, mittlerer Sonnenabstand 30,06 → Astronomische Einheiten (AE), Erdabstand 28,8 bis 31,3 AE, Rotationsperiode 16 Std. 3 Min., Umlaufzeit um die Sonne 165,49 Jahre. Neptun hat mindestens 8 → Monde. Bei den Römern war Neptun der Gott der Meere und Wasser.

**Nerhegeb, Spiegel**
→ Spiegel Nerhegeb.

**Nesbit, Edith (E.)**
Die Schriftstellerin, mit der sich Joanne K. → Rowling am ehesten identifizieren kann, wurde 1858 in → London geboren und starb 1924 in New Romney. Sie studierte in Brighton, Frankreich und Deutschland. Mit ihrem ersten Ehemann, dem Schriftsteller Hubert Bland, und George Bernard Shaw war sie Gründungsmitglied der »Fabian Society«, dem u. a. auch H. G. Wells angehörte. Ihre phantastischen und humorvollen Kinderbücher gelten bis heute als Klassiker und wurden teilweise verfilmt. Zu ihren bekanntesten Werken gehören »The Story of the Treasure-Seekers« (1899, »Die Schatzsucher«), das Buch, das Rowling am liebsten mag, »The Phoenix and the Carpet« (1904, »Der

→ Phönix und der Teppich«), »The Story of the Amulett« (1906, »Die Geschichte des → Amuletts«) und »The Railway Children« (1906, »Die Eisenbahnkinder«). Ihre unter den Pseudonymen Fabian Bland und E. Bland verfassten Gedichte und Bücher für Erwachsene sind heute in Vergessenheit geraten.

**Nesseln, getrocknete**

Bestandteile eines → Trankes zur Heilung von Furunkeln (HP1).

**Nesselwein**

Ein beliebtes alkoholisches Getränk in der Welt der Hexen und Zauberer.

**Neundreiviertel**

Die Nummer des → Gleises, von dem aus der → Hogwarts-Express fährt.

***Never Tickle a Sleeping Dragon***

Die englische Fassung des Mottos von → Hogwarts, »Draco Dormiens Nunquam Titillandus«, ins Deutsche übersetzt: »Kitzele niemals einen schlafenden → Drachen!«

**Neville Longbottom**

→ Longbottom, Neville.

**Nicholas de Mimsy-Porpington, Sir**

Der → Geist von → Gryffindor, besser bekannt als der → Fast Kopflose Nick.

**Nicolson's**

Das Café in → Edinburgh, in dem Joanne K. → Rowling am liebsten schrieb.

**Niffler**

Knuffige flaumige schwarze Vierbeiner mit spatenförmigen Vorderbeinen und langen Schnauzen, Schatzsuchetierchen, die Harry Potter in seinem viertem Schuljahr in → Pflege magischer Geschöpfe bei Hagrid → kennenlernt.

**Nimbus 2000**

Der im Jahre 1991, als Harry Potter in → Hogwarts eingeschult wird, modernste und schnellste → Besen, das Modell, mit dem Harry seine ersten → Quidditch-Wettkämpfe bestreitet. Der Stiel ist aus Mahagoni und trägt die goldgeprägte Aufschrift »Nimbus 2000«. Harry erhält sein Exemplar als Geschenk von Minerva → McGonagall (HP1). – Nimbus bedeutet in der Kunst dasselbe wie Aureole oder Gloriole: ein Heiligenschein. Das Wort steht aber auch für den legendären Ruf eines Menschen, so gesehen hat Harry zeitweise mehr als einen

Nimbus... Schließlich ist Nimbus die veraltete Bezeichnung für eine Nimbostratuswolke, eine strukturlose, dunkle oder graue Regenschichtwolke. In der griechischen → Mythologie gibt es die Sage, dass sich eine solche Wolke, wenn sie es schaffe, den Erdboden zu erreichen, in einen Gott oder eine Göttin verwandle. Harrys Nimbus 2000 verwandelt sich, als er den Erdboden bei der → Peitschenden Weide erreicht, nur in einen Haufen Splitter... (HP3).

**Nimbus 2001**
Das Nachfolgemodell des → Nimbus 2000, erstmals erhältlich 1992. Draco → Malfoy sorgt dafür, dass das gesamte → Quidditch-Team von → Slytherin mit diesen → Besen ausgerüstet wird (HP2).

**Nintendo**
Für das neue Nintendo-Spiele-System »Dolphin«, das 2001 auf den Markt kommen soll, ist auch ein »Harry-Potter-Spiel« angekündigt.

**Nixe**
In den Harry-Potter-Büchern die Bezeichnung für einen weiblichen → Wassermenschen. Barty → Crouch senior beherrscht deren Sprache ebenso wie Albus → Dumbledore. – In der → Mythologie der → Muggel eine der Hauptformen der → Elementargeister.

**Nintendo**
Für das neue Nintendo-Spiele-System »Dolphin«, das 2001 auf den Markt kommen soll, ist auch ein »Harry-Potter-Spiel« angekündigt.

**Nokturngasse**
Dunkles Gegenstück zur hellen → Winkelgasse, zweigt von dieser als Seitengasse rechtwinklig ab. Hier treiben sich Finsterlinge und Anhänger der → schwarzen Magie herum, denn hier gibt es alles zu kaufen, was man für schwarze Magie braucht. Der größte und bestsortierte Laden ist → »Borgin und Burkes«. – Das lateinische *nocturnus* bedeutet nächtlich, übertragen auch finster, dunkel. Der englische Name *Knockturn Alley* ist anders zusammengesetzt, aus den englischen Wörtern *knock*, klopfen, schlagen, und *turn*, drehen, wenden, könnte also sowohl auf Schläger wie auf Wendehälse hindeuten. Da das K in *knock* aber nicht gesprochen wird, wird der scheinbar so unverfängliche Name dann doch zur finsteren Allee, nämlich zur *Nocturn Alley*.

**Norbert**
Ein junger → Drache, den → Hagrid verbotenerweise ausschlüpfen lässt und aufzieht – er singt ihm sogar Schlaflieder (mit einer gewiss zärtlichen und liebe-

vollen Stimme, HP1,258). Hagrid gewinnt das schwarze Drachenei beim Kartenspiel; dies ist allerdings eine List von → Quirrell bzw. Lord → Voldemort, um ihm zu entlocken, wie man an → Fluffy vorbeikommt, da Hagrid bei diesem Spiel viel zu viel trinkt und den beiden erst mal beweisen muss, dass er mit schwierigen Kreaturen kann. Also erzählt er ihnen von Fluffy... Da sich der junge → Norwegische Stachelbuckel als extrem bissig erweist – er beißt seine »Mammi« Hagrid ins Bein, seinen Saurüden → Fang in den Schwanz und Ron → Weasley in die Hand – und da die → Drachenzucht und das Halten von Drachen streng verboten sind, lassen Harry Potter und Hermine → Granger Hagrids geliebtes »Schmusehäschen« von ein paar Freunden von Charlie → Weasley, der Drachenforscher in → Transsilvanien ist, abholen (HP1).

**Norfolk**
Über dieser Stadt im Norden Englands werden Harry Potter und Ron → Weasley mit dem fliegenden → Ford Anglia gesehen, und zwar von einer → Muggelfrau namens Hetty Bayliss (HP2,83).

**Norris, Mrs**
→ Mrs Norris.

**Norwegischer Stachelbuckel, *Norwegian Ridgeback***
Eine → Drachenart, die es in → Großbritannien wild nicht gibt. → Hagrid zieht mit → Norbert einen jungen Stachelbuckel auf, muss ihn aber zu Charlie → Weasley nach → Transsylvanien schicken, da er zu gefährlich wird. Ein Norwegischer Stachelbuckel ist schwarz und hat orangerote Augen.

**Nott**
Nachname eines Schülers oder einer Schülerin in → Hogwarts im gleichen Jahrgang wie Harry Potter. Sein oder ihr Vater ist ein → Todesser und kommt zu deren Treffen bei Lord → Voldemort nach dessen → Wiederauferstehung.

**Nox**
Ein → Zauberspruch, der das mit → »Lumos« am Ende des → Zauberstabs angeschaltete Licht wieder ausschaltet. – Das lateinische *nox* heißt Nacht.

**Nugatriegel**
Süßigkeit, gibt es im → Honigtopf.

**Nummer 4**
Das Haus mit der Nummer 4 im → Ligusterweg, in dem Harry Potter bei Familie → Dursley lebt.

**Nummerologie**
Lehre von der tieferen Bedeutung der Zahlen, z. B. für → Alchemie oder → Magie, dann auch → Arithmantik genannt und als solche Unterrichtsfach in → Hogwarts. Oft werden Zahlen auch zur → Weissagung (Divination) herangezogen, ein Bereich, den man → Arithmomantie nennt. Dabei wird den Zahlen eine bestimmte Bedeutung zugewiesen, z. B. soll die 13 Unglück bringen (in vielen Hotels findet man weder einen 13. Stock noch ein Zimmer mit der Nummer 13!) oder die 7 die Vollkommenheit herbeiführen, die 1 und auch die 3 gelten als göttliche Zahlen. Im Volksglauben des Islam gilt die 5 als glückbringende Zahl, da sie an die fünf Finger einer Hand erinnert. Ungerade Zahlen werden oft als männlich oder positiv, gerade als weibliche oder negativ gedeutet. Es gibt noch viele andere Systeme, Zahlen zu bewerten. Meist werden auch → Namen und Wörter in Zahlen umgesetzt, indem man den Buchstaben bestimmte Zahlen zuweist. Besonders gut geeignet ist dazu das hebräische Alphabet, in dem die Buchstaben gleichzeitig Zahlen sind (→ Kabbala). Am einfachsten erhält man eine typische Zahl für etwas oder jemanden, indem man die Ziffern aller Zahlen zusammenzählt (eine »Quersumme« bildet) und dies solange wiederholt, bis man eine einstellige Zahl erhält, der man dann eine Bedeutung zuweisen kann. Ein Beispiel soll das Verfahren verdeutlichen: Der Name Harry Potter besteht aus den folgenden Buchstaben im Alphabet (A=1, B=2 usw.): 8 1 18 18 25 16 15 20 20 18. Addiert ergibt sich 159. Davon ist die Quersumme 15, die Quersumme davon ist 6. Hat das etwas zu sagen? Man kann es auch anders versuchen, indem man nicht die Zahlen, sondern die Ziffern addiert (8 + 1 + 1 + 8 +...), dann erhält man 60, ergibt auch 6 (Zufall?). Die Zahlen für Harry sind in beiden Fällen 7 (na also: die Zahl der geplanten Harry-Potter-Bücher), die für Potter in beiden Fällen 8. Plant Joanne K. → Rowling doch noch einen achten Band (sie hat so was mal angedeutet als ganz entfernte Möglichkeit)? Oder muss ich die Acht drehen, um das Unendlichkeitszeichen zu erhalten und damit die Möglichkeiten, die Harry noch offenstehen, weil ich dann das Unendlichkeitszeichen ∝ erhalte? Man sieht, bei der Nummerologie wird sehr viel Auslegungskunst verlangt. – Bei den → Muggeln ist die Nummerologie ein wichtiger Teil ihrer esoterischen Lehren, dort werden die Namen meist auch nicht nach dem Buchstabenwert übersetzt, wie ich es getan habe, sondern nach speziellen Tabellen, entweder nach der älteren Tabelle des Hebräischen Alphabetes wie in der → Kabbala – dann erhalte ich für Harry Potter zunächst 47 und daraus 11 und 2 – oder nach der in der modernen Nummerologie am häufigsten verwandten Tabelle, das ergibt 65, also (zufällig?) auch 11 und 2. Die Zwei gilt übrigens als ausgesprochene Unglückszahl und zutiefst weiblich (Marilyn Monroe hat nach der Kabbala-Umrechnung auch 47, 11 und 2!). – Problematisch wird die Auslegung, wenn jemand seinen Namen ändert, wie Tom Vorlost → Riddle in Lord → Voldemort. Die Nummerologen streiten darüber, ob er damit sein

Schicksal ändert oder ihm nur eine leicht andere Tendenz gibt. – Man kann mit der Nummerologie auch spielen: Im → Internet findet man auf einer Seite von Microsoft-Hassern folgende Berechnung: Wandelt man den Namen des Microsoft-Chefs BILL GATES um in ASCII-Code (eine spezielle Computer-Umrechnung von Buchstaben in Zahlen), erhält man 66 + 73 + 76 + 76 + 71 + 65 + 84 + 69 + 83, macht summiert 663. Zählt man dazu die III aus seinem Namen (er heißt vollständig Bill Gates III), erhält man 666 – das ist die »Zahl des Tiers«, die in der Apokalypse des Johannes im neuen Testament für den Antichrist steht – das soll also der »Beweis« sein, dass Bill Gates der Antichrist ist!

**Nummerologie und Grammatica**
Lehrbuch, das Hermine → Granger im dritten Schuljahr für → Arithmantik braucht *(Numerology and Grammatica)*.

# O

### *O.W.Ls*

→ *Ordinary Wizarding Level.*

### Oberursel

In dieser kleinen Stadt nahe Frankfurt am Main lebt der wahrscheinlich einzige wirklich existierende Harry Potter in Deutschland:, ein Junge namens Leo Harry → Potter.

### Oblansk, Obalonsk

Der bulgarische Zaubereiminister, den Ludo → Bagman bei der → Quidditch-Weltmeisterschaft vorstellt, dessen Name er aber nicht genau weiß (HP4).

### Obliviate

Ein → Gedächtnis-Spruch, wie ihn die → Vergissmichs (Obliviatoren) anwenden (HP4). Das lateinische *oblivisci* heißt vergessen; im Englischen bedeutet *fall in oblivion* in Vergessenheit geraten.

### *Obliviator*

Der englische Ausdruck für einen → Vergissmich.

### Offenbarung der Planeten

So nennt Harry Potter die Interpretation der → Zentauren über das, was ihnen die → Planeten angeblich vorhergesagt haben (→ Astrologie).

### Öffnungsspruch

→ Alohomora

### Ogdens Old Firewhisky

Lieblingswhisky von Gilderoy → Lockhart und Arthur → Weasley.

### Oger

Ein riesiger menschenähnlicher Barbar, kein Riese, aber nur wenig darunter. Ron → Weasley und Hermine → Granger sehen einen bei ihrem ersten Besuch im Gasthaus → »Zu den drei → Besen« in → Hogsmeade.

### Ogg

Der Vorgänger von → Hagrid als Wildhüter von → Hogwarts zu der Zeit, als Molly und Arthur → Weasley in Hogwarts zur Schule gingen.

### Ollivander

»Gute Zauberstäbe seit 382 v. Chr.« steht auf dem Laden in der → Winkelgasse. Es ist zu bezweifeln, dass Mr. Ollivander selbst so lange → Zauberstäbe verkauft; ein so hohes → Alter erreichen nicht einmal die mächtigsten Zauberer. Doch muss er schon ziemlich lange im Geschäft sein, erinnert er sich doch bei Harrys Besuch 1991 daran, wie er → Voldemort dessen Stab verkaufte, und dieser kam 1937 nach Hogwarts. Ollivander ist auch der Experte, der die Zauberstäbe prüft für das → Trimagische Turnier. Von ihm stammen alle in den Harry-Potter-Büchern ausführlich vorgestellten Stäbe außer denen von Fleur → Delacour und Viktor → Krum – Der Name Ollivander erinnert an Olivenholz, und dies ist nicht nur ein besonders edles Holz, sondern der Olivenbaum ist auch der heilige Baum der Göttin → Minerva bzw. Pallas Athene, die eine Meisterin der → Verwandlung war. Gleichzeitig ist es aber auch ein Wortspiel mit *all wands* – Ollivander kann wohl alle Sorten von Zauberstäben herstellen.

### Omen des Todes

Dieses Buch mit dem Untertitel »Was tun, wenn Sie wissen, dass das schlimmste bevorsteht« *(Death Omens: What to Do When You Know the Worst is Coming)* entdeckt Harry Potter 1993 in der Buchhandlung → Flourish & Blotts. Auf dem Titelbild ist ein → Grimm (HP3).

### Omniglas, Omnicular

Magisches Binokular (→ Fernglas), das Vergrößerung, Zeitlupe, Wiederholung und ähnliches erlaubt und sogar Kurzkommentare zu Quidditch-Spielzügen abgibt, erhältlich bei der → Quidditch-Weltmeisterschaft (HP4).

### *One Thousand Magical Herbs and Fungi*

Originaltitel des Lehrbuchs »Tausend Zauberkräuter und -pilze« von Phillida Spore.

### Onkel Vernon

Der Onkel von Harry Potter, bei dem dieser aufwächst, ist Vernon → Dursley.

**Opalhalsband**
→ Verfluchte Gegenstände.

**Oporto**
Der Ort, in dem Joanne K. → Rowling in Portugal lebte.

**Orange-Rot**
Die Farbe der Chudley Cannons, des → Quidditch-Teams, für das Ron → Weasley schwärmt, also auch die Farbe seines Zimmers im → »Fuchsbau«.

**Orchideus**
→ Zauberspruch, lässt einen Orchideen-Strauß hervorbrechen (HP4).

**Orden der Merlin**
Orden, der vom → Zaubereiministerium verliehen wird, benannt nach → Merlin, dem größten Zauberer aller Zeiten. Gilderoy → Lockhart ist sehr stolz auf seinen Orden der Merlin dritter Klasse, → Dumbledore hat den der ersten Klasse, und → Snape hätte beinahe den der zweiten Klasse bekommen (HP3).

***Ordinary Wizarding Level***
Abkürzung: *O.W.Ls.* Die englische Bezeichnung für die Titel, die man nach den → Prüfungen nach der fünften Klasse in → Hogwarts erhält, → Zaubergrad (ZAG). OWL heißt im Englischen allerdings auch ganz einfach »Eule«.

**Ottery St. Catchpole**
Dorf in der Nähe des Weasley-Hauses (HP 4). Übersetzt bedeutet der Name ungefähr »Heiliger Gerichtsdiener am Fluß Otter«. Der Otter ist, wie das Wiesel, eine Marderart, paßt also in den Umkreis der Weasleys.

**Ounce**
→ Unze

**Ouroboros**
(griechisch) Als gekrümmter, sich selbst in den Schwanz beißender → Drache (oder auch → Schlange) ein wichtiges Symbol in der → Alchemie, steht u. a. für den ewigen Kreislauf allen Seins, für die Verwandlung der Materie (→ Transmutation) und damit auch den → Stein der Weisen wie auch das daraus gewonnene → Elixier des Lebens. Erinnert auch an die Midgardschlange oder andere → mythologische Weltschlangen, die die ganze Welt umschließen. Der Ouroboros war auch Zeichen des → Drachenordens und damit Namensgeber des berühmtesten aller → Vampire, Dracula.

# P

### Padfoot

Englisch: Pfote, → Tatze. Im Original der Spitzname von Sirius → Black.

### Palomino

Ein vorwiegend in den USA gezüchteter Pferdetyp, den es (theoretisch) in jeder Pferderasse gibt. Kennzeichnend sind das goldschimmernde Fell und langes weißes Haar, außerdem haben die Tiere meist einen arabischen Einschlag. Der → Zentaur → Firenze ist ein Palomino (HP1). Die riesigen Zugpferde der magischen fliegenden → Kutsche von → Beauxbatons sind riesige geflügelte Palominos und trinken nur Single Malt Whisky (HP4).

### Paracelsus

Dieser berühmte Arzt ist auf der einer der Bildkarten zu sehen, die es in den Schokofrosch-Packungen gibt. Wie im einzelnen seine Verdienste in der Welt der Zauberer aussehen, ist nicht bekannt, in der Welt der → Muggel ist Philippus Aureolus Theophrastus Bombastus von Hohenheim, 1493 – 1541, genannt Paracelsus, jedoch eine legendäre Gestalt. Der in Einsiedeln (heute Schweiz) geborene Arzt und Chemiker gilt als einer der Erfinder der modernen Medizin, denn er behauptete, Krankheiten würden durch körperfremde Substanzen verursacht und ließen sich durch chemische Substanzen bekämpfen. Er erkannte, dass es unmöglich sei, den berühmten → Stein der Weisen zu entdecken, und forderte deshalb seine Kollegen auf, die sinnlose Suche nach dem Allheilmittel aufzugeben und statt mit der → Alchemie sich lieber mit der Entwicklung von Arzneimitteln zu beschäftigen. Er entwickelte mineralische Heilmittel und setzte z. B. Schwefel und Quecksilber ein, um Krankheiten zu bekämpfen, wobei vieles davon auf eher magischen Vorstellungen beruhte: Das Prinzip des Flüchtigen *(Mercurius)* etwa repräsentierte den Geist, das Prinzip des Brennbaren *(Sulfur)* die Seele und das Prinzip des Rückstandes *(Sal)* den Körper des Menschen. Da viele seiner Heilmittel auf der Annahme basierten, Gleiches

**Paracelsus: Porträt aus einem Buch von 1567. Sein Motto »*Alterius non sit qui suus esse potest*« übersetzte er selbst mit: »Wer sein eigner Herr sein kann, soll keinem andern hangen an.«**

könne durch Gleiches geheilt werden, ist Paracelsus nicht nur ein Vorläufer der modernen Arzneikunde, sondern zugleich der Homöopathie. Obwohl er mit Elementen der → Magie und → Alchemie wie der → Astrologie arbeitete und → Hexenverfolgungen unterstützte, schuf sein Auflehnen gegen alte medizinische Glaubenssätze Grundlagen für den wissenschaftlicheren Fortschritt in der Medizin. Sein, wie viele meinen, schönstes Buch ist den → Elementargeistern gewidmet: *»De nymphis, sylphis, pygmaeis et → salamandribus«*. – Seine Zeitgenossen entsetzte Paracelsus mit der Behauptung, man könne einen Menschen künstlich erschaffen: *»Man nehme einen luftdichten Behälter mit menschlichem Sperma, vergrabe es 40 Tage lang im Pferdemist, magnetisiere es und füttere es anschließend weitere vierzig Tage mit Menschen-→ Blut.«* Alle Versuche, diesen »Homunculus« zu erschaffen, scheiterten, doch Paracelsus wurde der Ketzerei angeklagt. – Laut einer verbreiteten Sage soll er nach seinem Tode beinahe zum → Wiedergänger geworden sein: Er soll mit dem Teufel ausgehandelt haben, ihn nach 365 Tagen als jungen Mann wiederauferstehn zu lassen, wenn seine Leiche in Stücke geschnitten und diese mit Pferdemist vermischt vergraben werde. Leider grub ein allzu neugieriger Diener die Leiche nach 363 Tagen aus; diese soll zwar zusammengesetzt und verjüngt gewesen sein, doch hatte der Kopf noch keine Zeit zum Anwachsen gehabt.

**Parade**
→ Harry-Potter-Parade.

**Paragraph 13**
→ Geheimhaltungsabkommen der Internationalen Zaubervereinigung.

**Paris**
Die Hauptstadt von → Frankreich; hier arbeitete Joanne K. → Rowling während ihres Studiums als Hilfslehrerin.

**Parkinson, Pansy**
Schülerin in → Hogwarts im gleichen Jahrgang wie Harry Potter, eine → Slytherin, *»mit einem Gesicht wie ein Mop«* (HP3,103). Beim → Weihnachtsball Tanzpartnerin von Draco → Malfoy (HP4).

**Parsel**
Die Sprache der → Schlangen, die nur wenige Hexen oder Zauberer sprechen. Bekannt sind derzeit nur drei Parselmünder: Salazar → Slytherin, Lord → Voldemort alias Tom Vorlost → Riddle und Harry Potter. Allgemein wird angenommen, diese Sprache sprechen nur → schwarze Magier, deshalb wird Harry Potter zeitweise verdächtigt, der → Erbe Slytherins zu sein. Er bekam diese Eigenschaft jedoch von Lord → Voldemort übertragen, als er ihn 1981 in die Machtlosigkeit schickte (HP2). – Eine Stimme im herkömmlichen Sinn haben Schlangen nicht, doch können sie sehr laut zischen, und wenn man Parsel spricht, kann man sie verstehen. Da Schlangen allerdings taub sind – sie nehmen nur Schwingungen im Boden oder Untergrund wahr –, muss Parsel sie auf magischem Weg erreichen. Deshalb beherrschen diese Sprache wohl auch keine → Muggel und nur wenige Zauberer.

**Parselmund**
Eine Hexe oder ein Zauberer, die oder der → Parsel spricht, die Sprache der → Schlangen. Bekannt sind derzeit nur drei Parselmünder: Salazar → Slytherin, Lord → Voldemort alias Tom Vorlost → Riddle und Harry Potter.

**Passwort**
Ein Wort oder ein Begriff, den man sagen oder schreiben muss, um in ein sonst unzulässiges Gebiet vorzudringen, z. B. in einen Computer oder ein Programm. In → Hogwarts sind der Eingang zum Büro von Albus → Dumbledore und die Türme der → Häuser mit Passworten abgesichert. Die Wächterinnen und Wächter lassen nur jemanden durch, der das Passwort kennt. Bei → Gryffindor ist die Wächterin die → Fette Dame im rosa Seidenkleid, die in einem Porträt sitzt (wenn sie nicht gerade unterwegs und man ausgesperrt ist). In Harry Potters drittem Schuljahr wird die *Fat Lady*, nachdem Sirius → Black sie beschädigt hat, für einige Zeit abgelöst von Sir → Cadogan, während sie restauriert wird. Dieser wechselt das Passwort jeden Tag, erreicht damit aber nur, dass Neville → Longbottom die Passwörter aufschreibt und Sirius → Black so daran kommen kann. – Passwörter in der Reihenfolge des Vorkommens: → Caput

Draconis, → Schweineschnauze, → Bartvogel, → Scherbet Zitrone, → Reinblüter, → Fortuna Major, → Fieser Hund, → Metzengerstein, → Amontillado, → Quatsch, → Lichterfee, → Pinienfrisch, → Kakerlakenschwarm.

**Patil, Padma**

Schülerin im gleichen Jahrgang wie Harry Potter, eine → Ravenclaw. Sie hat wie ihre Zwillingsschwester Parvati → Patil lange schwarze Haare und dunkle Augen. Beim → Weihnachtsball Tanzpartnerin von Ron → Weasley (HP4).

**Patil, Parvati**

Schülerin in → Hogwarts im gleichen Jahrgang wie Harry Potter und wie dieser in → Gryffindor. Sie hat wie ihre Zwillingsschwester Padma → Patil lange schwarze Haare und dunkle Augen. Beim → Weihnachtsball Tanzpartnerin von Harry Potter (HP4).

**Patrick Delaney-Podmore, Sir**

Ein → Geist und der Anführer der → »Jagd der Kopflosen« (HP2).

**Patronus**

Eine Art → Geist oder positive magische Kraft, die man mit dem → Zauberspruch → »Expecto patronum« heraufbeschwört. Art und Stärke hängen ganz von der eigenen Person ab. Albus → Dumbledore vertreibt mit einem Patronus über 100 Dementoren, später macht es ihm Harry Potter nach; sein Patronus hat die Gestalt eines → Hirschs, wie sein Vater (HP3). – Und das Wort leitet sich auch ab von *pater*, Vater. Unter Patronus verstanden schon die alten Römer einen Schutz- oder Schirmherrn, aber auch einen rechtlichen Vertreter.

**Payne**

Zeltplatzmanager bei der → Quidditch-Weltmeisterschaft, → Muggel (HP4).

**Peasegood, Arnold**

Englischer Name von Arnold → Friedlich.

**Peebles**

Über dieser Stadt in der früheren Grafschaft Peeblesshire in → Schottland, die sich um den Fluss Tweed erstreckt und wo es mehrere mittelalterliche Burgen gibt, werden Harry Potter und Ron → Weasley mit dem fliegenden → Ford Anglia gesehen, und zwar von einem → Muggel namens Angus Fleet (HP2,83). Heute gehört Peebles zur Verwaltungsregion Borders, die im Südosten Schottlands an der Grenze zu England liegt und eine etwa 35 Kilometer lange felsige Küste hat.

**Peeves**
Der → Poltergeist von → Hogwarts, stets mies gelaunt und immer zu üblen Scherzen aufgelegt, ein kleiner Mann mit bösen dunklen Augen. Der einzige, der ihn wirklich kontrollieren kann, ist der → Blutige Baron, die einzigen, vor denen er Respekt (und vielleicht auch Angst) hat, sind Albus → Dumbledore und manchmal Minerva → McGonagall, Remus → Lupin und Mad-Eye → Moody. Von anderen → Geistern wird er nicht für voll genommen, denn *»er ist nicht einmal ein echter Geist«* (HP1,128). – Das englische *peeve* bedeutet ärgern, das zugehörige Adjektiv *peevish* griesgrämig, übellaunig, verdrießlich.

**Peitschende Weide**
Ein schlagkräftiger Baum *(Whomping Willow)* im Park von → Hogwarts, gepflanzt von Albus → Dumbledore in dem Jahr, als Remus → Lupin nach Hogwarts kam, um den Eingang zum → Geheimgang zur → Heulenden Hütte zu verbergen. Ron → Weasley und Harry Potter verletzen den Baum schwer, als sie mit dem fliegenden → Ford Anglia abstürzen (HP2). Im Jahr darauf lernen sie von → Krummbein, wie man ihn lahmlegt, indem man auf eine bestimmte Wurzelknolle drückt (HP3).

**Pekinger Volksverlag**
Verlag, in dem die offiziellen Übersetzungen zumindest der ersten drei Harry-Potter-Bücher in chinesischer Sprache erscheinen; Harry heißt darin Hali Bote. Der Verlag hat die Lizenz für die ersten drei Bände für eine geheim gehaltene Summe erworben; die Übersetzung ins Chinesische erschien im Oktober 2000. Schon Wochen vorher jedoch wurden → Raubkopien aller vier Bände in einem Buchladen in Peking entdeckt.

**Pennyfeather**
Ein Name, mit dem der höchst zerstreute Professor → Binns einmal in seinem Unterricht Parvati → Parvil anredet.

**Pentagramm**
Ein in der → Alchemie und Magie beliebtes Zeichen, ein fünfzackiger Stern, auch Drudenfuß, Drudenkreuz oder Pentangulum genannt. Das uralte magische Zeichen aus zwei ineinander verschränkten gleichschenkeligen Dreiecken ohne Basis wird in einem Zug gezeichnet. Im Mittelalter diente das Pentagramm oft als Abwehrzauber gegen → Dämonen und → Elementargeister sowie als Erkennungszeichen schwarzmagischer Geheimgesellschaften.

**Percy Weasley**
→ Weasley, Percy.

**Pergament**
Das Material, auf dem in der Welt der Zauberer üblicherweise geschrieben wird, besteht aus geglätteter und gespannter, ungegerbter Tierhaut, meist von Schaf-, Kalb- oder Ziegenfellen. Je jünger die Tiere sind, desto feiner ist das Ergebnis; besonders edles und feines Pergament von sehr jungen Tieren nennt man Velin. Pergament wird seit etwa 1500 v. Chr. benutzt; es ist benannt nach der antiken kleinasiatischen Stadt Pergamon. Als sehr beständiges Material wurde es im Altertum und Mittelalter für geistliche und literarische Handschriften verwendet; heute benutzt man es in der → Muggelwelt noch für offizielle oder sehr edle Dokumente. – Das Pergament, auf dem in → Hogwarts geschrieben wird, wird oft gerollt (*»...Professor Binns sie anwies..., ihre Pergamentblätter zusammenzurollen«*, HP1,286). Dadurch kann man die Länge einer Hausaufgabe schön mit dem Maßband überprüfen (*»meterlanger Aufsatz«*, HP2,154). Bei größeren Stücken Pergament geht dies jedoch nicht gut. In der Welt der → Muggel verwandten zwar die Perser und Hebräer jahrhundertelang → Schriftrollen aus Pergament, da sich Pergament jedoch schlecht rollen läßt, wurde die Schriftrolle ab dem vierten Jahrhundert nach Christus durch den rechteckigen Kodex, Vorfahr des modernen Buches, ersetzt. Wahrscheinlich besteht die Mehrzahl der Bücher in der → Bibliothek von Hogwarts aus solchen Kodizes. Wenn sie traditionell gefertigt sind, sind zahlreiche beidseitig beschriebene Pergamentblätter in der Mitte gefaltet, aufeinander gelegt, zusammengenäht und mit Lederriemen an hölzernen Einbanddeckeln befestigt. Da Pergament früher sehr teuer war, gibt es sicher auch darunter viele Werke, bei denen frühere Texte ausgelöscht und überschrieben wurden. So etwas nennt man Palimpsest (vom griechischen *palin:* zurück und *psestos:* geschabt). Dazu wird das Pergament mit → Bimsstein abgeschabt. Diese Methode des »Radierens« verwendet auch Harry Potter. Wenn man es nicht gründlich genug macht, ist es den Muggeln mithilfe moderner Techniken (und vielleicht auch Zauberern mittels → Magie) möglich, den ursprünglichen Text wieder sichtbar zu machen, z. B. mit der Fluoreszenz-Photographie. Im Oktober 2000 gelang es, mit UV-Licht eine Abhandlung von Archimedes lesbar zu machen, die im 10. Jahrhundert aufgeschrieben und im 12. Jahrhundert überschrieben worden war.– Wenn man Pergament herstellen möchte, muss man zunächst die Tierhaut waschen, dann zur Enthaarung in Kreideschlamm legen, abschaben, beidseitig glätten und schließlich gründlich mit Bimssteinpulver einreiben. – Als notdürftigen Ersatz für Schreibpergament kann man manche Sorten von in der Muggelwelt hergestelltem Pergamentpapier nehmen; es ist wie das echte Pergament leicht durchschimmernd. Dieses Papier ist gewöhnliches, ungeleimtes Papier, das man kurz in eine Lösung aus zwei Teilen konzentrierter Schwefelsäure und einem Teil Wasser getaucht hat, um es fettdicht und nassfest zu machen. Solch ein Papier sollte man allerdings nicht selber herstellen, das ist gefährlich; man bekommt das Papier leicht zu kaufen.

**Perkins**

Eine alte Hexe mit Hexenschuss, die einzige Mitarbeiterin von Arthur → Weasley in der → Abteilung gegen den Missbrauch von Muggelartefakten. Von ihr leiht sich Arthur das Zelt für die → Quidditch-Weltmeisterschaft 1994 aus.

**Perks, Sally-Anne**

Schülerin in → Hogwarts im gleichen Jahrgang wie Harry Potter.

**Peskiwichtli Pesternomi**

Mit diesem → Zauberspruch versucht Gilderoy → Lockhart die → Wichtel, die er in seinem Unterricht freigelassen hat, zusammenzutreiben, doch, wie bei Lockhart üblich, passiert nichts. Ob das an dem Zauberspruch liegt oder nur an Lockhart, müsste man ausprobieren... (englisch: *»Peskipiksi Pesternomi«*)

**Petrificus Totalus**

→ Zauberspruch für die → Ganzkörperklammer.

**Pettigrew, Peter**

Zauberer und Diener von Lord → Voldemort, ein → Todesser. Als Schüler in → Hogwarts befreundet mit seinen Jahrgangskameraden James → Potter, Sirius → Black und Remus → Lupin und wie diese wahrscheinlich auch in → Gryffindor. Mit diesen dreien gründete er die → »Hilfsmittel für den Magischen Tunichtgut GmbH«, um magische Gegenstände zu vertreiben, und schuf die → Karte des Rumtreibers. Pettigrew ist wie James und Sirius seit der 5. Klasse ein → Animagus (Spitzname: Wurmschwanz, *Wormtail*). Als → Geheimniswahrer von James und Lily Potter verrät er diese und täuscht 1981, nach Voldemorts Niederlage gegen Harry Potter, seinen Tod vor, wofür Sirius Black nach → Askaban kommt. Dafür opfert Peter einen Finger seiner rechten Hand. Er verbirgt sich 12 Jahre als Ratte → Krätze bei der Familie → Weasley, ehe Sirius Black, aus Askaban entflohen, und Remus Lupin ihn enttarnen (HP3). Allerdings gelingt ihm die Flucht, und er kann Lord Voldemort zu dessen → Wiederauferstehung verhelfen, auch wenn ihn dies die rechte Hand kostet. Dafür erhält er allerdings von Lord Voldemort eine → silberne Hand (HP4). – Das englische *petty* bedeutet belanglos, unbedeutend, geringfügig, klein, *grew* ist die Vergangenheitsform von *grow*. Und Pettigrew ist sowohl moralisch wie körperlich höchst kleingeraten: Er ist kaum gößer als der 13-jährige Harry, hat eine spitze Nase, wässrige helle Augen und einen Kranz dünner, farbloser Haare.

**Pfauenfederhalter**

Einen solchen → Federkiel benutzt Gilderoy → Lockhart für seine → Fanpost (HP2,169).

**Pfefferatem**
Ein → Zauberspruch, auf den Harry Potter in dem Buch »Zaubern für Dummies« stößt, als er nach einer Lösung sucht, wie er mit dem → Drachen in der ersten Aufgabe des → Trimagischen Turniers fertig werden soll.

**Pfefferkekse**
Süßigkeit, die einem den Mund rauchen lässt; gibt es als besondere Nascherei im → Honigtopf.

**Pfefferkobolde**
Süßigkeit, die einem richtig einheizt, gibt es im → Honigtopf.

**Pfefferminzkröten**
Süßigkeit, die einem im Magen rumhüpft, gibt es im → Honigtopf.

**Pfeifende Würmer**
Scherzartikel, gibt's in → Hogsmeade bei → Zonkos.

**Pferdeminze**
→ Diptam

**Pflege magischer Geschöpfe**
Schulfach in → Hogwarts; Lehrer ist ab 1993, Harrys drittem Schuljahr, Rubeus → Hagrid, nachdem Professor → Kesselbrand in den Ruhestand gegangen ist. Kurzfristig springt im 4. Schuljahr Professorin → Raue-Pritsche ein.

***Philosopher's Stone***
Die englische (Original-)Bezeichnung für den → Stein der Weisen.

**Phönix**
Der → Familiar von Albus → Dumbledore ist der Phönix → Fawkes. Als Harry Potter ihn zum ersten Mal Büro sieht, ist er gerade ausgesprochen häßlich und geht kurz danach in Flammen auf. Doch danach wird er aus der Asche → wiedergeboren. (Hexen und Zauberer kennen wie die → Muggel das → Sprichwort »Wie der Phönix aus der Asche«.) Wenn er nicht gerade »Brandtag« hat, ist der Phönix der schönste und edelste aller Vögel: groß wie ein Schwan, herrlich scharlachrot und gold gefiedert (in den Farben des Hauses → Gryffindor), mit einem Schweif, lang wie der eines Pfaus, einem langen, scharfen goldenen Schnabel und goldenen Krallen. Er ist treu und unglaublich stark: Fawkes zieht mehrere Personen aus der → Kammer des Schreckens. Er kann wunderschön singen, und seine Tränen haben heilende Kraft, wie Harry mehrfach feststellen

kann (HP2, HP4). – Auch in der → Mythologie der Muggel ist der Phönix der edelste der Vögel. Im alten Ägypten war der Phönix als Benu oder Boine ein heiliger Vogel, ähnlich einer Bachstelze oder einem Reiher. Er war das Wesen, das als erstes bei der Weltschöpfung auf dem aus dem Schlamm entstandenen Urhügel erschienen war. Meist galt er als Verkörperung des Sonnengottes, später als Seele des Osiris. Die Griechen und Römer wandelten den Phönix um zum Symbol weltlicher Macht. Nach römischer Vorstellung, die bis heute weltweit das Bild des Phönix prägt, soll sich der Phönix alle 500 oder alle 1461 Jahre selbst verbrennen und aus der Asche neu aufsteigen. Die Römer gaben als seine Heimat Indien an. In der christlichen Überlieferung wurde der Phönix zum Symbol der → Unsterblichkeit und Auferstehung. Immer wieder erscheint er in der Kunst, als Sinnbild Christi oder der Auferstehung und der unsterblichen Seele. – In vielen Märchen der Muggel wird vom Phönix berichtet. Oft erhält ein Held den Auftrag, den Wundervogel aus fernen Landen zu holen oder ihm welche seiner goldenen Federn zu entreißen. Manchmal ist der Phönix auch ein → dämonisches Wesen. In seinem Märchen »Vogel Phönix« hat ihn Hans Christian Andersen (1805 – 1875) poetisch beschrieben: *»Im Garten des Paradieses, unter dem Baume der Erkenntnis, stand ein Rosenstrauch. Hier, in der ersten Rose, wurde ein Vogel geboren, dessen Flug war wie der des Lichts, herrlich war seine Farbe und herrlich sein Gesang. Als aber Eva die Frucht der Erkenntnis brach und sie und Adam aus dem Garten des Paradieses gejagt wurden, fiel vom flammenden Schwerte des strafenden Engels ein Funken in das Nest des Vogels und zündete es an. Der Vogel starb in den Flammen, aber aus dem glühenden Ei flog ein neuer, der einzige, der stets einzige Vogel Phönix. Die Sage meldet, daß er in Arabien nistet und sich selbst jedes hundertste Jahr in seinem Neste verbrennt, und ein neuer Phönix, wieder der einzige in der Welt, fliegt aus dem glühenden Ei empor. Der Vogel umflattert uns, schnell wie das Licht, herrlich von Farbe und herrlich klingt sein wundersamer Sang. Wenn die Mutter an der Wiege ihres Kindes sitzt, schwebt er über dem Kopfkissen und weht mit den Flügeln einen Glorienschein um des Kindes Haupt. Er fliegt durch die Stuben der Genügsamkeit, und Sonnenglanz breitet sich darüber und die ärmliche Kommode duftet nach Veilchen. Doch der Vogel Phönix ist nicht allein der Vogel Arabiens. Er flattert im Nordlichtschein über die Eisfelder Lapplands, er hüpft zwischen den gelben Blumen in Grönlands kurzem Sommer. Über Faluns Kupferfelsen ist er zu sehen und in Englands Kohlengruben. Er huscht wie eine gepuderte Motte hin über das Gesangbuch in des frommen Arbeiters Händen. Er segelt auf dem Lotosblatt mit den heiligen Fluten des Ganges hinab und des Hindumädchens Augen leuchten bei seinem Anblick. Vogel Phönix, kennst Du ihn nicht? Den Vogel des Paradieses, des Gesanges heiligen Schwan. Auf dem Tespiskarren saß er wie ein geschwätziger Rabe und schlug mit den schwarzen, hefetriefenden Flügeln. Über Islands Sängerharfe glitt des Schwa-*

*nes roter, klingender Schnabel; auf Shakespeares Schultern saß er wie Odins Rabe und flüsterte ihm ins Ohr: Unsterblichkeit. Beim Sängerfeste flog er durch der Wartburg Rittersaal. Vogel Phönix, kennst Du ihn nicht? Er sang Dir die Marseillaise vor, und Du küßtest die Feder, die aus seiner Schwinge fiel. Im Paradiesesglanze kam er, und Du wandtest Dich vielleicht fort und dem Sperling zu, der mit Schaumgold auf den Flügeln dasaß. O, Du Vogel des Paradieses, in jedem Jahrhundert erneut, in Flammen geboren, in Flammen gestorben, Dein Bild hängt in Gold gefaßt in den Sälen der Reichen und selbst fliegst Du verirrt und einsam – eine Sage nur: Vogel Phönix in Arabien! Im Garten des Paradieses, da Du geboren wurdest unter dem Baume der Erkenntnis in der ersten Rose, küßte Dich Gott und gab Dir Deinen rechten Namen – Poesie.«*

**Phönix-Federn**
Beliebter magischer Stoff als Kern für → Zauberstäbe; die Stäbe von Harry Potter und Lord → Voldemort haben Schwanzfedern von → Fawkes als Kern.

**Pig, Pigwidgeon**
Die kleine → Eule, die Ron → Weasley von Sirius → Black geschenkt wird, kurz »Pig« (auf Deutsch »Schwein«) genannt, eine »Winzeule«.

**Pince, Madam**
Die Leiterin der → Bibliothek von → Hogwarts ist dürr und ähnelt einem unterernährten Geier. Sie ist ausgesprochen streng und achtet sehr auf das Einhalten aller Regeln, ihrem scharfen Blick entgeht nichts. Wahrscheinlich heißt sie deshalb auch nach ihrer Brille, einem Kneifer, der auf der Nase festgeklemmt wird. Das Englische kennt dafür kein eigenes Wort, sondern hat das französische *pince-nez* (»Kneife-Nase«) übernommen.

**Pinienfrisch**
→ Passwort für den Eingang in das → Badezimmer der Vertrauensschüler.

**Pistole**
Der → Tagesprophet erläutert: *»eine Art metallener → Zauberstab, mit dem sich die → Muggel gegenseitig umbringen«* (HP3,43).

**Pixies**
Der englische Ausdruck für → Wichtel.

**Plagiat**
So bezeichnet man den Diebstahl geistigen Eigentums, vor allem in der Literatur, wenn jemand Werke, Teile daraus, Motive oder Gedanken eines anderen als

eigenes Produkt ausgibt. Gegen Joanne K. → Rowling wird ein Plagiatvorwurf erhoben von Nancy K. → Stouffer.

### Planet
»Wandelstern«, Begleiter eines Sterns, der diesen umläuft und nicht selbst leuchtet, nur durch das reflektierte Sonnenlicht zu beobachten. Seit 1995 sind auch Planeten außerhalb unseres Sonnensystems nachgewiesen. Für die → Astronomie ist die Kenntnis der Planeten und ihrer Eigenschaften ebenso wichtig wie für die → Astrologie, für die das System des → Ptolemäus gilt. Harry Potter muss in → Hogwarts viel über die neun Planeten unseres Sonnensystems lernen. Nach dem Schuljahr, in dem er in → Weissagung Astrologie lernen muss, weiß er alles Wesentliche über → Merkur, → Venus, die → Erde, → Mars, → Jupiter, → Saturn, → Uranus, → Neptun und → Pluto.

### Pluto
Der von der → Sonne am weitesten entfernte und der kleinste von 9 → Planeten in unserem Sonnensystem. Für die → Astronomie ist die Kenntnis der Planeten und ihrer Eigenschaften ebenso wichtig wie für die → Astrologie. Harry Potter muss in → Hogwarts viel über die neun Planeten unseres Sonnensystems lernen. – Der erst 1930 entdeckte Planet hat die exzentrischste Bahn und die größte Bahnneigung unter allen Planeten und mindestens einen Mond, seine Atmosphäre dürfte bei unter –230 Grad Celsius gefroren sein. Weitere Daten: Äquatordurchmesser ca. 3.000 km, 0,003fache Erdmasse (ca. 18 Trillionen Tonnen), mittlere Dichte 1,5 g/cm$^3$, mittlerer Sonnenabstand 39,6 → Astronomische Einheiten (AE), Erdabstand 28,7 bis 50,5 AE, Rotationsperiode 6 Tage 9 Std. 22 Min., Umlaufzeit um die Sonne 251,86 Jahre.

### Pokal für besondere Verdienste um die Schule
→ Auszeichnung für besondere Verdienste um die Schule.

### Pokalzimmer
Ein großer Saal in → Hogwarts, in dem Pokale, Medaillen und andere Auszeichnungen aufbewahrt werden. Hier muss Ron → Weasley einmal als → Strafarbeit stundenlang Pokale, u. a. die → »Auszeichnung für besondere Verdienste um die Schule« von Tom Vorlost → Riddle putzen (HP2). Wieso der diese allerdings nicht mitgenommen hat, sondern sie hier aufbewahren ließ, bleibt unbestimmt.

### Poliakov
Ein Schüler von → Durmstrang, der während des → Trimagischen Turniers zu Gast in → Hogwarts ist.

### Politik

In den Harry-Potter-Büchern wird wenig darüber geäußert, wie die Gesellschaft der Hexen und Zauberer politisch organisiert ist. Es gibt kein Königshaus und wohl auch kein Parlament, was dem noch am nächsten kommt, ist die → Internationale Zauberervereinigung. Es gibt wahrscheinlich auch keine (verfassten) Parteien und keine Regierung außer dem → Zaubereiministerium, das es wahrscheinlich in den meisten Ländern gibt. Dieses Ministerium scheint in → Großbritannien für fast alles zuständig sein, für → Bürokratie, → Gesetze, aber auch die Aburteilung von Verbrechern und das Gefängnis → Askaban, die bei demokratischen → Muggel-Gesellschaften übliche Gewaltenteilung zwischen Exekutive (vollziehende Gewalt), Legislative (Gesetzgebung) und Judikative (Rechtsprechung) scheint es nicht zu geben. Die Gefahr dieser Machtkonzentration wird am Ende des vierten Bandes deutlich, als sich Zaubereiminister → Fudge dem Kampf gegen → Voldemort verweigert: Wenn soviel Macht in einer Hand liegt, kann sie sowohl durch falsches Handeln wie durch Nichtstun leicht missbraucht werden. – Obwohl sie nie explizit politisch wird, äußert sich Joanne K. → Rowling doch sehr politisch in ihren Büchern, u. a. zum Thema → Rassismus und besonders im vierten Band zu politischen Verfolgungen und der Gefahr, dass im Rahmen einer politischen Hysterie die »Guten« Techniken der »Bösen« übernehmen (HP4,549). Sie nimmt mit den Verfolgungen und Prozessen der → Todesser Bezug auf die Nürnberger Prozesse nach dem Ende des Zweiten Weltkriegs und den McCarthyismus der frühen 50er-Jahre in den USA, die »Verfolgung unamerikanischer Umtriebe«, als »amerikanische → Hexenjagd« bekannt. Das Problem, ob der Zweck die Mittel heiligt, ob beim Kampf gegen das Böse alle Mittel eingesetzt werden dürfen, wird bei Rowling immer wieder thematisiert, etwa wenn sich → Dumbledore gegen die → Dementoren ausspricht oder Sirius → Black erzählt, dass → Crouch senior den *»Einsatz der → Unverzeihlichen Flüche gegen Verdächtige erlaubt«* habe (HP4,550). Auch in Muggelgesellschaften ist dies ja immer ein heiß diskutiertes Thema, z. B. beim Streit um die Todesstrafe oder den großen Lauschangriff.

### Polkiss, Piers

Ein Freund von Dudley → Dursley, mager und mit einem *»Gesicht wie eine Ratte«* (HP1,30).

### Poltergeist

Ein → Geist, der meist kein echter Geist ist, sondern wie → Peeves, der Poltergeist von → Hogwarts, *»überhaupt nicht blass und durchscheinend«*. Von den anderen Geistern in Hogwarts wird Peeves deshalb auch nicht für voll genommen, denn *»er ist nicht einmal ein echter Geist«* (HP1,128). Poltergeister können verschiedenster Natur sein, ihre Haupteigenschaft ist es zu necken und (manchmal auch sehr derbe) Streiche zu spielen, selten sind ihre Streiche aber wirklich gefährlich oder gar tödlich. Der → Ghul im → »Fuchsbau« der Familie → Weasley hat eine ähnliche Funktion wie ein Poltergeist. – In der → Mythologie der → Muggel ist der Poltergeist seit dem 16. Jahrhundert bekannt, man schrieb sein Wirken damals dem Teufel zu. Spätestens 1848 wurde das Wort »Poltergeist« ins Englische übernommen und gilt dort als fester Begriff für lärmende und polternde Spukphänomene. Auch in den englischen Ausgaben der Harry-Potter-Bücher wird Peeves als »Poltergeist« bezeichnet. – Heute vermuten Fachleute der Muggel, dass die meisten Poltergeistphänomene auf Tricks oder auf parapsychologische Phänomene zurückzuführen sind, wie Telekinese durch pubertierende Jugendliche.

**Polyjuice Potion**

Englisch für den → Vielsaft-Trank.

**Pomfrey, Madam**

Poppy Pomfrey ist die Leiterin des Krankenflügels von → Hogwarts, eine Mischung aus Ärztin und Krankenschwester und sehr fähiger Hexe, eine Meisterin der Heilmagie, die auch wirksame Zaubertränke verabreichen kann wie den → Aufpäppeltrank oder das → Skele-Wachs.

**Pontner, Roddy**

Ein Zauberer, der bei der → Quidditch-Weltmeisterschaft gegen Ludo → Bagman wettet, dass Bulgarien gewinnt.

**Porskoff-Täuschung**

Taktisches Manöver in einem → Quidditch-Spiel, gezeigt beim Endspiel der → Quidditch-Weltmeisterschaft (HP4).

**Portschlüssel**

Ein Objekt, welches magisch so aufbereitet ist, dass es zu einer vorher festgelegten Zeit alle Personen, die es zu diesem Zeitpunkt berühren, an einen festgelegten Ort befördert. Dadurch ist es nicht nötig, dass die beförderten Personen selber magische Energie oder Fähigkeiten einsetzen. Zum Portschlüssel kann jeder beliebige Gegenstand gemacht werden (HP4). – Das englische *Portkey* heißt »Transportschlüssel«: Das lateinische *portare* heißt tragen, bringen, das englische *key* Schlüssel. Es gibt aber auch andere Übersetzungsmöglichkeiten: Das lateinische *portus* bedeutet wie das englische *port* Hafen, und das lateinische *porta* heißt Tür. – Von allen magischen Transportmöglichkeiten in den Harry-Potter-Büchern (außer den Portschlüsseln noch → Apparieren und → Floh-Pulver) entspricht diese Art des Reisens am ehesten jener in einer bekannten Serie der nichtmagisch belebten Bilderreihen der → Muggel beschriebenen Technik, die dort als »Beamen« bezeichnet wird (»Beam me up, Scotty!«).

### Portraits

→ Bilder, lebende.

### Post

Die Post wird in der Welt der Zauberer in der Regel durch → Eulen befördert. Diese müssen lesen können, denn die Umschläge werden adressiert (HP2,125). Man kann die eigene Eule verwenden, es gibt aber auch → Postämter und die Möglichkeit, sich Eulen auszuleihen. Der → Muggel-Ausdruck postwendend wird bei den Zauberern deshalb auch manchmal zu eulenwendend.

### Postamt

Im Postamt von → Hogsmeade gibt es über 300 Eulen, die alle auf Stangen sitzen, in verschiedenen Farben, je nachdem, wie schnell der Brief ankommen soll, und Größen, je nach Entfernung: Uhus für internationale Distanzen, Käuzchen für Zustellung innerorts.

### Potter, Harry

Der Held der Harry-Potter-Romane wird geboren am 31. Juli 1980 als Sohn von Lili und James → Potter. Seine Eltern sterben an → Halloween 1981 bei einem Angriff von Lord → Voldemort, Harry hingegen überlebt nicht nur den Angriff, sondern nimmt Lord Voldemort einen großen Teil seiner Kräfte ab. Von dieser Konfrontation behält er eine feine, blitzartige → Narbe auf der Stirn. Von → Hagrid und Albus → Dumbledore wird er zur Familie → Dursley gebracht, seinen einzigen Verwandten, bei denen er aufwächst. 10 Jahre später hat er *»ein schmales Gesicht, knubbelige Knie, schwarzes Haar und hellgrüne Augen«* (HP1,26), trägt eine → Brille mit runden Gläsern und hat keine Ahnung davon, dass er ein Zauberer ist – die Narbe stammt angeblich von einem Autounfall, bei dem seine Eltern umgekommen sein sollen – und lebt ziemlich unglücklich in der Erwartung, bald in die Stonewall High School gehen zu müssen. An seinem Geburtstag, an dem er 11 Jahre alt wird (31. Juli 1991), erfährt er von Hagrid von seiner Herkunft und erhält die Einladung als Schüler nach → Hogwarts. Dort freundet er sich mit Ron → Weasley und Hermine → Granger an, die wie er in → Gryffindor sind. Er wird zum begeisterten → Quidditch-Spieler, der erste Erstklässler und jüngste Spieler seit mindestens 100 Jahren. Gemeinsam mit Ron und Hermine erlebt er zahlreiche Abenteuer: Sie helfen Hagrid, den → Drachen → Norbert loszuwerden, lernen im → Verbotenen Wald → Zentauren kennen und müssen sich mit → Geistern, → Trollen und dem dreiköpfigen Hund Fluffy auseinandersetzen. Schließlich trifft er Voldemort wieder, der hinter dem → Stein der Weisen her ist, und muss ihm diesen im Zweikampf entringen. Wegen der dabei vollbrachten Taten haben Harry, Hermine und Ron wesentlichen Anteil daran, dass → Gryffindor zum ersten Mal seit Jahren den → Hauspokal gewinnt (HP1). Im nächsten Schuljahr werden die drei in so seltsame Vorgänge verwickelt, dass selbst der → Quidditch-Pokal zweitrangig wird. Ein unheimliches Monster treibt sein Unwesen und versteinert Schülerinnen und Schüler, und Harry wird verdächtigt, es zu kontrollieren. Als Hagrid verhaftet und Hermine versteinert wird, scheint die Situation aussichtlos. Doch in der Konfrontation mit seinem alten Erzfeind Voldemort, der ihm in Gestalt einer materialisierten Erinnerung als jugendlicher Tom Vorlost → Riddle entgegentritt, kann Harry mithilfe des → Phönix von Dumbledore das Rätsel um die Kammer des Schreckens lösen, den von Voldemort beschworenen → Basilisken besiegen und seine Freunde retten. Und er erkennt, dass er, obwohl er → Parsel, die Sprache der Schlangen spricht, ein echter Gryffindor ist (HP2). Das dritte Schuljahr in Hogwarts beginnt für Harry dann höchst ungewöhnlich. Erst kann er sich nicht beherrschen, sondern verzaubert seine Tante Magda → Dursley, dann wird er dafür nicht bestraft, sondern sogar vom Minister für Magie, Cornelius → Fudge, hofiert. Um die Schule sind → Dementoren postiert, die grausamen und unmenschlichen Wächter des Zauberergefängnisses → Askaban, denn von dort ist Sirius → Black geflohen, der Mann, der Harrys Eltern an Voldemort verraten haben soll. Man befürchtet, dass er nun hinter Harry her ist. Doch Harry entdeckt die Wahrheit: Nicht Black, Harrys Pate und der beste Freund und Trauzeuge seiner Eltern, hatte sie damals verraten; es war Petter → Pettigrew, der seither zwölf Jahre lang in Gestalt der Ratte → Krätze bei der Familie Weasley lebte. Auch wenn Sirius fliehen muss, weil seine Unschuld nicht zu beweisen ist, endet für Harry das Schuljahr glücklich, zumal er auf seinem neuen Besen, einem → Feuerblitz, dazu beitragen kann, dass Gryffindor zum ersten Mal seit sieben Jahren den → Quidditch-Pokal gewinnt (HP3). Im Sommer 1994 verbringt Harry seine Ferien bei Familie Weasley und besucht die Weltmeisterschaft im Quidditch. Dort kommt es zum Eklat: Das → Dunkle Mal des dunklen Lordes wird in den Himmel gesandt, und seine Anhänger werden öffentlich aktiv. Auch in der Schule ist alles anders als gewohnt: Der Quidditch-Pokal fällt aus, und stattdessen findet ein → Trimagisches Turnier statt zwischen den drei bedeutendsten → Zaubererschulen: Hogwarts, → Beauxbatons und → Durmstrang. Durch eine Manipulation am magischen → Feuerkelch; ausgeführt von einem Spion von Voldemort, wird Harry als vierter Teilnehmer ausgewählt. Er gewinnt alle drei Durchgänge des Turniers und muss am Ende in einem → Zauberduell gegen Voldemort antreten. Er kann entkommen, und zumindest Dumbledore und seinen → Verbündeten gegen die dunkle Magie ist klar, dass Voldemort zurückgekehrt ist und wieder eine Bedrohung darstellt, auch wenn die offiziellen Stellen wie Minister Fudge dies leugnen. Es zeichnet

sich ab, dass Harry und seine → Verbündeten in den nächsten Jahren den Kampf alleine werden aufnehmen müssen. (HP4) – Harry Potter ist, ob durch → Vererbung oder weil er Voldemort Macht abgenommen hat, ein sehr mächtiger Zauberer, der sogar ohne Zauberstab und → Zauberspruch Magie bewirken kann. So zaubert er das Glas vor dem Terrarium der Boa Constrictor im Zoo ebenso ohne Zauberstab und → Zauberspruch weg wie er sein Haar nachwachsen läßt oder sich aufs Dach der Schule zaubert (HP1) und Magda Dursley schweben lässt (HP3). Dass Harry im Kampf gegen das Böse eine wichtige Rolle zukommt, ist klar; manche vergleichen seine Funktion als → Sucher im Quidditch-Team, der den wichtigsten Ball, den goldenen → Schnatz zu fangen hat, mit der Suche nach dem heiligen → Gral. Vielleicht ist Harry sogar der potenziell mächtigste Zauberer der Welt; immerhin hat er dem → Imperius-Fluch des wiedererstandenen Lord Voldemort widerstanden und ihn im direkten Kräftemessen bezwungen (→ Fluchumkehr, HP4,695). Deshalb vergleichen ihn viele mit → Merlin. Oft wird er mit einem → Prinzen oder König → Artus verglichen. Ob dereinst Ginny → Weasley, Hermine Granger oder doch Cho → Chang, in die er sich verguckt hat, seine Guinevere wird, oder ob er, wie alle Lehrkräfte in Hogwarts, Single bleibt, wird sich vielleicht noch zeigen; auf entsprechende Fragen antwortet Joanne K. → Rowling immer nur, Harry sei noch jung und habe noch viel Zeit, sich für die richtige Partnerin zu entscheiden.
Der Name Potter ist in → Großbritannien recht häufig, und Rowling spielte als Kind mit zwei Kindern namens Potter (Ian → Potter). In mehreren phantastischen Büchern, die ähnliche Themen behandeln, finden sich Helden mit Namen wie Potter oder Pott. Potter heißt Töpfer, und vielleicht will Rowling damit andeuten, dass sich Harry wie ein Töpfer aus Lehm immer wieder selber schafft; schließlich ist die Buchreihe auch ein groß angelegter Bildungsroman. Außerdem deutet der Name seine ursprüngliche Armut und Bedeutungslosigkeit an: *potter's field* heißt im Englischen bis heute der Friedhof, auf dem die Armen und Namenlosen begraben sind. Potter hieß auch ein berühmter Zauberkünstler und Bauchredner der → Muggel, Richard Potter (1783 – 1835), nach dem in seiner Heimatstadt New Hampshire in New England, USA, ein Platz benannt ist. Er war der erste westliche Zauberkünstler, der den Seiltrick der Hindus vorführte. Mehrere berühmte Zauberkünstler hießen Harry, u. a. der berühmte amerikanische Entfesselungskünstler Harry Houdini (eigentlich Erich Weiss, 1874 – 1926) und der Broadway-Magier Harry Blackstone. Viele Könige hießen Harald oder Harold, und der zweite Sohn von Prinz Charles und Lady Diana ist der englische → Prinz Harry. Nach Auffassung mancher Interpreten weist der Vorname Harry deshalb darauf hin, dass Rowling für ihren Helden eine königliche Zukunft plane. Ich glaube das nicht, wegen der humanistischen und demokratischen Gesinnung der Autorin. Vielleicht wird er der König auf dem Quidditch-Feld und spielt mit 18 in der Nationalmannschaft, wie Viktor → Krum...

**Potter, Ian**

Junge, der in Winterbourne in der Nachbarschaft von Joanne K. → Rowling lebte und mit dem sie als Kind spielte; ein Jahr jünger als Rowling.

**Potter, James**

Der Vater von Harry → Potter, aus einer reinblütigen Zaubererfamilie stammend, verheiratet mit Lily → Potter, ging in → Hogwarts in die gleiche Jahrgangsstufe wie Sirius → Black, Remus → Lupin und Peter → Pettigrew; mit diesen gründete er die → »Hilfsmittel für den Magischen Tunichtgut GmbH«, um magische Gegenstände zu vertreiben, und schuf die → Karte des Rumtreibers. Er entwickelte eine herzliche Feindschaft zum Jahrgangskollegen Severus → Snape, dem er allerdings einmal das Leben rettete: Sirius Black lockte Snape in den → Geheimgang unter der → Peitschenden Weide, wo Snape beinahe mit Remus Lupin in dessen Gestalt als → Werwolf aneinandergeraten wäre. – James und Black, beide → Gryffindors, waren nach Ansicht der Lehrerschaft die schlimmsten Unheilstifter, die es je in Hogwarts gab (→ Tunichtgut), höchstens noch die → Weasley-Zwillinge könnten es mit ihnen aufnehmen. Um Remus Lupin beizustehen, wenn dieser zum Wolf wurde, entwickelte sich James in der 5. Klasse zum → Animagus und konnte sich in einen → Hirsch verwandeln, daher sein Spitzname »Krone« (englisch *Prongs*, d.h. Zinken, Spitzen). James war → Schulsprecher und ein hervorragender → Quidditch-Spieler, er gewann mindestens einmal den → Quidditch-Pokal von Hogwarts. Sein → Zauberstab war aus Mahagoni, elastisch und 11 Zoll lang (28 cm). James war groß und schlank, trug eine Brille, und sein schwarzes Haar stand von seinem Kopf ab wie bei seinem Sohn (HP1,228). Er wohnte nach seiner Hochzeit mit Lily und der Geburt von Harry in Godric's Hollow, wo er 1981 von → Voldemort ermordet wurde, nachdem sein → Geheimniswahrer, Peter Pettigrew, ihr Versteck verraten hatte. James vermachte seinem Sohn den → Unsichtbarkeitsmantel. – James ist die englische Form des Namens Jakob, und so hießen zahlreiche englische und schottische Könige und Fürsten (was dazu passt, dass Harry immer wieder als → Prinz betrachtet wird). Jakob heißt auch der biblische Urvater und Ahnherr der zwölf Stämme Israels, Sohn des Isaak und Enkel des Abraham. Auch ein Bruder von Jesus hieß Jacobus (im Englischen Saint James); er starb, wie James Potter, als Märtyrer, als er für seine Überzeugung eintrat.

**Potter, Leo Harry**

Es gibt in Deutschland einen Jungen, der Harry Potter heißt: Leo Harry Potter, ist im Oktober 2000 fünfeinhalb Jahre alt und lebt in Oberursel bei Frankfurt am Main. Das jüngste Kind der aus London stammenden Familie Potter wurde bisher Leo gerufen, doch das war vor dem Harry-Potter-Boom. Dabei hat er mit dem Buch-Harry wenig gemein: Er ist blond und trägt keine Brille, lebt in einer intakten Familie – sein Vater arbeitet für eine internationale Pharma-Firma – mit den Brüdern Anton (10) und Benjamin (7) und besucht die »International School«, eine Vorschule in Oberursel, wo er im Schulteam Fußball und Baseball spielt. Außerdem singt und tanzt er gerne. Sein Bruder Anton hat alle vier Potter-Bände verschlungen – auf Englisch, was seine Mutter Nicole sehr freut, denn da die Familie einige Jahre in Paris lebte, hatte Anton die Beziehung zu seiner Muttersprache fast verloren. Nun liest er wieder englische Bücher. – In → Großbritannien ist Potter ein relativ häufiger Name. In deutschen Telefonbüchern findet man insgesamt circa 70 bis 80 Potters, aber keinen Harry Potter.

### Potter, Lily

Die Mutter von Harry → Potter stammte aus einer → Muggel-Familie, die vorher nie Zauberer oder Hexen hervorgebracht hatte (→ Vererbung). Ihre Schwester Petunia → Dursley ist absolut zauberunfähig und hasst Zauberer und Hexen. Lily (ihr Mädchenname ist bisher unbekannt) war sehr schön, hatte dunkelrotes Haar und die gleichen hellgrünen Augen wie ihr Sohn (HP1,228). Sie lernte in → Hogwarts den einige Jahre älteren James → Potter kennen und lieben. Sie war eine hervorragende Schülerin und → Schulsprecherin. Der → Zauberstab von Lily war aus Weidenholz, sehr geschmeidig und 10 ¼ Zoll lang (26 cm). Mit ihrem Mann und ihrem Sohn wohnte Lily in → Godric's Hollow, wo sie 1981 von Lord → Voldemort ermordet wurde, als sie versuchte, ihren Sohn vor ihm zu schützen. – Lily heißt Maiglöckchen. Diese Blumen (*Convallaria spec.)* aus der Familie der Liliengewächse *(Liliaceae)* sind in Europa und Amerika beliebte mehrjährige Gartenpflanzen mit roten Beeren und Blüten in Form kleiner, meist weißer Glöckchen, die von einem einzigen aufrechten, bis zu 30 Zentimeter hohen Stängel herabhängen. Die Blüten werden auch zur Parfümherstellung genutzt. Das Maiglöckchen gilt als Symbol der Reinheit, der Hoffnung und als Osterpflanze, als Zeichen der Auferstehung Christi.

### Potter stinkt

Text eines Ansteckers, den Draco → Malfoy verteilt beim → Trimagischen Turnier, später erweitert zu »Potter stinkt wirklich«. Der Text wechselt mit »Ich bin für Cedric Diggory, den WAHREN Hogwarts-Champion«. (HP4).

### Potter vor – für Gryffindor

Text eines Spruchbandes, das Harry Potters Zimmergenossen für sein erstes → Quidditch-Spiel basteln und das Hermine → Granger leuchten lässt (HP1).

### Potter-Mania, Pottermania

Verbreiteter Ausdruck für den Rummel und die Begeisterung um Harry Potter und die Harry-Potter-Bücher.

## Prang, Ernie

Der Fahrer des → »Fahrenden Ritter« ist ein älterer Zauberer mit dicken Brillengläsern. Sein Name ist nicht sehr vertrauenserweckend: Das englische *Prang* bedeutet Bruchlandung, schwerer Unfall. Und so fährt er auch: Da müssen vor ihm schon mal die Briefkästen aus dem Weg springen. Die Fahrt ist insgesamt sehr holprig und unangenehm.

## Preis des Tagespropheten

→ Großer Preis des Tagespropheten.

## Preise (Auszeichnungen)

Schon 1996, ein Jahr, ehe → »Harry Potter und der Stein der Weisen« bei → Bloomsbury erschien, erhielt Joanne K. → Rowling eine erste Auszeichnung: Das Scottish Arts Council gab ihr den höchsten Druckkosten-Zuschuss, den je ein Kinderbuchautor erhalten hatte: 5.000 Pfund (etwa 16.000 DM), was es sehr erleichterte, einen Verlag zu finden. Im Juni 1997 erschien → »Harry Potter and the Philosopher's Stone«, und kurz darauf erhielt sie dafür einen ersten Preis: »The Guardian Children's Fiction Prize«. Im November folgte der »Nestlé Smarties Gold Award« für Kinderbücher für 9- bis 11-Jährige, im Februar 1998 die Auszeichnung zum »Children's Book of the Year 1997«, also zum britischen »Kinderbuch des Jahres«, und im Juni 1998 der »Children's Book Award«. Weitere Preise für Rowlings erstes Buch waren »Birmingham Cable Children's Book Award« 1997, »Carnegie Medal« 1997, »The Guardian Children's Fiction Award« 1997, »FCBG Children's Book Award« 1997, »Anne Spencer Lindbergh Price in Children's Literature« 1997/98, »Young Telegraph Paperback of the Year« 1998, »Parenting Book of the Year Award« 1998, »Sheffield Children's Book Award« 1998, »ABBY Award« der American Booksellers Association, 1999. Als bestes Buch 1998 wurde die amerikanische Ausgabe ausgezeichnet von Publishers Weekly und der New York Public Library. Für die deutsche Übersetzung »Harry Potter und der Stein der Weisen« gab es 1999 den Kinderbuchpreis der Jury der Jungen Leser, Wien, sie wurde nominiert für den Deutschen Jugendliteraturpreis und ausgewählt unter die »10 Bremer Besten«. Auch für ihr zweites Buch, »Harry Potter and the Chamber of Secrets«, erhielt Joanne K. → Rowling den »Nestlé Smarties Gold Award« für Kinderbücher für 9- bis 11-Jährige (Dezember 1998), als erste Autorin, die diesen Preis zweimal in Folge gewann. Im Februar 1999 folgte auch für dieses Buch die Auszeichnung zum »Children's Book of the Year«. Hinzu kamen der »FCBG Children's Book Award« 1998 und der »Whitbread Children's Book Award of the Year Award« 1998, Ebenfalls 1998 wurde Rowling gewählt zum »Bookseller Author of the Year«, 1999 wurde sie von der britischen Booksellers Association ausgezeichnet mit dem »Author of the Year Award«. Außerdem erhielt sie den »North

East Scotland Book Award« 1998. 1999 bekam Rowling für »Harry Potter and the Chamber of Secrets« einen der erstmals verliehenen »Children's Book Awards« des Scottish Arts Council, den »Children's Book Award«, der aufgrund der Wahl durch 60.000 Kinder verliehen wurde und den »North East Book Award«. Im Dezember 1999 erhielt sie zum dritten Mal in Folge den »Nestlé Smarties Gold Award« für Kinderbücher für 9- bis 11-Jährige, diesmal für »Harry Potter and the Prisoner of Azkaban«. Im Mai 2000 wurde Rowling zum zweiten Mal hintereinander von der britischen Booksellers Association ausgezeichnet mit dem »Author of the Year Award«. Hinzu kamen wieder der »FCBG Children's Book Award« und der »Whitbread Children's Book of the Year«, beide für 1999, und noch ein »Children's Book Award«.
1999 zeichnete der »Buchmarkt« Rowling aus als »Autorin des Jahres«, und im Sommer 2000 erhielt sie die Ehrendoktorwürde der Universität Exeter, an der sie studiert hatte, und wurde mit dem Heidelberger Leander 2000 ausgezeichnet. Und von Königin Elizabeth II. wurde sie mit dem Orden des Britischen Empires ausgezeichnet, was etwa dem deutschen Bundesverdienstkreuz entspricht.

### Preise (Verkaufspreise)

Die Preise der Harry-Potter-Bücher sind zwar für die englischsprachigen Bücher frei und können deshalb variieren – Band 4 etwa kostete Anfang September 2000 bei amazon.com 15,57 $ (40 % Rabatt auf den empfohlenen Ladenverkaufspreis!), bei amazon.de 33,33 DM, bei bol.de 29,80 DM, bei booxtra.de 29,90 DM und bei buch.de 42,80 DM. Die deutschen Ausgaben im → Carlsen-Verlages sind preisgebunden: Die ersten beiden Bände kosten in der »Normal«-Ausgabe jeweils 28,– DM, »Harry Potter und der Gefangene von Askaban« kostet 30,– DM und »Harry Potter und der Feuerkelch« 44,– DM. Die mit einem »seriöseren« Cover versehenen → »Erwachsenenausgaben« sind teurer: Die ersten beiden, die bisher erschienen sind, kosten jeweils 39,90 DM.

### Presse- und andere Kritiken

Alle Kritiken, die die vier Harry-Potter-Bücher erhalten haben, auch nur in Auszügen wiederzugeben, würde ein eigenes Buch füllen. Ich habe eine kleine Auswahl getroffen und mich auf deutsche Kritiken beschränkt (mit Ausnahme des Auszuges aus »Beacham's Sourcebook«).
*»Hier tobt die Fantasie wie eine Horde Niffler*

*Harry Potter und der Feuerkelch ist womöglich noch besser als die anderen Bände. Joanne K. Rowlings Phantasie muss unerschöpflich sein, und sie lässt sie in Band 4 so fröhlich rumtoben wie eine Horde goldstückchenschnüffelnder Niffler.* [...] *Rowlings Zauberwelt ist auch eine Karrikatur unserer Menschen-Welt, also der Muggel-Welt. Es gibt machtverliebte Politiker, servile*

*Spießer und korrupte Beamte – wie im wahren Muggel-Leben. Aber es gibt eben auch zauberhaft gute Kumpels wie Ron und Hermine, aberwitzige Fabelwesen und diesen Jungen, der nichts weiter will, als ein normales Zauberschüler-Leben führen und doch dauernd in Furcht erregende Abenteuer gerät: Harry Potter. Was der nunmehr 14-Jährige diesmal erlebt, ist haarsträubend.* [...] *Auf dem Spannungsbogen spielt Joanne K. Rowling wirklich virtuos.* [...] *Der Schluss geht nicht ohne Baldrian ab. Aber nicht nur, weil er wirklich atemberaubend ist. Sondern auch, weil man das Buch zuschlägt – und anfängt, auf das Erscheinen von Band fünf zu warten...«*

Susanne Brenner, Saarbrücker Zeitung, 18.10.2000

*»Dieser auf sieben Bände geplante Bildungsroman, der von Buch zu Buch immer noch besser wird, ist auf seine Art große Literatur.«*

Gundula Sell, Sächsische Zeitung, 14./15.10.2000

*»In der magischen Welt von Hogwarts findet sich Alltag in all seiner Dramatik wieder: Freundschaft und Feindschaft, Macht und Ohnmacht, Liebe und Hass, Selbstbeschränkung und Grenzenlosigkeit, Sieg und Niederlage. Joanne K. Rowling schildert diese Welten mit so viel Leichtigkeit, Witz und Phantasie, dass sie die Herzen der Leser im Sturm erobert. Nicht zuletzt durch die Parteinahme für die Schwachen und eine ganz eigene Zauberwelt, die trotz aller magischen Kraft lustige Schwächen hat.* [...] *Die Zeit, in der Bücher Macht haben und begeistern, ist längst nicht abgelaufen. Man muss sie nur nutzen. Die angekündigte Verfilmung des Stoffes und die Vermarktung der Potter-Welt wird dem magischen Zauber des 768-Seiten-Wälzers nichts anhaben können. Gute Literatur ist einfach unschlagbar.«*

Hendrik Markgraf, Börsenblatt des deutschen Buchhandels, 13.10.2000

*»Was hat der Junge, was andere nicht haben? Warum verblassen vor ihm sämtliche Zitterbacken und Räubertöchter aus den klassischen Kinderbüchern? Was macht diesen altmodischen Knaben, der weder im Internet surft, noch ein Handy besitzt, so begehrenswert? Es ist die geniale Mischung von Märchen und Wirklichkeit. Harry, das Waisenkind, ist das moderne Aschenputtel, das über das Böse siegen wird. Tiefenpsychologen glauben in den Potter-Bänden den Mythos vom göttlichen Kind zu finden. Politikwissenschaftler sehen die britische Klassengesellschaft gespiegelt in der Zauberwelt. Literaturexperten schwärmen wahlweise von Detektivgeschichte, Fantasy-Story und modernem Bildungsroman. Ist schon recht. Die weltweite Pottermanie wird noch vielen gelehrten Seminaren Stoff bieten. Vielleicht schreibt die 34-jährige Engländerin Joanne K. Rowling einfach besser als andere. Humorvoller, fantasyvoller, temperamentvoller und überhaupt.* [...] *Im Internet haben ihm seine Fans ein zweites Zuhause geschaffen.* [...] *Harry wirft nicht nur alle Rekorde über den Haufen, spielend sprengt er die Grenzen zwischen Buch und Multimedia.«*

Karin Großmann, Sächsische Zeitung, 9.10.2000

*»Nachdem ich jetzt seine drei ersten Abenteuer verschlungen habe, bin ich von seinem Erfolg gar nicht mehr überrascht. Weil diese Bücher allesamt Übungen im Staunen sind. Staunen ist das Vehikel, auf dem Märchen transportiert werden.* [...] *Vielleicht ahnen wir, dass unsere digitale Welt mit ihren blitzgescheiten und -schnellen Ja-Nein-Alternativen sich doch nicht des ganzen Universums zu bemächtigen vermag. Vielleicht sind wir tollen Global Players von der Wahrheit weiter entfernt als die Märchenerzähler.* [...] *Da ist es schön, wenn uns Harry Potter einen Zauberspiegel vorhält, auf dem wir uns erkennen können: Kleiner sind wir, als wir glauben. Aber groß genug, uns für das Gute zu entscheiden.«* Norbert Blüm, 5.10.2000, STERN 41/2000

*»Seien Sie nicht überrascht, wenn Ihnen in Kürze Ihr Kind, Ihr Partner, ein Freund oder auch ein unbekanntes Schulkind in den Weg springt, Sie mit einem Schaschlikspießchen bedroht und laut* Imperio! *schreit. Die einzig richtige Reaktion ist: Zücken Sie einen Bleistift und rufen Sie ihm gebieterisch* Expelliarmus! *entgegen.«* TV Hören und Sehen 40/2000

*»Harry represents the quest to know oneself and understand the forces of the world he lives in. But he is also realistic.* [...] *Today's Harry Potter readers are our future prime ministers, presidents, parents, teachers... Regardless of their age, cultural affiliation, or socioeconomic status, readers will not forget Harry and the lessons he taught them about believing in themselves, being ressourceful, and incorporating imagination, a sense of wonder and empathy for numanity in their daily lives to enriche the world.« – »Harry repräsentiert die Suche danach, sich selbst zu verstehen und die Kräfte, die die Welt gestalten und bewegen, in der er lebt. Zugleich ist er eine realistische Figur.* [...] *Die heutigen Harry-Potter-Leserinnen und Leser sind unsere zukünftigen Premierminister(innen), Präsident(inn)en, Eltern, Lehrer(innen)... Unabhängig von ihrem Alter, kulturellen Hintergrund oder sozioökonomischen Status werden die Leserinnen und Leser weder Harry vergessen noch, was er ihnen beibrachte über den Glauben an sich selbst, und in ihrem Alltag werden Einfallsreichtum, Phantasie, Sinn für das Wunderbare und Gefühl für die Menschlichkeit Platz finden, um die Welt zu bereichern.«*

Elizabeth D. Schafer: → Beacham's Sourcebook For Teaching Young Adult Fiction: Exploring Harry *(Übersetzung FS)*

*»Über die Frage, was diese nie da gewesene Begeisterung für ›Harry Potter‹ auslöst, grübeln inzwischen auch Fachleute für Kinder- und Jugendliteratur. Etwas grundsätzlich Neues habe Autorin Joanne K. Rowling nämlich nicht geschaffen, erklärt Bernd Dolle-Weinkauff vom Institut für Jugendbuchforschung an der Frankfurter Johann Wolfgang Goethe-Universität. Anders als viele Schriftsteller sehe die 34-Jährige jedoch offenbar keinen Grund, sich für ihre klassischen, geradlinigen und chronologischen Erzählformen zu entschuldigen. Ein Erfolgsgeheimnis der Reihe besteht nach Einschätzung von*

*Dolle-Weinkauff im Ideenreichtum der Autorin. [...] Der Spaß für den Leser ergibt sich aus dem Hin und Her zwischen dem diesseitigen modernen Alltag der Menschen – von den Zauberern leicht abfällig ›Muggel‹ genannt – und der magischen Welt in der Hogwarts-Schule für Hexerei und Zauberei, wie Dolle-Weinkauff weiter erläutert. Der Wechsel zwischen beiden Seiten ... trage zu einem Spannungsbogen bei, dem sich auch Erwachsene kaum entziehen könnten.«*

Walsroder Zeitung, 3.8.2000

*»Ein Erfolg wider den Zeitgeist*

*Selbst Muggel wie wir sollten diesen freudigen, freudigen Tag feiern! Jenen nämlich, da sich der Londoner Verlag Bloomsbury entschloss, die Manuskripte der britischen Autorin Joanne K. Rowling zum Druck anzunehmen und sie der breiten, nichtmagischen Öffentlichkeit zugänglich zu machen. Die Erfolgsgeschichte der Kinderbuchreihe um den Zaubererjungen Harry Potter ist unglaublich: Das Erscheinen des vierten Bandes am Wochenende wurde in Großbritannien und Amerika gefeiert, wie man so etwas im Reich der Popkultur, nicht aber im Umfeld des Buchhandels zu tun pflegt. [...] Vielleicht stößt die Geschichte vor allem deshalb auf Zustimmung, weil sie sich dem herrschenden Zeitgeist so wunderbar widersetzt: eine Geschichte, die trotz nennenswerter Gruseleffekte nie Gut und Böse relativiert. Endlich einmal ein Phänomen, das nichts mit Beschleunigung, ›notwendigen Reformen‹ und den allerneuesten Medien zu tun hat. Gefeiert wird vielmehr ein durch und durch altmodisches Medium, das Buch. Und noch dazu ein Buch für Kinder; ein Buch, das Familien gemeinsam lesen können. Joanne K. Rowling steht in der Tradition der großen englischen Kinderbuchklassiker: Autoren wie Lewis Carroll (Alice im Wunderland), A. A. Milne (Pu, der Bär), Kenneth Grahame (Wind in den Weiden) und Edith Nesbit (Die Schatzsucher) zeichneten sich dadurch aus, dass sie für Kinder nicht ›gleichsam in Kniebeuge‹ schrieben, wie Erich Kästner es spöttisch seinen deutschen Kollegen vorgeworfen hat. Ihre Haltung war vielmehr geprägt von Respekt für ihre nur vorübergehend kleinen Leser. Das typische Merkmal des angelsächsischen Kinderbuchs ist ein augenzwinkerndes Beiseitesprechen, das sich nicht an die Jüngsten im Publikum, sondern eher an die vorlesenden Eltern wendet. Kinder spüren diese feine Ironie, ohne sie schon ganz zu verstehen: Gute Texte lassen auf diese Weise ein Versprechen für später aufblitzen. Man kann sie wieder lesen; sie sind mehr, als sie auf den ersten Blick scheinen. Weil er der Held eines in diesem Sinne guten Textes ist, wird sich Harry Potter, anders als die kurzatmigen japanischen Taschenmonster, die gegenwärtig unsere Schulhöfe bevölkern, der Schar der unsterblichen Kinderbuch-Charaktere zugesellen. Harry besitzt eine Geschichte und eine Seele, Pikachu und seine Pokémon-Kollegen hingegen sind nur merchandise ohne Substanz«.*

Susanne Gaschke, Die Zeit, 13.7.2000

*»Schluss mit lustig: Der vierte Harry-Potter-Band ist da*
*636 Seiten Kinderbuch. Ein Versprechen. Die seriöse Buchkritik hat sich in den letzten Wochen den Potter-Büchern zugewandt, wir lasen von ›Ingredienzen‹, tatsächlich Herodot!, von ›ironischer Auratisierung des Schulunterrichts‹ und der ›Reexotisierung unserer langweiligen Alltagswelt‹. Na. Was stimmt: Es geht um Abenteuer. Um sehr schöne Möglichkeiten, die direkt zwischen den alten eingefahrenen Gleisen liegen, auf denen wir gelegentlich mürrisch durchs Leben rutschen. Um die Versuchung, zwischen Bahnsteig 9 und 10 einfach einen neuen aufregenden Interregio zu besteigen, der das Waisenkind Harry in das Zauberinternat Hogwarts bringt und den Leser ins Land der guten Laune. So war es doch, wie ein Zauber: Wer Harry Potter sagte, sah Lächeln um sich, das war die gute Nachricht. Die schlechte ist: Damit ist es vorbei.* [...] *Wer nun schreckensgeweiteten Auges auf die Seiten starrt, muss feststellen, wie schwer es offensichtlich fiel, einer Frau mit herzförmigem Gesicht und seidigem Blondhaar echte Fiesheiten zuzutrauen.* [...] *Es gibt Szenen, in denen die Zauberwesen die Kiefer fest zuklappen, um nicht kotzen zu müssen. Schwarze Messen, ein Blutritual. Als Leser kann man versuchen, das sportlich zu nehmen. Zurücklehnen, Arme verschränken, den Horror goutieren wie ein Feuerwerk, das die fassungslosen Ahs! und Ohs! zu bunten Gebirgen auftürmt. Schau an, was die Rowling herzaubert! Man fühlt, wie sich hier eine angestrengt hat, ja niemanden zu enttäuschen. Nicht die Kritiker, die kurz davor waren, alles doch ein wenig harmlos zu finden, und nun ein wenig Gulag serviert bekommen, inklusive stalinistischer Säuberungen. Nicht ihren kleinen Helden enttäuschen, der nun auch schon dreizehn ist und Erfahrungen macht wie seine Fans, Kuss an Akne und so. Nun kann er hören, wie ein Sohnemann im Folterkeller schreit, nach seiner Mama, und dann verstummt. Für kleine Muggel-Kollegen, geübt im virtuellen Töten, vielleicht nur eine Frage des punktgenauen Mausklicks, mit dem sie störend gellende Gegner in Fleischfetzen zerlegen. Die Frage ist, und sie geht nicht nur an Frau Rowling, gibt es eine kindgerechte Folterszene? Und wie beängstigend darf eine Geschichte für Kinder sein, die des abends der Mama am Bettrand vorsichtig Horrorgeschichten erzählen, vom Kampfhund, der auf dem Schulhof den Zweitklässler zerfetzte? Der Unterricht in Hogwarts ist jedenfalls auch härter geworden. Avada Kedavra! Und der Hauch des Todes weht durchs Klassenzimmer.* [...] *Man ahnt es: Diese Veranstaltung ist für alle ein wenig anstrengend. Wer überlebt: Schlafanzug an und ab ins Bett. Wenigstens darauf ist Verlass: In kritischen Situationen denkt eine britische Autorin an Wärmflaschen oder an ein beruhigendes Heißwassergetränk. Kinder brauchen Ruhe. Die Stimmung war ja ein wenig düster geraten. Harry jedenfalls sagt zum Schluss: ›Ich könnte ein paar Lacher gebrauchen.‹ Er sagt: ›Wir alle könnten ein paar Lacher gebrauchen. Ich hab so ein Gefühl, dass wir sie noch mehr als üblich brauchen wer-*

*den, eher früher als später.‹ Was er damit wohl meint? Der Internet-Buchladen amazon jedenfalls hat schon mal Band 5 angekündigt.«*

Susanne Mayer, Die Zeit, 13.7.2000

*»Die ganze Welt hat ihn ins Herz geschlossen, den Zauberjungen Harry Potter. Mit ihrem Märchenhelden landete Joanne K. Rowling einen Megaerfolg. Was ist das Besondere an dem Waisenknaben? Und warum hat der Kult auch die Erwachsenen erfasst? Wenn Sie das nächste Mal in London sind und zufällig am Bahnhof King's Cross vorbeikommen, schauen Sie sich genau an, was zwischen Gleis 9 und Gleis 10 so passiert. Es kann sein, dass Sie auffallend viele Kinder und Erwachsene sehen, die mit suchenden Blicken herumstehen und ein klein wenig verzweifelt aussehen. Viele haben sich einen Blitz auf die Stirn gemalt, manche tragen gar eine Eule unterm Arm. Die Sache ist klar: Es handelt sich um Harry-Potter-Fans, die sich nichts sehnlicher wünschen, als dass sie ein einziges Mal nur von dem geheimnisvollen, für normale Menschen unsichtbaren Gleis neundreiviertel mit dem scharlachroten Hogwarts-Express in die wundervolle Zauberwelt des kleinen, so ungewöhnlichen und so normalen Harry Potter entfliehen könnten, um die schreckliche, stümperhafte Menschenwelt eine Zeit lang hinter sich zu lassen.* [...] *In der gekonnten Mischung aus Märchen, Thriller und Gruselgeschichte, in einer schnörkellosen, anschaulichen Sprache erzählt, geht es immer nur um eines: die Mächte des Bösen zu besiegen. Denn Harrys Schicksal scheint der unendliche Kampf gegen seinen Erzfeind Voldemort zu sein, der ihm in vielerlei perfider Gestalt nach Leib und Leben trachtet. In diese Phantasiewelt hinabzutauchen ist deshalb ein solch außergewöhnlicher Genuss, weil sie außergewöhnlich stimmig, spannend, lustig, einfallsreich, konsequent, detailliert und komplex von Joanne K. Rowling phantasiert worden ist. So stimmig ist das Phantastische, dass es geradezu real erscheint: Ja, die Harry-Potter-Welt mit ihren magischen Mächten ist eine perfekte Illusion, von der seit Urzeiten Kinder und damit auch Erwachsene träumen – und woran glauben wir mehr als an unsere Träume?* [...] *Alles ist wie im wirklichen Leben, nur viel toller! Gleichzeitig schöpft die Autorin aus der Kontrastierung von Zauberuniversum und Menschenwelt komisches Potential, denn sie lässt Letztere als die absonderliche erscheinen. Das schafft viel ironische Distanz.* [...] *Rowling spielt meisterhaft mit der aus den Volksmärchen stammenden Tradition der telling names: Voldemort lässt an Tod denken, Muggel kommt von mug wie Stümper, Argus Filch, der Hausmeister, hat seine Augen überall. Den Volksmärchen, aber auch mittelalterlichen ›Morality plays‹ gleich sind Harry-Potter-Bücher hochmoralisch. Das Gute siegt, aber das Böse muss immer wieder aufs Neue bezwungen werden. Belohnt werden Werte wie Solidarität, Fairness, Selbstbewusstsein und Treue. Im zweiten Buch beispielsweise widerfährt dem bebrillten Zauberlehrling nur durch seine Loyalität zu Schuldirektor und Guru der Guten Albus*

*Dumbledore die Rettung. In diesem Sinne mutet die Welt von Harry Potter archaisch an, und sie ist es auch in konkreten Details: Aus Hogwarts hat die Autorin die industriellen und postindustriellen Errungenschaften wie Elektrizität und Computer herausgehalten – man schreibt auf Pergament, mit Federkiel! Es ist diese Altmodischkeit und Verlässlichkeit, die gerade Erwachsene so anrührt und sie bei dem Gedanken ertappen lässt: Ach, wäre die wirkliche Welt doch auch so einfach gestrickt.«*

Ulla Hanselmann, Deutsches Allgemeines Sonntagsblatt, 7.4.2000

*»Hoch motivierte Angestellte vergessen morgens aus der S-Bahn auszusteigen, weil sie unbedingt das Kapitel zu Ende lesen müssen. Seit die Potter-Bücher auch in den Chef-Etagen aufgetaucht sind, häufen sich im Management die plötzlichen Krankmeldungen.«* Meike Bruhns, Berliner Zeitung, 24.3.2000

*»Die Autorin Joanne K. Rowling ist ein Medienereignis.«*

Andreas Surkus, Stuttgarter Zeitung, 24.3.2000

*»Das Harry-Potter-Fieber ... verweist auf Tolkien oder Jostein Gaarders Sophies Welt, doch die waren nicht so flächendeckend.«*

Konrad Heidenkamp, Die Zeit, 23.3.2000

*»Durch dieses Buch nimmt die Kinderliteratur ausnahmsweise wieder an einem Prozess teil, von dem sie längst abgekoppelt ist, den sie aber eigentlich mitbegründet hat: der Schöpfung eines kollektiven Geschichtenfundus für Kinder, aber nicht nur für sie.«*

Monika Osberghaus, Frankfurter Allgemeine Zeitung, 22.3.2000

*»Dass die computer- und videogeprägten Kinder in 400-Seiten-Romanen versinken, reißt deren Eltern zu Jubelstürmen hin. Ganz abgesehen davon, dass auch die Erwachsenen längst mit der "Pottermania" infiziert sind.«*

Elisabeth Sparrer, Abendzeitung, 22.3.2000

*»Schreibt Joanne Rowling nach einem Bestseller-Geheimrezept? Nein. Sie erzählt sehr professionell eine charmante, spannende und phantasievolle Geschichte.* [...] *Das Erzählen hat Joanne Rowling nicht neu erfunden, auch wenn sie es perfekt beherrscht. Das lineare Erzählen, ohne logische Brüche, in dem immer wieder deutlich wird, dass sie die Geschichte sechs Jahre lang reifen ließ, bevor sie begann zu schreiben. Kein noch so kleines Detail ist Zufall. Dass Krätze, die Ratte von Harrys Freund Ron, eine Kralle zu wenig hat, erfährt der Leser zum Beispiel im ersten Band. Ein scheinbar belangloses Detail. Erst im dritten Band entpuppt sich Krätze als verzauberte Figur des Bösen, die sich einst selber einen Finger abschlug. Das Erfolgsgeheimnis aber liegt nicht allein in der virtuosen Erzählstruktur einer phantasievollen Geschichte. Joanne Rowling ergänzt beides mit einer lebendigen Sprache. So schafft sie ein erzählerisches Surrogat, das die Sehnsucht des Lesers danach stillt, selbst in einer Geschichte zu verschwinden, an ihr teilhaben zu können. Das liegt an sprachlichen Bildern wie ›sein Herz schwirrte wie ein riesiges*

*Gummiband‹, aber auch an den sprachlichen Eigenarten der einzelnen Figuren. [...] Während Michael Ende in der ›Unendlichen Geschichte‹ zum Beispiel eine Fantasy-Geschichte erzählt, vermischt Rowling die magische Welt mit der normalen Welt. Balthasar Bux flieht nach Phantasien, Harry Potter lebt in Hogwarts in einer gleichberechtigten Parallelwelt. Das macht die Geschichte so glaubhaft, dass die Leser die Distanz verlieren.«*

Sabine Laerum, Die Welt, 20.3.2000

*»Unerschöpflich detailversessen und zum Schreien komisch ist Joanne Rowlings Fantasie.«* Mannheimer Morgen, 18.3.2000

*»Anders als geschätzte 60 % aller verkaufter Buchtitel, inklusive Langzeit-Bestseller ›Die Bibel‹, werden die Storys um den kleinen Harry Potter vor allem eines: gelesen. Von wem? Meine kleine Marktforschung daheim zeigt mir dies Bild: Mein Söhnchen Janek liest, der ist sieben; ich lese, ich bin 31. Und dabei sind Rowlings Romane gedacht für Kinder ab zehn! Nun, die Autorin schreibt dermaßen brillant, gleichzeitig erstaunlich massentauglich, dass sich scheinbar niemand, der lesen noch zurückhalten kann.* [...] *Bei berstend kreativer Fantastik beweist Rowling, dass ihr erzählerisches Konstruktionstalent mit dem großen Roald Dahl gleichzieht. Zweiter fetter Pluspunkt: Rowling beschreibt die rasenden Gefühle, die die Kinder-Figuren durchleben, sehr realistisch. Ja, die verhinderte Lehrerin (mit inzwischen schulpflichtiger Tochter) scheint an eben den Gefühlen und Beziehungsproblemen unter dem Stress der Action mindestens ebenso interessiert zu sein, wie an der Action selbst. Der dritte fette Pluspunkt: Rowling schafft Dialoge, vor allem beim Beschreiben der Vorgänge im Hause von Onkel Vernon, die den Witz eines Molière haben. Diese gebündelten Eigenschaften stellt die Harry-Potter-Romane auf eine Ebene mit anderen Meilensteinen der fantastischen Kinderliteratur, wie ›Peter Pan‹, ›Der Zauberer von Oz‹, ›Alice im Wunderland‹, ›Der kleine Prinz‹, ›Die unendliche Geschichte‹ und ›Sophies Welt‹.« Volker Wilde*

**Prewett**

Zaubererfamilie, die → Voldemort kurz vor seiner Niederlage 1981 tötete.

**Pringle, Apollyon**

Hausmeister von → Hogwarts, als Molly und Arthur → Weasley dort waren.

**Prinz**

Immer wieder wird behauptet, Harry Potter entspreche einem Prinzen. Mal vergleicht man ihn mit → Artus, dann mit → Merlin. Man vermutet es wegen seiner → Narbe (der Blitz als Zeichen des königlichen Gottes) oder setzt ihn mit Parzival gleich auf der Suche nach dem heiligen → Gral der Erkenntnis oder des Guten, mit Telemach, dem Sohn des Odysseus, beraten vom weisen Mentor, hinter dem sich die Göttin → Minerva verbarg (Minerva → McGonagall!), und mit dem Halbgott Herakles/Herkules, der als Kleinkind einem Anschlag auf sein Leben entging, zwei riesige Schlangen erwürgte, den dreiköpfigen Hund Cerberus (→ Fluffy) bezwang und nach seinem Tod zum Gott erhoben wurde. Man vergleicht ihn mit Mose (ausgesetzt statt in einem Bastkorb in einem Windelbündel), auch ein Prinz, und mit → Aschenputtel, die Prinzessin wird. Manche sehen in Harry sogar einen Messias: Er habe → Voldemort besiegt wie dieser in der »Offenbarung des Johannes« (Apokalypse) den Antichristen. Nach tausendjähriger Herrschaft des Messias muss dieser für kurze Zeit freigelassen werden; das erinnert an die → Wiederauferstehung Voldemorts. – Auf jeden Fall weckt Harry wie der Prinz in vielen Märchen (Schneewittchen; Dornröschen, siehe → Fluch) die schlafende Schönheit, als er Ginny → Weasley ins Leben zurückholt (HP2). In der britischen Königsfamilie gibt es einen Prinzen Harry. Aus solchen und ähnlichen Hinweisen wird geschlossen, dass Joanne K. → Rowling für ihren Helden eine königliche Zukunft plane; ich glaube das wegen ihrer humanistischen und demokratischen Gesinnung nicht. Vielleicht erreicht er eine königliche Stellung im übertragenen Sinne.

### Prior Incantato

→ Zauberspruch, der einen → Zauberstab zwingt, ein Abbild des zuletzt getätigten Zaubers zu zeigen. Der Gegenzauber, der diesen »Geist«, den Zauberschatten, auflöst, ist → Deletrius. (In der deutschen → Übersetzung heißt der Spruch in der ersten Auflage Prior Incanta<u>d</u>o, das muss ein Fehler sein). Bei der → Fluchumkehr (Priori incantatem) findet Ähnliches statt. In dem Spruch finden sich zwei lateinische Wörter: *Prior* bedeutet der Frühere, der Erstere. *Incantato* ist neulateinisch für das Deklamieren eines Zauberspruches.

### Priori Incantatem

→ Fluchumkehr

### Pritchard, Graham

Schüler in → Hogwarts, 1994 eingeschult, ein → Slytherin (HP4).

### Privet Drive

→ Ligusterweg. Harry Potter wohnt *4, Privet Drive, Little Whinging, Surrey.*

### Prod, D. J.

Ein Hexenmeister aus Didbury, der mit → Kwikzaubern angeblich erfolgreich Zaubern lernte, nach nur einem Monat seine Frau in einen → Yak verwandeln konnte und von der Vertriebsfirma als Werbeargument zitiert wird. Wahrscheinlich ist er von der Firma erfunden, »Didbury« setzt sich nämlich zusammen aus *diddle*, betrügen, und *bury*, begraben. *Prod* heißt anstacheln, anheizen, und das soll der Herr ja: den Verkauf des Kwikzauber-Kurses. Wenn es ihn gäbe, säße er wegen unerlaubter → Verwandlung sicher schon in → Askaban... (HP2,134)

### Prongs

Im englischen Original der Spitzname von James → Potter unter seinen Freunden in → Hogwarts ab der 5. Klasse; bezieht sich auf seine Fähigkeit, sich als → Animagus in einen → Hirsch verwandeln zu können. *Prong* ist die englische Bezeichnung für Zinke oder Spitze. In der deutschen Übersetzung »Krone«.

### Prüfungen

An Ende eines Schuljahres finden in → Hogwarts → Jahresabschlussprüfungen statt, am Ende des fünften und sechsten Schuljahres die Prüfungen zum → Zaubergrad (maximal 12. Zaubergrad), am Ende der Schulzeit die zum → »Unheimlich toller Zauberer«. In Harry Potters zweitem Schuljahr fallen die Prüfungen wegen der Öffnung der → Kammer des Schreckens aus, im vierten Schuljahr ist Harry als Champion im → Trimagischen Turnier von Prüfungen befreit. – → Schummeln ist bei den Prüfungen übrigens praktisch unmöglich.

### Ptolemäus

Berühmter → Astronom, auf einer der Bildkarten zu sehen, die es in → Schokofrosch-Packungen gibt. Wie seine Verdienste in der Welt der Zauberer aussehen, ist nicht bekannt, in der Welt der → Muggel entwickelte Claudius Ptolemäus (um 85 bis etwa 165 n. Chr., nach manchen Angaben auch 69 bis 147) das bis ins Mittelalter gültige Weltbild, das Ptolemäische System. In seinem 13-bändigen Hauptwerk, dem »Almagest«, fasste er das Wissen seiner Zeit zu den → Sternen zusammen; er führte 1.025 Sterne und 48 → Sternbilder auf. Nach seiner Auffassung ist die Erde das Zentrum des Universums, das aus einzelnen konzentrischen Kugeln oder Sphären

**Auf dem Tierkreis, dem Zodiakus, umrunden die damals bekannten sieben »Wandelsterne« (es sind ja nicht nur Planeten) die Erde: Mond, Mars, Merkur, Jupiter, Venus, Saturn und Sonne. Französische Miniatur, 15. Jahrhundert**

besteht, auf denen sich die Himmelskörper bewegen. Jeder → Planet (im modernen Sinn sind Mond und Sonne keine Planeten) hat seine eigene Sphäre, von innen nach außen → Mond, → Merkur, → Venus, → Sonne, → Mars, → Jupiter, → Saturn, dann kommt die Sphäre der Fixsterne. Eine später hinzugefügte neunte Sphäre sollte das Vorrücken der Tagundnachtgleichen auf der Ekliptik erklären, eine zehnte Sphäre, die »Haupttriebkraft« (lateinisch *primum mobile*) alles in Bewegung halten und steuern. Darüber lag der »Himmel über den Himmeln«. Das System wurde im Verlauf der Jahrhunderte immer komplizierter, konnte aber nie zufriedenstellend alle Planetenbewegungen erklären und wurde im 16. Jahrhundert durch das Kopernikanische Weltbild abgelöst. – Für die → Astrologie bedeutend ist Ptolemäus' Werk »Tetrabiblos« (lateinischer Titel: »Quadripartitum sive de apotelesmatibus et judiciis astrorum libri 4«), in dem er Entsprechungen zwischen den Sternbildern und Krankheiten herleitet.

**Pucey, Adrian**
→ Jäger im → Quidditch-Team von → Slytherin 1991/92 (HP1).

**Pudelmütze**
Eine geblümte Pudelmütze trägt → Dumbledore an Weihnachten 1991 (HP1).

**Pufferfisch-Augen**
Ingredienz für einen → Zaubertrank, der in → Hogwarts gebraut wird (HP2).

**Punkte**
→ Hauspunkte

**Puppen, lebende**
Lebende → Modelle.

**Putty**
Eine von vier Katzen von Mrs → Figg.

**Putzen, Putzmittel**
Putzen mit → Magie scheint nicht so leicht zu sein, wie etwas zu reparieren: Molly → Weasley etwa repariert Harrys zerbrochene Brille ohne ein Wort, nur mit einem Stupser ihres → Zauberstabes. Warum sie so nicht auch seine Kleider putzt, sondern dazu eine Kleiderbürste braucht, gehört zu den Geheimnissen der Magie (HP2,60). Für normale Putzarbeiten gibt es »Mrs Skowers Magischen Allzweckreiniger« (HP4), für besondere Zwecke »Mrs Skowers Allzweck-Magische-Sauerei-Entferner« (HP2). In → Hogwarts wird vor allem von den → Hauselfen geputzt.

# Q

**Quaffel**

Der größte der vier beim → Quidditch benutzten Bälle; er ist rot und etwa basketballgroß und der einzige der vier Bälle, der sich nicht selbst bewegt. Ein Team erhält 10 Punkte, wenn es den Quaffel durch einen der Ringe auf der gegnerischen Seite wirft (englisch: *Quaffle*).

**Qualität für Quidditch**

Ein Laden in der → Winkelgasse (HP2).

**Quatsch**

→ Passwort für den Eingang in den → Gryffindor-Turm in Harry Potters viertem Schuljahr in → Hogwarts (HP4).

**Quidditch**

Der Hauptsport der Hexen und Zauberer, von seiner Bedeutung her vergleichbar dem Fußball bei den → Muggeln. Die Regeln sind relativ einfach, wie Oliver → Wood, Kapitän des → Quidditch-Teams von → Gryffindor, Harry Potter in dessen erster Trainingsstunde erklärt: *»Quidditch ist leicht zu verstehen, auch wenn es nicht leicht zu spielen ist.«* Das kann Harry kurz danach bestätigen: *»Das ist wie → Basketball auf → Besen mit sechs Körben«* (HP1,184). Man kann das Spiel auch beschreiben als eine Mischung aus Basketball, Fußball, Feldhockey, Rugby und Polo, aber im Gegensatz zu den meisten Spielen der Muggel wird mit mehreren Bällen (die Azteken hatten ein Spiel namens »ollamalitzli«, bei dem mehrere Bälle durch hochgehängte Ringe geworfen wurden). Beim Quidditch treten zwei Mannschaften mit je 7 Spielerinnen und/oder Spielern gegeneinander an und versuchen, möglichst viele Punkte zu machen. (Ersatzspielerinnen oder -spieler sind vorgesehen, aber die Regeln hierfür sind in den bisher 4 Büchern noch nicht vermerkt.) Auf jeder Seite des Spielfeldes stehen drei goldene Pfosten, an denen jeweils ein Plastikring befestigt ist in etwa

20 Meter Höhe (so heißt es in der deutschen Übersetzung; die 50 Fuß im Original entsprechen etwa 17 Metern). Punkten kann eine Mannschaft auf zwei Arten: Indem der größte der vier Bälle, die im Spiel sind, der rote und etwa basketballgroße Quaffel (englisch: *Quaffle*), durch einen der Ringe auf der gegnerischen Seite geworfen wird – ein solches Tor gibt 10 Punkte –, oder indem der kleinste der Bälle, der etwa walnussgroße, hellgoldene, mit silbernen Flügeln versehene und sehr schnelle und wendige Schnatz (englisch: *Snitch* oder *Golden Snitch*) gefangen wird – das bringt dem Team 150 Punkte, und das Spiel ist aus. Wie lange ein Spiel dauert, ist also völlig unbestimmt; der Rekord liegt laut Wood bei drei Monaten, und das Endspiel der letzten Weltmeisterschaft dauerte fünf Tage. Nicht immer gewinnt die Mannschaft, die den Schnatz fängt – so ist es beim Finale der → Quidditch-Weltmeisterschaft 1994, als → Irland gewinnt, obwohl Viktor → Krum den Schnatz fangen kann. Die Rollen in einem Quidditch-Team sind klar verteilt: Drei Personen sind Jägerinnen oder Jäger (englisch: *Chaser*); diese wollen den Quaffel in die gegnerischen Ringe treiben. Das versucht der Hüter oder die Hüterin (englisch: *Keeper*) zu verhindern. Der Hüter oder die Hüterin darf nicht angegriffen werden, auch nicht mit Klatschern, solange der Quaffel nicht im Torraum ist (HP3,323). Den Schnatz versucht der Sucher oder die Sucherin (englisch: *Seeker*) zu fangen. Dies ist immer das leichteste, kleinste und schnellste Teammitglied, und das, das die meisten Verletzungen davonträgt. Die übrigen beiden Personen sind zum Schutz der anderen da. Sie müssen die letzten beiden Bälle daran hindern, diese vom Besen zu schlagen. Die beiden Bälle sind etwas kleiner als der Quaffel, tiefschwarz und sehr beweglich, man nennt sie Klatscher (englisch: *Bludgers*). Die beiden, die die Klatscher mit einem Schlagholz, das einem kleinen Baseballschläger ähnelt, abwehren, heißen Treiber oder Treiberin (englisch: *Beaters*). Sie versuchen, die Klatscher vom eigenen Team fernzuhalten und auf das gegnerische Team zu jagen. Wenn sie ihre Arbeit gut machen, gibt es keine Toten – in Hogwarts gab es bisher noch keine. Bei einem Foul, z. B. wenn jemand vom Besen geworfen oder der Besen festgehalten wird, gibt es einen Freiwurf oder sogar einen Strafstoß. Laut dem Buch → »Quidditch im Wandel der Zeiten« gibt es 700 Möglichkeiten, ein Foul zu begehen, und sie alle kamen bei einem Spiel im Jahre 1473 vor. – Jedes Jahr wird in Hogwarts eine Meisterschaft um den → Quidditch-Pokal ausgetragen, außer 1993, als die letzten Spiele abgesagt werden wegen der Angriffe des → Basilisken (HP2), und 1994/95 wegen des → Trimagischen Turniers. Die Flug- und damit auch Quidditch-Lehrerin ist Madam → Hooch; bei den Spielen um den Pokal ist sie meistens auch die Schiedsrichterin. – Das Wort Quidditch könnte sich lautmalerisch aus *quaffel* und *snitch* zusammensetzen, aber auch aus den englischen Wörtern *quit*, verlassen, und *itch*, Jucken, Juckreiz sowie Verlangen, Drang, und damit die Schnelligkeit des Spiels andeuten.

**Quidditch im Wandel der Zeiten**
Buch aus der Bibliothek von → Hogwarts, in dem Hermine → Granger und Harry Potter über das Spiel und das → Fliegen viele interessante Dinge erfahren (englischer Originaltitel: »*Quidditch Through the Ages*«).

**Quidditch-Cup**
Englische Bezeichnung für den → Quidditch-Pokal.

**Quidditch-Foul**
Laut dem Buch → »Quidditch im Wandel der Zeiten« gibt es 700 Möglichkeiten, während eines → Quidditch-Spieles ein Foul zu begehen, und sie alle kamen bei einem Spiel im Jahre 1473 vor. Bei einem solchen Foul, z. B. wenn jemand vom Besen geworfen oder der Besen festgehalten wird, gibt es einen Freiwurf oder sogar einen Strafstoß.

**Quidditch-Mannschaften Großbritanniens und Irlands**
Buch, das Harry Potter an Weihnachten 1994 von Hermine → Granger bekommt *(Quidditch-Teams of Britain and Ireland).*

**Quidditch-Pokal**
Dieser wird eigentlich jedes Jahr in → Hogwarts ausgespielt, doch während der Schulzeit von Harry Potter fällt er zweimal aus: 1993 werden die letzten Spiele abgesagt wegen der Angriffe des → Basilisken (HP2), und in seinem 4. Schuljahr, 1994/95, fällt er wegen des → Trimagischen Turniers komplett aus (HP4). Im ersten Schuljahr von Harry geht der Pokal an → Slytherin, obwohl Harry kein Spiel verliert, aber im letzten Spiel liegt er nach seinem Kampf gegen → Quirrell bewußtlos auf der Krankenstation. Im dritten Schuljahr jedoch kann er trotz einer Niederlage gegen → Hufflepuff, da er wegen der → Dementoren vom Besen fällt, den Pokal mit dem → Quidditch-Team von → Gryffindor gewinnen (HP3). Die Spiele um den Pokal kommentiert Lee → Jordan, ein Freund der → Weasley-Zwillinge. Für seine manchmal sehr unsachlichen Bemerkungen muss er manchen Tadel von Professor → McGonagall einstecken. Schiedsrichterin ist meistens Madam → Hooch.

**Quidditch-Saison**
Die Spiele um den → Quidditch-Pokal von → Hogwarts beginnen im November. Pro gewonnenem Spiel gibt es für das siegreiche Haus 50 → Hauspunkte.

**Quidditch-Team von Gryffindor**
Als Harry Potter eingeschult wird, 1991, hat → Gryffindor den → Quidditch-Pokal seit 5 Jahren nicht gewonnen; das gelang zuletzt 1986 mit Charlie →

Weasley als Kapitän und Sucher des Quidditch-Teams. Auch mit Harry gelingt es in den ersten beiden Jahren nicht; stets ist er bei wichtigen Spielen verhindert. Im ersten Jahr liegt er nach seinem Kampf gegen → Quirrell bewußtlos auf der Krankenstation, und Gryffindor erleidet gegen → Ravenclaw die schlimmste Niederlage seit 300 Jahren. Erst in seinem dritten Jahr, 1994, gelingt es, den Pokal in einem höchst spannenden Endspiel gegen das → Quidditch-Team von Slytherin zu erringen. Das Team trainiert drei Mal die Woche und ist sehr konstant besetzt; von 1991 an bis zum Sieg 1994 gehören ihm an: Oliver → Wood als → Hüter, Fred und George → Weasley als → Treiber, Katie Bell, Angelina Johnson und Alicia Spinnet als → Jägerinnen und Harry als → Sucher (HP3).

### Quidditch-Team von Slytherin

Dieses Team hat, anders als das von Gryffindor, keine Stammbesetzung, mit Ausnahme von Kapitän (und → Jäger) Marcus → Flint. Draco → Malfoy etwa kauft sich ins Team ein, indem sein Vater Lucius → Malfoy dem ganzen Team neue → Besen vom Modell → Nimbus 2001 spendet (HP2). Slytherin, dessen Team immer nur aus Jungen besteht, hat in den letzten Jahren mehrere Male den → Quidditch-Pokal gewonnen, doch ist nicht ganz sicher, wann. So gut wie sicher 1991, in dem Jahr, in dem Harry Potter eingeschult wird. Zum Team gehören zumindest zeitweise außer Marcus Flint u. a. Terence Higgs als Sucher, Adrian Pucey als → Jäger und Bletchley als → Hüter (HP1).

### Quidditch-Teams, professionelle

Ron → Weasley verehrt die → »Chudley Cannons«. Ihre Farbe ist ein leuchtendes Orange-Rot. Im Sommer 1992 sind sie neunte der ersten Liga (HP2,45). Einmal spielen sie gegen die »Flammenden Fledermäuse«. Ludo → Bagman wurde früher mit den »Wimbourner Wespen« dreimal Meister. Oliver → Wood hat nach seinem Schulabgang 1994 die Mannschaft von »Eintracht Pfützensee« *(Puddlemere United)* als Reservespieler verpflichtet. Die Teams von → Irland und → Bulgarien sind unter den Ländernamen aufgeführt.

### Quidditch-Umhang

Für → Quidditch gibt es extra Umhänge, wie es für den → Muggel-Sport besondere Trikots gibt. Die von → Gryffindor sind scharlachrot, die von → Slytherin grün, und die von → Hufflepuff kanariengelb. Bei der → Quidditch-Weltmeisterschaft treten die → Iren in Grün und die → Bulgaren in Rot an.

### Quidditch-Weltmeisterschaft

Die Weltmeisterschaft 1994, die 422., findet nach 30 Jahren wieder in England statt, aber das Endspiel, das sich Harry Potter, Hermine → Granger und die Familie → Weasley (außer Mutter Molly) anschauen, findet ohne englische

Beteiligung statt: → Irland (grün gekleidet, Maskottchen: → Leprechans) schlägt → Bulgarien (rote Kleidung, Maskottchen: → Veelas) mit 170:160, obwohl der bulgarische → Sucher Viktor → Krum den → Schnatz fängt. Weitere Paarungen: → Transsilvanien schlug England (390:10), Irland gewann gegen Peru, Uganda besiegte Wales und *»Luxemburg hat Schottland abgeschlachtet«* (HP4,69). Alle Mannschaften fliegen auf → Feuerblitzen, Schiedsrichter im Endspiel ist Hassan → Mostafa. – Die Weltmeisterschaft war eine riesige organisatorische Herausforderung für die → Abteilung für magische Spiele und Sportarten des → Zaubereiministeriums unter ihrem Leiter Ludo → Bagman. Über 100.000 Hexen und Zauberer mussten untergebracht werden und zahlreiche Spiele veranstaltet, ohne dass die → Muggle etwas merkten. Auf ein einsames Moor wurde auf jeden Quadratzentimeter ein → Muggelabwehrzauber gelegt. Hinzu kamen die vielen magischen Transporte. Man staffelte die Ankunft (Leute mit billigen Karten mussten zwei Wochen vorher kommen), es wurde ein Wald als → Apparationsplatz eingerichtet, 100 → Portschlüssel wurden an günstigen Stellen in → Großbritannien verteilt, z. B. auf dem → Wieselkopf, und noch viel mehr auf allen fünf Kontinenten – es kamen schließlich Besucher von überallher, aus Afrika wie vom → Hexeninstitut von Salem. Außerdem musste man einen riesigen → Zeltplatz organisieren. Und die Weltmeisterschaft bedeutetete Kochenarbeit für die → Vergissmichs.

### *Quidditch World Cup*

Englische Bezeichnung für die → Quidditch-Weltmeisterschaft.

### Quietus

Der → Zauberspruch, der den Spruch → Sonorus aufhebt. – Das lateinische *quietus* heißt ruhig (auf Englisch heißt das Wort Ende, Tod, Todesstoß); abgeleitet davon ist das englische *quiet:* ruhig, still.

### Quigley

→ Treiber im irischen Team bei der → Quidditch-Weltmeisterschaft (HP4).

### Quimbanda

Die schwarze → Magie im → Voodoo.

### Quirrell, Professor

Der blasse, junge und scheinbar schüchterne, manchmal sogar stotternde Mann ist in Harry Potters erstem Jahr in → Hogwarts dort Lehrer für die → Verteidigung gegen die dunklen Künste. Harry trifft ihn zum ersten Mal im Gasthaus → »Zum Tropfenden Kessel«, als er von dort aus mit → Hagrid das erste Mal die → Winkelgasse aufsucht. Quirrell wirkt sehr nervös; Hagrid erzählt, er habe seit einer einjährigen Weltreise scheinbar Angst vor dem eigenen Unterrichtsstoff; er solle im → Schwarzwald → Vampire getroffen haben. Das Klassenzimmer von Quirrell riecht deshalb stark nach → Knoblauch. In Wirklichkeit ist er seit seiner Reise von Lord → Voldemort besessen, dessen Gesicht aus seinem Hinterkopf hervorschaut, und trägt, um ihn zu verdecken, stets einen → Turban. Er versucht mehrmals, den → Stein der Weisen zu stehlen und lässt dafür u. a. einen → Troll los. Er versucht auch, Harry zu töten, doch dieser kann ihn im Zweikampf besiegen. Quirrell stirbt, als Albus → Dumbledore hinzukommt und Voldemort flieht (HP1). – Der Name Quirrell erinnert an das englische Wort für Eichhörnchen oder Flughörnchen, *squirrel*, könnte aber auch verweisen auf *quarrel*, Streit, Zank, Hader.

**Quirke, Orla**

Schülerin in → Hogwarts, 1994 eingeschult, eine → Ravenclaw (HP4).

# R

### Raben

Diese durchaus beliebten → Zaubertiere bekommt man in der → Magischen Menagerie in der → Winkelgasse (HP3).

### Radcliffe, Daniel

Darsteller von Harry Potter im ersten Harry-Potter-→ Film

### Radio, Radiosender

Auch die Hexen und Zauberer haben Radios und sogar mindestens einen eigenen Sender: Harry Potter hört die → »Hexenstunde« mit Celestina → Warbeck, als er zum ersten Mal bei Familie → Weasley ist (HP2,38). Als Albus → Dumbledore für den großen → Weihnachtsball die → »Schwestern des Schicksals« bucht, sind viele Schülerinnen und Schüler begeistert, die sie aus dem Sender MRF kennen, dem Magischen Rundfunk *(Wizarding Wireless Network, WWN)*. – Wahrscheinlich sind diese Zauberradios → Muggelartefakte, die man erlaubtermaßen magisch verändert hat, damit sie den Zaubersender empfangen können, denn sonst würden sich die Muggel sicher über eine singende Hexe im Radio wundern...

### Rätsel

Auch → Logik ist für Hexen und Zauberer wichtig, und deshalb spielen Rätsel immer wieder eine große Rolle. → Snape schützt den → Stein der Weisen mit einem sehr komplizierten Rätsel, bei dem aus Hinweisen mit → Logik die richtigen Flaschen herausgefunden werden müssen – genau die richtige Aufgabe für Hermine → Granger – und Harry → Potter muss beim → Trimagischen Turnier gleich zwei Rätsel lösen: eines, das sich in dem goldenen Ei verbirgt, das er dem → Drachen weggenommen hat, und ihm verrät, was die zweite Aufgabe ist, und ein Wortspiel, das ihm im Labyrinth eine → Sphinx stellt, um im Irrgarten in der dritten Aufgabe ins Zentrum vorstoßen zu können.

***Railview Hotel***
So heißt im englischen Original das → »Hotel zum Bahnblick«.

**Rasse**
Salazar → Slytherin führte vor über 1000 Jahren die Vorstellung von → reinem Blut und damit im Prinzip von Rassen bei den Zauberern und Hexen ein und bewegte sich damit durchaus in der Gedankenwelt seiner → Muggel-Zeitgenossen. Heute hingegen ist diese Form von → Rassismus überholt und wissenschaftlich unhaltbar. – Von Rassen (Subspecies) spricht die Biologie der Muggel, wenn innerhalb einer Art (Species) eindeutig abgrenzbare morphologische oder physiologische Unterschiede auszumachen sind (taxonomische Einheiten). Zumindest im Tierreich beinhaltet die biologische Definition einer Species, dass zwei Tiere, die miteinander fruchtbar kreuzbar sind und Nachkommen haben können, zu einer Art gehören; Rassen sind also genetisch offene Systeme, zwischen denen Genfluss möglich ist. Es müssen dabei nicht unbedingt alle Mitglieder einer Art miteinander fruchtbar kreuzbar sein; dieser Umkehrschluß wäre falsch. Bei der Möwe etwa gibt es einen Rassenkreis: Die nebeneinander lebenden Rassen können jeweils miteinander Nachkommen haben, die genetisch am weitesten auseinander liegenden Rassen treffen sich geographisch wieder (deshalb Kreis), sind aber so unterschiedlich, dass eine Kreuzung keinen Erfolg hat. Dennoch gehören sie zu einer Art, da sie jeweils über kreuzbare Formen verbunden sind. – Da alle rezenten (derzeit lebenden) Menschen miteinander Kinder haben können (Unfruchtbarkeit ausgenommen), gehören alle Menschen einer Art, der des Homo sapiens, an. Dies gilt auch für → Muggel, Zauberer und Hexen, die ja auch miteinander Kinder haben können; es können ja sogar Hexen oder Zauberer aus einer Muggel-Verbindung hervorgehen (wie Hermine → Granger oder Lily → Potter; wie dies funktioniert, ist unter → Vererbung erläutert). Bei den Hexen und Zauberern gibt es also die gleichen Rassen wie bei den → Muggeln; biologisch bzw. anthropologisch unterscheidet man beim Menschen drei Großrassen: die europide oder kaukasische, die negroide und die mongolide Großrasse, wobei die letztere wieder aufgeteilt werden kann in einen asiatischen, amerikanischen und australischen Zweig (die dunkelhäutigen Aborigines zeigen, dass die Hautfarbe kein eindeutiges Merkmal ist!). Diese Großrassen haben sich vor 100.000 bis 30.000 Jahren voneinander abgespalten. In modernen Nationen und den meisten Ländern gibt es praktisch keine »reinrassigen« Menschen. Außerdem gilt als Stand der Wissenschaft, dass es keinerlei intellektuelle, emotionale oder psychische Überlegenheit einer Rasse über eine andere gibt und eigentlich auch gar nicht geben kann, da diese Eigenschaften einer polygenen Vererbung unterliegen. Die UNESCO hat zwei bedeutende Erklärungen zur Rassenfrage und zum → Rassismus veröffentlicht, die jeweils von einem internationalen Gelehrtenteam verfaßt wurden. Folgende

Zitate stammen aus der zweiten, 1962 veröffentlichten Erklärung: »*1. Die Wissenschaftler sind sich allgemein darüber einig, dass alle heute lebenden Menschen zu einer einzigen Spezies, der des Homo sapiens, gehören und aus einem gemeinsamen Stamm hervorgegangen sind… 2. Ein Teil der körperlichen Verschiedenheiten zwischen menschlichen Gruppen rührt von Unterschieden in ihrer erblichen Beschaffenheit her, ein anderer von den Unterschieden in der Umwelt, in der die jeweiligen Gruppen sich entwickelten. In den meisten Fällen sind beide Faktoren wirksam gewesen. 3. Nationale, religiöse, geographische, sprachliche und kulturelle Gruppen decken sich nicht notwendig mit rassischen Gruppen; die kulturellen Kennzeichen solcher Gruppen zeigen keine erwiesene Abhängigkeit von rassischen Merkmalen… Die Anwendung des Begriffs ›Rasse‹ auf solche Gruppen ist ein ernster Fehler, der nichtsdestotrotz gewohnheitsmäßig immer wieder begangen wird. 4. Die menschlichen Rassen sind von den einzelnen Anthropologen von jeher unterschiedlich klassifiziert worden. Die meisten Wissenschaftler sind sich darin einig, dass der größere Teil der lebenden Menschheit in mindestens drei große Einheiten aufgeteilt werden kann… Die Verschiedenheit des Körperbaus dieser Einheiten, soweit sie bisher überhaupt analysiert werden konnten, berechtigen nicht zu den landläufigen Vorstellungen von der ›Überlegenheit‹ oder ›Minderwertigkeit‹ der einen oder anderen Gruppe… 5. Die meisten Anthropologen verzichten bei ihrer Klassifizierung der menschlichen Rassen auf geistige Merkmale… Es geschieht manchmal, dass eine nationale Gruppe durch besondere psychologische Eigenschaften charakterisiert zu sein scheint. Die oberflächliche Betrachtung hält dies für rassisch begründet. Aber die Wissenschaft hat erkannt, daß eine allgemeine psychologische Besonderheit der einzelnen Gruppe eher auf dem gemeinsamen geschichtlichen oder sozialen Hintergrund beruht. Derartige einzelnen Gruppen zugeschriebene Eigenschaften verschleiern oft die Tatsache, dass man innerhalb der einzelnen Bevölkerungen, die sich aus vielen menschlichen Typen zusammensetzen, jeweils annähernd dieselben Abstufungen von Temperament und Intelligenz antreffen kann. 6. Die wissenschaftlichen Untersuchungsergebnisse, die wir heute besitzen, lassen nicht darauf schließen, dass angeborene genetische Unterschiede am Zustandekommen der Kultur und der kulturellen Leistungen verschiedener Menschen und Gruppen maßgeblich beteiligt sind… 7. Es gibt keinen Nachweis für die Existenz sogenannter ›reiner‹ Rassen… Das Verbot von Ehen zwischen Angehörigen verschiedener Rassen lässt sich biologisch nicht rechtfertigen. 8. Wir betonen, dass die Gleichheit der Chance und die Gleichheit vor dem Gesetz, als ethische Prinzipien, in keiner Weise von der Behauptung abhängig sind, alle Menschen seien in der Tat gleich an Begabung. 9. Wir glauben, dass es sich lohnt, das, was gegenwärtig hinsichtlich der Verschiedenheit von Individuen und Gruppen als wissenschaftlich anerkannt gelten kann, eindeutig festzuhalten: a) Körperliche Merkmale sind das einzige brauch-*

*bare Kriterium für die Klassifizierung der Menschheit nach Rassen. b) Es gibt keine Grundlage für die Annahme, dass die einzelnen Gruppen der Menschheit hinsichtlich ihrer intellektuellen und emotionellen Entwicklungsfähigkeit angeborene Unterschiede aufweisen. c) Zwischen menschlichen Individuen, die derselben Rasse angehören, kann es biologische Unterschiede geben, die ebenso groß oder größer sind als die entsprechenden biologischen Unterschiede zwischen den Rassen. d) Es gibt keinen Beweis dafür, daß eine Rassenmischung vom biologischen Standpunkt aus ungünstige Resultate hervorbringt. Die sozialen Folgen der Rassenmischung lassen sich – ob günstig oder ungünstig – im allgemeinen auf gesellschaftliche Faktoren zurückführen«* (zitiert nach Erich Steitz, »Die Evolution des Menschen«, Stuttgart 1993).

**Rassismus**

Immer wieder spielt in den Harry-Potter-Büchern der Rassismus eine Rolle, etwa bei den Vorurteilen gegenüber → Riesen oder wenn nichtmenschlichen Wesen im → »Gesetz zum Gebrauch des Zauberstabes« das Tragen eines → Zauberstabes verboten ist und von der → Abteilung zur Führung und Aufsicht magischer Geschöpfe überwacht wird (HP4). Als Salazar → Slytherin die Vorstellung von → reinem Blut und damit im Prinzip von → Rassen bei den Zauberern und Hexen wenn nicht einführte, aber doch energisch vertrat, bewegte sich vor über 1000 Jahren in der Gedankenwelt seiner → Muggel-Zeitgenossen und auch einer uralten Tradition. Das Phänomen ist zumindest so alt wie die Kulturnationen und wurde von Anfang an begründet mit den »Blutsbanden«, also der Zugehörigkeit zu einer Abstammungsgemeinschaft. Man leitete die »Origo gentis«, die »Herkunft des Volkes (oder Stammes)« gerne von bedeutenden »Stammvätern« ab (die Parallele zum → Erben Slytherins ist augenfällig): *»Die ›Origo gentis‹ schildert die ›Geburt des Volkes‹ und will dessen Wesen und Identität anhand der Genealogien und Geschlechterabfolgen aufweisen. Eigentlich ist es ein ›Ursprungsmythos‹: Der Anfang enthält bereits die ganze Geschichte, denn dort sind die Lebenskraft wie auch die Lebensnormen für alle Zukunft grundgelegt worden. In der sich verkettenden Geschlechterabfolge nimmt dieses anfanghaft-vorbildliche Leben seinen Weg durch die Geschichte bis zur Gegenwart. Die Genealogie verbürgt, daß rechtes und ganzes Leben sich dort vollzieht, wo man am Blut des Ursprungs teilhat. Zumal in ›Gesellschaften ohne Staat‹ liefert die ›Origo gentis‹ die Grundlage des Selbstverständnisses wie des Lebenssystems der eigenen Gesellschaft. [...] Dabei soll der Blick sowohl auf die innere Struktur der sich durch Abstammung definierenden Gruppen gelenkt werden als auch auf die Außenbeziehungen, die solche Gruppen mit anderen unterhalten. An erster Stelle ist der ›Stammvater‹ anzuführen oder, wie Karl Hauck ihn genannt hat, der ›Spitzenahn‹. [...] Aus der Idee des Spitzenahns ergibt sich die besondere Bedeutung der Ahnen und der* *blutsmäßigen Abstammung, denn für den lebenswichtigen Anschluß an den Spitzenahn bedarf es der Ahnenreihe. [...] Im Binnenkreis ist es die Blutsverwandtschaft mit ihrem Gefälle vom Clan bis zu den Grenzen des eigenen Volkes, wo das Zusammengehörigkeitsgefühl aufhört, ja umschlägt in ›natürliche Feindschaft‹. Innerhalb dieses Eigenkreises herrscht eine hohe soziale Binnenverpflichtung, wobei aber das soziale Innengefüge wie auch das Herrschaftsrecht nochmals durch Abstammung und Blut differenziert sind: Das ganz reine Blut schafft ein Geblütsvorrecht und begründet Herrschaft, während das mindere Blut das gemeine Volk ausmacht, und so kann auch hier wieder Krieg entstehen. Die Sklaven endlich sind, weil nicht von gleichem Blut, ›Untermenschen‹, in der Antike sogar eine Sache«* (Arnold Angenendt: »Geschichte der Religiosität im Mittelalter«, Darmstadt 1997). Genau dieses Gedankenmodell vom Spitzenahn und der Blutabfolge steht hinter den Vorstellungen von Slytherin und dessen, der sich für seinen Erben hält: Lord → Voldemort. Ron → Weasley weist einmal deutlich darauf hin, wie unsinnig eigentlich eine solche Vorstellung ist: *»Heute haben die meisten Zauberer ohnehin gemischtes Blut. Wenn wir keine Muggel geheiratet hätten, wären wir ausgestorben«* (HP2,121). – Eine einfache Berechnung zeigt, wie eng wir alle miteinander verwandt sind: *»In Europa und Nordamerika, das ja zum größten Teil von Europäern besiedelt wurde, gibt es heute rund 200 Millionen Kinder. Nachdem das Bevölkerungswachstum in Europa und Nordamerika mehr oder weniger stagniert, leben diese 200 Millionen Kinder in 100 Millionen Familien mit 200 Millionen Eltern. Jeder von uns hat 2 Eltern, 4 Großeltern, 8 Urgroßeltern und so fort; diese 200 Millionen Eltern der Kinder müßten also, wenn wir eine Generationsdauer von 25 Jahren annehmen (was zwar für heute nicht mehr ganz richtig ist, für früher aber etwa stimmt), 400 Millionen Großeltern im Jahre 1950 und 800 Millionen Urgroßeltern im Jahre 1925 haben. An Ahnen dieser jetzt lebenden Kinder müßten es im Jahr 1900, also vor 4 Generationen, bereits 1,6 Milliarden sein, und um 1800, also vor etwa 8 Generationen, müßten etwa 25,6 Milliarden Weiße (Gesamtzahl aller Menschen 1987 ca. 5,5 Milliarden) gelebt haben, wenn keine Verwandtschaft unter diesen Ahnen bestünde. Im Jahre 1500, also vor der Besiedlung Nordamerikas durch die Weißen (Kaukasier), müßte die Bevölkerung in Europa etwa 1000 Milliarden umfaßt haben und um Christi Geburt müßten es ca. $10^{32}$ gewesen sein. Alle Europäer – das gilt aber auch für andere Rassen – müssen also in einem geringeren oder höheren Maß miteinander verwandt sein«* (G. Czihak/H. Langer/H. Ziegler: Biologie, Berlin u. a. 1992). – Zu jener Zeit, als Hogwarts gegründet wurde, passten die Thesen von Salazar Slytherin gut in das allgemeine mittelalterliche Verständnis, wonach es die Aufgabe des Menschen (und der Sinn der Ehe) sei, *»das Blut fortzupflanzen, ohne daß sich seine Qualität veränderte, ohne daß es, wie man damals sagte, ›degenerierte‹, seine genetische Kraft verlöre«* (Georges Duby: »Ritter, Frau und Priester«, Frankfurt am Main 1988). Eine »Verschmutzung« des Blutes, seine »Befleckung«, konnte die Essenz des Blutes zerstören oder beschädigen, und das könne sich dann fortpflanzen. Diese Vorstellung von der Schädlichkeit der »Blutmischung« läßt sich über die Jahrhunderte verfolgen bis zu modernen rassistischen Theorien. Arthur Gobineau (1816 – 1882) betonte in seinem »Essai sur l'Inégalité des Races humaines« die Bedeutung der *nordischen Rasse* im Leben und dass sich durch Vermischung dieser mit anderen Rassen der *Untergang des Abendlandes* vorbereite. Diese Vorstellung fand ihren schrecklichen Höhepunkt im Dritten Reich. Und wie bei → Malfoy und den anderen Erben im Geiste des Salazar Slytherin waren das Blut und seine Reinheit von enormer Bedeutung; so schreibt Hans F. K. Günther, nach 1933 als »Meister der Rassenkunde der heutigen Zeit« geehrt, in seiner *»Rassenkunde des deutschen Volkes«*: *»Entartung (d. h. eine stärkere Mehrung mindertüchtiger Erbanlagen) und Entnordung (d. h. Gegenauslese des nordischen Volksbestandteils) haben jedes Volk indogermanischer Sprache zum ›Untergang‹ geführt – Mehrung der tüchtigen, gesunden Erbanlagen und Mehrung des nordischen Blutes müssen demnach einen neuen Aufstieg bringen. [...] Eine folgerichtige, reine und wertererzeugende Entfaltung deutschen Lebens ist nur möglich aus dem Blut und Geist der Nordrasse heraus«* (zitiert nach Georg Glowatzki, »Die Rassen des Menschen«, Stuttgart 1976). Träger der sogenannten »Aufnordung« sollte die SS sein unter ihrem Reichsführer Heinrich Himmler; hierzu kursierte der Witz: *»Die nordische Rasse muss sein: blond wie Hitler, schlank wie Göring und groß wie Goebbels.«* Ähnlich nimmt Rowling die rassistischen Vorstellungen einiger Zauberer auf die Schippe, indem ausgerechnet manche → »Reinblüter« alles andere als gut aussehend und/oder fähig sind. – Rassismus ist und war natürlich nicht auf Deutschland beschränkt; in den USA etwa ist er bis heute ein Problem. 1919 schrieb Lothrop Stodard in seinem Buch »The Rising Time of Color against White World-Supremacy«: *»Die Vereinigten Staaten müssen durch die Drohung der Schwarzen Gefahr zu zielbewußtem rassischem Streben nach nordischer Rassereinheit gelangen«* (zitiert nach Glowatzki, a.a.O.). Der Ku-Klux-Klan, der gefährliche Geheimbund zur Verfolgung nichtweißhäutiger Menschen, der bis heute sein Unwesen treibt, findet eine Entsprechung im Geheimbund der maskierten → Todesser. – Noch heute ist er fast überall verbreitet, der vom Blut- und Abstammungsgedanken getragene Rassismus, nicht nur in den ethnischen Säuberungen auf dem Balkan, in afrikanischen »Stammes«-Kriegen, der Verfolgung der Kurden und immer wieder in Berichten von amnesty international; es gibt nicht zuletzt den alltäglichen Rassismus in vielen amerikanischen und europäischen, auch deutschen Polizei- und Grenzstationen, Hotels und Discos, Kneipen und Verkehrsmitteln. Dass Jörg Haider in Kärnten im März 1999 auf über 42 % der Stimmen kam, zeigt, wo unsere angeblich so moderne Gesellschaft immer noch steht. Draco und Lucius Malfoy und alle ihre

Kumpane finden in der Gemeinschaft der Muggel genügend Gleichgesinnte, obwohl die Wissenschaft der Muggel längst nachgewiesen hat, dass der Glaube an die Macht der Rasse oder des Blutes reiner → Aberglaube ist. Die Annahme, Menschen einer bestimmten Rasse oder Abstammung seien irgendwie besser, ausgewählt oder von einer besonderen Bestimmung, basiert *»auf Wertungen wie auf pseudowissenschaftlichen Argumenten«* und *»ist ein typisches Beispiel dafür, welche schlimmen Folgen unerlaubte Grenzüberschreitungen zwischen naturwissenschaftlichen Disziplinen und allen möglichen Ideologien haben können«* (Erich Steitz, »Die Evolution des Menschen«, Stuttgart 1993).

**Ratten**

Beliebte → Zaubertiere, bekommt man in der → Magischen Menagerie in der → Winkelgasse. Meistens werden sie nicht älter als drei Jahre. Ron → Weasleys Ratte → Krätze ist als → Animagus aus gutem Grund eine Ausnahme (HP3).

**Rattenmilz**

Ingredienz für den → Schrumpftrank.

**Rattenschwanz**

Ingredienz für einen → Zaubertrank, den Haarsträubetrank, im → Zaubertrankunterricht (HP2).

**Rattentinktur**

Ein Stärkungsmittel, das Ron → Weasley für seine Ratte → Krätze in der → Magischen Menagerie in der → Winkelgasse kauft (HP3).

**Raubkopie**

Ausgabe eines Werkes, ohne dass die Lizenz zur Veröffentlichung vorliegt wie bei der unerlaubten → Übersetzung durch Bernd Koelemann im → Internet oder im September 2000 in China. Wochen, bevor im Oktober 2000 die offiziellen Übersetzungen der ersten drei Bände im → Pekinger Volksverlag erschienen, wurden Raubkopien aller vier (!) Bände in einem Buchladen in Peking entdeckt. Laut einem Bericht der Pekinger Zeitung »Beijing Qingnianbao« vom 19. September 2000 war der »Tibetische Volksverlag« als Herausgeber angegeben, dieser bestreite jedoch jede Beteiligung. Wenn man die Spannungen zwischen der Volksrepublik China und Tibet berücksichtigt, gewinnt »Hali Bote«, wie Harry Potter auf chinesisch heißt, plötzlich sogar politische Bedeutung.

**Rauchen**

Tabak spielt in den Harry-Potter-Büchern keine große Rolle; ein einziges Mal wird erwähnt, dass jemand raucht: Im → »Tropfenden Kessel« sitzen ein paar alte Frauen und trinken Sherry, eine davon raucht Pfeife. Auf dem Rückseitencover der englischen Ausgabe des ersten Bandes raucht Albus → Dumbledore eine lange Pfeife, obwohl nirgendwo erwähnt wird, dass er raucht.

**Raue-Pritsche**

Eine ältere Hexe mit kurzem grauem Haar, die in Harry Potters viertem Schuljahr kurz für → Hagrid einspringt, als dieser nach Rita → Kimmkorns Artikel, der seine → Riesenabkunft enthüllt, nicht mehr unterrichten will. Sie bringt in die »Pflege magischer Kreaturen« ein → Einhorn mit. – *Grubbly-Plank* heißt sie im Original. Das englische *grub* bedeutet Made, Larve, *plank* ist ein Brett.

**Raupe**

Ingredienz für den → Schrumpftrank.

**Ravenclaw**

Eines der 4 → Häuser in → Hogwarts, gegründet von Rowena → Ravenclaw. Wappentier des Hauses ist ein Adler, Hausgeist ist die → Graue Dame. *»Bist du geschwind im Denken, gelehrsam auch und weise, dann machst du dich nach Ravenclaw, so wett ich, auf die Reise«*, so singt der → Sprechende Hut (HP1,130). Das → Wappen von Ravenclaw ist ein bronzener Adler auf Rot. Zu Ravenclaw gehört Harry Potters erste Flamme, Cho → Chang.

**Ravenclaw, Rowena**

Die Gründerin und Namensgeberin des Hauses → Ravenclaw von → Hogwarts stammte aus den Bergen und wird als schön beschrieben. Ravenclaw bedeutet übersetzt Rabenkralle oder Rabenklaue.

**Rechte**

Die Rechte an den Originaltexten liegen für die englische Ausgabe im englischen Verlag → Bloomsbury, für die amerikanische Ausgabe bei → Arthur A. Levine Books, einem Imprint des Verlages → Scholastic. Die Rechte für die französische Übersetzung liegen bei → Gallimard, die für die deutsche Übersetzung beim Hamburger → Carlsen-Verlag, der gegen illegale → Übersetzungen wie die des Berliner Informatikers Bernd Koelemann auch gerichtlich vorgeht – auf ausdrücklichen Wunsch von Joanne K. → Rowling, so das »Börsenblatt des deutschen Buchhandels« vom 25.8.2000. Die Filmrechte und die Rechte zur Vermarktung von Fanartikeln (Merchandising) liegen bei Warner Bros., einer Tochterfirma von → Time Warner, die für Computerspiele hat von diesen → Electronic Art gekauft. Über die Rechte an Namen im → Internet und an Internet-Domains gibt es derzeit auch in der Fachwelt noch keine übereinstimmende Meinung.

**Reducio**

→ Zauberspruch, der Gegenspruch zum Vergößerungsspruch → Engorgio, hebt dessen Wirkung auf. – Das lateinische *reducio* heißt »ich führe zurück«.

**Reductio, Reduktorfluch**

→ Zauberspruch, der Gegenspruch wegstößt, ein → Verscheuchezauber. – Das lateinische *reducto* heißt »ich schiebe weg«.

**Regeln**

→ Schulregeln, → Zauberergesetz.

**Reinblüter**

Die Bezeichnung für jemanden, der »pures« Zaubererblut in seinen Adern hat, in Harry Potters zweitem Schuljahr in → Hogwarts auch das → Passwort für den Eingang in den → Gemeinschaftsraum der → Slytherins. – Wie bei den Stichworten → Rasse, → Rassismus und → Vererbung aufgezeigt, ist die besondere Bewertung dieser Eigenschaft – falls es sie überhaupt geben sollte – absoluter Unsinn, und wenn Draco → Malfoy und seine Kumpane darauf rumreiten, erinnert das fatal an die Nazis und ihren »Arier-Nachweis«. Joanne K. → Rowling macht in ihren Büchern keinen Hehl daraus, was sie von solchen geistigen Verirrungen hält.

**Reines Blut**

Die Bezeichnung für jemanden, der »pures« Zaubererblut in seinen Adern hat. → Reinblüter.

**Reinheit des Blutes**

Eine unsinnige Vorstellung von → Vererbung und → Rassen, die leicht in → Rassismus endet. Albus → Dumbledore, der von solchen Vorstellungen gar nichts hält, wirft Cornelius → Fudge vor, zu viel Wert darauf zu legen (HP4).

**Reiseumhang**

Ein spezieller, stabiler und oft auch wasserdichter → Umhang.

**Reisig-Knips-Zange**

Bestandteil von Harry Potters → Besenpflege-Set.

**Reiten**

Nur einmal reitet jemand in den Harry-Potter-Büchern – abgesehen von dem »Reiten« auf → Besen: Harry Potter darf im → Verbotenen Wald auf dem → Zentaur → Firenze reiten, obwohl dies unter Zentauren verpönt ist (HP1).

### Relaschio

Ein → Zauberspruch, der einen Funkenstrom gegen den Gegner schickt, im Wasser wird daraus ein heißer Wasserstrahl (HP4).

### Religion

Obwohl es in → Hogwarts Schülerinnen und Schüler aus verschiedenen Kulturen gibt (die → Patil-Zwillinge etwa dürften indischer Herkunft sein, Angelina Johnson ist eine → Schwarze) ) und obwohl Hexen und Zauberer teilweise in der → Muggel-Welt leben, scheint es keine Religionen oder Konfessionen zu geben, zumindest wird Religion nie thematisiert oder werden religiöse Übungen oder Rituale beschrieben. Zwar ist das → St.-Mungo-Hospital für Magische Krankheiten und Verletzungen benannt nach dem Mann, der → Schottland im 6. Jahrhundert christianisiert hat, zwar werden christliche Feste wie Weihnachten und Ostern (ganz säkular) wie auch das heidnisch-christliche → Halloween gefeiert, zwar ruft Molly → Weasley vor Erleichterung *»Gott sei Dank!«* (HP4,154, das englische Original *»Thank goodness«* ist nicht religiös!) Doch nie geht jemand in die Kirche oder betet, nie taucht ein Vertreter einer Kirche auf. Das ist umso erstaunlicher, als es in → Großbritannien mit der anglikanischen Kirche ja sogar eine Staatskirche gibt, auch wenn dort inzwischen mehr Katholiken in die Gottesdienste gehen als Anglikaner. Auch gibt es weder Speiseverbote (wie im Islam, Judentum, Hinduismus) noch Fastenzeiten wie in der katholischen Kirche oder im Islam (Ramadan). – Daran, dass → Magie oder → Alchemie der Religion prinzipiell widersprächen, kann dies nicht liegen, auch wenn Kirchen teilweise bis heute vor Magie warnen oder sie gar verfolgt haben (→ Hexenverfolgung, → Zensur). Schließlich waren die ersten → Magier ebenso Priester wie Schamanen und → Fakire, die Bibel kennt gute Zauberer, und mancher Alchemist war Theologe. Rowling hat aber, vielleicht um die Bücher auch überkulturell besser verständlich zu machen, vollkommen auf Religion verzichtet und so auch auf eine religiöse Untermauerung ihrer Ethik, die sie aus allgemeinen humanistischen Grundsätzen ableitet.

### Rennbesen im Test

Zeitschrift *(Which Broomstick)* mit Tests von Besen und Bestellschein, in der sich Harry Potter informiert, als sein → Nimbus 2000 kaputt ist (HP3).

### Rennbesen

→ Besen

### Rennen

Etwas, was Harry Potter sehr gut kann; das hat er geübt, um seinem Vetter Dudley → Dursley zu entkommen.

**Reparieren**

Viele Dinge scheint man ganz leicht mit ein bisschen → Magie reparieren zu können; Molly → Weasley etwa repariert Harrys zerbrochene Brille ohne ein Wort, nur mit einem Stupser ihres → Zauberstabes, und es gibt den → Zauberspuch → Reparo. Warum sie so nicht auch seine Kleider putzt, sondern dazu eine Kleiderbürste braucht, gehört zu den Geheimnissen der Magie (HP2,60).

**Reparo**

Ein → Zauberspruch, der zerbrochene Gegenstände repariert. Das neulateinische Wort (16. Jahrhundert) bedeutet »ich stelle wieder her«.

**Richtlinien für die Behandlung nichtmagischer Teilmenschen**

In § 12 wird der Umgang mit Vampiren geregelt (HP4,156).

**Rictusempra**

Kitzel-→ Fluch. Das Opfer muss unkontrolliert lachen. Draco → Malfoy setzt diesen → Zauberspruch gegen Harry Potter im → Duellierclub ein (HP2,200). – Das lateinische *ridere* bedeutet (ver)lachen, das lateinische *semper* heißt immer.

**Riddikulus**

Ein → Zauberspruch gegen → Irrwichte. Da diese Gelächter überhaupt nicht vertragen, verwandelt man sie damit in etwas höchst Lächerliches. – Das lateinische *ridiculus* heißt lächerlich.

**Riddle, Tom**

Der Vater von Lord → Voldemort, ein → Muggel aus Little Hangleton, heiratete eine Hexe, ohne von ihrer magischen Fähigkeit zu wissen. Als Riddle, *»reich, hochnäsig und grob«* (HP4,6), davon erfuhr, verstieß er seine schwangere Frau. Sie starb bei der Geburt des Jungen Tom Vorlost → Riddle, der in einem Waisenhaus aufwuchs. Direkt nach seinem Schulabgang 1944 tötete der Junge, der sich nun Lord → Voldemort nannte, seinen Vater und dessen Eltern. Fünfzig Jahre später verwendet er die *»Knochen des Vaters, unwissentlich gegeben«* für seine → Wiederauferstehung in einem neuen Körper (HP4).

**Riddle, Tom Vorlost**

Der ursprüngliche Name von Lord → Voldemort, unter dem er → Hogwarts besuchte und (wie 50 Jahre später als lebende → Erinnerung) die → Kammer des Schreckens öffnete (HP2). Im Original ist der zweite Vorname Marvolo. Der Name wurde in der deutschen → Übersetzung geändert, damit das → Anagramm aufgeht.

### Riddle-Haus

Das Haus von Tom → Riddle in Little Hangleton steht auf einem Hügel mit Blick über das Dorf. 1944 tötete der junge Lord → Voldemort hier seinen Vater und dessen Eltern, 50 Jahre später den Gärtner Frank → Bryce (HP4).

### Riesen

→ Hagrid und Olympe → Maxime sind Halbriesen. Über echte Riesen weiß man noch nicht viel, außer dass die etwa 7 Meter großen Wesen als blutdürstig und gewalttätig gelten und fast (in → Großbritannien ganz) ausgestorben sind. Sie waren mit Lord → Voldemort verbündet und verantwortlich für einige der schlimmste Massenmorde an → Muggeln. Sicher wird im fünften Band über sie erheblich mehr zu erfahren sein. Voldemort will sie aus ihrer Verbannung zurückholen und auf die Zauberer loslassen, Dumbledore will ihnen die Hand zur Freundschaft reichen und hat wahrscheinlich Hagrid und Maxime beauftragt, Kontakt aufzunehmen. – Auch in der → Mythologie der → Muggel gibt es Riesen. Nach mittelalterlicher kirchlicher Vorstellung sind sie Nachkommen von Göttersöhnen und Menschenfrauen, man bezieht sich dabei auf das Alte Testament: *»Als aber die Menschen sich zu mehren begannen auf Erden und ihnen Töchter geboren wurden, da sahen die Gottessöhne, wie schön die Töchter der Menschen waren, und nahmen sich zu Frauen, welche sie wollten.* [...] *Zu der Zeit und auch später noch, als die Gottessöhne zu den Töchtern der Menschen eingingen und sie ihnen Kinder gebaren, wurden daraus die Riesen auf Erden«* (1. Mose 1,1f; 4). Wie dieser Text zu deuten ist, ist umstritten; im Mittelalter galt er als eindeutiger Beleg für die von Albertus Magnus (1200 – 1280) und seinem Schüler Thomas von Aquino (1225 oder 1226 bis 1274) umfassend ausgearbeitete Theorie von der Möglichkeit des Verkehrs zwischen → Dämon und Mensch; er konnte so zur Begründung der → Hexenverfolgungen herangezogen werden. Im späten Judentum und frühen Christentum galten die Göttersöhne als gefallene Engel, deren Söhne, die Riesen, das Böse in die Welt brachten: *»Warum verließet ihr den hohen, heiligen und ewigen Himmel, schliefet bei den Frauen, verunreinigt euch mit den Menschentöchtern... tatet wie die Erdenkinder und zeuget Riesensöhne...?«* (Henoch 16,2). Bei den Griechen und Römern gab es zahllose Riesen, etwa die Giganten, die Titanen und die Hekantocheiren (Hundertarmigen), alle Kinder des → Uranus und der → Erde, Gaia. Nach der Vorstellung der Germanen waren die Riesen eigenständige mächtige Wesen, je nach Lesart zu interpretieren als frühe(re) Götter oder Nebengötter.

### Riesenspinnen

Die riesigen → Spinnen im → Verbotenen Wald sind groß wie Kutschpferde und sehr intelligent; sie können sogar reden. Ihr König → Aragog ist so groß wie ein Elefant.

**Riesenkraken**
Ein riesiger Tintenfisch haust im See auf dem Gelände von → Hogwarts; er lässt gerne mit sich spielen (HP1,286).

**Ripper**
Der Hund von Magda → Dursley, eine Bulldogge. Wie der Name, so das Tier: Das englische *Ripper* bedeutet zwar auch »Prachtkerl«, und so hat Tante Magda den Namen wohl gemeint, es heißt aber vor allem »Trennmesser« – und wer denkt da nicht sofort an Jack the Ripper!

**Roberts**
Platzaufseher auf dem Zeltplatz bei der → Quidditch-Weltmeisterschaft 1994, ein Muggel. Er, seine Frau und seine zwei Kinder werden von → Todessern zum Vergnügen schweben gelassen (HP4).

**Rookwood, Augustus**
Ein → Todesser, der für Lord → Voldemort als Spion in der → Mysteriumsabteilung arbeitete; fliegt 1981 auf, als Igor → Karkaroff ihn bei seinem Prozess beschuldigt und damit seine Freiheit erkauft.

**Rohre in den Wänden**
Durch die bewegt sich der → Basilisk, der → Hogwarts unsicher macht (HP2).

**Role Playing Game**
→ Rollenspiel

**Rollenspiel**
Ein offizielles Rollenspiel (RPG, Role Playing Games) zu den Harry-Potter-Büchern gibt es noch nicht, und bei Redaktionsschluss (Oktober 2000) hat auch noch keine Firma angekündigt, die Rechte erworben zu haben. Natürlich kann man aber mit vielen existierenden Rollenspielsystemen auch Harry Potter spielen; besonders geeignet sind natürlich solche, die bereits Regeln für die Anwendung von → Magie haben, wie etwa das »Schwarze Auge«, D&D *(Dungeons and Dragons)* oder AD&D *(Advanced Dungeons and Dragons)*. Auf privater Ebene gibt es schon Computer-Rollenspiele. Eines, das per E-Mail abläuft, hat Ines Müller aus Kaiserslautern ins Leben gerufen (Kontakt: Harry-Potter-GM@gmx.net). Ein Live-Rollenspiel (LARP, *Live-Adventure-Role-Playing-Game*) wäre zwar schön, ist aber sicher nicht einfach zu spielen, weil es schwierig sein dürfte, die → Magie und vor allem das → Fliegen auf → Besen usw. umzusetzen. – Wenn jemand ein Rollenspiel realisiert, wäre ich über eine kurze Nachricht per E-Mail dankbar (lexika4all@aol.com).

**Ron Weasley**
→ Weasley, Ron.

**Ronan**
Einer der → Zentauren, die im → Verbotenen Wald leben, mit rotem Haar und Bart, kastanienbraunem Pferdekörper und langem, rötlichem Schwanz. Der Name erinnert an Rohan, die Ebene der Pferde und Reiter in »Der Herr der Ringe« von → Tolkien (HP1).

**Ronniespätzchen**
Spitzname für Ron → Weasley, mit dem ihn seine Brüder, die → Weasley-Zwillinge, aufziehen.

**Rosier, Evan**
Ein → Todesser, wurde 1980 von → Auroren getötet.

**Rosmerta, Madam**
Bedienung im Pub → »Zu den drei Besen«, wohlproportioniert und hübsch.

**Rotkappen**
Kleine → kobold-artige Wesen *(Red Cap)*, die sich aufhalten, wo → Blut vergossen wurde, in Burgverliesen, Einschlagslöchern auf Schlachtfeldern, unter Galgen... (HP3) In England ist »Redcap« ein Spitzname für Militärpolizisten.

**Rowling, Joanne Kathleen**
Die Geschichte der Autorin der Harry-Potter-Bücher hört sich, wenn sie in Kurzform in der → Presse serviert wird, an wie ein modernes Märchen, wie eine neue Version von → Aschenputtel: Junge Frau, von Sozialhilfe lebend, frisch geschieden, allein erziehende Mutter, schiebt den Kinderwagen so lange durch → Edinburgh, bis das Kind einschläft und sie sich in ein Café setzen kann, wo sie bei Espresso und Wasser ihren ersten Roman schreibt. Der findet natürlich sofort einen Verlag, sie wird Autorin des Jahres und ist heute die bestverdienende Frau in → Großbritannien. In Wahrheit sah die Geschichte ein wenig anders aus, doch immer noch märchenhaft genug. – Joanne Kathleen Rowling wurde am 31. Juli 1965 geboren; sie hat am gleichen Tag → Geburtstag wie Harry Potter. Die Tochter von Peter und Anne Rowling kam im Krankenhaus von Chipping Sodbury (Gloucestershire) zur Welt, im Westen Englands. Sie ist also, obwohl sie immer wieder als schottische Autorin bezeichnet wird, eine geborene Engländerin und Wahlschottin. Die Familie lebte in Yate, in der Nähe von Bristol im Südwesten Englands. Während ihrer Jugend zog die Familie zwei Mal um. In Winterbourne spielten sie und ihre jüngere Schwester Diana

mit einem kleinen Mädchen und deren Bruder Ian Potter, ein Jahr jünger als Joanne, der als erstes Vorbild für Harry Potter gelten kann. Als Rowling neun war, zog die Familie nach Tutshill bei Chepstow in Südwales, nahe den Flüssen Severn und Wye; an letzterem ging sie gerne mit ihrer Schwester spazieren. Für Jo, wie sie genannt wurde, war der Schulwechsel ein Trauma. Sie war ähnlich Hermine → Granger verschlossen und sehr strebsam, wenn auch, wie sie meint, nicht so intelligent. Sie fand auf jeden Fall in der Grundschule von Tutshill keinen Anschluss und hatte große Probleme mit der Lehrerin Mrs Morgan. Diese setzte sie von Anfang an auf die »dumme Seite«, nachdem sie am ersten Tag in einem Mathematik-Test 0 von 10 Punkten erreichte – sie hatte vorher noch nie mit Brüchen gerechnet. Später in der Wyedean-Gesamtschule hatte Rowling es auch nicht leicht, ruhig, wie sie war, sommersprossig, kurzsichtig und schlecht in Sport. Einmal brach sie sich den Arm beim Korbball. Ihre bevorzugten Fächer waren Englisch und Fremdsprachen – und sie schrieb schon damals, wie sie in einem Interview erklärte: *»The first story that I ever wrote down, when I was five or six, was about a rabbit called Rabbit. He got the measles and was visited by his friends, including a giant bee called Miss Bee. And ever since Rabbit and Miss Bee, I have wanted to be a writer, though I rarely told anyone so. I was afraid they'd tell me I didn't have a hope.« – »Die erste Story, die ich schrieb, als ich fünf oder sechs war, handelte von einem Kaninchen, das Kaninchen hieß. Es bekam die Röteln und wurde von seinen Freunden besucht, darunter einer riesigen Biene namens Fräulein Biene. Und seither wollte ich Autorin werden, obwohl ich es selten jemandem erzählte. Ich hatte Angst, sie würden mir sagen, ich hätte keine Chance.«* Ihre Vorliebe für aussagekräftige → Namen hat Rowling bis heute behalten. – In der Schule unterhielt Rowling ihre Freunde mit Erzählungen, in denen sie alle mutige und tapfere Heldinnen und Helden waren. Sie schrieb auch weiter, doch zeigte sie mit Ausnahme einiger weniger Heldengeschichten niemandem die Ergebnisse. In ihrem letzten Schuljahr wurde sie Schulsprecherin. Nach der Schulzeit studierte Rowling Französisch und Geschichte des Klassischen Altertums an der Universität der im Südwesten Englands gelegenen Stadt Exeter (Devon), zwischendurch arbeitete sie als Hilfslehrerin in Paris. Ihre Eltern hofften, sie würde Fremdsprachensekretärin werden, doch sie hielt sich dafür für ungeeignet, wie sie später einmal erläuterte: *»I am one of the most disorganised people in the world and, as I later proved, the worst secretary ever.« – »Ich bin einer der unordentlichsten Menschen auf der Welt und, wie sich später zeigte, die schlechteste Sekretärin aller Zeiten.«* Zwei Jahre arbeitete sie in → London bei Amnesty International zum Thema Menschenrechte in Afrika – vielleicht rührt daher ihr starkes Engagement in den Harry-Potter-Büchern gegen → Sklaverei. Da ihr Freund in Manchester wohnte, zog sie auch dorthin und hatte Bürojobs bei der Universität und dann bei der Handelskammer. Als ihre Mutter 1990 nach zehnjähriger Krankheit starb (sie hatte Multiple Sklerose) und Joanne außerdem ihren Job verlor, entschloss sie sich, ihr Leben radikal zu ändern und als Lehrerin zu arbeiten. Während dieser Umbruchphase fiel ihr ihre dritte längere Geschichte ein – die ersten beiden hatte sie zerstört, als sie merkte, wie schlecht sie waren (das kann heute niemand mehr überprüfen). In einem steckengebliebenen Zug zwischen Manchester und dem Londoner → Bahnhof King's Cross fiel ihr Harry Potter in den Kopf, »voll ausgeformt«, was ihr ebenso rätselhaft ist wie allen anderen. Als der Zug in King's Cross einfuhr, hatte sie eine Geschichte von einem Jungen, der an seinem Geburtstag erfuhr, dass er ein Zauberer war, und von fliegenden → Besen, und sie wußte schon, dass es sieben Bücher werden sollten, von denen jedes ein Jahr in einer Zaubererschule behandeln würde. Kurz nach Harrys »Erfindung« zog sie nach Oporto in Portugal, wo sie Englisch als Fremdsprache unterrichtete, was ihr auch sehr viel Spaß machte. Sie unterrichtete nachmittags und abends, die Vormittage hatte sie zum Schreiben frei. Sie schrieb 10 verschiedene Fassungen des ersten Kapitels von »Harry Potter und der Stein der Weisen«. Zu den amüsanten Anekdoten gehört, dass sie die Namen der → Häuser von → Hogwarts erfand, während sie in einem Flugzeug saß, und sie auf der Rückseite einer Kotztüte schrieb (die war natürlich leer!). 1991 lernte sie den Fernsehjournalisten Jorge Arantes kennen und heiratete ihn 1992. Im Juli 1993 kam die Tochter Jessica auf die Welt. Als sie im Dezember 1993 nach ihrer Scheidung von Portugal zurück nach England zog, entschied sie sich für Edinburgh, wo ihre Schwester lebt. Sie hatte einen halben Koffer voller Harry-Potter-Storys dabei; die ersten drei Kapitel waren komplett fertig. Da sie keinen Job fand, lebte sie von Sozialhilfe und tat das, was die Legende erzählt: Sie schob den Kinderwagen so lange durch die Stadt, bis das Kind schlief, setzte sich in ein Café, am liebsten Nicolson's, und schrieb bei Espresso und Wasser, zuhause schrieb sie es auf einer alten Schreibmaschine ab. Diese Periode ihres Lebens bezeichnet sie als → »Grimm-Periode«. Im Oktober 2000 beschrieb sie in der »Sun« diese Zeit, als sie von 70 Pfund Sozialhilfe in der Woche lebte. Es war schwer, eine Wohnung zu finden. *»Als ich das erste Mal in der Post in der Schlange stand, um meine Sozialhilfe abzuholen, hatte ich das Gefühl, dass ein riesiger Neonlicht-Pfeil auf mich zeigte.«* Sie habe in Cafés geschrieben, weil sie sich gerne Kaffee servieren lässt, nicht weil sie, wie es die Legende behauptet, einer nassen und kalten Wohnung entfliehen wollte. *»Wie blöd müsste ich sein, eine ungeheizte Wohnung zu mieten?«* – 1995 vollendete sie den ersten Harry-Potter-Band, »Harry Potter and the Philosopher's Stone«. Dabei wurde sie nach eigenen Angaben von keinem anderen Buch beeinflusst außer vielleicht durch »The Little White Horse« der britischen Autorin Elizabeth Goudge, das sie mit 8 Jahren gelesen hatte. Allerdings sind Einflüsse ihres Lieblingsautors C. S. Lewis und seiner → Narnia-Chroniken unübersehbar. In den USA wird derzeit sogar vor Gericht ein Plagiatvorwurf von Nancy K. → Stouffer verhandelt.

– Sie fand einen Agenten, Christopher Little, der das Manuskript mehreren Verlagen anbot. Mehrere lehnten ab, aber nachdem der »Scottish Arts Council« Rowling den höchsten Druckkostenzuschuss gewährt hatte, den je ein Kinderbuchautor bekommen hatte (5000 Pfund, etwa 16.000 DM), nahm → Bloomsbury 1996 das Manuskript an und zahlte einen Vorschuss von 2.000 Pfund (etwa 7.000 DM). Im Juni 1997 erschien »Harry Potter and the Philosopher's Stone« bei Bloomsbury und gewann bereits im November den »Nestlé Smarties Gold Award«. *»The moment I found out that Harry would be published was one of the best of my life«*, sagt sie heute: *»Der Augenblick, in dem ich erfuhr, dass Harry veröffentlicht werden würde, war einer der besten meines Lebens.«* Als wenige Monate später der amerikanische Verlag → Arthur A. Levine Books, ein Imprint des Verlages → Scholastic, bei einer Auktion für 105.000 Dollar die → Rechte erwarb (etwa 190.000 DM), brachte ihr das genug ein, um nun hauptberuflich vom Schreiben zu leben. Seither schreibt Rowling jedes Jahr einen weiteren Band, gewinnt → Preise um Preise und stürmt die → Bestsellerlisten. Nach einer von der »Mail on Sunday« im Sommer 2000 veröffentlichten Liste war Rowling 1999 die bestverdienende Frau in Großbritannien und verdiente 20,5 Millionen Pfund, das sind nach damaligem Kurs etwa 68 Millionen Mark. Inzwischen erhielt sie die Ehrendoktorwürde der Universität Exeter, an der sie studiert hat, wurde mit dem Heidelberger Leander 2000 ausgezeichnet und von Königin Elizabeth II. mit dem Orden des Britischen Empires. Bei all dem vergisst sie ihre Vergangenheit nicht. Im Oktober 2000 spendete sie einer britischen Hilfsorganisation für allein Erziehende eine sechsstellige Summe. Sie erklärte der Wochenzeitung »Sun«, zwei Drittel aller allein Erziehenden seien geschieden oder verwitwet, und die meisten hätten dasselbe Ziel wie Elternpaare, gut für ihre Kinder zu sorgen. Dabei will sie helfen. Sie will weitere Spenden in Millionenhöhe an zwei weitere Wohltätigkeitsorganisationen geben, darunter eine zur Erforschung der Multiplen Sklerose, jener Krankheit, an der ihre Mutter starb. – An manchen Tagen schreibt Rowling 10 bis 12 Stunden, an anderen nur 3, je nachdem, wie viel ihr einfällt. Zwar steht der grundlegende Handlungsablauf aller Bände, aber viele Einzelheiten legt sie erst während des Schreibens fest – das mache mehr Spaß. Dabei sind die Bände sehr genau strukturiert und geplant, da sie sich alle aufeinander beziehen. → Sieben Bände sollen es definitiv werden; das allerletzte Kapitel ist, so Rowling, bereits geschrieben und liegt in ihrem Safe. – Rowling mag → Mythologie, Sagen und → Legenden und bezieht sich in ihren Büchern immer wieder darauf, sowohl bei den magischen Wesen – manche Kreaturen sind aber auch erfunden – wie bei den → Namen. Häufig verwendet sie → Anagramme und → Alliterationen. Einige der Personen gehen auf echte Vorbilder zurück, so Gilderoy → Lockhart als übertriebene Ausgestaltung von jemandem, den sie kennenlernte, Ron → Weasley erinnert ein wenig an ihren ältesten Freund, Sean P. F. Harris, dem auch »Harry Potter und die Kammer des Schreckens« gewidmet ist, und Hermine ist ein wenig wie sie selber war, nur klüger. Rowling glaubt übrigens nicht, dass es → Magie gibt! – Die Lieblingsautorin von Rowling ist Jane → Austen, am meisten identifizieren kann sie sich mit E. → Nesbit, deren Buch »The Story of the Treasure Seekers« sie besonders schätzt. Ihre Lieblingskinderbücher waren »The Chronicles of Narnia« von C. S. → Lewis, außerdem »I Capture the Castle« von Dodie Smith, »The Little White Horse« von Elizabeth Goudge und »Hilaire Belloc's Cautionary Tales for Children«. Ihr geschätztester zeitgenössischer Autor ist Roddy → Doyle. Und ihre Lieblingstätigkeit war und ist das Schreiben: *»I couldn't think of a better way to make a living and truthfully, I think it is the only thing I am good at.« – »Ich könnte mir keinen besseren Weg vorstellen zu leben und wahrhaftig zu sein, und ich denke, es ist das einzige, in dem ich gut bin.«* Und für alle, die auch schreiben wollen, hat sie denselben Rat wie viele andere Schriftstellerinnen und Schriftsteller: Wer gut schreiben will, muss viel lesen! Rowlings Bücher sind ganz sicher dazu einer der besten Wege.

**Rückverwandler**
Gegenstand oder Lebewesen, mit dessen Hilfe Verwandelte oder Verfluchte in den ursprünglichen Zustand zurückversetzt werden, z. B. die → Alraune.

**Rülpspulver**
Scherzartikel, gibt's in → Hogsmeade bei → Zonkos.

**Rumänien**
Republik in Südosteuropa, grenzt im Norden an die Ukraine, im Osten an Moldawien, im Südosten an das Schwarze Meer, im Süden an → Bulgarien, im Südwesten an Serbien und im Westen an Ungarn. In der heutigen Form entstand der ca. 240.000 Quadratkilometer große Staat 1918, nach dem 1. Weltkrieg. Er besteht aus den drei großen Teilen → Transsylvanien (Siebenbürgen), der Moldau und der Walachei, hinzu kommen Teile der Bukowina und des Banats. Charlie → Weasley arbeitet in Transsylvanien und erforscht die dort zahlreich vorkommenden wilden → Drachen. Rumänien gilt als Heimat der → Vampire.

**Rundfunk**
→ Radio

**Runenkunde**
→ Alte Runen.

**Ryan**
→ Hüter im irischen Team bei der → Quidditch-Weltmeisterschaft (HP4).

# S

## Säbelzahntiger

Einem solchen ähnelt nach Auffassung von Harry Potter Molly → Weasley, wenn sie wütend wird.

## Sagentiere und wo sie zu finden sind

Lehrbuch ab dem ersten Schuljahr in → Hogwarts von Lurch → Scamander.

## Salamander

Im → Feuer lebende → Elementargeister, ähnlich dem normalen Lurch gleichen Namens. Die → Weasley-Zwillinge füttern einmal einen Salamander mit → Dr. Filibusters Fabelhaftem Nass zündendem Hitzefreiem Feuerwerk und amüsieren sich darüber, wie er durch die Luft schießt und marineblaue Funken spuckt, ehe er wieder ins Feuer flieht. Und → Hagrid macht einmal zur allgemeinen Erheiterung ein großes Lagerfeuer mit vielen Salamandern. – In der Natur ist der Salamander ein insektenfressender glänzendschwarzer Lurch (Amphibie) mit gelben symmetrischen Flecken, Kindern oft nur bekannt durch die Figur »Lurchi« aus der Werbung der Salamander-Schuhfabriken. Wie die Molche gehören die Salamander zu den Schwanzlurchen und sind entfernt verwandt mit → Kröten und Fröschen, die zu den Froschlurchen gehören. Den Salamandern sagten auch die → Muggel schon immer besondere Eigenschaften nach. Der berühmte italienische Goldschmied und Bildhauer Benvenuto Cellini (1500 – 1571) berichtet in seiner Autobiographie, er habe als fünfjähriger Knabe ein kleines Tier, das einer Eidechse ähnelte, im Feuer spielen sehen. Als er es seinem Vater erzählte, erklärte ihm dieser, das Tier sei ein Salamander, und gab ihm eine Ohrfeige, damit sich dieser wunderbare Anblick, der den Menschen so selten beschieden sei, auf immer bei ihm einpräge. – In der Symbolik der → Alchemie ist der Salamander ein → Elementargeist des Feuers. Die alten → Magier schrieben dem Salamander, der als einziges Tier im Feuer lebe, die Fähigkeit zu, das Feuer zu löschen. Wie alle Elementargeister scheuen die Salamander laut → Paracelsus *»Gelehrte, Trunkene, Fresser, grobes, streitsüchtiges Volk, sind gerne bei der Einfalt und wo Kindheit ist, und je weniger Hinterlist, je mehr offenbaren sie sich; sonst sind sie scheu wie die wilden Tiere«*. Friedrich Schiller (1759 – 1805) lässt die Salamander in seinem Gedicht »Der Taucher« in tiefem Abgrund hausen: *»Denn unter mir lag's noch, bergetief, – In purpurner Finsternis da, – Und ob's hier dem Ohre gleich ewig schlief, – Das Auge mit Schaudern hinuntersah, – Wie's von Salamandern und Molchen und → Drachen – Sich regt' in dem furchtbaren Höllenrachen.«*

### Salem

Bei der → Quidditch-Weltmeisterschaft 1994 sind einige Hexen zu Gast vom »Hexeninstitut von Salem« (HP4). Dessen Existenz wird den → Muggeln sicher ganz besonders gut verborgen, denn für diese verbinden sich mit Salem, Massachussetts, schlechte Erinnerungen an eine der schlimmsten → Hexenverfolgungen in den USA. 1692 beschuldigten einige Mädchen die → Sklavin Tituba, sie → Voodoo und → Weissagung gelehrt zu haben. Hunderte von Menschen wurden festgenommen, 14 Frauen und 6 Männer hingerichtet, vier Menschen starben im Gefängnis. Die Hysterie nahm erst ein Ende, als der Präsident der Harvard-Universität, Increase Mather, den Gouverneur zum Einschreiten und der Begnadigung aller Beschuldigten bewegen konnte. Bis heute ist umstritten, ob die Kampagne darauf zurückzuführen war, dass sich einige am Eigentum anderer bereichern wollten (was unzweifelhaft geschah), oder ob nicht eine Mutterkorn-Vergiftung die Ursache war. Wenn Getreide von diesem Pilz befallen wird und das Brot eine zu hohe Dosis der von ihm erzeugten Substanzen enthält (die in geringer Dosierung auch als Medikament verwendet werden), kommt es zum Ergotismus, der u. a. zu geistiger Verwirrung und Kontrollverlust führt, ähnlich der Einnahme von LSD – diese Droge ist chemisch mit den Mutterkornpilz-Alkaloiden verwandt. – Bis heute sind die Hexenprozesse von Salem mit die bekanntesten und zumindest in der angelsächsischen Welt literarisch am stärksten verarbeiteten, u. a. von Arthur Miller und Stephen King.

### Sammelzauber

Solche Zauber, mit dem man Dinge einsammeln oder herbeirufen kann (englisch *Summoning Charms*), z. B. → Accio, bringt Professor → Flitwick seiner vierten Klasse bei. Das Gegenstück sind → Verscheuchezauber (HP4).

### Saturn

Der der → Sonne sechstnächste, zweitgrößte von 9 → Planeten in unserem Sonnensystem. Für die → Astronomie ist die Kenntnis der Planeten und ihrer Eigenschaften ebenso wichtig wie für die → Astrologie. Harry Potter muss in

→ Hogwarts viel über die neun Planeten unseres Sonnensystems lernen. – Äquatordurchmesser 120.870 km, 95,2fache Erdmasse (ca. 570 Trilliarden Tonnen), mittlere Dichte 0,69 g/cm$^3$, mittlerer Sonnenabstand 9,54 → Astronomische Einheiten (AE), Erdabstand 8,0 bis 11,1 AE, Rotationsperiode 10 Std. 39 Min. 24 Sek., Umlaufzeit um die Sonne 29,46 Jahre. Saturn hat mindestens 18 → Monde. In der römischen → Mythologie war Saturn der Vater des → Jupiter.

**Sauberwisch Fünf**

Die → Besen der → Weasley-Zwillinge, schon im Jahre 1991, als Harry Potter in → Hogwarts eingeschult wird, nicht mehr die modernsten. Aktuell war in diesem Jahr der Sauberwisch Sieben.

**Sauberwisch Sieben**

Ein im Jahre 1991, als Harry Potter in → Hogwarts eingeschult wird, moderner, schneller → Besen (englisch: *Cleansweep Seven*).

**Säuredrops**

Süßigkeit, die einem ein Loch in die Zunge brennt; gibt es als besondere Nascherei im → Honigtopf.

**Scabbers**

→ Krätze, die Ratte von → Ron Weasley.

**Scamader, Newt**

Englischer Name von Lurch → Scamander – Newt heißt »(Wasser-)Molch«.

**Scamander, Lurch**

Autor des Buches »Sagentiere und wo sie zu finden sind« *(»Fantastic Beasts and Where to Find Them«)*, Lehrbuch ab dem ersten Schuljahr in → Hogwarts. Der Verfasser trägt gleich zweimal ein existierendes Sagentier und → Elementarwesen im Namen: den Lurch und den → Salamander, auf den wahrscheinlich »Scamander« hinweist. Es könnte allerdings auch der gleichnamige Fluss in der Ebene von Troja gemeint sein, wo der Trojanische Krieg spielt, den Homer in der »Illias« beschrieben hat.

**Schach**

→ Zaubererschach

**Schachspiel von McGonagall**

Minerva → McGonagall ist eine gute Schachspielerin; ihr gehört das Große → Zaubererschach, gegen das man gewinnen muss, um zum → Stein der Weisen zu gelangen. Ron → Weasley schafft dies, auch wenn er selbst dabei geschlagen wird. Ob auch → Quirrell mit seinem Herrn → Voldemort dieses Spiel geschlagen hat oder auf anderem Wege vorbeigekommen ist, ist nicht geklärt (HP1).

**Schadenzauber**
→ Fluch

**Schafer, Elizabeth D.**
Autorin von → »Beacham's Sourcebook...«

**Scharfe Tricks für scharfe Typen**
Ein Buch, in dem Harry Potter und seine Freunde nach einer Lösung suchen, wie Harry unter Wasser leben kann, um die zweite Aufgabe des → Trimagischen Turniers zu lösen *(Saucy Tricks for Tricky Sorts)*.

**Scherbet Zitrone**
→ Passwort für den Eingang in das Arbeitszimmer von Albus → Dumbledore in Harry Potters zweitem Schuljahr in → Hogwarts. Dumbledore wählt immer Dinge aus, die er gerne isst. Scherbett ist dasselbe wie Sorbet, also ein eisgekühltes Fruchtsaftgetränk mit Süßwein oder Spirituosen sowie Eis oder Eisschnee oder Schlagsahne.

**Scherzartikelversand**
Einen solchen wollen die → Weasley-Zwillinge mal eröffnen (HP4).

**Schildkröten**
aller Art, sogar welche mit juwelenbesetztem Panzer, bekommt man in der → Magischen Menagerie in der → Winkelgasse (HP3).

**Schildzauber**
Ein → Zauberspruch, der vorübergehend eine unsichtbare Mauer um einen zieht, an der schwächere → Flüche abprallen (HP4).

**Schirm**
Rubeus → Hagrid versteckt in einem riesigen, zerfledderten, geblümten rosa Schirm seinen angeblich zerbrochenen → Zauberstab.

**Schlaflied**
Der einzige, dem in den Harry-Potter-Büchern jemals ein Schlaflied gesungen wird, ist → Norbert der → Drache, und es singt (mit einer gewiss zärtlichen und liebevollen Stimme) seine »Mammi« → Hagrid (HP1,258).

**Schlafmittel**
Zu einem ganz profanen → Muggel-Schlafmittel greift Hermine → Granger, um → Crabbe und → Goyle außer Gefecht zu setzen, damit Harry Potter und Ron → Weasley, durch den → Vielsaft-Trank mit ihrer Gestalt versehen, mit Draco → Malfoy reden können (HP2).

**Schlafsaal**
Die Schülerinnen und Schüler sind in → Hogwarts in Gemeinschafts-Schlafräumen untergebracht. Harry Potter ist mit Ron → Weasley, Seamus → Finnegan, Dean → Thomas und Neville → Longbottom in einem Schlafsaal mit 5 → Himmelbetten mit tiefroten samtenen Vorhängen.

**Schlaftrank**
Ein typischer → Zaubertrank. Besonders stark ist der → »Trank der Lebenden Toten«.

**Schlagholz**
Das einem kleinen Baseballschläger ähnelnde Werkzeug dient den → Treiberinnen und Treibern dazu, beim → Quidditch die → Klatscher abzuwehren.

**Schlammblut, Schlammblüter**
Eine zutiefst beleidigende Bezeichnung für eine Hexe oder einen Zauberer, deren oder dessen Eltern beide oder zu einem Teil → Muggel sind, also für Muggelgeborene. Als Draco → Malfoy Hermine → Granger so beleidigt, versucht Ron → Weasley ihn zu verfluchen, aber leider (oder glücklicherweise) geht der → Fluch wegen Rons zerbrochenem → Zauberstab nach hinten los und Ron spuckt stundenlang Schnecken (HP2,117). – Wie bei den Stichworten → Rasse, → Rassismus und → Vererbung aufgezeigt, ist die negative Bewertung der Mischblut-Eigenschaft absoluter Unsinn, und wenn Draco → Malfoy und seine Kumpane darauf rumreiten, erinnert das fatal an die Nazis und ihren »Arier-Nachweis«. Joanne K. → Rowling macht in ihren Büchern keinen Hehl daraus, was sie von solchen geistigen Verirrungen hält.

**Schlangen**
Schlangen spielen in den Harry-Potter-Büchern immer wieder eine wichtige Rolle: Eine der ersten Episoden, bei denen Harry Potter sein magisches Talent entdeckt, ist die Befreiung der → Boa constrictor (HP1), Harry spricht – wie Lord → Voldemort – die Schlangensprache, → Parsel, das Zeichen des → Hauses → Slytherin ist eine Schlange, → Nagini, die Verbündete von Voldemort in Band 4, ist eine Schlange, und eine Schlange ist Bestandteil des → Dunklen Mals. Der → Basilisk in Band 2 wird sogar als »König der Schlangen bezeich-

net. Schließlich werden → Drachen gerne auch mit Schlangen gleichgesetzt. Im → Duellierclub zaubert Draco → Malfoy mit dem → Zauberspruch → Serpensortia eine Schlange aus der Spitze seines → Zauberstabes. Gemahlene Giftzähne von Schlangen sind Bestandteile eines Trankes zur Heilung von Furunkeln (HP1). – Biologisch betrachtet, sind Schlangen eine Unterordnung der Reptilien (lateinisch: *serpentes*) mit extrem langgestrecktem, meist zylindrischem, manchmal auch abgeflachtem Körper. Sie haben keine äußeren Gliedmaßen, allerdings kann man bei einigen winzige Überbleibsel der Hinterbeine als Stummel entdecken, so etwa bei der → Boa constrictor. Der Körper ist mit Schuppen aus hornigem Material bedeckt, die sich meist dachziegelartig überlappen. Schlangen stoßen, wenn sie wachsen, regelmäßig die ganze Haut in einem Stück ab, einschließlich der harten, durchsichtigen Augenlider. Harry findet eine solche abgestoßene Haut des → Basilisken (HP2, 312). Wenn Schlangen wellenförmig kriechen, nennt man dies Schlängeln; schwere Schlangen bewegen sich manchmal auch raupenartig fort. Einige Schlangenarten können sich seitlich bewegen (Seitenwinden), manche ziehharmonikaartig. Fast alle Schlangen können schwimmen, einige werfen sich so von Bäumen herab, dass man vermuten könnte, sie könnten fliegen. Der Schlangenkörper ist extrem beweglich; er hat mindestens 100 und oft über 300 Wirbel, die bis auf die ersten zwei jeweils ein Paar Rippen haben. Auch der Kopf ist sehr beweglich; das Maul kann sehr weit geöffnet werden, weil die beiden Knochen des Unterkiefers mit dem Schädel nur durch einen beweglichen Knochen und ein elastisches Band verbunden sind. Alle Schlangen sind Fleischfresser, und eine Schlange kann so sehr große Beute verschlingen, eine Riesenpython Tiere mit bis zu 70 Kilogramm Gewicht. Eine solche Mahlzeit kann mehrere Stunden dauern. Riesenschlangen wie die Pythons oder → Boas sind übrigens nicht giftig. Die meisten Schlangen sind Giftschlangen; drei Schlangenarten können sogar Gift spucken (»speien«), tun dies aber nur zur Verteidigung und blenden damit in der Regel den Gegner. – Eine Stimme im herkömmlichen Sinn haben Schlangen nicht, doch können sie sehr laut zischen, und wenn man → Parsel spricht, wie Harry oder Lord → Voldemort, kann man sie verstehen. Da Schlangen allerdings taub sind – sie nehmen nur Schwingungen im Boden oder Untergrund wahr –, muss Parsel sie auf einem besonderen Weg erreichen, eben auf magische Weise. Deshalb beherrschen diese Sprache wohl auch keine → Muggel und nur wenige Zauberer. – Das Zischeln der Schlangen mit der Zunge ist kein sprachliches Signal, sondern ein Hilfsmittel für ein spezielles Wahrnehmungsorgan, das Jacobsonsche Organ, mit dem Schlangen Düfte und chemische Reize wahrnehmen. Und viele Schlangen können gut sehen, wie auch der → Basilisk in HP2. Wie die meisten Schlangen wird dieser »König der Schlangen« aus einem Ei ausgebrütet – einige Arten allerdings bekommen lebende Junge, manchmal bis zu 100 auf einmal –, wird aber viel älter als normale Schlangen, die höchstens 30 Jahre alt werden. Man kennt etwa 2.500 Schlangenarten; am häufigsten sind die Giftschlangen: die Nattern, Giftnattern, Grubenottern und Vipern. Die größten Schlangen der Welt gehören zur Familie der Riesenschlangen, wie die von Harry befreite → Boa constrictor. Anakondas oder Pythons können mit 10 Metern Länge sogar größer werden als der Basilisk; einige Pythons können auch dem Menschen gefährlich werden. – In der → Mythologie sind Schlangen von großer Bedeutung: Im Hinduismus etwa schwimmt die tausendköpfige Schlange Ananta, die Verkörperung aller kosmischen Energien, im Milchmeer, dem Ur-Ozean, aus dem sich alles bildet. In manchen Mythologien wird die Welt umfasst von einer alles umschlingenden Schlange, so etwa bei den Germanen von der Midgardschlange. Im Gilgamesch-Epos verliert Gilgamesch die Pflanze der → Unsterblichkeit an eine → Schlange. In der jüdisch-christlichen Mythologie dringt Satan, der Teufel, in Gestalt einer Schlange in das Paradies ein und verführt Eva dazu von der verbotenen Frucht zu essen; es kommt zum Sündenfall. In der abendländischen Legenden- und Mythenwelt wird die Schlange oft mit dem → Drachen, dem Teufel oder dem Antichristen gleichgesetzt, z. B. in der Apokalypse des Johannes, wo dieser vom Erzengel Michael besiegt und für ein Millennium (ein Jahrtausend) gebunden wird: *»Und ich sah einen Engel vom Himmel herabfahren, der hatte den Schlüssel zum Abgrund und eine große Kette in seiner Hand. Und er ergriff den Drachen, die alte Schlange, das ist der Teufel und der Satan, und fesselte ihn für tausend Jahre«* (Apokalypse 20,1-2). An anderer Stelle heißt es: *»Und es wurde hinausgeworfen der große Drache, die alte Schlange, die da heißt: Teufel und Satan, der die ganze Welt verführt«* (Apokalypse 12,9). – Der griechische Heros und Halbgott Herakles (Herkules) erschlägt mit der Hydra, der »lernäischen Schlange«, eines der gefährlichsten Untiere der Mythologie, da ihr die abgeschlagenen Köpfe immer nachwachsen, bis man sie ausbrennt, und sie ein teuflisches Gift verspritzt. Daran stirbt Herakles schließlich auch, von dem → Zentauren Nessos vergiftet. – Als → Ouroboros, als Schlange (oder Drache), die sich in den eigenen Schwanz beißt, ist die Schlange ein wichtiges Symbol in der → Alchemie und → Magie. – Es gibt aber auch positive Bedeutungen der Schlange in der Mythologie: Die Schlange war das heilige Tier des → Aeskulap (griechisch Asklepios), des griechischen und lateinischen Gottes der Heilkunst; bis heute ist der schlangenumwundene Äskulapstab das Symbol des Ärztestandes.

**Schlangenkönig**
→ Basilisk

**Schlangensprache**
→ Parsel

### Schleuderfluch

Ein → Fluch, auf den Professor → Flitwick den → Feuerblitz testet, ehe Harry Potter ihn fliegen darf (HP3).

### Schloss

Das eigentliche Schulgebäude von → Hogwarts ist ein ziemlich düster aussehendes Schloss mit vielen Zinnen und Türmen, das auf der Spitze eines hohen Berges über dem → schwarzen See thront. Sich darin zurechtzufinden, ist nicht einfach, denn *»Es gab einhundertzweiundvierzig Treppen in Hogwarts: breite, weit ausschwingende; enge, kurze, wacklige; manche führten freitags woandershin; manche hatten auf halber Höhe eine Stufe, die ganz plötzlich verschwand, und man durfte nicht vergessen, sie zu überspringen. Dann wiederum gab es Türen, die nicht aufgingen, außer wenn man sie höflich bat oder genau an der richtigen Stelle kitzelte, und Türen, die gar keine waren, sondern Wände, die nur so taten, als ob. Schwierig war es auch, sich daran zu erinnern, wo etwas Bestimmtes war, denn alles schien ziemlich oft den Platz zu wechseln«* (HP1,145). Innerhalb der Schlossmauer liegen rund um das Schloss die → Gewächshäuser, der → Gemüsegarten und die Parkanlagen, außerhalb weitere Ländereien, die sich bis zum → »Verbotenen Wald« erstrecken, der wie der schwarze See ebenfalls noch zu Hogwarts gehört.

### Schlösser knacken

Ein nützlicher → Muggel-Trick, den die → Weasley-Zwillinge ganz ohne Zauberei beherrschen (HP2,32). Harry Potter lernt das von ihnen (HP3,7).

### Schlossmauer

Das Kerngelände von → Hogwarts ist von einer Schlossmauer umgeben, innerhalb derer die → Gewächshäuser, der → Gemüsegarten und die Parkanlagen rund ums → Schloss liegen. Außerhalb liegen der → schwarze See und der → Verbotene Wald.

### Schluckaufdrops

Scherzartikel, gibt's in → Hogsmeade bei → Zonkos.

### Schluckende Wasserspeier

Ein Fluch von → Hagrid, bei dem in der Übersetzung leider die wunderschöne → Alliteration verlorengeht, heißt es doch im Original *»Gulpin' → Gargoyles«*. Im vierten Band wird bei Ludo → Bagman daraus »Würgende Wasserspeier«.

### Schlüsselvögel

→ Fliegende Schlüssel.

**Schmusehäschen**
Kosename, mit dem → Hagrid seinen → Drachen → Norbert belegt (HP1,258).

**Schnäbelchen**
Kosewort von → Hagrid für den → Hippogreif → Seidenschnabel (HP3).

**Schnaps**
Ein bevorzugtes → alkoholisches Getränk von → Hagrid. Wenn man einen jungen → Drachen großzieht, füttert man ihn jede halbe Stunde mit einer Mischung aus Schnaps und Hühnerblut (HP1,254).

**Schnatz**
Der kleinste und »wertvollste« der vier beim → Quidditch benutzten Bälle; er ist etwa walnussgroß und hellgolden, hat silberne Flügel und ist sehr schnell und wendig (englisch: *Snitch* oder *Golden Snitch*). Wenn der Sucher oder die Sucherin den Schnatz fängt, bringt das dem Team 150 Punkte, und das Spiel ist aus. – Das englische *snitch* heißt klauen, fangen. Die deutsche → Übersetzung könnte als Wortspiel gedacht sein sowohl mit dem englischen *snatch*, schnappen, packen, fangen, wie mit dem deutschen »schnappen« und dem Wort »schnatz« in der Bedeutung toll, besonders schick. Im Hessischen ist der Schnatz der Kopfputz einer Braut oder einer Taufpatin. Schnatz erinnert auch an »Schatz«. Manche Interpreten vergleichen den goldenen Schnatz mit dem → Gral.

**Schnecken**
Schnecken aller Art, z. B. giftige orangerote, bekommt man in der → Magischen Menagerie in der → Winkelgasse (HP3).

**Schneckenschutz, Fleisch fressender**
Einen solchen sucht → Hagrid, als Harry Potter ihn in der → Nokturngasse trifft – scheinbar etwas, was man nur in Läden für → schwarze Magie bekommt (HP2).

**Schneckenspuck-Fluch**
Dieser Fluch lässt den Betroffenen stundenlang Schnecken spucken. Ron → Weasley versucht, damit Draco → Malfoy zu verfluchen, weil der Hermine → Granger als → Schlammblut beleidigt hatte, doch aufgrund seines zerbrochenen → Zauberstabes spuckt er selber Schnecken (HP2,117).

**Schnee-Eule**
Die → Eule von Harry Potter, → Hedwig, ist eine Schnee-Eule (*Nyctea scandiaca*). Im Gegensatz zu den meisten Eulen jagen diese im Norden Eurasiens

üblicherweise am Tage; sie fressen in der Natur meistens Lemminge. Auf diese bevorzugte Beute muss Hedwig in → Hogwarts allerdings verzichten; sie gibt sich meist mit Mäusen zufrieden oder bekommt etwas von Harrys Essen ab.

**Schnuffel**
So nennt sich Sirius → Black, als er als Hund in → Hogsmeade lebt (HP4).

**Schockzauber**
→ Stupor

**Schokofrösche**
Zauberer-Süßigkeit; in den Packungen sind → Bildkarten zum Sammeln mit berühmten Hexen und Zauberern *(Chocolate Frogs).*

**Schokokugeln**
Gefüllt mit Erdbeermousse und Schlagsahne gibt es sie als besondere Nascherei im → Honigtopf.

**Schokolade**
Ist man von → Dementoren geschwächt, hilft zur Wiederherstellung der Kräfte am besten Schokolade.

**Schokolade, heiße**
→ Kakao

**Schokoladenkuchen**
In zwei solchen versteckt Hermine → Granger das → Schlafmittel, mit dem sie → Crabbe und → Goyle außer Gefecht setzt (HP2).

**Scholastic Inc.**
Verlag in New York; in seinem Imprint Arthur A. Levine Books erscheinen die amerikanischen Ausgaben der Harry-Potter-Bücher. Der Verlag hat eine umfangreiche und sehr interessante → Internet-Seite: www.scholastic.com/harrypotter.

**Schottland**
In diesem Teil → Großbritanniens (ca. 34 % der Landfläche) liegt → Hogwarts (und lebt Joanne K. → Rowling). Schottland erstreckt sich über das nördliche Drittel der Insel Großbritannien. Seit 1603 sind die Königshäuser von Schottland und England in Personalunion vereint, seit 1707 die Parlamente. Bis heute hat Schottland ein eigenes Gerichtswesen, seine eigene (Staats-)Kirche, ein

eigenes – stark abweichendes – Bildungswesen, (inzwischen wieder) ein eigenes Regionalparlament und das Recht auf eigene Banknoten. Schottland grenzt im Norden an den Atlantischen Ozean, im Osten an die Nordsee, im Südosten an England und im Süden an den Solway Firth und an die Irische See. Im Westen liegen Atlantischer Ozean und der Nordkanal, der zwischen Irland und der britischen Hauptinsel verläuft. Hogwarts lieg irgendwo im Norden, ziemlich sicher nicht auf einer der 787 Inseln, die zu Schottland gehören und zum größten Teil drei Inselgruppen zugeordnet werden: den Orkney-Inseln, den Shetland-Inseln und den Hebriden (Innere und Äußere Hebriden, hier haust der → Hebridische Schwarzdrache). Insgesamt ist Schottland mit allen Inseln etwa 78.000 Quadratkilometer groß, wovon rund 1.500 Quadratkilometer Binnengewässer sind, darunter der größte Süßwassersee Großbritanniens, Loch Ness, der an den → schwarzen See von Hogwarts denken lässt. Hauptstadt ist → Edinburgh (ca. 500.000 Einwohner), die Stadt, in der Joanne K. Rowling lebt, die größte Stadt ist Glasgow (ca. 700.000 Einwohner).

**Schrank unter der Treppe**

Ein Kabuff im Haus der Familie → Dursley, in dem Harry Potter in seinen ersten 10 Lebensjahren oft eingesperrt wurde, wenn man ihn los sein oder bestrafen oder einfach nur quälen wollte.

**Schreibtischlampe**

Mit der Schreibtischlampe in Harry Potters Zimmer im Haus der Familie → Dursley schlägt sich der → Hauself → Dobby auf den Kopf, als er sich wieder mal bestrafen muss (HP2).

**Schreiendes Buch**

Als Harry Potter im ersten Schuljahr auf der Suche nach Informationen über Nicolas → Flamel nachts heimlich in die Abteilung für → Verbotene Bücher in der → Bibliothek schleicht, öffnet er ein großes, schwarz-silbernes Buch, das daraufhin durchdringend zu schreien beginnt (HP1,225).

**Schrift an der Wand**

Nachdem → Mrs Norris versteinert wurde, findet sich an der Wand eine Schrift in halbmeterhohen Buchstaben: »DIE → KAMMER DES SCHRECKENS WURDE GEÖFFNET. FEINDE DES → ERBEN, NEHMT EUCH IN ACHT!« (HP2)

**Schriftrolle**

Eine Vorform des Buches (noch frühere Vorläufer waren gebrannte Tontafeln in Babylon und Assyrien, Palmblätter in Indien, Birkenrinde, Leder und Bambus in China). Die ersten Schriftrollen der alten Ägypter aus Papyrus sind etwa 2800 vor Christus nachgewiesen, die Griechen und Römer verwendeten sie bis ins frühe Mittelalter. Papyrus wird aus dem breit geklopften und miteinander verklebten Mark der Papyrusstaude gefertigt und kann zu einem langen Bogen zusammengefügt werden, der einseitig beschrieben wird. Er wird um einen Holz- oder Elfenbeinstab gewickelt *(Omphalos)* und die Schriftrolle dann beim Lesen Stück für Stück aufgerollt. Die längste erhaltene Papyrusrolle in der Welt der → Muggel ist 40,5 Meter lag und im Britischen Museum in → London zu besichtigen. Ab dem 4. Jahrhundert v. Chr. hat man lange Rollen aufgeteilt auf mehrere kürzere von höchstens zehn Meter Länge. Oft wurden Schriftrollen in eine Hülle eingeschlagen und mit einem heraushängenden Titelstreifen versehen. Da Papyrus nicht sehr haltbar ist, setzte sich etwa zeitgleich das wesentlich haltbarere → Pergament durch. Weil sich Pergament aber schlecht rollen lässt, wurde die Schriftrolle im vierten Jahrhundert durch den rechteckigen Kodex verdrängt (lateinisch *codex:* Baumstamm, Holzklotz), den direkten Vorfahren des modernen Buches. Dieser war zunächst ein mit Scharnieren, Ringen oder Riemen zusammengehaltenes Heft aus zwei oder mehr hölzernen, mit Wachs überzogenen Tafeln, die mit Griffeln beschrieben und bei Bedarf wieder geglättet wurden. Später wurde daraus ein Buch aus vielen Papyrus- oder Pergamentblättern, die in der Mitte gefaltet, aufeinander gelegt, zusammengenäht und mit Lederriemen an hölzernen Einbanddeckeln befestigt wurden. Man konnte nun die Seiten beidseitig beschreiben und fand Textstellen sehr viel leichter wieder als in einer Schriftrolle.

### Schrumpelfeige

Ingredienz für den → Schrumpftrank.

### Schrumpelfeigenbäume, abessinische

Diese müssen die Zweitklässler im Sommer 1993 in → Hogwarts in → Kräuterkunde beschneiden (HP2).

### Schrumpfende Schlüssel

Typisches Beispiel für → Muggelartefakte, wie sie die → Abteilung gegen den Missbrauch von Muggelartefakten und deren Leiter Arthur → Weasley aus dem Verkehr ziehen müssen. Sie werden den Muggeln oft verkauft, einfach um sie zu ärgern. *»Kein Muggel würde zugeben, dass sein Schlüssel schrumpft – sie behaupten andauernd, sie würden sie verlieren. – Das muss man ihnen lassen, sie tun alles, um die Zauberei zu übersehen, selbst wenn sie ihnen ins Gesicht springt«*, erklärt Arthur Weasley (HP2,43). Wahrscheinlich ist das auch die Erklärung für andere Gegenstände, die in der Muggelwelt ständig verloren gehen, wie Kugelschreiber und linke Socken.

**Schrumpfköpfe**

Typischer Gegenstand, um → schwarze Magie zu bewirken; ist erhältlich in der → Nokturngasse (HP2).

**Schrumpflösung, Schrumpftrank**

Dieser → Zaubertrank verkleinert nicht einfach, sondern verjüngt gleichzeitig: Aus einer Kröte wird eine Kaulquappe. Über diesen Trank muss Harry Potter in den Sommerferien 1993 einen Aufsatz für Professor → Snape schreiben. Später muss die Klasse den Trank brauen; u. a. kommen kleingehackte Gänseblümchenwurzeln hinein, Schrumpelfeige, Raupe, Rattenmilz und ein Spritzer Blutegelsaft (HP3).

**Schulbeirat**

→ Schulräte

**Schulbücher**

Ihre Schulbücher kaufen die meisten Schülerinnen und Schüler von → Hogwarts bei der Buchhandlung → Flourish & Blotts in der → Winkelgasse. In allen Schuljahren brauchen sie den entsprechenden Band des → »Lehrbuchs der Zaubersprüche« von Miranda → Habicht, zusätzlich ab dem ersten Schuljahr die Bücher → »Dunkle Kräfte. Ein Kurs zur Selbstverteidigung«, → »Geschichte der Zauberei«, → »Sagentiere und wo sie zu finden sind«, → »Tausend Zauberkräuter und -pilze«, → »Theorie der Magie«, → »Verwandlungen für Anfänger«, → »Zaubertränke und Zauberbräue«. Im zweiten Schuljahr kommen folgende Bücher hinzu: → »Abstecher mit Vampiren«, → »Ein Jahr bei einem Yeti«, → »Ferien mit Vetteln«, → »Gammeln mit Ghulen«, → »Tanz mit einer Todesfee«, → »Trips mit Trollen« und → »Wanderungen mit Werwölfen«, alle von Gilderoy → Lockhart. Im dritten Jahr braucht man dazu → »Verwandlung: Die Zwischenstufen«, → »Das Monsterbuch der Monster« und → »Die Entnebelung der Zukunft«. Hermine → Granger braucht zusätzlich für → Muggelkunde → »Häusliches Leben und gesellschaftliche Sitten britischer Muggel« und für → Arithmantik »Nummerologie und Grammatica«.

**Schülerzeitungen**

Unter der Überschrift »David gegen Goliath« bot der → Carlsen-Verlag ab Anfang Oktober des Jahres 2000 allen Schülerzeitungen die Möglichkeit, einzelne Kapitel von »Harry Potter und der Feuerkelch« im Vorabdruck zu veröffentlichen. So erschienen einzelne Kapitel des viertes Bandes in fast 50 Schülerzeitungen in gedruckter Form und im → Internet, u. a. in »Schillers Erben«, »After Eight«, »Scheinwerfer« und »Grautvornix«.

### Schulgebäude

Das eigentliche Schulgebäude von → Hogwarts ist das → Schloss; Unterricht findet aber auch in den → Gewächshäusern und ab Harry Potters drittem Schuljahr auch bei → Hagrids Hütte nahe dem → Verbotenen Wald statt (HP3).

### Schulhymne

→ Hymne von Hogwarts.

### Schulräte

→ Hogwarts hat einen Schulbeirat, dem 12 Schulräte angehören, unter ihnen Lucius → Malfoy. Zu ihren Aufgaben gehört die Ernennung oder Entlassung eines Schulleiters. Malfoy instrumentalisiert das Gremium, um nach der Öffnung der → Kammer des Schreckens Albus → Dumbledore vorläufig zu beurlauben, dabei setzt er auch unerlaubte Druckmittel ein wie die Drohung mit → Flüchen. Die übrigen Schulräte werden aber rechtzeitig vernünftig und holen Dumbledore zurück (HP2).

### Schulregeln

Für die Schülerinnen und Schüler von → Hogwarts gibt es natürlich zahlreiche Regeln und → Verbote. Wer sie verletzt, kann eine → Strafarbeit aufgebrummt bekommen, und in der Regel werden → Hauspunkte abgezogen. Harry Potter und Ron → Weasley sind bekannt dafür, die Schulregeln zu verletzen (wenn auch meistens aus für sie einsichtigen und guten Gründen); übertroffen werden sie darin allenfalls von den → Weasley-Zwillingen.

### Schulsprecher

Die Steigerung der → Vertrauensschüler sind die Schulsprecher; davon gibt es immer ein Paar, einen Jungen und ein Mädchen. Sie werden, wie in englischen Schulen üblich, von der Schulleitung bestimmt, nicht wie in deutschen Schulen gewählt. Man erkennt sie an einem silbernen Abzeichen mit einem großen S. Schulsprecher sind oder waren u. a. Percy → Weasley, dessen Bruder Bill → Weasley, Lily → Potter und James → Potter und natürlich Tom Vorlost → Riddle alias Lord → Voldemort.

### Schuluniform

Die Schülerinnen und Schüler von → Hogwarts tragen in den ersten 4 Jahren alle schwarze Umhänge und schwarze Spitzhüte, zur Arbeitskleidung gehören Schutzhandschuhe aus → Drachenhaut o. ä. Für den → Weihnachtsball 1994 gibt es extra → Festumhänge. – Die Schülerinnen und Schüler von → Beauxbatons tragen Hellblau und die von → Durmstrang Blutrot. – Die Schuluniform von → Smeltings besteht aus einem kastanienbraunen Frack, orangenfarbener

Knickerbockerhose, einem flachen Strohhut und einem knorrigen Holzstock, die von → Stonewall High ist irgendwie grau.

### Schummeln

Man könnte denken, dass es für Hexen und Zauberer leicht wäre, bei → Prüfungen zu schummeln. Doch auch Lehrerinnen und Lehrer beherrschen die → Magie, und für schriftliche Prüfungen gibt es in → Hogwarts speziell verhexte Federn, die mit einem → Zauberspruch gegen Schummeln belegt sind.

### Schutzhandschuhe

Zur Arbeitskleidung der Schülerinnen und Schüler von → Hogwarts gehören neben einfacher schwarzer Kleidung Schutzhandschuhe aus → Drachenhaut o. ä.

### Schutzzauber

Spezielle → Zaubersprüche oder → Zauberbanne, die etwas oder jemanden schützen sollen, z. B. vor → schwarzer Magie. Bekannte Vertreter dieser Kategorie sind der → Flammengefrier-Zauber, der sich auch in → Zaubertrank-Form bringen lässt, und der → Schildzauber. → Hagrid versucht, mit einem → Bannkreis die Schulhähne zu schützen (HP2). Solange Harry bei seinen Verwandten, der Familie → Dursley ist, ist er vor Lord → Voldemort durch einen alten, mächtigen Zauber geschützt, den Albus → Dumbledore gewirkt hat. Der allermächtigste Schutzzauber ist, wie Dumbledore und Voldemore Harry Potter erklären, die → Liebe. Diesen mächtigen Zauber hofft Voldemort zu überwinden, indem er zu seiner → Wiederauferstehung das → Blut von Harry verwendet, und danach kann er ihn auch tatsächlich berühren. Dahinter muss sich aber noch etwas verbergen, denn Dumbledore wirkt über diese Entwicklung seltsam glücklich. Schließlich sind Harry und Voldemort nun Blutsbrüder... – In materieller Form können Schutzzauber gespeichert werden in → Amuletten.

### Schwachkopf

Eines der »paar Worte«, die Albus → Dumbledore zur Begrüßung und zum Beginn des neuen Schuljahres bei der Einschulung von Harry Potter (1. September 1991) sagt: *»Schwachkopf! Schwabbelspeck! Krimskrams! Quiek!«* (HP1,136). Auf Englisch heißt das: *»Nitwit! Blubber! Oddment! Tweak!«*

### Schwahfel, Adalbert

Autor des Buches »Theorie der Magie« *(»Magical Theory«)*, Lehrbuch ab dem ersten Schuljahr in → Hogwarts. Wenn es nach dem Namen des Autors geht, steht da wohl ziemlich viel Geschwafel drin. Im Original heißt er *Waffling* – das englische *waffle* bedeutet schwafeln, faseln.

**Schwanz**
Menschen haben normalerweise keinen Schwanz, es sei denn... Dudley → Dursley bekommt von → Hagrid einen Schweineschwanz angehext, der in einem Krankenhaus in → London entfernt werden muss (HP1), und Hermine → Granger hat einige Wochen lang einen Katzenschwanz, als sie in → Vielsaft-Trank das falsche Haar wirft (HP2).

**Schwanz eines Wassermolchs**
Den Schwanz dieses mit den → Salamandern verwandten Tieres kauft Neville → Longbottom als → Amulett gegen das Monster aus der → Kammer des Schreckens (HP2,193).

**Schwarz, Sirius**
So wurde in den ersten deutschen Ausgaben des ersten Bandes der Name von Sirius → Black übersetzt.

**Schwarze Magie**
Die schwarze, egoistische, machtorientierte → Magie wird meist dazu verwendet, Lebewesen Schaden zuzufügen, zumindest aber dazu, ohne Rücksicht auf andere Wesen die eigenen Interessen durchzusetzen. Hauptvertreter der schwarzen Magie oder *Dark Magic* in den Harry-Potter-Büchern ist natürlich der »dunkle Lord«, Lord → Voldemort, der Vertreter des Bösen. Sein Diener Professor → Quirrell drückt sein Verständnis der schwarzen Magie so aus: *»Es gibt kein Gut und Böse, es gibt nur Macht, und jene, die zu schwach sind, danach zu streben«* (HP1,316). Viele → Todesser, Anhänger von Lord Voldemort, bewahren immer noch *»sehr wertvolle Sachen für schwarze Magie«* auf, Lucius → Malfoy z. B. in einer *»Geheimkammer unter dem Fußboden des Salons«* (HP2,234). – In → Hogwarts braucht man die schriftliche Genehmigung eines Lehrers oder einer Lehrerin, um in der → Bibliothek die Bücher über die *»mächtige schwarze Magie, die in Hogwarts niemals gelehrt wurde«*, einzusehen. Dort schult man lieber die → »Verteidigung gegen die dunklen Künste«. Direkt angesprochen wird die schwarze Magie selten; → Hagrid spricht einmal, bei der Verzauberung von Harry Potters → Besen bei dessen erstem → Quidditch-Spiel, von schwarzer Magie (HP1,208), ebenso → Dumbledore nach der → Versteinerung von Mrs Filch (HP2,149). Und Arthur → Weasley hat ein probates Rezept zum Schutz vor schwarzmagischen Gegenständen: *»Trau nie etwas, das selbst denken kann, wenn du nicht sehen kannst, wo es sein Hirn hat!«* (HP2,339)

**Schwarzer Lord**
Andere Bezeichnung für Lord → Voldemort.

### Schwarzer See

Auf dem Gelände von → Hogwarts gibt es einen großen schwarzen See, über den die Erstklässler in einen unterirdischen Hafen zum Schloss gerudert werden. Darin hausen u. a. ein riesiger Tintenfisch, der gerne mit sich spielen lässt (HP1,286), und → Wassermenschen. Der See erweckt Assoziationen zu dem größten Süßwassersee → Großbritanniens, der sich auch in → Schottland befindet: Loch Ness und sein berühmtes Monster. Vielleicht sind die beiden Seen ja unterirdisch verbunden, der schwarze See hat auf jeden Fall eine Verbindung zum Meer, sonst könnten die Gäste von → Durmstrang nicht zum → Trimagischen Turnier mit ihrem riesigen → Unterseeschiff anreisen.

### Schwarzwald

In diesem dicht bewaldeten Mittelgebirge im Südwesten Deutschlands, in Baden-Württemberg, soll es laut → Hagrid → Vampire geben; zumindest habe Professor → Quirrel dort welche getroffen.

### Schwebezauber

Ein Schwebezauber, den Harry Potter kennenlernt, ist → Wingardium Leviosa; es gibt aber auch andere, etwa den, mit dem der → Hauself → Dobby den → Veilchennachtisch von Petunia → Dursley zerstört (HP2), und den unausgesprochenen, den Harry ohne → Zauberstab und → Zauberspruch wirkt, als er Magda → Dursley an die Decke hängt.

### Schwedischer Kurzschnäuzler

Eine → Drachenart, blau-grau mit spitzen, langen Hörnern. Mit einem brütenden Weibchen dieser Art muss sich Cedric → Diggory im ersten Wettbewerb des → Trimagischen Turniers messen (HP4).

### Schwefliges Geschwafel

So nennt Albus → Dumbledore selber seine Rede, die er zur Jahresabschlussfeier 1992 in → Hogwarts hält (HP1,330).

### Schweineschnauze

→ Passwort für den Eingang in den → Gryffindor-Turm in Harry Potters erstem Schuljahr in → Hogwarts.

### Schweineschwanz

→ Hagrid hext Dudley → Dursley im ersten Band einen Schweineschwanz an, der diesem in einem Krankenhaus in → London entfernt werden muss.

**Schwelltrank**
→ Zaubertrank, durch den Dinge größer werden. Ein Spritzer, und die Nase wird groß wie eine Melone. Gegenmittel ist ein Abschwelltrank (HP2,195).

**Schwellzauber**
Ein einfacher Zauber, mit dem man Dinge größer werden lassen kann; → Hagrid verwendet ihn etwa für die → Kürbisse für → Halloween. Er lässt sich auch in einen → Zaubertrank packen. Der → Gegenzauber ist ein → Abschwellzauber.

**Schwellwürgzauber**
Der Zauber, der in den → Würgzungen-Toffees steckt.

**Schwert**
Die traditionelle Waffe der Antike und des Mittelalters war zur Zeit der Gründung von → Hogwarts die einzige Nahkampfwaffe, mit der man außer mit → Magie gegen Monstren wie den → Basilisken vorgehen konnte. Deshalb hat wohl Godric → Gryffindor in weiser Voraussicht, nachdem Salazar → Slytherin Hogwarts verlassen hatte, sein eigenes silbernes, mit Rubinen besetztes → Schwert im → Sprechenden Hut verborgen, damit es, wenn die Zeit reif ist, von einem wahren Gryffindor hervorgeholt werden könne, ähnlich wie → Merlin das magische Schwert in einem Stein verbarg, wo niemand außer → Artus es herausholen konnte (HP2).

**Schwestern des Schicksals**
Die Tanzband, die Albus → Dumbledore für den → Weihnachtsball 1994 engagiert, besteht aus Frauen mit wilden Mähnen in schwarzen, kunstvoll zerrissenen und aufgerissenen Umhängen. Ihre Instrumente sind Laute, Cello, Dudelsack, mehrere Gitarren und Schlagzeug. Sie sind sehr bekannt und beliebt und oft im → Radio zu hören.

**Scottish Arts Council**
Ohne den höchsten Druckkosten-Zuschuss, der von dieser Organisation je ein Kinderbuchautor erhalten hat (5000 Pfund), wäre → »Harry Potter and the Philosopher's Stone« wahrscheinlich nie veröffentlicht worden.

**See**
→ Schwarzer See

***Seeker***
Englische Bezeichnung für → Sucher oder Sucherin.

**Seidenglatts Haargel**
Benutzt Hermine → Granger, um ihr buschiges Haar für den → Weihnachtsball glatt zu bekommen.

**Seidenschnabel**
Ein grauer, wunderschöner → Hippogreif, den Draco → Malfoy so ärgert, dass er ihn beißt. Dafür wird Seidenschnabel zum Tode verurteilt. Harry Potter und Hermine → Granger können ihn aber mit dem → Zeitumkehrer retten, und er flieht mit Sirius → Black (HP3).

**Sekundanten**
→ Zaubererduell

**Selbstumrührende Kessel**
Dass es solche → Kessel gibt, weiß Harry Potter seit seinem ersten Besuch in der → Winkelgasse – aber im ersten Schuljahr in muss er in → Geschichte der Zauberei auch noch die Namen der »schrulligen alten Zauberer« lernen, die die erfunden haben! (HP1,286)

**Senftorte**
Gibt es bei der Einschulungsfeier 1992 in → Hogwarts, an der Harry Potter und Ron → Weasley wegen Kollission mit der → Peitschenden Weide nicht teilnehmen können. Albus → Dumbledore ist ganz heiß drauf.

**Serpensortia**
Zauberspruch, den → Snape im → Duellierclub Draco → Malfoy zeigt: Aus der Spitze des → Zauberstabes kommt eine → Schlange. Als er sie bekämpft, entdeckt Harry Potter, dass er ein → Parselmund ist. – Lateinisch *serpens* heißt Schlange, *sortie* auf französisch Ausgang, auf englisch (militärischer) Ausfall.

**Shooting Star**
Der → Besen, den Ron → Weasley zu Hause fliegt, ein ziemlich altes und langsames Modell, er wird *»nicht selten von vorbeifliegenden Schmetterlingen überholt«*.

***Shrieking Shack***
Englische Bezeichnung für die → Heulende Hütte.

**Shunpike, Stan**
Der Schaffner im → »Fahrenden Ritter« ist ein junger, 18 oder 19 Jahre alter Zauberer mit vielen Pickeln und abstehenden Ohren. Sein Name deutet an, dass

der Bus nicht gerade auf den üblichen → Muggel-Wegen fährt: Das englische *shun* bedeutet vermeiden oder ausweichen, das englische *pike* bezeichnet eine gebührenpflichtige Straße.

**Sicherheitstrolle**

Spezielle Art → Trolle, wird in Harry Potters drittem Jahr in → Hogwarts eingesetzt, um Schülerinnen und Schüler vor Sirius → Black zu beschützen (HP3).

**Sickel**

Silberne mittelgroße Münze, die mittlere Geldeinheit in der Welt der Zauberer. 1 goldene → Galleone ist 17 Sickel wert, 1 Sickel 29 bronzene → Knuts.

**Sieben Bände**

Soviele plant Joanne K. → Rowling über Harry Potter zu schreiben. Sieben ist die klassische Zahl der Vollkommenheit, vielleicht sind es aber auch sieben Bücher, weil die von Rowling so geschätzten Narnia-Chroniken von C. S. → Lewis sieben Bände umfassen. Auf jeden Fall wird Harry Potter am Ende des siebten Bandes, im Sommer 1998, 18 Jahre alt und damit volljährig. Das allerletzte Kapitel ist, so Rowling, bereits geschrieben und liegt in ihrem Safe. Auch die grundlegenden Erzählstränge aller Bände stehen bereits fest, wie Rowling in einem Interview mit der »Süddeutschen Zeitung« vom 24. März 2000 erklärte, *»aber diese Konzepte sind meine Geheimnisse. Ich kann nur versprechen, dass ich niemals etwas schreibe, um einen besonderen Effekt zu erzielen, um Kinder zum Weinen zu bringen, oder ihnen Albträume zu verschaffen. Aber meine ursprünglichen Pläne werde ich nicht ändern. Vielleicht bin ich dann eine Zeitlang sehr unpopulär. Aber ich habe nie geschrieben, um populär zu sein.«* Rowling hat in mehreren Interviews betont, keine weiteren Bücher über einen erwachsenen Harry Potter schreiben zu wollen. Aber wie heißt es doch in einem Film eines anderen berühmten Schotten: »Sag niemals nie!«

**Siebter Stock**

Der Eingang zum → Gemeinschaftsraum des Hauses → Gryffindor befindet sich im 7. Stock und wird von der → Fetten Dame bewacht.

**Silberne Hand**

Nachdem Peter → Pettigrew → Voldemort zu dessen → Wiederauferstehung verholfen hat, indem er seine rechte Hand opferte, erhält er von Voldemort eine silberne Hand, hell wie Mondlicht, voll einsetzbar und enorm stark (HP4,678).

**Silberpfeil**

Der → Besen, auf dem Madam → Hooch fliegen gelernt hat.

**Silber-Sickel**
Silberne mittelgroße Münze, die mittlere Geldeinheit in der Welt der Zauberer. 1 goldene → Galleone ist 17 Sickel wert, 1 Sickel 29 bronzene → Knuts.

**Simsalabim**
Ein unter Zauberkünstlern und Taschenspielern beliebtes Zauberwort (→ Zauberspruch), seine Herkunft ist ungeklärt. Harry Potter verwendet es, um Dudley → Dursley zu erschrecken (im englischen Original *Jiggery pokery*, HP2,14).

**Sinistra, Professorin**
Lehrerin in → Hogwarts für → Astronomie. Harry Potter hat im 1. Schuljahr jeden Mittwoch um Mitternacht Astronomiestunde bei ihr auf dem → höchsten Turm. – Das lateinische Wort *sinistra* bedeutet links und wird auch im Sinne von unheilverkündend (*sinister*) verwandt, da »zur linken Hand« in der → Astrologie und → Weissagung früher als unglücksbringend galt. Dies ist eine Bestätigung dafür, dass bei den Zauberern die Astronomie, wie bei den → Muggeln bis ins 17. Jahrhundert üblich, als Hilfswissenschaft für die → Astrologie dient.

**Single Malt Whisky**
Die riesigen Zugpferde der magischen fliegenden → Kutsche von → Beauxbatons trinken nur Single Malt Whisky.

**Sir Nicholas de Mimsy-Porpington**
Der → Geist von → Gryffindor, besser bekannt als der → Fast Kopflose Nick.

**Sirup-Bonbons**
Süßigkeit, die → Hagrid anbietet (wohl selber herstellt) und die einem fürchterlich den Mund verklebt. Bringt sogar → Fang zur Ruhe... (HP2)

**Sirup-Pudding**
Eine der Lieblingsspeisen von Harry Potter (HP2,69).

***Skeeter, Rita***
Im englischen Original der Name von Rita → Kimmkorn.

**Skelette**
Eine »Truppe Tanzender Skelette« bucht Albus → Dumbledore für → Halloween 1992 in → Hogwarts; Harry Potter bekommt davon nichts mit, da er auf der → Todestagsfeier des → Fast Kopflosen Nick ist. Im Sommer 1993 sieht Ron → Weasley in Ägypten die Skelette von → Muggeln, denen aufgrund von → Flüchen Köpfe und andere Sachen nachgewachsen sind.

**Skele-Wachs**

Gebrochene Knochen zu heilen, dauert laut Madam → Pomfrey eine Sekunde. Wenn aber mit einem → Knochen-Entfern-Zauber alle 33 Knochen aus dem Arm verschwunden sind, dauert es eine ganze Nacht und ist sehr schmerzhaft und bedarf eines → Zaubertranks namens Skele-Wachs, abgekürzt also »Skelett wachse!«. Dieser muss dampfend heiß getrunken werden und schmeckt scheußlich (HP2,182). – Das englische *Skele-Gro* beinhaltet das Wort *grow*, wachsen.

**Sklaven, Sklaverei**

Als Sklaverei bezeichnen die → Muggel eine unumschränkte Form menschlicher Knechtschaft; in der Welt der Hexen und Zauberer gilt der Begriff ausgedehnt auf alle intelligenten Wesen wie z. B. die oft als Sklaven gehaltenen → Hauselfen. Der Kissenbezug, den → Dobby trägt, solange er bei Lucius → Malfoy im Dienst ist, ist nach seinen eigenen Worten ein *»Zeichen für den Sklavenstand des Hauselfen«*; Dobby spricht von den Hauselfen als *»den Niederen, den Versklavten, dem Abschaum der Zaubererwelt«* (HP2,185). – Damit man von Sklaverei sprechen kann, müssen folgende Bedingungen erfüllt sein: Die Arbeit und die Dienste der Sklaven sind erzwungen, die Sklaven gelten als Eigentum einer anderen Person, und sie sind dem Willen ihres Besitzers mehr oder weniger vollständig unterworfen. Über die Geschichte der Sklaverei in der Welt der Zauberer und Hexen ist uns nicht viel bekannt. Bei den → Muggeln hat man Sklaven rechtlich stets als Sachen verstanden, die ge- und verkauft, getauscht, verschenkt oder als Pfand für Schulden hinterlegt werden konnten, meistens, ohne dass sie dagegen hätten Einwände erheben können. Nicht selten gehörten Sklavenhalter und Sklaven unterschiedlichen Völkern oder Rassen an (so ist es ja auch bei den Hauselfen!), und oft dienten Rassenvorurteile zur Rechtfertigung der Sklaverei (→ Rassismus). Fast nie gehörten die Sklaven zur selben Rasse oder ethnischen Gruppe wie ihre Besitzer; eine der wenigen Ausnahmen war Russland im 17. und 18. Jahrhundert. – Sklaven stammten entweder aus anderen Völkern, die in Raubzügen oder Kriegen unterlegen waren, oder aus der eigenen Gesellschaft, zum Beispiel wenn Menschen sich selbst oder Familienangehörige verkauften, um Schulden zu bezahlen, oder wegen Gesetzesverstößen zur Sklaverei verurteilt wurden. Im Altertum war die Sklaverei allgemein akzeptiert und wurde als wirtschaftlich und gesellschaftlich unverzichtbar angesehen. In Mesopotamien, Indien und China wurden Sklaven in Haus und Gewerbe gehalten und unter staatlicher Aufsicht in Arbeitstrupps wie zum Bau der Pyramiden. Die alten Hebräer waren eines der wenigen Völker, das Gesetze zum Schutz der Sklaven hatten. Bei Azteken, Inkas und Mayas gab es Sklaverei in großem Umfang für Feldarbeiten, zum Kriegsdienst und für Menschenopfer. Im antiken Griechenland und Rom war die Sklaverei das typische Schicksal von Kriegsgefangenen. Während die Griechen ihre Sklaven ziemlich menschlich behandelten, konnte bei den Römern der Besitzer alles mit ihnen anstellen, auch über Leben und Tod entscheiden (das durften die römischen Väter aber auch bei den erwachsenen Söhnen...). Da das Weltreich viele Sklaven brauchte, wurden auch Verbrecher und Schuldner zu Sklaven. Auch als das Christentum – zunächst oft als Religion der Sklaven verhöhnt – Staatsreligion wurde, wurde die Sklaverei nicht abgeschafft. Im frühen Mittelalter entwickelte sie sich langsam zum System der Leibeigenschaft. Im Islam, entstanden im 7. Jahrhundert, war Sklaverei von Anfang an verbreitet, der Prophet Mohammed schrieb jedoch vor, die Sklaven gut zu behandeln. Auf den verbreiteten Sklavenmärkten an der westafrikanischen Küste beteiligten sich ab dem 15. Jahrhundert auch europäische Nationen, die Arbeitskräfte für ihre Kolonien brauchten. Ab 1619 wurden in Virginia die ersten Sklaven der USA angelandet, in der zweiten Hälfte des 17. Jahrhunderts entwickelte sich in den späteren Südstaaten Nordamerikas das Plantagensystem; fast alle Sklaven arbeiteten auf den Feldern. In den Nordstaaten wurden Sklaven eher in Haus, Handel und Gewerbe eingesetzt. Obwohl die Sklaven in den USA ihnen gesetzlich zustehende Rechte hatten auf Unterstützung im Alter und bei Krankheit, auf religiöse Unterweisung und einen Rechtsvertreter, wurden sie oft brutalst misshandelt. Erst 1808 wurde in den USA die Sklaverei abgeschafft, nachdem 1792 Dänemark und 1807 → Großbritannien dies vorgemacht hatten. Frankreich folgte 1848, die Niederlande 1863, → Brasilien 1888. 1926 wurde im Völkerbund die Antisklavereiakte verabschiedet, ein Verbot jeder Form von Sklaverei. Verboten ist sie auch durch die Allgemeine Menschenrechtserklärung der Vereinten Nationen. Aber auch heute noch gibt es Sklaverei im weiteren Sinne z. B. bei Kinderarbeit oder Zwangsverheiratung von Frauen – und in fast schon magischer Form bei den → Zombies.

### Sleep-In

Analog zu einem Sit-In, ist dies das Liegen und Schlafen, um etwas zsu erzwingen oder zu erwarten. So geschah es in der Nacht vom 7. auf den 8. Juli des Jahres 2000 in der→ Muggel-Welt vor und in zahlreichen Buchhandlungen in → London, wo viele Kinder darauf warteten, direkt um Mitternacht eines der allerersten Exemplare von → »Harry Potter and the Goblet of Fire« zu erhalten.

### Slytherin

Eines der 4 → Häuser in → Hogwarts, gegründet von Salazar → Slytherin. Zu Slytherin gehör(t)en Tom Vorlost → Riddle alias Lord → Voldemort, Draco → Malfoy, dessen gesamte Familie und Dracos Freunde → Crabbe und → Goyle. Hauslehrer ist Severus → Snape, Hausgeist der → Blutige Baron. *»In Slytherin weiß man noch List und Tücke zu verbinden, doch dafür wirst du hier noch echte Freunde finden«*, so singt der → Sprechende Hut (HP1,130). Das → Wappen von Slytherin ist eine silberne Schlange auf grünem Grund. – Slytherin ist das

Haus von Hogwarts, in dem am ehesten → schwarze Magie beheimatet ist und aus dem zahlreiche schwarze Magier hervorgegangen sind. Dies ist aber nicht zwangsläufig und realisiert sich nicht in jeder Person; → Snape ist ja inzwischen ein klarer → Verbündeter der Truppe um Albus → Dumbledore (HP4).

**Slytherin, Salazar**

Der Gründer und Namensgeber des Hauses → Slytherin von → Hogwarts stammte aus einer Sumpflandschaft. Er führte die Vorstellung vom → reinen Blut und damit im Prinzip von → Rassen bei den Zauberern und Hexen ein oder war doch zumindest der erste bedeutende Zauberer, der sie in Hogwarts energisch vertrat, und überwarf sich deshalb mit den anderen Hexen und Zauberern, die mit ihm die Schule gegründet hatten, vor allem mit Godfric → Gryffindor. Er verließ die Schule im Zorn, schuf vorher aber noch die → Kammer des Schreckens. Er war berühmt dafür, mit → Schlangen sprechen zu können, er war der erste → Parselmund. Wenn die Statue in der Kammer des Schreckens ihn naturalistisch wiedergibt, hatte er ein altes, affenartiges Gesicht und einen langen, schmalen Bart, der fast bis zum Boden reichte (HP2,315). – *Slythery* ist das englische Wort für rutschig, schlüpfrig, *slither* heißt schlittern, rutschen, gleiten, und *sly* bedeutet gerissen, schlau, verschlagen. António de Oliveira *Salazar* (1889-1970) war jahrelang Diktator von → Portugal, jenem Land, in dem Joanne K. → Rowling einige Jahre verbracht und ihr Kind geboren hat.

**Smaragdgrün**

Farbe des Umhangs von Minerva → McGonagall; auch die Tinte, mit der sie ihre Briefe schreibt, ist von dieser Farbe.

**Smeltings**

Privat-Schule, auf die Dudley → Dursley und sein Freund Piers → Polkiss gehen; auch Dudleys Vater Venon → Dursley war dort. Schuluniform: kastanienbrauner Frack, orangefarbene Knickerbockerhose, flacher Strohhut (genannt »Kreissäge«) und ein knorriger Holzstock.

**Smethley, Veronica**

Ein → Lockhart-Fan, deren Adresse Harry Potter gerade auf einen Umschlag schreibt, als er zum ersten Mal die Stimme des → Basilisken hört (HP2,125).

**Smith, Maggie**

Darstellerin von Minerva → McGonagall im ersten Harry-Potter-→ Film

***Snap explodes***

→ Snape explodiert.

**Snape, Severus**

Lehrer in → Hogwarts für → Zaubertrankkunde, wäre aber viel lieber Lehrer für → Verteidigung gegen die Dunklen Künste. Er unterrichtet und lebt in den → Kerkern von Hogwarts; in sein Büro führt eine → Wendeltreppe. Der Hauslehrer des Hauses → Slytherin ist groß, schlank, mit fettigem schulterlangem schwarzem Haar, Hakennase, fahler Haut und kalten, leeren, schwarzen Augen, die an dunkle Tunnel erinnern. Er kann Harry Potter nicht ausstehen, da dessen Pate Sirius → Black ihm während der gemeinsamen Schulzeit – sie waren im selben Jahrgang – einen lebensgefährlichen Streich spielte: Er lockte ihn in den → Geheimgang unter der → Peitschenden Weide, wo Snape beinahe mit Remus → Lupin als → Werwolf aneinandergeraten wäre. Dass James → Potter ihm damals das Leben rettete, nimmt Snape ihm immer noch übel. Harry ist sogar überzeugt davon, dass Snape ihn hasst. – Snape hat einen sehr widersprüchlichen Charakter: Er war einst Anhänger von → Voldemort, ein → Todesser, und trägt dessen → dunkles Mal, wechselte aber die Seiten und arbeitete unter Anleitung von → Dumbledore und unter Lebensgefahr als Spion gegen Voldemort. Dumbledore und → Hagrid vertrauen ihm fast bedingungslos (HP4,745). Obwohl Snape in den ersten vier Bänden immer wieder versucht, Harry zu schaden oder ihn von der Schule weisen zu lassen, beschützt er ihn auch und rettet ihm einmal sogar bei einem Angriff von Professor → Quirrell bzw. Lord Voldemort das Leben (HP1). Trotz aller Ungerechtigkeit gegenüber allen → Gryffindors und besonders Harry und seinen Freunden scheint er für die Zukunft zu den → Verbündeten zu gehören. Und das ist gut so; er ist nämlich ein sehr fähiger Zauberer – *»als Snape in die Schule kam, beherrschte er mehr Flüche als die Hälfte der Schüler im siebten Jahr«* (HP4,554) – und ausgezeichneter Duellkämpfer, zudem ein Meister der → Logik. – Severus ist lateinisch und bedeutet streng, ernst, hart, grausam. Das englische *snap* kann sehr viel bedeuten: schnappen, krachen, reißen, ausrasten, anschnauzen, auslachen... *snappish* heißt bissig, schnippisch, *snappy* schmissig, forsch. Lautmalerisch erinnert Snape auch an *snake*, also → Schlange, das Wappentier der Slytherins und oft als falsch und hinterhältig verschrieen. Laut Joanne K. → Rowling ist Snape nichts weiter als der Name eines kleinen Ortes, den sie einmal besuchte.

**Snape explodiert**

Ein Kartenspiel, das nichts zu tun hat mit Professor Severus → Snape – hier hat der deutsche Übersetzer Mist gebaut. Im Original heißt es *Snap explodes*. *Snap* ist ein auf den britischen Inseln beliebtes Kartenspiel, im Deutschen bekannt als »Schnipp-Schnapp«, »Schnipp-Schnapp-Schnurr« oder »Spitz pass auf«. Vielleicht ist der Übersetzer darauf reingefallen, dass die Karten, mit denen gespielt wird, wirklich explodieren können, weshalb es spannend ist, daraus ein Kartenhaus zu bauen (HP4,410). – *Snap* spielt man mit 2, 4 oder 6 Leuten mit 32 Karten, entweder dem normalen französischen Blatt – den Karten, mit denen man auch Skat oder Mau-Mau spielt, damit spielen Harry und seine Freunde – oder mit Quartett-Karten, dem deutschen Blatt oder speziellen Schnipp-Schnapp-Karten. Alle versuchen, möglichst viele Karten zu ergattern. Am Anfang dieses Reaktionsspiels haben alle gleich viele Karten, die sie verdeckt vor sich auf den Tisch legen. Auf das Kommando der Person, die die Karten gegeben hat – »Schnipp-Schnapp!« oder »Spitz pass auf!«, in Englisch »Snap!« – dreht man die oberste Karte um und schaut, ob sonst jemand eine Karte des gleichen Wertes hat (also König zu König, Neun zu Neun...). Wer eine Übereinstimmung zuerst entdeckt, legt die Hand auf die fremde Karte und darf sie nehmen. Sind zwei Leute gleich schnell, gibt es ein Unentschieden und beide behalten ihre Karten.Wer eine falsche Karte zudeckt, muss eine Runde aussetzen. Die eingeheimsten Karten kommen auf einen extra Stapel. Sind alle Karten rumgedreht, hat gewonnen, wer auf diesem Stapel die meisten Karten hat. Man kann aber auch so lange spielen, bis alle Karten bei einer Person versammelt sind, die dann gewonnen hat; wer vorher alle Karten losgeworden ist, scheidet aus.

### *Snitch*

Englische Bezeichnung für den → Schnatz.

### Snowy

Eine von vier Katzen von Mrs → Figg.

### So zaubern Sie Ihren eigenen Käse

→ Kochbuch von Molly → Weasley (*Charm your own cheese*, HP2,38).

### *Society for the Promotion...*

→ Bund für ELFEnRechte.

### Sofortskalpieren

Ein → Zauberspruch, auf den Harry Potter in dem Buch »Zaubern für Dummies« stößt, als er nach einer Lösung sucht, wie er mit dem → Drachen in der ersten Aufgabe des → Trimagischen Turniers fertig werden soll.

### Sonette des Zauberers

Ein → verfluchtes Buch (*Sonnets of a Sorcerer)*, das jeden, der es gelesen hat, dazu zwingt, für den Rest seines Lebens in Limericks zu sprechen (HP2).

### Sonne

→ Stern, der das Gravitationszentrum unseres Sonnensystems bildet und dessen Strahlung das Leben auf der → Erde ermöglicht. Die Sonne ist von der Erde im

Schnitt definitionsgemäß eine → astronomische Einheit entfernt, das Licht braucht für diese Strecke ca. 8 Minuten. Die Sonne ist ein typischer Stern von mittlerer Größe und Helligkeit. Pro Sekunde wandelt sie etwa 600 Millionen Tonnen Wasserstoff per Kernfusion um in Wärme und Licht. Die auf ihrer Oberfläche erscheinenden dunklen Sonnenflecken werden durch starke Magnetfelder verursacht und unterliegen einem 11-Jahres-Zyklus. Die Sonne wird seit alters her als Gottheit oder Symbol einer Gottheit verehrt und symbolisiert in vielen Religionen lebensspendende Kraft. Die Babylonier verehrten die Sonne, und im spätrömischen Mithras-Kult war die Sonnenverehrung wesentlicher Bestandteil. Die einzige Obergottheit einer lebenden Religion, die weiblich ist, ist die japanische Sonnengöttin Amaterasu, deren Symbol der → Spiegel ist.

**Sonorus**

→ Zauberspruch, der die Stimme beliebig verstärkt, so dass man sogar über ein ganzes → Quidditch-Stadion hörbar wird. Ludo → Bagman setzt ihn während der → Quidditch-Weltmeisterschaft und beim → Trimagischen Turnier ein. Gegenspruch ist → Quietus. – Das lateinische *sonus* heißt Laut, Ton, Klang; abgeleitet davon sind das englische *sonorous* und das deutsche *sonor:* volltönend, klangvoll.

***Sorcerer's Stone***

Die amerikanische Bezeichnung für den → Stein der Weisen. Man hat ihn umbenannt, weil der Verlag in den → USA glaubt, dass Amerikaner mit dem *»Philosopher's Stone«* nichts anfangen könnten; es gibt bei ihnen keine Tradition der → Alchemie, in der deren Betreiber als *Philosopher* bezeichnet würden. Amerikaner würden darunter Philosophen verstehen.

***Sorcery***

→ Magie

***Sorting Hat***

Der → Sprechende Hut.

***Spell***

Der englische Begriff für → Zauberspruch.

**Spellotape**

Im englischen Original das magische → Zauberband.

***S.P.E.W.***

→ Bund für ELFEnRechte.

## Sphinx

Ein solches Mischwesen aus einem Löwenkörper und einem Frauenkopf stellt Harry Potter im Labyrinth bei der dritten Aufgabe im → Trimagischen Turnier ein → Rätsel in Form eines Wortspiels, ehe es ihn vorbeilässt. Dies hat Tradition: In der → Mythologie der → Muggel löst Ödipus das Rätsel der Sphinx von Theben, die auch die Brust einer Frau und Flügel hat und jeden verschlingt, der ihr Rätsel nicht lösen kann. Dieses ist eines der berühmtesten der Geschichte: »Was geht am Morgen auf vier Beinen, am Mittag auf zwei und am Abend auf drei?« Gemeint ist der Mensch, der als Säugling krabbelt, als Erwachsener kräftig ausschreitet und als alter Mensch ein drittes Bein braucht, einen Stock.

## Spickoskop

Harry Potter erhält von Ron → Weasley zu seinem Geburtstag 1993 ein Taschen-Spickoskop geschenkt, das so klein ist, dass man es in die Tasche stecken kann (englisch: *Pocket Sneakoscope*). Es ist ein kleines rundes Glas, das sich in einem Gestell dreht, aufleuchtet und bei starker Belastung auch pfeift, wenn jemand in der Nähe ist, dem der Besitzer nicht trauen kann. Es scheint nicht zu funktionieren, denn es leuchtet oft auf, wenn niemand Bedrohliches in der Nähe zu sein scheint – doch es hat wohl recht, denn wenn es sich meldet, ist entweder → Krätze in der Nähe (HP2) oder Mad-Eye → Moody (HP4), die ja beide zu den Gegnern Harrys gehören! – Mad-Eye hat mehrere Spickoskope; gegenüber Harry behauptet er, sein großes Spickoskop, das er in seinem Büro in → Hogwarts stehen hat, sei zu empfindlich, und pfeife deshalb dauernd – in Wirklichkeit meldet es, dass sich hinter Mad-Eye Barty → Crouch junior versteckt.

## Spiegel

Der Spiegel, der das Licht und damit das Reinste, was es gibt, zurückwirft, ist ein sehr mächtiges Werkzeug und Symbol der → Magie. Nicht umsonst ist es ein Spiegel, der → Spiegel Nerhegeb, mit dessen Hilfe Albus → Dumbledore den → Stein der Weisen dem Zugriff von Lord → Voldemort entziehen kann. Und wie er das reine, gute Licht zurückwirft, kann er auch das Unreine, Böse, Dunkle, zurückwerfen: Schaut man einen → Basilisken nicht direkt an, sondern nur sein Spiegelbild, stirbt man nicht, sondern wird »nur« versteinert. Der Anblick der → Medusa, der einen sonst zu Stein erstarren lässt, wird in einem Spiegel ungefährlich. Es gibt viele harmlose magische Spiegel wie die sprechenden Spiegel in der Küche der Familie → Weasley (HP2) und im Zimmer 11 des Gasthauses → »Zum Tropfenden Kessel« (HP3), die ihren Kommentar zu Aussehen und Kleidung geben. – Sprechende Spiegel gibt es auch in manchen Märchen der → Muggel, etwa in »Schneewittchen«: »Spieglein, Spieglein an der Wand, wer ist die Schönste im ganzen Land?« Dem Spiegelbild werden in vielen Religionen und → Mythologien der Muggel magische Eigenschaften zugeschrieben, ähnlich dem oder sogar stärker noch als dem Schatten. Manche glauben, im Spiegelbild sei die Seele eines Menschen enthalten. Bei Todesfällen muss jeder Spiegel im Sterbezimmer verhüllt werden, da sonst der darin abgebildete Tote »festgehalten« und zum → Geist oder → Wiedergänger werden könnte. → Vampire haben nach überwiegender Auffassung kein Spiegelbild, und → Dämonen sollen ihr Spiegelbild fliehen, da sie ihren eigenen Anblick nicht ertragen können. Spiegel können auch zur → Weissagung benutzt werden (»Catoptromantie«); das »Spiegelsehen« wurde in Mittelalter und früher Neuzeit teilweise mit dem Tod bestraft (→ Hexenverfolgungen). In vielen Kulturen wird Spiegeln auch nachgesagt, sie seien Tore in andere Welten. In dem argentinischen Märchen »Der Spiegel, der ins Jenseits führte« gelangt eine junge Frau durch einen Spiegel in einer → Vollmondnacht ins Totenreich zu ihrem Mann, wird von ihm schwanger, kehrt zurück und gebiert in unserer Welt ein Kind. Eine ganze fantastische Welt rund um die Magie der Spiegel hat der amerikanische Autor Stephen R. Donaldson in seiner Romanduologie »Mordants Not« geschaffen (»Der Spiegel ihrer Träume«, 1986, und »Einer reitet durch«, 1987); in ihr funktioniert Magie und bewegen sich die Magier durch Spiegel. – Das heilige Symbol der Amaterasu (japanisch: die am Himmel Leuchtende), der japanischen Göttin der Sonne und des Himmels und höchsten Göttin des Shintoismus, die als Urahnin der kaiserlichen Familie gilt, ist ein Spiegel. Nach ihrem zentralen Mythos überwarf sie sich mit ihrem Bruder Susanoo, dem Sturmgott, und verbarg sich aus Zorn in einer Höhle. Finsternis und Chaos herrschten, und alle 8 Millionen Göttinnen und Götter waren verzweifelt. Der Göttin der Lustbarkeit gelang es, sie mit einem Tanz hervorzulocken, und als man ihr einen Spiegel vorhielt, in dem sie sich zum ersten Mal selber sah, war sie versöhnt. Sie schickte ihren Enkel aus, um Japan Frieden zu bringen, und gab ihm einen heiligen Spiegel, ein Schwert und das kaiserliche Kronjuwel, die Hauptembleme des Shintoismus. Ihren Enkel Ninigi machte sie zum Herrscher über die acht Inseln Japans und somit zum Ahnherrn des Kaiserhauses. Sie wird in zahlreichen Schreinen verehrt, alle haben einen heiligen Spiegel.

### Spiegel Nerhegeb

Ein großer, bis zur Decke reichender → Spiegel auf zwei Klauenfüßen mit einem reich verzierten Goldrahmen. Dieser magische Spiegel, der Albus → Dumbledore gehört, zeigt nicht, was vor ihm steht, sondern das, was diese Person innerlich am meisten begehrt oder herbeisehnt; dies verrät die Inschrift im Rahmen: »nerhegeb z reh nie drebaz tilt naniedth cin.« Man muss sie spiegelverkehrt (oder rückwärts) lesen: »Nicht dein Antlitz aber dein Herzbegehren.« Die englische Inschrift des *Mirror of Erised*, *»Erised stra ehru oyt ube cafru oyt on wohsi«* – oder spiegelverkehrt: *»I show not your face, but your heart's desire«*, bedeutet dasselbe: »Ich zeige nicht dein Gesicht, sondern deines Herzens Begehren.« Dumbledore erklärt es Harry Potter: *»Der glücklichste Mensch auf der Erde könnte den Spiegel Nerhegeb wie einen ganz normalen Spiegel verwenden. ... Er zeigt uns nicht mehr und nicht weniger als unseren tiefsten, verzweifeltsten Herzenswunsch«* (HP1,233). Harry sieht in dem Spiegel seine Eltern, und Ron → Weasley sieht sich als Schulsprecher, Kapitän des → Quidditch-Teams und Gewinner des → Haus-Pokals und des → Quidditch-Pokals. Dumbledore verbirgt in dem Spiegel den → Stein der Weisen (HP1).

**Spieleabteilung**

Im → Zaubereiministerium gibt es eigens eine → Abteilung für magische Spiele und Sportarten, die z. B. die → Quidditch-Weltmeisterschaft organisiert. Leiter ist Ludo → Bagman (HP4).

**Spinnen**

Harry Potter ist an Spinnen gewöhnt, weil er so viel Zeit im → Schrank unter der Treppe zubringen musste und es dort davon wimmelte. Das ist auch gut so, denn Spinnen kommen in seiner Welt immer wieder vor. Schon auf dem Bahnsteig bei seiner ersten Fahrt mit dem → Hogwarts-Express gibt es einen Schüler-Auflauf um Lee → Jordan, der eine riesige → Tarantel dabei hat (HP1). Ron → Weasley mag keine Spinnen, weil sein Bruder Fred → Weasley seinen Teddybär einmal in eine Spinne verwandelt hat. Dennoch folgt er mit Harry den Spinnen in den → Verbotenen Wald, um das Geheimnis der → Kammer des Schreckens zu lüften. Schließlich treffen sie mit → Aragog auf eine Art König der Spinnen und seine → Riesenspinnen. Und der → Zauberspruch → Tarantallegra, den sie im zweiten Schuljahr lernen, erzwingt beim Opfer den alten italienischen Tanz, der je nach Interpretation als Folge oder Gegengift zum Biss der Tarantel galt (HP2). Riesige Spinnen als Hilfsmittel für → schwarze Magie wie auch als → Familiar für schwarze Magier sind erhältlich in der → Nokturngasse (HP2). Eine Riesenspinne bekämpft die Champions im → Trimagischen Turnier im Labyrinth in der dritten Aufgabe (HP4). Hingegen sind im Sommer 1993 in ganz → Hogwarts keine Spinnen mehr zu sehen; sie sind geflohen, denn der → Basilisk, der dort umgeht, ist der Erzfeind aller Spinnen. – In der → Mythologie der → Muggel wurden die Spinnen von der Göttin → Minerva geschaffen, die in Griechenland als Pallas Athene verehrt wurde: *»In Hypäpa, einer kleinen Stadt Lydiens, wohnte eine Jungfrau von niederer Herkunft, Arachne geheißen. Ihr Vater Idmon war Purpurfärber zu Kolophon, auch ihre Mutter, die der Tod frühe hingerafft hatte, war von armen Eltern entsprossen. Dennoch pries man den Namen Arachnes in den lydischen Städten, da sie als Weberin durch Kunst und Fleiß alle sterblichen Weiber übertraf; selbst die Nymphen des rebenbewachsenen Tmolosgebirges und des Flusses Paktolos kamen in die ärmliche Hütte der Jungfrau, um ihrer Arbeit staunend zuzu-*

*schauen. Niemals war so die Kunst mit der Anmut gepaart; ob sie die grobe Wolle zuerst aufwickelte, ob sie die Fäden feiner und feiner zog, ob sie mit dem flinken Daumen die Spindel umschwang oder mit der Nadel stickte: Es schien stets, als ob Pallas Athene selbst sie unterwiesen hätte. Davon aber wollte Arachne nichts wissen, sondern sie rief oft beleidigt: ›Nicht von der Göttin lernte ich die Kunst! Sie komme und messe sich mit mir. Besiegt sie mich, so will ich jede Strafe erdulden!‹ Athene hörte ihr Prahlen mit Unwillen, nahm die Gestalt eines alten Mütterchens an, umgab sich die Stirn mit grauem Haar und nahm einen stützenden Stab in die welken Hände. So verwandelt, trat sie in die Hütte Arachnes...«* Es kommt zum Wettstreit im Weben, den die junge Frau unentschieden gestalten kann: *»Als sie ihr Werk vollendet hatte, vermochte selbst Pallas Athene nicht, die Kunst der Jungfrau zu tadeln, aber mit Entrüstung ersah sie aus den Gebilden den gottlosen Sinn der Bildnerin. Darum zerriß sie zürnend die frevelhaften Gemälde und schlug mit dem Weberschifflein, das sie noch in der Hand hielt, die hoffärtige Jungfrau dreimal vor die Stirne. Dies ertrug die Unglückliche nicht, Wahnsinn erfaßte sie, und mit dem Seil umschlang sie verzweifelnd ihre Kehle. Schon hing sie zuckend in der Luft; da hob sie die Göttin, von Mitleid ergriffen, aus der würgenden Schlinge und sprach: ›Lebe, aber hange, du Verwegene, und so sei dein ganzes Geschlecht bis zu den spätesten Enkeln bestraft!‹ Mit diesen Worten sprengte sie Arachnen einige Tropfen von zauberischem Kraute ins Antlitz und ging hinweg. Alsbald verschwanden Haar, Nase und Ohren der Jungfrau, und sie schrumpfte zu einem winzigen, häßlichen Tier zusammen. Als Spinne übt sie noch heute, Faden auf Faden entsendend, die alte Kunst«* (zitiert nach »Sagen des klassischen Altertums« von Gustav Schwab, 1792 – 1850). – Biologisch sind die Spinnen nicht, wie viele glauben, Insekten, sondern Spinnentiere (Arachnida; dazu gehören u. a. auch Weberknechte, Milben, Zecken und Skorpione), die bereits vor über 400 Millionen Jahren zu den ersten landlebenden Tieren überhaupt gehörten. Heute kennt man über 60.000 Arten in zehn Ordnungen. In der Ordnung der Webspinnen (Araneae) unterscheidet man über 100 lebende Familien mit etwa 34.000 Arten. Die achtbeinigen Gliederfüßer sind sehr beweglich, denn ihr Körper ist gegliedert in einen vorderen Teil (Cephalothorax oder Prosoma), der über einen dünnen Hinterleibsstiel (Petiolus) mit dem hinteren Körperteil (Opisthosoma) verbunden ist. Auf dem Prosoma befinden sich in der Regel vier Paar einfacher Augen. Am ersten Gliedmaßenpaar (Cheliceren) sitzt meist je eine Giftklaue, in deren vorderem Ende sich die Öffnung der Giftdrüse befindet. Das nächste Gliedmaßenpaar (Pedipalpen) sieht fast wie Beine aus, ist aber zu einer Art Taster umgewandelt; bei den Männchen sitzt hier das Kopulationsorgan. Am Prosoma sitzen auch die acht Laufbeine (4 Paar). Die Gliedmaßen am Hinterleib sind bei den meisten Spinnen zu Spinnwarzen umgewandelt, aus denen die Seide abgesondert wird. – Die meisten Spinnen sind Landbewohner, allerdings leben einige im Süßwasser angepasst, indem sie Unterwasserglocken spinnen, in denen sie Luftblasen mit sich führen können. Die meisten Spinnen sind kleiner als ein Zentimeter, die größte den → Muggeln bekannte Art hat eine Körperlänge von rund neun Zentimetern; die Spannweite der Beine kann dann durchaus 30 Zentimeter betragen. – Spinnen leben räuberisch und ernähren sich nur von lebender Beute. Da sie nur flüssige Nahrung aufnehmen können, injizieren sie Verdauungsflüssigkeit in ihre Beute, verdauen diese in der Regel außerhalb ihres Körpers und saugen dann die so entstandene Flüssigkeit auf. Die meisten Spinnen sind zu klein, um die menschliche Haut durchdringen zu können, der Biss großer Spinnen kann schmerzhaft sein, doch nur wenige Arten können dem Menschen gefährlich werden. Dazu gehören die verschiedenen Arten der Schwarze Witwe (*Latrodectus spec)*; sie beißen jedoch nur, wenn sie sich bedroht fühlen. Meist kommt es nach einem Biss zu einem Schwächeanfall und Atemnot, selten aber ist der Biss bei gesunden Erwachsenen tödlich. – Nicht alle Spinnen bauen Netze, sondern jagen ihre Beute, indem sie ihr auflauern, wie etwa die Springspinnen. Fast alle Spinnen aber können spinnen; ihre »Seide« ist ein Eiweißfaden, der flüssig ausgesondert wird und in einer Molekülkette von großer Festigkeit erstarrt. Die meisten Spinnen können mehrere Arten von Fäden herstellen; sie nutzen sie in vielfältiger Weise: als Sicherheits- und als Schwebfäden (im Altweibersommer lassen sich Jungspinnen vom Wind viele Kilometer weit tragen), für Kokons für Eier, für Wohn- und Beutekammern, als Auskleidung für Wohnhöhlen, für »Taucherglocken« – und für ihre Insektenfallen, die Spinnennetze. Wie sie diese bauen, ist ihnen angeboren; sie können sich aber erstaunlich anpassen, z. B. an die Schwerelosigkeit im Weltraum. Einfachste Netze sind unregelmäßig und liegen auf dem Boden, komplexere, die fliegenden Insekten den Weg abschneiden sollen, bestehen oft aus mehreren Spiralen und vielen klebrigen und nicht klebrigen Fäden. Man hat versucht, die Spinnseide zur Herstellung von Kleidung zu nutzen; dies erwies sich jedoch als nicht rentabel. Eingesetzt wird sie bisher für Fadenkreuze in optischen Instrumenten. – Bei den meisten Spinnen sind die Männchen sehr viel kleiner als die Weibchen und werden nicht selten nach der Paarung vom Weibchen verspeist. In dieser Hinsicht ist → Aragog, wie auch bezüglich Größe und Intelligenz, eindeutig keine »normale«, sondern eine hoch magische Spinne.

**Spinnet, Alicia**
Eine → Gryffindor, Jägerin im siegreichen → Quidditch-Team von 1993/94, zu diesem Zeitpunkt Fünftklässlerin (HP3).

**Spore, Phyllida**
Autorin des Buches »Tausend Zauberkräuter und -pilze« (*»One Thousand Magical Herbs and Fungi«*), Lehrbuch ab dem ersten Schuljahr in → Hogwarts.

Phillida kommt vom griechischen *phyllon*, Blatt. Eine Spore ist, im Englischen wie im Deutschen, eine Zelle, die der Vermehrung und Ausbreitung dient und von vielen Pilzen und Pflanzen gebildet werden kann, aber auch von Bakterien. Sporen sind beständig gegen Hitze, Trockenheit und andere extreme Umweltbedingungen. Wenn die Bedingungen gut sind, entstehen bei Pflanzen spezielle Ausprägungen, die Sporophyten (klingt das nicht ähnlich dem Namen *Spore Phillida*?) Die Sporen werden sexuell gebildet. Bei Pilzen können Sporen sexuell oder asexuell gebildet werden, also ohne Mitwirkung eines zweiten Pilzes.

### Sport

Die beliebteste Sportart in der Welt der Hexen und Zauberer und einzige, die in den Harry-Potter-Büchern eine Rolle spielt, ist → Quidditch.

### Sportabteilung

Im → Zaubereiministerium gibt es eine → Abteilung für magische Spiele und Sportarten, die z. B. die → Quidditch-Weltmeisterschaft organisiert. Leiter ist Ludo → Bagman (HP4).

### Sprachen, Fremdsprachen

Die meisten → Zaubersprüche und → Zauberworte basieren auf lateinischen, griechischen, seltener französischen, englischen oder spanischen Wörtern. Es ist höchst erstaunlich, dass es in → Hogwarts keinen Fremdsprachenunterricht gibt (außer in → Alten Runen), zumal die Schule ja auch Kontakt mit anderen Schulen hat und ihre Absolventinnen und Absolventen auch mal in fremde Länder gehen, wie → Charlie Weasley nach → Transsylvanien oder Bill → Weasley nach → Ägypten. Andere Schulen scheinen da vorausschauender zu sein: Die Besucherinnen und Besucher aus → Beauxbatons und → Durmstrang können Englisch (HP4). Viele Hexen und Zauberer sprechen Fremdsprachen, Albus → Dumbledore z. B. die der → Wassermenschen. Barty → Crouch senior spricht angeblich über 200 Sprachen, darunter Nixisch und Beamtenchinesisch.

### Sprachen, Übersetzungen

Bei Redaktionsschluss (Oktober 2000) waren die Harry-Potter-Bücher angeblich in 40 Sprachen übersetzt und in mindestens 120 Ländern erhältlich.

### Sprechender Hut

Der *Sorting Hat* ist ein alter, verschlissener und ziemlich schmutziger Spitzhut, der jedes Jahr bei der Einführungsfeier am 1. September die Erstklässler in → Hogwarts auf die → Häuser verteilt und dabei jedes Mal ein anderes Lied singt. Als Harry Potter ihn zum ersten Mal sieht, bei seiner Einschulung 1991, stellt sich der Hut in seinem Gesang so vor: *»Ihr denkt, ich bin ein alter Hut, mein*

*Aussehen ist auch gar nicht gut. Dafür bin ich der schlauste aller Hüte, und ist's nicht wahr, so fress ich mich, du meine Güte! Alle Zylinder und schicken Kappen sind gegen mich doch nur Jammerlappen! Ich weiß in Hogwarts am besten Bescheid und bin für jeden Schädel bereit. Setzt mich nur auf, ich sag euch genau, wohin ihr gehört – denn ich bin schlau.«* Dass noch sehr viel mehr in diesem Hut steckt, wird deutlich, als Harry in ihm das → Schwert von Godric → Gryffindor findet (HP2). Doch dies ist kein Wunder: Wie er bei der Einweihungsfeier 1994 in seinem Lied beschreibt, *ist* er Gryffindors alter Zauberhut, in den jeder der Gründer von Hogwarts ein ganz klein wenig seiner Intelligenz gab, damit der Hut statt ihrer die Auswahl vornehme. Wahrscheinlich wurde das Schwert von Gryffindor selbst in dem Hut versteckt. Damit hat er nicht nur die allgemeine Auswahlfunktion, sondern ähnlich dem Stein, in dem → Merlin das Königsschwert versteckt, das → Artus herauszieht, auch die Funktion, besondere Leute auszuzeichnen.

**Sprechende Spiegel**

Ein → Spiegel in der Küche der Familie → Weasley gibt ebenso seinen Kommentar zu Aussehen und Kleidung wie einer im Zimmer 11 des Gasthauses → »Zum Tropfenden Kessel« (HP3); sprechende Spiegel gibt es auch in manchen Märchen der → Muggel, etwa in »Schneewittchen«.

**Springende Knollen**

Pflanzen, die die Schülerinnen und Schüler in Harry Potters viertem Schuljahr in → Kräuterkunde umtopfen müssen.

**Sprout, Professorin**

Lehrerin in → Hogwarts für → Kräuterkunde (Herbologie) und Betreuerin der → Gewächshäuser sowie Leiterin des Hauses → Hufflepuff, eine untersetzte kleine Hexe mit zerzaustem Haar, auf dem sie meistens einen Flickenhut trägt. Manchmal greift sie zu nichtmagischen Methoden der Pflanzenpflege, so als sie die → Peitschende Weide nach der Kollission mit dem → Ford Anglia verarztet: Sie verwendet Mullbinden. Sie züchtet die → Alraunen, mit denen die durch den → Basilisken Versteinerten wieder zum Leben erweckt werden können (HP2). Englisch *sprout* bedeutet Sproß, Sprößling, aber auch sprießen, wachsen.

**Spruchrolle**

→ Schriftrolle

**Squib**

Ein Kind ohne oder mit nur geringem → magischen Talent aus einer Zaubererfamilie. Dass es dazu kommen kann, hängt mit der komplexen → Vererbung des

Talentes zusammen. Hausmeister Argus → Filch ist ein Squib, und bei Neville → Longbottom hatte seine Familie es bis zu seinem achten Lebensjahr befürchtet. – Das englische *squib* bedeutet Frosch oder Schwärmer, aber auch Feuerwerkskörper (inkl. Blindgänger) oder kurzes Spottgedicht. In der Kombination *damp squib* wird daraus ein Reinfall, ein Flop, ein Schlag ins Wasser.

### *Squiggly Wiggly*
Ein im Englischen unter Zauberkünstlern und Taschenspielern beliebtes Zauberwort (→ Zauberspruch), frei übersetzt »schnörkelig schlangenlinig«. Harry Potter verwendet das Wort, um Dudley → Dursley zu erschrecken. In der deutschen Übersetzung Fidibus (→ Hokus pokus, HP2,14).

### St.-Brutus-Sicherheitszentrum
Angeblich geht Harry Potter auf das St.-Brutus-Sicherheitszentrum für unheilbar kriminelle Jungen *(St. Brutis's Secure Center for Incurably Criminal Boys)*, so erklären die → Dursleys seine Abwesenheit während der Schulzeit. Das ist ihnen lieber, als mit der »Schande« leben zu müssen, einen Zauberer in der Familie zu haben... – Brutus hieß der bekannteste der Verschwörer, die Caesar töteten (Marcus Iunius Brutus, um 85 bis 42 v. Chr.). Das lateinische Adjektiv *brutus*, von dem die Ableitung »brutal« stammt, heißt »schwerfällig«, »roh«.

### St.-Mungo-Hospital für Magische Krankheiten und Verletzungen
Spezialklinik in der Zaubererwelt, hier werden z. B. Frank → Longbottom und seine Frau behandelt. – Das Krankenhaus ist benannt nach dem Heiligen Mungo, auch als St. Kentigern bekannt, der in der Mitte des 6. Jahrhunderts die Schotten zum Christentum bekehrte. Die Hauptstadt → Schottlands, Glasgow, entstand um die Kirche herum, die Sankt Mungo baute, und die vom 12. bis 15. Jahrhundert erbaute Saint Mungo's Cathedral ist das älteste Gebäude der Stadt.

### Stabreim
→ Alliteration

### Stachelschweinpastillen
Bestandteile eines → Trankes zur Heilung von Furunkeln (HP1).

### Stachelbuckel, Norwegischer
→ Norwegischer Stachelbuckel.

### Stalagmit und Stalaktit
Über den Unterschied zwischen Stalaktiten und Stalagmiten zerbrechen sich Harry Potter und → Hagrid den Kopf während ihres Besuchs bei der Zauberer-

bank → Gringotts, als sie durch eine riesige Tropfsteinhöhle mit einem unterirdischen See kommen. Beides sind kalkige Ablagerungen, sogenannte Tropfsteine, die sich zapfenförmig an Decken und Böden von Höhlen bilden. Das kalkhaltige Wasser, das von oben heruntertropft, verdunstet und es bleibt der Kalk übrig (sogenannter Kalksinter). Von der Höhlendecke aus nach unten hängen die spitzen Stalaktiten (ähnlich Eiszapfen), während ihnen vom Boden her die eher stumpfen Stalagmiten entgegenwachsen. Wenn sie sich treffen, können sie zu einer Säule zusammenwachsen. Hagrid kennt übrigens nur einen Unterschied: *»Stalagmiten haben ein ›m‹ in der Mitte«* (HP1,84).

### Statue der Einäugigen Hexe

Hinter dieser Statue beginnt ein → Geheimgang nach → Hogsmeade, den man mit dem → Zauberspruch → »Dissendium« öffnet (HP3).

### Statue von Boris dem Bekloppten

Neben dieser Statue im 5. Stock liegt das → Badezimmer der Vertrauensschüler.

### Statue von Gregor dem Kriecher

Hinter dieser Statue beginnt ein → Geheimgang.

### Stebbins

Ein → Hufflepuff, nimmt am großen → Weihnachtsball teil (HP4).

### Stein der Weisen

Lateinisch »lapis philosophorum« oder »lapis philosophicum«, das sagenhafte Endprodukt einer langwierigen Operation der → Alchemie, bei der aus der nie genau beschriebenen »materia prima« eine Substanz hergestellt wird, mit der sowohl das → Elixier des Lebens gewonnen wie auch die → Transmutation edler Metalle in Gold bewirkt werden kann. Den einzigen bekannten Stein der Weisen besitzt 1991, als Harry Potter in → Hogwarts eingeschult wird, Nicolas → Flamel. Der Stein wird zunächst in der Zaubererbank → Gringotts aufbewahrt, im Tresorraum 719 (im englischen Original 713), später von → Hagrid nach Hogwarts gebracht und dort von dem dreiköpfigen Hund → Fluffy und ausgeklügelten magischen Fallen bewacht. Lord → Voldemort gelingt es allerdings, ihn mit Hilfe von Professor → Quirrell an sich zu bringen; beim Kampf mit Harry wird der Stein zerstört. Im britischen Englisch heißt der Stein *Philosopher's Stone*, da man wie im übrigen Europa die Alchemisten in → Großbritannien auch Philosophen nannte. Da der Verlag in den → USA glaubt, dass die Amerikaner mit dem *Philosopher's Stone* nichts anfangen könnten – es gibt bei ihnen keine Tradition der Alchemie, sie würden Philosophen meinen – nannte er den Stein in *Sorcerer's Stone* um.– Unter den → Muggeln hat der Stein der

Weisen eine lange Tradition; als erster schrieb darüber Zosimos von Panopolis, der im dritten Jahrhundert in Alexandria lebte und einer der berühmtesten ägyptischen Alchemisten war. Der Stein sei wertvoll, doch habe er keinen Preis, er sei vielgestaltig, aber ohne eindeutige Form. Mit geringsten Mengen könne man große Mengen Quecksilber oder Blei in Gold verwandeln, und wer ihn besitze, erlange die göttliche Macht, ewiges Leben zu spenden. Seither versuchen die Alchemisten mit den verschiedensten Methoden, den Stein der Weisen zu schaffen. Ausgangspunkt ist immer die »materia prima«, genannt auch materia lapidis, materia cruda, materia proxima oder Jungfernerde. Die genaue Art oder Zusammensetzung ist das Geheimnis eines jeden Alchemisten. So wird etwa der »Himmeltau« (lateinisch: ros coelestis) damit gleichgesetzt, beschrieben im Buch »Hermetisches ABC vom Stein der Weisen« von 1779: *»Es ist wahrhaftig unser Thauwasser zusammengesetzt aus gemeldten himmlichen Dämpfen, durch die Verdickung seiner Natur, welche kommt in vorgemeldte Dünste der 4 Elemente... Also ist unsere Materie unser Thauwasser, fett lüftig und schwer, auch über die Erde fliessend zu finden... Nicht der gemeine Thau, welcher den Geist nicht hat... sondern ein ander thauiges allgemeines Subjectum, das unmittelbar aus einem himmlichen Erzgewächs kommt, und mittelbar aus den Thieren und Pflanzen, wie die Seide aus den Raupen hervor kommt: es ist himmlisch und irdisch, flüßig und fest, weiß und röthlich, leicht und schwer, süß und bitter, und alles vorgenannte«* (zitiert nach: Hans Biedermann: Lexikon der Magischen Künste, Wiesbaden 1998. Hieraus stammen auch alle folgenden Angaben). – Die Erlangung des Steines der Weisen wird in alten Quellen oft »Magisterium« genannt. Nach den meisten Quellen erfolgt die Herstellung in sieben Stufen: Zunächst wird die »materia prima« in »Merkurialwasser« verflüssigt (Solution oder Liquefaktion). Diese Lösung wird in »venter equinum«, im »Bauch der Erde«, vergraben, schwärzt sich dabei und verfault (Putrefaktion), dann hellt sich die Schwärze wieder auf. Der durch Verdunstung verlorengegangene Geist muss wieder zurückgegeben werden, indem die Substanz mit »lacta philosophica« (philosophischer Milch) genährt wird (Reduktion). Die Materie wird gelb, dann rot (»wütet als roter Drache gegen sich selbst«), bis sie sich »in Blut verwandelt«. Damit ist die Reduktion geglückt. Nun muss durch Koagulation oder Fixation der Geist wieder feste Form annehmen, dabei entsteht der Stein der Weisen oder lapis philosophorum. Diese 7 Stufen werden so z. B. bei → Paracelsus beschrieben, andere Alchemisten kommen mit 4 Schritten aus. Im »Großen vollständigen Universal-Lexikon aller Wissenschaften und Künste« von J. H. Zedler werden die 7 Stufen 1742 wie folgt bezeichnet: *»Calcination, Verkalchung; Sublimatio, Erhöhung; Solutio, Auflösung; Putrefactio, Fäulung; Destillatio, Zertriefung; Coagulatio', Gerinnung; Tinctura, Anstrich«.* – Ausführlicher wird R. Federmann: *»1.) calcinatio, Verglühung, Oxydation; regiert vom → Planeten → Merkur. 2.) putrefactio, Verwesung, und mortificatio,*

*Absterben der unedlen Teile, allegor. dargestellt durch einen Raben oder Baumstumpf, regiert vom Planeten → Saturn. 3.) sublimatio oder Verflüchtigung, eine Art ›trockener Destillation‹, allegor. dargestellt als auffliegender Vogel, als Kelch oder ›Rabenhaupt‹, auf dem ein kleinerer, heller Vogel (das Sublimat) sitzt; regiert vom Planeten → Jupiter: 4.) solutio, Lösung oder Schmelzung, allegor. dargestellt durch den Vogel Greif als Reittier der ›Silberkönigin‹, regiert durch den → Mond. 5.) distillatio, Abscheidung des Festen vom Flüssigen, regiert vom Planeten → Venus. 6.) coagulatio, Gerinnung oder Fixierung (chymische Hochzeit), allegor. dargestellt durch doppelköpfige Tiere und Androgyn, desgl. durch die Begegnung von → Einhorn und → Hirsch; regiert vom Planeten → Mars. 7.) extractio, Darstellung der Tinctur, regiert von der → Sonne. 8.) digestio, Zerteilung. 9.) ceratio (lat. cera, Wachs), Erzielung eines wachsartigen Zustandes. 10.) fermentatio, Gärung. 11.) multiplicatio, Vervielfachung. 12.) projectio, das Aufstreuen des Lapis auf das umzuwandelnde Metall«* (»Die königliche Kunst«, 1964). – Der Stein der Weisen wird unterschiedlich beschrieben; Basilius Valentinus schreibt im Traktat »Vom grossen Steine der uralten Weisen« im 15. Jahrhundert: *»Seine Farbe zeucht sich von der durchsichtigen Röthe auff die dunkelbraune, von der Rubinfarbe auff Granaten, und in der Schwere ist er mächtig und überwichtig.«* → Paracelsus schildert ihn in seiner Schrift »De Signatura rerum naturalium« als schwer, leuchtend rubinfarbig und durchsichtig wie Kristall, biegsam wie Harz, aber zerbrechlich wie Glas; pulverisiert gleiche er dem Safran. Dass diese Substanz als »Stein« beschrieben wird, hängt wahrscheinlich mit dem Glauben an die magische Macht der Edelsteine zusammen. Manchmal setzt man den Stein der Weisen auch mit dem → Gral gleich, der ja auch Steinesform annehmen kann.

**Stein, Frank N.**
Autor des Nachschlagewerkes → »Von Alraune bis Zentaur«.

**Steinminze**
→ Diptam

**Sternbilder**
Ein in der → Astronomie der Antike geschaffenes Ordnungssystem für die → Sterne. Dauerhafte Sterngruppen, die um einen, wie man annahm, festen Punkt am Himmel, den nördlichen Himmelspol, zu rotieren schienen, nannte man Sternbilder und benannte sie z. B. nach Göttern, Sagengestalten oder Tieren. Wegen der Bewegung der Erdachse (Präzession) beschreiben die Himmelspole allerdings innerhalb von 25.800 Jahren einen Kreis, so dass die Sternbilder, die unsere Vorfahren sahen, nicht unbedingt identisch sind mit denen, die wir sehen. Jede Kultur hatte ihr eigenes System und die eigenen Benennungen. Unsere

Sternbilder gehen zum Teil auf mesopotamische Benennungen zurück. Schon die Babylonier kannten zwölf verschiedene Sternbilder, die sie zum Tierkreis zusammenstellten, darunter laut Homer und Hesiod Orion und Großer Bär . Im 4. Jahrhundert vor Christus stellte Eudoxos von Knidos in seinen »Phainomena« (»Himmelserscheinungen«) die Fixsterne, → Planeten und 47 Sternbilder samt ihrer Mythen. Claudius → Ptolemäus (um 85 bis etwa 165 nach Christus) fasste im »Almagest« das gesamte Wissen seiner Zeit zu den Sternen und das nach ihm benannte Ptolemäische System zusammen; er führte 1.025 Sterne und 48 Sternbilder auf. Die Araber fügten im Mittelalter zahlreiche Sternnamen hinzu, die bis heute erhalten blieben, wie »Rigel« (»Fuß«). Seit dem 16. Jahrhundert kamen immer neue Sterne und Sternbilder hinzu. Heute verwendet man 88 Regionen am Himmel bzw. deren Sternverteilung.

### Sterne

Als Stern bezeichnet man einen großen Himmelskörper, der aus Gasen besteht, die durch die Gravitation zusammengehalten werden. Aufgrund von Kernreaktionen in seinem Inneren sendet er Strahlung aus, u. a. sichtbares Licht, aus dessen Wellenlänge sich die Farbe des Sternes ergibt, vom weißen Zwerg bis zum roten Riesen. Unsere → Sonne ist ein gelber Stern, der sich, da die Erde sich um ihn dreht, zu bewegen scheint. Alle anderen Sterne scheinen stillzustehen, weshalb man sie auch Fixsterne nennt. Sie bewegen sich zwar sehr schnell, aufgrund der großen Entfernung ist das aber nicht erkennbar. Von der Erde aus könnte man mit bloßem Auge bis zu 8.000 Sterne sehen, jeweils die Hälfte auf der nördlichen und der südlichen Hälfte der Himmelskugel, wegen der Atmosphäre sieht man aber bei Nacht nur jeweils maximal 2.000 Sterne. Dies ist nur ein Bruchteil der existierenden, gibt es doch alleine in unserer Milchstraße Hunderte von Milliarden Sterne und ca. mehrere hundert Millionen Galaxien.

### Sternengucker

Eine – eher verächtliche – Bezeichnung für Astronomen und/oder Astrologen. → Hagrid bezeichnet so die → Zentauren (HP1,277).

### Stiefel

Ein alter Stiefel ist der → Portschlüssel auf dem → Wiesenkopf-Hügel.

### Stimme in den Wänden

Die hört Harry Potter als einziger, wenn der → Basilisk durch die Rohre in den Wänden schleicht, denn nur er versteht → Parsel (HP2).

### Stinkbomben, Stinkkügelchen

Beides gibt es in → Hogsmeade bei → Zonkos.

**Stonewall High School**
Die Schule, auf die Familie → Dursley Harry Potter schicken wollte, ehe er die Einladung nach → Hogwarts erhielt, ist eine öffentliche Schule in → Little Whinging (in der Übersetzung fälschlich als Gesamtschule bezeichnet). Im Original heißt die Schule einfach *Stonewall High*, eine unübersetzbare Doppeldeutigkeit: *High* ist nicht nur die Abkürzung für *High School*, sondern bedeutet auch hoch; wörtlich übersetzt steht hier also »hohe Steinmauer«. Deutlicher kann man kaum ausdrücken, dass dies für Harry ein Gefängnis sein sollte...

**Stoppt die schändliche Misshandlung...**
Manifest vom → Bund für ELFEnRechte.

**Stouffer, Nancy K.**
Die amerikanische Schriftstellerin aus Camp Hill im US-Staat Pennsylvania hat bereits 1999 Joanne K. → Rowling vorgeworfen, Rowling habe den Begriff »Muggles« und die Namen einiger Figuren aus einem ihrer Bücher übernommen (→ Plagiat). Stouffer möchte an dem Gewinn der Harry-Potter-Bücher beteiligt werden, da sie das Copyright an den → Muggles und den Potters besitze. Nancy Stouffer erklärt in ihrer Klageschrift, die Ideen für die Harry-Potter-Bücher stammten aus ihrem Buch »The Legend of Rah and Muggles« (»Die Legende von Rah und den Muggels«, 1984): Der Held heißt Larry Potter, es kommt eine Figur namens Lilly Potter vor, und die Muggles sind Überlebende einer atomaren Katastrophe, winzige Menschen ohne Haare. Nachdem Versuche einer außergerichtlichen Klage gescheitert sind, hat ein Gericht in New York im August 2000 die Klage gegen Rowling, den amerikanischen Verlag → Scholastic Inc. und den Medienkonzern → Time Warner, der die → Filmrechte an den ersten beiden Potter-Bänden gekauft hat, angenommen. Den jeweils aktuellen Stand der Rechtsfrage aus der Sicht von Stouffer findet man im Internet unter www.realmuggles.com.

**Strafarbeit**
Für die Schülerinnen und Schüler von → Hogwarts gibt es zahlreiche Regeln und → Verbote. Wer sie verletzt, kann eine Strafarbeit aufgebrummt bekommen. In der Regel sind dies »nützliche« Arbeiten, wie das Putzen von Pokalen und Medaillen (Ron → Weasley in HP2) oder die Suche nach dem verletzten → Einhorn, zu der Harry Potter, Ron Weasley, Neville → Longbottom und Draco → Malfoy gemeinsam mit → Hagrid in den → Verbotenen Wald aufbrechen. Hagrid bringt an diesem Abend die »Philosophie« der Strafarbeiten in Hogwarts auf den Punkt: *»Die Hausordnung abschreiben! Wem nützt das denn? Du tust was Nützliches oder du fliegst raus!«* (HP1,272) Die schlimmste Strafarbeit für Harry ist es, als er Gilderoy → Lockhart 4 Stunden lang beim Beantworten sei-

ner → Fanpost helfen und die Briefumschläge adressieren muss. Ron findet es viel schlimmer, die Pokale und Medaillen im Pokalzimmer putzen zu müssen; dies hat aber den positiven Effekt, dass er später sofort weiß, wer Tom → Riddle ist (HP2,124). Am allerschlimmsten ist es allerdings, als er auf Anordnung von Professor → Snape die Bettpfannen im Krankenflügel putzen muss – ohne Zauberei (HP3,182). – Strafarbeiten erhält Harry auch von seiner Tante Petunia → Dursley aufgebrummt, z. B. an seinem → Geburtstag 1992, nachdem er Dudley → Dursley geärgert hat.

**Stück Schleim**
So schimpft George → Weasley über Draco → Malfoy (HP2,174).

**Stumper, Oberst**
Ein Bekannter von Magda → Dursley, von dem sie erzählt (HP3).

**Stundengläser**
In riesigen Stundengläsern wird in → Hogwarts der Stand der → Hauspunkte angezeigt.

**Stupor**
Ein → Zauberspruch (→ Lähmspruch, Schockzauber): Aus dem → Zauberstab entspringt ein roter Lichtstrahl, der den Getroffenen lähmt. Die Wirkung wird aufgehoben durch den Spruch → Enervate. – Das lateinische *stupor* bedeutet die völlige körperliche und geistige Bewegungslosigkeit. Die englische Fassung des Spruches, *stupefy*, ist das englische Wort für betäuben.

**Sucher, Sucherin**
In jedem → Quidditch-Team gibt es einen Sucher oder eine Sucherin (englisch: *Seeker*). Seine oder ihre Aufgabe ist es, den Goldenen → Schnatz zu fangen; das bringt 150 Punkte und beendet das Spiel. Sucher oder Sucherin ist immer das leichteste, kleinste und schnellste Teammitglied – und das, das die meisten Verletzungen davonträgt. Sucher des → Gryffindor-Teams ist Harry Potter, Sucherin des → Ravenclaw-Teams Cho → Chang, und Sucher des bulgarischen Weltmeisterschafts-Teams Viktor → Krum. Manche vergleichen Harrys Funktion als Sucher mit der Suche nach dem heiligen → Gral.

**Süßigkeiten, besondere**
Die Hexen und Zauberer kennen besondere Süßigkeiten. Im Honigtopf in → Hogsmeade bekommt man u. a. → Bertie Botts Bohnen in allen Geschmacksrichtungen, → Bester Blaskaugummi, → Eis-Mäuse, → Explodierende Bonbons, getrocknete Kakerlaken, → Gummischnecken , → Kokosnusseis, →

Lakritz-Zauberstäbe, → Lutscher mit Blutgeschmack, → Nugatriegel, → Pfefferkekse, → Pfefferkobolde, → Pfefferminzkröten, → Säuredrops, → Schokofrösche, → Schokokugeln, → Toffeebohnen, → Zischende Wissbies, → Zuckerfederhalter und → Zuckerwattefliegen. – Süßigkeiten mit eingebauter Überraschung bieten die → Weasley-Zwillinge in ihrem Scherzartikelversand → Weasleys Zauberhafte Zauberscherze an, z. B. → Würgzungen-Toffee und → Kanarienkremschnitten.

**Summers**

Ein → Gufflepuff, versucht, mit einem Alterungstrank die → Alterslinie auszutricksen, um am → Trimagischen Turnier teilzunehmen (HP4).

**Sumo, Quirin**

Autor des Buches »Dunkle Kräfte. Ein Kurs zur Selbstverteidigung« *(The Dark Forces: A Guide to Self-Protection)*. Der Name hat ganz andere Bedeutungen als das englische Original Quentin → Trimble. Quirinus war in der frühen römischen → Mythologie ein Kriegsgott und bildete zusammen mit Jupiter und Mars eine Götterdreiheit. Der römische Hügel Quirinal ist nach ihm benannt, 293 v. Chr. errichtete man ihm dort einen Tempel. Sein Fest waren die Quirinalen am 17. Februar. Später wurde er mit Romulus gleichgesetzt, dem legendären Gründer Roms und Bruder von Remus. Dessen Name findet sich wieder als Vorname von Remus → Lupin. – Sumo ist die traditionelle japanische Form des Ringens und eine der ältesten Kampfsportarten; in einer Chronik des 8. Jahrhunderts wird ein Wettbewerb im Jahr 23 v. Chr. erwähnt. Es gibt in Japan 28 Sumoschulen. Bei dem Kampf muss man den Gegner entweder aus dem Ring drängen, ihn zu Boden werfen oder ihn zwingen, den Boden mit einem anderen Körperteil als der Fußsohle zu berühren. Die Sumori, Berufsringer, sind ausgesprochen schwer und massig, arbeiten mit 48 verschiedenen Techniken und genießen in der japanischen Gesellschaft ein enorm hohes Ansehen.

***Supreme Mugwump***

Englische Form des Zauberertitels → »Ganz hohes Tier«.

**Surrey**

Südostenglische Grafschaft südwestlich von → London; hier lebt Harry Potter bei seinen Verwandten, der Familie → Dursley, im fiktiven Örtchen Little Whinging im Ligusterweg 4. Die Grafschaft umfasst 1697 Quadratkilometer und hat etwas über 1 Million Einwohner. Wichtige Städte sind Guildford, Reigate, Banstead und Woking. Die Universität von Surrey ist in Guildford. Bekannte Leute, die in Surrey geboren wurden, sind der Theologe Wilhelm von Ockham (geboren etwa 1300 in einem Dorf nahe Woking), der Roman- und

Dramenautor John Galsworthy (1867 in Combe nahe Haslemere) und der Schriftsteller Aldous Huxley (1894 in Godalming).

**Switch, Emeric**

Englischer Name von Emeric → Wendel – das englische *switch* bedeutet Schalter, Weiche, Wechsel und Wandel.

**Sympathie-Magie, sympathetische Magie**

→ Magie

# T

## Tagebuch

In Harry Potters zweitem Schuljahr in → Hogwarts spielt das 50 Jahre alte → Tagebuch des Tom Vorlost → Riddle eine zentrale Rolle. Es wird von Lucius → Malfoy im Rahmen einer groß angelegten → Verschwörung der Erstklässlerin Ginny → Weasley zugesteckt, und diese verwendet es als eigenes Tagebuch. Dabei wird sie von Tom Riddle, der als lebende → Erinnerung in diesem Büchlein weiterexistiert, übernommen und öffnet für ihn die → Kammer des Schreckens. Auch Harry bekommt das Tagebuch, das nur wie ein simpler → Taschenkalender aussieht, in die Hände und erfährt dadurch, was 50 Jahre zuvor geschah, als 1942 die Kammer schon einmal geöffnet wurde – er macht praktisch eine virtuelle → Zeitreise durch Tom Riddles Augen. Da dieser nicht wirklich existiert, sondern nur ein von dem späteren Lord → Voldemort angelegtes Erinnerungsmuster ist, gelingt es Harry, Tom auszulöschen und Ginny aus dem Bann zu befreien, indem er das Tagebuch zerstört (HP2).

## Tagespost

Die Zeitung in der → Muggelwelt, die Vernon → Dursley liest; im Original (und ersten deutschen Band) *Daily Mail.*

## Tagesprophet

Tageszeitung der Zauberer, im Original *Daily Prophet.* Für diese Zeitung arbeitet die Sensationsjournalistin Rita → Kimmkorn. Der → Carlsen-Verlag gibt analog zum Tagespropheten im → Internet eine wöchentlich aktualisierte Informationsseite namens »Wochenprophet« heraus.

## Talisman

Eigentlich ein → astrologischer Glücksbringer: ein astrologisches Symbol, von dem man glaubt, dass es dem Träger oder Besitzer nutzt oder Glück bringt oder ihn schützt. Bei den → Muggeln sind solche Glücksbringer als Halsketten sehr verbreitet. Der Begriff wird auch benutzt für nichtastrologische Glückbringer wie die bei den Muggeln beliebte »Hasenpfote« oder Haarsträhnen geliebter Personen. Manchmal wird der Talisman auch mit dem → Amulett verwechselt.

**Tante Magda**
→ Dursley, Magda.

**Tante Petunia**
Die Tante von Harry Potter, bei der er aufwächst, ist Petunia → Dursley.

**Tanz mit einer Todesfee**
Buch von Gilderoy → Lockhart *(Break With A Banshee)*, Pflichtlektüre in Harrys zweitem Schuljahr (HP2).

**Tanzfluch**
→ Tarantallegra

**Tarantallegra**
→ Zauberspruch, Tanzspruch: Das Opfer wird gezwungen, eine Tarantella zu tanzen, die Beine bewegen sich ganz von alleine. Harry Potter setzt den → Fluch im → Duellierclub gegen Draco → Malfoy ein (HP2,200). – Die *Tarantella* ist ein sehr schneller süditalienischer Tanz; der Name ist wahrscheinlich abgeleitet vom italienischen *Taranto*, das ist die Stadt Tarent. Der Volkstanz mit dem Charakter eines erotischen Werbetanzes wird als Paartanz in schnellem Sechsachteltakt mit sich kontinuierlich steigerndem Tempo ausgeführt und heute meist als Schautanz gezeigt. Da man im Spätmittelalter vermutet hat, dass der Biss einer → Tarantel eine krankhafte Tanzwut auslösen könne, die man *Tarantismus* nannte, wurde der Name des Tanzes mit der Tarantel in Verbindung gebracht. Später entstand daraus der verbreitete → Aberglaube, der Tanz könne das Gift der Tarantel aus dem Körper vertreiben. Da das Gift zwar schmerzhaft, aber ungefährlich ist, ist allerdings jede schnelle Bewegung mit Anregung des Kreislaufes geeignet, den Abbau zu beschleunigen (und man merkt die Schmerzen vielleicht einfach auch nicht mehr...). – *Allegro* ist ebenfalls italienisch und bedeutet ursprünglich »munter«, wird aber in der Musik inzwischen als allgemeine Tempobezeichnung eingesetzt für »schnell«.

**Tarantel**
Lee → Jordan hat bei der ersten Fahrt von Harry Potter mit dem → Hogwarts-Express eine Tarantel dabei. Taranteln gehören zu den Wolfs-→ Spinnen (*Lycosidae*) und sind braun, beige und schwarz gemustert. Ihr Biss ist zwar schmerzhaft, aber für den Menschen nicht gefährlich. Tagsüber sind sie meist in Erd-

röhren zu finden. Die Sage um die Tarantella, nach der der → Zauberspruch → Tarantallegra benannt ist, geht wohl auf die Apulische Tarantel *(Lycosa tarentula)* zurück, die etwa drei bis vier Zentimeter lang wird und im Mittelmeergebiet verbreitet ist.

**Tarnumhang**
→ Unsichtbarkeitsumhang

**Taschengeld**
Seit mindestens 6 Jahren hat Harry Potter von den → Dursleys kein Taschengeld mehr bekommen (HP2,72); in der Welt der Muggel ist er arm wie eine Kirchenmaus. Allerdings könnte er jederzeit einen Teil seines riesigen Vermögens bei der → Gringotts-Bank in Muggel-Geld umtauschen.

**Taschenkalender**
Das → Tagebuch des Tom Vorlost → Riddle ist auf den ersten Blick ein ganz normaler → Muggel-Taschenkalender von 1942, gekauft bei einem Zeitungshändler in der Vauxhall Street in → London. Nichts Sichtbares ist darin zu entdecken, aber er ist fast unzerstörbar und saugt jede → Tinte sofort auf, das Geschriebene steht dann Tom Riddle zur Verfügung. Erst mit dem Giftzahn des → Basilisken kann Harry Potter das Buch und die lebende → Erinnerung darin vernichten (HP2).

**Taschen-Spickoskop**
→ Spickoskop

**Taschenuhr**
→ Uhr

**Tatze**
Spitzname von Sirius → Black unter seinen Freunden in → Hogwarts ab der 5. Klasse; bezieht sich auf seine Fähigkeit, sich als → Animagus in einen großen schwarzen Hund verwandeln zu können (englisch: *Padfoot*, d. h. Pfote).

**Tausend knifflige Zauberrätsel**
Ein Buch, in dem Harry Potter und seine Freunde nach einer Lösung suchen, wie Harry unter Wasser leben kann, um die zweite Aufgabe des → Trimagischen Turniers zu lösen *(Weird Wizarding Dilemmas and Their Solutions)*.

**Tausend Zauberkräuter und -pilze**
Lehrbuch ab dem ersten Schuljahr in → Hogwarts von Phillida Spore.

### Teddybären

Auch junge Hexen und Zauberer spielen mit Knuddeltieren. Weil sein Bruder Fred → Weasley seinen Teddybär einmal in eine → Spinne verwandelt hat, kann Ron → Weasley Spinnen nicht ausstehen.

### Teeblätter deuten

→ Weissagungsmethode, die Harry Potter im 3. Schuljahr lernen soll (HP3).

### Teeservice

Ein verhextes Teeservice macht der → Abteilung gegen den Missbrauch von Muggelartefakten und deren Leiter Arthur → Weasley ziemlich zu schaffen. Nach dem Tod der Hexe gerät es in eine Muggelfamilie und macht sich dort selbstständig (HP2,35).

### Teesieb

Mit einem solchen hat Gilderoy → Lockhart laut seinem Buch → »Gammeln mit Ghulen« angeblich einen → Ghul gefangen (HP2,169).

### Telefon

Auch Zauberer und Hexen benutzen dieses → Muggelartefakt, müssen damit aber erst umgehen lernen, z. B. in → Muggelkunde. Ron → Weasley benimmt sich am Telefon bei seinem ersten Versuch ziemlich daneben (HP3,8).

### Teleskop

Auch Fernrohr: ein Gerät, das ein vergrößertes Bild eines weit entfernten Gegenstands erzeugt. Die Schülerinnen und Schüler in → Hogwarts müssen für das erste Schuljahr ein Teleskop mitbringen; Harry hat ein zusammenschiebbares aus Messing. Jeden Mittwoch um Mitternacht beobachten sie damit in der → Astronomiestunde den Himmel. – Erfunden wurde das Teleskop in Holland, wahrscheinlich von dem Brillenmacher Hans Lippershey um 1608. Spätestens 1609 hat Galileo Galilei nachweislich ein Teleskop benutzt und entdeckt, dass der → Planet → Jupiter → Monde hat.

### Teufelsschlinge

Eine gefährliche Pflanze *(Devil's Snare)*, die sich um einen Menschen schlingt und ihn erdrückt. Kann mit → Feuer bekämpft werden. Der → Zauberbann von Professorin → Sprout, um den → Stein der Weisen zu schützen (HP1).

### Thaumaturgie

»Wunderwirken«, eine der vier Hauptformen der → Magie, hierzu zählen → Alchemie und die allgemeine Zauberei.

***The Burrow***
Im Original das Heim der Familie → Weasley. »The Burrow« heißt »der Tierbau«, die Höhle. Im Deutschen übersetzt mit → »Fuchsbau«.

***The Dark Forces: A Guide to Self-Protection***
Originaltitel des Lehrbuchs »Dunkle Kräfte. Ein Kurs zur Selbstverteidigung« von Quirin → Sumo.

**The Little White Horse**
Das Buch »The Little White Horse« der englischen Autorin Elizabeth Goudge, das Joanne K. → Rowling mit 8 Jahren las, war das einzige Buch, das sie nach eigenen Angaben evt. beeinflusste bei der Arbeit an den Harry-Potter-Büchern.

***The Monster Book of Monsters***
Originaltitel des Lehrbuchs »Das Monsterbuch der Monster«.

***The Standard Book of Spells«***
→ »Lehrbuch der Zaubersprüche«.

**Theorie der Magie**
Lehrbuch ab dem ersten Schuljahr in → Hogwarts von Adalbert → Schwahfel.

**Thomas, Dean**
Schüler in → Hogwarts im gleichen Jahrgang wie Harry Potter und wie dieser in → Gryffindor. Kein enger Freund, aber netter Schulkamerad von Harry, mit dem er im gleichen → Schlafsaal untergebracht ist, und wie dieser unter → Muggeln aufgewachsen. Der schwarzhaarige Junge aus einer Muggelfamilie ist Fußballfan und kann gut malen.

**Tibbles**
Eine von vier Katzen von Mrs → Figg.

**Tibetischer Volksverlag**
Verlag, der laut einem Bericht der Pekinger Zeitung »Beijing Qingnianbao« vom 19. September 2000 als Herausgeber der → Raubkopien genannt wird, die im September 2000 in einer Pekinger Buchhandlung aufgetaucht sind. Der Verlag bestreite jedoch jede Beteiligung.

**Tierkreis, Tierkreismal**
Einen imaginären Gürtel auf der Himmelskugel beiderseits der Ekliptik, der Bahn, auf der sich die Erde um die Sonne in einem Jahr bewegt, nennt man den

Tierkreis oder Zodiakus. Er wird in zwölf Abschnitte von je 30 Grad eingeteilt. Beginnend mit der Frühlingstagundnachtgleiche sind die Tierkreismale, die Segmente, die nach den → Sternbildern benannt sind, von West nach Ost Widder, Stier, Zwillinge, Krebs, Löwe, Jungfrau, Waage, Skorpion, Schütze, Steinbock, Wassermann und Fische. Da sich die Tagundnachtgleiche um die Ekliptik bewegt (Präzession), verschiebt sich der Widder alle 70 Jahre um ein Grad zurück und liegt heute im Sternbild Fische. In etwa 24.000 Jahren werden die Tierkreismale und die Sternbilder wieder zusammenfallen ( → Astrologie).

**Time Warner Entertainment Company L.P.**

Die amerikanische Firma, die über ihre Tochterfirma Warner Bros. alle Vermarktungsrechte und die → Filmrechte an Harry Potter hat. Informationen auch zum Film gibt es im → Internet unter *http://www.harrypotter.com* und *http://harrypotter.warnerbros.com.* Die Firma betreibt zudem einen Shop, über den man jede Menge → Merchandising-Artikel beziehen kann: *http://www.wbstore.com.* Adresse: Time Warner Entertainment Company L.P., 75 Rockefeller Plaza, 10019 NY New York.

**Timms, Agatha**

Eine Hexe, die eine Eulenfarm betreibt und bei der → Quidditch-Weltmeisterschaft die Hälfte verliert, weil sie auf ein wochenlanges Endspiel wettet.

**Tinte**

In der Welt der Zauberer wird mit → Federkielen und Tinte auf → Pergament geschrieben. Das Wort Tinte kommt vom lateinischen, entweder von *tincta aqua* (gefärbte Flüssigkeit) oder von *tinctum* (getränkt, gefärbt). Tinte ist eine farbige Flüssigkeit, entweder eine Lösung oder eine Suspension von Farbstoffen oder Pigmenten in Wasser. In der Welt der → Muggel verwendet man als Farbstoffe u. a. Anilinblau, (gelbes) Auramin, Bismarckbraun, (rotes) Eosin, Methylenblau, Malachitgrün, Methylviolett und Wasserblau. Geheimtinten, auch sympathetische Tinten genannt, werden nach dem Trocknen unsichtbar und müssen durch Behandlung mit Chemikalien, durch Erhitzen oder UV-Bestrahlung sichtbar gemacht werden; einfache Beispiele sind Urin oder Zitronensaft. Für wichtige Dokumente gibt es dokumentenechte Tinte, die licht- und luftbeständig sowie waschecht ist; schon im Mittelalter hat man dafür Eisengallustinte benutzt, eine Lösung aus Tannin, Gallussäure und Eisen-II-Sulfat. Beim Schreiben ist sie blau, wird aber später schwarz, weil das Eisen-II-Sulfat zu Eisen-III-Sulfat oxidiert und das Eisen-III mit der Gallussäure eine schwarze Verbindung bildet. Minerva → McGonagall schreibt in der Regel mit grüner Tinte, Harry Potter oft mit roter Tinte. In der Welt der Zauberer sind aber auch Tinten üblich, die die Farbe wechseln.

### Tintenfisch

Ein riesiger Tintenfisch haust im → schwarzen See auf dem Gelände von → Hogwarts; er lässt gerne mit sich spielen (HP1,286).

### Titelbilder

Die Titelbilder der deutschen Ausgaben der Harry-Potter-Bücher stammen von Sabine Wilharm. Beim vierten Band, → »Harry Potter und der Feuerkelch«, ließ der Verlag im → Internet darüber abstimmen, welches von zwei Titelbildern ausgewählt werden sollte. (→ Internationale Ausgaben).

### Tod

Dem Tod zu entgehen, → Unsterblichkeit zu erringen, ist eines der Hauptziele der → Alchemie und der Suche nach dem → Stein der Weisen. Doch nicht alle mächtigen Hexen und Magier sehen darin ein wichtiges Ziel: *»Schließlich ist der Tod für den gut vorbereiteten Geist nur das nächste große Abenteuer«*, meint Albus → Dumbledore zur Zerstörung des Steins der Weisen (HP1,323).

### Todesfee

Eine Fee, englisch *Banshee*, aus der Anderswelt der Kelten (korrekter Name *bean sie*). Die »Frau der Feen« oder »Frau aus den Hügeln« aus der irisch-keltischen → Mythologie kündigt bis heute in Irland mit ihrem Wehklagen einen bevorstehenden Tod an und verkörpert die Unterwelt. Gilderoy → Lockhart will in → Bandon eine Banshee verbannt haben, doch in Wirklichkeit tat dies eine Hexe mit einer Hasenscharte. Er löschte ihr Gedächtnis und stahl ihre Taten und ihren Ruhm. Nicht einmal der Name der tapferen Frau ist bekannt. – In der → Mythologie der → Muggel treten die Todesfeen auf als junge schöne Frauen oder als alte zerlumpte Greisinnen, stets mit langem, wehendem Haar und vom Weinen blutrot unterlaufenen Augen. Sie klagen laut in menschlicher Stimme, aber einer fremden Sprache. Ihre Anführerin, die Königin der Unterwelt, Áine, begleitet die Verstorbenen auf ihrem Weg in die Unterwelt und ebenso die Seelen auf dem Weg in einen ungeborenen Körper für die Wiedergeburt. Nach anderen Vorstellungen waren alle Todesfeen ursprünglich Königinnen der Anderswelt; mit dem Sieg des Christentums stiegen sie in die Unterwelt hinab, um sich in Feen zu verwandeln. – Noch heute hören der Legende nach Kranke in Irland kurz vor ihrem Tod das Klagen der Todesfeen, oft aber auch Menschen, die so den Tod eines weit entfernten Verwandten erfahren. Noch immer glauben viele Muggel, dass sich Todesfeen unter Häusern aufhalten, in denen jemand im Sterben liegt. Das Wehklagen der Trauernden ist dann ein Echo ihres Schreis.

### Todesfluch

→ Avada Kevadra (HP4).

### Todesser

Die Anhänger von Lord → Voldemort werden als *Death Eaters* bezeichnet. Sollen ihnen damit Neigungen zur → Nekrophilie unterstellt werden? Ihre Organisation und ihr Verhalten erinnert stark an den Ku-Klux-Klan. Diese terroristische Geheimorganisation wurde 1865 in Tennessee gegründet in der → rassistischen Überzeugung, dass die Schwarzen von Natur aus den Weißen unterlegen seien, und in der Absicht, die Schwarzen nach dem Amerikanischen Bürgerkrieg daran zu hindern, ihre Rechte wahrzunehmen. Die Klanmitglieder kleideten sich in Roben oder Tücher, trugen Masken und spitze Kapuzen. Terror, Morde, Folterungen und Brandstiftungen wurden als notwendige Maßnahmen zur Verteidigung der weißen Vorherrschaft ausgegeben. Ab 1867 nannte sich der Klan »Unsichtbares Reich« *(Invisible Empire)*, an dessen Spitze ein autokratisch herrschender »Großer Hexenmeister des Reiches« *(Grand Wizard of the Empire)* stand. 1924, auf dem Höhepunkt seiner Macht, hatte der Klan rund drei Millionen Mitglieder, Ende der 80er-Jahre hatten alle Einzelorganisationen zusammen etwa 5.000 Mitglieder, die immer noch terroristische Anschläge verüben, z. B. seit 1996 auf fast 200 Kirchen meist schwarzer Gemeinden. – Die Todesser sind streng hierarchisch organisiert wie viele derartige Geheimbünde; wie im Ku-Klux-Klan treten sie meist maskiert auf und kennt jedes Mitglied nur einige der anderen, weshalb es auch nach dem Fall von Voldemort nicht gelang, aller habhaft zu werden. Nicht alle, aber viele Todesser tragen auf dem linken Arm das → Dunkle Mal, mit dessen Hilfe → Voldemort sie rufen kann. Von den Todessern, die → Askaban entgingen, haben viele Angst vor der Wiederkehr ihres Meisters, weil sie ihm nicht treu genug waren und Strafe befürchten. Zu den treuen Dienern von Voldemort gehören Peter → Pettigrew, Lucius → Malfoy, → Macnair, → Avery, → Nott, → Crabbe und → Goyle. Todesser, die sich von Voldemort losgesagt haben, sind → Snape und → Karkaroff (HP4).

### Todestagsfeier

Die Feier, die ein → Geist bei der Wiederkehr seines Todes feiert, so wie ein Lebender seinen Geburtstag. Harry Potter besucht in seinem 2. Schuljahr die Todestagsfeier des → Fast Kopflosen Nick an → Halloween (HP2).

### Toffeebohnen

Süßigkeit, gibt es im → Honigtopf.

### Toilettensitz

Ein vielleicht etwas unpassendes Geschenk, das die → Weasley-Zwillinge Harry Potter nach dessen Kampf gegen → Quirrell und Lord → Voldemort machen wollen; aus hygienischen Gründen wird der Sitz von Madam → Pomfrey beschlagnahmt.

**Tolkien, John Ronald Reuel**
In den Werken von Joanne K. → Rowling hat der Alt- und Großmeister der phantastischen Literatur keinen so großen Einfluss wie sein Kollege, Freund und Konkurrent C.-S. Lewis, scheint aber in einzelnen Aspekten doch immer wieder durch. Der Oxford-Professor für altes Englisch (1892 – 1973), von seinen Fans kurz und liebevoll JRRT genannt, war einer der größten Phantasten der Literaturgeschichte und hat mit der Saga um Mittelerde, die Hobbits (Halblinge), um Elben und Zwerge, um den Zauberer Gandalf und um die drei Ringe (der Elben) und den »Einen Ring« (Saurons) einen der umfangreichsten, fantastischsten und schlüssigsten Mythen geschaffen und damit der Fantasy-Literatur weltweit zum Durchbruch verholfen. Tolkien ist der wohl erfolgreichste Fantasy-Autor überhaupt, seine Welt »Mittelerde« hat einem Rollenspiel den Namen gegeben, und »Der Herr der Ringe« (1954/55) wurde zu einem ziemlich miesen Zeichentrickfilm verbraten. Eine umfangreiche Verfilmung ist in Vorbereitung und wird im Herbst 2001 in die Kinos kommen, etwa zum gleichen Zeitpunkt wie der erste → Film zu Harry Potter. Tolkiens Werk, mit einer kompletten eigenen Welt mit eigener Kosmogonie (im »Silmarillion«, 1977), eigener Religion und sogar eigener Sprache, bietet viele Aspekte, bis hinein in den politischen Raum, auch wenn er selbst es nie politisch verstanden wissen wollte. Immerhin gingen in den USA 1968 Student/innen auf die Straße mit dem Slogan »Gandalf for President« – und der letzte Teil des »Herrn der Ringe« behandelt den Kampf zwischen Industrie und Umwelt, zwischen Ausbeutung und humaner Lebensweise. Zudem kann man in seinen Werken zu fast jedem Problem des Menschseins Bedenkenswertes finden: *»Utopisch ist der ›Herr der Ringe‹ in mancherlei Hinsicht.* [...] *Die kleinen Leute ... nehmen entscheidende Aufgaben wahr in einer Situation, in der den Weisen und Großen der Atem und der Verstand auszugehen drohen.* [...] *So bewältigt der ›Herr der Ringe‹ das Bedürfnis nach Geschichte, das er aufgreift, nicht, aber er gestattet weitgreifende Durchblicke dem, der sich über der Lektüre fremd wird und damit einen Schritt zu sich selbst tut«* (Frankfurter Rundschau, 2.9.1978). – Alles Wichtige zu Tolkien wird in meinem Tolkien-Lexikon zu finden sein, das Ende 2001 auf den Markt kommt. Für den gleichen Zeitraum hat Regisseur Peter Jackson den ersten Teil der Verfilmung der Trilogie »Der Herr der Ringe« angekündigt.

**Tollheit oder Tollwut?**
Buch mit dem Untertitel »Die Übergriffe von Hippogreifen«, das Ron → Weasley studiert, um in der Berufungsverhandlung gegen → Seidenschnabel einen Freispruch zu erreichen (*Fowl or Foul? A Study of Hippogriff Brutality*, HP3).

**Tom**
Der alte, zahnlose und kahlköpfige Wirt im Pub → »Zum Tropfenden Kessel«.

### Topsham
Aus diesem Ort kommt Madam Z., eine Hexe, die mit → Kwikzaubern angeblich erfolgreich Zaubern lernte, jetzt überall nach ihrer Funken-Lösung gefragt und von der Vertriebsfirma als Werbeargument zitiert wird. Wahrscheinlich ist sie von der Firma erfunden, *Topsham* heißt übersetzt nämlich »die Spitze der Täuschung«. Und dass sie eine Lösung zum Funkenmachen braucht, spricht nicht gerade für ihre Zauberkraft... (HP2,133)

### Tor
So nennt man es im → Quidditch, wenn ein Team den → Quaffel durch einen der Ringe auf der gegnerischen Seite wirft; das gibt 10 Punkte.

### Torhüter
→ Hüter

### Totenkopf, Totenschädel
Gegenstand, um → schwarze Magie zu bewirken, erhältlich bei → »Borgin und Burkes« (HP2). Ein Totenschädel ist auch Bestandteil des → Dunklen Mals.

### Tränen des Phönix
Die Tränen eines → Phönix haben heilende Kraft, wie Harry Potter mehrfach feststellen kann (HP2, HP4).

### Trank der Lebenden Toten
Extrem starker → Schlaftrank, wahrscheinlich identisch mit dem Gift, mit dem in Haiti → Zombies produziert werden. Wird hergestellt aus einem → Wermut-Aufguss und geriebener → Affodillwurzel. Professor → Snape fragt Harry Potter in dessen erster Stunde in → Zaubertrankkunde nach diesem Trank (HP1).

### Trank zur Heilung von Furunkeln
Besteht u. a. aus getrockneten Nesseln, zermahlenen Giftzähnen von → Schlangen, geschmorten → Wellhornschnecken und Stachelschweinpastillen (HP1).

### Transfiguration
Verwandlung, auch benutzt für → Verwandlungskunde, Verwandlungslehre, unterrichtet von Minerva → McGonagall.

### Transmutation
Die Umwandlung unedler in edle Metalle, vornehmlich Quecksilbers in Gold, ist eines der wichtigsten Ziele der → Alchemie. Sie kann gelingen mithilfe des → Steines der Weisen und gehört deshalb zu den Künsten, zu denen Nicolas →

Flamel fähig ist. – In der → Alchemie gibt es allerdings auch noch andere Wege, an dieses Ziel zu gelangen. Einen, der → Blut als Ingredienz erfordert, schildert E. T. A. Hoffmann (1776 – 1822) in seiner Erzählung »Ignaz Denner« (1817): *»Nun weißt du schon, Andres, daß eines der größten Kunststücke meines Vaters die Bereitung jenes köstlichen wundersamen Liquors war, wozu das Hauptingredienz das Herzblut von Kindern ist, die neun Wochen, neun Monate, oder neun Jahre alt und von den Eltern dem Laboranten freiwillig anvertraut sein müssen. Je näher die Kinder mit dem Laboranten in Beziehung stehen, desto wirkungsvoller entsteht aus ihrem Herzblut Lebenskraft, stete Verjüngung, ja selbst die Bereitung des künstlichen Goldes.«*

**Transmutations-Tortur**

Ein → Fluch, von dem Gilderoy → Lockhart plappert, der wohl Wesen verwandelt oder versteinert (HP2,148).

**Transport, Magischer**

In den Harry-Potter-Büchern werden drei Arten des magischen Transports von Personen von einem Ort zum anderen mit wenig oder gar keinem Zeitverlust beschrieben: → Apparieren, → Floh-Pulver und → Portschlüssel. – Die → Muggel kennen keine derartigen Techniken, auch wenn ihre Wissenschaftler und Phantasten sich solche immer wieder ausdenken. Das Apparieren nennen sie »Teleportation«, dies beherrschen aber bisher nur sogenannte »Mutanten« in Büchern oder ihren nichtmagisch belebten Bilderreihen, etwa ein »Mausbiber« namens »Gucky«. Den Transport mittels Portschlüssel gibt es in einer bekannten Serie der nichtmagisch belebten Bilderreihen namens »Raumschiff Enterprise« oder »Star Trek« und wird dort als »Beamen« bezeichnet. Unter manchen Muggeln ist es schon zum geflügelten Wort geworden: »Beam me up, Scotty!«

**Transsilvanien, Transsylvanien**

Das »Land hinter den Wäldern« (lateinisch), Siebenbürgen, zeitweise zu Ungarn gehörend, seit 1921 Bestandteil von → Rumänien. Charlie → Weasley arbeitet hier und erforscht die zahlreich vorkommenden wilden → Drachen. Harry Potter muss im Unterricht von Gilderoy → Lockhart einmal einen transsylvanischen Dörfler mit → Babbelfluch spielen (HP,168). – Transsylvanien ist seit dem Roman »Dracula« fälschlicherweise als Heimat der → Vampire verrufen. Allerdings stammt die wohl bedeutendste »echte« Blutsaugerin, »The World Champion Lady Vampire of all Time«, Elizabeth Bathory, aus einem um 1520 erstmals erwähnten siebenbürgischen Fürstengeschlecht, das mehrere Woiwoden und Fürsten und mit Stephan IV. sogar einen polnischen König (1576 – 1586) stellte. In Transsylvanien arbeitet Charlie → Weasley als Drachenfänger.

**Traum**

Ob Träume etwas zu bedeuten haben, ist in der Welt der Hexen und Zauberer so ungewiss wie in der der → Muggel. Während seiner Gefangenschaft bei den → Dursleys träumt Harry Potter einmal, er sei im Zoo ausgestellt in einem Käfig mit dem Schild »Minderjähriger Zauberer« (HP2,27). Manchmal träumt Harry von Lord → Voldemort und erhält durch diese durch seine → Narbe vermittelten Träume Warnungen oder nützliche Informationen (HP4).

***Travels With Trolls***

Originaltitel des Buches »Trips mit Trollen« von Gilderoy → Lockhart, Pflichtlektüre in Harrys zweitem Schuljahr (HP2).

**Travers**

Ein → Todesser, der dabei war, als die → McKinnons ermordet wurden, wird von Igor → Karkaroff bei dessen Prozess beschuldigt.

**Treiber, Treiberin**

In jedem → Quidditch-Team gibt es zwei Treiber oder Treiberinnen (englisch: *Beaters*). Sie versuchen, die → Klatscher vom eigenen Team fernzuhalten und auf das gegnerische zu jagen. Dazu verwenden sie ein Schlagholz, das einem kleinen Baseballschläger ähnelt. Wenn sie ihre Arbeit gut machen, gibt es keine Toten. Treiber des → Gryffindor-Teams sind die → Weasley-Zwillinge.

**Trelawney, Sybill**

Die Lehrerin in → Weissagung in → Hogwarts sagt regelmäßig Todesfälle voraus, die nicht eintreffen; dunkle Prophezeiungen sind ihr Steckenpferd. Sie ist sehr dünn und trägt riesige Brillengläser, die ihre Augen vergrößern und ihr so das Aussehen eines Insekts verleihen. Einmal macht Professor Trelawney eine echte und richtige Vorhersage: dass und wie »der schwarze Lord«, Lord → Voldemort, wiederkehren werde (HP3,333). – Eine Sybille war in der Antike der → Muggel eine Seherin oder Weissagerin; berühmt waren die Sybillen von Delphi. In der → Mythologie der Griechen gab es eine unglückliche Seherin namens Sybille, die das göttliche Geschenk des ewigen Lebens, der → Unsterblichkeit erbat, aber die ewige Jugend zu erbitten vergaß und so uralt dahinvegetierte.

**Trevor**

Name der → Kröte von Neville → Longbottom.

**Trickstufe**

In → Hogwarts gibt es zahlreiche Trickstufen, Treppenstufen, die plötzlich verschwinden, wenn man darauf tritt; man kommt ohne Hilfe nicht mehr heraus.

### Trimagischer Schlüssel

Das goldene Ei, das Harry in der ersten Aufgabe des → Trimagischen Turniers einem → Drachen unter dem Bauch wegnehmen muss, beinhaltet ein Rätsel, das ihm verrät, was die zweite Aufgabe ist.

### Trimagisches Turnier

Turnier mit großer Tradition *(Triwizard Tournament)*, das erstmals vor rund 700 Jahren zwischen den drei größten europäischen → Zaubererschulen → Hogwarts, → Beauxbatons und → Durmstrang stattfand und in dem für jede Schule ein Champion drei magische Aufgaben lösen musste. Das Turnier fand alle 5 Jahre statt, bis die Todesrate so groß wurde, dass es eingestellt wurde. Selbst Juroren wurden verletzt, 1792 etwa, als ein → Basilisk, den die Champions fangen sollten, auf Nahrungssuche ging. Nach vielen vergeblichen Versuchen findet das Turnier nach Jahrhunderten im Schuljahr 1994/95 wieder statt, in Harry Potters viertem Schuljahr. Eine → Alterslinie soll sicherstellen, dass nur volljährige Hexen oder Zauberer teilnehmen (ab 17). Die Champions wählt wie stets der → Feuerkelch aus, für jede Schule einen. Er wird von Barty → Crouch junior in Gestalt von Mad-Eye → Moody so manipuliert, dass er die Existenz von vier Schulen annimmt und ein Pergament mit Harrys Namen, das Crouch in den Kelch geworfen hat, ausspuckt. Da dies einen bindenden magischen Vertrag bedeutet, muss Harry teilnehmen. Die anderen Champions sind Cedric → Diggory (Hogwarts), Fleur → Delacroix (Beauxbatons) und Viktor → Krum (Durmstrang). Die Jury besteht aus den drei Schulleitern → Dumbledore, → Karkaroff und Madame → Maxime sowie für das organisierende → Zaubereiministerium Ludo → Bagman und Barty → Crouch (als dessen Vertreter Percy → Weasley. und bei der letzten Aufgabe Cornelius → Fudge). Die erste Aufgabe, die gelöst werden muss, ist, einem schwangeren → Drachenweibchen ein goldenes Ei unter dem Bauch wegzunehmen, Harry benutzt dazu seinen → Feuerblitz, den er mit dem → Zauberspruch → Accio herbeigerufen hat. Das goldene Ei ist ein Trimagischer Schlüssel, in dem sich ein Rätsel verbirgt, das ihm verrät, was die zweite Aufgabe ist: geliebte Menschen aus der Gewalt der → Wassermenschen zu befreien, die diese tief im → schwarzen See gefangenhalten. Die dritte und entscheidende Aufgabe ist ein riesiges Labyrinth voller magischer Geschöpfe und mit einem Rätsel, das eine → Sphinx stellt. Da Mad-Eye Moody alias Crouch Fleur Delacour und Viktor Krum lahmlegt, findet das Turnier keinen echten Sieger. Cedric schafft es als erster zum Pokal, aber nur mit Harrys Hilfe, und will den Pokal diesem überlassen. Harry beschließt, dass sie ihn gemeinsam für Hogwarts holen sollen, und so werden sie gemeinsam von dem Pokal, den Crouch zu einem → Portschlüssel gemacht hat, zu Lord → Voldemort gebracht. Cedric wird von Peter → Pettigrew getötet, und Harry kehrt mit seiner Leiche nach seinem Kampf mit Voldemort (→ Fluchumkehr) mit dem Portschlüssel nach Hogwarts zurück. Das Preisgeld von 1.000 → Galleonen spendet er den → Weasley-Zwillingen für ihren Zauberscherzversand → Weasleys' Zauberhafte Zauberscherze. – Auch in der Welt der → Muggel haben Zaubererwettkämpfe eine lange Tradition. Die apokryphen Petrus-Akten aus dem 2. Jahrhundert berichten von einem Wunderwettkampf zwischen Simon Petrus und Simon Magus auf dem Forum zu Rom.

**Trimble, Quentin**

Englischer Name von Quirin → Sumo. – Der englische Name suggeriert, im Gegensatz zur deutschen »Übersetzung«, dass der Autor wohl nicht so mächtig ist im Kampf gegen das Böse, denn der Name erinnert an *tremble*, und das heißt (ängstliches) Zittern. – Quentin könnte vielleicht, als Hinweis auf die große zu erwartende Schlacht zwischen Gut und Böse, an die Schlacht von Saint Quentin erinnern, bei der die Armee Heinrichs II. von Frankreich 1557 gegen eine spanisch-niederländisch-englische Allianz 130 Kilometer nordöstlich von Paris eine vernichtende Niederlage erlebte.

**Trips mit Trollen**

Buch von Gilderoy → Lockhart *(Travels With Trolls)*, Pflichtlektüre in Harrys zweitem Schuljahr (HP2).

***Triwizard Tournament***

Die englische Originalbezeichnung für das → Trimagische Turnier

**Troll**

Es gibt in den Harry-Potter-Büchern verschiedene Arten von Trollen. Bergtrolle sind riesige, über drei Meter große zweibeinige Wesen mit grauer, glatter, haarloser Haut, plumpem Körper, langen, auf dem Boden schleifenden Armen, dicken kurzen Beinen mit flachen Füßen und einem kleinen, kahlen, an eine Kokusnuss erinnernden Kopf mit langen Schlappohren und einer hässlichen Schnauze. Sie stinken abscheulich und sind ziemlich dumm, vor allem aber sehr gefährlich: Sie fressen Menschen. Harry Potter und Ron → Weasley schlagen in ihrem ersten Schuljahr in → Hogwarts einen Troll ohnmächtig, den Professor → Quirrell freigelassen hat, und retten dabei Hermine → Granger. Dies bildet die Grundlage ihrer Freundschaft: *»Es gibt Dinge, die man nicht gemeinsam erleben kann, ohne dass man Freundschaft schließt, und einen fast vier Meter großen Bergtroll zu erlegen gehört gewiss dazu«* (HP1,197). Auch der → Stein der Weisen wird von einem Troll bewacht. – In Harrys drittem Jahr werden in Hogwarts Wächter- oder Sicherheitstrolle eingesetzt, um die Schülerinnen und Schüler vor Sirius → Black zu beschützen. Diese sind etwas weniger dumm und aggressiv und unterhalten sich mit Grunzlauten (HP3). Barty → Crouch senior spricht die Trollsprache. – In der → Mythologie der → Muggel ist der Glaube an Trolle im altnordischen Volksglauben verbreitet; dort verstand man darunter den Menschen feindselig gesinnte → Dämonen, die in Höhlen oder in Schlössern auf Bergspitzen hausten und jeden Reisenden fingen und fraßen, der sich nach Anbruch der Dunkelheit in ihr Gebiet wagte. Diese riesigen und dickhäutigen Wesen waren praktisch unverletzlich, nur das Sonnenlicht konnte sie bezwingen: Je nach Sage versteinerte es sie oder brachte sie zum Platzen. In seiner berühmten Geschichte *Der kleine Hobbit* hat J. R. R. → Tolkien Trolle, die unter Sonnenlicht zu Stein werden, beschrieben. Im christlich geprägten Mittelalter wurden aus den Trollen, wie aus anderen Fabelwesen, ungläubige und seelenlose Diener des Teufels.

**Trolltreppe**
So nennt Arthur → Weasley die Rolltreppen der → Muggel, weil er nicht weiß, wie sie sich richtig nennen (HP2,51).

**Tropfender Kessel**
→ Zum Tropfenden Kessel.

**Troy**
→ Jäger im irischen Team bei der → Quidditch-Weltmeisterschaft (HP4).

**Trueblood**
Die englische Bezeichnung für → »reines Blut«, wörtlich »wahres Blut«.

**Truppe Tanzender Skelette**
Eine besondere Attraktion, die Albus → Dumbledore für → Halloween 1992 in → Hogwarts gebucht hatte; Harry Potter bekommt davon nichts mit, da er auf der → Todestagsfeier des → Fast Kopflosen Nick ist.

**T-Shirts**
→ Merchandising

**Tuffy**
Eine von vier Katzen von Mrs → Figg.

**Tunichtgut**
So muss man sich selber nennen, wenn man die → Karte des Rumtreibers aktivieren möchte: *»Ich schwöre feierlich, dass ich ein Tunichtgut bin«* (HP3,202). Im Englischen: *Mischief-Maker.*

**Tunnel**
→ Geheimgang

**Turban**
Die europäische Bezeichnung für bestimmte Kopfbedeckungen der Muslime und Hindus oder auch anderer Völker im arabischen Raum. Es gibt mindestens drei Varianten, bei denen oft nur ein Tuch geschickt um den Kopf gewunden wird. Bei der bekanntesten Form wird ein Seiden- oder Leinenstreifen um eine Filzmütze gewickelt. Professor → Quirell trägt einen Turban, um Lord → Voldemort zu verbergen (HP1).

**Turpin, Lisa**
Schülerin in → Hogwarts im gleichen Jahrgang wie Harry Potter, eine → Ravenclaw.

**Tutshill**
Ein Ort, in dem Joanne K. → Rowling als Kind lebte.

# U

## Übersetzung

Bei jeder Übersetzung gehen zwangsläufig Zusammenhänge verloren oder werden verschleiert. Dies gilt insbesondere für → Alliterationen und → Namen, wie bei der Familie → Weasley, den vielen Benennungen mit → Farben, Doppeldeutigkeiten wie bei *Stonewall High* oder Verweisen auf bestimmte Marken wie beim → Zauberband. (Ähnliches gilt teilweise sogar für die Bearbeitung für die → USA!) In der insgesamt schönen und gelungenen deutschen Übersetzung der Harry-Potter-Bücher ins Deutsche hat der Übersetzer, Klaus Fritz, die meisten Namen im Original belassen, bei dem einen oder anderen ist er bei späteren Fassungen wieder zum Original zurückgekehrt, etwa bei Sirius → Black, der in der ersten Übersetzung Sirius Schwarz hieß. Ändern musste er den Vornamen von Hermione → Granger in Hermine, aber Harry Potter hat er glücklicherweise gelassen; ich bezweifle, dass der junge Zauberer in Deutschland als Harald Töpfer so erfolgreich geworden wäre. Bei einigen Namen ist die Übersetzung nicht ganz nachzuvollziehen, wie bei Emeric → Wendel, bei einigen hat er zusätzlichen Witz eingebracht (Arsenius → Bunsen) und bei anderen andere Aussagen gemacht (Quentin → Sumo). Den herrlich breiten schottischen Dialekt von → Hagrid hat er bei der Übersetzung leider ganz unter den Tisch fallen lassen. Manchmal passieren Flüchtigkeitsfehler: So ist → Verlies 719 in der Zaubererbank → Gringotts im Original Verlies *(Vault)* 713. Aus → »Drachenblut« wird Drachenmilch – dadurch verliert die Forschung von Albus → Dumbledore erheblich an mythologischer Bedeutung (HP1,114). Das Buch → »Geschichte der Zauberei« von Bathilda → Bagshot wird einmal fälschlicherweise Adalbert → Schwahfel zugeschrieben (HP3,5). Im 4. Band heißen Dinge plötzlich anders: Aus »Aufstieg und Niedergang der dunklen Künste« (HP1) wird → »Aufstieg und Fall der dunklen Künste« und der → »Ausschuss für die Beseitigung gefährlicher Geschöpfe« (HP3) heißt nun »Kommando für die Beseitigung gefährlicher Geschöpfe«, aus »Auf Jagd mit den Cannons« (HP2) wird »Fliegen mit den Canons«. Und zumindest in der ersten Auflage krempelt

→ Snape den rechten statt den linken Ärmel hoch, um das → Dunkle Mal zu zeigen. – Aus *Snap explodes* → »Snape explodiert« zu machen, ist allerdings kein Flüchtigkeitsfehler mehr, hier wird vollkommen der Sinn des Spiels verfälscht. Verfälschend ist auch die Übersetzung der → Hymne von Hogwarts. *Elbow Grease* statt mit »harter Arbeit« oder »Handarbeit« mit → »Armschmalz« zu übersetzen, ist kein Ruhmesblatt. Und aus dem herrlich obskuren Wort Obliviatoren → Vergissmichs zu machen, ist schon fast peinlich.
Die → Rechte an den deutschen Übersetzungen liegen beim → Carlsen-Verlag. Allerdings gibt es auch illegale Übersetzungen: So stellte im August 2000 der 45-jährige Berliner Informatiker Bernd Koelemann eine Übersetzung der ersten 6 Kapitel des 4. Bandes, »Harry Potter und der Feuerkelch«, ins Internet. Es sei, behauptete er, eine »Spaß-Sache«, mit der er keinerlei finanzielle Interessen verfolge. Nachdem der Verlag vergeblich versucht hatte, Koelemann zu überreden, von seinem Verstoß gegen das Urheberrecht abzulassen, blieb ihm nur, das Hamburger Landgericht zu bemühen, das auf seinen Antrag eine Einstweilige Verfügung erließ, in der Koelemann eine Geldstrafe von 500.000 Mark oder zwei Jahre Haft für den Fall angedroht wurden, dass er die Übersetzung im Internet stehen ließe; daraufhin zog der Unternehmer die Seiten Ende August aus dem Netz zurück. Mitte September 2000 einigte sich Koelemann mit dem Carlsen-Verlag über die Fortsetzung seiner Internet-Seite, im Oktober wurde diese Vereinbarung allerdings widerrufen. Lobenswerterweise verzichtete der Verlag darauf, einen Vorabdruck in einer größeren Zeitung zu bringen, sondern bot ab Anfang Oktober des Jahres 2000 allen → Schülerzeitungen die Möglichkeit, einzelne Kapitel im Vorabdruck zu veröffentlichen; dieses Angebot nahmen etwa 45 Schülerzeitungen an. – In wie viele Sprachen die Harry-Potter-Bücher übersetzt sind, darüber sind die Aussagen widersprüchlich; die Zahlen schwanken von 30 bis 40. Im Oktober 2000 erschien etwa eine autorisierte Ausgabe in → China. Damit bewegt sich Rowling in der Anzahl der Sprachen, in denen ihre Bücher vorliegen, in der Größenordnung der erfolgreichsten Autorinnen und Autoren der Welt, auch wenn sie das bei der → Auflagenhöhe noch nicht geschafft hat.

**Uhr**

Auch Zauberer und Hexen tragen Uhren; ein Reflex von einer Armbanduhr eines der → Weasley-Zwillinge irritiert Harry Potter kurz in seinem ersten → Quidditch-Spiel (HP1,205). Albus → Dumbledore hat eine sehr seltsam aussehende goldene Taschenuhr, ohne Ziffern, aber mit 12 Zeigern und kleinen, sich drehenden → Planeten (HP1,18). Die Küchenuhr im → Fuchsbau der Familie → Weasley hat nur einen Zeiger und keine Ziffern, dafür aber Texte rundum wie »Zeit für Tee« oder »Zeit zum Hühnerfüttern« (HP2,38). Und die Standuhr im Wohnzimmer verrät nicht die Zeit, sondern den Aufenthaltsort von Personen.

Sie hat für jedes Familienmitglied einen goldenen Zeiger, der auf einen der folgenden Einträge weist: »Zu Hause«, »Schule«, Arbeit«, »Unterwegs«, »Krankenhaus«, »Gefängnis« und »Tödliche Gefahr«.

**Ulrich der Komische Kauz**
Ein Magier, von dem Professor → Binns in seinem Unterricht zur »Geschichte der Zauberei« erzählt *(Uric the Oddball).*

**Umbanda**
Die weiße → Magie im → Voodoo.

**Umhang**
Ein Zaubererumhang wird über den Kopf gezogen, ähnlich einer Mönchskutte, und hat innen Taschen, manchmal auch eine Kapuze. Die Umhänge der Schülerinnen und Schüler von → Hogwarts sind schwarz. Natürlich tragen Hexen und Zauberer nicht dauernd Umhänge; Percy → Weasley etwa läuft zuhause im Rollkragenpullover rum, und seine Mutter Molly → Weasley mit einer geblümten Schürze (HP2). Für → Quidditch gibt es extra Quidditch-Umhänge, wie es für den → Muggel-Sport besondere Trikots gibt.

***Unfogging the Future***
Originaltitel des Buches »Die Entnebelung der Zukunft« von Kassandra → Wablatschki.

**Ungarischer Hornschwanz**
Diese → Drachenart, tiefschwarz, mit gelben Augen mit katzenähnlichen, waagerechten Pupillen, ist echsenähnlicher als die meisten anderen Drachenarten und gefährlicher. Ein solcher Drache kann etwa doppelt so weit Feuer speien wie die meisten anderen Drachen, bis zu 15 Meter weit, und ist auch mit seiner Hinterseite gefährlich: An seinem Schwanz ragen rundum zahlreiche bronzefarbene lange Stacheln hervor. Mit einem brütenden Weibchen dieser Art – die Eier sind granitfarben – muss sich Harry im ersten Wettbewerb des → Trimagischen Turniers messen. Er behält das lebende → Modell (HP4).

**Unheil angerichtet**
→ Zauberspruch, mit dem man die Aufzeichnungen auf der → Karte des Rumtreibers löscht (HP3,203).

**Unheimlich toller Zauberer**
Abkürzung: UTZ (englisch → *Nastily Exhausting Wizarding Tests*, Abkürzung: *N.E.W.Ts*). Titel, den man erhält, wenn man die → Prüfungen am Ende der

Schulzeit in → Hogwarts ablegt, also praktisch das Zauberer-Abitur. Es gibt dabei auch noch unterschiedliche Abstufungen, die allerdings im Deutschen unter den Tisch fallen: Heißt es hier *»Percy hatte seinen UTZ geschafft«* (HP3,442), schafft er im englischen Original *»his top-grade N.E.W.Ts«*, ist also besonders gut. Vergleiche → Zaubergrad.

**Universität Exeter**
Die Universität, an der Joanne K. → Rowling Französisch und Geschichte des Klassischen Altertums studierte. Im Juni 2000 erhielt sie dort die Ehrendoktorwürde.

**Universität, Magische**
Laut einem Interview von Joanne K. → Rowling gibt es keine Universität für Hexen und Zauberer; die offizielle Ausbildung ist mit dem Abschluss in → Hogwarts als → »Unheimlich toller Zauberer« beendet.

**Unnennbarer**
Beiname von Lord → Voldemort, verwandt aus Angst, seinen Namen auszusprechen. Albus Dumbledore kämpft dagegen an: *»Nenn die Dinge immer beim richtigen Namen. Die Angst vor einem Namen steigert nur die Angst vor der Sache selbst«* (HP1,323).

**Unsägliche**
Die *Unspeakables* nennt man die Mitglieder der → Mysteriumsabteilung im → Zaubereiministerium; zwei davon sind → Bode und → Croacker (HP4).

**Unschuldig bis zum Beweis der Schuld**
Diesen Grundsatz hält Albus → Dumbledore in → Hogwarts hoch, sei es gegen → Hagrid, Harry Potter oder Severus → Snape. Letzteren erinnert er einmal sehr deutlich daran, dass er ihm trotz seiner dunklen Vergangenheit getraut hat und traut: *»Unschuldig bis zum Beweis der Schuld, Severus!«* (HP2,151) Wegen dieses Grundsatzes hat Dumbledore dafür gesorgt, dass → Hagrid nach dem Verweis von der Schule Wildhüter bleiben konnte. Und ein zweiter Grundsatz gehört für Dumbledore dazu: »In Dubio pro Reo« – »Im Zweifel für den Angeklagten«. Andere halten nichts von diesen beiden Grundsätzen, z. B. Cornelius → Fudge und vor allem Barty → Crouch senior, der manchen Unschuldigen nach → Askaban schickte.

**Unsichtbarkeit**
Eine schwer erreichbare und hoch geschätzte magische Eigenschaft, über die in den Harry-Potter-Büchern außer den Anwendern von magischen Gegenständen

wie dem → Unsichtbarkeitsumhang oder dem Unsichtbarkeits-Servoantrieb nur Albus → Dumbledore zu verfügen scheint (der auch Unsichtbares sehen kann). In der → Mythologie der → Muggel wird Unsichtbarkeit oft erwähnt, oft in Verbindung mit einer magischen, unsichtbar machenden Tarnkappe. Eine frühe Version ist der *»Helm von Hundefell«* in der Sage um die → Medusa: *»Wer sich damit bekleidete, ... sah, wen er wollte, und wurde von niemand gesehen.«* Der Besitz einer → Tarnkappe wird den → Zwergen nachgesagt; sie spielt auch eine wichtige Rolle im Nibelungenlied: Verborgen unter ihr, kann Siegfried den Zweikampf mit Königin Brunhild gewinnen und es so aussehen lassen, als habe sein Freund Gunther gekämpft. In vielen anderen Sagen ist Unsichtbarkeit eine große Gabe, und manch Märchen kreist darum. Im Meisterwerk der modernen Fantasy, »Der Herr der Ringe« von J. R. R. → Tolkien, macht der Eine Ring, der alle anderen magischen Ringe beherrscht, seinen Träger unsichtbar; als er gefunden wird (in »Der kleine Hobbit«), ist dies sogar seine einzige Eigenschaft, die ihn wertvoll zu machen scheint. Bis in die modernen Märchen der Muggel und ihre den lebenden Bildern der Zauberer so unvollkommen nachempfundenen Filme hinein spielt Unsichtbarkeit eine wichtige Rolle; so gibt es Bücher, Geschichten und Filme, die »Der Unsichtbare« oder ähnlich heißen. – Nicht nur die Phantasie der Muggel wurde durch die Vorstellung von der Unsichtbarkeit angeregt, auch in ihrer → Alchemie und → Magie haben sie sich darum bemüht. In England wurde im 13. Jahrhundert ein Graf beschuldigt, er habe aus des Königs Schatzkammer einen Stein entwendet, der einen Menschen unsichtbar mache. Manche Alchemisten versuchten die Unsichtbarkeit mit geheimen Worten zu erreichen, die mit einer speziellen, sehr schwer herzustellenden Tinte geschrieben werden mussten. Im Mittelalter war die Vorstellung verbreitet, das Verspeisen von Menschenherzen könne unsichtbar machen; wegen dieses → Aberglaubens soll es zu einigen Morden gekommen sein. Zu Verbrechen führten auch zwei andere Methoden: → Blut aus den Genitalien eines unschuldigen Knaben sollte ebenso unsichtbar machen wie das eines ungeborenen Kindes. – Laut dem Alchemisten, Arzt und Philosoph Joannes Baptista van Helmont (1579 – 1644), der als bedeutendster Nachfolger des → Paracelsus gilt, kann auch das Alkahest, das aus dem → Stein der Weisen gewonnene → Elixier des Lebens, unsichtbar machen.

### Unsichtbarkeitsschrank

Schlecht übersetzt aus dem *vanishing cabinet*; dieser Schrank, den → Peeves zerstört, macht nicht unsichtbar, sondern lässt eine Person verschwinden, wie man es aus den Zaubertricks der → Muggel-Zauberkünstler kennt (HP2,134).

### Unsichtbarkeits-Servoantrieb

Ein Spezialantrieb des fliegenden → Ford Anglia.

### Unsichtbarkeitsumhang

Auch Tarnumhang. Ein ausgesprochen seltenes magisches Kleidungsstück, gefertigt aus silbergrauem leuchtenden Stoff, fließender als Seide, leichter als Luft. Alle Teile einer Person, die darunter verborgen sind, sind unsichtbar, und auch der Mantel selbst ist es dann. Es ist auch möglich, mehrere Personen unsichtbar zu machen, doch wirkt die → Unsichtbarkeit nur, wenn ein denkendes Wesen darunter verborgen ist. Sonst ist der Umhang sichtbar wie normaler Stoff. Bestimmte Wesen und manche mächtige Hexen und Zauberer können auch Unsichtbares erkennen, etwa Albus → Dumbledore und Mad-Eye → Moody, und die → Karte des Rumtreibers lässt sich auch nicht von dem Umhang irreführen. Wahrscheinlich können auch → Katzen, zumindest aber → Mrs Norris, Unsichtbare entdecken.

### Unsterblichkeit

Die Sehnsucht der Menschen nach Unsterblichkeit oder zumindest Lebensverlängerung ist uralt; auch der Glaube an eine → Wiederauferstehung, die Auferstehung des Geistes oder des Fleisches, an Seelenwanderung oder Reinkarnation scheint diese Sehnsucht nicht zu mindern. Mal wünscht man sich die Unsterblichkeit oder zumindest ein Leben nach dem Tode herbei – Grabfunde der Neandertaler deuten darauf hin, dass schon diese an ein Weiterleben in einer anderen Welt glaubten –, mal fürchtet man sich, als → Wiedergänger, als → Vampir oder → Geist, wiederkehren zu müssen. Es bleibt die Ungewissheit über das, was einen nach dem Tode erwartet, und selbst wenn man daran glaubt, wiedergeboren zu werden oder weiter zu existieren: »*Die Lehre von der Wiederkehr ist zweifelhaften Sinns. Es fragt sich sehr, ob man nachher noch sagen kann: ›Ich bin's‹*« (Wilhelm Busch, 1832 – 1908). Diese Unsicherheit lässt viele, auch wenn sie an die Unsterblichkeit der Seele glauben, die Unsterblichkeit auch auf Erden anstreben. Wobei Unsterblichkeit alleine nicht genügt: In der → Mythologie der Griechen gab es eine unglückliche Seherin namens Sybille, die das göttliche Geschenk des ewigen Lebens erbat, aber die ewige Jugend zu erbitten vergaß und so uralt dahinvegetierte. Lange ehe sich die moderne Wissenschaft der → Muggel dieses Themas mithilfe der Gentechnologie annahm – und dabei noch ganz in den Anfängen steckt –, haben sich → Alchemie und → Magie damit beschäftigt. Der größte Erfolg in dieser Hinsicht ist wohl die Herstellung des → Steins der Weisen und damit des → Elixiers des Lebens, die Nicolas → Flamel gelungen sein soll. Auch der → Gral, der ja manchmal mit dem Stein der Weisen gleichgesetzt wird, soll Unsterblichkeit spenden. – Nicht alle mächtigen Hexer und Magier sehen darin ein wichtiges Ziel, dem Tod zu entgehen und Unsterblichkeit zu erringen: »*Schließlich ist der Tod für den gut vorbereiteten Geist nur das nächste große Abenteuer*«, meint Albus → Dumbledore zur Zerstörung des Steins der Weisen (HP1,323). Sein → Phönix → Fawkes ist übrigens das einzige bisher in den Harry-Potter-Büchern bekannte Wesen, das wirklich unsterblich ist. – In der Mythologie der Muggel, ihren Sagen, Legenden und Märchen spielt die Unsterblichkeit von Anfang an eine große Rolle. Eine der wichtigsten frühen literarischen Überlieferungen, das Gilgamesch-Epos, dreht sich im wesentlichen um dieses Thema. »Held« der im Nahen Osten in Form verschiedener Dichtungen in mehreren altorientalischen Sprachen verbreiteten Überlieferungen, die um 1200 v. Chr. als 12-Tafel-Epos vom Priester Sinleke-Unnini in Keilschrift auf zwölf Tontafeln zusammengefasst wurde, ist Gilgamesch, der um 2600 v. Chr. über die Stadt Uruk herrschte (heute Warka im Irak). Der Name lautete ursprünglich wohl Bilgamesch und bedeutet »der Alte ist ein junger Mann«. Gilgamesch ist zu zwei Dritteln Gott und zu einem Drittel Mensch und ein so grausamer Herrscher, dass die Götter auf die Gebete der unterdrückten Bürger hin den wilden Tiermenschen Enkidu (Engidu) schicken, der Gilgamesch zu einem Ringkampf herausfordert. Keiner gewinnt, und die beiden werden Freunde. Die Liebesgöttin Ischtar (Inanna), zugleich Schutzgöttin der Stadt, verliebt sich in Gilgamesch; als der sie zurückweist, läßt sie ihren Vater den Himmelsstier nach Uruk schicken, der der Stadt sieben Dürrejahre beschert. Gilgamesch und Enkidu erschlagen ihn, die Götter bestrafen dafür Engidu mit dem Tod. Gilgamesch macht sich, um seinen Freund zu retten, auf einen beschwerlichen Weg. Über mehrere Jenseitsstationen kommt er ans Ende der Welt, wo er von dem Helden und Weisen Utnapischtim, der die Sintflut überlebt hat, das Geheimnis der Unsterblichkeit erfährt. Utnapischtim verrät ihm, dass er im Meer die Pflanze Bilgamesch (»jung wird der Mann als Greis«) finden könne. Gilgamesch findet sie, verliert sie aber später an eine → Schlange. – Das Gilgamesch-Epos wurde im Altertum häufig bearbeitet und übersetzt und wirkte weiter in zahlreiche Kulturbereiche der Muggel, auch auf die Schreiber der Bibel. – Bekannte unsterbliche Figuren in der Mythologie der Muggel sind der Ewige Jude – weil er sich gegen Jesus vergangen haben soll – und Jack o'Lantern, dessen Geschichte an → Halloween spielt und der vom Teufel zur ewigen Existenz zwischen Leben und Tod verurteilt wurde.

### Unterausschuss zyprischer Zauberer

Einen solchen gab es im September bei der → Internationalen Zaubererversammlung von 1289, über die Professor → Binns seine zweiten Klasse 1992 informiert (HP2,156).

### Unterseeschiff

Mit einem solchen reisen die Gäste von → Durmstrang zum → Trimagischen Turnier an und tauchen im → schwarzen See auf. Es ist ein riesiges Schiff mit Masten und merkwürdig leuchtenden Bullaugen, das wohl lange Strecken über wie unter Waser zurücklegen kann.

### Unterirdischer Hafen

In → Hogwarts gibt es einen großen → schwarzen See, von dem man aus man durch unterirdische Gänge in einen unterridischen Hafen des Schlosses gelangen kann. Hierhin werden immer die Erstklässler über den See gebracht.

### Untersuchungskommission

Eine solche, eingesetzt vom → Zaubereiministerium, beschäftigt sich mit dem Missbrauch von Muggelartefakten durch Arthur → Weasley, den Leiter der → Abteilung gegen den Missbrauch von Muggelartefakten, nachdem dessen Sohn Won → Weasley erwischt worden ist, als er mit dem fliegenden → Ford Anglia seines Vaters nach → Hogwarts flog. Arthur wird Ende 1992 zu einer Geldstrafe von 50 → Galleonen verurteilt, für die arme Familie eine große Belastung. Glücklicherweise gewinnt er wenig später, im Sommer 1993, den → Großen Preis des Tagespropheten, der mit 700 Galleonen dotiert ist.

### Unverwundbarkeit

Dieses beliebte Ziel der → Alchemie oder → Magie glauben manche → Muggel erreichen zu können mit Tränken, die sie aus der → Alraune gewinnen. In ihrer → Mythologie soll auch Blut verschiedenster Art unverwundbar machen, etwa das des Zauberers → Merlin, das eines → Drachen, das Herzblut eines ungeborenen Kindes. Auch aus Pflanzen, die mit dem Blut eines Titanen gedüngt sind, könnten Mittel zur Unverwundbarkeit gewonnen werden, wie es in der »Argonautensage« beschrieben wird: *»Inzwischen holte Medea aus dem Kästchen die Salbe hervor, die man Prometheusöl nannte; wer, nachdem er die Göttin der Unterwelt angefleht, seinen Leib damit salbte, konnte an jenem Tage von keinem Schwertstreiche verwundet, von keinem Feuer versehrt werden, ja er war den ganzen Tag an Kräften jedem Gegner überlegen. Die Salbe war von dem schwarzen Saft einer Wurzel bereitet, die aus dem Blute emporgekeimt war, das von der zerfressenen Leber des Titanensohnes auf die Heiden des Kaukasus geträufelt war.«*

### Unverzeihliche Flüche

Der Einsatz der drei → Flüche → Avada Kevadra, → Cruciatus und → Imperius gegen Menschen wird mit lebenslangem → Askaban bestraft.

### Unze

Als Hermine → Granger feststellt: *»Viele von den größten Zauberern haben keine Unze → Logik im Kopf«* (HP1,310), verwendet sie eine alte Maßeinheit, die keineswegs einheitlich geregelt ist: Als altes Apotheker- und Medizinalgewicht hat eine Unze 29,2 bis 35 Gramm, als altes Handels- und Edelmetallgewicht in Deutschland 31,1 Gramm, als Gewichtsangabe für Sportgeräte etwa 30 bis 31 Gramm, und als altes Münzgewicht (seit 1524, ein Achtel einer kölnischen Mark) 29,1 bis 29,2 Gramm. Die englische *Ounce* hatte als britisches oder US-Apotheker- und Medizinalgewicht 31,1 Gramm und als britisches oder US-Handels- und Edelmetallgewicht 28,35 Gramm, für Sportgeräte galten die Werte wie in Deutschland, und als Münzgewicht gab es die *Ounce* nicht.

### Uranus

Der von der → Sonne am drittweitesten entfernte von 9 → Planeten in unserem Sonnensystem. Für die → Astronomie ist die Kenntnis der Planeten und ihrer Eigenschaften ebenso wichtig wie für die → Astrologie. Harry Potter muss in → Hogwarts viel über die neun Planeten unseres Sonnensystems lernen. – Äquatordurchmesser 51.800 km, 14,5fache Erdmasse (ca. 87 Trilliarden Tonnen), mittlere Dichte 1,27 g/cm$^3$, mittlerer Sonnenabstand 19,18 → Astronomische Einheiten (AE), Erdabstand 17,3 bis 21,2 AE, Rotationsperiode 15 Std. 36 Min., Umlaufzeit um die Sonne 84,01 Jahre. Uranus hat mindestens 15 → Monde. In der → Mythologie der Griechen war er der erste Himmelsgott und Gatte der → Erde, Gaia. Sie waren die Eltern verschiedener → Riesengeschlechter wie der Titanen, der Kyklopen sowie der hundertarmigen Hekatoncheiren. Uranus wurde von seinem Sohn Kronos (bei den Römern → Saturn) entthront und entmannt.

### Urg der Unsaubere

Diesen → Koboldführer erfindet Ron → Weasley für die Prüfungen im vierten Schuljahr über die → Koboldaufstände im 18. Jahrhundert (HP4).

### *Uric the Oddball*

→ Ulrich der Komische Kauz.

### Uroborus

→ Ouroboros

### USA

Die amerikanischen Ausgaben der Harry-Potter-Bücher erscheinen im New Yorker Verlag → Scholastic Inc. in dessen Imprint Arthur A. Levine Books, die Hörbücher in der Listening Library, Inc. Die Bücher sind leicht überarbeitet, um sie dem amerikanischen Sprachgebrauch anzupassen. So wurden Schulbegriffe ersetzt, z. B. *holiday* durch *vacation* (Ferien), *post* durch *mail* (Post), *underground* durch *subway* (Untergrundbahn), *timetable* durch *schedule* (Stundenplan). Besonders gravierend und lange diskutiert war die Änderung des Titels des ersten Bandes von *»Harry Potter and the Philosopher's Stone«* in *»Harry Potter and the Sorcerer's Stone«*. Der Verlag glaubt, dass Amerikaner mit dem

*Philosopher's Stone* für den → Stein der Weisen nichts anfangen könnten; es gibt bei ihnen keine Tradition der → Alchemie, in der deren Betreiber als *Philosopher* bezeichnet würden. Amerikaner würden darunter Philosophen verstehen. – Manche Wortspiele gehen in der amerikanischen Fassung verloren; so wird aus *Sellotape*, mit dem Harry seine Brille repariert, in den USA *Scotch Tape*, und der Sprachwitz mit dem → Zaubererband *Spellotape* entfällt.

**UTZ**

Abkürzung für → »Unheimlich toller Zauberer«.

# V

**Vablatsky, Cassandra**

Englischer Name von Kassandra → Wablatschki.

**Valentinsgruß, Valentinslied**

Der Valentinsgruß, den Ginny → Weasley Harry Potter schickt, ist diesem überaus peinlich – kein Wunder, wenn man ihn liest: *»Seine Augen, so grün wie frisch gepökelte Kröte – Sein Haar, so schwarz wie Ebenholz – Ich wünscht', er wär mein, denn göttlich muss sein – Der die Macht des Dunklen Lords schmolz«* (HP2,247). – Im Englischen klingt es genauso scheußlich, und wenn man sich jetzt noch vorstellt, das singt ein grantiger → Zwerg...

**Valentinstag**

Dieser »Tag der Liebenden« ist am 14. Februar; traditionell versenden Liebende Grußkarten, meist anonym, oder überreichen Geschenke und Blumen. Gilderoy → Lockhart sorgt mit seiner Idee, in Harry Potters zweitem Schuljahr am 14. Februar 1993 den Valentinstag in → Hogwarts zu begehen, für allgemeines Chaos. Die von ihm engagierten → Zwerge sind grob und nerven alle. Und der → Valentinsgruß, den Ginny → Weasley Harry schickt, ist diesem überaus peinlich (HP2,247). – In Deutschland ist der Valentinstag noch nicht so sehr bekannt, er verbreitete sich hier erst unter dem Einfluss der amerikanischen Besatzungsmacht nach dem Zweiten Weltkrieg und wird vor allem von den Blumenläden beworben – es ist nach Muttertag ihr umsatzstärkster Tag. Dabei ist dieser Feiertag sehr alt: Er geht wahrscheinlich auf die alten römischen Luperkalien zurück, die am 15. Februar von den Hirten zu Ehren des Gottes Faunus gefeiert wurden, um für die Felder, Herden und Schäfer Fruchtbarkeit zu erbitten. Die christliche Kirche widmete den Tag dann dem heiligen Valentin, einem italienischen Bischof, der um 270 als Märtyrer bei Rom hingerichtet wurde und den vorbeigehenden jungen Leuten über die Klostermauer Blumensträuße gereicht haben soll. Daher gilt er als der Schutzheilige der Liebenden.

**Vampir**

Vampire sind die bekanntesten aller Blutsauger, Untoten und → Wiedergänger, sogar in der → Mythologie der → Muggel: *»Vampir (18. Jh.) – aus serbokroat. vampir: Verstorbener, der nachts aus dem Grab steigt, um Lebenden → Blut auszusaugen«*, so definiert den Vampir das Duden-Herkunftswörterbuch. Auch die Vampir-→ Fledermäuse werden als Vampire bezeichnet. Der Begriff »Vampir« ist noch relativ jung und erst seit etwa 1700 belegt für den polnischen und russischen Sprachraum, dort eingeschränkt auf den klassischen »wiederkehrenden Blutsauger«. In vielen Balkanländern nennt man den Vampir vukodlak (serbisch) oder brukolak (griechisch), was jedoch beides Wolfspelz, also eigentlich → Werwolf, bedeutet. Ein Werwolf saugt aber kein Blut... Manche Autoren leiten den Vampir her vom türkischen *uber* (»Nichtflieger«) oder aus dem polnischen *upior* (geflügeltes Gespenst; *upierzic* heißt »mit Federn versehen«). – Harry Potter hört zum erstenmal von Vampiren, als ihm → Hagrid erzählt, Professor → Quirrel habe im Schwarzwald Vampire getroffen (HP1). Lord → Voldemort erhält sich vampirgleich am Leben, indem er das Blut eines gemeuchelten → Einhorns trinkt. Im zweiten Schuljahr von Harry gehört das Buch → »Abstecher mit Vampiren« von Gilderoy → Lockhart zur Pflichtlektüre, und Harry muss im Unterricht von Lockhart einmal einen Vampir spielen, der nach der Begegnung mit Lockhart nur noch Kopfsalat essen kann (HP,168). Der Umgang mit Vampiren ist u. a. geregelt in § 12 der *»Richtlinien für die behandlung nichtmagischer Teilwesen«* (HP4,156). – Während in den Harry-Potter-Büchern bisher nur vom klassischen Vampir berichtet wird, dem nichtmagisch begabten Blutsauger, der nur des Nachts herumstreift, vor Kreuzen und → Knoblauch zurückschreckt und von Sonnenlicht zerstört werden kann, also den Vampir, wie er u. a. durch den »Supervampir« Dracula von Bram Stoker und seither durch zahlreiche Filme bekannt wurde, haben sich die Forscher und Literaten der Muggel weitaus mehr Arten von Vampiren ausgedacht. Und vielleicht gibt es auch in der Welt der Zauberer und Hexen sehr viel mehr und unterschiedliche Arten, wenn man nur weit genug reist. Denn der Vampir ist keineswegs nur ein abendländisches oder gar christliches Monster; auch in Afrika, bei den Germanen, Griechen, Römern und Kelten gibt es Blutsauger-, Wiedergänger- und Untoten-Vorstellungen, in Mexiko, China, Indien, oder Malaysia – Vampire kommen in den Legenden praktisch aller Völker seit alters her vor. Der »klassische« Vampir ist ursprünglich wohl in Bulgarien und dem Gebiet des heutigen Rumänien beheimatet, auch wenn es Vorfahren auch anderswo und erheblich früher gab. Der Vampirglaube ist dort seit Jahrhunderten und bis in unsere Zeit verbreitet. So grub man dort vor 200 Jahren die Leichen von Kindern nach drei, die junger Leute nach fünf und alle anderen nach sieben Jahren wieder aus, um zu schauen, ob sie sich in Vampire verwandelt hatten. Waren die Leichen nicht vollständig verwest, wurden sie einem der zahlreichen »Reinigungsverfahren« unterzogen. Noch 1920 soll es in der Bukowina zu zahlreichen Leichenausgrabungen gekommen sein. Die Angst vor den »Untoten«, den »Wiedergängern«, war groß – und ist es in manchen Schichten noch heute. Im späten 19. Jahrhundert noch wurden in den USA Vampirhinrichtungen vollzogen und gab es in Preußen Prozesse gegen Leute, die aus Vampirfurcht Leichen ausgegraben und geköpft hatten; für 1913 ist ein solcher Fall in Sensberg belegt. In Rumänien glauben heute immer noch große Teile der Bevölkerung an Vampire. In Rumänien wurde 1997 eine Scheidung ausgesprochen, weil die Frau eine → Hexe und ein »energetischer Vampir« sei und ihrem Mann die sexuelle Energie raube. – Es gibt viele Vorfahren und Verwandte des Vampirs; aber auch über den »klassischen« Vampir waren die Vorstellungen schon immer unterschiedlich, hier einige Beispiele aus dem Volksglauben: Der Vampir liegt tagsüber mit offenen Augen im Sarg, manchmal auch komplett in Blut eingetaucht. Er kann sich verwandeln in verschiedene Tiere und in Nebel – ja sogar in einen Heuschober. Er kann an senkrechten Wänden klettern, fliegen, auf den Strahlen des Mondlichtes reisen... Manchmal ist seine Stärke von den → Mondphasen abhängig, hat er kein → Spiegelbild, wird er von Sonnenlicht oder Wasser zerstört, kann kein fließendes Wasser überqueren und keine Nahrung zu sich nehmen... Oft wird ihm nachgesagt, er könne Menschen bezaubern, und nicht selten ist sein Mythos mit dem des → Gestaltwandlers verbunden. – Die moderne Vampiroldefinition bezieht mythologische, literarische, psychologische, soziale und politische Aspekte ein: »*Ein Vampir im strengen Sinne ist ein Verstorbener, der sein Grab verläßt, um Lebenden Blut auszusaugen. Ein Vampir im allgemeinen Sinne ist ein ehemaliger Mensch, der entweder nach seinem Tode in menschlicher Gestalt weiterexistiert oder aber seine Existenz über das natürliche Maß hinaus verlängert bzw. das Altern aufhält, jeweils indem er sich der Lebenskraft lebender Menschen bedient.*« Nicht das Blut-Trinken ist also das Entscheidende am Vampir. Es ist das parasitäre oder raubtierhafte unnatürliche Wieder- oder Weiter-Existieren mit lebenden Menschen als Opfern. (Sehr viel mehr dazu findet man im »Lexikon rund ums Blut« im gleichen Verlag.)

**Vauxhall Street**

Die Straße in → London, in der Tom Vorlost → Riddle 1942 bei einem Zeitungshändler sein → Tagebuch gekauft hat.

***Vector***

Der englische Name für Professor → Vektor.

**Veela**

Bei der → Quidditch-Weltmeisterschaft 1994 bringt jede Mannschaft zum Spiel ihre Maskottchen mit; für Bulgarien sind dies Veelas, wunderschöne Frauen mit mondheller Haut und weißgoldenem Haar, die (fast) jeden Mann um den Verstand bringen und dazu, sich extrem zu produzieren und unsinnige Dinge zu tun (ob sie auch auf lesbische Frauen wirken, muss offen bleiben). Als sie zornig werden, verwandeln sich ihre Gesichter in Vogelköpfe mit grausamen Schnäbeln. Sie können auch zaubern, z. B. Feuerbälle werfen. Die Großmutter von Fleur → Delacour war eine Veela; in ihrem → Zauberstab hat sie ein Haar von ihr (HP4). – In der → Mythologie der slawischen → Muggel kennt man die Veela ebenfalls. Die »Vila« ist eine Fee oder ein → Elementargeist und tritt manchmal als »Schwanenjungfrau« auf. Sie ist den Menschen wohlgesonnen, kann aber wütend werden, wenn man sie beim Tanzen stört oder ihr nicht gehorcht. Häufig haben die Vilen Ziegenfüße; manchmal tauschen sie menschliche Kinder gegen Wechselbälger aus. Im slowakischen Volksglauben sind Vilen oder Veela → Wiedergängerinnen: Bräute, die vor der Hochzeit gestorben sind und im Grab keine Ruhe finden. Ein Mann, der ihnen begegnet, wird zu Tode getanzt.

### Vegetarismus

Obwohl es in → Hogwarts scheinbar Schülerinnen und Schüler aus verschiedenen Kulturen gibt (die → Patil-Zwillinge etwa dürften indischer Herkunft sein), werden die Essgewohnheiten sowenig thematisiert wie die → Religion. Es gibt, sieht man von den teilweise sehr exzentrischen Süßigkeiten ab, ziemlich normale englische Küche (inklusive Haferschleim zum Frühstück), und der Verzicht auf Fleisch, sei es aus Gründen der Gesundheit, der Religion (Hinduismus) oder der Ethik, kommt scheinbar nicht vor. Es gibt auch weder religiöse Speiseverbote noch Fastenzeiten.

### Veilchennachtisch

Das *»Meisterwerk von einem Nachtisch, der Berg aus Sahne und kandierten Veilchenblättern«*, das Petunia → Dursley für den Besuch des Ehepaars → Mason angerichtet hat, lässt der → Hauself → Dobby fallen und bringt Harry Potter damit in große Schwierigkeiten (HP2,22).

### Vektor

Professor Vektor ist der → Arithmantik-Lehrer in → Hogwarts. Das merkt man an seinem Namen: Ein Vektor ist eine physikalische oder mathematische Größe, die man durch einen Pfeil darstellt und die durch die drei Größen Angriffspunkt, Richtung und Betrag definiert wird.

### Venemosa Tentacula

Eine beißende Pflanze in → Gewächshaus 3; ihr Name bedeutet »giftiger Tentakel«.

### Venus

Der »Morgenstern«, der der → Sonne zweitnächste und der → Erde ähnlichste von 9 → Planeten in unserem Sonnensystem. Für die → Astronomie ist die Kenntnis der Planeten und ihrer Eigenschaften ebenso wichtig wie für die → Astrologie. Harry Potter muss in → Hogwarts viel über die neun Planeten unseres Sonnensystems lernen. – Äquatordurchmesser 12.104 km (der viertkleinste Planet), mittlerer Sonnenabstand 0,72 → Astronomische Einheiten (AE), Erdabstand 0,3 bis 1,7 AE, Rotationsperiode 243 Tage 3 Std. 50 Min., Umlaufzeit um die Sonne 0,62 Jahre (die Umlaufzeit um die Sonne entspricht fast der Tagesdauer!), 0,815fache Erdmasse (ca. 5 Trilliarden Tonnen), mittlere Dichte 5,24 g/cm$^3$. In der → Mythologie der Griechen war Venus die Göttin der Liebe. Die Babylonier verehrten die Venus als »Tagesstern, Sohn der Morgendämmerung«. In der Antike wurde der Morgenstern auch Luzifer genannt und mit dem Teufel, dem gefallenen Engel, in Verbindung gebracht.

### Verbote

Es gibt zahlreiche Verbote in der Zaubererwelt, wie es in der Welt der → Muggel Gesetze gibt. So hat etwa der Zaubererkonvent von 1709 die → Drachenzucht verboten (HP1,251). Vieles steht im → Zauberergesetz, anderes ist durch Erlasse des → Zaubereiministeriums geregelt. So ist es allen minderjährigen Hexen und Zauberern prinzipiell verboten, in den Schulferien zu zaubern: *Erlass zur Vernunftmäßigen Beschränkung der Zauberei Minderjähriger, 1875, Abschnitt C.* – Für Schülerinnen und Schüler von → Hogwarts gibt es zahlreiche weitere Regeln und Verbote. So ist es verboten, sich nachts außerhalb des eigenen Turmes aufzuhalten, im ersten Schuljahr von Harry Potter ist ihnen der Korridor im dritten Stock verboten (wo → Fluffy den → Stein der Weisen bewacht) und in allen Schuljahren der → Verbotene Wald; → Hogsmeade zu besuchen ist den Erst- und Zweitklässlern verboten, und allgemein gilt ein Verbot, sich auf den Gängen zu schlagen oder dort zu zaubern. Bei Verstößen gegen die Regeln oder Verbote kann es Abzug von → Hauspunkten geben, Nachsitzen oder → Strafarbeiten. – Mancherorts werden auch die Bücher von Joanne K. → Rowling verboten, hierzu findet man mehr unter dem Stichwort → Zensur.

### Verbotene Abteilung

Die Abteilung in der Bibliothek von → Hogwarts, in der die → verbotenen Bücher stehen, ist nur durch eine Kordel von den anderen Bereichen abgetrennt, deshalb muss → Madam Pince gut aufpassen.

### Verbotene Bücher

Bücher, die sich mit der → Schwarzen Magie beschäftigen. In → Hogwarts braucht man die schriftliche Genehmigung eines Lehrers oder einer Lehrerin, um in der → Bibliothek die Bücher über die *»mächtige schwarze Magie, die in Hogwarts niemals gelehrt wurde«*, einzusehen. Zu diesen Büchern gehört → »Höchst potente Zaubertränke«, in dem das Rezept für den → Vielsaft-Trank steht. – Mancherorts werden auch die Bücher von Joanne K. → Rowling verboten, hierzu findet man mehr unter dem Stichwort → Zensur.

**Verbotener Wald**

Den Wald auf den Ländereien von → Hogwarts, der direkt hinter der Hütte von → Hagrid beginnt, ohne Erlaubnis zu betreten, ist den Schülerinnen und Schülern streng verboten. Es gehen schreckliche Gerüchte um, was sich dort alles verbergen soll: → Werwölfe, → Vampire... Tatsächlich ist der einzige Werwolf, den es dort gab, seit Jahren weg und kehrt nur für ein Jahr zurück: Remus → Lupin (HP3). Bei ihrem ersten Besuch in diesem Wald lernen Harry Potter und Ron → Weasley nur freundliche Bewohner kennen, → Einhörner und → Zentauren. Feindlich ist nur ein Eindringling, der Unruhe in den Wald gebracht hat: Lord → Voldemort (HP1). Beim zweiten Besuch, den sie unternehmen, um hinter das Geheimnis der → Kammer des Schreckens zu kommen, stoßen sie allerdings auf den gefährlichsten Bewohner des Waldes: die riesige → Spinne → Aragog.

**Verbündete**

Am Ende von Band vier und des → Trimagischen Turniers, nach der → Wiederauferstehung von Lord Voldemort, stehen sich zwei klare Lager gegenüber. Auf der einen Seite der dunkle Lord und seine → Todesser und einige → Slytherins, unterstützt – freiwillig oder unwillentlich, durch Handeln oder Unterlassen – durch Leute wie Cornelius → Fudge und Rita → Kimmkorn, und auf der anderen Seite die Truppe um Albus → Dumbledore und Harry Potter. Ganz klar auf deren Seite stehen Hermine → Granger, die gesamte Familie → Weasley, Minerva → McGonagall, Remus → Lupin, Sirius → Black, → Hagrid und Severus → Snape. Wie die anderen Lehrkräfte einzuschätzen sind, bleibt abzuwarten, aber sie tendieren sicher zu Dumbledore ebenso wie die meisten Schülerinnen und Schüler von → Gryffindor, → Hufflepuff und → Ravenclaw. Bestimmt kommen noch einzelne Hexen und Magier hinzu, die bisher nur am Rande eingeführt wurden, wie Mundungus → Flettcher und Arabella → Figg. Eventuell gelingt es auch, die → Riesen als Verbündete zu gewinnen und die → Hauselfen; → Dobby steht sicher voll auf der Seite von Harry Potter. Dann gibt es noch die → Zentauren, und vielleicht kann sich sogar (der echte) Mad-Eye → Moody noch einmal aufraffen.

**Verdammte Sternengucker**

So ärgert sich → Hagrid über die → Zentauren (HP1,277).

**Vererbung**
Das → magische Talent wird, wie Joanne K. → Rowling erklärt, ähnlich vererbt wie die Haarfarbe: Wie zwei Schwarzhaarige ein blondes Kind bekommen können, können zwei Muggel ein Kind mit Zauberfähigkeiten bekommen; so war es bei Lily → Potter und bei Hermine → Granger. Damit ist die Vererbung ziemlich klar. Die Erbinformationen liegen beim Menschen in 46 Chromosomen in 23 Paaren, langen, wurstförmigen, zusammengerollten Strängen, von denen jeweils die Hälfte von Vater und Mutter kommen. Ei- und Samenzelle haben also nur jeweils halb soviele Chromosomen, nämlich 23, wie die Körperzellen. Bei den ersten 22 Paaren entsprechen sich immer zwei Chromosomen; das jeweils 23. Chromosom ist jedoch unterschiedlich. Dem großen X-Chromosom der Frau, auf dem noch einige Erbinformationen liegen, entspricht das kleine Y-Chromosom des Mannes, das einigen dieser Informationen nichts entgegensetzen kann. Man nennt diese beiden Chromosomen deshalb auch Geschlechtschromosomen. Auf den ersten 22 Chromosomenpaaren, die man auch Autosomen nennt, hat man jede Erbinformation doppelt. Wenn eine Eigenschaft, der eine andere Ausprägung auf dem Partnerchromosom gegenübersteht, sich durchsetzen kann, dann nennt man es dominant, wenn die Eigenschaft unterdrückt bzw. überwunden wird, dann nennt man den Erbgang rezessiv. Die Vererbung des magischen Talentes ist also ein Beispiel für einen rezessiv autosomalen Erbgang: Nur wenn beide Chromosomen das Gen für das magische Talent in der entsprechenden Ausprägung tragen, kann man zaubern. Man nennt das dann homozygot; Gen ist die Bezeichnung für die Erbinformation, und die spezielle Ausprägung nennt man Allel. Es gibt also ein »Zauber-Allel« und ein »Muggel-Allel«. Hermines Eltern z. B. müssen also beide die Fähigkeit zum Zaubern in sich tragen, aber nur jeweils einmal, sind »Überträger«, ohne selbst zaubern zu können, weil die Eigenschaft von dem jeweils stärkeren Muggel-Allel auf dem zweiten Chromosom unterdrückt wird (man nennt das heterozygot). Bei Hermine ist zufällig auf beiden Chromosomen die magische Fähigkeit vertreten, und so kann sie zaubern. Bekommen ein Zauberfähiger und ein Muggel Kinder, sind diese entweder wieder Zauberer, wenn der Muggel heterozygot, also ein Chromosom mit Zauber-Allel vorhanden ist, oder sie werden zauberunfähig, wenn der Muggel homozygot ist. Man kann dies schön am Beispiel der Familie von Harry Potters Mutter, Lily Potter, zeigen. Deren Eltern konnten beide nicht zaubern, wie Lilys Schwester, Petunia → Dursley, immer wieder betont. Sie müssen aber beide heterozygot gewesen sein, nur so konnte Lily eine Hexe sein. Die Chance, in einer solchen Situation von beiden Eltern das Zauber-Allel zu erben, beträgt ein Viertel, also 25 %, ebenso groß ist die Chance, nur Muggel-Allele zu bekommen. Mit 50 % Chance erbt man ein Zauber- und ein Nicht-Zauber-Allel. Petunia Dursley, die so schlecht auf alle Zauberer zu sprechen ist, ist also mit einer Wahrscheinlichkeit von 2 : 1 heterozygot, hat also mit

Zweidrittel-Wahrscheinlichkeit auch die Zauberfähigkeit in sich, nur dass diese sich nicht durchsetzen kann! – Die Squibs, Kinder zweier Zauberer, die aber selber kaum noch oder gar nicht mehr zaubern können, zeigen, dass es bei diesem Erbgang noch zusätzliche Faktoren gibt. Es könnte sich um Mutationen handeln; wahrscheinlicher ist jedoch, dass das Zauber-Gen eine unterschiedliche Penetranz hat – so bezeichnet man es, wenn sich ein Allel unterschiedlich stark durchsetzt oder ausprägt – oder dass mehrere Gene zusammenwirken, wie etwa bei der Vererbung der Intelligenz. Dies nennt man polygene Vererbung. Was zutrifft, lässt sich mit den bisher vorliegenden Informationen nicht entscheiden; vielleicht helfen da die nächsten Bände weiter.

**Verfilmung**
→ Film

**Verfluchte Bücher**
Bücher, auf denen ein → Fluch liegt. Ron erzählt Harry von einem Buch, das einem die Augen ausbrennt, von einem Buch, bei dem man nie aufhören kann zu lesen, und von den → »Sonetten des Zauberers« (HP2).

**Verfluchte Gegenstände**
Dinge, auf die ein → Fluch gelegt ist, können auf Hexen und Zauberer und/oder → Muggel wirken. Bei → »Borgin und Burkes« in der → Nokturngasse gibt es einen verfluchten Henkerstrick und ein herrliches Opalhalsband, an dem steht: *»Verflucht. Hat bis heute 19 Muggelbesitzer das Leben gekostet«* (HP2, 57). Bill → Weasley erhielt von einer Brieffreundin aus → Brasilien einmal einen verfluchten Hut, der ihm die Ohren schrumpeln ließ (HP4,91).

**Vergessenszauber**
So nennt Gilderoy → Lockhart seinen → Gedächtnisspruch → Amnesia.

**Vergesslichkeitstrank**
Diesen → Zaubertrank müssen die Schülerinnen und Schüler der ersten Klasse in → Hogwarts 1992, am Ende von Harry Potters erstem Schuljahr, als → Jahresabschlussprüfung in → Zaubertrankkunde bei Professor → Snape brauen.

**Vergissmich**
Eine Hexe oder ein Zauberer, die oder der das Gedächtnis von → Muggeln modifiziert; die im Englischen *Obliviatoren* Genannten arbeiten im → Zaubereiministerium in der → Abteilung für die Umkehrung zufälliger Magie, dort im → Magischen Unfallumkehr-Kommando. Durch dieses Löschen oder Verändern von Erinnerungen, in der Regel durch einen → Gedächtnisspruch, wird die

Hauptaufgabe des Ministeriums erfüllt: zu verhindern, dass die Muggel erfahren, dass es Zauberer und Hexen gibt, entsprechend dem → »Geheimhaltungsabkommen der Internationalen Zaubervereinigung«. Ein Vergissmich ist z. B. Arnold → Friedlich (HP4). – Das englische Wort für die Vergissmichs, *Obliviatoren*, stammt vom lateinischen *oblivisci*, vergessen. Die Endung »or« oder »tor« steht immer für jemanden, der etwas tut oder veranlasst. Im Englischen bedeutet *fall in oblivion* in Vergessenheit geraten.

**Veritaserum**
→ Zaubertrank, ein Wahrheitsserum, das so stark ist, dass drei Tropfen genügen, damit man alles ausplaudert. Das lateinische *veritas* heißt Wahrheit (HP4).

**Verkaufshitlisten**
→ Bestsellerlisten

**Verlage**
In Deutschland erscheinen die Harry-Potter-Bücher im → Carlsen-Verlag, die → Hörbücher im → Hörverlag. Die Originalbände erscheinen im englischen Verlag → Bloomsbury, die amerikanischen Ausgaben bei → Arthur A. Levine Books, einem Imprint des Verlages → Scholastic, und die englischsprachigen Hörbücher bei → Listening Library. In Frankreich erscheint Harry Potter bei → Gallimard. Insgesamt gibt es über 30 Verlage, die die → Internationalen Ausgaben der Harry-Potter-Bücher herausbringen, bis hin nach → China.

**Verlies**
Ein Tresorraum in der Bank der Zauberer, → Gringotts. Die englische Bezeichnung, *Vault*, meint eigentlich Tresorraum; die deutsche Übersetzung ist da etwas ungenau.

**Verlies 711**
Der Tresorraum von Sirius → Black bei → Gringotts.

**Verlies 719**
In diesem Tresorraum bei → Gringotts lagert der → Stein der Weisen, ehe → Hagrid ihn abholt und nach → Hogwarts bringt (HP1). Es ist ein »Hochsicherheitsverließ« ohne Schlüssel; nur ein Kobold kann es öffnen. Seltsamerweise ist die Nummer des Verlieses im Original 713.

**Vermarktung**
Die → Rechte zur Vermarktung (Merchandising) von Harry-Potter-Fan-Artikeln liegen bei → Time Warner.

**Versammlung europäischer Zauberer im Mittelalter**
Es ist nicht mehr darüber bekannt, als dass Professor → Binns seiner zweiten Klasse darüber 1992 einen → meterlangen Aufsatz aufgibt (HP2).

**Verscheuchezauber**
Solche Zauber, mit dem man Dinge wegstoßen kann (englisch *Banishing Charms*), bringt Professor → Flitwick seiner vierten Klasse bei. Ein Beispiel ist → Reductio. Das Gegenstück sind die Aufrufe- und → Sammelzauber (HP4).

**Verschwindespruch, Verschwindezauber**
Harry Potter kennt noch keinen, aber manchmal wünscht er sich, er wüßte einen, vor allem, wenn er wieder mal von Gilderoy → Lockhart in Beschlag genommen wird. Er meint natürlich den → Apparate-Spruch (HP2,103).

**Verschwörung**
In Harry Potters zweitem Schuljahr in → Hogwarts gibt es eine groß angelegte Verschwörung unter der Leitung von Lucius → Malfoy mit dem Ziel, Arthur → Weasleys → Muggelschutzgesetz zu verhindern und zugleich → Dumbledore aus Hogwarts zu entfernen. Das → Tagebuch des Tom Vorlost → Riddle spielt dabei eine zentrale Rolle: Lucius Malfoy steckt der Tochter von Arthur, der Erstklässlerin Ginny → Weasley, das Tagebuch zu, und Riddle öffnet mit ihrer Hilfe die → Kammer des Schreckens. Dumbledore wird von den → Schulräten beurlaubt. Wenn herausgekommen wäre, dass Ginny die muggelstämmigen Kinder angegriffen hatte, ohne das Geheimnis des Tagebuches zu lüften, wären Arthur Weasleys Einfluss und Gesetz dahin gewesen. Der → Hauself → Dobby, der von dieser Verschwörung weiß, will Harry mit aller Macht daran hindern, nach den Sommerferien in die Schule zu gehen. Doch dieser geht nach Hogwarts und kann Tom Riddle unschädlich machen, den → Basilisken töten und die Kammer des Schreckens wieder schließen (HP2).

**Versteinerung**
Eine magische → Verwandlung, bei der das Opfer am Leben bleibt, jedoch wie tot wirkt und, anders als bei der → Ganzkörperklammer, nicht bei Bewusstsein ist. Dabei sind die Lebensfunktionen so stark reduziert, dass das Opfer noch nach Jahren wiederbelebt werden kann, z. B. durch den → Alraunen-Wiederbelebungstrank. Außer durch → Zaubersprüche und → Zaubertränke kann man durch den Blick eines → Basilisken oder einer → Medusa versteinert werden.

**Verteidigung gegen die dunklen Künste**
Das Schulfach in → Hogwarts, in dem die Schülerinnen und Schüler die Verteidigung gegen → schwarze Magie lernen. Seit Harry Potter in Hogwarts ist,

hat er nie einen Lehrer in diesem Fach länger als ein Jahr gehabt; er erlebte Professor → Quirrell (HP1), Gilderoy → Lockhart (HP2), Remus → Lupin (→ HP3) und Mad-Eye → Moody alias Barty → Crouch (HP4).

**Vertrag, bindender magischer**
Ein solcher Vertrag kann nicht mehr gebrochen oder aufgelöst werden; deshalb muss Harry Potter, nachdem der → Feuerkelch ihn als Champion für das → Trimagische Turnier ausgewählt hat, daran teilnehmen. Wie die Alternative aussähe, wird nicht erläutert – es gibt wohl keine.

**Vertrauensschüler**
Eine Vertrauensstellung für ältere Schülerinnen oder Schüler in → Hogwarts, die sich um jüngere Schülerinnen und Schüler kümmern. Sie werden, wie in englischen Schulen üblich, von der Schulleitung bestimmt, nicht wie in deutschen Schulen gewählt. Man erkennt sie an einem silbernen Abmal mit einem großen V. Vertrauensschüler sind z. B. Percy → Weasley und dessen Freundin Penelope → Clearwater und Cedric → Diggory und waren früher Bill → Weasley, Lily → Potter und James → Potter und natürlich Tom Vorlost → Riddle alias Lord → Voldemort. Vertrauensschüler dürfen auch Hauspunkte vergeben oder abziehen (HP2,165).

**Vertrauensschüler und ihr Weg zur Macht**
Ein Buch, das Percy → Weasley in einem Kramladen in der → Winkelgasse findet und das ihn natürlich sehr fesselt (»*Prefects Who Gained Power*«). Es handelt sich um »Eine Studie über Vertrauensschüler in → Hogwarts und ihre Karrieren« (HP2,63).

**Vertrauter**
Ein Tier oder Fabelwesen, Geist oder → Dämon, das oder der einem Zauberer oder einer Hexe als persönlicher Begleiter dient, ähnlich dem → Familiar. Typische Vertraute in den Harry-Potter-Büchern sind der → Phönix → Fawkes für → Dumbledore oder → Krummbein für → Hermine. Wenn es »nur ein einfaches« Tier ist, wird es eher Zaubertier genannt.

**Vertrocknete Zunge**
Ein → Fluch, beschrieben im Buch → »Flüche und Gegenflüche« von Vindictus → Viridian.

**Verwandlung**
Kurzfassung für das Schulfach → Verwandlungskunde, Verwandlungslehre, unterrichtet von Minerva → McGonagall.

**Verwandlung heute**
Monatlich erscheinende Fachzeitschrift (analog → Muggel-Zeitschriften wie »Psychologie heute«). Englischer Titel: *»Tranfiguration Today«* (HP3).

**Verwandlung: Die Zwischenstufen**
Lehrbuch ab dem dritten Schuljahr in → Hogwarts von Emeric → Wendel.

**Verwandlungen für Anfänger**
Lehrbuch ab dem ersten Schuljahr in → Hogwarts von Emeric → Wendel.

**Verwandlungskunde, Verwandlungslehre**
Transfiguration: Schulfach in → Hogwarts, bei dem das Verwandeln von Gegenständen in andere Objekte oder in Tiere unterrichtet wird und das Verwandeln von Menschen in Tiere (→ Animagus). Lehrerin ist Minerva → McGonagall, die sich selbst in eine → Katze verwandeln kann. Zur Zeit von Tom Vorlost → Riddle unterrichtete Albus → Dumbledore das Fach; ob er auch ein Animagus ist, ist nicht bekannt. – Mad-Eye Moody → verwandelt Draco → Malfoy zur Strafe in ein → Frettchen (HP4). Man kann sich durch → Zaubersprüche und durch einen → Zaubertrank verwandeln, etwa den → Vielsaft-Trank.

**Verwandte**
Harry Potter hat zwei Blutsverwandte: seine Tante Petunia → Dursley, Schwester seiner Mutter Lily → Potter, und Vetter Dudley → Dursley. Angeheiratet sind Onkel Vernon → Dursley und dessen Schwester Magda → Dursley.

**Verwirrungs-Elixier**
Diesen → Zaubertrank müssen die Schülerinnen und Schüler der dritten Klasse in → Hogwarts 1994, am Ende von Harry Potters drittem Schuljahr, als → Jahresabschlussprüfung in → Zaubertrankkunde bei Professor → Snape brauen.

**Vetteln**
Warum Gilderoy → Lockhart über »häßliche alte Weiber«, wie das Lexikon sowohl Vetteln wie *Hags* übersetzt, ein ganzes Buch schreibt, muss wohl sein Geheimnis bleiben (HP2). *Hag* kann allerdings auch »Hexe« heißen.

**Vetter**
Der Vetter von Harry Potter, bei dessen Familie er lebt, ist Dudley → Dursley.

**Vielsaft-Trank**
Ein sehr mächtiger → Zaubertrank, dick und klebrig, mit dem man sich in eine andere Person → verwandeln kann (*Polyjuice-Potion*); Verwandlungen in ein

Tier gehen nicht. Ingredienzen sind u. a. Florfliegen, Blutegel, Flussgras (bei → Vollmond zu zupfen), Knöterich, das gemahlene Horn eines Zweihorns, die klein geschnittene Haut einer Baumschlange und ein Stück der Person, in die man sich verwandeln will. Weil Hermine → Granger aus Versehen ein Katzenhaar erwischt, verbringt sie einige Zeit im Krankenflügel. Harry Potter und Ron → Weasley hingegen verwandeln sich erfolgreich in → Crabbe und → Goyle (HP2). Mit Hilfe des Vielsafttrankes kann die Mutter von Barty → Crouch junior ihn aus → Askaban retten; sie stirbt dort statt seiner. Crouch junior lebt später fast ein Jahr als Mad-Eye → Moody in → Hogwarts, immer wieder verwandelt durch den Trank (HP4).

**Vier-Punkte-Fluch**

Dieser → Zauberspruch liefert eine Art magischen Kompass. Legt man den → Zauberstab auf die flache Hand und sagt »Weise mir dir Richtung«, zeigt er nach Norden. Der englische Befehl lautet *»Point me«*; das englische *point* heißt weisen, aber auch Himmelsrichtung (HP4).

**Vierter Band**

→ Harry Potter und der Feuerkelch.

**Violett**

Verhutzelte Hexe in einem Bild in der Kammer neben dem → großen Saal, besucht immer wieder ihre Freundin, die → Fette Dame (HP4).

**Viridian, Vindictus**

Professor und Autor des Buches → »Flüche und Gegenflüche«. Im Nachnamen Viridian könnte sich das lateinische *viridis* verbergen: grün, jugendlich, frisch, vielleicht also die Hoffnung auf einen gelungenen Gegenfluch. Dafür könnte auch der Nachname stehen, wenn man ihn ableitet vom lateinischen *vindicare*: befreien, retten. Er kann aber auch das Gegenteil bedeuten, denn das englische *vindictive* heißt »rachsüchtig«!

**Vogelschlüssel**

→ Fliegende Schlüssel.

**Voldemort, Lord**

Der mächtigste → schwarze Magier des 20. Jahrhunderts wurde 1927 als Tom Vorlost → Riddle (im englischen Original Tom Mavolo Riddle) als → Halbblüter geboren. Sein Vater war ein Muggel namens Tom → Riddle aus Little Hangleton, seine Mutter eine Hexe. Als Tom Riddle davon erfuhr, verstieß er seine schwangere Frau. Sie starb bei der Geburt des Jungen, den sie nach seinem Vater Tom und seinem Großvater, ihrem Vater, Vorlost (bzw. Marvolo) nannte (HP4). – Tom Riddle wuchs in einem Waisenhaus der → Muggel auf und kam mit 11 Jahren, 1938, nach → Hogwarts, wo damals Armando → Dippet Schulleiter und Albus → Dumbledore Lehrer für → Verwandlung und Haupt des Hauses → Gryffindor war. Nach jahrelanger intensiver Forschungsarbeit gelang es Riddle, → Parselmund wie sein Vorfahr Salazar → Slytherin, 1942, in seinem fünften Schuljahr, die → Kammer des Schreckens zu öffnen. Als nach dem Tod der → Maulenden Myrte die Gefahr bestand, dass die Schule geschlossen würde, und er Angst hatte, in das Waisenhaus zurück zu müssen, beschuldigte er erfolgreich → Hagrid, die Kammer geöffnet zu haben, schloss sie wieder, legte aber das Geschehene in seinem → Tagebuch nieder und sorgte so dafür, dass er 50 Jahre später als lebende → Erinnerung eines Sechszehnjährigen die Kammer des Schreckens noch einmal öffnete. Riddle beendete höchst erfolgreich seine Schulzeit: ein hübscher, großer, schwarzhaariger Junge, → Vertrauensschüler für → Slytherin, → Schulsprecher, Klassenbester, ausgezeichnet mit einer Medaille für Magische Meriten und einer → Auszeichnung für besondere Verdienste um die Schule. Bereits damals trug er unter seinen Kumpanen den Namen »Lord Voldemort«, den er als → Anagramm aus seinem echten Namen gebildet hat (HP2). Direkt nach seinem Schulabgang 1944 tötete er seinen Vater und dessen Eltern im → Riddle-Haus in Little Hangleton (HP4) – und dann verschwand er und reiste in der Welt herum, erforschte die → schwarze Magie, *»versank tief in die dunklen Künste, hat sich mit den Schlimmsten von uns zusammengetan, unterzog sich so vielen gefährlichen, magischen Verwandlungen, dass er, als er als Lord Voldemort wieder auftauchte, kaum wieder zu erkennen war«* (Dumbledore, HP2,339). Etwa um 1970 war es so weit: Als Lord → Voldemort konnte er die Macht übernehmen und ein Schreckensregime entfalten. Einzig Hogwarts unter Albus → Dumbledore hielt stand. Voldemore war so gefürchtet, dass die meisten seinen Namen nicht auszusprechen wagten. Er war »Jener, dessen Name nicht genannt werden soll« (oder darf) oder »Du-weißt-schon-wer«. Beim Versuch, Harry Potter zu töten, wird ihm 1981 seine Macht genommen, ein Teil davon geht auf Harry über. Er vegetiert nun dahin als ein Wesen, das nicht richtig lebt und doch nicht sterben kann (und will), das *»nur noch Schatten und Dunst«* ist (HP1,318). *»Weil er nicht wirklich lebendig ist, kann er nicht getötet werden«* (Dumbledore, HP1,323). Er ist weniger → Geist als vielmehr ein → Dämon; als er, um weiterzuleben, das → Blut eines → Einhorns braucht, auch eine Art → Vampir. Doch immer noch trauen sich die meisten nicht, seinen Namen auszusprechen; Albus Dumbledore kämpft dagegen an: *»Nenn die Dinge immer beim richtigen Namen. Die Angst vor einem Namen steigert nur die Angst vor der Sache selbst«* (HP1,323). Nur Remus → Lupin hat außer Dumbledore und Harry keine Angst, den Namen auszusprechen. – Voldemort gelingt es 10 Jahre nach seinem Fall,

Professor → Quirrell als Diener zu verdingen. Er hat *»das schrecklichste Gesicht, das Harry je gesehen hatte. Es war kreideweiß mit stierenden toten Augen und, einer Schlange gleich, Schlitzen als Nasenlöcher«* (HP1,318). Mit dem Versuch, den → Stein der Weisen, der ihm wieder einen Körper verschaffen könnte, an sich zu bringen, scheitert er an seinem alten Feind Harry Potter (HP1). Für zwei Jahre zieht er sich nach → Albanien zurück, ehe es ihm in einer groß angelegten Verschwörung gelingt, mit Hilfe seiner alten Diener Barty → Crouch und Peter → Pettigrew, Harry Potter in seine Gewalt zu bekommen und die → Wiederauferstehung in menschlicher Gestalt zu erlangen: als dürrer Mann mit langen, spinnengleichen Fingern, weiten, scharlachroten Augen, die sich manchmal katzengleich zu Schlitzen verengen, und einer Nase, platt wie die einer Schlange und mit Schlitzen als Nüstern. Es kommt zu einem → Zauberduell mit Harry, der Voldemort schlägt (→ Fluchumkehr) und entfliehen kann. Doch Voldemort kann, in alter Kraft und Herrlichkeit, daran gehen, wieder an die Macht zu kommen (HP4). – Der Name Voldemort kann sich aus verschiedenen Wörtern zusammensetzen. Wahrscheinlich ist französisch *vol*, was sowohl Diebstahl wie Flug heißt, und ebenfalls französisch *de*, von, und *mort*, Tod. Der »Flug des Todes« also, oder vielleicht auch der »Fliegende Tod«... In einigen alten Sagen ist von einem Zauberer namens »Voldermortist« die Rede, dessen Name angeblich »Herr des Bösen« oder »Dunkler Lord« bedeuten soll. Dieser Zauberer soll ein früher Gegner von → Merlin gewesen sein, der ihn besiegte und tötete, einige Jahre bevor er König → Artus zur Macht verhalf. – Der Name Riddle bedeutet einfach nur »Rätsel«, und Marvolo bzw. Vorlost sind wahrscheinlich gewählt worden, damit das → Anagramm aufgeht. Ein wenig erinnert Marvolo an das englische *marvel*, Wunder.

### Volkow

→ Treiber im bulgarischen Team bei der → Quidditch-Weltmeisterschaft (HP4).

### Volljährigkeit

Hexen und Zauberer sind volljährig, sobald sie das 17. Lebensjahr vollendet haben, also z. B. beim Abgang von → Hogwarts. Harry Potter wird am 31. Juli 1997 volljährig, zu Beginn des siebten Bandes.

### Vollmond

Eine besondere Mondphase, bei der die auf der Erde sichtbare Seite des → Mondes im Sonnenlicht liegt und damit gut erkennbar wird. Viele magische Kräfte sind besonders stark oder funktionieren nur bei Vollmond, wie etwa die Verwandlung eines → Werwolfes. Das Flussgras für den → Vielsaft-Trank muss bei Vollmond gezupft werden.

**Vom Ei zum Inferno**

Ein Buch, in dem → Hagrid sich kundig macht, als er den → Drachen → Norbert großziehen will; Untertitel: Ein Handbuch für Drachenhalter *(From Egg to Inferno, A Dragon Keeper's Guide).*

**Von Alraune bis Zentaur**

Kleines Nachschlagewerk (Untertitel: Harry-Potter-Lexikon) mit 144 Seiten, angekündigt für Oktober 2000 bei Albatros, einem Imprint des Patmos-Verlages, Düsseldorf. Der Autor benutzt das Pseudonym Frank N. Stein. Bei Drucklegung des hier vorliegenden Lexikons war das Buch noch nicht erschienen.

**Voodoo**

In dieser afroamerikanischen Religion der Muggel, die vor allem auf Haiti als Gemisch aus afrikanischer Religion und → Mythologie und christlich-kultischen Riten entstand und deren Name soviel wie »beschützender Geist« bedeutet, spielt → Magie eine wichtige Rolle. Die verschiedenen Götter, → Dämonen und → Geister müssen mit magischen Ritualen und Opfern, oft von → Blut, besänftigt werden oder werden damit um Schutz und Hilfe angefleht. Interessanterweise unterscheiden sich die magisch-fetischistischen Riten der weißen Magie »Umbanda« kaum von denen der schwarzen Magie »Quimbanda«. Das Voodoo hat die Vorstellung der Muggel von Untoten und → Wiedergängern um den → Zombie bereichert.

**Vorhängeschloss**

Mit einem solch rigiden Mittel sorgt Vernon → Dursley dafür, dass Harry Potter seine → Eule → Hedwig während der Sommerferien nicht fliegen lassen kann (HP2,8).

**Vorlost**

Der zweite Vorname von Tom Vorlost → Riddle alias Lord → Voldemort in der deutschen → Übersetzung (im Original: Marvolo). Er erhielt den Namen nach seinem Großvater mütterlicherseits, also dem Vater seiner Mutter. Der Name wurde in der deutschen Übersetzung geändert, damit das → Anagramm aufgeht.

**Voyages With Vampires**

Originaltitel des Buches »Abstecher mit Vampiren« von Gilderoy → Lockhart, Pflichtlektüre in Harrys zweitem Schuljahr (HP2).

**Vulkanow**

→ Treiber im bulgarischen Team bei der → Quidditch-Weltmeisterschaft (HP4).

# W

**Waage**

Eine Waage aus Messing braucht Harry Potter als Schüler in → Hogwarts.

**Wabbelbein-Fluch**

Ein → Fluch, der einem Gummibeine macht, so dass man durch die Gegend eiert, wenn man überhaupt laufen kann. Wenn man den Zauberspruch mit dem → Furnunculus-Fluch mischt, wachsen kleine Tentakeln im Gesicht.

**Wablatschki, Kassandra**

Autorin des Buches »Die Entnebelung der Zukunft« *(Unfogging the Future)*. – Der Vorname ist der der berühmten Seherin Kassandra, der Tochter des trojanischen Königs Priamos, die den Untergang Trojas vorhersagte – doch niemand wollte auf sie hören, da sie der griechische Gott Appollo, nachdem sie seine Liebe zurückwies, verfluchte. Der Nachname erinnert an Helena Petrovna Blavatsky (1831 – 1891), die Begründerin des religionsphilosophischen Systems, das als Theosophie bezeichnet wird. 1875 gründete sie mit Henry Steel Olcott die Theosophische Gesellschaft. Ihre Hauptwerke sind »Isis Unveiled« (1877, »Isis entschleiert«) und »The Secret Doctrine« (1888 »Die Geheimlehre«). Ihr Einfluss ist bis heute sehr stark in der Esoterik der → Muggel und auch in der Anthroposophie, deren Gründer, Rudolf Steiner, zeitweise Generalsekretär der Theosophischen Gesellschaft war.

**Wächter von Askaban**

→ Dementoren

**Wächtertrolle**

Diese spezielle Art → Trolle wird in Harry Potters drittem Jahr in → Hogwarts eingesetzt, um die Schülerinnen und Schüler vor Sirius → Black zu beschützen (HP3).

**Wäsche, Waschen**

Wie die Kleider in → Hogwarts gewaschen werden, wird nie erläutert. Da aber kaum vorstellbar ist, dass die Schülerinnen und Schüler am Waschtrog stehen und → Putzen mit → Magie nicht so leicht zu sein scheint, gibt es wahrscheinlich eine Wäscherei, in der wie in der Küche oder beim Putzen der Böden → Hauselfen arbeiten.

**Waddiwasi**

Der nützliche kleine → Zauberspruch von Remus → Lupin lässt etwas aus einem Loch herausschießen, z. B. einen Kaugummi aus einem Schlüsselloch (direkt in Peeves' Nase) (HP3).

***Waffling, Adalbert***

Englischer Name von Adalbert → Schwahfel – das englische *waffle* bedeutet schwafeln, faseln.

**Wagga Wagga**

Gilderoy → Lockhart stellt einmal die Hausaufgabe, ein Gedicht über seinen Kampf gegen den → Werwolf von Wagga Wagga zu schreiben (HP2,169). Wagga Wagga ist eine Stadt im Bundesstaat New South Wales im Südosten Australiens, westlich von Canberra, am Stuart Highway und der Eisenbahnlinie, die Sydney mit Melbourne verbindet. Gummi- und Metallfabriken, zwei Colleges und ein Forschungsinstitut zur Bodenerosion werden von gut 50.000 Einwohnerinnen und Einwohnern betrieben. Nicht weit weg gibt es einen kleinen Ort namens – Lockhart!

**Wahrheit**

*»Das ist etwas Schönes und Schreckliches und sollte daher mit großer Umsicht behandelt werden«,* sagt Albus → Dumbledore einmal (HP1,324). Viele sind der Wahrheit auf der Spur und nutzen dazu ganz unterschiedliche Mittel: die → Alchemie, die → Logik – oder einen → Zaubertrank wie das → Veritaserum.

**Wahrheitsserum**

→ Veritaserum

**Wahrsagerei**

→ Weissagung

**Waisenhaus**

In einer solchen sozialen Einrichtung der → Muggel, in der elternlose Kinder unterrichtet werden, wuchs Tom Vorlost → Riddle alias Lord → Voldemort auf.

**Wald, Verbotener**
→ Verbotener Wald.

**Walisischer Gründrache**
Eine → Drachenart, von der es noch einige wilde Exemplare in → Großbritannien gibt, glattschuppig und grün. Mit einem brütenden Weibchen dieser Art muss sich Fleur → Delacour im ersten Wettbewerb des → Trimagischen Turniers messen (HP4).

***Wand***
Englisch für → Zauberstab.

**Wanzen, elektronische**
Dass Rita → Kimmkorn mit solchen elektronischen Abhögeräten arbeiten könnte, vermutet Harry Potter, da sie Dinge weiß, die sie eigentlich nicht wissen kann. Elektronische Geräte funktionieren allerdings in → Hogwarts nicht. Trotzdem kann Rita alles belauschen, als »natürliche Wanze«, als Käfer, denn sie ist eine illegale → Animaga.

**Wanzki-Stuss**
So nennt Hermine → Granger den → Wronski-Bluff.

**Wanderungen mit Werwölfen**
Buch von Gilderoy → Lockhart *(Weekend with a Werewolf)*, Pflichtlektüre in Harrys zweitem Schuljahr (HP2).

**Wappen**
Das Wappen von → Hogwarts besteht aus dem Buchstaben H, um den in einem Kreis ein Löwe, ein Adler, ein Dachs und eine Schlange angeordnet sind, die vier Tiere der vier → Häuser. Das Symboltier von → Hogwarts ist ein → Eber (Hogwarts bedeutet »Schweinewarzen«); das Außentor ist von zwei Säulen mit den Statuen geflügelter Eber flankiert. Das Wappen von → Gryffindor ist ein goldener Löwe auf rotem Grund, das von → Ravenclaw ein bronzener Adler auf Rot, das von → Hufflepuff ein schwarzer Dachs auf Gelb und das von → Slytherin eine silberne Schlange auf grünem Grund. Das Wappen von → Beauxbatons zeigt zwei gekreuzte goldene Zauberstäbe, die jeweils drei Funken sprühen.

**Warbeck, Celestina**
Die *bezaubernde singende Hexe* ist in der → »Hexenstunde« im → Radio zu hören, als Harry Potter zum ersten Mal bei Familie → Weasley ist (HP2,38). – »Celestina« heißt der nach »Don Quijotte« zweitwichtigste spanische Roman

des 15. Jahrhunderts (»*Tragicomedia de Calisto y Melibea*« von Fernando de Rojas, 1499). Wahrscheinlicher kommt der Name von der Celesta (italienisch: die Himmlische), einem Instrument, bei dem Metallstäbe über eine Tastatur mit einer Klavierhammermechanik angeschlagen werden, patentiert 1886. Das englische *beck* ist ein Wildbach, *war* bedeutet Krieg – Celestinas Stimme ist sicher interessant anzuhören.

**Warner Bros.**

Tochterfirma von → Time Warner Entertainment Company, hat alle Vermarktungsrechte und die → Filmrechte an Harry Potter.

**Warrington**

→ Jäger im → Quidditch-Team von → Slytherin in Harry Potters drittem Schuljahr 1993/94 (HP3).

**Wassergeister**

→ Hagrid scheint kurzzeitig Probleme mit solchen → Elementargeistern in der Quelle von → Hogwarts zu haben; zumindest bietet Gilderoy → Lockhart ihm an, ihm bei deren Bekämpfung zu helfen (HP2).

**Wasserhahn**

Einer der kupfernen Wasserhähne im → Klo der → Maulenden Myrte hat eine → Schlange eingraviert. Zu der muss ein → Parselmund sprechen, dann geht die → Kammer des Schreckens auf.

**Wassermenschen**

Eine Gruppe von ihnen lebt im → schwarzen See auf dem Gelände von → Hogwarts. Sie sehen aus wie Menschen mit kräftigen silbernen Schwanzflossen, gräulicher Haut und langem, wildem und dunkelgrünem Haar. Sie leben in unterirdischen Häusern, können aber auch Luft atmen, und sind mit Speeren bewaffnet. Sie leben wohl auch im Meer, denn ihre Sprache heißt Meerisch; Albus → Dumb-

**So stellten sich die Muggel früher Wassermenschen vor. Diese beiden sollen zwei Stunden lang im Nil gesehen worden sein, behauptet ein Buch des italienischen Naturforschers Odysseus Aldrovani von 1599**

ledore spricht sie. Beim → Trimagischen Turnier nehmen sie die liebsten Menschen der Champions gefangen, die diese als zweite Aufgabe befreien müssen. Die Seehäuptlingin von Hogwarts heißt Murcus. – In der → Mythologie der → Muggel sind Wassermenschen eine der Hauptformen der → Elementargeister. Unter diesem Stichwort gibt es eine Geschichte zu Seejungfrauen.

**Wassermolch**
Den Schwanz eines solchen, mit den → Salamandern verwandten, Tieres kauft Neville → Longbottom als → Amulett gegen das Monster aus der → Kammer des Schreckens (HP2,193). Doppelschwänzige Wassermolche bekommt man in der → Magischen Menagerie in der → Winkelgasse (HP3).

**Wasserspeier**
Figuren in der mittelalterlichen Architektur, aus deren Maul oft das Wasser der Dächer, der Regenrinnen oder eines Brunnen strömt. Finden sich häufig in Kathedralen und auch in → Hogwarts. Ein lebender Wasserspeier bewacht den Eingang zum Büro des Schulleiters Albus → Dumbledore. Wasserspeier werden oft auch Gargylen oder Gargoylen genannt.

**Watson, Emma**
Darstellerin von Hermine → Granger im ersten Harry-Potter-→ Film

**Weasley, Arthur**
Vater in der Familie → Weasley, verheiratet mit Molly → Weasley, groß und dünn, mit spärlichem roten Haar, das teilweise bereits eine Glatze zeigt. Er trägt eine Brille und meistens einen grünen Umhang. Als er in → Hogwarts war, war er wie alle Mitglieder seiner Familie in → Gryffindor. Arthur ist im → Zaubereiministerium Leiter der → Abteilung gegen den Missbrauch von Muggelartefakten. Er hat allerdings selbst eine Schwäche für Erfindungen der → Muggel wie »Trolltreppen« und »Eckelzitrität«, sammelt Batterien und Stecker und bekommt erheblichen Ärger wegen seines magisch → fliegenden Autos (HP2).

**Weasley, Bill**
Der älteste Sohn der Familie → Weasley war Schulsprecher in → Hogwarts (für → Gryffindor), legte alle Prüfungen mit dem besten Ergebnis ab (12. → Zaubergrad) und war immer Klassenbester, wie später sein Bruder Percy → Weasley. Er ist 1994 mindestens 22 Jahre alt und arbeitet als → Fluchbrecher für die Zaubererbank → Gringotts in Ägypten, wo ihn seine Familie im Sommer 1993 besucht, nachdem Arthur → Weasley den → Großen Preis des Tagespropheten gewonnen hat (HP3). Harry Potter findet ihn *»einfach* cool*: Er war hochgewachsen und hatte sein langes Haar zu einem Pferdeschwanz zusammengebun-*

*den. Er trug enen Ohrring, an dem etwas baumelte, das aussah wie der Giftzahn einer Schlange. Seine Kleidung hätte gut in ein Rockkonzert gepasst, nur dass seine Schuhe ... nicht aus Leder, sondern aus Drachenhaut waren«* (HP4,57).

**Weasley, Charlie**

Der zweitälteste Sohn der Familie → Weasley ist stämmig und nicht sehr groß. Er war in → Hogwarts Kapitän und Sucher des → Quidditch-Teams, das 1986 zum letzten Mal für → Gryffindor die Meisterschaft holte, ehe dies nach siebenjähriger Abstinenz 1994 mit Harry Potter wieder gelang (HP3). Er hätte in der Nationalmannschaft spielen können, wenn er nicht lieber als Drachenfänger nach → Transsylvanien gegangen wäre. Er betreut während des → Trimagischen Turniers die → Drachen für die erste Aufgabe (HP4).

**Weasley, Familie**

Familie Weasley ist für Harry Potter so etwas wie eine Ersatzfamilie, da er bei seinen einzigen lebenden Verwandten, der Familie → Dursley, nicht glücklich leben kann. Bis auf Mutter Molly → Weasley sind alle Weasleys rothaarig und ziemlich flink – dazu passt der Name: Das englische *weasel* bedeutet Wiesel, und diese Marder sind kleine, geschmeidige, schlanke Tiere (13 bis 40 Zentimeter lang); die meisten haben ein rotbraunes Fell, zumindest auf dem Rücken. Auch die meisten Ortsnamen in der Gegend, in der die Weasleys wohnen, haben etwas mit Wieseln oder anderen Mardergattungen zu tun. Ihr Haus heißt im Original *The Burrow*, das heißt »der Tierbau«, die Höhle; im Deutschen wird daraus etwas weniger passend der → »Fuchsbau«. Der nahegelegene → »Stoatshead Hill« (HP4) ist der → »Wieselkopf« (eigentlich »Hermelinkopf-Hügel). Die nächstgelegene Ortschaft ist → Ottery St. Catchpole, und Otter gehören wie Wiesel zu den Mardern. – Familie Weasley besteht aus Vater Arthur, Mutter Molly, den Söhnen Bill, Charlie, Percy, Fred, George und Ron sowie Tochter Ginny. Alle Kinder sind in → Hogwarts in → Gryffindor. Obwohl der Vater im → Zaubereiministerium arbeitet, sind sie alles andere als wohlhabend; kein Wunder bei sieben Kindern. Dem Fuchsbau sieht man das ebenso an wie der großen grauen → Eule Errol, die so alt ist, dass sie kaum noch längere Strecken fliegen kann. Als Arthur 1993 den Großen Preis des → Tagespropheten gewinnt (700 → Galleonen), kann sich die Familie eine Reise nach Ägypten leisten. Durch einen Zeitungsbericht in der Zeitung wird Sirius → Black auf Rons Ratte → Krätze aufmerksam, erkennt in ihr Peter → Pettigrew und flieht deshalb aus → Askaban (HP3). Unter den Verwandten der Weasleys gibt es auch → Muggel: Molly Weasley hat mindestens zwei Vettern; einer ist Buchhalter, und man redet nicht über ihn. Für Harry wird die Familie Weasley eine Art Ersatzfamilie. – In der Welt der → Muggel werden Rothaarige bis heute oft als Zauberer und → Hexen verfolgt und verdächtigt, den → Bösen Blick zu haben.

**Weasley, Fred**
Einer der beiden → Weasley-Zwillinge.

**Weasley, George**
Einer der beiden → Weasley-Zwillinge.

**Weasley, Ginny**
Das jüngste Kind der Familie → Weasley und die einzige Tochter ist ein Jahr jünger als Harry Potter und seit ihrer ersten Begegnung 1991 auf → Gleis 9 ¾ in Harry verknallt. Sie kommt ein Jahr nach Harry nach → Hogwarts ins → Gryffindor-Haus (1992) und wird von Tom Vorlost → Riddle mithilfe seines Tagebuches missbraucht, um die → Kammer des Schreckens zu öffnen. Harry rettet ihr in letzter Minute das Leben (HP2). Wenn man Harry mit → Artus gleichsetzt, könnte Ginny dessen Gattin Guinevere entsprechen. Außerdem erweckt Harry sie in der → Kammer des Schreckens wie der Prinz in vielen Märchen (Schneewittchen; Dornröschen, siehe → Fluch) die schlafende Schönheit (HP2). Ob aus den beiden ein Paar wird, bleibt abzuwarten – Harry ist bisher ja eher an Cho → Chang interessiert.

**Weasley, Molly**
Die Mutter in der Familie → Weasley, verheiratet mit Arthur → Weasley, geht ganz in ihrer Rolle als Hausfrau und Mutter auf. Sie ist klein und füllig und die einzige in der Familie, die keine roten Haare hat. Wenn man sie nicht reizt, ist sie die Liebenswürdigkeit in Person, wenn sie wütend wird, sieht sie *»für eine kleine kugelrunde Frau mit einem freundlichen Gesicht ... einem Säbelzahntiger erstaunlich ähnlich«* (HP2,36). Jedes Jahr schenkt sie ihren Kindern zu Weihnachten einen selbstgestrickten → Weasley-Pullover, auch Harry Potter bekommt seit seinem ersten Weihnachtsfest in → Hogwarts 1991 jedes Jahr einen geschenkt. Molly war in → Hogwarts wie alle Mitglieder ihrer Familie in → Gryffindor. Die heimliche Leidenschaft ihres Mannes zur → Muggelwelt lehnt sie ab. Für Harry wird sie immer mehr zu einer Art Ersatzmutter.

**Weasley, Percy**
Der drittälteste Sohn der Familie → Weasley ist 1991 in der fünften Klasse, als Harry Potter nach → Hogwarts kommt, also 4 Jahre älter als Harry, und gerade → Vertrauensschüler für → Gryffindor geworden; sein Vater schenkte ihm dafür die → Eule → Hermes. Percy, wie sein Bruder Ron groß und schlaksig, ist ein ausgesprochener Streber und trägt eine Brille. Seine Freundin ist seit seiner sechsten Klasse Penelope → Clearwater, Vertrauensschülerin von Ravenclaw (HP2). Wie sein älterer Bruder Bill → Weasley ist er stets Klassenbester, erringt in der sechsten Klasse den 12. → Zaubergrad (HP2,50), bringt es in der siebten

Klasse zum Schulsprecher und legt die Abschlussprüfungen zum UTZ (→ Unheimlich toller Zauberer) mit bestmöglichem Ergebnis ab (HP3). Anschließend arbeitet er im → Zaubereiministerium in der → Abteilung für internationale magische Zusammenarbeit. Sein Chef, Barty → Crouch, nennt ihn scherzhaft »Weatherby« – niemand weiß, warum (HP4). Ron → Weasley vermutet, Percy wolle eines Tages Zaubereiminister werden. – Percy könnte für Parzival stehen, den »reinen Tor«, der auf der Suche nach dem → Gral ist, besonders, wenn man Harry Potter mit → Artus gleichsetzt. Dazu passt, dass er so stark auf Regeln achtet. Man könnte in ihm auch Odysseus sehen, der auf dem Weg in seine Heimat ist, dazu passt der Name seiner Freundin Penelope, Gattin des Odysseus. Auf jeden Fall scheint Percy noch eine wichtige Rolle zu erwarten.

**Weasley-Pulli, Weasley-Pullover**
Jedes Jahr schenkt Molly → Weasley ihren Kindern zu Weihnachten einen selbstgestrickten Pullover, auch Harry Potter bekommt seit seinem ersten Weihnachtsfest in → Hogwarts 1991 immer einen. Im ersten Jahr ist sein Pulli smaragdgrün, der von Ron → Weasley kastanienbraun, die der → Weasley-Zwillinge Fred und George sind blau mit ihren Anfangsbuchstaben darauf und der von Percy → Weasley (Farbe unbekannt) hat ein V für → Vertrauensschüler darauf (HP1). Harrys Pulli ist 1993 scharlachrot mit → Gryffindor-Löwe auf der Brust, 1994 grün mit aufgesticktem → Drachen.

**Weasley, Ron (Ronald)**
Das zweitjüngste Kind der Familie → Weasley heißt Ronald (das steht auf seiner Zimmertür im → »Fuchsbau«, HP2,44) und wird Ron genannt. Ron ist der jüngste Sohn, gleichaltrig mit und der beste Freund von Harry Potter, den er im → Hogwarts-Express auf dem Weg zur Einschulung in → Hogwarts kennenlernt. Beide sind in → Gryffindor, und auch wenn sie nie so verwegen sind wie die → Weasley-Zwillinge oder früher James → Potter und Sirius → Black, sind sie doch abenteuerlustig und brechen immer wieder die Schulregeln, besonders, um gegen das Böse und Lord → Voldemort zu kämpfen. Ron ist groß für sein Alter, hat blaue Augen, ist *»dünn und schlaksig, hatte Sommersprossen, große Hände und Füße und eine kräftige Nase«* (HP1,104), das heißt vor allem eine lange Nase. Ron verehrt das → Quidditch-Team der → Chudley Cannons, deshalb ist ihre Farbe auch die seines Zimmers im → »Fuchsbau«: leuchtend orange-rot. – Im Gegensatz zu Harry ist Ron arm und muss immer die Sachen der älteren Brüder auftragen: Er bekommt z. B. den alten Umhang von Bill, den alten → Zauberstab von Charlie (mit → Einhornhaar), und als → Zaubertier → Krätze, die alte Ratte von Percy (die sich allerdings in HP3 als alles andere als alt und unfähig entpuppt, sondern als der → Animagus Peter → Pettigrew).

Später bekommt er von Sirius → Black die winzige → Eule → Pig (HP3). Gegenüber → Spinnen hat Ron eine Phobie (weil Fred einmal seinen → Teddybär in eine Spinne verwandelte). Hingegen liebt er Schach und ist ein meisterlicher Spieler, der sogar das Große → Schachspiel von → McGonagall gewinnt und dafür 50 → Hauspunkte erhält: *»für die beste Schachpartie, die in Hogwarts seit vielen Jahren gespielt wurde«* (HP1,331). Sein eigenes Spiel → Zaubererschach hat er von seinem Großvater geerbt (HP1). In seinem zweiten Schuljahr hat er große Schwierigkeiten mit seinem kaputten Zauberstab, obwohl er ihn mit → Zauberband geflickt hat. Er holt 200 → Hauspunkte für Gryffindor, weil er mit Harry den → Basilisken besiegt (HP2). Nachdem sein Vater den → Großen Preis des Tagespropheten gewonnen hat, bekommt er in den Sommerferien 1993 einen neuen Zauberstab: 14 Zoll (35,5 Zentimeter), aus Weide, mit Einhornhaar. – Wenn man Harry Potter mit → Artus gleichsetzt, dürfte Ron dem bedeutendsten Ritter der Tafelrunde, Lancelot, entsprechen. Da er sich in Hermine → Granger verguckt hat und deutlich eifersüchtig reagiert (HP4), wird es spannend sein zu beobachten, ob es wie in der Artussage zu einem Konflikt um eine Frau kommt; Harry ist bisher ja eher an Cho → Chang interessiert. – Ron ist ein wenig gestaltet nach Sean P. F. Harris, dem ältesten Freund von Joanne K. → Rowling; ihm hat sie → »Harry Potter und die Kammer des Schreckens« gewidmet. – Der Name Ron Weasley könnte auch interpretiert werden als »Running Weasel«, rennendes Wiesel. So hieß auch ein chinesischer Warlord Anfang des 20. Jahrhunderts, ein brillanter Stratege und meisterlicher Schachspieler.

**Weasley-Zwillinge**

Fred und George Weasley gehen ins dritte Schuljahr in → Hogwarts, als Harry Potter dort 1991 eingeschult wird, und sind wie er in → Gryffindor. Sie sind also zwei Jahre älter als Harry und wurden im April 1978 geboren. Die beiden eineiigen Zwillinge sind die Sorgenkinder der Familie → Weasley – zumindest ihrer Mutter. Nach übereinstimmender Meinung der Lehrerschaft von Hogwarts sind sie die schlimmsten Unheilstifter, die es je in der Schule gab, höchstens Sirius → Black und James → Potter könnten es mit ihnen aufnehmen. Sie experimentieren gerne mit magischen Scherzartikeln und wollen sogar einen eigenen Versand gründen: → Weasleys' Zauberhafte Zauberscherze (HP4). Im Büro von Hausmeister → Filch belegen ihre Untaten ein eigenes Fach, und → Hagrid behauptet, er habe sein halbes Leben damit verbracht, die Zwillinge aus dem → Verbotenen Wald zu jagen. Die zwei sind sehr erfolgreiche → Treiber im → Quidditch-Team von Gryffindor und beteiligt an der Erringung des → Quidditch-Pokals 1994 (HP3). Als sie versuchen, mit einem Alterungstrank die → Alterslinie auszutricksen, um am → Trimagischen Turnier teilzunehmen, wachsen ihnen zur Strafe Bärte (HP4).

**Weasleys Zauberhafte Zauberscherze**

Firmenname eines Versandhandels für magische Scherzartikel, den Fred und George Weasley heimlich aufziehen und in dem es so hübsche Dinge gibt wie → Kanarienkremschnitten, → Würgzungen-Toffees und → Jux-Zauberstäbe. Trotz Verbotes und härterer Maßnahmen ihrer Mutter arbeiten sie daran, und Harry Potter spendet ihnen 1995 seinen Gewinn aus dem → Trimagischen Turnier zum Aufbau ihres Handels. Den Zwillingen steht offenbar eine glänzende Karriere als Geschäftsleute bevor, denn sie investieren in eine Branche mit Zukunft. Abgekürzt ergibt sich aus dem Originalnamen *Weasley's Wizard Wheezes* nämlich »WWW« – das boomende World Wide Web im → Internet.

**Weatherby**

Spitzname, mit dem Barty → Crouch seinen Angestellten Percy → Weasley belegt (HP4) – niemand weiß, warum.

***Weekend with a Werewolf***

Originaltitel des Buches »Wanderungen mit Werwölfen« von Gilderoy → Lockhart, Pflichtlektüre in Harrys zweitem Schuljahr (HP2).

**Weezly**

Der Name auf dem Schild auf dem Zeltplatz bei der → Quidditch-Weltmeisterschaft, der für die → Weasleys reserviert ist (HP4).

**Weihnachtsball**

Im Rahmen des → Trimagischen Turniers gibt es 1994 in → Hogwarts einen großen Ball, den die Champions eröffnen. Die → große Halle ist festlich geschmückt; Tanzmusik spielen die → Schwestern des Schicksals. Teilnehmen dürfen Schülerinnen und Schüler ab der vierten Klasse; Jüngere nur, wenn sie als Partner mitgenommen werden. Folgende Paare bilden sich: Harry Potter und Parvati → Patil, Ron → Weasley und Padma → Patil, Viktor → Krum und Hermine → Granger, Cedric → Diggory und Cho → Chang, Roger → Davies und Fleur → Delacour, Fred → Weasley und Angelina → Johnson, Neville → Longbottom und Ginny → Weasley, Draco → Malfoy und Patty → Parkinson.

**Weihnachtsbäume**

Die → große Halle von → Hogwarts wird jedes Jahr mit riesigen Weihnachtsbäumen geschmückt, auf denen hunderte von Eiszapfen oder Kerzen funkeln.

**Weihnachtsgeschenke**

Seitdem er in → Hogwarts ist, bekommt Harry Potter regelmäßig etwas zu Weihnachten geschenkt. Im ersten Jahr sind es eine → Holzflöte von → Hagrid, ein smaragdgrüner → Weasley-Pulli und ein Päckchen selbstgebackene Kekse von Molly → Weasley, eine Packung → Schokofrösche von Hermine → Granger (Ron → Weasley erhält von ihr eine Schachtel → Bertie Botts Bohnen in allen Geschmacksrichtungen) – und vor allem der → Unsichtbarkeitsumhang, den ihm sein Vater James → Potter hinterlassen hat und den ihm → Dumbledore anonym zukommen lässt. Er bekommt außer → Zauber-Knallbonbons ein eigenes → Zauberschachspiel, einen »Züchte deine eigenen Warzen«-Biokasten und ein Dutzend Leuchtballons, die nie platzen. Und: Er bekommt von Familie → Dursley ein 50-Pence-Stück! (HP2) – Das Geschenk der Dursleys zum nächsten Weihnachten ist noch schöner: ein Zahnstocher und die Frage, ob er nicht in Hogwarts bleiben könne. Von Hagrid bekommt er → Sirupbonbons, von Hermine einen Adler-→ Federkiel, von Molly Weasley einen Pflaumenkuchen und natürlich wieder einen Pullover und von Ron das Buch → »Auf Jagd mit den Cannons« (HP2). – An Weihnachten 1993 bekommt Harry neben dem Weasley-Pulli (scharlachrot mit → Gryffindor-Löwe auf der Brust) und Süßkram den → Feuerblitz von seinem Paten Sirius → Black (HP3). 1994 schenkt ihm Dobby ein Paar selbstgestrickter Socken, er bekommt einen Weasley-Pulli (grün mit aufgesticktem → Drachen), jede Menge Süßigkeiten und Pasteten, von Ron eine Tüte → Stinkbomben, von Sirius ein tolles Taschenmesser und von Hermine das Buch »Quidditch-Mannschaften Großbritanniens und Irlands« (HP3).

**Weise mir die Richtung**
Befehl für den → Vier-Punkte-Zauber.

**Weise Worte**
Immer wieder ist es Albus → Dumbledore als Sprachrohr von Joanne K. → Rowling, der die Lehren zieht aus den Geschehnissen und diese Harry Potter (und uns) vermittelt: *»Es ist nicht gut, wenn wir nur unseren Träumen nachhängen und vergessen zu leben«* (zum → Spiegel Nerhegeb, HP1,233). – *»Nenn die Dinge immer beim richtigen Namen. Die Angst vor einem Namen steigert nur die Angst vor der Sache selbst«* (HP1,323). – Zur Zerstörung des → Steines der Weisen: *»Schließlich ist der Tod für den gut vorbereiteten Geist nur das nächste große Abenteuer«* (HP1,323). – Wahrheit: *»Das ist etwas Schönes und Schreckliches und sollte daher mit großer Umsicht behandelt werden«* (HP1,324). – *»Viel mehr als unsere Fähigkeiten sind es unsere Entscheidungen, Harry, die zeigen, wer wir wirklich sind«* (HP2,343). Dumbledore spielt damit zugleich Harry gegenüber eine Beraterrolle wie einst → Merlin bei → Artus.

**Weissagung**
Divination, Prophezeiung, Wahrsagen: Methode, bei der versucht wird, Einblick in vergangene, gegenwärtige und zukünftige Ereignisse zu gewinnen, z. B.

durch das Legen von Karten, das Augurium (Deutung von Omen oder Vormal), die → Astrologie (Deutung der Konstellation von → Sternen) oder durch spontane Äußerungen von Personen im Trancezustand, von Orakelpriestern oder Medien. Unterrichtsfach in → Hogwarts. Harry Potter soll im dritten Schuljahr folgende Techniken lernen: Teeblätter deuten, Handlesen, Wahrsagen aus der Kristallkugel und Feuer-Omen deuten. Im vierten Schuljahr steht Astrologie auf dem Lehrplan; danach weiß er das Wichtigste über die → Planeten. – Wenn man durch Kontakt zum Übernatürlichen weissagen will, stellt man diesen gewöhnlich durch ein Medium her, eine Person, die übersinnliche Fähigkeiten besitzt, z. B. das von Professor → Trelawney immer wieder betonte »Innere Auge«. Bei der direkten Weissagung gewinnt das Medium Wissen mittels einer unmittelbaren Verbindung zu dem Jenseits. Bei den → Muggeln spielte das Orakel durch ein Medium oder einen Weissager stets eine bedeutende Rolle, besonders bei den Babyloniern und Griechen. Manche Orakel versetzen in Trance, die Oneiromantie interpretiert Träume, die Nekromantie ruft die Seelen der Toten an; so etwas geschieht auch im modernen Spiritismus. – Zu den indirekten Formen der Weissagung zählen seit der Antike das Werfen von Gegenständen wie Stäbchen oder Münzen, auch Runen, das Haruspizium, das ist die Wahrsagung aus den Eingeweiden von Tieren, und die Ornithomantie, die Beobachtung des Fluges und des Sichniederlassens der Vögel. Noch heute richten sich viele Muggel nach Aussagen der Astrologie, die Kristallomantie (Kristallsehen), die Bibliomantie (Interpretation geheimer Botschaften aus Büchern), der → Nummerologie, der Handlesekunst oder der Deutung mit Hilfe von Teeblättern und Spielkarten wie dem Tarot. Viele auch im westlichen Kulturkreis orientieren sich am chinesischen Yi-jing. Viele → Muggel halten alle diese Techniken der Weissagung für puren → Aberglauben – und das scheinen auch einige Hexen und Zauberer so zu sehen: *»Wahrsagen ist einer der ungenauesten Zweige der Magie. Ich möchte Ihnen nicht verheimlichen, dass ich mich nicht weiter damit abgebe. Wahre Seher sind selten«,* erklärt Professor → McGonagall ihrer Klasse (HP3,116).

### Weiße Magie

Die weiße → Magie, die »gute«, ethisch nicht fragwürdige Magie, will den Menschen nutzen, sie dient auch dazu, die Wirkungen der → schwarzen Magie zu beheben und ihr entgegenzuwirken. Hauptvertreter der weißen Magie in den Harry-Potter-Büchern ist Albus (»Der Weiße«) → Dumbledore.

### Wellhornschnecke

Die im Meer lebenden Schnecken sind Fleischfresser und ernähren sich von lebenden oder toten Tieren. Die Gewöhnliche Wellhornschnecke (*Buccinum undatum*) hat ein spiraliges Gehäuse von 7 bis 15 cm Länge und ist häufig entlang der Küsten des Nordatlantiks zu finden. In zahlreichen Ländern werden Wellhornschnecken gegessen. Weil sie eine »faule Wellhornschnecke« isst, wird Magda → Dursley während ihres Urlaubs auf der → *Isle of Wight* im Juli 1991 krank, wie sie per Postkarte mitteilt (HP1). – Geschmorte Wellhornschnecken sind Bestandteil eines → Zaubertrankes zur Heilung von Furunkeln.

**Weltmeisterschaft**

→ Quidditch-Weltmeisterschaft.

**Wendel, Emeric**

Autor des Buches »Verwandlungen für Anfänger« *(»A Beginner's Guide to Transfiguration«)*, Lehrbuch ab dem ersten Schuljahr in → Hogwarts, und der Fortsetzung »Verwandlung: Die Zwischenstufen« (*Intermediate Transfiguration*, ab dem 3. Schuljahr). – Im Original heißt der Autor *Switch* – das englische *switch* bedeutet Schalter, Weiche, Wechsel und Wandel. Warum der Übersetzer den Autor nicht Emeric Wandel nannte, ist unerfindlich.

**Wendelin die Ulkige**

Im Original *Wendelin the Weird.* Wird erwähnt im Buch → »Geschichte der Zauberei« von Bathilda → Bagshot (in der deutschen → Übersetzung fälschlicherweise Adalbert → Schwahfel zugeschrieben) im Zusammenhang mit den → Hexenverfolgungen: *»In den seltenen Fällen, da sie eine echte Hexe oder einen Zauberer zu fassen bekamen, hatte die Verbrennung keinerlei Wirkung. Die Hexe oder der Zauberer übte einen einfachen → Flammengefrier-Zauber aus und schrie dann wie am Spieß, während sie oder er in Wahrheit nur ein angenehmes Kitzeln spürte. Tatsächlich kam Wendelin die Ulkige dermaßen auf den Geschmack, dass sie sich nicht weniger als siebenundvierzigmal in verschiedenen Verkleidungen fangen und verbrennen ließ«* (HP3,5 – 6).

**Wendeltreppe**

Wendeltreppen gibt es sehr viele in → Hogwarts. Eine sehr steile führt hinauf in die Spitze des → höchsten Turms, eine enge und schmale in die Räume von Professorin → Trelawney im Nordturm. Über eine, die sich, wie eine Rolltreppe der → Muggel selbst bewegt, gelangt man in das Zimmer von Albus → Dumbledore. Wendeltreppen führen auch in das Büro von Severus → Snape und vom → Gemeinschaftsraum der → Gryffindors in die Schlafsäle.

**Wermut**

Die mehrjährige, am Grund verholzende, krautige Pflanze aus der Familie der Korbblütler, verwandt mit dem Estragon und dem Beifuß, enthält verschiedene Bitterstoffe, insbesondere *Absinthin,* weshalb sie auch Absinth genannt wird.

Wermut ist in Magenbittern enthalten und hilft gegen Magenbeschwerden, in der Volksmedizin wird er außerdem als Wurmmittel verwendet (im Englischen heißt er *Wormwood*, Wurmholz!). Absinthlikör war im 19. Jahrhundert sehr beliebt, doch da in Wermut auch das giftige Terpens *Thujon* enthalten ist (auch *Absinthol* genannt), das zu chronischen Vergiftungserscheinungen, allmählicher Zersetzung des Nervensystems und körperlicher Degenerierung führen kann, dem Absinthismus, ist Absinthlikör inzwischen in den meisten Ländern verboten. – Mit geriebener → Affodillwurzel vermischt, ergibt ein Wermut-Aufguss einen → Schlaftrank, der so stark ist, dass er als → »Trank der Lebenden Toten« bezeichnet wird. Professor → Snape fragt Harry Potter in dessen erster Stunde in → Zaubertrankkunde nach diesem Trank (HP1).

**Werwolf**

Ein Mensch, der sich bei Vollmond in einen Wolf verwandelt und dann die Kontrolle über sich verliert. Dieser → Fluch wird weitergegeben, wenn man von einem Werwolf gebissen wird, ohne daran zu sterben. Im ersten Schuljahr in → Hogwarts lernen Harry Potter und seine Klassenkameraden in → Geschichte der Zauberei die Benimmregeln für Werwölfe von 1637 (HP1). Gilderoy → Lockhart berichtet über Werwölfe in seinem Buch → »Wanderungen mit Werwölfen«. Harry Potter muss im Unterricht von Lockhart einmal einen Werwolf spielen, der mit dem → Homorphus-Zauber zurückverwandelt wird (HP2,168) und erhält anschließend die Hausaufgabe, über Lockharts Kampf gegen den Werwolf von → Wagga Wagga ein Gedicht zu schreiben (HP2,169). Doch den hat nicht Lockhart bezwungen; es war ein alter hässlicher armenischer Zauberer. Er löschte sein Gedächtnis und stahl seine Taten und seinen Ruhm. Nicht einmal der Name des tapferen Alten ist bekannt. – Angeblich gibt es Werwölfe im → Verbotenen Wald. Remus → Lupin ist ein echter Werwolf; er kann seine aggressive Wolfsnatur nur unterdrücken, wenn er den erst kürzlich entwickelten → Wolfsbann-Trank zu sich nimmt; dann behält er während der Verwandlung den menschlichen Verstand, wie ein → Animagus. In seinem Spitznamen Moony zeigt sich seine Abhängigkeit vom → Mond und dessen Phasen (HP3). – Die Vorstellung von Werwesen ist in der → Mythologie der → Muggel seit Urzeiten verbreitet. Während in älteren wissenschaftlichen und literarischen Werken meist die bedrohliche Seite der Lykanthropie (so nennt man wissenschaftlich die Verwandlung in ein Werwesen) betont wird, nehmen in jüngerer Zeit in den Geschichten und Filmen andere Aspekte mehr Raum ein: der Reiz der Freiheit, die Rückkehr zur Natürlichkeit, die mit der Wildheit verbundene Erotik… In Osteuropa gibt es die Legende, dass ein Werwolf, der in tierischer Gestalt getötet wird, als → Vampir wiederkehrt. In Deutschland wurden noch im 17. Jahrhundert Menschen als Werwölfe hingerichtet, meist mit dem erfolterten, manchmal aber auch freiwillig abgelegten Geständnis, Menschenfleisch gegessen zu haben (Antropophagie); sie litten dann evt. an einer Geisteskrankheit, die man ebenfalls Lykanthropie nennt und die mit der Wahnvorstellung einhergeht, sich in ein Tier verwandeln zu können oder zumindest so benehmen zu müssen. Die berühmten Märchen- und Sagensammler Ludwig Karl (1785 – 1863) und Wilhelm Karl Grimm (1786 – 1859) berichten in ihrer Sagensammlung: *»Zu Lüttich werden im Jahre 1610 zwei Zauberer hingerichtet, weil sie sich in Werwölfe verwandelt und viele Kinder getötet. Sie hatten einen Knaben bei sich von zwölf Jahren, welchen der Teufel zum Raben machte, wenn sie Raub zerrissen und gefressen.«* Und sie erzählen, *»noch heutzutage [um 1820!] hat sich an der türkischen Grenze unter den österreichischen Christen«* der Glauben erhalten, die *»Hunnen und Türken, die für ein Volk galten, wären Ungetüme, von einem Zauberer mit einer Wölfin zusammen erzeugt«*. In ihrer Sage »Die Werwölfe ziehen aus« heißt es: *»In Livland ist folgende Sage: Wann der Christtag verflossen ist, so geht ein Junge, der mit einem Bein hinkt, herum und fordert alle dem Bösen Ergebenen, deren eine große Zahl ist, zusammen und heißt sie nachfolgen. Zaudern etliche darunter und sind säumig, so ist ein anderer großer langer Mann da, der mit einer von Eisendraht und Kettlein geflochtenen Peitsche auf sie haut und mit Zwang forttreibt. Er soll so grausam auf die Leute peitschen, daß man nach langer Zeit Flecken und Narben auf ihrem Leibe sehen kann, wovon sie viele Schmerzen empfinden. Sobald sie anheben, ihm zu folgen, gewinnt es das Ansehen, als ob sie ihre vorige Gestalt ablegten und in Wölfe verwandelt würden. Da kommen ihrer ein paar Tausende zusammen; der Führer mit der eisernen Geißel in der Hand geht voran. Wenn sie nun aufs Feld geführt sind, fallen sie das Vieh grausam an und zerreißen, was sie nur ergreifen können, womit sie großen Schaden tun. Doch Menschen zu verletzen ist ihnen nicht vergönnt. Kommen sie an ein Wasser, so schlägt der Führer mit seiner Rute oder Geißel hinein und teilt es voneinander, so daß sie trockenes Fußes übergehen können. Sind zwölf Tage verflossen, so legen sie die Werwolfsgestalt ab und werden wieder zu Menschen.«* In manchen Gegenden sind auch andere Werwesen bekannt, z. B. Katzenmenschen, Werlöwen oder -bären.

**Wheezy**

So nennt → Dobby Ron → Weasley.

**Whisky**

Die riesigen Zugpferde der magischen fliegenden → Kutsche von → Beauxbatons trinken nur Single Malt Whisky. Gilderoy → Lockhart trinkt am liebsten Ogdens Old Firewhisky, den mag auch Arthur → Weasley.

**Whitby, Kevin**

Schüler in → Hogwarts, 1994 eingeschult, ein → Hufflepuff (HP4).

### *Whomping Willow*

Der englische Name der → Peitschenden Weide.

### Wichtel

Etwa 20 Zentimeter große leuchtend blaue Wesen (englisch: *Pixies*) mit spitzen Gesichtern, schrillen Stimmen und enormen Kräften. Zwei von ihnen können problemlos einen Menschen in die Luft heben. Sie sind nicht bösartig, aber treiben enormen Schabernack. Gilderoy → Lockhart lässt Wichtel aus → Cornwall in seinem Unterricht frei und wird nicht mit ihnen fertig. Harry Potter, Hermine → Granger und Ron → Weasley müssen sie wieder einfangen.

### Wiederauferstehung

Tot ist tot – das gilt auch in der Welt der Zauberer und Hexen. Zumindest in den ersten vier Harry-Potter-Büchern ist keine Möglichkeit bekannt geworden, jemanden, der wirklich tot ist, wieder zum Leben zu erwecken. Deshalb betont auch Joanne K. → Rowling immer wieder, dass Harry Potters Eltern *nicht* wiederkehren werden. Das einzige Wesen, das regelmäßig eine Wiederauferstehung erlebt, ist der → Phönix. – Anders ist es jedoch, wenn jemand noch nicht so ganz tot war, wie etwa Lord → Voldemort, oder nicht endgültig sterben kann: *»Weil er nicht wirklich lebendig ist, kann er nicht getötet werden«*, sagt Albus → Dumbleore (HP1,323). Voldemort ist *»nur noch Schatten und Dunst«* (HP1,318), bis ihm die Wiederauferstehung gelingt durch *»Fleisch, → Blut und Knochen«: »Knochen des Vaters, unwissentlich gegeben, du wirst deinen Sohn erneuern«* (Tom → Riddle), *»Fleisch des Dieners, willentlich gegeben, du wirst deinen Meister wieder beleben«* (Peter → Pettigrew), *»Blut des Feindes, mit Gewalt genommen, du wirst deinen Gegner wieder erstarken lassen«* (Harry Potter) (HP4,670/71) – Dies erinnert sehr an einige der berühmtesten Wiederauferstehungen in der → Mythologie der → Muggel. In vielen Mythen gibt es Götter, die nach ihrem Tode oder nach einer starken Schwächung, wie Lord Voldemort, wieder auferstehen. Im Alten und Neuen Testament gibt es mehrfach eine buchstäbliche Auferstehung, z. B. die des Lazarus. Der Hauptgott der Babylonier, Marduk, wurde, wie Jesus nach der Vorstellung der Christen, zum Tode verurteilt, gegeißelt und zusammen mit Verbrechern hingerichtet; auch bei ihm floss Blut aus einer Wunde, die ein Speerstoß verursacht hatte. Auch er stieg anschließend hinab in die Hölle und erlöste die dort Gefangenen. Im Christentum ist die Auferstehung Jesu ein zentraler Glaubensbestandteil: *»Ich glaube an Jesum Christum, Gottes eingebornen Sohn, unsern Herrn, der empfangen ist vom Heiligen Geist, geboren von der Jungfrau Maria, gelitten unter Pontio Pilato, gekreuziget, gestorben und begraben, niedergefahren zur Hölle, am dritten Tage auferstanden von den Toten, aufgefahren gen Himmel, sitzend zur Rechten Gottes, des allmächtigen Vaters, von dannen er kommen wird, zu* *richten die Lebendigen und die Toten*«, heißt es im Glaubensbekenntnis, wie es Martin Luther niedergeschrieben hat. Oft gehört die Zerstückelung oder Zerstörung des Wiederzubelebenden zu den zentralen Bestandteilen des Mythos: Osiris, bei den alten Ägyptern der Herrscher des Totenreiches, wurde von seiner Schwester Nephthys, deren Bruder und Gatte Set unfruchtbar war, betrunken gemacht und verführt. Nachdem Nephthys den Anubis geboren hatte, ermordete und zerstückelte Set Osiris und zerstreute die Teile. Isis sammelte die Stücke ein, balsamierte sie mit Anubis Hilfe und belebte sie wieder. Nur den Penis konnte sie nicht finden und ersetzte ihn durch ein Stück Gold, durch das sie Horus empfing, der seinen Vater als Herrscher der Welt ablöste. Osiris lebte weiter als Herrscher in der Unterwelt und Richter über die Toten. – Dionysos, bei den Griechen der Gott des Weines und der Ekstase, auch als Bacchus bekannt, wurde von der Götterkönigin Hera mit Wahnsinn geschlagen. Als Bacchos (Geschrei) durchstreifte er die Welt, begleitet von rasenden Mänaden (Bacchantinnen genannt) und → Zentauren. Die Göttin Kybele heilte ihn, daraufhin ließ Hera ihn durch die Titanen töten. Beim Kampf gegen diese verwandelte er sich in einen Stier; die Titanen verzehrten ihn. Einige Fleischteile wurden jedoch gerettet, und aus diesen konnte Dionysos wieder erstehen. – Erinnert nicht die Wiederkehr von Voldemort an solche Mythen? Auch er wurde wiedererstellt aus wenigen Überresten, auch er fuhr nieder in seine persönliche Hölle, und auch er kommt nun, nach eigenem Verständnis, um zu richten!

**Wiedergänger**

Ein wiedererstandener Toter, ein »Untoter«; in gewisser Weise ist Lord → Voldemort, der nach seiner Niederlage lange wie eine Art → Zombie dahinvegetiert und erst nach seiner → Wiederauferstehung (HP4) wieder zu vollen Kräften gelangt, ein Wiedergänger. An den »Zauber zur Kur widerstrebender Wiedergänger« versucht sich Harry Potter zu erinnern, um nicht die Beherrschung zu verlieren, als Magda → Dursley seine Mutter schlecht macht (HP3). Die → Veela, die die bulgarische Mannschaft als Maskottchen zur → Quidditch-Weltmeisterschaft mitbringen, gelten im slowakischen Volksglauben als Wiedergängerinnen. Überhaupt ist die Vorstellung, Menschen könnten nach ihrem Tode nicht nur als → Geist, sondern auch körperlich wiederkehren, bei den → Muggeln zu allen Zeiten in fast allen Kulturen zu finden und ist zugleich Ausdruck der uralten Sehnsucht des Menschen nach → Unsterblichkeit und der Angst vor dem, was die Menschen nach dem Tode erwartet wie auch vor der Rache, der Wiederkehr der Verstorbenen. Immer wieder findet man die Vorstellungen, die Toten seien noch mächtig; selbst in unserer modernen Gesellschaft erzeugen nicht nur der Tod, sondern auch die Toten Angst. In früheren Kulturen wurden die Toten oft als Feinde betrachtet. »Böse« Tote versuchen natürlich, den Lebenden zu schaden – dies ist eine von mehreren → mythologischen Wurzeln für den

Glauben an → Vampire. In manchen Kulturen kommen die Toten wieder, wenn sie zu früh verstarben, weil jedes Leben »zu Ende gelebt« sein will. Plötzliche Eingriffe wie Unfall, Mord, Selbstmord unterbrechen den natürlichen Ablauf; die Seele findet im Grab keine Ruhe. Aber auch Menschen, die sich extrem Böses haben zuschulden kommen lassen und/oder mit dem Teufel im Bunde standen, können wiederkehren, oder Menschen, die noch eine Rache zu vollziehen haben. Schließlich gibt es auch die Vorstellung einer unverschuldeten »Verdammung« zur Wiederkehr, durch fehlerhafte Rituale oder mangelhafte Trauer der Hinterbliebenen (in Vietnam), durch die Geburt am falschen Tag oder Ort oder durch die falsche Todesart. Bei den Germanen hing die starke Betonung der Blutrache, die bis zum Sippenkrieg führen konnte, nicht zuletzt mit der Angst vor dem Wiederkehren des Getöteten zusammen. Selbstmörder hingegen galten ihnen als »harmlose Wiedergänger«, die umgehen mussten bis zum Zeitpunkt ihres »normalen« Todes. Aus dem Mittelalter sind die Nachzehrer in Hessen oder Schlesien bekannt; oft werden diese wiederkehrenden Toten als harmlose, wenn auch quälende Plagegeister beschrieben, als Aufhocker oder Würger, sie fressen die Vorräte weg, ärgern die Haustiere oder machen einfach Lärm. Der Neuntöter in Island war allerdings sehr gefürchtet: Neun Jahre lang kam er aus dem Grabe zurück, um sich gierig und boshaft für seinen Tod zu rächen. Manche Wiederkehrer töten Menschen, um sie zu verspeisen, andere ernähren sich von Aas wie die orientalischen → Ghule. In der Kultur des → Voodoo ist die spezielle Abart des → Zombie entstanden. Oft gab es die Vorstellung, dass Tote zu sexuellen Aktivitäten fähig seien; laut dem Talmud soll Herodes noch sieben Jahre lang mit seiner ermordeten Gattin geschlafen haben. In vielen Sagen und Märchen zeugen tote Männer oder gebären tote Frauen Kinder, oder tote Mütter kommen, um sie zu säugen. Laut einer verbreiteten Sage wurde der berühmte Arzt und Alchemist → Paracelsus beinahe zum Wiedergänger.

### Wieselkopf

Der *Stoatshead Hill* heißt übersetzt eigentlich »Hermelinkopf-Hügel« – das Hermelin (*stoat*) ist auch als »Großes Wiesel« bekannt. Vom Haus der Weasleys aus liegt hier der nächste → Portschlüssel, um zur → Quidditch-Weltmeisterschaft zu gelangen (HP4).

### Wildhüter

Auch diese Tätigkeit gehört zu den Aufgaben von → Hagrid, dem »Hüter der Schlüssel und Ländereien von → Hogwarts«.

### Wilharm, Sabine

Die Illustratorin der deutschen Ausgaben der Harry-Potter-Bücher. Sie arbeitet u. a. auch für den STERN und hat für diesen zahlreiche Figuren der Bücher gezeichnet (41/2000). Beim vierten Band, → »Harry Potter und der Feuerkelch«, ließ der Verlag im → Internet darüber abstimmen, welches von zwei Titelbildern ausgewählt werden sollte, eines mit einer Unterwasserszene und eines mit einem Drachen (ähnlich dem der Originalausgabe). 38.102 Stimmen wurden abgegeben, 30.603 entschieden sich für das Bild mit dem Drachen.

**Wilkes**

Ein → Todesser, wurde 1980 von → Auroren getötet.

**Wimbourner Wespen**

→ Quidditch-Mannschaft, mit der Ludo → Bagman als bester → Treiber, den diese Mannschaft jemals hatte; drei Mal Meister wurde (HP4).

***Wimple, Gilbert***

Der englische Name von → Wilbert Gimple.

**Wingardium Leviosa**

→ Zauberspruch, um Gegenstände fliegen oder schweben zu lassen. Das englische *wing* bedeutet Flügel oder fliegen, das lateinische *levis* leicht, das französische *lever* aufrichten, anheben. G*ardium* könnte sich auf das französische *garder* beziehen, bewachen, insgesamt also so etwas wie »Flug bewachen«.

**Winkelgasse**

Die Gasse in → London, in der die interessantesten Zauberläden und auch die Zaubererbank → Gringotts zu finden sind; man betritt sie von der → Muggelwelt aus durch den Hinterhof der Kneipe → »Zum Tropfenden Kessel«. Man könnte vermuten, dass die Straße so heißt, weil sie besonders winklig sei; der englische Name *Diagon Alley*, ein Wortspiel mit den Wörtern »diagonal« und »Allee«, deutet jedoch darauf hin, dass eher gemeint ist, diese Gasse läuft im (spitzen) »Winkel« zur Realität unserer → Muggelwelt. – In der Winkelgasse befinden sich außer Gringotts und dem »Tropfenden Kessel« die Buchhandlung → Flourish & Blotts, der Kleiderladen → »Madam Malkins Anzüge für alle Gelegenheiten«, → »Eeylops Eulenkaufhaus«, die → »Magische Menagerie«, die Zauberscherzläden → »Freud und Leid«, das Sportfachgeschäft »Qualität für Quidditch« und der Kramladen, in dem Percy → Weasley das Buch »Vertrauensschüler und ihr Weg zur Macht« findet (HP2). Von der Winkelgasse zweigt als Nebengasse rechtwinklig die → Nokturngasse ab.

**Winky**

Die kleine → Hauselfin von Barty → Crouch senior mit den großen braunen Augen und der tomatenähnlichen Nase betreut über Jahre hinweg den unter dem

→ Imperius-Fluch gehaltenen Sohn des Hauses; als dieser flieht, wird Winky in die Freiheit entlassen oder, wie sie es sieht, verstoßen. Sie findet Zuflucht in der → Küche von → Hogwarts (HP4).

**Winterbourne**
Ein Ort, in dem Joanne K. → Rowling als Kind lebte und wo sie mit Kindern namens Potter spielte.

**Winterumhang**
Die Winterumhänge der Schülerinnen und Schüler von → Hogwarts sind schwarz mit silbernen Schnallen.

**Winzeule**
Eine besonders kleine → Eule, z. B. → Pig von Ron → Weasley.

**Wissbies**
Dicke zischende Brausekugeln, die einen abheben lassen; es gibt sie im → Honigtopf.

**Wissen ist Macht**
Eine der Grundregeln der Zauberergemeinschaft. Sie wird schön symbolisiert von → Hogwarts: Hier kann sich nur bewegen kann, wer sich auskennt.

***Wizard***
Englisch: Zauberer oder Zauberin.

***Wizard Wireless Network***
Der »Magische Rundfunk«, ein → Radiosender.

***Wizardry***
→ Magie, → Zauberei.

**Wochenprophet**
Eine wöchentlich erscheinende Zeitschrift im → Internet (www.harrypotter.de), herausgegeben vom → Carlsen-Verlag, in der angelehnt an die Zaubererzeitschrift → »Tagesprophet« alles Wesentliche aus der Welt des Harry Potter und rund um die Harry-Potter-Bücher berichtet wird. Berichtet wird aus der Sicht der Zauberer, die sich über manches in der → Muggelwelt lustig machen: E-Mails *»sind diese unbegreiflichen Digi-Eulen«* und *»da sie kommunikationstechnisch noch immer unterentwickelt sind, ist es den Muggeln verwehrt – mangels hellseherischer und telepathischer Fähigkeiten –, eine große Menge an*

*Informationen ohne elektronische Apparate zu überbringen... Das Internet wurde geschaffen, weil Muggel nicht in der Lage sind, schnell von A nach B zu kommen (was bei uns mit einem simplen Zauberspruch schon von 10 – 13jährigen problemlos zu bewältigen ist).«* .... Die Interviews für den »Wochenpropheten« führt die rasende Reporterin Zora Zopp.

**Wolfsbane**
→ Eisenhut

**Wolfswurz**
→ Eisenhut

**Wood, Oliver**
In den ersten drei Schuljahren von Harry Potter ist der stämmige Junge der Kapitän und → Hüter des → Quidditch-Teams von → Gryffindor. Er ist 1991, in Harrys erstem Schuljahr, in der 5. Klasse und hat noch nie den → Quidditch-Pokal von → Hogwarts gewonnen; das gelingt seinem Team erst in seinem letzten Schuljahr, 1994 (HP3). Nach seinem Schulabgang verpflichtet ihn das Profi-Team von »Eintracht Pfützensee« *(Puddlemere United)* als Reservespieler (HP4). – Das englische *Wood* heißt Holz und hat hier gleich mehrere Bedeutungen: Es spielt auf das Holz der Besenstiele an und der Torstangen, die Wood bewacht, aber auch auf die Eindimensionalität des Denkens und die Verbohrtheit von Wood: Er hat nichts anderes als Quidditch im Kopf, ist ein richtiger »Holzkopf« und hat manchmal regelrecht ein Brett vor dem Kopf... Harry denkt auch gleich an Holz, als er Woods Namen zum erstenmal hört: Professor → McGonagall fragt Professor → Flitwick, ob sie sich *»Wood für eine Weile ausleihen«* könne, und Harry fragt sich, ob Wood der Stock sei, den sie für ihn brauche (HP1,166). – Oliver erinnert natürlich an Olivenholz, so hieß aber auch ein bedeutender politischer Führer in der englischen Geschichte: Oliver Cromwell (1599 – 1658), einer der Kommandanten des Parlamentsheeres im Englischen Bürgerkrieg, später Vorsitzender des Staatsrates und schließlich als *Lord-Protector* des englischen *Protectorate* (1653 – 1658) Machthaber mit nahezu monarchischer Stellung, schuf die Grundlagen für Englands Aufstieg zur Weltmacht. – Ein weiterer Namensvetter von Wood schrieb Sportgeschichte: Der deutsche Fußballspieler Oliver Bierhoff (geboren 1968) war bei der Europameisterschaft in England 1996 nicht nur der Matchwinner für die deutsche Mannschaft im Finale gegen Tschechien (2:1) und erzielte beide Tore; in der Verlängerung schoss er das erste »Golden Goal« der Fußballgeschichte, mit dem er das Spiel beendete. Er ist also genau das Gegenstück zum »Torhüter« Oliver Wood. Der weltweit beste Golfspieler (der auch Bälle einlocht) ist Eldrick (Tiger) Woods.

***Wormtail***
Wurmschwanz, Spitzname von Peter → Pettigrew als Schüler in → Hogwarts.

**Wormwood**
→ Wermut

**Wronski-Bluff**
Ein spektakuläres und raffiniertes → Quidditch-Manöver, das Viktor → Krum perfekt beherrscht und mit Erfolg bei der → Quidditch-Weltmeisterschaft einsetzt. Es verführt den gegenerischen → Sucher zum Sturzflug, der zum Absturz führt, und setzt hervorragende praktische mathematische Fähigkeiten voraus, um die Flugbahn des Gegners und die eigene berechnen zu können. Benannt ist die Finte nach dem Mathematiker Josef Hoëné de Wronski (1778 – 1853) (HP4).

***Witchcraft***
→ Magie

**Würgende Wasserspeier**
Ein Fluch von Ludo → Bagman (HP4; → Schluckende Wasserspeier).

**Würgzungen-Toffee**
Scherz-Süßigkeit der → Weasley-Zwillinge, lässt die Zunge anschwellen und meterlang wachsen. Dudley → Dursley bekommt dies zu spüren (*Ton-Tongue Toffee*, HP4).

**Wunderwirken**
Thaumaturgie. Eine der vier Hauptformen der → Magie, hierzu zählen u. a. → Alchemie wie auch das Brauen von → Zaubertränken.

**Wurmschwanz**
Spitzname von Peter → Pettigrew unter seinen Freunden in → Hogwarts ab der 5. Klasse; bezieht sich darauf, dass er sich als → Animagus in eine Ratte verwandeln kann (englisch: *Wormtail*). Auch Lord → Voldemort nennt ihn so.

***WWN***
→ Radio

# Y

### Yak

In ein solches Rind, das normalerweise wild oder domestiziert in Tibet lebt, will Hexenmeister D. J. → Prod nach nur einem Monat → Kwikzauber-Kurs seine Frau verwandelt haben.

### Yate

Ein Ort, in dem Joanne K. → Rowling als Kind lebte.

### *Year With The Yeti*

Originaltitel des Buches »Ein Jahr bei einem Yeti« von Gilderoy → Lockhart, Pflichtlektüre in Harrys zweitem Schuljahr (HP2).

### Yeti

In der Welt der Zauberer gibt es ihn sicher, den Yeti, auch Kangmi oder Schneemensch genannt, schließlich hat Gilderoy → Lockhart ein Buch verfasst mit dem Titel »Ein Jahr bei einem Yeti« *(Year With The Yeti)*, und das war sogar Pflichtlektüre in → Hogwarts (HP2). Und man weiß doch, dass Lockharts Aussagen absolut glaubwürdig sind... Harry muss im Unterricht von Lockhart einmal einen Yeti mit Schnupfen spielen (HP,168). – Die → Muggel jagen dem sagenumwobenen Lebewesen in Menschen- oder Affengestalt schon lange nach, das im zentralasiatischen Hochgebirge (Himalaya, Pamir) vorkommen soll. Auch aus Amerika gibt es Berichte über ihn, in den USA wird er *Bigfoot* genannt, in Kanada *Sasquatch*. Doch alle »Beweismittel« seiner Existenz, wie Fußspuren, Haare, Exkremente oder Photographien, erwiesen sich als unecht oder Fälschungen. Der »Yeti-Skalp«, den der Erstbesteiger des höchsten Berges der Erde, des Mount Everest, Sir Edmund Hillary, aus einem Kloster in Tibet mitbrachte, entpuppte sich als Pelzmütze aus Ziegenleder.

***You-Know-Who***

Original-Fassung von »Du-weißt-schon-wer«, Beiname von Lord → Voldemort, verwandt aus Angst, seinen Namen auszusprechen. Albus Dumbledore kämpft dagegen an: *»Nenn die Dinge immer beim richtigen Namen. Die Angst vor einem Namen steigert nur die Angst vor der Sache selbst«* (HP1,323).

**Yvonne**

Eine Freundin von Petunia → Dursley, macht in HP1 Ferien auf Mallorca.

# Z

**Zabini, Blaise**
Schülerin in → Hogwarts im gleichen Jahrgang wie Harry Potter, → Slytherin.

**ZAG**
Abkürzung für → Zaubergrad.

**Zahlen, Zahlenlehre**
→ Nummerologie

**Zahnärzte**
Diesen bei den → Muggeln hochangesehenen (und gut bezahlten) Beruf üben die Muggel-Eltern von Hermine → Granger aus.

**Zahnstocher**
Das → Weihnachtsgeschenk der Familie → Dursley an Harry Potter 1992 (HP2).

**Zahnweiß-Pfefferminz-Lakritz**
Spezialität, die es im → Honigtopf gibt.

**Zauber zur Kur widerstrebender → Wiedergänger**
Ein Zauber aus einem → Zauberbuch, an den Harry Potter sich zu erinnern sucht, um nicht die Beherrschung zu verlieren, als Magda → Dursley seine Mutter schlecht macht. Es nützt nichts (HP3).

**Zauberband**
Magisches Klebeband, mit dem z. B. Ron → Weasley seinen zerbrochenen → Zauberstab repariert (HP2). Der Witz des englischen Ausdruckes *Spellotape* geht bei der Übersetzung leider verloren: In England gibt es eine Firma Sello-

tape, die Klebeband herstellt und einen ähnlichen Bekanntheitsgrad hat wie bei uns Tesa. Auseinandergenommen heißt der Name: »Verkaufe ein Band«. Mischt man diesen Namen mit dem englischen Begriff für → Zauberspruch, *spell*, erhält man das »Spellotape«. Auch in der amerikanischen Fassung geht der Witz übrigens verloren; dort wird aus *Sellotape*, mit dem Harry seine Brille repariert, *Scotch Tape*.

**Zauberbann**

Ein Zauber, der etwas schützen oder binden soll. Dies kann ein → Zauberspruch sein, aber auch eine magische Barriere wie ein → Pentagramm oder ein → Bannkreis oder ein Zauber ganz anderer Art, wie etwa der → Spiegel Nerhegeb, den Albus → Dumbledore als → Schutzzauber für den → Stein der Weisen einsetzt, oder die → Alterslinie um den → Feuerkelch. Auch die → Muggelabwehrzauber fallen darunter. Professorin Sprout benutzt als Zauberbann die → Teufelsschlinge, Professor → Flitwick die → Fliegenden Schlüssel und Professor → Snape ein logisches → Rätsel (HP1). – Als Tom Vorlost → Riddle aus seinem → Tagebuch heraus Ginny → Weasley übernimmt, ist dies ein ganz besonders starker Bann, ähnlich dem → Imperius-Fluch.

**Zauberei**

Im allgemeinen Sprachgebrauch werden die Begriffe → Magie (abgeleitet von → Magier), Zauberei und Hexerei in der Regel gleichgesetzt. Auch in den Harry-Potter-Büchern sind diese Begriffe austauschbar, außer dass statt von Zauberinnen oft von → Hexen gesprochen wird. Dies erklärt sich schon daraus, dass aus den englischen Begriffen nicht immer das Geschlecht der betreffenden Person deutlich wird (*magic*, *sorcery*, *witchcraft* und *wizardry*: Magie; *magician*, *sorcerer*, *wizard*: Zauberer oder Zauberin; *witch*: Hexe). – In den Religionswissenschaften und in der Ethnologie der → Muggel wird der Begriff Zauberei verwandt zur Bezeichnung magischer Verfahren, oft auch gebraucht als »Volksmagie« oder als »niedere Magie« mit Hilfe böser Mächte, auch die Magie in betrügerischer Art, das Gaukelspiel. Das Wort wird abgeleitet vom althochdeutschen *zoubar*, einer Bezeichnung der roten Farbe, mit der die eingeritzten → Runen bestrichen wurden. (Das englische Wort *spell* für → Zauberspruch kommt übrigens vom angelsächsischen *speld*, Span, Splitter, das auch das Runentäfelchen bezeichnete.) – Unter dem Einfluss des Christentums wurde die Zauberei zunehmend »verteufelt«, und 1225 kam der »Sachsenspiegel« den kirchlichen Forderungen nach harter Bestrafung von zauberischen Delikten nach und sah für Zauberei wie für Ketzerei den Feuertod vor. Allerdings waren Zauberer nie so starker Bedrängung ausgesetzt wie die → Hexen in den → Hexenverfolgungen. Verschont blieb zum Beispiel jeder, der *»niemant schaden gethan hett«*. Zauberer, die nichts mit dem Teufel zu tun hatten, wurden durch das Schwert und nicht auf dem Scheiterhaufen hingerichtet. Man darf dabei nicht vergessen, dass auch in kirchlichen Bereichen → Aberglaube und → Magie weit verbreitet waren; dies belegt das Buch »Katholische Zauberei und Volksaberglaube« aus dem Jahre 1585 des Heidelberger Professors Hermann Wittekind (1524 – 1603), der auch viel gegen → Hexenverfolgungen schrieb und dem der folgende Auszug entnommen ist: *»Dieses mißbrauchs/aberglaubens/ teuffelswirckung ist die pfaffenschafft in Pabstumb voll gewesen | und derhalben auch bey dem gemeinen Mann im schwang gangen: und noch bey uns Euvangelischen viel darvon uberig ist. Was war in der Messe das fuernembste anders | dann der zauberische segen | da der Pfaff | die fuenff Wort oder acht syllaben | ›Hoc est enim corpus meum‹, ubers brot sprach | hauchete darauff | machet mit dem kin drey kreutz darueber | meint damit wuerd auß dem brot der leib Christi. Gleicher weiß verwandelt er den Wein im kelch ins blut Christi | so doch den worten und syllaben solch vermoegen nicht geben ist. Banneten den heiligen Geist ins tauffwasser | ins weihewasser | ins saltz | ins oele | ins wachs | in kreuter | in stein | in holtz | in erdboden | wann sie kirchen | altar | kirchhoefe weiheten: segneten fladen | Fleisch | eyer etc. Weiheten am Osterabend auch das feuwer | daß keinen schaden thete: so ich doch | leider | erlebt hab | daß fuenff tage darnach unser flecke in grund verbrannte. Deß feuwers Natur ist vnd bleibt | wanns verwarloßt wirdt | so machts brunst. Taufften vnd heiligten die glocken | gaben ihnen damit die krafft | daß sie durch jren Klang die boesen geister verjagten | die ungewitter stilleten | verhinderten daß sie keinen schaden theten | so weit der Klang gehoeret ward. Ja wol | ich habs gesehen | daß bey mir | in unserem kirchlein der donner den Gloeckner in dem er leutet erschlug | lag todt | hatt das seil noch in der hand. Wer kans alle erzelen was sie deß gauckelwercks und betrugs getriben haben. Wan ein Beuwerin ein krancke kuh hatte | kam der Pfarherr mit seinem rochet oder Chorrock und breuijr | gieng in stall | lase uber die kuh | besprengt sie mit weihwasser | machet kreutz darueber | gab jr geweihet Saltz ein. Ob sie davon gesund ward | weiß ich nicht. Bey dem gemeinen mann ward deßgleichen aberglaubens und mißbrauchs kein zal. Blutet einem die nase zuviel | oder war einer verwund | so stillet mann das blut mit heiligen worten | vom stechen und Blutfluß unsers Herren am kreutze. Hatte einer sonst etwan einen schaden am leib | so nam ein alt weib einen kreutzpfenning oder gulden | bestreiche den schaden damit | mummelt etliche woerter darzu | das halff dann wie man meinte. Ein edelfraw | mir nicht unbekannt | ließ jrem mann ein ring machen | darinn inwendig dise Wort auß dem Evangelisten gegraben waren | Os non cominuetis ex eo, das ist | Jr solt jm kein bein zerbrechen. Der ring behuetet jren mann | daß er nie kein bein zerbrach wie wol er offt gefehrlich mit seim gaul fiele. Wann einer den anfang 5. Johanns Evangelien geschriben am halß trug | so thet jhm kein boeser geist nicht: war frey fuer der fallenden seuche | fuerm donnerschlag vnd anderm ubel. Arme leute hiengen* *jhren Kindern in eim tuechlein ein bißlein Brot an halß | wie sie noch bey uns thun. Die andern segner und beschwerer koennen schwerter und waffen also bezaubern und zurichten | daß sie nicht schneiden | stechen | oder sonst verwunden | wie jr natur vnd eigenschafft ist: koennen auff schwertschneiden tantzen mit blossen fuessen on verletzung: beschweren anderer bogen vnd buechsen daß sie fehlen | segnen die jre daß sie treffen: davon auch zuvor gesagt. Jo. St. ein pfaffe und berhuembter Astronomus hatte ein gesegnets kraut | wann er das an ein schloß hielte | so gieng es auff | darzu es Gott nicht hatt wachsen lassen | hatte solche krafft auch vom segen nit. Der Teuffel war dabey | der zohe die schloesser auff. Etliche koennen mit beschweren die meuß und ratzen auß den heusern zusammen locken | dz sie jnen heuffig nachlauffen | wie die fercklein der saw. Fuehren sie hinauß ins wasser vnd erseuffen sie. Ob es aber rechte meuß seyn oder ein gespenst | dz mogen die erfahrn und wissen die solche gesellen darzu mieten | ob sie darmit weniger meuß nachmals in jren heusern spueren dann zuvor. Diß alles | und was deß mehr ist | streitet wid Gottes ordnung | welche ist die natur.«* Auch Martin Luther wetterte gegen die Magie in der Kirche und bezeichnete den Reliquienkult wie viele andere der scheinbar zaubermächtigen Erscheinungen der katholischen Kirche als Aberglaube und »Teufelssakramente«: *»Weihwasser soll Sünde tilgen, es soll Teufel austreiben, soll den → Poltergeistern wehren, soll die Kindbetterin schirmen, wie uns der Papst lehret... So soll Weihsalz auch tun. Agnus Dei, vom Papst geweihet, soll mehr tun, als Gott selber zu tun vermag... Glocken sollen die Teufel im Wetter verjagen. Autonii Messer stechen den Teufel. Die gesegneten Kräuter treiben die giftigen Würmer weg. Etliche Segen heilen die Kühe, wehren den Milchdieben, löschen Feuer. Etliche Briefe machen sicher im Kriege und auch sonst wider Eisen, Feuer, Wasser, Tiere etc. Möncherei, Messe und desgleichen sollen mehr denn gemeine Seligkeit geben. Und wer kanns alles herzählen? Ist doch keine Not so geringe gewesen, der Teufel hat ein Sakrament oder Heiltum drauf gestiftet, dadurch man Rat und Hilfe finde«* (»Von den Konzils und Kirchen«). So mancher Theologe hielt (und hält) die Transsubstantiationslehre der katholischen Kirche, also die Lehre von der Umwandlung von Wein und Brot in Blut und Fleisch, für magischen Aberglauben, für → Hokus Pokus, und zumindest im Mittelalter wurde das Abendmahl, die Eucharistie, auch wie Zauberei benutzt: *»Die Bitten und Intentionen, die in den einzelnen Meßformularen oder ganzen Meßreihen vorgebracht wurden, spiegeln die vielfältigen Nöte und Leiden, aber nicht minder Zudringlichkeit und Frivolität: Meßfeiern nicht nur für Schwangere, sondern ebenso zur Liebesverzauberung, für eine glückliche Geburt, aber auch als Tötungszauber, gegen die Pest oder beim Gottesurteil. Undenkbar schien es, daß Gott das Opfer seines Sohnes, bei dem ihm dessen Fleisch und Blut dargebracht wurden, unbeachtet hätte lassen können. Prediger und Volk glaubten, wie Adolf Franz urteilt, an einen ›unbedingt eintretenden Erfolg‹. Auf-*

*listungen und Merkverse beschrieben die erhofften Wirkungen, die ›Meßfrüchte‹ «* (Arnold Angenendt, »Geschichte der Religiosität im Mittelalter«, Darmstadt 1997). Man sprach der Eucharistie also extrem mächtige magische Wirkung zu – und kassierte dafür kräftig. Bis heute werden ja (bezahlte!) Messen gelesen als Bitt- und Sühneopfer. – Trotz dieser Ähnlichkeit zwischen magischen und kirchlichen Ritualen wurde noch 1749 der Begriff »Zauberey« im »Großen vollständigen Universal-Lexikon aller Wissenschaften und Künste« von J. H. Zedler als *»eines der allerschändlichsten Laster, die nur unter der Sonnen gefunden werden können«*, definiert. Im 19. Jahrhundert allerdings verlor die Zauberei den Ruch des Bösartigen und wird seither verwandt zur Beschreibung der eher lächerlichen »Taschenspielerei« der »Zauberkünstler«.

**Zaubereiministerium**

Ein Ministerium in → London, dessen Hauptaufgabe es ist zu verhindern, dass die Muggel erfahren, dass es Zauberer und Hexen gibt; es überwacht u. a. das → »Geheimhaltungsabkommen der Internationalen Zaubervereinigung«. Außerdem verabschiedet es Erlasse und Verbote, wie den »Erlass zur Vernunftmäßigen Beschränkung der Zauberei Minderjähriger, 1875, Abschnitt C«, in dem allen minderjährigen Hexen und Zauberern untersagt wird, in den Schulferien zu zaubern. – Minister ist Cornelis → Fudge, Abteilungsleiter sind u. a. Ludo → Bagman, Barty → Crouch und Arthur → Weasley, seit 1994 arbeitet Percy → Weasley im Ministerium. Es gibt zahlreiche Abteilungen und Büros in diesem Ministerium, z. B. eine → Abteilung für unbefugte Zauberei, eine → Abteilung für/gegen den Missbrauch von Muggelartefakten, eine → Abteilung für internationale magische Zusammenarbeit, eine → Arbeitsgruppe für experimentelles Zaubern, das → Kobold-Verbindungsbüros, das → Magische Unfallumkehr-Kommando, die → Magische Polizeibrigade und den Geheimdienst, die → Mysteriumsabteilung. – Während im Englischen meist klar zwischen *Office* und *Department* unterschieden wird (*Office*, also Büro, sind meistens die kleinen Abteilungen mit ein oder zwei Leuten), wird dies in der deutschen → Übersetzung mal so, mal anders gehandhabt. Deshalb finden sich die meisten Abteilungen und Büros unter dem Stichwort → Abteilung; zur näheren Bestimmung ist immer die englische Bezeichnung angegeben.

**Zaubererduell**

In Harry Potters zweitem Schuljahr gründet Gilderoy → Lockhart in → Hogwarts einen → Duellierclub, in dem die Schülerinnen und Schüler lernen sollen, sich in einem Duell zu bewähren. Allgemein gesprochen, ist ein Duell eine Auseinandersetzung zwischen zwei Personen nach bestimmten Regeln, im Voraus vereinbart und oft mit tödlichen Waffen ausgefochten. Es findet in der Regel in Anwesenheit von Zeugen statt, den Sekundanten. Die haben oft auch die Aufgabe, nach dem Duell die Angelegenheiten des Unterlegenen zu regeln. – Das lateinische Wort *duellum*, Zweikampf, entstand aus den Wörtern *duo*, zwei, und *bellum*, Krieg. Das Duell unterscheidet sich von einem spontanen Kampf durch die formalisierte Etikette und die strengen Regeln dafür, wieviel Gewalt zulässig ist. Meistens hat die zum Duell geforderte Person das Recht, Zeit, Ort und Waffen zu wählen. Bei Hexen und Zauberern sind die üblicherweise gewählten Waffen die → Zauberstäbe. Harry Potter wird gleich im ersten Schuljahr von Draco → Malfoy zu einem Duell gefordert, sein Gegner erscheint jedoch nicht (HP1). Im zweiten Schuljahr wird in → Hogwarts ein → Duellier-Club eingerichtet, in dem das Duellieren geübt werden soll. Er erweist sich jedoch, vor allem wegen der Unfähigkeit von Gilderoy → Lockhart, als ziemliches Fiasko (HP2). Während der dritten Aufgabe des → Trimagischen Turniers 1995 muss sich Harry gezwungenermaßen Lord → Voldemort in einem Duell stellen, das er zwar nicht gewinnt, doch kann er unbeschadet entkommen. – In der Welt der → Muggel sind die traditionellen Waffen für das Duell das Schwert und später die Pistole. In der Antike gab es noch kein Duell, höchstens Zweikämpfe im Rahmen von Schlachten. Im frühen Mittelalter gab es den Gerichtskampf im Rahmen eines Gottesurteils; belegt ist diese Form des Duells erstmals für das Jahr 501. Vom 10. bis 12. Jahrhundert war das Gottesurteil in Frankreich und Deutschland das vorherrschende Gerichtsverfahren, vor allem in Eigentumsfragen, ab dem 11. Jahrhundert auch in England. Im Jahre 1215 verbot die Kirche beim 4. Laterankonzil allen Klerikern, an einem Gottesurteil mitzuwirken, und ohne den Segen eines »heiligen Mannes« war das Gottesurteil nichtig. Dennoch wurde es, wenn auch seltener, weiter ausgeführt, im Braunschweigschen Raum etwa noch im 15. und 16. Jahrhundert im Rahmen von → Hexenprozessen. In England ließ zuletzt 1817 ein englisches Gericht einen Gerichtskampf zwischen dem Ankläger und dem Angeklagten in einem Mordprozess zu. – Sich zur Wiederherstellung der eigenen Ehre zu duellieren, war jedoch nie gesetzlich erlaubt. Populär wurde diese Art des Duells erst in der frühen Neuzeit, als der französische König Franz I. im Jahr 1528 einen Vertrag brach und Kaiser Karl V. ihn daraufhin des unehrenhaften Verhaltens beschuldigte. Franz forderte ihn daraufhin zum Duell heraus. Das fand zwar nie statt, aber von nun an glaubten alle Edelleute, sie könnten tatsächliche oder vermeintliche Angriffe auf ihre Ehre durch eine Duellforderung rächen oder sogar ihre »Ehre wiederherstellen«. Besonders in Frankreich wurde das Duell so polpulär und es gab so viele Todesfälle, dass seit 1602 die Teilnahme an Duellen bei Todesstrafe verboten wurde. Wie wenig das genutzt hat, sieht man schön in dem Roman »Die drei Musketiere« von Alexandre Dumas: Dort vereinbart der Held d'Artagnan in wenigen Minuten drei Duelle in halbstündigem Abstand mit seinen späteren Freunden. Bis heute sind Duelle in Frankreich verboten, kommen aber immer noch vor. – Auch in England war das Duell zeitweise sehr stark verbreitet, im 18. Jahrhundert starben bei 172 Duellen mindestens 91 Menschen. Nach dem bis heute in England gültigen *Common Law* (Gewohnheitsrecht) gilt die Tötung im Verlauf eines Duells zwar als Mord, sie wurde früher jedoch selten verfolgt. Das änderte sich erst im 19. Jahrhundert, und seit 1844 ist das Duell auch im Militärrecht verboten. – Im deutschen Kaiserreich war das Duell erlaubt, musste jedoch von einem Ehrengericht zugelassen werden. Seit 1928 ist das Duellieren in Deutschland verboten und wird mit Gefängnis bestraft.

**Zaubererfotos**

→ Bilder, lebende.

**Zauberergefängnis**

Das Gefängnis für Hexen und Zauberer ist → Askaban.

**Zauberergeld**

→ Geld

**Zauberergesetz**

Gesamtheit der Gesetze, die speziell für Hexen und Zauberer gelten, z. B. das → Muggelschutzgesetz, → Gesetz zum Gebrauch des Zauberstabes, Gesetz über → Zeitreisen sowie Erlasse und → Verbote des → Zaubereiministeriums.

**Zauberergrad**

In der deutschen Übersetzung dasselbe wie → Zaubergrad.

**Zaubererhut**

Es gibt verschiedene Sorten von Zaubererhüten: Spitzhüte, Flickenhüte, edle Hüte, schäbige Hüte – fast immer sind sie spitz, mal fest, mal lappig, mal mit hoher oder niedriger Spitze... Der Mode sind, wie der Phantasie, kaum Grenzen gesetzt. Der edelste aller Hüte ist natürlich, trotz der goldumränderten modischen Hüte des Gilderoy → Lockhart, der → Sprechende Hut von → Hogwarts.

**Zaubererkonvent**

Eine Versammlung von Hexen und Zauberern, bei der allgemein gültige Regeln und → Verbote erlassen werden. Die → Drachenzucht etwa wurde vom Zaubererkonvent von 1709 verboten (HP1,251).

**Zaubererschach**

Das Spiel geht eigentlich wie das Schach der → Muggel, außer dass die Figuren leben, auch reden können und manchmal sogar ungebetene Ratschläge geben. Ron → Weasley hat ein Spiel von seinem Großvater geerbt und ist ein meisterlicher Spieler, gewinnt sogar das Große → Schachspiel von → McGonagall und bekommt dafür 50 → Hauspunkte: *»für die beste Schachpartie, die in Hogwarts seit vielen Jahren gespielt wurde«* (HP1,331). Ein weiterer guter Schachspieler in → Hogwarts ist Seamus → Finnigan; Harry Potter spielt am Anfang mit dessen Figuren, bekommt aber an seinem ersten Weihnachten in Hogwarts ein eigenes Spiel geschenkt (HP1). Wenn man nicht mit ihnen spielt, scheinen die Figuren zu schlafen; bei Berührung wachen sie auf.

**Zaubererschulen**
Außer → Hogwarts gibt es natürlich noch andere Zaubererschulen. Bekannt sind bisher → Beauxbatons, → Durmstrang und eine Schule unbekannten Namens in → Brasilien, auf der Bill → Weasley mal eine Brieffreundin hatte. Über die europäischen Zaubererschulen erfährt man einiges im → Handbuch der europäischen Magierausbildung.

**Zauberervereinigung**
→ Internationale Zauberervereinigung.

**Zaubergrad**
Abkürzung: ZAG (englisch → *Ordinary Wizarding Level*, Abkürzung *O.W.Ls*). Titel oder Grade, die man nach den Prüfungen ab der fünften Klasse in → Hogwarts erwerben kann. Den 1. ZAG erwerben die → Weasley-Zwillinge in Harrys drittem Jahr (HP3,442). In der fünften und sechsten Klasse kann man soviele ZAG wie möglich sammeln, am Ende der Schulzeit folgen dann die Prüfungen als → »Unheimlich toller Zauberer«. – Percy → Weasley schafft in seinem vorletzten Jahr, 1992, den höchsten, den 12. ZAG, wie ihn auch sein Bruder Bill → Weasley erworben hatte (HP2,50).

**Zauber-Knallbonbons**
Diese hübschen Spielzeuge knallen los wie eine Kanone, machen jede Menge blauen Rauch, und meist ist was Hübsches drin.

**Zauberkunst**
In → Hogwarts Schulfach, in dem → Zaubersprüche unterrichtet werden. Die englische Bezeichnung *Charm* meint sowohl Zauberformel, Zauberkunst, wie auch → Zauberei allgemein. Lehrer ist Professor → Flitwick (→ Magie).

**Zaubern für Dummies**
Ein Buch, in dem Harry Potter und Hermine → Granger nach einer Lösung suchen, wie Harry mit dem → Drachen in der ersten Aufgabe des → Trimagischen Turniers fertig werden soll *(Basix Hexes for the Busy and Vexed).*

## Zauberpflanzen

In → Hogwarts werden in mehreren → Gewächshäusern → Zauberpflanzen gezüchtet, z. B. → Alraunen. Zuständig ist Professorin → Sprout.

## Zauberradio

→ Radio

## Zauberschatten

Einen Schatten eines früher getätigten Zaubers holen aus einem → Zauberstab der → Zauberspruch → Prior Incantato und die → Fluchumkehr.

## Zauberspruch

Eine Beschwörungsformel, mit der Effekte der → Magie oder → Zauberei, manchmal auch der → Alchemie, erzielt werden. In den Harry-Potter-Büchern gibt es zahlreiche Zaubersprüche; die meisten beruhen auf lateinischen Formulierungen oder Wörtern, einige auch auf englischen. Ob die Zaubersprüche in anderen Ländern andere sind, wird nirgendwo erklärt, scheint aber unwahrscheinlich. Wichtig ist eine saubere → Aussprache. – Im Gegensatz zu einem → Zauberstab, bei dem nicht so ganz klar ist, wie sehr man ihn zum Zaubern braucht, sind Zaubersprüche nicht unbedingt nötig. Viele Zauber, vor allem wenn sie von erfahrenen und/oder mächtigen → Hexen oder Zauberern gewirkt werden, können auch nonverbal funktionieren. Harry Potter etwa zaubert das Glas vor dem Terrarium der → Boa Constrictor im Zoo ebenso ohne Zauberstab und Zauberspruch weg wie er sein Haar nachwachsen läßt oder sich aufs Dach der Schule zaubert (HP1), auch, als er Magda → Dursley schweben lässt (HP3). Neville Longbottom *»hüpft wie ein Ball – durch den Garten hinaus bis auf die Straße«*, als er mit 8 Jahren zum ersten Mal zaubert (HP1,138). Professor → Quirrell schnippt nur mit den Fingern, und Harry ist gefangen (HP1,314), und Albus → Dumbledore genügt ein Klatschen in die Hände, um die große Halle von → Hogwarts nach → Gryffindors Sieg beim → Hauspokal 1991 umzudekorieren (HP1,333) – er braucht dazu auch keinen → Zauberstab. Mit einem wortlosen Schlenker des Zauberstabs holt er aus dem Nichts Hunderte von Schlafsäcken (HP3,170). Molly → Weasley repariert Harrys Brille ohne ein Wort (HP2,60) und kocht nur mit Bewegungen ihres Zauberstabs (HP4,63/4), und Minerva → McGonagall zaubert ohne ein Wort Essen herbei (HP2,87). Remus → Lupin und Sirius → Black können ohne Worte die Ratte → Krätze in den Menschen → Pettigrew zurückverwandeln (HP3,378). Lord → Voldemort schenkt Peter → Pettigrew die → silberne Hand ohne ein Wort (HP4,678). Es ist aber nicht nur die Macht des Zauberers, die ein Zaubern ohne Worte ermöglicht: Selbst Ron → Weasley zaubert ohne Worte, als er Draco → Malfoy verfluchen will (HP2,117), und sogar Gilderoy Lockhart gelingt (?) sein → Knochen-Entfern-Zauber ohne zu sprechen. Leichtere Zauber gelingen auch weniger starken Magiern ohne Worte. Zaubersprüche scheinen, ähnlich einem Zauberstab, eine Art magischer Verstärker der angeborenen und trainierten magischen Fähigkeiten zu sein. Der kleine Kevin lässt, ohne überhaupt sprechen zu können, mit dem Zauberstab seines Vaters Schnecken platzen (HP4). – Natürlich wirkt auch der beste Zauberspruch nur, wenn ihn ein zauberfähiger Mensch ausspricht. Ein → Muggel kann soviele Zaubersprüche aufsagen, wie er will, es wird nichts bewirken. – Dennoch hat sich die Wissenschaft der Muggel, vor allem die → Alchemie, die → Metaphysik und die Theologie und Religionswissenschaft, mit Zaubersprüchen beschäftigt. Sie vermutet, dass Zaubersprüche sich zunächst an übernatürliche Wesen richteten und von Gebeten kaum zu trennen waren, später wurden daraus Beschwörungen mit Erfüllungszwang (wenn alles gut ging) etwa von → Dämonen. Besonders dem Namen der betreffenden Wesenheiten wurde dabei große magische Wirkung zugesprochen, viele Vorstellungen von der Funktionsweise der Magie basieren auf der Vorstellung, dass man alles beherrschen und/oder verzaubern könne, dessen »wahren« Namen man kenne. In vielen Völkern wird deshalb der wahre Name eines Menschen geheimgehalten, und in manchen Religionen (wie dem Islam) oder Geheimwissenschaften (wie der → Kabbala) spielen die Namen Gottes eine große Rolle. Seitdem Magie eher wissenschaftlich verstanden und betrieben wird – wie es auch in den Harry-Potter-Büchern der Fall ist –, bestehen Zaubersprüche meist nur noch aus bloßen Befehlen an die Umwelt, deren Erfüllung sich automatisch einstellen soll, ohne dass Götter, Geister oder Dämonen damit befasst sind. Die Macht liegt dabei im Wort; wurde doch dem Wort an sich schon immer eine besondere, manchmal sogar göttliche Wirkung zugesprochen, man denke nur an den Beginn des Johannesevangeliums: *»Am Anfang war das Wort...«* Viele Philosophen sprachen dem Wort magische oder sogar göttliche Kräfte zu, der Neuplatoniker Jamblichos eine umso stärkere, je fremdartiger sie lauteten. Der Theologe und Philosoph Pierre Poiret (1646 – 1719) vermutete, dass der Mensch ursprünglich alle Kreaturen durch seine Stimme beherrschen konnte. *»Es ist blos eine Erneuerung der ersten reinen Natur des Menschen, wenn die Heiligen der alten Zeiten so große Dinge thaten, wenn Noah die Thiere in die Arche zu sich rief, Josua der Sonne, Mese dem rothen Meer gebot. Denn der Mensch hat die Sprache nicht empfangen, um seines Gleichen seine Gedanken mitzutheilen, sondern um sich die Natur dadurch unterthänig zu machen.«* Sprache also in erster Funktion als magisches Instrument... – Zaubersprüche sind schon aus dem Altertum belegt, etwa aus den Zeiten der ägyptischen Alchemisten, allerdings sind kaum welche in Wortlaut und Wirkung bekannt. Anders ist es bei den Zaubersprüchen der Germanen, die diese wahrscheinlich auch in → Runen einritzten. Man leitet deshalb auch das Wort Zauber ab vom althochdeutschen *zoubar*, einer Bezeichnung der roten Farbe, mit der die eingeritzten Runen bestrichen wurden. Und das englische Wort für Zauberspruch, *spell*, kommt vom angelsächsischen *speld*, Span, Splitter, das auch das Runentäfelchen bezeichnete. Bekannt sind die »Merseburger Zaubersprüche«, die wahrscheinlich im 8. Jahrhundert entstanden sind, so der zweite, ein Blut- oder Wundsegen, der das Blut zum Stillstand bringen soll: *»Phol und Wotan ritten durchs Gehölz, | da brach des Balders Fohlen sich den Fuß, | da besprachens Sindgund und Sunna, deren Schwester, | da besprachens Frija und Volla, deren Schwester, | da besprach es Wotan, so gut ers vermochte: | Wie der Bruch im Bein, so der Bruch im Blut, | so der Bruch des Gliedes: | Knochen zu Knochen, Blut zu Blut, | Glied an Glied, als seien sie verbunden.«* (In diesem *»ben zi bena, bluot zi bluoda, lid zu geliden, sose gelimida sin«* findet sich wieder eine der von Joanne K. → Rowling so geliebten → Alliterationen.) Oft findet man in den Zaubersprüchen unverständliche, aus alten oder fremden Sprachen übernommene oder auch erfundene, nur so klingende Worte und Namen, wie in dem altenglischen Segen der Feldfrüchte *»erce erce erce eorthan modor«*. Schon in der Antike wurden die »Ephesischen Worte« *ASKION KATASKION LIX TETRAX DAMNAMENEUS AISION* als Exorzismus oder Schutzzauber verwandt, seit dem Mittelalter rätselt man über die geheime Bedeutung des »magischen Buchstabenquadrates« *SATOR AREPO TENET OPERA ROTAS*, das man frei mit »Der Sämann Arepo hält mit Mühen die Räder« übersetzen kann. – Einen ganz kurzen Zauberspruch (ein oder zwei Wörter) bezeichnet man als Zauberwort; in diesem Sinn sind die meisten in → Hogwarts gelehrten Zaubersprüche zugleich Zauberworte. – Das bei Taschenspielern und Zauberkünstlern beliebte »abracadabra« stammt wahrscheinlich aus Altägypten; weitere beliebte Zauberworte sind → »Hokus Pokus« und → »Simsalabim«.

**Zaubersprüche, Liste der**

Folgende → Zaubersprüche werden in den Romanen ausführlich beschrieben: → Accio, → Alohomora, → Aparecium, → Avada Kevadra, → Avis, → Cruciatus, → Deletrius, → Densaugeo, → Diffindo, → Enervate, → Engorgio, → Expecto Patronum, → Expelliarmus, → Ferula, → Fidelius, → Finite Incantatem, → Furnunculus, → Impedimenta, → Imperius, → Impervius, → Incendio, → Locomotor mortis, → Lomos, → Mobilcorpus, → Mobiliarbus, → Morsmordre, → Nox, → Orchideus, → Petrificus Totalus, → Prior Incantato, → Priori Incantatem, → Quietus, → Reducio, → Reductio, → Relaschio, → Reparo, → Rictusempra, → Riddikulus, → Serpensortia, → Sonorus, → Stupor, → Tarantallegra, → Vierpunktefluch, → Waddiwasi, → Wingardium leviosa.

**Zauberspruchfibel**

Ein kleines Büchlein, in dem wichtige → Zaubersprüche aus einem bestimmten Bereich gesammelt sind (HP1).

**Zauberstab**

Dieses Hilfsmittel, um zaubern zu können (englisch: *wand*), dürfen nur Menschen tragen. Nichtmenschlichen Wesen untersagt dies das → »Gesetz zum Gebrauch des Zauberstabes« (HP4,141). Ein Zauberstab scheint für die meisten Menschen zum Zaubern nötig zu sein; zumindest verwenden alle Zaubernden in den Harry-Potter-Büchern, wenn sie »offiziell« zaubern, einen Stab und scheinen ohne ihn nicht zaubern zu können. Dies gilt aber nicht immer. Harry Potter etwa zaubert das Glas vor dem Terrarium der → Boa Constrictor im Zoo ebenso ohne Zauberstab und → Zauberspruch weg wie er sein Haar nachwachsen läßt oder sich aufs Dach der Schule zaubert (HP1), auch, als er Magda → Dursley schweben lässt (HP3). Neville Longbottom *»hüpft wie ein Ball – durch den Garten hinaus bis auf die Straße«*, als er mit 8 Jahren zum ersten Mal zaubert (HP1,138). Professor → Quirrell schnippt nur mit den Fingern, und Harry ist gefangen (HP1,314), und Albus → Dumbledore genügt ein Klatschen in die Hände, um die große Halle von → Hogwarts nach → Gryffindors Sieg beim → Hauspokal 1991 umzudekorieren (HP1,333). Zaubern ohne Zauberstab geht also, aber wahrscheinlich nur unter besonderen Bedingungen und/oder bei besonders talentierten oder mächtigen Hexen oder Zauberern. Warum sonst könnte sich etwa Gilderoy → Lockhart erst gegen Harry und seinen Freund Ron → Weasley wehren, als er einen Zauberstab hat (HP2)? Warum sonst sollte Remus → Lupin erklären, als er keinen Zauberstab hat: *»Ihr seid bewaffnet, wir nicht.«* (HP3,360)? Der Zauberstab muss zumindest eine Rolle bei der Qualität oder Stärke des Zaubers spielen, denn *»natürlich werden Sie mit dem Stab eines anderen Zauberers niemals so gute Resultate erzielen«*, erklärt Herr Ollivander, als Harry seinen Zauberstab kauft (HP1,94). Letztendlich scheint also ein Zauberstab eine Art magischer Verstärker der angeborenen und trainierten magischen Fähigkeiten zu sein. Es bleibt da aber eine gewisse Ungewissheit und Unklarheit, von der zu hoffen ist, dass Joanne K. → Rowling sie in den nächsten Bänden aus dem Weg räumt. – Die besten Zauberstäbe bekommt man bei → Ollivander in der → Winkelgasse. Dort kann man sich einen Stab aussuchen, oder besser umgekehrt, wie Ollivander erläutert: *»Im Grunde ist es natürlich der Zauberstab, der sich den Zauberer aussucht«* (HP1,93). Ein Zauberstab besteht aus Holz, Elfenbein oder ähnlichem und hat einen Kern aus einem zaubermächtigen Material; Ollivander verwendet Haare von → Einhörnern, Schwanzfedern von → Phönixen und Herzfasern von → Drachen. Während die ersten beiden gewonnen werden können, ohne dass das Tier stirbt, muss der Drache sein Leben lassen. Kombinationen, die Olivander anbietet, sind z. B. Buchenholz und Drachenherzfasern, Ahorn und Phönixfeder oder Elfenbein und Einhornhaar. – Der Zauberstab von Harry Potter ist 11 Zoll lang, das sind 28 Zentimeter (1 Zoll = 2,54 cm), kostete 7 → Galleonen und besteht aus Stechpalme mit einer eingelassenen Phönixfeder. Auf Englisch heißt die Stechpalme *holly*;

vielleicht soll dies an *holy* erinnern, heilig. Die Feder stammt von → Fawkes, dem → Vertrauten von → Dumbledore. Es gibt einen »Bruderstab« mit der gleichen Kombination und ebenfalls einer Schwanzfeder von Fawkes, 13 ½ Zoll lang (34 cm), den Ollivander einst Tom Vorlost → Riddle verkaufte, dem späteren Lord → Voldemort. Dieser Stab hat die → Narbe auf Harrys Stirn verursacht, und als die beiden im direkten Duell aufeinandertreffen (HP4), kommt es zum Effekt der → Fluchumkehr, des »Priori Incantatem«. – Der Zauberstab von James → Potter, Harrys Vater, war aus Mahagoni, elastisch und ebenfalls 11 Zoll lang, der seiner Mutter, Lily → Potter, aus Weidenholz, geschmeidig und 10 ¼ Zoll lang (26 cm). Der Stab von → Hagrid war (oder ist) aus Eiche, recht biegsam und sechzehn Zoll lang (41 cm); er wurde (angeblich) zerbrochen, als er von → Hogwarts verwiesen wurde, nun versteckt er ihn in seinem riesigen zerfledderten geblümten rosa Schirm. Ron → Weasley hat zuerst den alten Zauberstab von Charlie → Weasley (mit Einhornhaar), ab dem dritten Schuljahr einen neuen: 14 Zoll (35,5 Zentimeter), aus Weide, mit Einhornhaar. Wie der Stab von Cedric → Diggory stammen alle diese aus der Werkstatt von Ollivander. Cedrics Stab ist 12 ¼ Zoll lang (31 cm), aus Esche, gut federnd, mit einem Einhornhaar. Nicht von Ollivander sind die Stäbe von Fleur → Delacour – aus Rosenholz, unbiegsam, 9 ½ Zoll (24 cm), mit einem Haar ihrer Großmutter, einer → Veela – und der von Viktor → Krum: 10 ¼ Zoll (26 cm), aus Weißbuche und Drachenherzfaser, ziemlich dick, von Gregorowitsch. – Auch in der → Mythologie der → Muggel gibt es Zauberstäbe von großer Macht. → Hermes besaß den goldenen Kerykeion, einen Zauberstab, von Schlangen umwunden und von Flügeln gekrönt. Dem Stab des → Aeskulap (griechisch Asklepios), des griechischen und lateinischen Gottes der Heilkunst, sagte man ebenfalls besondere Kraft nach. Das ihm heilige Tier war die → Schlange, und bis heute ist der schlangenumwundene Äskulapstab das Symbol des Ärztestandes.

**Zauberstäbe, Falsche**

→ Jux-Zauberstäbe.

**Zaubertier**

Tier, das einen Zauberer oder eine Hexe begleitet, wie die Ratte → Krätze Ron → Weasley, die → Kröte Trevor Neville → Longbottom oder → Eule → Hedwig Harry Potter. Ein besonders intelligentes und fähiges Tier mit enger Bindung an seinen Menschen wird auch als → Vertrauter bezeichnet. Zaubertiere bekommt man in der → Magischen Menagerie in der → Winkelgasse (HP3).

**Zaubertrank**

Ein Getränk, das eine Person verzaubert, z. B. sie heilt (Heiltrank) oder schützt (wie der Trank, der Remus → Lupin hilft, auch als → Werwolf seinen menschlichen Verstand zu behalten). Es gibt Tränke, die jemandes Willen verändern (→ Liebestrank), die heilen (→ Aufpäppel-Trank, → Skele-Wachs, → Alraune-Wiederbelebungstrank), jemanden in einen besonderen Status versetzen (wie der → Trank der Lebenden Toten, der → Schwell- und der → Abschwell-Trank oder der → Vergesslichkeitstrank) oder die besondere Fähigkeiten verleihen (wie der → Vielsaft-Trank).

**Zaubertränke und Zauberbräue**
Lehrbuch ab dem ersten Schuljahr in → Hogwarts von Arsenius → Bunsen.

**Zaubertrankkasten**
Ein Kasten, in dem ein Schüler oder eine Schülerin die Zutaten für die → Zaubertränke aufbewahrt.

**Zaubertrankkunde**
Schulfach in → Hogwarts, unterrichtet von Severus → Snape in den → Kerkern von Hogwarts. Auch ohne »albernes Zauberstabgefuchtel«, wie Snape es ausdrückt, kann man mit einem → Zaubertrank viel bewirken: *»Ich kann euch lehren, wie man Ruhm in Flaschen füllt, Ansehen zusammenbraut, sogar den Tod verkorkt«* (HP1,151). Snape braut u. a. den Trank aus → Alraunen, der die vom → Basilisken Versteinerten wieder ins Leben zurückholt (HP2) und den Trank, der Remus → Lupin hilft, auch als → Werwolf seinen menschlichen Verstand zu behalten. Harry Potter lernt u. a. das Brauen eines → Trankes zur Heilung von Furunkeln, eines → Vergesslichkeitstrankes und das Rezept für den → Trank der Lebenden Toten (HP1). Ziemlich mächtige Tränke entdeckt er in dem Buch → »Höchst potente Zaubertränke«, aus dem auch das Rezept für den → Vielsaft-Trank stammt.

**Zauberverbot**
Es ist allen minderjährigen Hexen und Zauberern verboten, in den Schulferien zu zaubern. In → Hogwarts gilt für die Schülerinnen und Schüler ein striktes Zauberverbot auf den Gängen.

**Zauberwort**
Ein ganz kurzer → Zauberspruch (ein oder zwei Wörter); in diesem Sinn sind die meisten in → Hogwarts gelehrten Zaubersprüche zugleich Zauberworte. – Das bei Taschenspielern und Zauberkünstlern beliebte »abracadabra« stammt aus Altägypten; weitere Zauberworte sind → »Hokus Pokus« und → »Simsalabim«. Ein kurzes »Zauberwort« würde Harry Potter gerne von Dudley → Dursley hören – einfach das Wörtchen »bitte«. Doch auch nur ein Wort mit »Zauber« auszusprechen, sorgt schon für gewaltigen Ärger im Hause Dursley... (HP2,2)

**Zaubrisches Ich**
Die Autobiographie von Gilderoy → Lockhart (Originaltitel: *»Magical Me«*); steht *»Sechs Monate an der Spitze der → Bestsellerliste! Hab alle Rekorde gebrochen!«* (HP2,126).

**Zeichen des dunklen Lords**
→ Dunkles Mal (HP4).

**Zeitreise**
Eine Zeitreise gehört zu den schwierigsten Dingen, die mit Magie zu bewältigen sind. Sie kann zudem sehr gefährlich werden: *»Professor → McGonagall hat mir erzählt, was für schreckliche Dinge schon geschehen sind, wenn Zauberer in der Vergangenheit herumgepfuscht haben ... viele von ihnen haben im Durcheinander ihr vergangenes oder künftiges Selbst getötet«*, warnt Hermine → Granger Harry Potter, als sie mit dem → Zeitumkehrer unterwegs sind. Deshalb lautet eines der wichtigsten → Zauberergesetze: *»Niemand darf die Vergangenheit ändern«* (HP3,411). Wirklich gefährlich kann es werden, wenn an der Geschichte rumgespielt wird. Was würde passieren, wenn Lord → Voldemort soweit in der Zeit zurückreisen könnte, dass er Harrys Eltern vor seiner Geburt töten würde? Er weiß ja jetzt, wo sie sich damals versteckten? Glücklicherweise scheinen Zeitreisen über einen so langen Zeitraum (bisher?) noch nicht möglich zu sein. Oder man stelle sich ein Zeit-Paradox vor: Ich reise in der Zeit zurück und töte aus Versehen meine Mutter, ehe ich auf die Welt komme! Dann gibt es mich nicht – ich kann dann aber auch nicht in der Zeit zurückreisen, um sie zu töten, und es gibt mich wieder... – Manche Wissenschaftler der → Muggel denken, man sei dann in einer ewig oszillierenden Zeitschleife gefangen, andere haben die Vorstellung von unendlich vielen Parallelwelten entwickelt. – Die »Zeitreisen«, die Harry durch das → Tagebuch von Tom Vorlost → Riddle (HP2) und das → Denkarium von Albus → Dumbledore (HP4) erlebt, sind keine echten Zeit-, sondern → Gedächtnisreisen.

**Zeitreise-Kapsel**
Im Januar 1999 wurde am → Bahnhof King's Cross eine »Zeitreise-Kapsel« verbrannt mit einer Taschenbuchausgabe von »Harry Potter and the Chamber of Secrets« und Voraussagen von Kindern darüber, was in Band 7 passieren wird.

**Zeitumkehrer**
Gerät, mit dem sich kürzere → Zeitreisen bewältigen lassen. Hermine → Granger erhält in ihrem dritten Schuljahr mit Sondergenehmigung des → Zaubereiministeriums ein solches Gerät mit vielen Warnungen und nur für die Schulausbildung; so kann sie mehrere Fächer gleichzeitig belegen. Der Zeitumkehrer

(englisch *Time-Turner*) sieht aus wie ein winzig kleines Stundenglas; mit seiner Hilfe befreien Harry und Hermine verbotenerweise, aber auf Anraten von Albus → Dumbledore, Sirius → Black und den → Hippogreif → Seidenschnabel.

### Zelten, Zeltplatz

Wenn Hexen und Zauberer zelten müssen, um nicht aufzufallen, wie etwa bei der → Quidditch-Weltmisterschaft 1994, geben sie gerne an: Da gibt es Zelte mit drei Stockwerken, Kaminen, Türmchen und Brunnen. Natürlich können sich diese Zelte auch selber aufstellen oder verpacken. Damit die → Muggel nichts merken, haben die → Vergissmichs eine Menge zu tun... (HP4)

### Zensur

Immer wieder gibt es den Versuch, Harry Potter zu verbieten. Die Leiterin der St.-Mary's-Island-Grundschule in Chatham, Carol Rookwood, Kent, England, ließ die Bücher verbieten, das heißt, sie setzte sie auf den Index, weil sie angeblich gegen die Bibel und die religiöse Moral an ihrer Schule verstoßen würden. Die Bücher erweckten, so die Begründung, zu Unrecht den Eindruck, dass Zauberer und Geister nett und harmlos seien. *»Das ist nicht, was die Bibel uns lehrt.«* Die anglikanische Kirche hat sich auch schon gewehrt, z. B. darf für den → Film nicht in jeder Kathedrale gedreht werden. Auch in den USA kam es bereits einige Male zur Zensur. Eine besonders harte fundamentalistische Position findet man im → Internet unter www.exposingsatanism.org/harrypotter.html. Es gibt dort aber auch eine Verteidigung der Bücher: www.mugglesforharrypotter.com.Gegen die fundamentalistischen Bestrebungen in den USA sprach sich sehr deutlich die evangelische Wochenzeitschrift »Sonntagsgruß« aus. Gerd-Matthias Hoeffchen weist am 8. Oktober 2000 in einem Kommentar darauf hin, dass, wenn man das alttestamentarische Gebot »Ihr sollt nicht Wahrsagerei noch Zauberei treiben« (3. Mose 19,26) heranziehe, man erstens auch Pinocchio, Alice im Wunderland, Peter Pan und → Aschenputtel verbieten müsse und zweitens dann auch die folgenden Absätze befolgen, alle Bank- und Zinsgeschäfte verbieten und → Sklaven halten müsse. Und er schließt: *»Harry Potter wird niemanden zur Magie verführen. Lassen wir ihn seinen Kampf gegen das Böse kämpfen.«* Ich füge hinzu, dass unter den Stichworten → Magie und → Zauberei erläutert wird, dass im Neuen Testament weiße Magie durchaus eingesetzt wurde, und möchte darauf hinweisen, dass Joanne K. → Rowling mehrfach erklärt hat, dass *sie* nicht an Magie glaubt. – In Deutschland gibt es nach Aussagen des → Carlsen-Verlages bisher keine derartigen Probleme.

### Zentauren

Mischwesen zwischen Mensch und Pferd, die (wahrscheinlich nicht nur) im Verbotenen Wald leben. Harry Potter lernt sie kennen, als er als → Strafarbeit in den → Verbotenen Wald muss. Die Zentauren sind Gegner von Lord → Voldemort und fürchten dessen Wiederkehr; die meisten von ihnen sind jedoch sehr fatalistisch eingestellt und glauben, an dem Schicksal, dass sie in den → Sternen gesehen haben, nichts ändern zu können. Laut → Bane haben sie sogar einen Eid abgelegt, sich *»nicht gegen den Himmel zu stellen«* (HP1,280). Allerdings räumt → Firenze ein: *»Die → Planeten wurden schon einige Male falsch gedeutet, selbst von Zentauren«* (HP1,283). Zentauren sind die ersten → Astrologen, die Harry kennenlernt (*»Verdammte Sternengucker«*, meint Hagrid; HP1,277). Harry begegnet in dieser Nacht nacheinander → Ronan, Bane und Firenze, der ihn, obwohl dies unter Zentauren verpönt ist, auf sich reiten lässt. – Auch die → Mythologie der → Muggel kennt die Zentauren oder Kentauren; die Griechen nahmen an, sie würden die Bergregionen von Thessalien und Arkadien bewohnen. In der griechischen Sagenwelt zeichneten sich die Zentauren durch Wildheit und Gewalttätigkeit aus, waren bekannt für ihre Trunksucht und Wollust und wurden oft als Begleiter von Dionysos, dem Gott des Weines, dargestellt (→ Wiederauferstehung). Eine Ausnahme war der weise und gütige Chiron (oder Cheiron), Erzieher u. a. der Helden Achilles und Jason und Lehrer des Gottes der Heilkunst, → Aeskulap. – Als die Zentauren wieder einmal betrunken waren und versuchten, die Braut des Königs der Lapithen bei ihrer Hochzeitsfeier zu entführen, wurden sie aus Thessalien vertrieben. Der Zentaur Nessos tötet durch einen Trick den größten Helden der Griechen, den Halbgott Herakles (Herkules): *»Als er* [Herakles] *nämlich am Flusse Euenos angelangt war, fand er dort den Zentauren Nessos, der für Lohn die Reisenden auf seinen Händen über den Fluß zu setzen pflegte und dieses Vorrecht von den Göttern seiner Ehrlichkeit wegen erhalten zu haben behauptete. Herakles selbst bedurfte nun freilich seiner nicht; er durchschritt den Fluß mit mächtigen Schritten, ohne fremde Beihilfe. Deïaniren aber überließ er zum Hinüberschaffen dem Nessos, der ihn um den gewohnten Lohn ansprach; der Zentaur nahm die Gemahlin des Herakles auf die Schulter und trug sie rüstig durch das Wasser. Mitten in der Furt aber, durch die Schönheit des Weibes betört, wagte er es, sie mit schnöder Hand anzurühren. Herakles, der am Ufer war, hörte den Hilferuf seiner Frau und wendete sich schnell um. Als er sie in der Gewalt des rauhbehaarten Halbmenschen sah, besann er sich nicht lange, holte aus seinem Köcher einen beflügelten Pfeil hervor und schoß den Nessos, der mit seiner Beute eben ans Ufer emporstieg, durch den Rücken, so daß das Geschoß zur Brust wieder herausging. Deïanira hatte sich den Armen des zu Boden Sinkenden entwunden und wollte ihrem Gatten zueilen, als der Sterbende, der noch im Tod auf Rache sann, sie zurückrief und die trügerischen Worte sprach: ›Höre mich, Tochter des Öneus! Weil du die letzte bist, die ich getragen habe, so sollst du auch noch einen Vorteil von meinem Dienste haben, wenn du mir folgen willst! Fasse das frische Blut auf, das mir aus der Todeswunde quoll und das* *jetzt da, wo der Pfeil, vom Geifer der lernäischen Schlange vergiftet, mir im Leibe steckt, ganz verdickt und leicht zu sammeln ringsum steht; es wird dir zu einem Zauber für das Gemüt deines Gatten dienen. Färbst du damit sein Unterkleid, so wird er niemals ein anderes Weib, das ihm je vorkommt, mehr lieben denn dich!‹ Nachdem er Deïaniren dieses tückische Vermächtnis hinterlassen, verschied er augenblicklich an der vergifteten Wunde. Deïanira, obgleich sie an der Liebe ihres Gatten nicht zweifelte, tat doch nach seiner Vorschrift, sammelte das verdickte Blut in ein Gefäß, das sie bei der Hand hatte, und bewahrte es ohne Wissen des Herakles auf, der zu ferne stand, um zu sehen, was sie tat.«* Das → Blut ist vergiftet mit dem Gift der Hydra (der »lernäischen Schlange«) die Herakles einst erschlug. Als die Gattin des Herakles vermutet, er wolle sie betrügen, erinnert sie sich an den verräterischen Rat des Zentauren: *»Fern vom Feuer, unberührt vom Strahle des Lichtes hatte Deïanira, der Vorschrift des tückischen Zentauren gemäß, die Salbe, die sie vom giftigen Blute seiner Pfeilwunde gesammelt, am verborgenen Orte bewahrt. An dieses Zaubermittel, das sie, unerfahren in den Ränken, welche Rache spinnt, für ganz unschädlich hielt und das ihr nur das Herz und die Treue des Gatten wiedergewinnen sollte, dachte nun die bedrängte Fürstin zum ersten Male wieder, seit sie es sorgsam verhüllt im Schranke geborgen. Jetzt galt es zu handeln. Sie schlich sich daher in das Gemach und färbte mit einer Flocke von weißem Lämmervliese, welche sie mit der Salbe getränkt hatte, im verborgenen ein köstliches Unterkleid, das für Herakles bestimmt war. Sorgfältig hütete sie während dieser Arbeit Flocke und Gewand vor dem Sonnenstrahl und schloß das blutrot gefärbte Kleid, schön zusammengefaltet, in ein Kästchen ein. Als dies geschehen war, warf sie die Wolle, die zu nichts mehr dienlich, auf die Erde, ging und überreichte dem herbeigerufenen Lichas das für ihren Gatten bestimmte Geschenk. ›Bring meinem Gemahl‹, sprach sie, ›dieses schöngewobene Leibgewand, meiner eigenen Hände Werk.‹* [...] *Endlich kam Hyllos zurück, aber ohne den Vater. ›O Mutter‹, rief er ihr mit Abscheu zu, ›ich wollte, du hättest nie gelebt, oder du wärest nie meine Mutter gewesen…* [...] *Deinem Auftrage folgend, legte der Vater das Unterkleid sogleich an, und damit geschmückt begann er die Opferung zwölf stattlicher Stiere. Anfangs betete der Unglückselige, deines schönen Schmuckes froh, voll Heiterkeit. Plötzlich aber, als die Opferglut schon gen Himmel flammte, durchbrach ein heftiger Schweiß seine Haut, das Gewand schien, wie vom Schmied angelötet, an seinen Seiten zu kleben, und ein Zucken fuhr durch sein ganzes Gebein. Als fräße eine Natter an seinem Leibe, schrie der Gequälte brüllend nach Lichas, dem unschuldigen Überbringer deines giftigen Gewandes; dieser kam und wiederholte unbefangen deinen Auftrag; der Vater aber ergriff ihn am Fuße und warf ihn an die Felsen des Meeres, daß er zerschmettert in der aufspritzenden Flut untersank. Das ganze Volk jammerte bei dieser Tat des Wahnsinnes auf, und niemand wagte sich dem rasenden Helden zu* *nähern. Dieser wälzte sich bald auf dem Boden, bald sprang er heulend wieder empor, daß rings Fels und Waldgebirge widerhallten. Er verfluchte dich und euren Ehebund, der ihm zur Todesqual geworden. Endlich kehrte er sich zu mir und rief. ›Söhnlein, wenn du Mitleid mit deinem Vater empfindest, so schiffe mit mir ohne Zögerung fort, daß ich nicht im fremden Lande sterbe!‹ Auf dieses Verlangen legten wir den Armen in das Schiff, und unter Zuckungen brüllend ist er hier angelangt, und bald wirst du ihn lebendig oder tot vor dir sehen. Das alles ist dein Werk, Mutter. Den allerbesten Helden hast du jämmerlich dahingemordet!‹«* Doch da Herakles ein (unsterblicher) Held und Halbgott ist, stirbt er nicht an dem Gift, sondern muss sich schließlich, um den Schmerzen zu entgehen, bei lebendigem Leibe verbrennen lassen. Daraufhin fährt er in den Olymp auf, den Sitz der Götter, wo er Hebe, die Göttin der ewigen Jugend, zur Frau erhält.

**Zerberus**
In der → Mythologie der → Muggel ein dreiköpfiger Höllenhund, wahrscheinlich Hunden wie → Fluffy nachempfunden.

**Zerbrochene Träume**
Dieses Buch mit dem Untertitel »Wenn sich das Schicksal wendet« (*Broken Balls: When Fortunes Turn Foul*) entdeckt Harry Potter 1993 in der Buchhandlung → »Flourish & Blotts« (HP3).

**Zersplintern**
Ein Unfall beim → Apparieren, wenn man Teile von sich zurückläßt. Wenn man Glück hat, wird man vom → Magischen Unfallumkehr-Kommando gerettet. Wie das englische *»splinch«* eine Abwandlung von *»splint«* ist, Splitter, Span, ist auch das Deutsche eine Abwandlung von zersplittern.

**Zimmer 11**
Das Zimmer im Gasthaus → »Zum Tropfenden Kessel«, in dem Harry Potter 1993 wohnt, nachdem er von den → Dursleys abgehauen ist (HP3). Wie bei Familie → Weasley gibt es hier einen sprechenden → Spiegel.

**Zischende Wissbies**
Dicke Brausekugeln, die einen abheben lassen; es gibt sie im → Honigtopf.

**Zitronenbrausebonbons**
Diese »Nascherei der → Muggel« mag Albus → Dumbledore besonders gern.

**Zodiakus**
Der → Tierkreis

**Zograf**
→ Hüter im bulgarischen Team bei der → Quidditch-Weltmeisterschaft (HP4)

**Zoll**
Englische Maßeinheit: 1 Zoll (engl.: *inch*) = 2,54 Zentimeter, also 1" = 2,54 cm.

**Zombie**
Lord → Voldemort vegetiert bis zu seiner → Wiederauferstehung (HP4) dahin als ein Wesen, das zwischen Leben und Tod schwebt, ist *»nur noch Schatten und Dunst«* (HP1,318), solange er nicht jemandes Körper teilt oder ihn übernimmt und steuert. In der → Mythologie der Muggel bezeichnet man Menschen, die quasi willenlos von einem anderen gesteuert werden, als Zombies. So geht es manchmal Professor → Quirrell, z. B. als er von Lord → Voldemort beherrscht wird und für ihn das → Einhorn tötet und von dessen → Blut trinkt (HP1). Andere Beispiele sind die Opfer des verbotenen → Imperius-Fluches (HP4) und alle, die den → Kuss des → Dementiors erleiden mussten (HP3). – Eigentlich versteht man unter Zombie einen durch → Magie wiedererweckten Toten, willenloses Werkzeug dessen, der ihn »erschaffen« hat. Es gibt aber auch Zombies, die diese Kontrolle abwerfen und zu eigenständigen → Wiedergängern werden. – Zombies gibt es wirklich; sie gehören zur Tradition des → Voodoo. Auf Haiti wurden und werden Menschen durch ein Gift in eine Art Scheintod versetzt – dieses Gift scheint auch Severus → Snape im Repertoire zu haben, als → »Trank der Lebenden Toten«. Wenn der Schamane sie nach Tagen mittels des Gegengiftes aufweckt, haben sie irreversible Gehirnschäden und sind leicht steuerbar, verstärkt durch ihre Glaubenswelt. Trotz eines staatlichen Verbotes gibt es auf Haiti noch heute Plantagen, auf denen Zombies als willenlose Sklaven arbeiten.

**Zonkos Scherzartikelladen**
Laden in → Hogsmeade, bei dem sich die → Weasley-Zwillinge mit Nachschub versehen. Hier gibt es u. a. Pfeifende Würmer, Rülpspulver, Schluckaufdrops, Froschlaichseife und nasebeißende Teetassen.

**Zoo**
Bei seinem ersten Zoobesuch, an Dudley → Dursleys Geburtstag 1991, befreit Harry Potter eine → Boa constrictor und spricht mit ihr (HP1). Während seiner Gefangenschaft bei den → Dursleys träumt Harry Potter, er sei im Zoo ausgestellt in einem Käfig mit dem Schild »Minderjähriger Zauberer« (HP2,27).

**Zopp, Zora**
Die rasende Reporterin der → Internet-Zeitschrift → »Wochenprophet«.

**Zu den drei Besen**
Das Gasthaus (der Pub) in → Hogsmeade. Dort gibt es alles an Getränken, was sich das Zaubererherz wünschen kann, von → Butterbier bis Goldlackwasser; bedient wird man von Madam → Rosmerta. Laut dem Buch »Historische Stätten der Zauberei« war das Gasthaus das Hauptquartier des berüchtigten → Koboldaufstands von 1612.

**Züchte deine eigenen Warzen-Biokasten**
Ein Geschenk aus den → Zauber-Knallbonbons, das Harry Potter zu seinem ersten Weihnachten in → Hogwarts, 1991, erhält.

**Zuckerfederhalter**
Die spezielle Süßigkeit für Schülerinnen und Schüler, an der man lutschen kann, während der Lehrer denkt, man denkt, gibt es im → Honigtopf.

**Zuckerwattefliegen**
Süßigkeit, gibt es im → Honigtopf.

**Zum Tropfenden Kessel**
Gasthaus in → London in einer belebten Geschäftstraße. Der kleine, schmuddelig wirkende Pub, dunkel und schäbig, ist wie → Gleis 9¾ ein Schnittpunkt zwischen der Welt der Zauberer und der → Muggel: Vom Hinterhof aus geht es in die → Winkelgasse. Der Wirt Tom ist alt und weise, zahnlos, vollkommen kahlköpfig und sieht aus *»wie eine klebrige Walnuss«* (HP1,77). Harry Potter trifft hier bei seinem ersten Besuch u. a. Dädalus → Diggel und Prof. → Quirrell. 1993 wohnt Harry in Zimmer 11 für den zweiten Teil seiner Sommerferien, nachdem er von den → Dursleys abgehauen ist (HP3).

**Zustimmungserklärung**
Eine solche Erklärung der Erziehungsberechtigten oder eines Vormundes brauchen die Schülerinnen und Schüler von → Hogwarts, wenn sie das Dorf → Hogsmeade besuchen wollen, was ab dem dritten Schuljahr erlaubt ist. Harry Potter bekommt natürlich keine ausgefüllt von den → Dursleys und muss deshalb während seines dritten Schuljahres heimlich ins Dorf schleichen. Am Ende des Schuljahres erhält er eine von seinem Paten Sirius → Black (HP3).

**Zweiter Band**
→ Harry Potter und die Kammer des Schreckens.

### Zwerge

Die Zwerge, die Gilderoy → Lockhart am → Valentinstag 1993 als → Liebesboten aufmarschieren lässt, sind ziemlich grobe Wesen und, obwohl er sie mit goldenen Flügeln und Harfen ausstaffiert, für diese Aufgaben wirklich schlecht geeignet. Sie sind eben so, wie man sich Zwerge auch in der → Mythologie der → Muggel vorstellt. Dort werden sie meist als hässlich oder uralt beschrieben. In der Mythologie der Germanen wohnen in Schwarzalfenheim, einem der Neun Reiche der Welt und der drei unterirdischen Reiche, die Schwarzalfen, das sind die Nacht- oder Dunkelzwerge (nicht zu verwechseln mit den Lichtzwergen, aus denen die → Elfen werden). Sie sind verwachsen und häßlich, aber vieler Künste mächtig, Vorbilder zahlreicher mythologischer Figuren. Oft verschmelzen sie in der Vorstellung mit anderen mythischen Wesen wie → Dämonen, → Kobolden, → Gnomen und → Geistern oder werden als → Elementargeister der Erde betrachtet. Während sie in der germanischen Heldendichtung, etwa im Nibelungenlied, noch mächtige Wesen sind mit Namen wie Alban, Alberich, Goldemar, Laurin, Gübin und Heiling, werden sie später zunehmend verharmlost. Man nimmt an, sie lebten im Kollektiv unter der Erde, übten dort ihr Handwerk als Schmiede oder Bergleute aus, könnten sich → unsichtbar machen mit einer Tarnkappe und verhielten sich den Menschen gegenüber meist hilfreich und gutmütig. Dieses Bild der Zwerge findet man in vielen Märchen und Kunstmärchen wie in »Schneewittchen und die sieben Zwerge« oder dem »Zwerg Nase« von Wilhelm Hauff. Ihre Bedeutung und Macht haben die Zwerge allerdings in der phantastischen Literatur zum Teil zurückbekommen, etwa beim Altmeister der Fantasy, John R. R. → Tolkien

### Zwiebel

Eine übel riechende große grüne Zwiebel kauft Neville → Longbottom als → Amulett gegen das Monster aus der → Kammer des Schreckens (HP2,193).

### Zylinderhut

Ein Kaninchen, das sich selber in einen Zylinderhut verwandelt und wieder zurück, sieht Harry Potter in der → Magischen Menagerie in der → Winkelgasse (HP3).

## LITERATURVERZEICHNIS:


*Originalquellen:*

- Joanne K. Rowling: Harry Potter und der Stein der Weisen - Carlsen-Verlag, Hamburg 1998
- Joanne K. Rowling: Harry Potter und die Kammer des Schreckens - Carlsen-Verlag, Hamburg 1999
- Joanne K. Rowling: Harry Potter und der Gefangene von Askaban - Carlsen-Verlag, Hamburg 1999
- Joanne K. Rowling: Harry Potter und der Feuerkelch - Carlsen-Verlag, Hamburg 2000

- Joanne K. Rowling: Harry Potter and the Philosopher's Stone - Bloomsbury Publishing Plc, London, 1997
- Joanne K. Rowling: Harry Potter and the Sorcerer's Stone - Arthur A. Levine Books, Scholastic Inc., New York, 1998
- Joanne K. Rowling: Harry Potter and the Chamber of Secrets - Bloomsbury Publishing Plc, London, 1998
- Joanne K. Rowling: Harry Potter and the Prisoner of Azkaban - Bloomsbury Publishing Plc, London, 1999
- Joanne K. Rowling: Harry Potter and the Goblet of Fire - Bloomsbury Publishing Plc, London, 2000

*Hörbücher:*

- Joanne K. Rowling: Harry Potter und der Stein der Weisen - DerHör-Verlag, 1999
- Joanne K. Rowling: Harry Potter und die Kammer des Schreckens - DerHör-Verlag, 2000
- Joanne K. Rowling: Harry Potter und der Gefangene von Askaban - DerHör-Verlag, 2000


## SEKUNDÄRLITERATUR ZU DEN BÜCHERN VON JOANNE K. ROWLING:


- Elizabeth D. Schafer: Beacham's Sourcebook For Teaching Young Adult Fiction: Exploring Harry - Beacham Publishing Corporation, Osprey/Forida, 2000

*Im Internet:*

- www. harrypotter.de (Carlsen-Verlag)
- www.bloomsbury.com/harrypotter (Verlag Bloomsbury, England)
- www.scholastic.com/harrypotter (Verlag Scholastic, USA)
- www.harrypotter.com (Time-Warner)
- http://harrypotter.warnerbros.com (Warner bros.)
- www. hpfc.de (Fanclub)

*Weitere benutzte Literatur:*

- Arnold Angenendt: Geschichte der Religiosität im Mittelalter, Darmstadt 1997
- J. Peter Asmussen u. a. (Hrsg.): Handbuch der Religionsgeschichte (3 Bände) - Göttingen 1971-1975
- Herbert Auhofer: Aberglaube und Hexenwahn - Freiburg 1960
- Walter Baetke: Art und Glaube der Germanen - Hamburg 1938
- Wolfgang Bauer, Irmtraud Dumotz, Sergius Goodwin: Lexikon der Symbole - München 1987
- Hermann Bausinger: Volkskunde - Berlin 1972
- Roland Barthen: Mythen des Alltags - Frankfurt a. M. 1964
- Helmut M. Backhaus: Götter GmbH & Co. KG. Eine amüsante Aufklärung über das Treiben der antiken Götter - Bayreuth 1975 (Taschenbuch München 1992)
- Hans D. Baumann: Horror. Die Lust am Grauen - Weinheim/Basel 1989 (Taschenbuch München 1993)
- Hanns Bechthold-Stäubli (Hrsg.): Handbuch des deutschen Aberglaubens (10 Bände) - Berlin 1927-42
- Hedwig von Beit: Symbolik des Märchens - Bern 1971
- Gerhard J. Bellinger: Knaurs Lexikon der Mythologie - München 1989
- Helmut Berndt: Unterwegs zu den großen Sagen - Düsseldorf 1996
- Alfred Bertholet: Wörterbuch der Religionen - Stuttgart 1976
- Hans Biedermann: Lexikon der Magischen Künste - Wiesbaden 1998
- Hans Biedermann: Dämonen, Geister, dunkle Götter. Lexikon der furchterregenden mythischen Gestalten - Bindlach 1999 (1989)
- Hans Blumenberg: Arbeit am Mythos - Frankfurt a. M. 1979
- Jorge Luis Borges (mit Margarita Guerrero): Einhorn, Sphinx und Salamander.
- Das Buch der imaginären Wesen - München 1993
- Norbert Borrmann: Lexikon der Monster, Geister und Dämonen. Die Geschöpfe der Nacht aus Mythos, Sage, Literatur und Film. Das etwas andere Who is Who. - Berlin 2000
- A. Borst: Lebensformen im Mittelalter - Frankfurt a. M./Berlin 1985

- Otto Borst: Alltagsleben im Mittelalter - Frankfurt a. M. 1983
- S. Botheroyd, P. Botheroyd: Lexikon der keltischen Mythologie - München 1992
- Walter Burkert: Griechische Religion der archaischen und klassischen Epoche - Stuttgart/Berlin/Köln/Mainz 1977
- Walter Burkert: Antike Mysterien. Funktionen und Gehalt - München 1994
- Joseph Campbell: Der Heros in tausend Gestalten - Frankfurt a. M. 1953
- Joseph Campbell: Mythen der Menschheit - München 1993
- Richard Cavendish, Trevor Lind (Hrsg.): Mythologie der Weltreligionen -München 1985
- Dorothea Coenen, Otto Holzapfel: Germanische und keltische Mythologie - Freiburg 1982
- J. C. Cooper: Illustriertes Lexikon der traditionellen Symbole - Wiesbaden 1986
- Vesta Sarkhosh Curtis: Persische Mythen - Ditzingen 1994
- Werner Dahlheim: Die Antike. Griechenland und Rom - Paderborn 1994
- Felix Dahn: Walhall. Germanische Götter- und Heldensagen - Leipzig 1914
- E. Dammann: Die Religionen Afrikas - Stuttgart 1963
- R. L. M. Derolez: Götter und Mythen der Germanen, 1974
- Frank Donovan: Zauberglaube und Hexenkult - London 1973
- F. W. Doucet: Geschichte der Geheimwissenschaften - München 1980
- Josef Dvorak: Satanismus. Schwarze Rituale, Teufelswahn und Exorzismus.
- Geschichte und Gegenwart - Frankfurt a. M. 1989 (Taschenbuch München 1991)
- Mircea Eliade: Mythen. Träume und Mysterien - Salzburg 1961
- Mircea Eliade: Schamanismus und archaische Ekstasetechnik - Frankfurt a. M. 1975
- Mircea Eliade: Ewige Bilder und Sinnbilder. Über die magisch-religiöse Symbolik - Frankfurt a. M. 1998
- Mircea Eliade, Ioan P. Couliano: Handbuch der Religionen - Zürich/Frankfurt a. M. 1997
- Josef Ennemoser: Geschichte der Magie - 1844
- Josef Ennemoser: Geschichte der Hexerei - 1893
- Christopher Evans: Kulte des Irrationalen. Sekten, Schwindler, Seelenfänger - Reinbek 1979 (1973)
- E. Fahlbusch (Hrsg.): Taschenlexikon Religion und Theologie - Göttingen 1983
- Marcel Feige: Fantasy-Lexikon - Berlin 2000
- Peter Franke: Keine Angst vor der Antike. Eine vergnügliche Einführung in die Welt der alten Griechen - Bergisch-Gladbach 1995
- Elisabeth Frenzel: Stoffe der Weltliteratur - Stuttgart 1988
- Kurt Galling (Hrsg.): Die Religion in Geschichte und Gegenwart (RGG).
- Handwörterbuch für Theologie und Religionswissenschaft - Tübingen 1957ff
- E. Gilson: Der Geist der mittelalterlichen Philosophie - Wien 1950
- Malcolm Godwin: Der heilige Gral. Ursprung, Geheimnis und Deutung einer Legende - München 1994
- Felicitas D. Goodman: Ekstase, Besessenheit, Dämonen - Gütersloh 1997
- Michael Görden, Hans Christian Meiser: Madonna trifft Herkules. Die alltägliche Macht der Mythen - Frankfurt a. M. 1994
- Sergius Golowin, Mircea Eliade, Joseph Campbell: Die großen Mythen der Menschheit - Freiburg/Basel/Wien 1998
- Wolfgang Golther: Handbuch der germanischen Mythologie - Reprint von 1908 - Stuttgart 1980
- Herbert Gottschalk: Lexikon der Mythologie - Berlin 1973 (Taschenbuch München 1993)
- Herbert Gottschalk: Sonnengötter und Vampire - Berlin 1978
- J. R. Grigulevic: Ketzer. Hexen. Inquisitoren. Geschichte der Inquisition (2 Bände) - Berlin 1976
- Pierre Grimal (Hrsg.): Mythen der Völker - Frankfurt a. M. 1967
- Jakob Ludwig Karl Grimm: Deutsche Mythologie - Graz 1968 (Nachdruck der 4. Auflage von 1875-1878)
- Herbert Grundmann: Religiöse Bewegungen im Mittelalter - Darmstadt 1961
- Herbert Grundmann: Ketzergeschichte des Mittelalters - Göttingen 1978 (1963)
- O. Gruppe: Geschichte der Klassischen Mythologie und Religionsgeschichte - Leipzig 1921
- C. I. Gulian: Mythos und Kultur. Zur Entwicklungsgeschichte des Denkens - Wien 1972
- Herbert Haag: Teufelsglaube - Tübingen 1974
- Peter Haining: Hexen. Wahn und Wirklichkeit in Mittelalter und Gegenwart - Oldenburg 1977
- Marcus Hammerschmidt: Instant Nirvana. Das Geschäft mit der Suche nach dem Sinn - Berlin 1999
- Manfred Hammes: Hexenwahn und Hexenprozesse - Frankfurt a. M. 1977
- Wilfried Hartmann (Hrsg.): Mittelalter. Annäherungen an eine fremde Zeit -

Regensburg 1993
- Hans W. Hausig (Hrsg.): Wörterbuch der Mythologie (2 Bände) - Stuttgart 1971
- Benjamin Hederich: Gründliches mythologisches Lexikon. Reprographischer
- Nachdruck der Ausgabe von 1770 - Darmstadt 1996
- Klaus Heinrich: Vernunft und Mythos. Ausgewählte Texte - Frankfurt a. M. 1983
- M. Hengel: Judentum und Hellenismus - Tübingen 1969
- Catherine Herriger: Die Kraft der Rituale. Macht und Magie unbewußter Botschaften im Alltag - München 1993
- Frederik Hetmann: Traumgesicht und Zauberspur. Märchenforschung - Märchenkunde - Märchendiskussion - Frankfurt a. M. 1982
- J. Höfer, K. Rahner (Hrsg.): Lexikon für Theologie und Kirche - Freiburg 1957 ff
- Murry Hope: Magie und Mythologie der Kelten - München 1987
- Christian Jacq: Das verborgene Wissen der Magier. Geheimnisse und Mythen im Alten Ägypten - München 1999 (Paris 1983)
- Wolfram Janzen: Okkultismus. Erscheinungen, Übersinnliche Kräfte, Spiritismus - Mainz/Stuttgart 1993
- Hermann Jens: Mythologisches Lexikon - München 1958 (Taschenbuch München 1981)
- Ad. E. Jensen: Mythos und Kult bei Naturvölkern. Religionswissenschaftliche Betrachtungen - München 1991
- Michael Jordan: Mythen der Welt - Bern/München/Wien 1997
- Rainer Kakuska: Der Esoterik-Leitfaden - Weinheim/Basel 1991 (Taschenbuch München 1994)
- H. Kees: Der Götterglaube im alten Ägypten - Berlin 1977
- Anthony Kenny (Hrsg.): Illustrierte Geschichte der westlichen Philosophie - Frankfurt/New York 1995
- Karl Kerényi: Die Mythologie der Griechen - Zürich 1964
- Karl Kerényi (Hrsg.): Die Eröffnung des Zugangs zum Mythos. Ein Lesebuch - Darmstadt 1967
- Richard Kieckhefer: Magie im Mittelalter - München 1992
- G. Klaniczay: Heilige, Hexen, Vampire. Vom Nutzen des Übernatürlichen - Berlin 1991
- Heinz Klingenberg: Edda. Sammlung und Dichtung - Basel/Stuttgart 1974
- Jan Knappert: Lexikon der indischen Mythologie - München 1994
- G. Krause, G. Müller (Hrsg.): Theologische Realenzyklopädie - Berlin/New York 1977 ff
- W. Krickeberg u. a.: Die Religionen des alten Amerika - Stuttgart 1961
- Alfred Lehmann: Aberglaube und Zauberei von den ältesten Zeiten an bis zur Gegenwart - Stuttgart 1925
- A. Leroi-Gourhan: Die Religionen der Vorgeschichte - Frankfurt a. M. 1981
- J. Leuschner: Deutschland im späten Mittelalter - Göttingen 1975
- Claude Lévi-Strauss: Mythologica I-IV - Frankfurt a. M. 1976
- Lexikon der afrikanischen Mythologie - München 1995
- Bernhard C. J. Lievegoed: Mysterienströmungen in Europa und die neuen Mysterien - Stuttgart 1981
- Leo Linder: Unter der Jaguarsonne. Begegnungen mit der Geschichte der Maya - Düsseldorf 1995
- Ivar Lissner, Gerhard Rauchwetter: Glaube – Mythos – Religion - Bindlach 1990
- Manfred Lurker: Lexikon der Götter und Dämonen - Stuttgart 1984
- Manfred Lurker: Wörterbuch der Symbolik - Stuttgart 1985
- Bronislaw Malinowski: Magie, Wissenschaft und Religion - Frankfurt a. M. 1973
- Jon Matthews, Caitlin Matthews: Lexikon der keltischen Mythologie - München 1994
- John S. Mbiti: Afrikanische Religion und Weltanschauung - Berlin/New York 1974
- Edain McCoy: Die keltische Zauberin. Mythen, Rituale, Symbole - München 2000
- B. Meissner: Babylonien und Assyrien (2 Bände) - Heidelberg 1920-25
- Hans Meurer: Der dunkle Mythos - Schliengen 1996
- Wolfgang Militz: Mythen der Völker - Stuttgart 1986
- J. Minkwitz: Illustriertes Taschenwörterbuch der Mythologie aller Völker - Leipzig 1870
- S. Morenz: Ägyptische Religion - Stuttgart 1960
- Eckhard Peterich: Götter und Helden der Germanen. Kleine Mythologie -Olten/Freiburg 1955 (1937)
- Eckhard Peterich, P. Griemal: Götter und Helden. Die klassischen Mythen und
- Sagen der Germanen, Griechen und Römer - Olten/Freiburg 1982
- Steffen Rink, Holger Lösch: Stichwort Okkultismus - München 1996
- Piergiuseppe Scardigii: Die Goten. Sprache und Kultur - München 1973
- Gerhard T. Schindler: Wegweiser Esoterik - München 1995

- Perry Schmidt-Leukel: Die Idee der Reinkarnation in Ost und West - München 1996
- H. Schmökel: Das Gilgamesch-Epos - Stuttgart 1971
- Friedhelm Schneidewind: Das kleine Vampir-ABC - Saarbrücken 1997
- Friedhelm Schneidewind: Das Lexikon rund ums Blut - Berlin 1999
- Friedhelm Schneidewind: Das Lexikon von Himmel und Hölle - Berlin 2000
- A. Schott: Das Gilgamesch-Epos. Ergänzt und teilweise neu gestaltet von W. von Soden - Stuttgart 1970
- Chr. M. Schröder (Hrsg.): Die Religionen der Menschheit - Stuttgart 1961 ff
- Thomas Schweer: Stichwort Satanismus - München 1997
- Georg Schwikart: Tod und Trauer in den Weltreligionen - Gütersloh 1999
- Rudolph Simek: Lexikon der germanischen Mythologie - Stuttgart 1984
- Rudolph Simek: Lexikon der altnordischen Literatur - Stuttgart 1987
- Dieter Sturm, Klaus Völker (Hrsg.): Von denen Vampyren. Dichtungen udn
- Dokumente - München 1968 (Taschenbuch Frankfurt a. M. 1994)
- Reiner Tetzner: Germanische Göttersagen - Stuttgart 1992
- Josef Franz Thiel: Ahnen - Geister - Höchste Wesen - St. Augustin 1977
- Edward Tripp: Reclams Lexikon der antiken Mythologie - Stuttgart 1975
- Barbara Tuchman: Der ferne Spiegel. Das dramatische 14. Jahrhundert - München 1985
- Bernhard Vaillant: Westliche Einweihungslehren. Die Lehren der abendländischen Weisheit - München 1986 (Paris 1983)
- Vollmer's Wörterbuch der Mythologie aller Völker - Stuttgart 1874
- C. A. Vulpius: Handbuch der Mythologie - Leipzig 1926, Reprint 1987
- Barbara G. Walker: Das geheime Wissen der Frauen – Frankfurt a. M. 1993 (New York 1983)
- Hartwig Weber: Religion. Lexikon der Grundbegriffe in Christentum und anderen Religionen - Reinbek 1992
- Christian Wehr: Lexikon des Aberglaubens - München 1992
- Helmut Werner: Lexikon der Esoterik - Wiesbaden 1991
- David M. Wilson (Hrsg.): Kulturen im Norden. Die Welt der Germanen, Kelten und Slawen 400-1000 nach Christus - München 1980
- Herwig Wolfram: Das Reich und die Germanen zwischen Antike und Mittelalter - Berlin 1990
- M. de Wulf: Geschichte der mittelalterlichen Philosophie - Tübingen 1913
- G. Zacharias: Satanskult und schwarze Messen - Wiesbaden 1964
- J. H. Zedler (Hrsg.): Großes vollständige Universal-Lexikon aller Wissenschaften und Künste, etc. – einschließlich der Supplement-Bände 68 Bände, Leipzig/Halle 1732-1754, Nachdruck Graz 1961/64
- A. Zingerle, C. Mongardini (Hrsg.): Magie und Moderne - Berlin 1987


*Presse:*


- Abendzeitung, 22.3.2000
- Berliner Morgenpost, 11.10.2000
- Berliner Zeitung, 24.3.2000
- Bild am Sonntag, 15.10.2000
- Börsenblatt des deutschen Buchhandels, 10.10.2000, 13.10.2000, 15.8.2000, 15.9.2000, 17.10.2000, 18.7.2000, 22.8.2000, 25.8.2000, 29.9.2000, 6.10.2000, 8.9.2000
- Buchmarkt, Oktober 2000
- Der Spiegel 27/2000, 3.7.2000 / 30/2000, 24.7.2000 / 31/2000, 31.7.2000
- Die Welt, 16.10.2000, 20.3.2000
- Die Zeit, 13.7.2000, 23.3.2000
- Focus 29/2000
- Frankfurter Allgemeine Zeitung, 16.10.2000, 22.3.2000
- Mannheimer Morgen, 18.3.2000, 19.7.2000, 19.8.2000, 23.8.2000, 26.9.2000
- Online Today 10/2000
- Saarbrücker Zeitung, 14./15.10.2000, 16.10.2000, 18.10.2000, 7.8.2000, 8.6.2000, 9./10.10.2000
- Saarbrücker Zeitung, Treff-Regional, 12.10.2000
- Sächsische Zeitung, 14./15.10.2000, 9.10.2000
- Sonntagsgruß, 41/2000, 8.10.2000
- STERN, 41/2000, 5.10.2000
- Stuttgarter Zeitung, 24.3.2000
- Süddeutsche Zeitung, 13.10.2000, 15.10.2000
- TAZ, 10.7.2000, 30.3.2000, 8.7.2000
- TV Hören und Sehen 40/2000
- TV neu, 31/2000
- Walsroder Zeitung, 3.8.2000
- Welt am Sonntag, 15.10.2000, 3.9.2000
- www.amazon.de

## WEITERE BÜCHER VON FRIEDHELM SCHNEIDEWIND

# Das Lexikon von Himmel und Hölle

Das Lexikon von Jenseits und Anderswelt, Unterwelt und Olymp, Hades und Elysium, Erebos und Paradies, Fegefeuer und Nirwana, Göttern und Teufeln, Engeln und Dämonen.

ca. 440 Seiten, etwa 100 Fotos
ISBN 3-89602-231-8
29,80 DM • 218 ÖS • 29,80 sFr

### DAS BUCH

»Himmel und Hölle« – deutlicher als mit diesen Worten läßt sich die Bandbreite der menschlichen Gefühlswelt nicht ausdrücken. Seit den ersten Schöpfungsmythen gab es Vorstellungen von wunderbaren Gefilden, in denen die (»guten«) Götter wohnten, und entsetzlichen oder zumindest unangenehmen Regionen, der Heimstatt der Teufel, Dämonen, »bösen« Geister oder Götter. Spätestens seit der »Erfindung« des Dualismus existiert eine Vorstellung von Bestrafung und Belohnung der Menschen nach dem Tode.

Dieses Lexikon bietet einen Überblick über verschiedene Vorstellungen in Mystik und Mythologie, in Religionen und Ideologien, in Philosophie und Wissenschaft, in Legende und Literatur, in Geschichte, Tradition und Volksglaube. Alle wichtigen Jenseits-Vorstellungen werden dargestellt, auch in ihren Konsequenzen und Auswüchsen bis hin zu ihrer Bedeutung für unsere Zeit. Ausführliche Zitate, zahlreiche Blicke auf Literatur, bildende Kunst und Musik, über 70 Abbildungen und ein umfangreiches Literaturverzeichnis runden das Lexikon ab und lassen es über das Nachschlagewerk hinaus zu einem Buch werden, in dem man auch schmökern und sich auf Entdeckungsreise begeben kann.

### DIE STICHWORTE

Die Vorstellungen vom Himmel und der Hölle sind fast so alt wie die Mythengeschichte der Menschheit. In entsprechend weitem Rahmen bewegen sich die über 1.500 Stichwörter. Behandelt werden u. a. die Jenseitsvorstellungen der Germanen, Kelten, Griechen und Römer, Ägypter und Babylonier, Azteken, Mayas und Aboriginals, in Afrika, China und Japan, in Judentum, Christentum, Islam, Buddhismus, Hinduismus und Zoroastrismus, aber auch viele Aspekte, in denen Himmel, Hölle oder deren Bewohner eine Rolle spielen, wie Astrologie und Astronomie, Alchemie, Magie und Mystik, Besessenheit, Exorzismus und Hexenverfolgungen, Unsterblichkeit und Seelenwanderung, Mysterienreligionen, Menschenopfer und Satanismus.
Mythen, Sagen und Märchen werden ebenso vorgestellt wie die Werke von Homer oder die Edda, Gebete und Hymnen, Gedichte und Epen, natürlich auch die Höllenfahrten und Reisen in die Unterwelt von Gilgamesch, Odysseus, Orpheus, »Peterchens Mondfahrt« und die Himmelsfahrten und Himmelsreisen etwa von Elias, Jesus, Mohammed, Münchhausen oder des modernen Vampirs Lestat. »Das verlorene Paradies« von Milton, »Die göttliche Komödie« von Dante, »Faust« von Goethe u.v.a.m.

## WEITERE BÜCHER VON FRIEDHELM SCHNEIDEWIND

# Das Lexikon rund ums Blut

Der rote Lebenssaft in Mystik und Mythologie, Magie und Medizin, Religion und Volksglaube, Legende und Literatur

350 Seiten, ISBN 3-89602-224-5
29,80 DM • 218 ÖS • 29,80 sFr

»Lehrreich und unterhaltsam zugleich und auch als Schmökerstoff geeignet.« *Orkus*
»Unverzichtbar für Ärzte, Theologen und natürlich Dracula-Fans«. *Top Magazin*

### DAS BUCH

»Blut ist ein ganz besonderer Saft«, wußte nicht nur Goethe. Das rote Lebenselixier hat zu allen Zeiten in allen Kulturen eine Bedeutung gehabt, die weit über die biologische und medizinische hinausgeht. Während es zu einzelnen Aspekten umfangreiche Literatur gibt, fehlt bisher ein Werk, in dem alle verschiedenen Blickpunkte zusammengefaßt werden.

Diesem Manko hilft das Lexikon rund um das Blut ab: Es bietet einen Überblick über den wichtigsten »Lebenssaft« in Mystik und Mythologie, in Magie und Medizin, in Religion und Wissenschaft, in Legende und Literatur, in Tradition und Volksglaube.

Angesprochen werden praktisch alle Themengebiete, in denen Blut eine Rolle spielt. Neben den biologischen und medizinischen Grundlagen werden die wichtigsten Filme und Werke aus bildender Kunst, Musik und Literatur vorgestellt. Die mythischen, religionswissenschaftlichen und historischen Themen werden durch umfangreiche Zitate aus der belletristischen Literatur ergänzt, besonders aus Märchen und Sagen und religiösen Schriften der verschiedenen Weltreligionen. Natürlich werden auch die Blutsauger berücksichtigt und die wichtigsten Vampirfilme vorgestellt.

### DIE STICHWORTE

In vielen Mythologien gilt Blut als Sitz der Seele und/oder des Lebens. Jahwe verbot seinem Volk das Blutessen und -trinken, im Islam ist dies ebenso untersagt wie in vielen anderen Religionen. Odysseus lockt mit Blut die Schatten, die Toten, aus dem Hades. Meist steht Blut für Lebenskraft und Potenz, deshalb spielt es bis heute immer wieder eine Rolle in Ritualen, Blut- und Menschenopfern. Einen Höhepunkt erlebt diese Auffassung in der christlichen Eucharistie und im Mythos des Blutsaugers. Aber auch in der Medizin ist Blut von kaum zu überschätzender Bedeutung, und viele politische Richtungen und Auffassungen berufen sich auf Blutsbande.
Die 1.600 Stichworte betreffen biologische Themen (AIDS – Anämie – Blutdruck – Bluterkrankheit – Blutgruppen – Doping – Fetischismus – Gerichtsmedizin – Leukämie – Sadismus – Scheintod) ebenso wie rechtliche Aspekte (Abstammungsgemeinschaft – Blutrache – Genetischer Fingerabdruck – Inzest – Massenmörder – Urfehde), Historisches (Alchemie – Attila – Azteken – Blutmystik – Hexenverfolgung – Kannibalismus – Menschenopfer – Zauberei) wie Religiöses und Mystisches (Abendmahl – Dämonen – Exorzismus – Islam – Mannbarkeitsriten – Merlin – Mysterienreligionen) u.v.a.m.

# ÜBER DEN AUTOR

Friedhelm Schneidewind, geboren 1958, ist seit seiner Jugendzeit Phantast und Magier. Science-Fiction und Fantasy gehören ebenso zu seinen Hobbys wie Zauberei, Mittelaltermusik, Schauspielerei und Rollenspiel. Besonders gerne verkörpert er zaubernde Charaktere, und so ist es kein Wunder, dass es ihm die Harry-Potter-Bücher angetan haben. In diesem Lexikon kann er Hobby und Arbeit verbinden und seine lange Erfahrung mit Mythologie und Magie einbringen: »Deutschlands berühmtester Vampirologe« (ZDF, Tabaluga-TiVi) schrieb unter anderem das Vampir-Theater-Stück »Carmilla« (1994), »Das kleine Vampyr-ABC« (1997), das »Lexikon rund ums Blut« (1999) und das »Lexikon von Himmel und Hölle« (2000). Außerdem ist er immer wieder zu Themen aus der Mythologie bei Vorträgen, in Funk und Fernsehen zu erleben und tritt gerne auf als Vampirologe, Märchenerzähler oder Barde. Schneidewind veröffentlichte neben zahlreichen Artikeln und Essays auch phantastische Geschichten (u. a. in den Sammelbänden »…wie schmelzen deine Blätter«, 1993, und »Geworfen in die Ewigkeit«, 1997) und Lieder (auf mehreren CDs und in den Liederheften »Tandaradey«, 1997, und »Liebe und Tod«, 1998). Derzeit arbeitet er an einem Lexikon über den Alt- und Großmeister der phantastischen Literatur, J.R.R. Tolkien, das Ende 2001 erscheinen wird.

Mit dem hochgelobten Vampir-Theater-Stück »Carmilla« (1994), das Schneidewind und seine Frau Ulrike schrieben und inszenierten, war er auf deutschen Bühnen und im Ausland zu erleben, und mit der von ihm gegründeten Mittelaltertruppe »Conventus Tandaradey« macht er seit 1995 Burgen und Märkte unsicher. Im Hauptberuf ist Schneidewind Ausbildungsleiter für DTP an einem Bildungsinstitut in Mannheim. Er ist Mitglied im Verband deutscher Schriftsteller (VS) und war viele Jahre Vorstandsmitglied der Fachgruppe Journalismus der Industriegewerkschaft Medien (Bezirk Saar), beim Freien Deutschen Autorenverband (FDA, Landesverband Saar) und im Studio-Theater-Verein Saarbrücken. Im Internet betreut Schneidewind u. a. das Vampyrjournal (www.vampyrjournal.de), eine Seite zu Literatur und Magie (www.incantatio.de) und die Seite www.villa-fledermaus.de.

Weitere Bücher von Friedhelm Schneidewind sind u.a. das **»Lexikon rund ums Blut«** und das **»Lexikon von Himmel und Hölle«** (siehe vorige Doppelseite), sie sind in jeder Buchhandlung erhältlich.